# Das große Kreuzfahrtbuch

## Unterwegs auf allen Meeren

Weltbild

Seit 1913 wacht die Skulptur »Die kleine Meerjungfrau« von Edvard Eriksen über die Hafeneinfahrt von Kopenhagen.

# UNTERWEGS AUF ALLEN MEEREN

## DAS GROSSE KREUZFAHRTHANDBUCH

Die »Queen Elizabeth 2« läuft im Februar 2008 im Hafen von Sydney ein.

Über die Jahrhunderte hinweg war die Seefahrt geprägt von Abenteuergeist und dem Wunsch, die Welt zu erkunden. Schrittweise entstanden durch das Bestreben der großen Seefahrernationen Tausch- und Handelsbeziehungen, und per Schiff wurden die entlegenen Teile der Erde erreichbar.
Auch heute noch fasziniert das Abenteuer und gleichzeitig sind Schiffsreisen eine entspannte und reizvolle Art zu reisen, verbinden sie doch das erholsame Leben an Bord mit dem Entdecken grandioser Landschaften, einzigartiger Naturdenkmäler und faszinierender Städte.
Große Cruiseliner, aber auch kleinere Schiffe sind in unserer Zeit »unterwegs auf allen Meeren«. Sie steuern die traditionsreichen Hafenstädte am Mittelmeer oder der Ostsee ebenso an wie die modernen Metropolen Ostasiens. In den Inselparadiesen der Karibik oder der Südsee »hüpfen« sie von Insel zu Insel, und in der Arktis und der Antarktis nehmen sie Fahrt auf ins ewige Eis. Die Passagiere erkunden den Regenwald des Amazonas, durchfahren auf den Spuren Roald Amundsens die Nordwestpassage und erleben auf Hawaii die enormen Kräfte des Erdinneren; sie besuchen balinesische Tempel oder pulsierende Städte Südamerikas.

Dieser Band stellt die schönsten Touren, Kreuzfahrtgebiete- und häfen rund um den Globus vor und präsentiert mit spektakulären Farbfotografien die Schönheiten der Sehenswürdigkeiten. Texte zu Land und Leuten sowie Themenseiten über Zwischenstopps und Zielregionen führen zu den faszinierendsten Orten und helfen bei der Tourenauswahl und Planung einer Kreuzfahrtreise. Beschreibungen der verschiedenen Kreuzfahrtschiffe und praktische Tipps machen das Kreuzfahrthandbuch zu einem wertvollen Begleiter.

Unter vollen Segeln kreuzt das Segelschiff »Star Flyer« vor der Isla Tortuga, Costa Rica.

Circular Quay am nördlichen Ende des Stadtzentrums von Sydney wirkt in der Nacht besonders stimmungsvoll.

RENAISSANCE
AMP
ARTHUR ANDERSEN

Die zwei großen Kreuzfahrtschiffe »Carnival Triumph« und »Carnival Ecstasy« Seite an Seite auf Cozumel, Mexiko.

Die zwei großen Kreuzfahrtschiffe »Carnival Triumph« und »Carnival Ecstasy« Seite an Seite auf Cozumel, Mexiko.

AMP
ARTHURANDERSEN

CARNIVAL ECS

Das Städtchen Fira auf der griechischen Insel Santorin fasziniert Kreuzfahrtpassagiere durch seine einzigartige Lage am Kraterrand.

Verschiedene Pools sorgen auf den Kreuzfahrtschiffen für Erholung und Entspannung während der Fahrt.

**Ocho Rios im Norden von Jamaika liegt an einer lang gezogenen Bucht und ist ein beliebter Zwischenstopp auf Kreuzfahrten.**

**Hamburg ist ein beliebter Start- und Zielhafen, vor allem bei Kreuzfahrten in den Norden Europas.**

**Noch heute ist die Antarktis mit ihren bizarren Eis- und Schneelandschaften ein besonderes Kreuzfahrtziel.**

**Die »MS Deutschland« kreuzt in der Diskobucht vor Ilulissat, der drittgrößten Stadt in Grönland.**

# Nordatlantik, Nordpolarmeer

Kreuzfahrten in der Nordpolarregion sind immer noch ein Abenteuer. Sie führen in eine eisige, fast menschenleere und doch faszinierend schöne Welt. Den Sommer über sind weite Gebiete fast 24 Stunden am Tag in das warme Licht der Mitternachtssonne getaucht. Am Polarkreis geht die Sonne einmal im Jahr einen Tag und eine Nacht nicht unter, am Nordpol verschwindet sie ein halbes Jahr nicht hinter dem Horizont. Während Expeditionen zum nördlichsten Punkt der Erde auch im Sommer nur mit Eisbrechern möglich sind, werden die Gewässer um Südgrönland und Spitzbergen von leichteren Kreuzfahrtschiffen angelaufen.

# Island

## Thingvellir-Nationalpark

Der 40 km östlich von Reykjavík gelegene Nationalpark (rechts), seit 2004 UNESCO-Welterbe, ist bei Island-Besuchern sehr beliebt. Das von Vulkanen umgebene Gebiet war Schauplatz wichtiger Ereignisse in der isländischen Geschichte und lässt zugleich die Folgen eines erdgeschichtlich bedeutsamen Vorgangs sichtbar werden. In der Almannagjá, der Allmännerschlucht, tagte von 930 bis zu seiner Auflösung durch die Dänen im Jahr 1798 das isländische Parlament Althing; und hier wurde 1944 die Republik Island ausgerufen. Die Schlucht gehört zu einem System von ki-

**Über die 11 und 21 m hohen Fallstufen ergießt sich der Gullfoss.**

**Die meisten Kreuzfahrtschiffe auf Islandtour steuern die an der Südwestküste gelegene Hauptstadt des Inselstaates, Reykjavík, an. Mehr als 60 000 Passagiere gehen hier alljährlich an Land. Für große Schiffe wurde ein moderner Cruiseterminal mit einem umfassenden Serviceangebot nur etwa 4 km außerhalb des Stadtzentrums errichtet. Kleine Cruiseliner legen im alten Hafen im Herzen der Stadt an.**

**Land:** Island
**Fläche:** 103 125 km²
**Einwohner:** 320 000
**Sprache:** Isländisch
**Währung:** Isländische Krone
**Hauptreisezeit:** Juni bis August
**Zeitzone:** UTC +/– 0

Island-Reisende werden durch die einzigartige, weithin unberührte Natur angelockt. Auf der »Insel aus Feuer und Eis« verschmelzen die vielfältigen Erscheinungsformen einer bis heute anhaltenen vulkanischen Aktivität mit Gletschern, Flüssen, Wasserfällen und Seen zu einem großartigen Landschaftsbild. Einige der spektakulären Naturwunder Islands können von Reykjavík aus während eines Tagesausflugs erreicht werden. Berühmt ist die **Golden Circle Tour**, die von Kreuzfahrt- und lokalen Veranstaltern angeboten wird. Sie führt von der Hauptstadt über den berühmten **Thingvellir-Nationalpark** und das Geysirgebiet **Haukadalur** zum **Gullfoss-Wasserfall**. Die Wassermassen des Gletscherflusses Hvítá stürzen hier über zwei fast im rechten Winkel zueinander stehende Kaskaden in eine 70 m tiefe Schlucht – ein wahres Naturschauspiel.

Das Geysirgebiet Haukadalur rund 10 km vor dem Wasserfall zählt zu den großen Attraktionen Islands und ist touristisch gut erschlossen. Befestigte Pfade führen durch das mit heißen Springquellen und Geysiren geradezu übersäte Gelände. **Strokkur**, der nach dem Versiegen des Stóri größte Geysir in Haukadalur, bläst regelmäßig eine bis zu 30 m hohe Dampffontäne in die Luft.

Auf der Halbinsel Reykjanes südlich von Reykjavík lockt vor allen Dingen die **Blaue Lagune** viele Touristen an. Der künstliche See wird über eine Geothermieanlage mit heißem salzhaltigen Wasser aus 2000 m Tiefe gespeist. Ein Bad in dem etwa 39°Celsius warmen Wasser ist auch im Winter ein Vergnügen. An dem See ist ein weitläufiger Wellnesspark entstanden. Auch **Reykjavík** ist einen Besuch wert. Die hübsche **Altstadt** wartet mit netten Geschäften und einer Reihe von Restaurants auf.

**Die kochende Wassersäule des Strokkur, auf Deutsch Butterfass, wird bis zu 30 m hoch.**

lometerlangen Spalten und Rissen, das das Auseinanderdriften der amerikanischen und der eurasischen Kontinentalplatte anzeigt. Wissenschaftler haben nachgewiesen, dass beide Platten in den letzten 10 000 Jahren

an dieser Stelle 70 m auseinander gedriftet sind. Bei einer Wanderung durch die Schlucht bewegt man sich auf zwei Kontinenten und stößt dabei auf die steinernen Überreste der altisländischen Kultur.

# Spitzbergen

## Bergbau auf Spitzbergen

Auf der Inselgruppe finden sich an einigen Stellen Ablagerungen von Steinkohle. Vorkommen auf Westspitzbergen sind in Schichten des älteren Tertiärs eingebettet. Die Erschließung der Gruben, der Abbau und der Abtransport der Kohle sind allerdings heute mit so hohen Kosten verbunden, dass sich dies kaum noch lohnt. Die ersten Anlagen entstanden 1916 am Kongsfjord. In den 1930er-Jahren wurden ertragreiche Vorkommen am Isfjord erschlossen. Die Sowjetunion und später Russland nutzen seitdem

**Land:** Norwegen
**Fläche:** 61 022 km² (Inselgruppe)
**Einwohner:** 2500
**Sprache:** Norwegisch
**Währung:** Norwegische Krone
**Hauptreisezeit:** Mai bis Juli
**Zeitzone:** UTC + 1

**Obwohl ihre offizielle Bezeichnung »Svalbard« (kühle Küste) lautet, ist die etwa 1000 km vom Nordpol entfernte Inselgruppe im Arktischen Ozean in aller Welt unter dem Namen ihrer größten Insel »Spitzbergen« bekannt. Bis weit ins 19. Jh. hinein wagten sich nur Walfänger, Pelztierjäger und Polarforscher in die eisige Region vor. Erst mit der Entdeckung reicher Kohlevorkommen um 1900 begann eine dauerhafte Besiedlung der Inseln. Lange stritten sich verschiedene Nationen um das Gebiet. Im sogenannten Spitzbergenvertrag von 1925 wurde der ganze Archipel Norwegen zuerkannt. Auch nach dem Ende des Kohlebooms riss das Interesse nicht ab. Svalbard wurde ein Zentrum der Arktisforschung – und des Arktistourismus. Die ganze landschaftliche Vielfalt der Polarregion und ihre Flora und Fauna finden sich hier auf engstem Raum. Eine Kreuzfahrt entlang der zerklüfteten Küsten führt zu tief ins Land reichenden Fjorden und an vergletscherten Gebirgszügen, steilen Kliffs und blühenden Tundren vorbei. Unterwegs gehen die Cruiseliner an verschiedenen Haltepunkten vor Anker und bieten Landgänge mit kleinen Booten zu Seevögel- und Robbenkolonien an. Mit Glück lässt sich bei so einem Ausflug ein Polarfuchs oder sogar ein Eisbär beobachten.**

⚓ **Longyearbyen** Die an der Westküste der Hauptinsel Spitzbergen gelegene Kapitale Svalbards bildet den Ausgangs- bzw. Endpunkt für Expeditionen durch den Archipel und ist zugleich ein beliebtes Ziel auf Kreuzfahrten in der Nordpolarregion. Der Hafen verfügt über gleich zwei Cruisepiers und ist mit dem Stadtzentrum durch einen Shuttle-Service verbunden. Longyearbyen wurde 1906 als Zechensiedlung gegründet und war bis in die 1970er-Jahre Zentrum des Kohleabbaus auf den Inseln. Als mit der Eröffnung des internationalen Flughafens im Jahr 1974 mehr und mehr Touristen nach Spitzbergen reisten, veränderte auch die Stadt ihr Gesicht. Es entstand eine moderne touristische Infrastruktur mit komfortablen Hotels, netten Restaurants, Kneipen und Geschäften. Heute erinnern vor allen Dingen die Grubenseilbahnen auf den die Stadt umgebenden Hängen an die große Zeit des Kohleabbaus. Wie alle Bauten, die den 1943 erfolgten Angriff durch deutsche Zerstörer überstanden haben, stehen sie heute unter Denkmalschutz. Das 🏛 **Svalbardmuseum** gewährt Einblicke in die 400-jährige Besiedlungsgeschichte der Inseln und lässt dabei die Zeiten der Walfänger, der Robben- und Pelztierjäger sowie des Bergbaus lebendig werden.
Die naturkundliche Abteilung informiert über die Meeres- und Landfauna Svalbards. Das 2008 eröffnete 🏛 **Airship Museum** wartet mit einer sehenswerten Ausstellung zu den Luftschiffexpeditionen von Roald Amundsen und Umberto Nobile auf. In Longyearbyens Svalbard Kirke sind Besucher herzlich willkommen und werden mit heißen Getränken bewirtet.

die im internationalen Recht festgelegte Möglichkeit der Kohleförderung bei Barentsburg (rechts: die Holzkirche). Zeitweilig war Barentsburg mit fast 2000 russischen und ukrainischen Einwohnern die größte

Siedlung Spitzbergens. Ein weiterer Standort des Kohlebergbaus am Isfjord war Pyramiden, das im Jahr 2000 aufgegeben wurde. Auch Norwegen richtete auf Spitzbergen ein Kohlebergwerk ein.

**Walrosse können bis zu 80 m tief tauchen.**

**Nordwest-Spitzbergen-Nationalpark** Die Naturwunder dieses Nationalparks im Nordwesten der Insel Spitzbergen sind recht leicht zugänglich und werden deshalb von fast allen Schiffen auf der Route angelaufen. Beliebt sind Ausflüge in die glitzernde Eiswelt des **Magdalenenfjords**. Das über 5 km breite Gewässer wird von mehreren Gletschern gespeist und ist daher mit Eisschollen übersät. Am Südufer des Fjords kann ein Walfängerfriedhof aus dem 17. Jh. besichtigt werden. Viele Cruiseliner ankern vor Ytre Norskøya, einem kleinen Eiland im äußersten Nordwesten Spitzbergens. Hier können die Überreste einer frühen Walfangstation besichtigt und Abertausende von Krabben- und Papageientauchern beobachtet werden. Am **Liefdefjord** an der Nordspitze Spitzbergens bietet der Monacogletscher, einer der größten Gletscher Europas, ein grandioses Naturschauspiel. Regelmäßig stürzen von seiner 5 km breiten und bis zu 40 m hohen Abbruchkante riesige Eisbrocken in den Fjord und treiben Richtung Meer. Die ebenfalls zum Nationalpark gehörende Insel Amsterdamøya wird von den Kreuzfahrtschiffen häufig für Tierbeobachtungen angesteuert. Abertausende von Seevögeln und Walrosse sowie Eisbären und Rentiere leben hier. Auch die Überreste der holländischen Walfängersiedlung Smeerenburg, die im 17. Jh. gegründet wurde, können besichtigt werden.

**Nordaustlandet** Die nordöstlich von Spitzbergen gelegene zweitgrößte Insel des Svalbard-Archipels wird vor allem von Expeditionsschiffen angesteuert. 80 Prozent der Fläche von Nordaustlandet sind unter den Eismassen riesiger Gletscher verborgen. Der **Vestfonna** im Westen umfasst eine Fläche von 2450 km², die bis zu 430 m dicke Eiskappe des Austfonna im Osten der Insel bedeckt sogar eine Fläche von 8450 km² und zählt damit zu den größten Gletschern der Welt. Nur die Nordküste, die wie Spitzbergen unter dem Einfluss von Ausläufern des warmen Golfstromes steht, ist im Sommer eisfrei. Hier gehen auch die Kreuzfahrtschiffe vor Anker und bieten ihren Passagieren Exkursionen mit dem Zodiac an. Der Küstenbereich wird von Seevögeln, Robben und Walrossen bevölkert. Eisbären und Polarfüchse jagen hier, und in der kargen Tundra sieht man Rentiere weiden.

**Oben: Die »MS Expedition« ankert vor Ny-Ålesund.**

# Grönland

**Wikingersiedlung Hvalsey**

Die berühmte Ruinenstätte (links) liegt östlich von Qaqortoq im Innern einer geschützten

![Flagge]

**Land:** Dänemark
**Fläche:** 2 166 086 km²
**Einwohner:** 55 000
**Sprache:** Grönländisch, Dänisch
**Währung:** Dänische Krone
**Hauptreisezeit:** Sommer
**Zeitzone:** UTC +/– 0 – UTC – 4

**Eine Grönlandfahrt galt bis in die jüngste Zeit als Expedition an den Rand der Zivilisation. Für die meisten Menschen zählte die mit 2 166 086 km² größte Insel der Erde nicht zur bewohnbaren Welt. Mit ihrer touristischen Erschließung änderte sich das Bild: Quasi unter dem Eis tauchten eine artenreiche Tier- und Pflanzenwelt sowie eine einzigartige Kultur auf. Heute werden immer mehr Menschen von dem Mythos der Insel angelockt. Eine Fahrt entlang ihrer Küsten gilt als Reise in eine überwältigende Natur.**

**Nanortalik** Die südlichste Siedlung Grönlands liegt auf einer Schäreninsel an der Mündung des 75 km langen Tasermuitfjords, an dessen Ende das Inlandeis beginnt. Der Ort selbst ist von sanft ansteigenden Hügeln umgeben. Im Hintergrund ragen die bis zu 2000 m hohen vergletscherten Granitberge des weitverzweigten Fjordsystems auf. Die Landschaft hier ist rauer als anderswo in Südgrönland. Trotz der im Allgemeinen nur spärlich wachsenden Vegetation: In einigen geschützten Tälern des Gebiets finden sich die einzigen größeren Birkenhölzer der Insel.
Nanortalik darf sich rühmen, das größte **Freilichtmuseum** Grönlands zu beherbergen. Das Ensemble historischer Bauten liegt nahe dem alten Hafen. Wer möchte, kann sich hier über das Alltagsleben der Grönländer im 19. und 20. Jh. sowie über die Wikingerzeit informieren. Im Westen der Siedlung erhebt sich der 559 m hohe Qaqaarssuasik, der einen atemberaubenden Ausblick auf den offenen Ozean und die wilde Bergwelt landeinwärts bietet.

**Qaqortoq** Mit seinen 3200 Einwohnern ist der Ort die größte Gemeinde Südgrönlands und kultureller Mittelpunkt der Region. Die meisten Einwohner sind in der Fischverarbeitenden Industrie oder einer Gerberei, die Felle zu qualitativ hochwertiger Kleidung verarbeitet, beschäftigt. Ein Gymnasium sowie eine Berufs- und eine Hochschule ziehen Schüler und Studenten aus ganz Grönland an. Der Name »Qaqortoq« bedeutet so viel wie »die Weiße«. Er erinnert an die zahlreichen Eisberge, die auch in den Sommermonaten in der Bucht treiben und die Hafeneinfahrt blockieren können. Gleich in der Nähe des Hafens lädt der Marktplatz mit dem einzigen, 1927 errichteten Springbrunnen der Insel und einigen historischen Gebäuden aus der Kolonialzeit zu einer Besichtigung ein. In der ehemaligen Schmiede, einem Gebäude aus dem Jahre 1871, informiert das örtliche Museum über die Geschichte der Inuit und der Wikinger.
Über die ganze Stadt verstreut sind die Skulpturen des Projektes »Mensch und Stein«, das Anfang der 1990er-Jahre von der grönländischen Künstlerin Aka Høegh ins Leben gerufen wurde und an dem Künstler aus ganz Skandinavien beteiligt waren. Qaqortoq ist Ausgangspunkt für Touren zu der berühmten **Wikingersiedlung Hvalsey**.

**Nuuk** Der am Eingang der gleichnamigen Bucht auf einer schmalen Halbinsel gelegene Ort ist mit rund 15 000 Einwohnern die größte Kommune und zugleich Hauptstadt der Insel. Nuuk präsentiert sich als ein architektonisch nicht immer gelungener Mix aus Tradition und Moderne. Südlich des Kolonialhafens wurden in den 1960er- und 70er-Jahren Wohnsilos angelegt, in denen Hunderte von Menschen auf engstem Raum zusammenleben sollten – in der Absicht, ihnen einen Zugang zu Krankenhäusern, Schulen und Arbeitsplätzen zu verschaffen. Die sozialen Probleme, die dadurch heraufbeschworen wurden, haben die Stadtplaner allerdings eines Besseren belehrt. Heute wird wieder in Anlehnung an die Tradition gebaut. Sehenswerte historische Gebäude befinden sich vor allem in der Nähe des Kolonialhafens im Westen der Stadt.
Fast ein Muss für jeden Nuuk-Besucher ist ein Bummel über den **Brædtet** – ein traditionsreicher Markt, auf dem die Fischer und Jäger der Umgebung Spezialitäten wie Robben- und Walfleisch anbieten.
In unmittelbarer Nähe des Kolonialhafens befindet sich auch das grönländische **Nationalmuseum**, das mit einer umfangreichen ständigen Ausstellung über die Geschichte der Insel und die Entwicklung der

Bucht des Eriksfjords. Die wikingerzeitliche Siedlung wurde wohl von einem Verwandten Eriks des Roten angelegt und bestand aus einem Langhaus sowie mehreren Gehöften. Von der Anlage sind nur die Grundmauern zu sehen. Die Ruinen der auf dem Areal um 1300 errichteten Kirche hingegen gehören zu den besterhaltenen der Groenlendingar-Zeit. Ganz im Innern des Eriksfjords liegen die Ruinen Brattahlíd – der Ort, an dem sich Erik der Rote 985 niederließ. Wie archäologische Funde belegen, gründete der berühmte Wikinger mit anderen isländischen Kolonisten an der Südküste Grönlands viele Siedlungen, die sich über 500 Jahre hielten, und erst im 15. Jh. verlieren sich die Spuren der grönländischen Wikinger. Historiker vermuten, dass das Ende der mittelalterlichen Warmzeit, also eine Kälteperiode für ihr Verschwinden verantwortlich war.

modernen Kunst auf Grönland informiert. Wer der Stadt entfliehen möchte, kann auf einem der zahlreich angebotenen Bootsausflüge die Umgebung erkunden oder sich mit einem Helikopter zum 100 km entfernten **Inlandeis** fliegen lassen.

**Sisimiut** In der 6000 Einwohner zählenden Stadt 100 km nördlich des Polarkreises machen Cruiseliner recht häufig Station. Das liegt sicherlich nicht nur daran, dass das etwa 160 km weiter südlich gelegene Kangerlussuaq als Standort des internationalen Flughafens von Grönland zugleich Ausgangs- und Zielpunkt vieler Grönlandkreuzfahrten ist. Die Stadt selbst lockt mit einigen Sehenswürdigkeiten. Sie ist berühmt für ihre **kunsthandwerklichen Traditionen** und ein wahres Mekka für Souvenirjäger. Die Geschäfte bieten Arbeiten aus Speckstein, Knochen oder Perlen und hochwertige Fellkleidung an.
Auf der sogenannten **Zimmermannsinsel** am Hafen und im Stadtzentrum erinnern einige kolonialzeitliche Bauten an die Zeit, als Sisimiut ein Treffpunkt für Walfänger und Robbenjäger war, die hier ihre Trinkwasservorräte auffüllten. Auch im Stadtzentrum sind einige Kolonialbauten erhalten. Das sogenannte **Alte Haus** hinter der Berthelkirche wurde 1755 im norwegischen Bergen errichtet, danach sorgfältig zerlegt, nach Grönland transportiert und in Ukiivik wieder aufgebaut, bevor es 1764 seinen endgültigen Platz in Sisimiut erhielt. Heute beherbergt es ein Museum mit Fundstücken aus der Zeit der Saqqaq-Kultur. Die hellblau leuchtende **Berthelkirche** selbst wurde 1775 geweiht. Sie ist die älteste Holzkirche Grönlands. Viele Veranstalter bieten Bootsausflüge in die Umgebung Sisimiuts an.

**Schmuck präsentieren sich die Häuser von Nuuk.**

**Ilulissat** Die mit ca. 5 000 Einwohnern drittgrößte Kommune Grönlands ist zugleich das touristische Zentrum der Insel. Größte Attraktion ist natürlich der südlich der Stadt in die Diskobucht mündende **Ilulissat-Eisfjord**, der jährlich Tausende von Touristen anzieht. Ilulissat selbst verfügt nicht nur über eine gut entwickelte touristische Infrastruktur mit Hotels, Restaurants und Geschäften, sondern wartet auch mit einigen historischen Sehenswürdigkeiten auf. Gleich am Hafen erinnern einige kolonialzeitliche Gebäude aus dem 18. Jh. an die Zeit, als die Stadt eine bedeutende Missionsstation und ein wichtiger Handelsplatz war. 1734 wurde sie von dem dänischen Kaufmann Jakob Severin gegründet und nach ihm **Jakobshavn** benannt. Heute beherbergt sie ein **Kunstmuseum** sowie verschiedene Sammlungen aus dem städtischen Museum.

**Nordgrönland** Obwohl die Häfen nur für kurze Zeit eisfrei sind, bieten Kreuzfahrtveranstalter auch Expeditionen in den hohen Norden Grönlands an. Die Aussicht, die Arktis pur und hautnah zu erleben, lockt immer mehr Abenteuer-Urlauber an.
Wichtiger Anlaufhafen ist **Upernavik**, der Hauptort des gleichnamigen Archipels, das sich über ein Gebiet so groß wie Großbritannien erstreckt und doch nur knapp 3 000 Einwohner zählt. Die Region, deren Name so viel wie »Frühlingsort« bedeutet, ist für ihre reiche Vegetation und für die Felsen, auf denen Tausende von Vögeln nisten, bekannt.
Der Ort darf sich außerdem rühmen, das nördlichste **Freilichtmuseum** der Welt zu beherbergen; es wurde Anfang der 1950er-Jahre von den beiden Dänen Lund-Drosvad und Knudsen gegründet. Nördlich der Stadt Upernavik treiben in dem gleichnamigen Fjord die größten Eisberge der Nordhalbkugel Richtung offenes Meer.

**Oben links: Blick auf die sommerliche Küste Nordwestgrönlands. Oben rechts: Treibeis im Prins Christian Sund an der Südspitze Grönlands.**

Wohl jeder Cruiseliner (großes Bild: »MS Deutschland«) auf Grönlandfahrt steuert die Diskobucht rund 300 km nördlich des Polarkreises an. Die Passagiere werden von einer arktischen Bilderbuchlandschaft erwartet. Das Meer ist hier übersät von Eisplatten, die aus dem Ilulissat-Eisfjord in die Bucht treiben (rechts). Sie stammen von der Abbruchkante des Gletschers Sermeq Kujalleq 40 km weiter landeinwärts. An der Mündung des Fjords sorgt eine Unterwassermoräne dafür, dass sich die Ungetüme oft jahrelang stauen und eine riesige Eiswand bilden. Erst wenn sie auseinanderbrechen, treiben sie ins Meer. Der Sermeq Kujalleq ist mit einer Geschwindigkeit von über 25 m pro Tag der wohl schnellste und produktivste Gletscher der nördlichen Hemisphäre. An seiner Abbruchkante stürzen täglich Eismassen mit einem durchschnittlichen Gesamtgewicht

von rund zehn Millionen Tonnen ins Wasser. Seit in den 1990er-Jahren festgestellt wurde, dass sich der Rückzug der Gletscherkante beschleunigt, ist der Sermeq Kujalleq zu einem Symbol für den Klimawandel geworden. Gletscherzunge und Eisfjord sind seit 2004 UNESCO-Weltnaturerbe. Der Eqip Sermia im Norden der Diskobucht ist der weltweit wohl einzige kalbende Gletscher, vor dessen über 2 km breiter Abbruchkante Schiffe kreuzen.

# Nordpol

## Wettlauf zum Pol

Die Geschichte der Nordpolarexpeditionen ist lang und ereignisreich. Besessen von der Idee und dem Wunsch, den Nordpol als Erster zu erreichen, lieferten sich Forscher und Abenteurer einen intrigen- und dramenreichen Wettlauf. Dass Robert E. Peary (1856–1920) tatsächlich am 6. April 1909 mit Matthew A. Henson zuerst zum Nordpol gelangte, wird in der Wissenschaft stark angezweifelt (Bild rechts). Der Forscher Frederick Cook (1865–1940) reklamierte für sich, den Nordpol bereits ein Jahr zuvor betreten zu haben, was ebenfalls als wenig wahrscheinlich gilt. Belegt ist je-

**Der Nordpol ist der nördlichste Punkt der Erde, an dem sich die Erdachse mit der Erdoberfläche schneidet. Er liegt nicht auf Festland, sondern im Arktischen bzw. Nordpolarmeer, das an die Nordränder von Nordamerika, Europa und Asien angrenzt und in der zirkumpolaren Region großteils (noch) von Eis bedeckt ist.**

Obwohl im (fast) ewigen Eis gelegen, ist der Nordpol auch Ziel von Kreuzfahrten, und wohl eines der exotischsten. Möglich macht dies die russische Eisbrechertechnik.

Von Murmansk aus, dem eisfreien Hafen an der Barentssee auf der Kola-Halbinsel, startet im Juni und Juli der größte atomkraftgetriebene Eisbrecher der Welt zur zweiwöchigen Nordpolarfahrt. Die Route führt zunächst durch die eisfreien Gewässer der Barentssee. Nach etwa 1000 km, der Hälfte der Distanz, wird bei 80 Grad Nord die Packeisgrenze erreicht. Ab hier muss sich der Eisbrecherkoloss seinen Weg durch teils meterdickes Packeis pflügen. Begleitet vom Knirschen des gebrochenen Eises, türmen sich meterhohe Eismassen entlang der Bordwände des Schiffs auf. Das Reich des Packeises ist auch der Lebensraum der Eisbären, die sich hier – wenn man Glück hat – sichten lassen. Wegen der Klimaerwärmung schrumpft die Eisdecke des Nordpolarmeeres allerdings zusehends. Im September 2011 waren nur noch rund 4,2 Millionen $km^2$ von Eis bedeckt, was dem zweitniedrigsten Stand seit 1979 entspricht.

Nach fünf bis acht Tagen Fahrt zeigt der Kompass 90 Grad Nord an – der Nordpol ist erreicht! Er lässt sich unmittelbar vom Schiff aus betreten – ein unvergesslicher Augenblick: Wo es keine Zeit mehr zu geben scheint und vom 21. März bis 23. September die Mitternachtssonne nicht untergeht, fällt der Blick durch die weiße Eiswüste in alle Richtungen nach Süden!

Auf der Rückreise nach Murmansk gibt es einen Abstecher zum Franz-Joseph-Land. Per bordeigenem Hubschrauber setzt man auf den Archipel über, wo sich der nördlichste Landpunkt Eurasiens (Kap Fligely, Rudolf-Insel) befindet. Spektakuläre Felsklippen, Berge, Gletscherabbruchkanten, Geoden (bis zu drei Meter dicke Steinkugeln auf der Champ-Insel) sowie Eisbären, Walrosse und Seevögel lassen sich bewundern.

**Im Sommer bricht die Eisdecke im Nordpolarmeer teilweise auf.**

**Ein faszinierendes Erlebnis ist ein Pol-Spaziergang im Eis vor dem mächtigen Eisbrecher »Yamal« (großes Bild).**

doch, dass der Flug des Luftschiffs »Norge«, der von Umberto Nobile, Roald Amundsen und Lincoln Ellsworth im Mai 1926 durchgeführt wurde, über den geografischen Nordpol führte. 1958 kreuzte zum ersten Mal das U-Boot »USS Nautilus« unterhalb der geschlossenen Eisdecke des geografischen Nordpols. Erstmals nachweislich betreten wurde er 1937 durch eine sowjetische Expedition unter Iwan Papanin.

# Nordwest-passage

## Der berühmte Seeweg im Nordpolarmeer

Am nächsten kamen dem nördlichsten Punkt der Erde zunächst jene mutigen Seefahrer, die sich ab dem 16. Jh. auf die Suche nach der Nordost- bzw. der Nordwestpasssage begaben, den Seewegen im Nordpolarmeer und seinen Randmeeren entlang der Nordküsten Europas und Asiens bzw. Amerikas. Pioniere der Seefahrt waren hier Sebastiano Caboto, John Davis, Martin Frobisher und Willem Barents. Später erkundeten englische und russische Seefahrer die Terra incognita aus Wasserstraßen, Flussmündungen und In-

**Die Befahrung der Nordwestpassage, die schon manchen Seeleuten und Polarforschern zum Schicksal wurde, ist auch heute noch ein faszinierendes Abenteuer. Durch Treibeisfelder, zwischen Packeis und Eisbergen führt die legendäre Route im Norden Amerikas vom Atlantik zum Pazifik.**

**Pond Inlet** Durch den schmalen Pond Inlet führt die Route zur gleichnamigen Siedlung im Norden der Baffin-Insel. Hier am Eclipse Sound wird zum ersten Mal auf der Reise kanadisches Territorium betreten. Die erst vor einigen Jahrzehnten gegründete Siedlung heißt in der Sprache der Inuit, die die überwiegende Mehrheit der rund 1300 Einwohner bilden, Mittimatalik. Für einige Jahre bestand hier am Anfang des 20. Jh. eine Walfangstation, die jedoch schon bald wieder aufgegeben wurde.
Trotz des unwirtlichen Klimas lebten in der Region um Pond Inlet schon vor mindestens vier Jahrtausenden Menschen. Archäologen konnten bei ihrer Forschungsarbeit Funde der Dorset- und der Thule-Kultur zuordnen. Ab dem Jahr 1929 bemühten sich Missionare der anglikanischen sowie der katholischen Kirche um die Verbreitung und Festigung christlicher Glaubenslehren.
Wie die meisten Orte der Arktis besteht Pond Inlet aus verstreut liegenden nüchternen Zweckbauten, von denen kein besonderer Reiz ausgeht. Umso eindrucksvoller aber ist die Lage der Siedlung, die von einer großartigen Bergkulisse überragt wird. Im Süden steigen die Berggipfel bis auf über 1500 m auf. Im Norden, auf der nicht minder steil aufragenden Nachbarinsel Bylot, werden Höhen von mehr als 2000 m erreicht. Hier liegt der Ursprung mehrerer Gletscher, die dem Meer gewaltige Eismassen zuführen.
Der Eclipse Sound und der zu ihm hinführende Pond Inlet, die Bylot-Insel von der Baffin-Insel trennen, sind auch im Sommer mit Treibeis und Eisbergen übersät. Faszinierend ist nicht nur der Anblick der arktischen Landschaft. Gebannt wird der Besucher auch von der unerwartet reichen Tierwelt in den Meeresarmen. Belugas, Narwale und gelegentlich sogar Grönlandwale sind hier zu beobachten. Auch Pottwale und Orcas wurden schon gesichtet. Hinzu kommen weitere Meeressäuger, vor allem Walrosse und verschiedene Robbenarten.
Die benachbarte Bylot-Insel ist als Vogelschutzgebiet bekannt. In die Hunderttausende geht die Zahl der Dickschnabellummen und Dreizehenmöwen, die auf den Klippen nisten. Fahrten zur Vogel- und Walbeobachtung können von Pond Inlet aus organisiert werden. Angeboten werden außerdem Bootstouren für Angler und im Frühjahr auch Fahrten mit Schneemobil und Hundeschlitten.
Das Nattinak Centre in Pond Inlet ist ein interessant gestaltetes Informationszentrum, in dem man profund über die Möglichkeiten des Naturerlebens im Vogelschutzgebiet und im **Sirmilik-Nationalpark** aufgeklärt wird.

**Dundas Harbor** An der felsigen Westküste von Bylot-Insel entlang führt die Route weiter durch den schmalen Navy Board Inlet nach Norden in den Lancaster Sound, den 80 km breiten Hauptzugangsweg zur Nordwestpassage. Mit einer Tiefe von über 1000 m ist dies der tiefste Abschnitt der gesamten Nordwestpassage, deren Meeresstraßen in der Regel nur Tiefen von weniger als 300 m aufweisen.
Nach kurzer Fahrt ist Dundas Harbor an der Südostküste der Devon-Insel auf nahezu 75 Grad nördlicher Breite erreicht. Bereits 1922 wurde hier ein Militärposten mit zwei Mann Besatzung begründet, um Kanadas Hoheitsrechte in der Arktis zu unterstreichen und eventuellen Ansprüchen der USA zuvorzukommen. Der Posten wurde zwar 1932 aufgegeben, doch besteht in der Frage der Hoheitsrechte in den arktischen Gewässern immer noch Uneinigkeit. Das Gebiet nördlich von Dundas Harbor steigt bis auf nahezu 1900 m an und ist völlig vergletschert. Die Küstenregion war bereits vor Jahrtausenden Lebensraum von Menschen, wie prähistorische Funde aus der Zeit der Dorset- und der Thule-Kultur belegt haben.
Dundas Harbor ist ein idealer Platz, um die arktische Tierwelt kennenzulernen. Walrosse und

seln im hohen Norden immer besser – wegen Packeis gelangten sie aber nie über 70 bis 80 Grad nördlicher Breite hinaus. Erst Adolf Nordenskiöld bezwang 1878/79 erstmals die Nordostpassage, Roald Amundsen (links) gelang dies 1903 bis 1906 für die Nordwestpassage. Als 1882/83 das Erste Internationale Poljahr ausgerufen wurde, errichteten viele europäische Länder und die USA Forschungsstationen in der Arktis.

**Hundeschlittengespann in der arktischen Eiswüste.**

**Ein Ereignis für das ganze Dorf: Zerlegen eines Belugawales.**

Seehunde an der Küste und an Land Moschusochsen gehören zu den eindrucksvollsten Fotomotiven. Mit den Eisbären, die gleichfalls hier leben, sollte man jedoch lieber keine allzu enge Bekanntschaft machen. An Land sind die plündernden Wanderer allerdings seltener zu sehen, denn ihre Beutezüge betreiben sie meist von den Eisschollen aus.

**Beechey-Insel** Die Insel wurde 1819 von dem Seefahrer William Edward Parry entdeckt und nach einem Offizier der Schiffsbesatzung benannt. Sie hat in der Geschichte der Erforschung der kanadischen Arktis eine wichtige Rolle gespielt. Im Jahr 1845 fand der Polarforscher John Franklin hier einen günstigen Platz für seine Schiffe zur Überwinterung. Als 1851 eine Suchexpedition bis hierher vorstieß, fand man zwar die durch Steine gekennzeichneten Gräber von drei Mitgliedern der Expedition, jedoch keinen Hinweis auf das Schicksal der übrigen Besatzung.
1980 wurden die sterblichen Überreste der drei Männer wissenschaftlich untersucht. Dabei stellte sich heraus, dass sie vermutlich an einer Bleivergiftung gestorben waren. Die mit Blei verlöteten Lebensmittelkonserven, von denen die Mannschaft monatelang gelebt hatte, waren wohl die Ursache der Vergiftung. Allerdings entdeckte man auch Anzeichen einer Lungenerkrankung, die gleichfalls zum Tode geführt haben könnte.
Im Jahr 1979 wurde Beechey-Insel zum historischen Ort der kanadischen Nordwestterritorien erklärt und gehört heute wie große Teile im Nordosten Kanadas zum 1999 geschaffenen Territorium Nunavut. Die Gräber der verstorbenen Seeleute sind bis heute ein interessanter Anziehungspunkt für Arktisreisende.

**Resolute** Der auf Cornwallis-Insel gelegene Ort gehört mit seinen rund 250 Einwohnern (überwiegend Inuit) zu den am weitesten nördlich gelegenen Siedlungsplätzen der Erde. Der Flughafen, der auch von großen Flugzeugen angeflogen werden kann, ist eines der wichtigsten Drehkreuze des Luftverkehrs in der kanadischen Arktis.
Resolute erinnert daran, welche Strapazen und Schicksale zu erleiden waren, bis die Nordwestpassage bezwungen war.

**Umherziehender Eisbär auf der Suche nach Beute (oben).**

Die Hurtigruten auf der maritimen »Reichsstraße 1« zählt zu den schönsten Seereisen der Erde. Hier steuert das Hurtigruten- Schiff »MS Polarlys« den Lofotenarchipel an.

# Europäisches Nordmeer

Fjorde, Mitternachtssonne, das Nordkap und urbane Schönheiten wie Oslo, Bergen oder Trondheim: Eine Tour mit dem Schiff durch das Europäische Nordmeer verspricht vielfältige, faszinierende Eindrücke zu Wasser und zu Land. Hier ist Europa am einsamsten und ursprünglichsten, die Sonne scheint im Sommer ununterbrochen über die mächtigen Gletscher, tosende Wasserfälle stürzen Hunderte von Metern hinab in grandiose Fjorde. Auf den Spuren der Wikinger wird Vergangenheit gegenwärtig. In Bergen zeugt das ehemalige Kaufmannsviertel Bryggen vom einstigen Glanz der Hansestadt als Zentrum des gesamten nordischen Fischhandels.

# Oslo

## Edvard Munch

Fast jeder kennt sein Bild »Der Schrei«: Eine Figur mit vor Entsetzen aufgerissenem Mund und eingefallenen Wangen blickt am Betrachter vorbei. Die

**Land:** Norwegen
**Einwohner:** 599 000
**Sprache:** Norwegisch
**Währung:** Norwegische Krone
**Hauptreisezeit:**
Mai bis September
**Zeitzone:** UTC + 1

**Die Hauptstadt Norwegens liegt ca. 100 km vom offenen Meer entfernt am nördlichen Ende des malerischen Oslofjordes. Ihre besondere Attraktivität verdankt sie ihrer Lage in einer von dichten Wäldern, zahlreichen Seen und Stränden geprägten Naturlandschaft sowie ihrem Großstadtflair. Die Stadtgründung erfolgte im Jahre 1048 unter Harald III. 1299 machte König Håkon V. Oslo zur norwegischen Hauptstadt. Im Mittelalter entwickelte sich die Stadt zu einer der bedeutendsten Residenz- und Kaufmannsstädte in ganz Skandinavien. Oslo zählt heute zu den teuersten Städten der Welt und führt seit Jahren regelmäßig die Liste der Metropolen mit dem höchsten Preisniveau an. Die Stadt ist eine Wintersporthochburg. 1952 fanden hier die Olympischen Winterspiele statt. Die alljährlich auf dem Holmenkollen, einem Berg bei Oslo, ausgetragenen Skisprungwettbewerbe zählen ebenso wie die 2011 fertiggestellte Megaschanze zu den bedeutendsten der Welt. Von den Docks der Kreuzfahrtschiffe kann man die Sehenswürdigkeiten im Hafenbereich und das Stadtzentrum in wenigen Minuten gut zu Fuß erreichen.**

**Festung Akershus** Zwischen den beiden Hafenbecken liegt auf einer Halbinsel die Festung Akershus. Ihre Ursprünge gehen auf das Jahr 1299 zurück. Zwischen 1593 und 1646 wurde sie letztmalig nach den Erfordernissen der militärischen Entwicklung umgebaut. Zu dieser Zeit wurde die mittelalterliche Burg im Zentrum der Anlage in ein Renaissanceschloss umgewandelt und dient seitdem auch als Residenz der norwegischen Könige.

**Aker Brygge** Am Rand des westlichen Hafenbeckens stehen die modernen Glasbauten des Aker-Brygge-Viertels. Auf schwimmenden Plattformen und dem Kai sind hier Restaurants und Cafés entstanden, die mit Blick auf den Schiffsverkehr zum Verweilen einladen.

**Das Wikingerschiffsmuseum liegt auf der Halbinsel Bygdøy.**

**Opernhaus** Vor den kopfseitigen Kais des östlichen Hafenbeckens erhebt sich das erst 2008 fertiggestellte moderne Opernhaus – ein spektakuläres Bauwerk aus Glas und Beton, das an einen Eisberg erinnern soll.

**Museumsinsel** Nach kurzer Fahrt mit dem Fährboot erreicht man die westlich des Hafens gelegene Museumsinsel **Bygdøy**. Das **Norsk Folkemuseum** bietet hier auf einem 14 ha großen Freigelände mit 155 Gebäuden aus allen Landesteilen, darunter die **Stabkirche von**

expressiv überhöhten grau-grünen und orange-roten Farbtöne sowie die gewundenen Linien verleihen dem existenziellen Grauen drastischen Ausdruck. Mit diesem Bild schuf der norwegische Maler Edvard Munch (1863–1944), ein Wegbereiter des Expressionismus, eine Ikone der modernen Kunst. »Der Schrei« war ebenso wie »Madonna« (links) oder »Vampir« Bestandteil eines 22-teiligen »Lebensfrieses«, mit dem er auf der Ausstellung der Berliner Secession 1902 Furore machte. In dem Zyklus verarbeitete Munch Grenzerfahrungen und Seelenzustände des Individuums im Fin de Siècle; wiederkehrende Motive waren Krankheit, Tod und unerfüllte Liebe. Auch Munchs grafisches Werk wurde wegweisend. Nach seiner Rückkehr nach Norwegen 1908 schuf er Porträts und Landschaftsbilder, aus denen das Düstere weitgehend verschwunden ist.

**Gol**, ein umfassendes Bild der norwegischen Kulturentwicklung. In der großen **Wikingerschiffshalle** sind die drei berühmtesten restaurierten Wikingerschiffe ausgestellt, darunter das mit typischen Ornamenten verzierte »Osebergschiff«. In der lichtdurchfluteten Halle des **Fram-Museums** erwartet den Besucher das Polarforschungsschiff »Fram«, ein aus Eichenholz gebauter Dreimastschoner, mit dem Friedtjof Nansen den Nordpol erreichen wollte und Roald Amundsen die Antarktis erforschte. Gegenüber liegt das **Kon-Tiki-Museum** mit dem aus Balsaholz gefertigten Floß, auf dem der Ethnologe Thor Heyerdahl mit fünf Gefährten das Abenteuer der Pazifiküberquerung von Peru nach Polynesien bestand. In einer Nachbarhalle ist die »Ra II« zu besichtigen. Mit diesem Papyrusboot, einem Nachbau alter ägyptischer Schiffe, brach Heyerdahl mit seiner Mannschaft 1970 von Marokko aus zu einer 58-tägigen Fahrt über den Atlantik bis nach Amerika auf, um zu beweisen, dass schon die alten Ägypter diese Strecke bewältigen konnten. Im **Norwegischen Seefahrtsmuseum** kann man sich abschließend über die Geschichte der Seefahrt in Norwegen von den Anfängen bis zur Gegenwart informieren.

**Königliches Schloss** Am Westrand des Stadtzentrums liegt inmitten der 22 ha großen Parkanlagen und nur ein Kilometer vom Hafen entfernt das im klassizistischen Stil erbaute Schloss. Die 100 m lange und fast 24 m breite Hauptfront weist im Mittelteil einen von Säulen getragenen offenen Vorbau auf. Rückwärtig schließen sich zwei 40 m lange und 14 m breite Seitenflügel an. Neben dem König nutzt der norwegische Staat als Eigentümer die 173 Räume für verschiedene repräsentative Zwecke.

**Zentrum** Entlang des breiten, in den Jahren 1830–1840 angelegten Prunkboulevards, der Karl Johans Gate, die vom Hauptbahnhof zum Schloss führt, reihen sich die wichtigsten Bauwerke der Altstadt. Es findet sich rechter Hand der 1697 eingeweihte **Dom**, der vor allem durch die 1500 m² bedeckende Gewölbemalerei im Innenraum beeindruckt. Folgt man dem Boulevard in Richtung des Schlosses, liegt auf der linken Seite das 1861 im neugotischen Stil errichtete monumentale **Storting**, in dem das Parlament Norwegens tagt. Schräg gegenüber sieht man das **Grand Hotel** aus dem 19. Jh. Es beherbergt ein originalgetreu ausgestattetes Café, in dem so bedeutende Künstlerpersönlichkeiten wie Henrik Ibsen, Knut Hamsun und Edvard Munch Stammgäste waren.
In der **Nationalgalerie** sind die Werke der bekanntesten Maler des Landes und der klassischen Moderne ausgestellt.
Das **Historische Museum** befindet sich in einem der schönsten Jugendstilbauten der Stadt. Das Rathaus liegt am Rande des Zentrums. In dem bemerkenswerten Gebäude im Bauhausstil findet alljährlich die Verleihung des Friedensnobelpreises statt. Das benachbarte **Nobel-Friedenszentrum** informiert über die Geschichte des Preises.
**Munch-Museum** Außerhalb des Zentrums, in östlicher Richtung, kann man das Museum besuchen, in dem die bekannten Werke des Malers Edvard Munch ausgestellt sind. Das Museum wurde 1994 zu Munchs 50. Todestag eingeweiht.

**Links oben: Festung Akershus auf der Halbinsel Akersnes. Bildleiste von oben: Das Rathaus am Oslofjord; das moderne Opernhaus; im Storting tagt das Parlament.**

# Stavanger

## Erdöl

Die Hafenstadt Stavanger ist die Erdöl- und Erdgaskapitale Norwegens. Der staatliche Ölkonzern Statoil und internationale Ölfirmen haben hier ihren Sitz,

**Land:** Norwegen
**Einwohner:** 125 000
**Sprache:** Norwegisch
**Währung:** Norwegische Krone
**Hauptreisezeit:**
Mai bis September
**Zeitzone:** UTC + 1

**Stavanger ist die viertgrößte Stadt Norwegens. Sie erstreckt sich teils über Marschland, das unterhalb des Meeresspiegels liegt, teils über einige Inseln im Mündungsdelta des Figgjoelvaflusses am Ausgang des Lysefjordes.**
**Die Stadt wurde zwischen 1122 und 1125 als Bischofssitz gegründet. Über die Jahrhunderte beeinträchtigten schwere Seuchen wie Pest oder Typhus, aber auch Wirtschaftskrisen und verheerende Feuer ihre Entwicklung. Ein stetiger Aufschwung setzte erst im 18. Jh. durch den Ausbau des Hafens und der Fischereiwirtschaft ein. Durch die Ansiedlung von Konservenfabriken wurde Stavanger ein wichtiger Industriestandort. Nach der Entdeckung großer Erdöl- und Erdgasvorkommen vor der Küste Ende der 1960er-Jahre entwickelte sich die Stadt zum Zentrum der norwegischen Öl- und Gasindustrie. Dank ihrer Nähe zum landschaftlich reizvoll gelegenen Lysefjord ist sie aber auch ein beliebtes Kreuzfahrtziel.**

**Historisches Stadtzentrum** Die Altstadt Stavangers erstreckt sich zu beiden Seiten der engen, in Nord-Süd-Richtung verlaufenden Hafenbucht. Das Viertel »Gamle Stavanger« im Westen der Bucht kann von der Anlegestelle für Kreuzfahrtschiffe in wenigen Gehminuten erreicht werden. Ein Bummel durch die engen, von weißen Holzhäusern aus dem 18. und 19. Jh. gesäumten Gassen ist ein unbedingtes Muss für jeden Stavanger-Besucher. In »Gamle Stavanger« befindet sich das weltweit einzige Konservenmuseum. Es ist in einem historischen Fabrikgebäude untergebracht und informiert über die lokale Konservenindustrie. Das Viertel auf der anderen Seite der Bucht lockt mit einem Ensemble farbenfroher historischer Holzhäuser. Hier befindet sich auch der ehemalige Aussichtsturm der Feuerwächter, in dem heute ein kleines Museum untergebracht ist.

**Der romanische Innenraum des St.-Svithun-Doms in Stavanger.**

**Kathedrale** Das Gotteshaus liegt umgeben von hohen Laubbäumen im Süden des Hafens am Ufer des Stadtsees. Der um das Jahr 1125 begonnene romanische Kirchenbau weist bereits gotische Stilelemente auf und ist ein Beispiel für die anglonormannische Bauweise, die die englischen Handwerker in Norwegen einführten. Stavangers Kathedrale zählt zu den wenigen mittelalterlichen Kirchenbauten Norwegens, die über die Jahrhunderte nicht verändert wurden.

**Ölmuseum** Hier wird die Geschichte der norwegischen Erdöl- und Erdgasförderung anschaulich dargestellt. Als Höhepunkt der Besichtigung erhält der Besucher auf einer begehbaren Mini-Bohrinsel einen Einblick in die Arbeitsbedingungen auf einer Hochsee-Bohrinsel.

**Sola** Diese kleine Nachbargemeinde Stavangers kann vom Hafen aus leicht mit dem Auto oder dem Bus erreicht werden. Ihr Strand zählt zu den längsten Norwegens und wurde von der »Sunday Times« sogar zum

und der nahe gelegene Flughafen Sola ist die Drehscheibe für den Verkehr zu den Ölbohrinseln vor der Küste. Mit der Eröffnung des Ekofisk-Felds rund 300 Kilometer vor der Küste begann 1971 die Offshore-Erdölförderung (links) im norwegischen Nordseesockel, ab 1977 ergänzt durch die Erdgasförderung. Das Fördern, die Produktion, aber auch Transport und Vermarktung von Öl und Naturgas wurden Norwegens bedeutendster Wirtschaftszweig und prägten insbesondere die Entwicklung und das Stadtbild von Stavanger. Das Ekofisk-Feld ist mit 29 Offshore-Installationen das größte Industriegebiet der Nordsee und ein Knotenpunkt für Rohrleitungen zum europäischen Kontinent. Von den ursprünglich vorhandenen 524,1 Millionen Tonnen Öl waren Anfang 2005 440 Millionen Tonnen gefördert; die Förderkonzessionen laufen bis 2028.

fünftschönsten Strand der Welt gekürt. Er wird durch niedrige, mit Strandhafer bewachsene Dünen vom Hinterland abgegrenzt und bietet sich als Ausflugsziel für alle an, die einen Tag mit Schwimmen, Sonnenbaden oder Kitesurfen verbringen wollen.

**Lysefjord** In Stavangers Hafen starten regelmäßig Ausflugsschiffe in diesen 40 km langen und bis zu 500 m tiefen Fjord. Die Fahrt führt an hohen und in vielen Bereichen senkrecht abfallenden glatten Steilwänden aus Granitgestein vorbei. Ihrer hellen Färbung verdankt der Fjord seinen Namen. Nach einem Viertel der Fahrstrecke taucht im Norden eine der berühmtesten Sehenswürdigkeiten Norwegens auf – der **Preikestolen** (»Predigtstuhl«). Volle 604 m über dem Fjord ragt die ca. 25 m² große Felsplattform aus den Steilwänden hervor. Sie ist ein beliebtes Ausflugsziel für Abenteuerlustige ohne Höhenangst. Ein Aufstieg dauert mehrere Stunden und lohnt sich sehr. Der Blick von der Felsenkanzel auf die Fjordlandschaft ist atemberaubend und wird von jährlich 100 000 Besuchern genossen. Am Ende des Fjordes liegt das bis zu 1100 m hohe **Plateau des Kjerag**, das geübte Wanderer über gesicherte Wege in drei bis vier Stunden erklimmen können. In seinem Westteil ist in einer tiefen Spalte ein 5 t schwerer Felsbrocken, der **Kjeragbolten**, einklemmt. Ganz Mutige wagen sich auf den schweren Brocken, von dem niemand weiß, wie er in den Felseinschnitt geraten ist, und posieren für Erinnerungsfotos.

**Oben links: Die denkmalgeschützte Altstadt von Stavanger. Am Klemmblock stürzen die Felswände fast 1000 Meter zum Fjord hinab (rechts).**

## Lysefjord

Von dem 25 $m^2$ großen, auf 604 m Höhe gelegenen und an drei Seiten senkrecht abfallenden Felsplateau Preikestolen schweift der Blick über den Lysefjord auf die Bergwelt der Ryfylkeheiene (unten).

Nur wirklich schwindelfreie Wagemutige sollten von dem in jeder Hinsicht spektakulären Standort die Aussicht genießen (links).

# Bergen

## Fischmarkt in Bergen

Der Marktplatz »Torget« am historischen Hansehafen Bryggen in Bergen ist der farbenprächtigste und berühmteste Fischmarkt Skandinaviens und das touristische Herz der Hansestadt. Hier gibt es frischen Fisch, Krebse, Krabben, Fischbrötchen, Elch- und Rentiersalami sowie Blumen, Saisongemüse, Kunsthandwerk und vieles mehr (rechts). Die Stände haben im Sommerhalbjahr täglich ab sieben Uhr morgens zwölf Stunden lang geöffnet. Am Rand des Marktplatzes befinden sich Restaurants und Cafés sowie die Talstation der Standseilbahn zum Aussichtsberg Fløyen, so-

**Land:** Norwegen
**Einwohner:** 260 000
**Sprache:** Norwegisch
**Währung:** Norwegische Krone
**Hauptreisezeit:**
Mai bis September
**Zeitzone:** UTC + 1

**Nicht zuletzt dank ihrer unvergleichlichen Lage am Inneren Byfjord wird die zweitgrößte Stadt Norwegens auch »Königin der Fjorde« genannt. Von hier aus brechen alljährlich Hunderte von Schiffen zu Kreuzfahrten durch die norwegischen Fjorde auf. Der Hafen ist Start- und Endpunkt der berühmten Postschiffslinie Hurtigruten, die seit 1893 die Städte und Gemeinden entlang der norwegischen Küste bis hinauf nach Kirkenes verbindet. Bergen wurde 1070 gegründet und war lange Zeit die größte Stadt Norwegens. Zwischen 1217 und 1299 residierten hier sogar die norwegischen Könige. Bereits 1360 eröffnete in Bergen ein Kontor der Hanse. Dieses Bündnis entstand bereits im Hochmittelalter und endete mit der Entdeckung Amerikas im Jahr 1492, als sich der Handel nach Westen verlagerte. Seit dieser Zeit ist die Stadt mit ihrem Hafen eines der wichtigsten Handelszentren Skandinaviens.**

**Bryggen** Der an der Nordostseite des Hafens gelegene älteste Teil Bergens geht auf hanseatische Kaufleute zurück, die hier im 14. Jh. Handelskontore eröffneten. Zwar wurde das Viertel über die Jahrhunderte mehrmals durch verheerende Feuer zerstört. Da die Bewohner ihre Häuser nach einem Brand immer originalgetreu wieder aufbauten, konnten die mittelalterlichen Bauformen bis heute im Wesentlichen konserviert werden. Als authentisches Zeugnis hanseatischer Baukunst steht Bryggen deshalb seit 1979 auf der UNESCO-Weltkulturerbeliste.
Eine Besichtigung ist ein Muss für jeden Bergen-Besucher. In viele der 280 schmucken, spitzgiebeligen Kontorhäuser sind Restaurants, kleine Geschäfte oder Museen eingezogen. Das Hanseatische Museum etwa vermittelt in seinen Räumen, die im Stil der Zeit eingerichtet sind, einen Eindruck von der Lebensweise eines hanseatischen Kaufmanns im 14. Jh.

**Einige Fassaden zeigen bis heute Embleme der Handelshäuser.**

Die steinerne **Marienkirche** im Zentrum von Bryggen wurde bereits im 12. Jh. gebaut. Sie ist das älteste Gebäude Bergens und eine der besterhaltenen romanischen Kirchen Norwegens. Der Neubau des Bryggens Museum unweit der Kirche wurde an der Stelle errichtet, an der die Überreste einer Siedlung aus dem 12. Jh. gefunden wurden. Sie sind in den Räumen des Museums ausgestellt.

**Festung Bergenhus** Die Anfänge dieses an der Hafeneinfahrt gelegenen Gebäudekomplexes reichen bis in das 13. Jh. zurück. Nicht zuletzt um seinem Königtum angemessen Ausdruck verleihen zu können, ließ Håkon IV. Håkonsson (1204–1263) hier zwei repräsentative Hallen im Stil der englischen Gotik errichten. Eines der beiden Gebäude wurde während des Zweiten Weltkrieges zerstört, das andere, die Håkonshalle, wurde sorgfältig restauriert und kann besichtigt

dass man den berühmten Markt nach kurzer Zeit auch aus der Vogelperspektive betrachten kann. Fisch wird in zahlreichen Zubereitungen angeboten, die im deutschsprachigen Raum unbekannt sind, wie Fischpudding (fiskepudding) mit Krabbensoße, Fischklöße (fiskeboller), Heringspfannkuchen (sildepannekaker) oder Fischauflauf (fiskegrateng); und pochierter Kabeljau (avkokt torsk) fehlt ganz sicher auf keiner Speisekarte.

Das Wohnzimmer im Hanseatischen Museum in Bergen.

In Gamle Bergen gibt es alte Läden und Werkstätten.

werden. Auch der Rosenkranzturm wurde zuerst unter König Håkon errichtet, im 16. Jh. aber zu einem prachtvollen Renaissancepalast umgebaut.

**Marktplatz und Domkirche St. Olav** Dank des täglich stattfindenden Fisketorget ist der direkt am Vågen gelegene Marktplatz eine besondere Touristenattraktion. Hier werden aber nicht nur fangfrische Fischspezialitäten, sondern auch Blumen und allerlei Gemüse angeboten. Unweit des Marktplatzes ragt der mächtige Turm der Domkirche St. Olav in den Himmel empor. Das Langschiff des Gotteshauses wurde Ende des 12. Jh.s im romanischen Stil erbaut. Der gotische Chor und der untere Teil des Turmes stammen aus dem 13. Jh. In den folgenden Jahrhunderten kamen weitere Anbauten hinzu. Der Turm wurde erst im 17. Jh. fertiggestellt.

**Bergens Kunstmeile** Als Kulturmetropole beherbergt Bergen zahlreiche interessante Museen. Allein am Lille Lungegårdsvann, dem Stadtsee, befinden sich mehrere sehenswerte Gemäldegalerien. Das Bergen Kunstmuseum ist der skandinavischen Malerei vom 14. bis zum 21. Jh. gewidmet. In der benachbarten Bergen Kunsthall wird in wechselnden Ausstellungen zeitgenössische Kunst gezeigt. Die Sammlung Rasmus Meyers Samlinger kann u. a. mit Meisterwerken von Edvard Munch punkten.

**Akvariet i Bergen** Seit 1960 ist das Aquarium eine Attraktion für Groß und Klein. Es liegt an der Spitze der Halbinsel Nordnes und kann vom Hafen aus mit regelmäßig verkehrenden Fährbooten erreicht werden. Mit 70 Schaubecken ist dies eine der modernsten und größten Anlagen in Europa.

**Gamle Bergen** Dieses Freilichtmuseum lockt mit 40 historischen Holzhäusern, die einen lebendigen Eindruck vom Leben der Handwerker und einfachen Menschen, aber auch der reichen Kaufleute im Bergen des 18. Jh.s und 19. Jh.s vermitteln. Es liegt etwas außerhalb des Zentrums im Norden der Stadt, kann vom Marktplatz aus aber schnell mit dem Bus erreicht werden.

**Großes Bild oben: An der natürlichen Hafenbucht Vågen in Bergen liegt das historische Hanseviertel Bryggen.**

**Der Aussichtsberg Fløyen bietet einen wunderschönen Blick auf Bergen (unten), die umgebenden Schären, Inseln und Fjorde. Er ist vom Stadtzentrum aus mit der Fløibahn gut erreichbar.**

**Die auf Pfählen im Wasser stehenden Holzhäuser in Bergen erinnern noch heute an die Anfangszeiten der Postschifffahrtslinie (links).**

# Hurtigruten

## Die Flotte der Post- und Frachtschiffe

Im Sommer verkehren die Hurtigruten-Schiffe der ab dem Jahr 1993 gebauten neuen Generation. Sie wurde für den Kreuzfahrtverkehr konzipiert und bietet einen Komfort, von dem die Nachkriegsflotte weit entfernt war. Der Erfolg der neuen hat zum Bau noch luxuriöserer und größerer Schiffe geführt: Die neue »MS Finnmarken« (2002, rechts) hat acht Decks für 1000 Passagiere, die Schwesterschiffe »MS Trollfjord« und »MS Midtnatsol« (2002) haben neun Decks und etwa 650 Betten in gut 300 Kabinen. Von dieser

**Land:** Norwegen
**Einwohner:** 260 000
**Sprache:** Norwegisch
**Währung:** Norwegische Krone
**Hauptreisezeit:**
Mai bis September
**Zeitzone:** UTC + 1

**Steile Fjorde, Mitternachtssonne, ewiges Eis: Die Hurtigruten von der Weltkulturerbe-Stadt Bergen längs der zerklüfteten norwegischen Westküste, durch die Lofoteninselgruppe und am Nordkap vorbei nach Kirkenes an der Barentssee zählen zu den schönsten Schiffsreisen der Erde.**
**Im Jahr 1893 wurde die »Schnellroute« als Fracht- und Postdienst gegründet, heute werden die Reisen mit den luxuriösen Schiffen meist als Kreuzfahrten angeboten – zwölf unvergessliche Tage dauert die hin und zurück 5200 Kilometer lange Reise, auf der an Mittsommer die Sonne nördlich des Polarkreises nicht untergeht.**
**Am 2. Juli 1893 startete der Kapitän Richard With aus Tromsø mit der DS Vesteraalen von Trondheim nach Hammerfest zur ersten Hurtigruten-Fahrt.**
**1898 folgte die Südverbindung nach Bergen, seit 1914 ist Kirkenes an der Barentssee der nördliche Wendepunkt. Die Hurtigruten nutzt die vom Golfstrom erwärmte, meist eisfreie See im Küstenbereich als ganzjährig befahrbare Verbindung zwischen West-, Mittel- und Nordnorwegen.**
**Im Winter bildeten die Hurtigruten lange Zeit das Rückgrat der norwegischen Verkehrsinfrastruktur, da das Landesinnere bis weit in das 20. Jh. hinein kaum durch Straßen und Eisenbahnen erschlossen war: Während die wenigen Wege im Winter unpassierbar waren, steuerten die für ihre Erfahrung und Zuverlässigkeit berühmten Hurtigruten-Kapitäne ihre »Postschiffe« auch durch Winterstürme und brachten Passagiere und Fracht pünktlich ans Ziel.**
**1962 benutzten fast 600 000 Passagiere die Postschiffe, 1988 waren es weniger als die Hälfte – die Ära der alten Postschiffe war vorbei, dafür begann das Zeitalter des Genussreisens: Bis heute hat sich die Zahl der Passagiere dank neuer, komfortabler Schiffe vervielfacht.**

Abfahrtsterminal in Bergen ist der Nøstet-Kai. Die Kabinen sind in Bergen täglich ab 18.00 Uhr bezugsfertig, die Abfahrt variiert nach Jahreszeit:

| Zeitraum | Abfahrt |
|---|---|
| 01.01.–14.04.12 | 22.30 Uhr |
| 15.04.–14.09.12 | 20.00 Uhr |
| 15.09.–31.12.12 | 22.30 Uhr |

In allen anderen Häfen erfolgt die Einschiffung direkt nach Anlegen des Schiffes, spätestens eine halbe Stunde vor der angegebenen Abfahrtszeit.

Auf ihrer Fahrt von Bergen nach Kirkenes laufen die Hurtigrutenschiffe die folgenden Häfen an: **Florø, Måløy, Torvik, Geiranger, Ålesund, Molde, Kristiansund, Trondheim, Rørvik, Brønnøysund, Sandnessjøen, Nesna, Ørnes, Bodø, Stamsund, Svolvær, Stokmarknes, Sortland, Risøyhamn, Harstad, Finnsnes, Tromsø, Skjervøy, Øksfjord, Hammerfest, Havøysund, Honningsvåg, Kjøllefjord, Mehamn, Berlevåg, Båtsfjord, Vardø, Vadsø, Kirkenes.**

Eine Hurtigruten-Kreuzfahrt kann durch Landausflüge ergänzt werden. Die unterschiedlich langen Ausflüge umfassen Museumsbesuche, Stadtbesichtigungen, den Abstecher zum Nordkap oder die Fahrt vom Geirangerfjord über den Trollstigen in die Jugendstilstadt Ålesund. Sie werden mit Bussen und kleineren Schiffen sowie jahreszeitlich mit Schneemobilen, Speedbooten oder Husky-Gespannen durchgeführt. Eventuelle Ausrüstung wie Thermohandschuhe, Spezialstiefel usw. werden gestellt.
Die Ausflüge werden meist in einer kürzeren und einer längeren Variante angeboten (Trondheim kompakt zwei Stunden oder Trondheim intensiv drei Stunden; Nordkap kompakt drei Stunden oder mit Frühstück und weiterführender Rundfahrt sechs Stunden). Bei der Länge spielen auch die Schneeverhältnisse eine Rolle; so dauert die Fahrt von Geiranger nach Ålesund siebeneinhalb Stunden, wenn der Trollstigen geöffnet hat, bei der bis in den Mai andauernden Wintersperrung des Trollstigen dauert sie nur viereinhalb Stunden. Das Angebot ist so vielfältig, dass es bei einer einzigen Fahrt nicht ausgeschöpft werden kann, bei Hin- und Rückfahrt lassen sich die Angebote variieren. Einige Veranstaltungen sind nur auf der nordgehenden, andere nur auf der südgehenden Route möglich.
Am Ende jedes Landausflugs geht es wieder an Bord des Schiffs, entweder im Hafen, in dem der Landausflug beginnt, oder im nächsten Hafen. Unter den mehr als zwei Dutzend angebotenen Landausflugsmöglichkeiten einige Beispiele:

**Die »MS Finnmarken« verfügt über einen Meerwasserpool.**

**Auf einer Hurtigruten-Fahrt gibt es immer etwas zu entdecken.**

**Jugendstilstadt Ålesund:** Stadtbesichtigung
**Geiranger – Ålesund:** Alterna-

vergleichsweise spartanisch ausgestatteten Nachkriegsflotte werden im Winter weiterhin die »MS Nordstjernen« (1956) und die »MS Lofoten« (1964) eingesetzt, während die alte »MS Finnmarken« derzeit als

Museumsschiff im sehenswerten Hurtigruten-Museum in Stokmarknes auf den Vesterålen in Nordnorwegen liegt. Die Schiffe der »mittleren Generation« haben die Hurtigruten inzwischen alle verlassen.

tive zur Schiffsrückfahrt von Geiranger nach Ålesund ist die Busfahrt über den Ørnevegen und den Trollstigen, zwei der berühmtesten Panorama-Serpentinenstraßen Skandinaviens.

**Atlantikstraße:** Busfahrt von Kristiansund über die Atlantikstraße, eine der ungeachtet ihrer Kürze sehenswertesten Nationalen Ferienstraßen Norwegens, nach Molde.

**Krönungsstadt Trondheim:** Stadtrundfahrt mit Besichtigung des Nidarosdoms oder Besuch des Freilichtmuseums Trøndelag.

**Eiderenten auf Vega:** Ausflug zur als Welterbe unter dem Schutz der UNESCO stehenden Inselgruppe Vega.

**Gletscher Svartisen:** Schiffsausflug zum zweitgrößten Gletscher Norwegens.

**Gezeitenstrom Saltstraumen:** Speedboot-Ausflug zu einem der stärksten Gezeitenströme der Erde.

**Lofotr Wikingerfest:** Das Wikingerfest ist eine von zahlreichen Ausflugsmöglichkeiten auf der Inselgruppe der Lofoten.

**Seeadler-Safari:** Bootsausflug im Trollfjord.

**Eismeerstadt Tromsø:** Stadtbesichtigung oder polarhistorischer Stadtrundgang oder Mitternachtskonzert in der Eismeerkathedrale.

**Hundeschlittentour auf Kvaløya:** Mit Kaffeepause in einem Samenzelt auf der Insel Kvaløya bei Tromsø (nicht auf der gleichnamigen Insel von Hammerfest).

**Nordkap:** Busausflug zum beliebten und traditionell als nördlichster Punkt Europas angesehenen Nordkapfelsen, mit Besuch des Nordkap-Postamts.

**Vogelbeobachtung Gjesvær:** Kombinierte Bus- und Bootsfahrt zum Vogelschutzgebiet Gjesværtappan von Honningsvåg aus; ornithologische Führung.

**Samen und Rentiere:** Folklore mit Kaffee im Samenzelt vor Rentierherde auf der Halbinsel Nordkinn in Finnmark.

**Schneemobil nach Mehamn:** Bus- und Schneescooter-Tour (Pkw-Führerschein Klasse B erforderlich) auf der Halbinsel Nordkinn in Finnmark.

**Quad-Safari:** Im Quad (Pkw-Führerschein Klasse B erforderlich) von Kirkenes bis hin zur russischen Grenze.

Die Strecke wird ganzjährig befahren. Die Kirschblüte in Hardanger, der Nationalfeiertag am 17. Mai und der volksfestartige Syvfjellsturen (Seven-Mountain-Walk) in Bergen Ende Mai signalisieren, dass in den unteren Lagen Südnorwegens der Frühling eingezogen ist. In den oberen Lagen ab 1000 m kann sich der Schnee bis weit in den Juli hinein halten. In der spätsommerlichen Nachsaison ab Mitte August fallen die wenigsten Niederschläge, auch die Mücken sind dann meistens verschwunden.

Malerisch ist der lichtintensive, farbenprächtige September, in dem in höheren Lagen nachts die Temperaturen oft unter 0 °C sinken und Schnee fallen kann. Endgültig überzuckert sind die Berge mit Schnee im Oktober, während sich dann in Küstenlagen ein goldener Spätherbst mit klarem, wunderbarem Licht erleben lässt. Danach werden die Tage rasch kürzer, die Zeit der Stürme und der winterlichen Lichterfeste beginnt: Weiß gekleidete »Lussibräute« wecken am 10. Dezember die Friedensnobelpreisträger zur Preisverleihung in Oslo; in der Nacht auf den 13. Dezember findet das eigentliche Lussifest statt, eines der schönsten Lichterfeste des Nordens. In den tiefsten Mittwinternächten wird das Lichter- und Friedensfest Jul gefeiert; in diesem Fest, das seinen alten Namen in ganz Skandinavien beibehalten hat, verbinden sich germanische Traditionen mit dem christlichen Fest »Weihnachten« und dem amerikanischen Marketingevent »Christmas«. Nach Jul werden die Tage wieder länger, und schon im eisklirrenden Februar sind sie so lang, dass man wieder Hundeschlittentouren unternehmen kann: Das Finnmarksløpet von Alta nach Kirkenes und zurück, das längste Hundeschlittenrennen Europas, findet alljährlich etwa Anfang März statt.

Im Hochsommer geht die Sonne ganz im Norden nicht unter: In der Nordland-Hauptstadt Bodø ist die Mitternachtssonne vom 4. Juni bis zum 8. Juli zu erleben, am Nordkap vom 13. Mai bis zum 29. Juli.

**Blick auf die über Brücken erreichbare Inselstadt Tromsø (Bild oben).**

## Geirangerfjord

Der Geirangerfjord ist ein Ausläufer des Sunnylvfjords, eines Nebenarms des Storfjords. Er erstreckt sich, rund 100 km von der Küste entfernt, über 15 km zwischen den bis 1400 m aufragenden Bergflanken eines eiszeitlichen Trogtales. Aufgrund seiner Lage in einer der schönsten Bergregionen Europas steht er mit dem Nærøyfjord auf der UNESCO-Welterbeliste. An den Hängen entlang des Fjords wechseln dichte Laubwälder mit blühenden Felsheiden und schroffen Lawinenfeldern ab. In den Gipfellagen prägen Hochalmen das Landschaftsbild. An vielen Stellen stürzen Wasserfälle wie etwa die berühmten »Sieben Schwestern«, der »Freier« oder der »Brautschleier« bis zu 300 m in die Tiefe (großes Bild). Hier und da tauchen auf schmalen Felsabsätzen stehende, verlassene, heute aber zumindest teils restauriere Gehöfte auf. Die

große Vielfalt der Landschaften bietet seltenen Säugetieren wie Bergrentieren, Elchen, Hirschen, Polarfüchsen, Luchsen, Ottern, Lemmingen und über 100 Vogelarten einen Lebensraum. Die Kreuzfahrtschiffe steuern das 250-Seelen-Dorf Geiranger am Ende des Fjordes an. Von dort führt eine Serpentinenstraße zu Aussichtspunkten wie Flydalsjuvet (rechts) oder dem 1500 m hoch gelegenen Felsplateau Dalsnibba.

# Ålesund

## Runde

Runde im Sørøyane-Archipel ist Norwegens südlichstes Vogeleiland und weithin bekannt als ornithologisches Paradies. In den Felswänden der 6,2 km² kleinen Insel (rechts) brüten alljährlich 500 000 bis 700 000 Seevögel vor der großartigen Kulisse der Sunnmørsalpen, darunter die mit 5000 Brutpaaren größte Kolonie an Eissturmvögeln Norwegens. Hauptbrutzeit ist Mai bis Juni, die Seeadler hingegen legen ihre Eier bereits im März ab. Weite Teile der Insel stehen unter Naturschutz und dürfen zwischen dem 15. März und dem 31. August nicht betreten werden.

**Land:** Norwegen
**Einwohner:** 40 000
**Sprache:** Norwegisch
**Währung:** Norwegische Krone
**Hauptreisezeit:** Mai bis September
**Zeitzone:** UTC + 1

**Ålesund liegt 236 km nordöstlich von Bergen auf den durch Brücken verbundenen Inseln Nørvøy, Apsøy und Hessa an der Mündung des Storfjords in den Nordatlantik. Mit 428 Einwohnern pro km² weist die Stadt eine für norwegische Verhältnisse ungewöhnlich hohe Bevölkerungsdichte auf.**
**Die Stadt erhielt ihren Namen nach der Meerenge des Ålesunds zwischen den Inseln Nørvøy und Apsøy. Sie wurde Mitte des 15. Jh.s erstmals urkundlich als Niederlassung Bergener Kaufleute erwähnt. Die Verleihung der Stadtrechte erfolgte erst im Jahr 1848, als sich die Bevölkerungszahl durch den Ausbau des Hafens zum größten Fischereihafen Norwegens mit zahlreichen Verarbeitungsbetrieben rasch vergrößerte. Heute ist Ålesund ein beliebtes Ziel für Kreuzfahrtschiffe auf Norwegentour. Die Stadt verdankt ihre besondere Attraktivität einem geschlossenen Ensemble von Jugendstilbauten sowie einer reizvollen landschaftlichen Umgebung.**

**Jugendstilviertel** Das unweit des Hafens gelegene Zentrum von Ålesund wird von einem weltweit einzigartigen Ensemble von Jugendstilbauten geprägt. Die vielfach mit kunstvoll verzierten Erkern und Giebeln ausgestatteten Häuser wurden errichtet, nachdem in der Nacht zum 23. Januar 1904 die gesamte, aus Holzhäusern bestehende Innenstadt durch einen katastrophalen Brand zerstört worden war. Die mit dem Wiederaufbau beauftragten Architekten nutzten die Gelegenheit und schufen innerhalb von wenigen Jahren eine Idealstadt, die den damaligen Vorstellungen von Urbanität vollkommen entsprach. Hilfe für den Wiederaufbau kam aus aller Herren Länder, und an die Unterstützung aus Deutschland erinnern der Straßenname »Keiser Wilhelms Gate« und ein Gedenkstein für Wihelm II.

**Stadtmuseum** Das exzellent ausgestattete Jugendstilzentrum ist im Gebäude der ehemaligen Schwanenapotheke untergebracht. Multimediaprogramme machen hier mit der Geschichte der Stadt und ihrer berühmten Jugendstilarchitektur vertraut. Die Originalausstattung der Apotheke ist heute noch erhalten. Auf dem Vorplatz erinnert ein Denkmal an die Walfangtradition.

Das nahe gelegene **Aalesunds Museum** informiert nicht nur über die Stadtentwicklung, sondern auch über Seefahrt, Handwerk und Fischfang in der ganzen Region.

**Trankocherei** In dem über 100 Jahre alten Gebäude wurde früher das Walfett für die Weiterverarbeitung zu industriellen Schmierstoffen, Lampenölen, pharmazeutischen und kosmetischen Produkten aufbereitet. Heute ist hier ein Shoppingcenter mit Läden, die Antiquitäten,

Weitere Brutvögel sind Dreizehenmöwen, Trottellummen, Tordalken und Basstölpel. Das Leuchtfeuer von Runde erinnert an die Gefährlichkeit des Fahrwassers und an die vielen Schiffstragödien. Bis heute werden historische Münzen aus den Wracks angeschwemmt, weswegen Runde viele Schatzsucher anlockt. 1972 entdeckten Taucher die 1725 gesunkene »Akerendam« und bargen 60 000 Gold- und Silbermünzen.

Kunst und Kitsch anbieten, untergebracht.

**Stadtberg Aksla** Zu Ålesunds höchster Erhebung gelangt man über eine Treppe aus 418 Stufen. Der Stadtberg gewährt einen weiten Ausblick über Ålesund und seine Umgebung. Im Südwesten ragen zahlreiche bewaldete Inseln aus dem blau schimmernden Meer, im Osten taucht das norwegische Festland mit den grandiosen schneebedeckten, hohen Bergkämmen der Sunnmørealpen auf, und weit im Norden verschmilzt das Meer mit dem Horizont.

**Atlantik-See-Park** Der in Tueneset ca. 3 km westlich von Ålesund gelegene Freizeitpark zählt zu den größten Salzwasseraquarien Nordeuropas.
Er wurde 1998 von König Harald V. eingeweiht. Hier wird auf beeindruckende Weise die Meeresfauna der norwegischen Küstengewässer präsentiert.
Die Hauptattraktion der Anlage ist ein vier Mio. l fassendes Becken, in dem sich große Bestände verschiedener Fischarten des Nordatlantiks tummeln. Zu der Anlage gehört ein 6000 $m^2$ großes Außengelände, das sich harmonisch in die Küstenregion einfügt, mit einem kleinen Badestrand und hübschen Spazierwegen.

**Sunnmøre-Museum** Eines der bekanntesten Freilichtmuseen Norwegens liegt nur 4 km vom Stadtzentrum Ålesunds entfernt. Auf einer Fläche von 120 ha können hier 50 Wohn- und Wirtschaftsgebäude vom Mittelalter bis zum frühen 20. Jh. besichtigt werden. Die Sammlungen des Museums umfassen zahlreiche Gegenstände der regionalen Kulturgeschichte von der älteren Steinzeit bis zum 14. Jh. In einer Bootshalle und am Museumskai werden zusätzlich originalgetreue Nachbildungen alter Bootstypen präsentiert.

**Blick vom Hausberg Aksla über den Hafen und die Stadt.**

# Trondheim

## Nidarosdom

Der Nidarosdom in Trondheim ist die größte gotische Kathedrale Skandinaviens und Krönungskirche der Könige von Norwegen. Errichtet wurde das Gotteshaus ab 1152 über der Olavsquelle und dem Sarkophag König Olavs des Heiligen. Ab 1186 folgte der gotische Langchor, ab 1248 die Westfassade mit einer prächtigen Fensterrose, und im Jahr 1320 war das reich ausgestattete Bauwerk vollendet (rechts). Berichte von Wunderheilungen ließen es zu einem der bedeutendsten Wallfahrtsziele Nordeuropas werden. Nach der Reformation (1537) verschwanden die Pilgerströme, und der gewaltige Bau verfiel. Wäh-

**Land:** Norwegen
**Einwohner:** 170 000
**Sprache:** Norwegisch
**Währung:** Norwegische Krone
**Hauptreisezeit:** Mai bis September
**Zeitzone:** UTC + 1

**Das 70 km vom Meer entfernte, an dem gleichnamigen Fjord gelegene Trondheim ist die drittgrößte Stadt Norwegens. Sie wurde 997 durch König Olav I. Tryggvason gegründet und von ihm zu seiner Residenz- und Hauptstadt gemacht. 1152 wurde Trondheim Bischofssitz. Dank des günstig gelegenen Hafens entwickelte sich Trondheim zu einer wichtigen Wirtschafts- und Handelsmetropole. Durch den Anschluss an das Schienennetz der Eisenbahn gewann die Wirtschaft weiter an Schub.**
**Auch heute ist Trondheim ein wichtiger Unternehmensstandort. Von großer Bedeutung sind die technischen und naturwissenschaftlichen Universitäten, Hochschulen und Forschungsinstitute.**
**Seine Attraktivität als Kreuzfahrtziel verdankt Trondheim einigen historischen Sehenswürdigkeiten, in denen sich die überragende politische und sakrale Bedeutung der Stadt manifestiert.**

**Altstadt** Das historische Viertel von Trondheim liegt auf der Halbinsel Öra und ist mit dem Festland durch eine sehenswerte Holzbrücke, die Gamla Bybrua, verbunden. Am alten Hafen fallen besonders die farbenfrohen, auf Pfählen errichteten Speicherhäuser ins Auge. Zahlreiche Restaurants und Cafés, von denen aus man das bunte Treiben der Boote beobachten kann, laden hier zum Verweilen ein. In der Altstadt geht es meist lebhaft zu. In der Hochsaison wird sie gern von den Touristen besucht.

**Palast der Erzbischöfe** Dieser südlich des Doms gelegene Prunkbau gilt als ältester steinerner Profanbau Norwegens. Seine Ursprünge gehen auf das Ende des 12. Jh.s zurück. Besonders sehenswert sind hier die Repräsentationsräume der Erzbischöfe, die erzbischöfliche Münzprägestätte, die ausgestellten Reichsinsignien mit den Kronjuwelen, eine Ausstellung mittelalterlicher Waffen und die größte Sammlung mittelalterlicher Steinskulpturen ganz Skandinaviens.

**Stiftsgården** Ein weiteres Juwel norwegischer Architektur ist das komplett aus Holz erbaute und mit 70 Zimmern großzügig ausgestattete Stiftsgården, das der norwegische König seit 1906 als offizielle Residenz nutzt. Das Ende des 18. Jh.s errichtete Palais wurde im Stil des Klassizismus mit Anklängen an das Rokoko gestaltet.

**Festungsanlage Kristiansten** Einen herrlichen Ausblick über die Stadt kann man von der 300 Jahre alten Festung Kristiansten genießen. Von den sternförmigen Wällen der Anlage überblickt man die gesamte, von einer schilfgesäumten Flussschleife der Nidelva und dem Kanalhafen umgebene Altstadt.

**Munkholmen** Die mitten im Trondheimfjord gelegene Insel

rend der norwegischen Nationalromantik begann 1869 die Rekonstruktion als »Nationalheiligtum«. 1906 wurde Haakon VII. im Nidarosdom zum ersten König des unabhängigen Norwegens gekrönt. Der alte Pilgerweg von Oslo über

das Dovrefjell zum Nidarosdom und weiter nach Stiklestad, wo Olav der Heilige 1030 erschlagen worden war, wurde 1997 wieder eröffnet. Er zählt zu den schönsten Fernwanderwegen Norwegens (643 km).

Im Abendlicht verbreiten die Häuserzeile am Wasser und die Boote eine idyllische Atmosphäre.

ist durch einen regelmäßigen Fährverkehr mit Trondheim verbunden. Die im 17. Jh. errichtete und im 19. Jh. wieder umgebaute Festung steht unter Denkmalschutz. Im Zweiten Weltkrieg bauten deutsche Truppen hier Flakstellungen auf. Einige Überreste sind noch vorhanden.

**Großes Bild: Die Speicherhäuser der historischen Hafenanlage stehen auf Pfählen in der Nidelva.**

# Lofoten, Tromsø

## Stockfisch

Mitte Januar steigt auf den Lofoten, einem Archipel aus rund 80 Inseln vor der Küste Nordnorwegens, nach mehrwöchiger Polarnacht erstmals wieder die Sonne über den Horizont. Das ist das Signal für den Beginn der Fangsaison für Tausende von Lofotfischern. Denn zur selben Zeit machen sich in der russischen Barentssee Millionen von Fischen – vorwiegend Kabeljau – auf den Weg zu ihren Laichplätzen rund um die Inselgruppe.
Die Fische werden auf den Lofoten fast ausnahmslos zu Stockfisch verarbeitet. Dazu werden sie geköpft und ausge-

**Land**: Norwegen
**Fläche (Lofoten)**: 1227 km²
**Einwohner**:
Lofoten: 24 000
Tromsø: 68 000
**Sprache**: Norwegisch
**Währung**: Norwegische Krone
**Hauptreisezeit**: Mai bis September
**Zeitzone**: UCT + 1

**Die norwegische Küstenregion nördlich des Polarkreises fasziniert nicht allein durch ihre überwältigende Natur. Auch der Schein der Mitternachtssonne, die das ganze Land in den kurzen Sommern über Tage und Wochen in ein magisches Licht taucht, zieht immer mehr Urlauber an und hat Nordnorwegen zu einem beliebten Kreuzfahrtziel gemacht. Auf den Lofoten geht die Sonne zwischen dem 28. Mai und dem 14. Juli nicht unter, in Tromsø ist es zwischen dem 20. Mai und dem 22. Juli ununterbrochen hell.**

**Lofoten** Fast jeder Cruiseliner auf Nordnorwegen-Tour hat eine Passage durch das rund 150 km nördlich des Polarkreises beginnende Inselreich im Programm. Eine Fahrt entlang der Küsten und in die Fjorde ist ein unvergessliches Erlebnis. Die Lofoten präsentieren sich als ein Stück urtümliche, überwältigende Natur. Das Landschaftsbild wird von hoch aufragenden Gebirgskämmen mit einer artenreichen alpinen Flora geprägt. In den Tallagen finden sich vielfach bunt blühende, hauptsächlich von Schafen beweidete Gras- und Heidelandschaften, die von Sümpfen und Mooren durchsetzt sind. Dank verschiedener Aufforstungsmaßnahmen nimmt aber auch der Baumbestand wieder zu. Die zerklüfteten Küsten sind Heimat unzähliger Seevögel. In den Gewässern rund um die Inseln tummeln sich Delfine, Wale und andere Meeressäuger. Heute wie vor 100 Jahren leben die meisten Lofoten-Bewohner in malerischen, kleinen Fischerdörfern, die oft nichts als eine Ansammlung von auf Pfählen im Wasser errichteten Holzhütten sind, die aber dennoch den Inseln ihr unverwechselbares Gesicht verleihen.

⚓ **Svolvær** Die Lofoten sind durch Brücken miteinander verbunden und können von der Hauptstadt **Svolvær**, die zugleich Kreuzfahrthafen ist, über die Europastraße 10 erreicht werden. Die Kapitale der Lofoten präsentiert sich als hübscher kleiner Ort, dessen farbenfrohe Häuser einen auffälligen Kontrast zu dem Grau-Grün der Berge im Hintergrund bilden. In der Stadt befinden sich die Ateliers einiger bekannter norwegischer Maler und Bildhauer sowie ein Kriegsmuseum, das über die Auswirkungen des Zweiten Weltkriegs auf Norwegen und die Lofoten informiert. Auch ein Besuch der Kirche ist lohnenswert.

Hauptattraktion Svolværs dürfte aber die erst 2004 eröffnete **Magic Ice Gallery and Bar** sein. Eine Wunderwelt von Skulpturen und Installationen ganz aus Eis wartet hier auf den Gast. Auch die Drinks an der Bar werden in Gläsern aus Eis serviert.

⚓ **Tromsø** Obwohl die 400 km nördlich des Polarkreises gelegene Hauptstadt der Provinz Troms nur etwas mehr als 67 000 Einwohner zählt, ist sie mit einer Fläche von etwa 2500 km² die zweitgrößte Stadt

nommen, am Schwanz zusammengebunden und über ein Holzgerüst gelegt. Dort trocknen sie zwei bis drei Monate im Freien (links) bei Temperaturen knapp über dem Nullpunkt, anschließend noch einmal so lang in einer Halle. Sie verlieren dabei rund 80 Prozent ihres Körpergewichts – übrig bleibt ein naturreines Konzentrat aus Mineralstoffen und Protein, das als Stoccafisso vor allem nach Italien exportiert wird.

**Aufgrund des Golfstroms sind die Wassertemperaturen im Hafen von Tromsø in der Regel mild.**

Europas und dreimal so groß wie Berlin.
Das Stadtgebiet umfasst große Wälder sowie einige der Küste vorgelagerte Inseln und ist vielerorts menschenleer. Dennoch gilt Tromsø als urbane Metropole und wird auch »Paris des Nordens« genannt. Das vielfältige kulturelle Leben der Stadt, die 1250 als Kirchenspiel gegründet wurde und die 1754 die Stadt- und Handelsrechte erhielt, wird von einer renommierten Universität, dem Polarforschungsinstitut sowie einem Theater und einem Kunstmuseum geprägt. Tromsø zählt zu den wenigen Städten Norwegens, die während des Zweiten Weltkriegs nicht zerstört wurden. Das historische Stadtzentrum wird deshalb immer noch von zweistöckigen, für die Region sehr typischen Holzhäusern geprägt.

Das ganz in Hafennähe im Seebrückenhaus untergebrachte **Polarmuseum** wird von der Universität Tromsø betrieben und will seine Besucher über die Geschichte der Polarforschung informieren. Die Nordpolexpeditionen Roald Amundsens und Fridtjof Nansens stehen im Mittelpunkt der Ausstellung. Im Süden des Stadtzentrums befindet sich das **Tromsø-Museum**, das mit sehenswerten Ausstellungen zur arktischen Fauna und Flora sowie zur Geschichte der Region glänzt. Ein Raum ist der Kultur der Samen gewidmet, die schon vor 7000 Jahren in Nordnorwegen siedelten. »Polaria – ein arktisches Erlebnis« – mit diesem Slogan wirbt das in der Nähe des Stadtzentrums gelegene **Polarium** um seine Besucher. Es ist in einem architektonisch außergewöhnlichen, ineinandergeschobenen Eisschollen nachempfundenen Gebäude untergebracht und informiert auf unterhaltsame Weise über die Ökosysteme der Polarregion. Ein unbedingtes Muss für jeden Tromsø-Besucher ist eine Stippvisite in der **Mack-Brauerei** südlich des Stadtzentrums. Bis zur Gründung der Nordkap Mikrobryggeri in Honningsvåg im Jahr 2000 durfte sich das traditionsreiche Unternehmen rühmen, die nördlichste Bierbrauerei Europas zu sein. Das hier gebraute Arctic Beer ist ausgesprochen schmackhaft und kann schon vormittags im hauseigenen Ausschank der Brauerei gekostet werden. Das neue Wahrzeichen Tromsøs wurde auf dem Festland errichtet und kann von Tromsøya aus über die Tromsø-Brücke erreicht werden: die **Eismeerkathedrale**. Das 1965 errichtete Gotteshaus ist eine Touristenattraktion und besticht durch seine architektonisch markante, einem Zeltdach nachempfundene Konstruktion und ein die ganze Rückfront einnehmendes Glasmosaikfenster, das mit einer Größe von 140 $m^2$ das größte Kirchenfenster Europas ist.
Wer Tromsø und seine malerische Umgebung aus der Vogelperspektive betrachten möchte, kann mit einer Seilbahn den knapp 400 m hohen Storsteinen hinauffahren.
Die Talstation befindet sich südwestlich der Eismeerkathedrale. Die Sehenswürdigkeiten der Stadt können von den beiden Kreuzfahrtpiers gut mit öffentlichen Verkehrsmitteln erreicht werden.

**Oben links: Blick auf die Lofoteninsel Flakstadøya. Rechts: Glasbild in der Eismeerkathedrale von Tromsø mit dem Titel »Die Wiederkehr Jesu«.**

Die bis zu 100 Jahre alten Fischerhütten des Lofotendorfs Sakrisøy auf der Insel Moskenesøya stehen auf Pfählen im Wasser. Sie werden heute gern als Feriendomizile genutzt (großes Bild).

Ein Schiff der berühmten Hurtigrutenflotte im Nusfjord, nördlich von Sakrisøy (links).

# Nordkap

## Polarlicht: Feenschleier und göttliche Zeichen

In alten Beschreibungen wird das Polarlicht als eine überirdische, mystische Erscheinung aufgefasst und in Sagen oft als Feenschleier oder göttliches Zeichen gedeutet. Doch die Wissenschaft hat diese Erklärungsversuche längst entzaubert: Polarlicht ist eine durch Anregung von Sauerstoff- und Stickstoffmolekülen entstehende Leuchterscheinung am Nachthimmel in einer Höhe von 70 bis 500 Kilometern. Farbe und Aussehen variieren, und am häufigsten treten bandartige Strukturen sowie grüne und ro-

**Als Nordkap wird die auf 71° 10' 21" nördlicher Breite liegende äußerste Felsklippe der norwegischen Insel Magerøya bezeichnet. Weil das bis zu 308 Metern steil aufragende monumentale Felsplateau nicht mehr zur europäischen Festlandsmasse gehört, ist das weiter östlich gelegene Kap Kinnarodden auf der Halbinsel Nordkinn der nördlichste Punkt des Kontinents.**

Die Kreuzfahrtschiffe auf Nordkaptour legen in Honningsvåg an der Südküste von Magerøya an. Seit der heute rund 3000 Einwohner zählende Ort 1998 die Stadtrechte erhielt, hat er Hammerfest in der Provinz Finnmark den Rang als nördlichste Stadt Europas abgelaufen.
Bis zur Entdeckung des Nordkaps durch den Tourismus waren Fischfang und -verarbeitung die Haupterwerbsquelle der Bewohner, heute sind sie fast alle auf die Feriengäste aus aller Welt eingestellt. Der Hafen von Honningsvåg ist der zweitgrößte Kreuzfahrthafen Norwegens. Den Sommer über gehen hier alljährlich 100 000 Passagiere von Bord. Die meisten zieht es natürlich zu dem nur 40 km weiter nördlich gelegenen Nordkap. Die Busfahrt über die Nordkapstraße führt durch eine karge, unvergleichliche Landschaft: Den Sommer über sieht man Tausende von Rentieren in der Tundra weiden.
Nordkapkreuzfahrten während der Zeit der Mitternachtssonne sind besonders beliebt. Zwischen dem 14. Mai und 29. Juli geht in den Regionen 500 km nördlich des Polarkreises die Sonne nicht unter. Land und Meer sind dann nachts in ein magisches Licht getaucht.
Honningsvåg präsentiert sich als lebendige kleine Stadt, in der den Sommer über fast immer Treiben herrscht. Gleich am Hafen informiert ein Museum über Geschichte und Kultur der Region. In dem gleichen Gebäude ist die Touristeninformation untergebracht. Sie bietet Ausflüge in die Umgebung an, z. B. zu den auf Magerøya lebenden Samen in Karasjok, einer Stadt nahe der finnischen Grenze, etwa 6 km vom Festland entfernt.

**Knivskjellodden ist eigentlich Europas nördlichster Ausläufer.**

**308 m ragt das Nordkap aus dem Europäischen Nordmeer heraus. 1553 entdeckte der englische Seefahrer Richard Chancellor den Felsvorprung.**

te Farbtöne auf (links). Das Polarlicht tritt als Nordlicht (Aurora borealis) und Südlicht (Aurora australis) vor allem nach starker Sonnenfleckentätigkeit auf, wenn die Teilchen des Sonnenwinds in den Polargebieten in das Erdmagnetfeld eintreten: Die Sauerstoffatome emittieren grünes und rotes Licht, die Stickstoffmoleküle schwächeres blaues und violettes Licht. Meistens sind Polarlichter im Winterhalbjahr zu beobachten.

# Die Ostsee

**Sie ist zwar klein und lediglich ein Binnenmeer, doch die Naturschönheiten an ihren Ufern und die kulturelle Vielfalt der Anrainerstaaten machen aus einer Schiffsreise durch die Gewässer der Ostsee ein unvergessliches Erlebnis. Wer schon einmal auf dem Seeweg nach Stockholm kam oder in St. Petersburg die »Weißen Nächte« erlebt hat, wird Sehnsucht nach mehr bekommen. Das sommerliche Vergnügen an den endlosen Sandstränden in den baltischen Staaten oder die historischen und kulturellen Höhepunkte in Kopenhagen, Danzig und Helsinki sorgen für eine abwechslungsreiche Reise. Auf engem Raum mischen sich unberührte Landschaften mit dem Charme pulsierender Städte.**

**Schnee und das winterliche Licht verleihen Stockholm gerade um die Weihnachtszeit eine besondere Atmosphäre.**

# Kopenhagen

## Kleine Meerjungfrau

Jedes Kreuzfahrtschiff, das die Langelinie-Pier anläuft, muss an Kopenhagens weltbekanntem Wahrzeichen vorbei. Seit 1913 sitzt die 125 cm große Statue auf ihrem Felsblock (rechts) an der Uferpromenade und blickt traumverloren aufs Meer. Sie ist nach einem Märchen von Hans Christian Andersen benannt und wurde im Auftrag des Kunstmäzens und Bierbrauers

**Land:** Dänemark
**Einwohner:** 540 000
**Sprache:** Dänisch
**Währung:** Dänische Krone
**Hauptreisezeit:** Mai bis September
**Zeitzone:** UTC + 1

**Die dänische Hauptstadt hat ein großes und vielseitiges kulturelles Angebot, und die Ausgeh- und Vergnügungsviertel sind weltberühmt. Insbesondere in den Sommermonaten spielt sich das Leben auf den Straßen, in den Parks und nicht zuletzt am Wasser ab.**
**Das im Westen und Norden von Wasser, den Kopenhagener Seen, eingefasste und im Osten an den Hafen grenzende historische Zentrum ist überschaubar. Es wartet mit einem Ensemble aus prächtigen Renaissance- und klassizistischen Repräsentationsbauten auf. Als Hotspot für Kreuzfahrten im Ostseeraum verfügt Kopenhagen gleich über zwei Terminals. An dem Langelinie-Pier gehen Schiffe, die in der Stadt einen Zwischenstopp einlegen, vor Anker. Zu Fuß ist die Innenstadt von hier aus in 15 min erreichbar. Der Freeport Terminal etwa 3 km außerhalb des Stadtzentrums wird fast nur als Start- und Zielhafen genutzt.**

**Strøget** Kopenhagens berühmte Fußgängerzone zieht sich über fünf Straßen vom Rathausplatz bis zum Kongens Nytorv, dem Königlichen Neumarkt, hin. Ein Bummel über die Flaniermeile ist ein Muss für jeden Besucher, denn hier gibt es auf Schritt und Tritt etwas zu sehen und zu bestaunen.
Die Strøget wird von prachtvollen Renaissancebauten gesäumt. Überall locken interessante Geschäfte, Cafés und Restaurants, und auch Straßenmusikanten spielen auf. Außerdem liegen einige der Museen und sehenswerte Sakralbauten an der Route.
Blickfang am weitläufigen Rathausplatz ist natürlich das zwischen 1892 und 1905 errichtete **Rathaus**, das seinem Pendant im italienischen Siena nachempfunden wurde. Biegt man vom Rathausplatz in die Frederiksberggade, eines Teil der Strøget, ein, gelangt man nach wenigen Minuten zum **Gammeltorv** – einem der schönsten Plätze der Stadt und Treffpunkt junger Leute.
Nördlich des Platzes schließt sich das **»Lateinische Viertel«** mit dem in den 1830er-Jahren errichteten Hauptgebäude der Universität, der **St.-Petri-** und der **Liebfrauenkirche** an. Ein sehenswertes Baudenkmal Kopenhagens liegt ein Stück weiter nördlich in einer Nebenstraße der Strøget. Der **»Runde Turm«** wurde 1642 im Auftrag König Christians IV. als Observatorium direkt neben der Dreifaltigkeitskirche errichtet. Im Inneren führt ein spiralförmiger, stufenloser Aufgang zu einer Aussichtsplattform, die einen schönen Blick über Kopenhagen gewährt.
Am nordöstlichen Ende der Strøget wartet der **Kongens Nytorv** mit dem zwischen 1872 und 1874 im Neorenaissancestil errichteten Prunkbau des königlichen Theaters auf. Auch das im Osten gelegene **Palais Charlottenburg** aus dem Jahr 1683 ist sehenswert.

**Tivoli** Der hinter dem Rathausplatz gelegene Vergnügungspark ist das – neben der **kleinen Meerjungfrau** – wohl bekannteste Wahrzeichen Kopenhagens.
Seit nunmehr 170 Jahren locken Dutzende von Karussells und andere Fahrgeschäfte, Gaukler und Akrobaten die Besucher in den Tivoli. Mehrmals wöchentlich finden hier Konzerte statt. Die weitläufige Parklandschaft lädt außerdem zum Flanieren ein.
Eine chinesische Pagode und der Nachbau eines indischen Palastes setzen dem Park zusätzliche Glanzlichter auf. Der Tivoli ist in den Sommermonaten und in der Vorweihnachtszeit geöffnet.

**Slotsholmen** Auf dieser am Inderhavn gelegenen und nach drei Seiten durch einen schmalen Kanal vom übrigen Stadtgebiet getrennten Insel schlägt das politische Herz Dänemarks. Hier befindet sich **Schloss Christiansborg** – der Sitz des dänischen Parlaments, der Regierung und des Obersten Gerichtshofs. Über die Jahrhunderte wurde die einstige Königsresidenz, deren Anfänge auf das 12. Jh. zurückgehen, immer wieder durch Brände zerstört und anschließend neu aufgebaut.
Erst zu Beginn des 20. Jh.s erhielt sie ihre heutige Gestalt, nur die Schlosskirche stammt noch aus dem 19. Jh. Teile des Schlosses und die Ruinen der ersten Festung können besichtigt werden. Die Schlossinsel beherbergt nicht nur wichtige Regierungseinrichtungen, sondern auch einige interessante Museen wie das **Theatermuseum**, das **Königliche Kutschenmuseum** und das dem berühmten Bildhauer gewidmete **Thorvaldsen-Museum**. Sehenswert sind

**Das ganze Jahr über garantiert der Tivoli Kirmesvergnügen.**

**Die Börse und die Christiansborg liegen direkt nebeneinander.**

Jacob Christian Jacobson von dem dänischen Bildhauer Edvard Eriksen geschaffen. Die Primaballerina Ellen Price soll ihm dabei Modell gestanden haben. Immer wieder wurde die Skulptur schwer beschädigt und 2003 sogar von ihrem Felsen gestürzt. Deshalb ist hier eine Kopie platziert. Das Original wird von den Erben Eriksens an einem geheimen Ort aufbewahrt und als Vorlage bei Restaurierungsarbeiten genutzt.

auch das **Zeughaus** und die **Börse** – beides prachtvolle Renaissancebauten aus der Zeit Christians IV. Das im Jahr 2000 eingeweihte neue Gebäude der **Königlichen Bibliothek** stellt einen ultramodernen architektonischen Kontrapunkt zu den historischen Bauwerken auf der Insel dar.

**Museen** Kopenhagen verfügt über eine facettenreiche Museumslandschaft und ist ein Dorado für Kunstliebhaber. Aus der Vielzahl der Sammlungen ragen die **Ny Carlsberg Glyptotek** und das **Nationalmuseum** besonders hervor. Beide liegen in der Nähe des Rathausplatzes und können bei einem Stadtbummel besichtigt werden. Die Ny Carlsberg Glyptotek zählt zu den bedeutendsten Museen für antike Kunst in ganz Skandinavien und beherbergt außerdem eine Sammlung von Meisterwerken des Impressionismus und der klassischen Moderne. Allein das imposante Gebäude aus den 1890er-Jahren, in dem das Museum residiert, lohnt einen Besuch.
In der Sammlung des Nationalmuseums, die in einem Rokokopalast untergebracht ist, spiegelt sich die ganze Geschichte der dänischen Kultur von der Bronzezeit bis in das 20. Jh. wider; Herzstück ist der berühmte Sonnenwagen von Trundholm.

**Nyhavn** Der Kanal im Norden des Stadtzentrums verbindet den Kongens Nytorv mit dem Hafen und zählt zu den touristischen Hauptattraktionen Kopenhagens. Die Front aus farbenfrohen alten Kontorhäusern im Norden des Nyhavn ist ein beliebtes Postkartenmotiv. Seit den 1980er-Jahren hat sich hier eine lebendige Kneipen- und Restaurantszene entwickelt. Die erstklassigen Lokale locken Gäste aus aller Welt an.
Auf halbem Wege zwischen Nyhavn und dem Kreuzfahrtpier Langelinie liegt **Schloss Amalienborg** – die Residenz der dänischen Königin. Das Ensemble aus vier um einen achteckigen Platz gruppierten Palästen wird weltweit gern als eine besonders schöne Rokokoanlage gelobt. Ein Besuch ist nicht nur für Fans des Königshauses ein Muss.

**Christianshavn** Das Viertel auf der der Slotsholmen gegenüber liegenden Insel Amager zählt zu den urigsten von ganz Kopenhagen. Es wurde unter König Christian IV. ab 1619 nach dem Vorbild Amsterdams angelegt und mit einem Kanalsystem ausgestattet. Da es von Zerstörungen verschont blieb, sind Teile der historischen Bebauung erhalten.
Weltweit bekannt wurde Christianshavn durch die 1970 von Hippies gegründete »Freistadt Christiania«, in der alternative Lebensformen und -konzepte entwickelt und erprobt werden sollten. Obwohl die Christianiter immer wieder Angriffen seitens der Behörden ausgesetzt waren, ist ihre Kommune zu einer Institution mit eigenen Regeln und Gesetzen geworden. Mittlerweile zieht es nicht nur Aussteiger, sondern auch »ganz normale« Touristen auf einer Sightseeingtour hierher.

**Der Neue Hafen, »Nyhavn«, hat sich im Laufe der Zeit zu einem quirligen Geschäftsviertel und einem Besuchermagneten entwickelt (Bild oben).**

# Stockholm

## Mälaren

Der bis auf Stockholmer Gebiet reichende See ist der drittgrößte Schwedens und nicht nur ein wichtiges Trinkwasserreservoir, sondern auch ein beliebtes Aus-

**Land:** Schweden
**Einwohner:** 850 000
**Sprache:** Schwedisch
**Währung:** Schwedische Krone
**Hauptreisezeit:** Mai bis August
**Zeitzone:** UTC + 1

**Nicht zuletzt wegen ihrer einmaligen Lage wird die schwedische Hauptstadt gern als schönste Stadt der Welt gerühmt. Sie liegt eingebettet zwischen dem Mälaren, einem sich über 115 km von Westen nach Osten hinziehenden Binnengewässer, und der Ostsee. Das »Venedig des Nordens« erstreckt sich über 14 Inseln und wird durch unzählige Eilande, die Schären, vom offenen Meer abgeschirmt.**
**Die Stadt ist reich an historischen Sehenswürdigkeiten und präsentiert sich doch als moderne, weltoffene Metropole. Unzählige Restaurants bieten Spezialitäten der internationalen Küche an und sorgen für ein großstädtisches Flair. Dutzende Museen sowie eine lebendige Musik- und Theaterszene haben Stockholm außerdem zu einem Mekka für Kunstliebhaber gemacht.**

**Gamla Stan** Das Zentrum der schwedischen Kapitale hat sich längst in andere Stadtteile verlagert, nach wie vor aber ist die Altstadt auf der Insel Stadsholmen eine touristische Hauptattraktion. Das Gewirr der Straßen und Gassen lädt zum Bummeln ein. Das über die Jahrhunderte gewachsene Viertel wartet mit Gebäuden aus allen Epochen der Stadtgeschichte auf. In viele alte Gemäuer sind Cafés, Restaurants oder Galerien eingezogen.

Am Nordostende von Gamla Stan befindet sich das **Königliche Schloss** – mit seinen 608 Räumen einer der größten Paläste der Welt. Der Prachtbau wurde an der Stelle der durch ein Feuer zerstörten mittelalterlichen Königsresidenz in der ersten Hälfte des 18. Jh.s errichtet und gilt als hervorragendes Beispiel für die Architektur am Übergang vom Barock zum Rokoko. Der Palast wird vom schwedischen König, der heute auf **Schloss Drottningholm** residiert, nur noch selten genutzt. Viele Räume sind deshalb der Öffentlichkeit zugänglich gemacht worden. Auch die Schatzkammer und die Antikensammlung Gustavs III. können besichtigt werden. Ein besonderer Höhepunkt ist die täglich um 12 Uhr stattfindende Wachablösung auf dem Schlosshof. Unweit der königlichen Residenz befinden sich der **Dom** sowie die im 18. Jh. errichtete Börse, in der heute das **Nobelmuseum** untergebracht ist. Die sehenswerte Ausstellung informiert über Alfred Nobel sowie namhafte Preisträger.

Der Bau der **Deutschen Kirche** im Süden von Gamla Stan beherbergte ursprünglich eine Niederlassung der Hanse und wurde erst im 16. Jh. zu einem Gotteshaus umgebaut. Ihr Turm ist mit 96 m der höchste in der Altstadt. Auch das zwischen 1641 und 1674 errichtete Riddarhuset im Westen der königlichen Residenz ist sehenswert. Bis heute tagt hier alle drei Jahre die schwedische Ritterschaft. Der Prunkbau wartet mit einer barocken Innenausstattung auf.

Die **Insel Helgeandsholmen** im Norden von Stadsholmen beherbergt das imposante Gebäude des schwedischen Reichstages. Die zierlich anmutende Riddarholms-Kirche auf dem gleichnamigen Eiland im Westen von Stadsholmen war über die Jahrhunderte die Grabeskirche der schwedischen Könige. Der letzte Monarch, der hier bestattet wurde, war König Gustav V. (1858–1950). Die Västerlånggatan ist die Hauptgeschäftsstraße in Gamla Stan. Hier wie überall in der Altstadt ist an der Straßenführung seit dem 16. Jh. nicht viel verändert worden. Nur die Häuser, die die enge Gasse säumen, stammen aus dem 18. und 19. Jh. Heute sind hier zahlreiche Boutiquen, Souvenirshops, Kneipen und Restaurants eingezogen. An ih-

flugsziel. Die vielfältigen Wassersportmöglichkeiten locken jedes Wochenende Großstädter an. Viele besitzen hier ein Ferienhaus. Bis ins 10 Jh. war der Mälaren eine Ostseebucht. Erst im Verlauf einer allmählichen Landanhebung, die bereits mit dem Rückzug der Gletschermassen nach der letzten Eiszeit einsetzte und bis heute andauert, wurde er vom Meer getrennt. Heute ist er durch drei Schleusen mit der Ostsee verbunden. Trotz seiner Nähe zu der Metropole ist der Mälaren mit seinen bewaldeten Ufern ein Naturparadies. Drei der Inseln im See warten mit UNESCO-Welterbestätten auf: Das Barockschloss Drottningholm auf der Insel Lovön (links) wird heute von der schwedischen Königsfamilie bewohnt und kann besichtigt werden. Besuche der wikingerzeitlichen Handelsplätze Birka auf Björkö und Hovgården auf Adelsön lohnen sich ebenfalls.

**Um das Wrack der »Vasa« herum wurde eine Ausstellung im Vasa-Museum konzipiert.**

rem Südende zweigt die Mårten Trotzigs-Gränd von der Västerlånggatan ab – die mit einer Breite von nur 90 cm engste Gasse Stockholms.

**Djurgården** Die im Osten Stockholms gelegene Insel ist Teil des 1995 gegründeten Königlichen Nationalstadtparks, eines riesigen Schutzgebiets, das der Pflege des kulturellen wie des Naturerbes der Region gewidmet ist. Einige der bedeutendsten Museen Schwedens fanden hier eine Heimstatt. Das 1891 eingeweihte **Skansen** etwa wurde ein Vorbild für die Freilichtmuseen dieser Welt. Auf dem weitläufigen Museumsareal sind historische Gebäude des 19. Jh.s vom Bauernhof über Arbeitersiedlungen bis hin zum Handwerksbetrieb aus allen Teilen Schwedens ausgestellt. Aus Lappland wurde ein Lagerplatz der Samen mit Rentiergehege herbeigeschafft. Das **Vasa-Museum** ist nach dem berühmten 1628 auf seiner Jungfernfahrt gesunkenen und erst 1961 geborgenen Kriegsschiff benannt.
Der überaus aufwendig restaurierte Dreimaster kann in einer großen, eigens dafür gebauten Halle besichtigt werden. Kleine wie große Astrid-Lindgren-Fans dürfen überdies einen Besuch im **Junibacken** nicht versäumen. In dem Museum wurden Szenen aus den Büchern der berühmten Schriftstellerin nachgestellt.
Im Freizeitpark **Gröna Lund** bieten unzählige Karussells, Achterbahnen und andere Fahrgeschäfte ihr Dienste an.

**Stadshuset** Das Stockholmer Rathaus wurde zwischen 1911 und 1923 am Riddarholmen genau gegenüberliegenden südöstlichsten Zipfel der Insel Kungsholmen gebaut. In dem weithin sichtbaren Ziegelbau findet alljährlich ein großes Bankett zu Ehren der Nobelpreisträger statt. Einige Säle und Räume sind der Öffentlichkeit zugänglich.

Die Aussichtsplattform auf dem 106 m hohen Rathausturm gewährt einen wunderbaren Rundumblick über Stockholm, das Meer und den Mälaren.

**Die Stockholmer Altstadt, hier von Westen aus gesehen, ist von Wasser umgeben (oben).**

# Helsinki

## Jean Sibelius

Seine Sicht auf Musik formulierte Jean Sibelius in einem Brief aus dem Jahr 1905: »Musik ist für mich wie ein schönes Mosaik, das Gott zusammengefügt hat. Er nimmt alle Teile in seine Hand, wirft sie in die Welt, und wir müssen das Bild aus diesen Teilen erneut erschaffen.« Tatsächlich halten viele von Sibelius' Anhängern sein Schaffen für göttlich. Geboren wurde der be-

**Land:** Finnland
**Einwohner:** 590 000
**Sprache:** Finnisch
**Währung:** Euro
**Hauptreisezeit:** Mai bis August
**Zeitzone:** UTC + 2

**Helsinki zählt zu den wichtigsten Kreuzfahrtzielen im Ostseeraum. Fast jeder Cruiseliner auf Tour in der Region hat einen Stopp in der finnischen Hauptstadt im Programm. In den Sommermonaten locken die hellen, warmen Nächte Besucher aus aller Welt an. Straßen und Plätze, Cafés und Kneipen sind dann fast rund um die Uhr bevölkert. Die überschaubar gebliebene Kapitale verfügt auch über allerlei architektonische Sehenswürdigkeiten. Im Zentrum erinnern neoklassizistische Prunkbauten aus dem frühen 19. Jh. an die Zeit, als Finnland als Großfürstentum Teil des Russischen Reiches war. In vielen Vierteln wird das Stadtbild von Jugendstilfassaden geprägt. Die Moderne ist vor allem mit den herausragenden Meisterwerken des berühmten Alvar Aalto vertreten.**

**City** Als Ausgangspunkt für eine Stadterkundung bietet sich der am Fährhafen gelegene Kauppatori, der Marktplatz, an. Die wichtigsten Sehenswürdigkeiten Helsinkis liegen dicht beieinander und können von hier gut zu Fuß erreicht werden. Auf dem Kauppatori herrscht ganzjährig Betriebsamkeit. Hier kaufen die Hauptstädter frisches Obst und Gemüse, Fisch und Fleisch ein.
Die südlich des Platzes gelegene **Markthalle** aus dem Jahr 1888 wurde aufwendig restauriert. Auch heute sind die Stände noch nach Zünften geordnet. Ein kleines Stück nördlich des Kauppatori befindet sich der beeindruckende **Senatsplatz**, der im frühen 19. Jh. unter Zar Alexander I. angelegt wurde. Die repräsentativen Bauten, die ihn säumen, sollten den Status Helsinkis als neuer Hauptstadt des seit 1809 zum Zarenreich gehörenden finnischen Großfürstentums demonstrieren.

Dominiert wird der Platz von dem weithin sichtbaren Kuppelbau des **Doms**. Er wurde wie die anderen Gebäude auf dem Areal von dem preußischen Architekten Carl Ludwig Engel entworfen und ist ein Wahrzeichen Helsinkis. Den Sommer über finden auf dem Senatsplatz Konzerte statt. Die Domtreppen und das Denkmal Zar Alexanders II. in der Mitte des Platzes sind dann ein beliebter Treffpunkt für junge Leute. Vom Kauppatori aus führt die wohl eleganteste Geschäftsstraße Helsinkis, die **Pohjoiesesplanadi**, Richtung Westen. Sie wird von prächtigen Jugendstilbauten gesäumt. Die Geschäfte bieten Teures und Erlesenes an. Gleich an der Ecke Pohjoisesplanadi/Kauppatori steht der 1908 errichtete **Havis-Amanda-Brunnen**, den die Statue eines nackten Mädchens in aufreizender Pose schmückt. Im Westen der Halbinsel Katajanokka ragen die 13 Zwiebeltürme der 1868 eingeweihten **Uspenski-Kathedrale** in den Himmel empor.
Eine Besichtigung des orthodoxen Gotteshauses ist ein Muss für jeden Helsinki-Besucher.

**Kamppi** Das westlich des Hauptbahnhofs beginnende und noch zum Stadtzentrum gehörende Viertel ist nicht nur wegen seiner **Jugendstilbauten** einen Ausflug wert. Hier können einige herausragende Zeugnisse der modernen finnischen Baukunst bestaunt werden. Die in den 1970er-Jahren errichtete **Finlandia-Talo** etwa ist ein Meisterwerk des berühmten Architekten Alvar Aalto und wird als Kongresszentrum sowie als Konzerthalle genutzt. Ein Stück weiter südöstlich wurde Ende der 1960er-Jahre ein wohl weltweit einzigartiges Gotteshaus gebaut. Die Felsenkirche, **Temppeliaukion kirkko**, befindet sich in einer eigens zu diesem Zweck in den Fels gesprengten, nach oben offenen Höhle. Die Wände des kreisförmigen Saales sind »naturbelassen«, und das Dach wird von einer Kuppel aus Glas und Stahl gebildet.

Freunde moderner Plastik sollten eine Besichtigung des **Sibelius-Denkmals**, geschaffen zu Ehren des berühmten finnischen Komponisten, nicht versäumen. Das aus Stahlrohren bestehende und 1967 eingeweihte Monument der Künstle-

rühmteste Komponist Finnlands 1865, als es gar kein eigenständiges Finnland gab. Prägend für sein Schaffen waren die Studienaufenthalte in Berlin und Wien. Nach seiner Rückkehr in die Heimat verdiente Sibelius seinen Unterhalt als Musiklehrer. Ein Leben als Komponist war vorerst aus finanziellen Gründen undenkbar. Das änderte sich, als er eine Rente zugesprochen bekam. Die »Sinfonischen Dichtungen« und die sieben Sinfonien ragen bis heute heraus. Zu Beginn waren die spätromantischen Kompositionen noch der finnischen Mythenwelt und der Volksmusik verhaftet. Im Laufe der Arbeit entwickelte der Musiker seinen eigenen Stil. Das Land hat es dem 1957 Verstorbenen gedankt: Finnlands einzige Musikhochschule ist nach ihm benannt: die Sibelius-Akademie; und seit 1967 erinnert im Sibeliuspark ein Denkmal an den Komponisten (links).

rin Eila Hiltunen erinnert manche Betrachter an eine Orgel, andere an den finnischen Wald.

Weltbekannt ist das für die Spiele von 1952 errichtete **Olympia-Stadion**. Es verfügt über einen 72 m hohen Aussichtsturm, der einen fantastischen Blick über die finnische Hauptstadt gewährt.

**Suomenlinna** Diese gewaltige Festung im Hafen von Helsinki wurde von 1748 bis 1772 von den Schweden als Bastion gegen Expansionsgelüste des Zaren im Ostseeraum errichtet und nach dem Ende der schwedischen Herrschaft über Finnland von den Russen kontrolliert. Die ganze Anlage erstreckt sich über mehrere kleine Inseln und kann vom Kauppatori aus in 20 min mit der Fähre erreicht werden; idealerweise plant man einen halben Tag zur Besichtigung ein. Auf dem Gelände wurden Museen und Galerien eingerichtet und es gibt Cafés und Restaurants. Im Sommer ist Suomenlinna beliebtes Ausflugsziel. Die Festung steht seit 1991 auf der UNESCO-Liste des Weltkulturerbes.

**Museen** Helsinki verfügt über eine breite Museumslandschaft. Wer sich für die vom Jugendstil inspirierte finnische Malerei vom Anfang des 20 Jh. sinteressiert, darf einen Besuch in der **Nationalgalerie** nicht versäumen. Das **Nationalmuseum** informiert über die Geschichte Finnlands und wartet mit interessanten ethnologischen Ausstellungen auf. Auf der Insel **Seurasaari** wurde ein Freilichtmuseum mit typischen Bauernhöfen aus ganz Finnland eingerichtet.

**Weithin sichtbar thront die orthodoxe Uspenski-Kathedrale am Rande von Helsinkis Zentrum.**

**Das Denkmal für Zar Alexander II. auf dem Senatsplatz vor dem Dom, dessen Grundstein im Jahr 1830 gelegt wurde (oben).**

# St. Petersburg

### Peter der Große

Peter der Große (rechts ein zeitgenössisches Porträt um 1700) war der erste russische Zar, der ins Ausland reiste. Nicht nur zum Vergnügen, sondern vor allem um von den fortschrittlicheren Nationen zu lernen. Russland sollte den Anschluss an Europa finden; es war rückständig und verharrte noch im Mittelalter. Peter I. (Regentschaft 1682–1725) wurde zum großen

**Land:** Russland
**Einwohner:** 4,9 Mio.
**Sprache:** Russisch
**Währung:** Rubel
**Hauptreisezeit:** Mai bis August
**Zeitzone:** UTC + 4

**Ein Aufenthalt in der Kapitale des Zarenreichs bildet sicherlich den Höhepunkt einer jeden Ostseekreuzfahrt. Obwohl die meisten Cruiseliner hier zwei oder sogar drei Tage vor Anker gehen, reicht die Zeit bei Weitem nicht aus, die Stadt erschöpfend zu erkunden. Die Fülle an herrschaftlichen Palais und prachtvollen Kirchen, an großzügig angelegten Parks und weitläufigen Plätzen ist einfach überwältigend.**
**St. Petersburg ist im Vergleich zu anderen Metropolen eine recht junge Stadt. Sie wurde erst 1703 von Zar Peter I., dem Großen, wie er auch genannt wurde, gegründet und von Anfang an planvoll angelegt. Offenbar wollte der Monarch mit der Verlegung der russischen Hauptstadt von der Moskwa an die Newa ein Zeichen setzen: Russlands »Fenster nach Europa« sollte St. Petersburg sein. Auch seine Nachfolger kamen diesem Bestreben weiter nach. Im 18. und 19. Jh. riefen Russlands Herrscher immer wieder die besten Architekten Europas herbei und beauftragten sie mit der Verschönerung der Hauptstadt. In nur wenigen Generationen wurde – allerdings unter Einsatz Tausender Menschenleben – ein Gesamtkunstwerk geschaffen, das auf der Welt seinesgleichen sucht. Bereits seit 1990 steht das historische Zentrum auf der UNESCO-Weltkulturerbeliste.**

**Peter-und-Paul-Festung**
Die gigantische Anlage auf der Haseninsel in der Newa bildet den Kern des historischen Petersburg. Sie wurde unter Peter dem Großen während des Nordischen Kriegs als Trutzburg gegen die Schweden und als Kommandozentrale seines Imperiums angelegt. Der Tag des Baubeginns am 27. Mai 1703 gilt als Gründungstag der Stadt. Ab 1706 wurden die Holzbefestigungen und Erdwälle, aus denen die Festung ursprünglich errichtet worden war, durch bis zu 6 m breite und 12 m hohe Steinbauten ersetzt. Schon bald wurden sie als Gefängnis genutzt. Zu den Ersten, die hier einsaßen, gehörte Peters Sohn Alexei, zu den Letzten zählten Mitglieder der nach der Oktoberrevolution inhaftierten Kerenski-Regierung.
Den Mittelpunkt des weiten Festungsareals bildet die 1733 eingeweihte **Peter-und-Paul-Kathedrale**. Der schlanke Turm mit der überhohen Spitze ist ein Wahrzeichen der Newa-Metropole. In der Kathedrale sind – bis auf Peter II. – alle Angehörigen der Romanow-Dynastie beigesetzt. 1998 fanden hier auch der letzte Zar Nikolaus II. und seine Familie eine neue Ruhestätte.

**Winterpalast mit Eremitage-Museum** Die einst von der Zarin Elisabeth, der Tochter und Nachfolgerin Peters des Großen, in Auftrag gegebene Herrscherresidenz ist in jeder Hinsicht ein Prunkbau der Superlative. Sie zählt nicht nur zu den zu den größten Palästen der Welt, sondern beherbergt mit dem **Eremitage-Museum** die nach dem Louvre bedeutendste Kunstsammlung der Welt. Angefangen von Künstlern der italienischen Renaissance bis zu Klassikern der Moderne: Alles, was in der europäischen Kunstentwicklung Rang und Namen hat, ist

**Klassizismus im Hafen von St. Petersburg.**

**Blick ins Innere der orthodoxen Kathedrale Peter und Paul.**

mit mindestens einem Meisterwerk vertreten. Auch die prähistorische Sammlung, die Antikenabteilung und die Kollektion ostasiatischer und indischer Kunst gelten als weltweit einzigartig. Die Sammlung wurde von Katharina der Großen, die in ganz Westeuropa systematisch Kunstwerke aufkaufen ließ, begründet und auch von ihren Nachfolgern kontinuierlich erweitert. Nach der Oktoberrevolution kamen die privaten Sammlungen enteigneter russischer Adeliger hinzu.
Von den über drei Millionen Kunstobjekten, die sich heute im Besitz des Museums befinden, sind 60 000 ausgestellt. Angesichts dieser Fülle ist eine erschöpfende Besichtigung auch bei mehrtägigen St.-Petersburg-Aufenthalten nicht möglich. Empfehlenswert ist es deshalb, sich auf den Besuch einer Abteilung zu konzentrieren oder aber einfach nur die barocke Pracht der Schlossanlage auf sich wirken zu lassen. Allein die Sicht auf die opulente, durch Säulen und Kapitelle stark gegliederte Außenfassade des **Winterpalastes** ist überwältigend.

Nicht minder beeindruckend sind das **Eremitage-Theater**, die für Katharina die Große errichtete Alte Eremitage und nicht zuletzt die von Leo von Klenze, dem Hofarchitekten Ludwigs I., entworfene neue Eremitage – ein Meisterwerk des Klassizismus.

**Newski-Prospekt** Ein St.-Petersburg-Aufenthalt ohne einen Bummel über diesen legendä-

Modernisierer des Landes. Er reformierte die Wirtschaft, die Armee, die Regierung und die Kirche. Und er ließ eine neue Hauptstadt aus dem Nichts erbauen, »europäischer« als Moskau und mit Zugang zum

Meer: St. Petersburg. Die Errichtung einer völlig neuen Stadt an der Mündung der Newa in die Ostsee darf als sein ehrgeizigstes Projekt gelten: mitten im Nordischen Krieg und mit gewohnter Rücksichtslosigkeit.

Peter war ein tatkräftiger und aufgeschlossener Herrscher, aber kein »fürsorglicher König«. Die Steuerschraube wurde angezogen. Wer, wenn nicht das Volk, sollte den Glanz des neuen Russlands finanzieren?

ren Prachtboulevard, der zugleich Hauptverkehrsader der Stadt ist, bliebe unvollständig. Einst als eleganteste Flaniermeile Europas gerühmt, verfiel der Newski-Prospekt nach der Oktoberrevolution in einen Dornröschenschlaf. Mittlerweile ist einiges von dem alten Glanz zurückgekehrt. Viele der herrschaftlichen Palais und prachtvollen Kirchen entlang der Straße wurden restauriert. Eine Vielzahl von Theatern und Kinos, edlen Geschäften und Restaurants ziehen Tag und Nacht wieder Scharen von Menschen an.

**St.-Isaak-Kathedrale** Unter den vielen Sakralbauten St. Petersburgs ragt dieses Gotteshaus als das gewaltigste der Stadt hervor. In dem 97 m breiten und 111 m langen Prunkbau, der 1858 nach 40-jähriger Bauzeit eingeweiht wurde, haben 14 000 Menschen Platz. Die von 114 Granitsäulen getragene, vergoldete Kuppel ist die drittgößte in ihrer Art weltweit; es ist eine Aussichtsplattform angelegt, von der aus sich ein fantastischer Rund|blick bietet.

**Sommergarten und Palast** Diese Anlage östlich des Marmorpalastes am Ufer der Newa gilt als schönster Park der Stadt. Er wurde bereits unter Peter dem Großen angelegt und bildet eine grüne Oase inmitten der Großstadt. Weitläufige, von Marmorstatuen gesäumte Alleen durchziehen das sehenswerte Gelände. Mehr einer vergleichsweise bescheidenen Villa als einem Palast gleicht die Sommerresidenz, die Peter der Große im Nordwesten des Parks errichten ließ.

Etwa 25 km südlich der Stadt lohnt das Weltkulturerbe Zarskoje Selo einen Besuch.

**Rechts: Die prächtige Kuppel der St.-Isaak-Kathedrale.**

## Winterpalast mit Eremitage

**Neben den Exponaten imponieren die prunkvollen Räumlichkeiten im Winterpalast; hier das Treppenhaus mit der Jordantreppe (unten). Sie stammt vom Hofarchitekten Bartolomeo Francesco Rastrelli.**

Der Winterpalast mit seinem weitläufigen Platz und der fast 50 m hohen Alexandersäule im Vordergrund (links). Zwischen 1830 und 1834 errichtet, erinnert sie an den Sieg über Napoleon.

Die Einmaligkeit der Palastanlagen aus zaristischer Zeit veranlasste die UNESCO 1990 dazu, Zarskoje Selo zum Weltkulturerbe zu erklären. Seit 1937 heißt die 25 km südlich von St. Petersburg gelegene Stadt nun Puschkin. Doch ihr ursprünglicher Name – er bedeutet Zarendorf – wird ihr vollauf gerecht: Im Jahre 1717 gab Katharina I., Gemahlin von Peter dem Großen, ein vergleichsweise bescheidenes Schlösschen mit 16 Zimmern in Auftrag. Sie selbst war während ihrer kurzen Regentschaft 1725–1727 nach dem Tod ihres Mannes häufig auf dem Anwesen. Das heute Katharinenpalast genannte Gebäude erfreute sich auch bei vielen nachkommenden Herrschern der folgenden zwei Jahrhunderte großer Beliebtheit. Nach den Zerstörungen des Zweiten Weltkriegs wurde es aufwendig originalgetreu rekonstruiert.

Zu Berühmtheit gelangte das nachgebildete, 2003 fertiggestellte Bernsteinzimmer (unten). Unweit des Katharinenpalasts befindet sich der Alexanderpalast, in dem der letzte Zar Nikolaus II. seinen Wohnsitz hatte.

Wer Schloss Versailles nahe Paris mag, der wird auch die Palastanlage Peterhof lieben. Zu Recht wird sie häufig mit ihrem französischen Vorbild verglichen. Rund 30 Kilomenter von St. Petersburg entfernt, schuf sich Zar Peter der Große von 1714 bis 1723 eine Residenz, mit deren Dimensionen er seinen Machtanspruch verdeutlichte. Im folgenden Jahrhundert ließen Peters Nachfolger den Bau immer wieder erweitern. Vor dem riesigen Gebäude erstreckt sich eine barocke Parkanlage mit gezirkelten Rasen- und Pflanzenflächen. Besonderes Augenmerk wurde auf die Wasserspiele mit Fontänen und Brunnen gelegt (unten: der Samson-Brunnen). Zwischen Anfang Juni und Mitte Juli erscheint die Anlage, aber auch die Metropole St. Petersburg in einem besonderen Licht, denn dann herrschen die Weißen Nächte: Da die Stadt auf dem

60. Breitengrad liegt, versinkt sie nachts nicht am Horizont, sondern ist von einer stimmungsvollen Dämmerung umhüllt, die die Menschen am Abend und nachts zum Flanieren und Feiern einlädt (links).

# Tallinn, Riga, Klaipeda

### Bernstein

Für Schmuckliebhaber ist Bernstein eine Besonderheit. Trotz seines Namens ist der Bernstein kein Stein, sondern ein fossiles Harz. Am bekanntesten ist der

### Tallinn

**Land:** Estland
**Einwohner:** 410 000
**Sprache:** Estnisch
**Währung:** Euro
**Hauptreisezeit:** Mai bis September
**Zeitzone:** UTC + 2

### Riga

**Land:** Lettland
**Einwohner:** 710 000
**Sprache:** Lettisch
**Währung:** Lats
**Hauptreisezeit:** Mai bis September
**Zeitzone:** UTC + 2

### Klaipeda

**Land:** Litauen
**Einwohner:** 185 000
**Sprache:** Litauisch
**Währung:** Litas
**Hauptreisezeit:** Mai bis September
**Zeitzone:** UTC + 2

**Von der einstigen Blütezeit Tallinns zeugen heute noch viele Kaufmannshäuser und Kirchen.**

**Seit ihrer Unabhängigkeit haben sich die drei baltischen Länder zu beliebten Urlaubs- und Kreuzfahrtzielen entwickelt. Die fast taghellen, warmen Sommernächte, aber auch die Zeugnisse einer bewegten Geschichte locken jedes Jahr viele Touristen an.**
**In den historischen Zentren von Tallinn und Riga, die beide auf der UNESCO-Welterbeliste stehen, erinnern mittelalterliche und prachtvolle Renaissancebauten an die Zeit, als beide Städte Hochburgen des Deutschen Ordens und Mitglieder der Hanse waren.**
**Selbst die russischen Zaren, die zwischen 1710 und 1918 über weite Teile der Region herrschten, haben hier gebaut. Mit einer weiteren UNESCO-Welterbestätte wartet das litauische Klaipeda auf. Die Hafenstadt liegt direkt gegenüber der Nordspitze der Kurischen Nehrung und ist schon allein deshalb ein beliebtes Kreuzfahrtziel.**

**Tallinn** Die nur 80 km südlich von Helsinki auf der gegenüberliegenden Seit des Finnischen Meerbusens gelegene Hauptstadt Estlands ist ein sehr beliebtes Kreuzfahrtziel im Ostseeraum. Hauptattraktion ist die von einer imposanten Mauer umgebene **historische Altstadt**, die nach dem Fall des Eisernen Vorhangs sorgfältig herausgeputzt wurde und seit 1997 auf der UNESCO-Weltkulturerbeliste steht. Sie gilt als einzigartiges Beispiel einer nordeuropäischen mittelalterlichen Metropole, die wie keine zweite den Reichtum, den die hanseatischen Kaufleute durch den Handel mit Pelz, Bernstein und Salzen erwirtschafteten, bezeugt.

Die Anfänge Tallinns gehen auf den dänischen König Waldemar zurück, der das Gebiet 1219 besetzte und auf dem heutigen Domberg an der Stelle einer estnischen Burg eine **Festung** samt **Domkirche** errichten ließ. Im Gefolge des später im Deutschen Orden aufgehenden Schwertbrüderordens, der Tallinn 1227 eroberte, siedelten sich unterhalb des Dombergs schwedische, dänische und deutsche Kaufleute an. Tallinn entwickelte sich zu einem bedeutenden Handelszentrum und wurde für mehr als zwei Jahrhunderte zu einem der wichtigsten Hansestützpunkte im Ostseeraum. Viele prächtige Bürger- und Gildehäuser sowie Sakralbauten stammen noch aus dieser Zeit.
Sehenswert sind besonders das spätgotische **Rathaus** und das **Haus der Schwarzhäupter** – ein Renaissancebau, in dem sich einst die unverheirateten Tallinner Kaufleute trafen. Der die Unterstadt im Westen überragende Domberg wird heute von Bauten aus der Zarenzeit dominiert.
Keine Geringere als Katharina die Große ließ das barocke **Schloss**, das heute Parlaments- und Regierungssitz ist, errichten. Die zwiebeltürmige **Alexander-Newski-Kathedrale** wurde unter Zar Nikolaus II. erbaut. Sie sollte der Russifizierung Estlands, das zu Beginn des 18. Jh.s von Peter dem Großen erobert

Baltische Bernstein der Ostseeregion. Während des Paläogens wuchs ein ausgedehnter »Bernsteinwald« aus Kiefern auf dem Gebiet des heutigen Schwedens und Finnlands. Vor rund 40 Mio. Jahren versanken die Bäume im sumpfigen Untergrund. Das steigende Meerwasser wusch das Harz aus. Eingelagert unter einer Sand- und Geröllschicht wandelte es sich schließlich zu Bernstein. Die Suche nach den honiggelben Klumpen wird schon lange nicht mehr dem Zufall überlassen, sondern im Tagebau betrieben. Für Hobbysucher bleiben nur selten Funde am Strand. Die schönsten Stücke des Rohmaterials werden zu Schmuck verarbeitet, der an der Ostseeküste angeboten wird. Ein spezielles Sammlerinteresse bilden die Inklusen (links). Dabei handelt es sich um kleine Tiere, die lebend vom klebrigen Harz umschlossen und konserviert wurden.

**Das Schwarzhäupterhaus in Riga hat eine gotische Fassade.**

worden war, Ausdruck verleihen. Von der mittelalterlichen Festung sind Mauerreste und ein 45 m hoher Turm, der »**Lange Hermann**«, erhalten.
Die Anfänge der Domkirche **St. Marien** gehen auf das 13. Jh. zurück. Der heutige Bau stammt aus dem 15. Jh.
Alt-Tallinn lässt sich am besten zu Fuß erkunden, und der Spaziergang beginnt nur wenige Hundert Meter von dem Kreuzfahrtpier entfernt.

Außerhalb des historischen Zentrums der Stadt locken das **Barockschloss**, das Peter der Große für seine Gattin Katharina I. errichten ließ, sowie das **Estnische Freilichtmuseum** in Rocca al Mare, auf dessen Areal historische estnische Bauern- und Fischerdörfer ausgestellt sind.

**Riga** Die Hauptstadt Lettlands ist nicht nur größte Stadt des Baltikums, sondern auch kulturelles und wirtschaftliches Zentrum der ganzen Region. Seit ihren Anfängen im 13. Jh. spielt sie bereits eine wichtige Rolle als Drehkreuz im Ost- West-Verkehr.
Riga wurde 1201 von dem bremischen Bischof Albert von Bonhoeveden, dem »Vater« des Schwertritterordens, gegründet und entwickelte sich nach dem Beitritt zur Hanse 1282 zu einem bedeutenden Handelsplatz im Ostseeraum. Für mehr als 300 Jahre lenkten deutsche Kaufleute die Geschicke der Stadt und prägten ihre Kultur. Prachtvolle Bürger- und Gildehäuser sowie einige beeindruckende Sakralbauten im mittelalterlichen Stadtkern zeugen von dem Reichtum, den sie erwirtschafteten. Auch nachdem Lettland 1581 unter polnische, dann unter schwedische und ab 1710 unter russische Herrschaft geraten war, wurden die Stadt und das Land bis weit in das 19. Jh. von einer deutschen Oberschicht dominiert.
Im Zuge der Industrialisierung und der Entwicklung Rigas zu einem zentralen Hafen des Zarenreichs wurden gegen Ende des 19. Jh.s an der Stelle der alten Stadtbefestigung ein Park, der Stadtkanal und breite Boulevards angelegt. Im Norden dieser »neuen Stadt« entstand zu Beginn des 20. Jh.s unter der Federführung des russischen Architekten Michail Eisenstein Rigas weltbekanntes **Jugendstilviertel**. Die mit fantastischen Formen, Ornamenten und Figuren geschmückten Hausfassaden zählen zu den beeindruckendsten Hinterlassenschaften der Belle Époque.
Das Zentrum der Altstadt liegt nur 1 km, etwa 15 Gehminuten von dem Kreuzfahrtpier an der Daugava entfernt. Das Jugendstilviertel ist gut mit öffentlichen Verkehrsmitteln oder einem Taxi zu erreichen.

**Klaipeda** Die Stadt liegt gegenüber der nördlichen Spitze der Kurischen Nehrung an der Mündung des Flusses Dange ins Haff. Bei älteren Menschen in Deutschland ist sie wohl besser unter dem Namen »Memel« bekannt.
Klaipeda gehörte von 1525 bis zum Ende des Ersten Weltkriegs – von kurzen Unterbrechungen abgesehen – zu Preußen und war während der napoleonischen Besetzung Berlins sogar Hauptstadt des Königreiches. Heute beherbergt es den wichtigsten Hafen Litauens und gilt als Tor des Landes zur Welt.

Obwohl die Stadt im Laufe ihrer Geschichte immer wieder durch Brände zerstört wurde, haben sich rund um den Theaterplatz einige historische Gebäude aus der Preußenzeit erhalten.
In einige der sorgfältig herausgeputzten Fachwerkhäuser und Speicher sind Galerien, Museen und Läden eingezogen. Hauptattraktion Klaipedas ist aber nicht die Altstadt, sondern die **Kurische Nehrung**, die seit dem Jahr 2000 auf der Liste des Weltnaturerbes steht.
Der zu Litauen gehörende nördliche Teil dieser eindrucksvollen und einzigartigen Dünenlandschaft kann von Klaipeda aus mit einer Fähre erreicht und per Auto oder auch mit dem Fahrrad erkundet werden.

**Oben: Über die Daugava fällt der Blick auf die charakteristische, vieltürmige Silhouette der Altstadt von Riga.**

# Danzig

## Gdingen, Zoppot

Einst waren sie schlicht Nachbarn, längst kennt jeder in Polen Gdingen (Gdynia) und Zoppot (Sopot) als Teile der mit Danzig zusammengewachse-

**Land:** Polen
**Einwohner:** 460 000
**Sprache:** Polnisch
**Währung:** Złoty
**Hauptreisezeit:** Mai bis Oktober
**Zeitzone:** UTC + 1

**Die Ostseemetropole wird als Kreuzfahrtziel Jahr für Jahr von mehr Cruiselinern angesteuert. Die meisten Schiffe gehen im Hafen von Gdynia (Gdingen) gut 20 km nordwestlich von Gdańsk vor Anker. Zusammen mit dem Badeort Zoppot sind beide Städte zu der Metropolregion Trójmiasto, Dreistadt, zusammengewachsen und durch ein gemeinsames Nahverkehrssystem miteinander verbunden.**
**Das historische Zentrum von Gdańsk kann von dem Kreuzfahrtpier mit dem Taxi oder einem Shuttle-Bus erreicht werden. Die alte Hansestadt blickt auf eine wechselvolle Geschichte zurück.**
**Über die Jahrhunderte versuchten polnische und preußische Herrscher immer wieder Einfluss auf ihre Geschicke zu nehmen. Erst als sich Preußen, Russland und Österreich im Zuge der Zweiten Polnischen Teilung 1793 Polen-Litauen einverleibten, verlor Gdańsk seinen Status als weitgehend autonome Stadtrepublik und wurde Preußen zugesprochen. Zwischen den Weltkriegen war es als teilsouveräne Freie Stadt Danzig dem Schutz des Völkerbundes unterstellt; seit 1945 gehört es zu Polen. Im Zweiten Weltkrieg wurde Gdańsk fast völlig zerstört. Restauratoren bauten den Stadtkern anhand alter Pläne, Zeichnungen und Fotos wieder auf und heute strahlt das alte Gdańsk wieder.**

**Rechtstadt** (Główne Miasto). Das eigentliche Zentrum des historischen Gdańsk verdankt seinen Namen nicht etwa seiner geografischen Lage, sondern der Tatsache, dass es zur Hansezeit von den hier ansässigen Kaufleuten weitgehend selbst verwaltet und regiert wurde.
Das Stadtbild wird von prächtigen, farbenfrohen Patrizierhäusern, in denen sie einst residierten, geprägt. In der Langgasse (Ul. Długa) stehen sie dicht an dicht. Die in eine Fußgängerzone umgewandelte Straße führt vom **Hohen Tor** (Brama Wyżyna) im Westen über den **Langen Markt** (Długi Targ) zum **Grünen Tor** (Brama Zielona) am Ufer der Mottlau (Mottawa) im Osten. Einst zogen Polens Könige über sie in die Stadt ein, heute wird sie von Straßenkünstlern, fliegenden Händlern und Touristen aus aller Welt bevölkert. Unzählige Cafés und Restaurants werben um Gäste.

Am Ende der Flaniermeile ragt der schlanke Turm des rechtstädtischen **Rathauses** (Ratusz Głównego Miasta) 81 m in den Himmel empor. Über die Jahrhunderte tagten in dem 1327 errichteten und mehrmals umgebauten Backsteinbau Gdańsks Stadtväter. Ihre prunkvollen Versammlungssäle – allen voran der Rote Saal mit seinen grandiosen Deckengemälden – sind eine Augenweide. In den oberen Stockwerken des Rathauses ist heute das **Stadtmuseum** untergebracht. Die Aussichtsplattform auf dem Turm bietet einen fantastischen Blick über die Stadt. Hinter dem Rathaus verbreitert sich die Langgasse zum Langen Markt – dem Mittelpunkt und eigentlichen Herzstück der Rechtstadt. Der lang gestreckte Platz wird gesäumt von prunkvollen Repräsentativbauten, die wie keine anderen Häuser der Stadt den einstigen Reichtum ihrer

**Vor dem Artushof am Langen Markt steht der Neptunbrunnen.**

nen »Dreistadt«. Dabei könnten Danzigs nördliche Nachbarn unterschiedlicher kaum sein, als sie sich heute zeigen: Gdingen ist aus einem Fischerdorf hervorgegangen und wurde erst ab den 1920er-Jahren zu einem bedeutenden Hafen ausgebaut. Entsprechend kommen dort Liebhaber von Schiffen und ausgedehnten Kaianlagen auf ihre Kosten.
Ganz anders Zoppot, das seit Beginn des 19. Jh.s als Kurort auf den Badetourismus setzt; als Seebad lockte es in seiner Blüte zwischen den beiden Weltkriegen viele reiche Europäer an. Heute gilt die Stadt mit ihren Villen im Jugendstil und einem kilometerlangen Sandstrand als Polens mondänes Seebad und Perle an der Ostsee. Das Vorzeigeobjekt der Stadtväter ist die weiße Mole aus Holz, die mit über 500 m zu den längsten Seebrücken an der gesamten Ostseeküste zählt (links).

Bürger bezeugen. Der **Artushof** (Dwór Artusa) etwa, früher ein Treffpunkt der hanseatischen Kaufmannschaft, beeindruckt durch seine mit Skulpturen und allegorischen Darstellungen kaufmännischer Tugenden reich geschmückte Außenfassade. Im Inneren des Gebäudes versetzt der riesige Versammlungssaal mit seiner gotischen Sternengewölbe-Decke die Besucher in Staunen.
Auch das dem Artushof benachbarte **Neue Schöffenhaus** und das sogenannte **Goldene Haus** sind sehenswert. Mehr einem Palast als einem gewöhnlichen Durchgang gleicht das in der zweiten Hälfte des 16. Jh.s errichtete »Grüne Tor«, das den Langen Markt im Osten begrenzt und zu den alten Kaianlagen am Ufer der Mottlau führt.
Einige Hundert Meter flussaufwärts befindet sich das berühmte **Krantor** (Żuraw) – ein viel fotografiertes Wahrzeichen Gdańsks. Einst wurden hier mittels einer Hebevorrichtung Schiffsladungen gelöscht. Heute ist in dem gegen Ende des Zweiten Weltkriegs abgebrannten und danach wieder aufgebauten Holzbau aus dem 15. Jh. ein 🏛 **Schifffahrtsmuseum** untergebracht.
Das mittelalterliche **Frauentor** (Brama Mariacka) zwischen Grünem Tor und Krantor bildet den Eingang zur malerischen **Frauengasse** (Ul. Mariacka), dem vielleicht schönsten Sträßchen der ganzen Stadt. Es wird von stattlichen Giebelhäusern mit sogenannten »Beischlägen« gesäumt. Diese terrassenartigen Vorbauten mit Freitreppe und reich verzierter Brüstung sollten die oberhalb des Straßenniveaus liegenden Hauseingänge vor Überschwemmungen schützen und sind typisch für die Region. In den einstigen Bürgerresidenzen sind heute Cafés, Kunstgalerien, Juwelierläden und Bernsteinateliers untergebracht.

Am östlichen Ende der Frauengasse zieht der wuchtige Bau von ⛪ **St. Marien** alle Blicke auf sich. Das Gotteshaus ist die größte Backsteinkirche der Welt und bietet mehr als 20 000 Gläubigen Platz. Es besticht durch seinen hellen, weiten Innenraum und den goldverzierten Hauptaltar von 1517. In einer Seitenkapelle hängt eine Kopie des berühmten Triptychons »Das Jüngste Gericht«, das der Brüggener Maler Hans Memling um 1472 schuf. Das Original wird nach seiner Rückführung aus der St. Petersburger Eremitage im Gdańsker Nationalmuseum aufbewahrt.

**Altstadt (Stare Miasto)** Das nördlich des Altstädtischen Grabens (Podwale Staromiejskie) beginnende historische Viertel der Handwerker und kleinen Leute kann weder mit schmucken Patrizierhäusern noch mit prachtvollen Repräsentativbauten aufwarten.
Allerdings locken das alte, 1595 im manieristischen Stil umgebaute **Rathaus** und die 1350 von Ordensrittern errichtete **Große Mühle**, die heute ein schickes Einkaufszentrum beherbergt, zahlreiche Besucher an. Die ⛪ **Brigittenkirche** von 1396 hat für die jüngere Geschichte eine besondere Bedeutung. Zu den Mitgliedern dieser Pfarrgemeinde zählten die Werftarbeiter um Lech Wałęsa, die 1980 aus Protest gegen das kommunistische Regime in Polen die Gewerkschaft Solidarność gründeten und so entscheidend zum Fall des Eisernen Vorhangs 1989 beitrugen.
Die berühmte Werft selbst liegt nordwestlich der Altstadt; sie wird von historisch Interessierten häufig besucht.
Nordöstlich des Stadtzentrums liegt die lang gestreckte Ostsee-Halbinsel Westerplatte, an der mit Angriffen des deutschen Panzerkreuzers »Schleswig-Holstein« auf das dort stationierte polnische Militär am 1. September 1939 der Zweite Weltkrieg begann.

**Oben links: Abends lädt das Westufer der Mottlau zu einem Bummel ans Krantor ein; der Blick durchs Grüne Tor fällt auf das Rathaus (oben rechts).**

# Hansestadt Rostock, Hansestadt Lübeck, Kiel

## Nord-Ostsee-Kanal

Nicht wenige Kreuzfahrtschiffe brechen von Hamburg oder Bremen zu einer Ostseekreuzfahrt auf und durchfahren auf ihrem Weg den Nord-Ostsee-Kanal, eine der am meisten befahrenen künstlichen Wasserstraßen der Welt (rechts). Die Passage führt durch eine ländliche Idylle. An der Rendsburger Hochbrücke wurde 1997 eine Anlage eingeweiht, die jedes vorbeiziehende

**Land:** Deutschland
**Einwohner**
Hansestadt Rostock: 200 000
Hansestadt Lübeck: 210 000
Kiel: 240 000
**Sprache:** Deutsch
**Währung:** Euro
**Hauptreisezeit:** April bis Oktober
**Zeitzone:** UTC + 1

**Unter den deutschen Ostseehäfen, die von Kreuzfahrtschiffen angesteuert werden, nehmen Warnemünde und Travemünde einen herausragenden Platz ein. Dank ihrer Nähe zu zwei altehrwürdigen Hansestädten – Travemünde ist nämlich ein Stadtteil von Lübeck, Warnemünde gehört zu Rostock – haben auch internationale Cruiseliner die beiden traditionsreichen Seebäder im Programm.**
**Warnemünde bietet sich gut als Ausganspunkt für Tagesausflüge in das nahe gelegene Berlin an. Kiel hingegen wird fast ausschließlich als Start- und Zielhafen für Nordeuropa- und Ostseekreuzfahrten genutzt.**

**Warnemünde** Das an der Mündung der Warnow in die Ostsee gelegene und zu Rostock gehörende Seebad hat sich zu einem der wichtigsten Kreuzfahrthäfen der Region entwickelt. In dem erst 2005 eingeweihten Cruiseterminal werden jedes Jahr mehr als 100 000 Passagiere begrüßt. Warnemünde ist heute wie zu Kaiser Wilhelms Zeiten eine beliebte Sommerfrische. Der breite, feinsandige Ostseestrand lockt alljährlich viele Urlauber an. Im Ortszentrum tragen die sorgfältig restaurierten alten Giebel- und Fachwerkhäuser entlang des Alten Stroms, eines seit 1903 vom Fluss getrennten Mündungsarms der Warnow, viel zur Attraktivität bei. Es ist noch nicht lange her, da wurden sie von Seeleuten bewohnt, und heute werden sie an Feriengäste vermietet. Der Alte Strom bietet Segelbooten, Fischkuttern und Ausflugsschiffen, die von hier aus zu einer Hafenrundfahrt starten, einen Ankerplatz.

Viele Passagiere der Kreuzfahrten nutzen den Landgang in Warnemünde zu einem Ausflug in das ca. 20 km weiter südlich gelegene historische Zentrum von **Rostock**. Trotz der Verwüstungen des Zweiten Weltkrieges ist die reiche Geschichte der Ostseemetropole, die zu den bedeutendsten Mitgliedern des Hansebundes zählte, hier allgegenwärtig. Nach wie vor wird das Stadtbild – besonders an der bereits zu DDR-Zeiten in eine Fußgängerzone umgewandelten Kröpeliner Straße – von Bauten der Backsteingotik sowie prächtigen Renaissance- und Barockhäusern geprägt. Auch Teile der zu einer Festung ausgebauten Stadtmauer haben sich erhalten.
Unter den vielen beeindruckenden Kirchen der Altstadt ragt die zwischen 1290 und 1450 errichtete mächtige **Marienkirche** – ein Hauptwerk der Backsteingotik – besonders hervor. Sehenswert sind auch das mittelalterliche **Rathaus** mit seiner vorgebauten Barockfassade sowie das 1870 im Neorenaissancestil neu errichtete Hauptgebäude der bereits 1419 gegründeten **Rostocker Universität**.

**Travemünde** An der Mündung der Trave in die Ostsee liegt das Seebad, das zu Lübeck gehört. Es zählt zu den großen deutschen Fährhäfen und gilt als Tor nach Skandinavien und in die baltischen Länder. Nicht zuletzt dank seiner Nähe zu der Hansemetropole, deren Altstadt seit 1987 auf der UNESCO-Welterbeliste steht, hat sich Travemünde selbst aber auch zu einem beliebten Kreuzfahrtziel entwickelt.

**Travemünde** ist nicht nur der Hafen der Hansestadt, sondern selbst als reizvolles Ostseebad bekannt. Illustre Feriengäste wie Fjodr Dostojewski, Richard Wagner oder Thomas Mann haben hier Urlaub gemacht. Beliebter Anziehungspunkt ist der rund 4,5 km lange und bis zu 100 m breite **Sandstrand** mit seiner großzügig angelegten Promenade. Er kann vom Cruiseterminal am Ostpreußenkai an der Trave zu Fuß erreicht werden. Der Weg führt über die Flaniermeilen Vorderreihe und Travepromenade den Fluss bis zur Mündung hinunter. Beide Uferstraßen werden von teils unter Denkmalschutz stehenden weißen Sommervillen, zahlreichen Cafés und Souvenirläden gesäumt. Auch der gleich hinter dem Ostpreußenkai beginnende alte Ortskern rund um die **Lorenzkirche** wartet mit einigen schmucken historischen Häusern auf und präsentiert sich ganzjährig als Ferienidyll. Unweit des Strandes residiert in einem Kurgebäude aus dem Jahr 1914 das **Casino** Travemünde.

Der kleine Cruiseterminal ist mit dem 20 km entfernten **Lübecker Stadtzentrum** durch regelmäßig verkehrende Linienbusse verbunden. Die Altstadt liegt auf einer von Trave und Wakenitz umflossenen, ungefähr 2 $km^2$ großen Insel und lässt sich leicht zu Fuß erkunden. Über 1000 historische Bauwerke stehen hier auf engstem Raum beieinander. Vor allen Dingen die schlanken, hohen Patrizierhäuser aus Backstein mit ihren typischen Stufengiebeln haben der Stadt ein unverwechselbares Gesicht verliehen. Sie erinnern an die Blütezeit der Hanse im 14. und 15. Jh., als Lübeck eine der

Schiff durch Dippen seiner Nationalflagge und Anstimmen der Nationalhymne begrüßt. Der Kanal beginnt in Brunsbüttel an der Elbmündung und führt über 100 km nach Kiel-Holtenau. Er ist 162 m breit und erreicht eine Tiefe von 11,2 m. Bis zu 235 m lange Schiffe können ihn passieren. Die Wasserstraße wurde im Jahr 1895 von Kaiser Wilhelm II. eingeweiht und nach ihm benannt. Seit 1948 heißt sie Nord-Ostsee-Kanal.

**Am Ufer der Trave reihen sich Häuser und St.-Lorenz-Kirche von Travemünde.**

größten Städte Deutschlands und eine führende Wirtschaftsmacht im Ostseeraum war.

Lübecks weltbekanntes Wahrzeichen, das gegen Ende des 15. Jh.s errichtete **Holstentor**, ist – neben dem Burgtor – der einzige heute noch erhaltene Teil der alten Stadtbefestigung. In den mächtigen Bau ist mittlerweile das 🏛 **stadtgeschichtliche Museum** eingezogen. Das 300 m östlich des Holstentors gelegene **Rathaus** beeindruckt durch seine türmchenbewehrten Zierfassaden. Es wurde um 1308 errichtet und in den folgenden Jahrhunderten immer wieder umgebaut. Noch heute residieren hier Lübecks Bürgerschaft und das Stadtoberhaupt. Im Rahmen einer Führung ist eine Besichtigung der Räume möglich.

Nördlich des Rathauses ragen die zwei Türme von ⛪ **St. Marien** – eine der fünf Kirchen in der Lübecker Altstadt – 125 m hoch empor. Das um 1250 begonnene und erst 100 Jahre später fertiggestellte Gotteshaus wurde Vorbild für die Bauten der Backsteingotik. Bei seiner Errichtung wurde das erste Mal die gotische Formensprache auf das Ziegelmaterial übertragen. Gleich hinter der Marienkirche erinnert das 🏛 **Buddenbrookhaus** an den Schriftsteller Thomas Mann, einen der berühmtesten Söhne der Stadt.

Im Norden der Altstadt wurden Gedenkstätten für zwei andere Nobelpreisträger eingerichtet: Das 🏛 **Günter-Grass-Haus** informiert mit einer sehenswerten Ausstellung über das gesamte künstlerische Werk des in der Nähe von Lübeck lebenden Schriftstellers. Das 🏛 **Willy-Brandt-Haus** ist dem in der Hansestadt geborenen Bundeskanzler und Friedensnobelpreisträger gewidmet. Ebenfalls im Norden der Altstadt befinden sich die ⛪ **Jakobikirche**, das im 13. Jh. von Lübecker Kaufleuten für kranke, alte und bedürftige Bewohner errichtete **Heilig-Geist-Hospital** sowie das **Haus der Schiffergesellschaft**, das ab 1535 von Lübecker Kaufleuten als Versammlungshaus genutzt wurde und heute ein Restaurant birgt.

Zur Altstadt Lübecks gehören nicht nur die prachtvollen **Patrizierhäuser**, sondern auch die **Gängeviertel**, in denen die armen Bevölkerungsschichten über die Jahrhunderte auf engstem Raum zusammenleben mussten. Die einstigen Elendsquartiere wurden in den 1970er-Jahren sorgfältig herausgeputzt und zählen heute zu den ersten Adressen der Stadt.
Ein Spaziergang durch das Gewirr der Gassen, Durchgänge und Hinterhöfe lohnt sich auf jeden Fall.

⚓ **Kiel** Die schleswig-holsteinische Landeshauptstadt ist Start- und Endpunkt vieler Nordeuropa- und Ostseekreuzfahrten. Mit dem Ostseekai verfügt sie über einen modernen Cruiseterminal, der mitten in der Stadt in der Nähe des Hauptbahnhofs liegt. Nicht nur in der Woche der jährlich stattfindenden weltberühmten Segelregatta, sondern das ganze Jahr über scheint sich in Kiel alles ums Wasser zu drehen. Der Hafen ist bedeutender Wirtschaftsfaktor und touristische Attraktion, und das Ein- und Auslaufen der Skandinavien-Fähren und großen Cruiseliner lockt regelmäßig Schaulustige an. Auch die **»Gorch Fock«** ist, wenn sie im Marinehafen der Bundeswehr vor Anker liegt, ein Publikumsmagnet.

Die Kieler Innenstadt wird von modernen Zweckbauten und Einkaufszentren beherrscht. Allerdings lohnen das 🏛 **Schifffahrtsmuseum** und die Schleusen des **Nord-Ostsee-Kanals** nördlich von Kiel einen Besuch.

**Oben: Von der Warnow aus hat man einen schönen Blick auf die Häuserzeilen am Stadthafen von Rostock. In der Bildmitte ragt St. Marien heraus.**

Restaurierte Segelschiffe und Kaufmannshäuser zeugen im Lübecker Museumshafen von der einstigen Bedeutung der Hansestadt (unten).

Von links nach rechts: Zu Zeiten der D-Mark zierte das Holstentor den 50-DM-Schein. Elegant präsentiert sich die Fassade des Heilig-Geist-Hospitals im Abendlicht.

Von IJmuiden an der südlichen Einfahrt des Nordseekanals kann man die Kreuzfahrtschiffe gut beobachten.

# Nordsee und Britische Inseln

**Kreuzfahrten in den Gewässern der Nordsee und rund um die Britischen Inseln haben ihren ganz eigenen Charme. Die Reise führt in eine facettenreiche Kulturlandschaft voller Historie, Geschichten, Fabeln und Mythen. Auf dem Kontinent faszinieren die traditionsreichen Hafen- und Handelsstädte Antwerpen, Brügge, Amsterdam, Rotterdam, Bremen und Hamburg. In Schottland kann man dem Ungeheuer von Loch Ness und in Cornwall dem sagenhaften König Artus nachspüren. Auf den Orkney-Inseln und in Irland warten Zeugnisse der uralten keltischen Kultur, in England historische Hafenstädte und eine Weltmetropole. Die herbe Schönheit der schottischen Highlands bildet einen reizvollen Kontrast zu den malerischen Gartenlandschaften im Süden Großbritanniens.**

# Freie und Hansestadt Hamburg

## »Die sündigste Meile der Welt«

Die Reeperbahn im Herzen von St. Pauli gilt als die »sündigste Meile der Welt«. Ihren Namen verdankt sie den Reepschlägern, die hier noch bis um 1900 Schiffstaue drehten. Schon damals hatte sich ein ausgedehntes Amüsier- und Rotlichtviertel etabliert, geprägt von schweren Jungs und leichten Mädchen. Doch mit der viel besungenen Seefahrerromantik à la Hans Albers hat der Kiez nicht mehr viel zu tun. Sie wurde verdrängt von Kontakthöfen, Eroscentern oder Peepshows und verschwand endgültig, als das große Geschäft mit der käuflichen

**Land:** Deutschland
**Einwohner:** 1,8 Mio.
**Sprache:** Deutsch
**Währung:** Euro
**Hauptreisezeit:** Mai bis Oktober
**Zeitzone:** UTC + 1

**In Hamburg starten und enden nicht nur zahlreiche Kreuzfahrten deutscher Anbieter. Die Hansestadt hat sich überdies zu einem beliebten Anlaufhafen für Schiffe internationaler Cruiselines entwickelt und verfügt mit dem erst im Juni 2011 eröffneten Cruise Center Altona und dem Cruise Center HafenCity über zwei moderne Terminals. Auch die Überseebrücke wird bis heute von kleineren Kreuzfahrtschiffen angesteuert.**

**Hamburg zählt sicherlich zu den attraktivsten deutschen Großstädten. Seit jeher ist der Blick der Menschen hier in die Ferne gerichtet. »Deutschlands Tor zur Welt«, wie Hamburg auch genannt wird, ist eine kosmopolitische Stadt. Viele international bekannte Theater- und Musikbühnen sowie eine lebendige Kunstszene tragen das Ihre zur Weltstadt-Atmosphäre bei.**

**Rathaus** Das weithin sichtbare Rathaus mitten im Zentrum ist bereits das sechste der Stadt. Während des Großen Brandes (1842) wurde das letzte zerstört. Erst 1886 war der Neubau mit Skulpturen und einer Neorenaissancefassade bezugsfertig. Über dem Eingangsportal stehen noch heute die mahnenden Worte in lateinischer Sprache: »Die Freiheit, die schwer errungen die Alten, möge die Nachwelt würdig erhalten.« 4000 Pfähle stützen den 70 m tiefen und 113 m breiten Bau.

**AIDALUNA im Trockendock Elbe 17 von Blohm + Voss.**

Liebe im Sumpf von organisiertem Verbrechen, Bandenkriegen und Drogenhandel versank. Sobald das Rotlicht verblasste, erfuhr der Kiez seine kulturelle Renaissance. Auf der Reeperbahn, dem Spielbudenplatz und

der Großen Freiheit tauchten alternative Varietés, edle Klubs und stilvolle Szenebars zwischen Spielhöllen und Sexshops auf (links). Partyhungriges Szenevolk mischt sich heute unter die endlosen Besucherströme.

Im Gebäude gibt es 647 Räume, eingerichtet in den unterschiedlichsten Stilen. Der Festsaal beeindruckt durch seine riesigen Dimensionen und durch Gemälde, die die Stadtgeschichte eindrucksvoll illustrieren.

**Jungfernstieg** Um 1235 wurde die Straße erstmals als Mühlendamm errichtet. Mitte des 17. Jh.s wurde sie verbreitert, gepflastert und mit Bäumen verschönert. Seit 1684 trägt sie den Namen Jungfernstieg – als Promenade, die einst hauptsächlich von Damen zum Spazierengehen aufgesucht wurde. Nach aufwendiger Renovierung ist sie heute die schönste und repräsentativste Straße der Innenstadt mit noblen Geschäften und einem schönen Blick auf die Binnenalster.

**St. Michaelis** Die Hamburger nennen ihre bekannteste Kirche schlicht und einfach »Michel«. Der sehenswerte Barockbau wurde zwischen 1750 und 1762 erbaut. Kurz nach Fertigstellung des Gotteshauses übernahm Carl Philipp Emanuel Bach, der Sohn Johann Sebastians, hier die Musikdirektion. Nach Zerstörungen 1906 und im Zweiten Weltkrieg wurde der Michel jeweils umgehend wieder aufgebaut. Der 27 m hohe Innenraum ist mit geschwungenen Emporen und einer freitragenden Decke ausgestattet.
Der 132 Meter hohe Turm kann über 449 Stufen erklommen werden. Mit der größten Turmuhr Deutschlands prägt er die Silhouette der Stadt und ist ihr Wahrzeichen.

**Speicherstadt** Wer ahnt heute noch bei einem Gang durch die Speicherstadt mit ihren Backsteinfassaden, Kupferdächern und Türmchen mit Zinnen, dass sich hier Ende des 19. Jh.s ein dicht bevölkertes Altstadtviertel befand? Kurzerhand wurde es abgerissen, als Hamburg damals neue Flächen zur zollfreien Lagerung von Waren benötigte. Inzwischen hat das Gebiet den Status als Freihafen verloren, etliche Lagerhäuser wurden von den alteingesessenen Firmen aufgegeben. Einblicke in die Welt der exotischen Waren gewähren heute noch Speicherstadtmuseum, Deutsches Zollmuseum, Afghanisches Kunst- und Kulturmuseum und Gewürzmuseum.

**Hafen** Über 800 Jahre alt ist der Hafen. Die 1189 gewährte Zollfreiheit verschaffte der Stadt enorme Wettbewerbsvorteile. Im Zweiten Weltkrieg wurde der Hafen zu 80 Prozent zerstört. Nach der Sturmflut von 1962, bei der viele Deiche brachen und 315 Menschen ums Leben kamen, schützte man ihn durch Flutsicherungswerke. Heute laufen ihn jährlich weit mehr als 10 000 Schiffe an.
Seitdem in den 1960er-Jahren die ersten Container im Hamburger Hafen gelöscht wurden, hat sich sein Erscheinungsbild grundlegend verändert. Wo einst Kisten, Fässer, Ballen oder Säcke noch erahnen ließen, was hier umgeschlagen wurde, beherrschen heute Container die Szenerie. Mit Milliardeninvestitionen wurden neue Lagerflächen und Anlagen zum Löschen und Beladen der Schiffe geschaffen. Inzwischen gehört der Hafen zu den größten Containerhäfen der Welt – rund 10 Mio. Container werden hier jährlich umgeschlagen.

**Oben links: Kreuzfahrtschiff »Queen Victoria« der Cunard-Reederei am Grasbrook-Terminal. Bildleiste von oben nach unten: Abendlicher Blick auf das Hamburger Rathaus; Lombardbrücke mit Binnenalster; St.-Katharinen-Kirche mit Speicherstadt; Hafen von Hamburg mit St.-Pauli-Landungsbrücken.**

# Bremerhaven, Hansestadt Bremen

### Universum Science Center

250 Stationen auf 4000 m² Ausstellungsfläche: Das Universum Science Center Bremen ist etwas Besonderes. Die äußere Form des Gebäudes, die an eine große Muschel erinnert (rechts), wirkt futuristisch. Bei einem Rundgang durch das Wissenschafts-Erlebniszentrum werden die Besucher durch drei große Themenbereiche geleitet: Mensch, Erde und Kosmos. Das

**Land:** Deutschland
**Einwohner:**
Hansestadt Bremen: 550000
Bremerhaven: 110 000
**Sprache:** Deutsch
**Währung:** Euro
**Hauptreisezeit:** Mai bis Oktober
**Zeitzone:** UTC + 1

**Mit dem 2003 eingeweihten Cruise Center an der berühmten Columbuskaje verfügt Bremerhaven über einen hochmodernen Terminal und knüpft zugleich an die große Tradition der Oceanliner an. Bis in die 1960er-Jahre liefen von der Columbuskaje Linienschiffe zu Atlantiküberquerungen aus.**

In Bremerhaven scheint sich fast alles um die Schifffahrt zu drehen. Das 2005 eingeweihte **Deutsche Auswandererhaus** informiert über das Schicksal der Emigranten, und auch das **Deutsche Schifffahrtsmuseum** ist sehenswert. Es dokumentiert die Geschichte der deutschen Kriegs- und Handelsmarine; zur Sammlung gehört auch eine Bremer Hansekogge aus dem Jahre 1380, die während Ausbaggerungsarbeiten gehoben wurde

**Bremens Rolandstatue**

**Bremen** Auch die 60 km weiter südlich gelegene Hansestadt Bremen lohnt einen Besuch. Das Stadtzentrum lässt sich gut während eines Stadtbummels erkunden. Die Hauptsehenswürdigkeiten stehen dicht gedrängt um den Marktplatz, der von **Rolandstatue** und **Rathaus** beherrscht wird. Der spätgotische Prachtbau erhielt zu Beginn des 17. Jh.s seine bis heute sichtbare Weserrenaissancefassade und steht seit 2004 zusammen mit dem steinernen Ritter auf UNESCO-Weltkulturerbeliste.
Innen beeindruckt die 45 m lange obere Rathaushalle, in der Schiffsmodelle von der Eichenholzdecke baumeln. Die sogenannte Güldenkammer wurde von keinem Geringeren als Heinrich Vogeler mit Ledertapeten sowie kostbaren Möbeln ausgestattet und gilt als Juwel des Jugendstils.
Die alten Gemäuer des Ratskellers, in dem man auch gut einkehren kann, wurden von Max Slevogt mit Fresken geschmückt, und der Eingang wird von den berühmten »Bremer Stadtmusikanten« bewacht.
Im Süden des Marktplatzes befindet sich der Dom **St. Petri** und unweit auch die **Liebfrauenkirche**. Die **Böttcherstraße** zwischen dem Marktplatz und dem Weserufer gilt als expressionistisches Gesamtkunstwerk. Die meisten Gebäude entlang dieser Gasse wurden in den 1920er-Jahren von den Architekten Eduard Scotland und Alfred Runge errichtet und beherbergen heute hübsche Galerien und Kunsthandwerksgeschäfte.

**Der gotische Dom St. Petri und das Rathaus bilden die prächtige Kulisse um den Bremer Marktplatz herum (rechts).**

Thema Mensch umfasst viele Aspekte von der Zeugung bis zu den Welten im menschlichen Gehirn. Das Thema Erde ist als Expedition zum Mittelpunkt der Erde aufbereitet. Man erlebt, wie Planeten entstehen, wie die Erde im Innersten und an der Oberfläche aussieht. Das Thema Kosmos schildert die unendlichen Weiten des Alls, mit den kleinsten Bausteinen der Materie, dem Sonnenlicht und den Kräften der Erde. Hier wackeln etwa die Wände, wenn der Simulator ein Erdbeben in Gang setzt. Bremens Universum ist ein Ort, an dem man in die Welt der Wunder unseres Lebens abtauchen und sie spielerisch erleben und studieren kann.

# Amsterdam, Rotterdam

### Keukenhof

Sowohl von Amsterdam als auch von Rotterdam lässt sich eines der berühmtesten Reiseziele der Niederlande schnell erreichen: der Blumenpark Keukenhof nahe der Stadt Lisse. Von Amsterdam beträgt die Entfernung etwa 40 km, knapp 60 km von Rotterdam. Seit über 60 Jahren präsentiert er wie kein anderer Park seinen Besuchern im Frühling den überwäl-

**Land:** Niederlande
**Einwohner:**
Amsterdam: 780 000
Rotterdam: 610 000
**Sprache:** Niederländisch
**Währung:** Euro
**Hauptreisezeit:** Mai bis September
**Zeitzone:** UTC + 1

Alte Meister gibt es im Rijksmuseum zu besichtigen.

**Die niederländischen Metropolen verfügen nicht nur über große Handels-, sondern auch über bedeutende Kreuzfahrthäfen. Vor allem Schiffe auf dem Weg von bzw. nach Amerika oder nach Spanien und in das Mittelmeer legen hier an. Der Gegensatz zwischen den beiden Städten könnte größer nicht sein.**
**Rotterdam, im Zweiten Weltkrieg schwer zerstört und anschließend wieder aufgebaut, präsentiert kühne Beispiele moderner Architektur. Amsterdam hingegen wartet mit vielen architektonischen Zeugnissen einer reichen Geschichte auf. Die Altstadt mit ihrem Grachtengürtel lockt alljährlich unzählige Touristen an. Beide Metropolen sind für ihre weltoffene, multikulturelle Atmosphäre bekannt.**

## Amsterdam

Die Hauptstadt der Niederlande liegt – nur 60 km vom Regierungssitz Den Haag entfernt – an der Mündung der »Amstel« und des »IJ« in das »IJsselmeer«. Sie ist über den »Noordzeekanal« mit dem offenen Meer verbunden. Nicht nur dank ihrer günstigen Lage an einer der meistbefahrenen Wasserstraßen der Welt hat sie sich zu einem beliebten Kreuzfahrtziel entwickelt. Die Stadt selbst zählt sicherlich zu den außergewöhnlichen Metropolen Europas und zieht im Jahr mehr als 4 Mio. Touristen an. Das reiche kulturelle Erbe und die lebensfrohe Atmosphäre wirken auf Jung und Alt wie ein Magnet. Amsterdams einzigartiger und seit 2010 auf der UNESCO-Kulturerbeliste stehender Grachtengürtel ist berühmt. Das insgesamt 80 km umfassende und die Altstadt ringförmig durchziehende Netz aus Kanälen wurde im 17. Jh. angelegt und diente ursprünglich als Transportweg. Heute wird es vornehmlich von Ausflugsbooten und Jachten befahren. Eine **Grachtenfahrt** sollte sich kein Amsterdam-Besucher entgehen lassen.
Insgesamt 1400 Brücken überspannen die Kanäle und verbinden die Kopfsteinpflasterstraßen der **Altstadt**. Die prächtigen giebeligen Kaufmanns- und Speicherhäuser aus dem 16. bis 18. Jh., die sich hier befinden, zeugen noch heute von der einstigen Bedeutung Amsterdams als Zentrum des Welthandels. Wegen des sumpfigen Untergrundes ist die Stadt auf Holzpfählen gebaut.

Amsterdams moderner **Passenger Terminal** für Kreuzfahrtschiffe liegt nur wenige Hundert Meter vom Hauptbahnhof entfernt mitten in der Stadt. Die »Centraal Station«, ein prächtiges neugotisches Gebäude, bietet sich als Ausgangspunkt für Stadterkundungen idealerweise an.

Über den **Boulevard Damrak** gelangt man zum Dam, dem zentralen Platz der Metropole, der von imponierenden Groß-

tigenden Anblick von mehr als 7 Mio. Blüten (links). Der Keukenhof ist der größte Blumenzwiebelgarten der Welt und öffnet jährlich für etwa 800 000 Menschen seine Pforten. Das Meer an Tulpen, Hyazinthen und Narzissen ist einmalig. Einige Reiseführer lassen sich sogar zu der Aussage hinreißen, dass man ohne die Besichtigung des Keukenhofs und seiner prachtvollen Gartenanlagen mit Gewächshäusern die Niederlande nicht gesehen habe. Der Name Keukenhof entstand im 15. Jh., als das Gelände zum Besitz der Gräfin Jakoba von Bayern gehörte. Er bedeutet eigentlich »Küchengarten«. Auf den insgesamt 15 km langen Spazierwegen des Parks kann man die Kombination aus Natürlichkeit und wissenschaftlicher Präzision genießen. Im 16. Jh. aus der Türkei nach Holland kommend, wird die Tulpe bis heute hier angebaut.

bauten wie dem Königlichen Palast aus dem 17. Jh. oder der 1409 geweihten Nieuwe Kerk gesäumt wird. Die Straßen rund um den Dam sind ein Paradies für Shoppingfreunde. Hier befinden sich nicht nur große Kaufhäuser und die Dependancen internationaler Designer-Labels, sondern auch viele interessante kleine Geschäfte für all jene, die gern stöbern und ausgefallene Dinge lieben.
Amsterdam ist ein Mekka für Kunstliebhaber. Von den vielen Museen der Stadt sei hier nur das **Rijksmuseum** mit seiner weltberühmten Sammlung Alter Meister, allen voran Rembrandts »Nachtwache«, genannt. Auch das **Van Gogh Museum** und das **Anne-Frank-Haus** sind ein unbedingtes Muss für jeden Amsterdam-Besucher.

**Die Erasmusbrücke, eine Schrägseilbrücke, verbindet das Zentrum Rotterdams mit dem Kop van Zuid.**

**Rotterdam** Die zweitgrößte Stadt der Niederlande liegt an der Mündung des Rheins in die Nordsee und ist Sitz des größten Hafens Europas. Sie zählt zu den bedeutenden wirtschaftlichen Zentren des Kontinents. Rotterdam wurde im Zweiten Weltkrieg erheblich zerstört und anschließend vollständig neu aufgebaut. Moderne Hochhausbauten prägen deshalb das Stadtbild. Besonders in Hafennähe sind einige avantgardistische Gebäude entstanden. Sie gelten als stolzes und weithin sichtbares Zeichen der enormen Wirtschaftskraft Rotterdams.
Die Kreuzfahrtschiffe legen direkt im Stadtzentrum unterhalb der Erasmusbrug (Erasmusbrücke), am **Holland-Amerika-Kai** an. Die Brücke wird von einem 139 m hohen Stahlpylon dominiert, der sie mit schräg geführten Stahlseilen hält. Aufgrund des leuchtend weißen Anstriches des Brückenträgers wird sie auch als »Der Schwan« bezeichnet. Nicht zu übersehen ist auch der 186 m hohe »Euromast«. Von der Aussichtsplattform dieses Turmes bietet sich ein großartiger Ausblick über den Hafen und die Stadt.
Auch die auf die Spitze gestellten kleinen Hauswürfel des Kijk-Kubus aus dem Jahr 1984 am Oude Haven und die der Golden Gate Bridge nachempfundene Willemsbrug sind sehenswert.
Eines der wenigen alten Bauwerke Rotterdams ist die von 1449 bis 1525 errichtete Laurenskerk, deren stabiles Mauerwerk den Bombenterror des Krieges fast unbeschadet überstanden hat.
Das Museum **Boijmans van Beuningen** wartet mit einer sehenswerten Sammlung von Meisterwerken der bildenden Kunst vom Mittelalter bis zur Moderne auf.

**Großes Bild: Der Amstelkanal ist einer von ca. 200 Kanälen und Gräben in Amsterdam. Er wurde vom Architekten Hendrik Petrus Berlage entworfen.**

# Antwerpen, Brügge-Zeebrügge

## Gent

Das kleine Land Belgien hat auffallend viele kulturelle Höhepunkte in seinen Städten zu bieten. Neben Antwerpen und Brügge gilt das nahe gelegene Gent als Geheimtipp (rechts). Besucher verbringen zu Unrecht wesentlich weniger Zeit in der Geburtsstadt Karls V. als im prätentiösen Antwerpen oder in der Museumsstadt Brügge. Gents uralte Häuser, Handels-

**Land:** Belgien
**Einwohner:**
Antwerpen: 480 000
Brügge-Zeebrügge: 115 000
**Sprache:**
Niederländisch, Französisch
**Währung:** Euro
**Hauptreisezeit:** Mai bis September
**Zeitzone:** UTC + 1

Antwerpens spätgotisches Rathaus steht am Grote Markt.

**Landgänge in Belgien sind Exkursionen in die Geschichte: Brügges oft besungene Altstadt erinnert an die Blütezeit der Metropole, die ab dem 13. bis ins 15. Jh. Sitz des wichtigsten ausländischen Hansekontors und Zentrum einer florierenden Tuchproduktion war. Als die Stadt mit der Versandung des Zwin den direkten Zugang zum Meer verlor, musste sie ihre Rolle als führender Handelsplatz der Region an Antwerpen abgeben. Der Aufstieg der Schelde-Stadt Antwerpen, die im 16. Jh. die reichste Stadt Europas war, wird durch prachtvolle Renaissancebauten dokumentiert.**

**Antwerpen** Die zweitgrößte Stadt Belgiens beherbergt den nach Rotterdam bedeutendsten Seehafen Europas. Dank seiner günstigen Lage entwickelte sich Antwerpen schon im Spätmittelalter zu einem der führenden Handels- und Finanzzentren Europas. Die prächtigen Bürgerhäuser des historischen Zentrums zeugen noch heute von dem Reichtum, den Antwerpener Kaufleute in dieser Zeit durch den Tuchhandel erwirtschafteten.

Die **Altstadt** wartet nicht nur mit mittelalterlichen Baudenkmälern, sondern auch mit Kleinoden aus der Zeit der Renaissance und des Barock auf. Ihren Mittelpunkt bildet der **Grote Markt**, der von prunkvollen Zunfthäusern aus dem 16. und 17. Jh. gesäumt wird. Das zwischen 1561 und 1565 errichtete **Rathaus** an der Westseite des Platzes gilt als ein herausragendes Beispiel der Renaissancearchitektur.

Die gotische **Liebfrauenkathedrale** aus dem 14. Jh. steht als Meisterwerk brabantischer Baukunst seit 1999 auf der UNESCO-Weltkulturerbeliste. In der Kirche können vier Gemälde von Peter Paul Rubens bestaunt werden. Der berühmte Barockmaler verbrachte fast sein ganzes Leben in Antwerpen. In sei-

kontore, Kirchen, Paläste, Kanäle mit Brücken und viele Museen demonstrieren eindrucksvoll die lange Geschichte der Stadt und ihren Kunstsinn. Die gut erhaltenen mittelalterlichen Bauwerke vereinen sich mit Bauten aus Barock, Gotik und Jugendstil. Seit 1998 gehört die Stadt zum Weltkulturerbe der UNESCO. Ein Besuch der Kathedrale St. Bavo (Sint Baafs) ist ein Muss, da sie einen der größten Kunstschätze der Welt birgt: den Genter Altar mit dem Polyptychon »Mystisches Lamm« (Anbetung des Lammes Gottes), geschaffen im Jahr 1432 von Jan van Eyck und seinem Bruder Hubert. Das Altarbild ist ein Meisterwerk altflämischer Malerei.

nem Haus, einem um das Jahr 1610 im Renaissancestil errichteten herrschaftlichen Palais, ist heute ein Museum, das **Rubenshuis**, untergebracht.

Auch das **jüdische Viertel** lohnt einen Besuch. Viele orthodoxe Juden, die an ihrer traditionellen Kleidung zu erkennen sind, leben hier. Ihre Vorfahren wurden im 16. und 17. Jh. von der Iberischen Halbinsel vertrieben und bauten in Antwerpen den Diamantenhandel auf. Noch heute ist Antwerpen ein Zentrum der Diamantverarbeitung. An der Diamantenmeile »Pelikaanstraat« residieren zahlreiche Juweliergeschäfte und Diamantenschleifereien. Die Altstadt Antwerpens kann von der Kreuzfahrtpier zu Fuß erreicht werden.

## Brügge-Zeebrügge

Der Hafen an der belgischen Nordseeküste wird von Kreuzfahrtschiffen als Ausgangspunkt für Ausflüge in das nahe Brügge angelaufen. Das historische Zentrum der Hauptstadt Westflanderns gilt als architektonisches Kleinod, das in Europa seinesgleichen sucht. Die Pracht der mittelalterlichen Bürgerhäuser, Kirchen und Klöster hat Dichter wie Rainer Maria Rilke inspiriert und versetzt noch heute jeden Besucher in Staunen.
Seit dem Jahr 2000 steht Brügges Altstadt zusammen mit dem Beginenhof auf der UNESCO-Weltkulturerbeliste. Unter den vielen Sehenswürdigkeiten und Kunstschätzen Brügges ragt eine Madonna des berühmten Michelangelo hervor. Sie befindet sich in der **Liebfrauenkathedrale** und war ursprünglich für den Dom von Siena bestimmt. Flämische Kaufleute erwarben dieses großartige Kunstwerk und schenkten es der Brüggener Kirche. Die von einer Wallanlage umgebene Altstadt lässt sich gut zu Fuß erkunden. Sie wird ganzjährig von Touristen aus aller Welt besucht. Zahlreiche Cafés und Restaurants laden hier zum Verweilen und Entspannen ein.

**Marktplatz von Brügge mit dem Stadhuis.**

Eine andere Möglichkeit, Brügge kennenzulernen, bietet eine **Grachtenfahrt**. Die Anlegestellen der Ausflugsboote finden sich über die ganze Stadt verstreut. Eine Tour dauert ungefähr 45 min.

**Oben links: Die Liebfrauenkathedrale dominiert die Innenstadt von Antwerpen. Brügges stolzes Symbol ist der Belfried der Tuchhalle (oben rechts).**

# Liverpool, Falmouth, Plymouth, Southampton

## »The fab four«, die Beatles und der Britpop

In Liverpool fing alles an (rechts: Mathew Street, Wall of Fame mit John-Lennon-Figur): Im Zweiten Weltkrieg trafen dort die GIs für ihren D-Day-Einsatz ein, und sie brachten ihre Musik mit; in Liverpool fielen die neuen Rhythmen auf fruchtbaren Boden. Doch mit den Beatles brach eine neue Ära der Popkul-

**Land:** Großbritannien
**Einwohner:**
Liverpool: 450 000
Falmouth: 20 000
Plymouth: 260 000
Southampton: 240 000
**Sprache:** Englisch
**Währung:** Britisches Pfund
**Hauptreisezeit:** Mai bis September
**Zeitzone:** UTC +/– 0

**In den Kreuzfahrthäfen Englands wird die Geschichte einer Seefahrernation lebendig. Britische Abenteurer, Forscher und Kaufleute drangen seit dem Beginn der Neuzeit bis in die entlegensten Winkel der Erde vor und gründeten auf allen Kontinenten Kolonien. Seefahrer wie Francis Drake, Walter Raleigh oder James Cook gingen von Plymouth aus auf Entdeckungsreise und erschlossen für Großbritannien neue Welten. Die größte Kolonialmacht der Geschichte entstand.**
**Im 19. Jh. entwickelte sich Liverpool zum zentralen Hafen dieses weltumspannenden Imperiums. Die historischen Hafenanlagen sind heute Touristenattraktion.**

**Liverpool** Seit 2007 der neue Cruiseterminal eröffnet wurde, wird die Stadt an der Mündung des Mersey in die Irische See mehr und mehr als Kreuzfahrtziel entdeckt. Einst war Liverpool einer der bedeutendsten Seehäfen im British Empire. Im 18. Jh. kam die Stadt durch ihre Beteiligung am berüchtigten Atlantischen Dreieckshandel zwischen Europa, Afrika und Amerika zu Reichtum. Jedes Jahr im Herbst stachen Schiffe von Liverpool und anderen europäischen Häfen aus nach Westafrika in See, transportierten von dort Sklaven in die Neue Welt und kehrten beladen mit Rum, Zucker sowie Baumwolle nach Europa zurück.
Auch nach dem Ende des Sklavenhandels, der in England 1807 verboten wurde, behielt der Hafen seine enorme Bedeutung bei: Während des 19. Jh.s war er wichtigster Exporthafen für die aufblühende englische Eisenindustrie. 1840 eröffnete Samuel Cunard eine regelmäßig befahrene Passagier- und Frachtschiffsverbindung zwischen Liverpool und Boston und leitete damit die Ära der großen Oceanliner ein. Liverpool wurde Anlaufstelle für Millionen von Emigranten aus Europa, die von hier aus in die Neue Welt aufbrachen. Als in der zweiten Hälfte des 20. Jh.s der Niedergang der britischen Industrie einsetzte, verlor der Hafen an Bedeutung. Liverpool verfiel zusehends. Erst der wirtschaftliche Aufschwung in den 1990er-Jahren brachte eine Wende. Die meisten der historischen Bauten, die die verheerenden deutschen Bombenangriffe während des Zweiten Weltkriegs überstanden hatten, wurden restauriert und die Stadt für Touristen attraktiv gemacht. Seit 2004 steht das historische Hafengebiet als Maritime Mercantile City auf der UNESCO-Welterbeliste. Der neue Cruiseterminal wurde in der Nähe der Anlegestelle der frühen Oceanliner errichtet.
Der weltbekannte Pier Head ist nur einen Steinwurf weit entfernt. Hier beeindrucken die »drei Grazien« – ein Ensemble repräsentativer Prachtbauten, das zu Beginn des 20. Jh.s errichtet wurde und heute das Wahrzeichen der Stadt ist.
Das neobarocke Port of Liverpool Building beherbergte bis in die 1990er-Jahre die Hafenbehörde und befindet sich heute in Privatbesitz. Das südlich der »drei Grazien« gelegene Albert Dock wurde in den 1980er-Jahren umfassend saniert und ist heute eine der Hauptattraktionen Liverpools. In die fünfstöckigen viktorianischen Lagerhäuser, die das Hafenbecken säumen, sind hübsche Geschäfte und schicke Restaurants eingezogen. Auch einige interessante Museen wie das **Merseyside Maritime Museum**, die Liverpooler Dependance der Tate Gallery und das **International Slavery Museum**, das Liverpools Verstrickung in den Sklavenhandel dokumentiert, finden sich hier. Am südlichen Ende des Albert Dock erinnert »The Beatles Story« mit einer sehenswerten Ausstellung an die berühmte Band. Auch jenseits des Hafenviertels hat Liverpool seinen Gästen einiges zu bieten. Im Zentrum erinnern heute neoklassizistische Prachtbauten an die Blütezeit der Stadt, moderne luxuriöse Einkaufspassagen künden von dem wiedergekehrten Wohlstand. Ein Besuch der **Walker Art Gallery** ist ein Muss für jeden Kunstliebhaber. Das Museum wartet mit einer faszinierenden Sammlung von Werken europäischer und britischer Maler wie Gainsborough oder William Turner auf.

**Falmouth** Seit ihrer Gründung im Jahr 1613 hat die an der Südküste Cornwalls gelegene Stadt immer wieder eine bedeutende Rolle in der Geschichte der Seefahrernation gespielt. Zwischen 1689 und 1851 wurde von Falmouth aus Post bis in die entlegensten Winkel des Empire verschifft. 1805 ging der Schoner »Pricke« im Hafen vor Anker und überbrachte die Nachricht vom Sieg bei Trafalgar und Admiral Nelsons Tod. Charles Darwin beendete hier 1836 seine zweite Weltreise mit der »Beagle«. Im Zweiten Weltkrieg wurde der Hafen aufgrund seiner enormen strategischen Bedeutung von deutschen Bombern attackiert. Nach dem Zweiten Weltkrieg machten Francis Chichester und Ellen McArthur Falmouth durch ihre Weltumseglungen bekannt. Heute ist die Stadt einer der be-

tur an – unabhängig von US-amerikanischen Vorbildern. Von 1962 bis 1970 waren die Vier prägend für die Musikwelt, weil sie von Beat über Pop bis hin zu Hard Rock alles zu integrieren wussten. In den 1990er-Jahren besann sich der gitarrenlastige Britpop – vor allem mit The Stone Roses und The Smiths – zurück auf die Beatles, die Rolling Stones und The Kinks. Zu den bekanntesten Britpopvertretern gehören Bands wie Blur und Oasis. Die Punkbewegung, ursprünglich als aggressive Protest gegen die kommerziell ausgerichtete Popkultur gedacht, hat hier ihre Wurzeln. Independantbands wie Sex Pistols oder The Clash waren selbst stilbildend.

liebtesten Urlaubsorte an der englischen Südküste. In den Sommermonaten liegen die Jachten im Hafen, einem der tiefsten natürlichen Häfen auf dem Globus. Auch das unter Heinrich VIII. errichtete **Pendennis Castle** ist sehenswert.

Die meisten Kreuzfahrtpassagiere nutzen den Landgang in Falmouth zu einer Rundfahrt durch das landschaftlich reizvolle Cornwall. Als das Land des sagenumwobenen Königs Artus hat die Halbinsel an der Südwestspitze Großbritanniens seit jeher Maler und Literaten inspiriert. Überall finden sich die Zeugnisse der jungsteinzeitlichen Megalithkultur. Die Kelten, die Cornwall zwischen dem 6. Jh. v. Chr. und dem 11. Jh. beherrschten, haben nicht nur Steinkreuze, sondern auch Kornisch, eine keltische Sprache, hinterlassen. Bis in das 18. Jh. hinein wurde sie im Alltag benutzt, heute wird sie in Sprachgesellschaften wiederbelebt. Im Innern präsentiert sich die Halbinsel als karge Moor- und Heidelandschaft. Dank seiner traumhaft hellen Sandstrände und eines milden Klimas, das sogar Palmen gedeihen lässt, erinnert die Südküste vielerorts an ein mediterranes Paradies. Die dem Atlantik zugewandte Nordküste ist felsiger und zerklüfteter. **Land's End**, eine felsige Landzunge und westlichster Punkt Großbritanniens, zieht ebenso wie **Lizard Point**, der südlichste Punkt im Königreich, Scharen von Besuchern an.

**Plymouth** Seit der Eröffnung des neuen Cruiseterminals wird die Hafenstadt in der Grafschaft Devon mehr und mehr als Kreuzfahrtziel entdeckt. Plymouth ist dank einiger schöner **Badestrände** und einer reizvollen Umgebung ein beliebter Ferienort. Die Stadt blickt auf eine glanzvolle Geschichte zurück. 1577 brach Francis Drake von hier aus zu seiner berühmten Weltumsegelung mit der »Golden Hinde« und vier weiteren Schiffen auf. 1588 wurde vor der Küste von Plymouth die Spanische Armada von einer englischen Flotte unter der Führung von Drake vernichtend geschlagen und so Spaniens Vormachtstellung auf den Weltmeeren infrage gestellt. In Plymouth erinnert eine Statue im Hoe Park an den Helden Francis Drake. 1620 brachen die Pilgrim Fathers mit der »Mayflower« von Plymouth aus in die Neue Welt auf und gründeten dort eine der ersten englischen Kolonien auf nordamerikanischem Boden.

Als britischer Marinestützpunkt wurde Plymouth von der deutschen Luftwaffe während des Zweiten Weltkriegs fast vollständig zerstört und musste wieder aufgebaut werden. Einzig Barbican, ein Viertel am historischen Sutton Harbour, blieb erhalten. Hier finden sich noch Bauten aus dem Mittelalter und der Elisabethanischen Zeit. Sehenswert sind das **Merchant's House** aus dem 17. Jh. sowie das **Elizabethan House** aus dem 16. Jh. Seit 1998 informiert das am Sutton Harbour errichtete **National Marine Aquarium**, das größte Großbritanniens, über die Unterwasserwelt. Die Royal Citadel am Eingang zum Hafen wurde 1666 errichtet und wird heute von den Royal Marines genutzt. Das historische Viertel am Sutton Harbour kann vom Cruiseterminal aus am besten mit einem Taxi erreicht werden. In der Nähe von Plymouth lädt der **Dartmoor National Park** zu Wanderungen ein.

Land's End in Cornwall ist der westlichste Punkt Englands.

Southampton ist Treffpunkt zahlreicher Kreuzfahrtschiffe.

**Southampton** Die Stadt ist nicht nur als Heimathafen der Cunard-Flotte Ausgangspunkt von Kreuzfahrten. Mittlerweile haben auch amerikanische Veranstalter wie die Royal Caribbean International in Southampton Schiffe stationiert. Die Passagierschifffahrt blickt in Southampton auf eine lange Tradition zurück. Als die White Star Line und Cunard zu Beginn des 20. Jh.s ihre Firmensitze hierhin verlegten, löste sie die Stadt Liverpool als wichtigster Passagierhafen des Vereinigten Königreichs ab. Bis weit in die 1960er-Jahre liefen von Southampton luxuriöse Oceanliner im Liniendienst wie die »Queen Mary« oder die »Queen Elizabeth« zu Atlantiküberquerungen aus. Berühmt wurde Southampton durch die »Titanic«, die am 10. April 1912 zu ihrer Unglücksfahrt aufbrach. Viele Passagiere verbinden ihre Schiffsreise hier mit einem Trip nach London oder mit einem Badeaufenthalt in einem der südenglischen Küstenorte.

Besucher, die über wenig Zeit verfügen, sind aber auch in Southampton gut aufgehoben. In der überschaubaren Altstadt finden sich einige Sehenswürdigkeiten. Fachwerkhäuser, wie das mit mittelalterlichem Mobiliar ausgestattete **Medieval Merchant's House** aus dem 13. Jh. oder das **Tudor House Museum**, das über die Geschichte der Stadt informiert, sind erhalten. Das **Maritime Museum**, das mit einer ständigen Ausstellung über die »Titanic« aufwartet, ist in einem Lagerhaus, das **Museum of Archaeology** in einem alten Wehrturm untergebracht. Eine Vielzahl von Veranstaltern bieten Hafenrundfahrten sowie Ausflüge auf die **Isle of Wight** oder nach **Portsmouth** an. Rund 50 km nördlich von Southampton liegen in der Nähe des charmanten Städtchens **Salisbury** die jungsteinzeitlichen Steinkreise von **Stonehenge**.

**Die »Queen Mary 2« macht gerade im Hafen von Liverpool fest (links oben).**

# London

## Londons Untergrund-bahn- und Bussystem

Das U-Bahn-System von London ist eines der ältesten und weitverzweigtesten öffentlichen Nahverkehrsnetze der Welt (rechts). Aufgrund einer neuen Tunnelbautechnik im 19. Jh. entwickelte sich die unterirdische Dampflokomotive zur modernen Untergrundbahn, bis 1890 die City and South London Railway als erste »tube« konstruiert werden konnte. Neu waren die röhrenförmigen Wagen ohne Fenster – gezogen von einer Elektrolok, die ihren Strom von einer parallel zu den Gleisen verlaufenden Schiene

**Land:** Großbritannien
**Einwohner:** 7,8 Mio.
**Sprache:** Englisch
**Währung:** Britisches Pfund
**Hauptreisezeit:** April bis Oktober
**Zeitzone:** UTC +/– 0

**Die an der Themse gelegene Welthauptstadt ist von den drei Schifffahrtshäfen Harwich, Dover und Southampton gut erreichbar. Sie ist eine Stadt der Gegensätze. Oft nur wenige Minuten voneinander entfernt, begegnet man aristokratischen Traditionen und Ritualen der bombastischen Finanzwelt, geschichtsträchtigen Bauten oder futuristischen Glaspalästen, trendsetzenden Modemeilen und Klubs sowie einer facettenreichen Kulturlandschaft. Als pulsierender Schmelztiegel der Nationen stellt London mit seinem Wirrwarr aus 50 000 Straßen und Gassen eine Art Flickenteppich dar, der in sich kleine Städtchen mit eigenem Charakter bewahrt hat. So gibt es 33 Stadtbezirke, die alle über eine eigenständige Verwaltung verfügen.**

**City of London und Southwark** Die City ist das historische und wirtschaftliche Zentrum der Stadt. 1078 ließ der Normannenkönig Wilhelm der Eroberer die Festung des **Tower of London** errichten, der als Königspalast, Münzstätte und Schatzkammer diente und die Kronjuwelen beherbergt. Nicht zuletzt war der Tower auch ein Gefängnis, in dem Persönlichkeiten der englischen Geschichte einsaßen. Die acht Raben, die im Turm leben, garantieren der Sage nach das Fortbestehen des Königreiches. Ein Meisterwerk viktorianischer Ingenieurskunst ist die nach Plänen von Horace Jones 1894 vollendete **Tower Bridge** mit der alten Dampfhydraulikanlage im Innern der beiden Türme.
Am Ludgate Hill befindet sich die **St. Paul's Cathedral**, die – durch den Großen Brand von 1666 zerstört – 1708 als erste protestantische Kathedrale Englands von dem Architekten Christopher Wren errichtet wurde. Die weltweit zweitgrößte Kuppel mit 111 m Höhe vom Boden bis zur Laterne wurde dem Petersdom in Rom nachgestaltet. Im Inneren sind Chor und Wandelgang mit Mosaiken versehen, schmiedeeisernes Kunsthandwerk von Jean Tijou ziert den Balkon der Whispering Gallery, und am Chorgestühl kann man das Schnitzwerk von Grinling Gibbons bewundern.
Wenn man über die **Millenniumsbrücke** zur Südseite Londons nach Southwark hinübergeht, kommt man direkt zu der **Tate Modern**. In einem ehemaligen Kraftwerk untergebracht und 2000 nach Entwürfen von Herzog & de Meuron aufwendig umgebaut, bietet sie eine große Bandbreite moderner und internationaler Kunst von Dalí, Picasso, Miró, Rothko, Warhol bis hin zu zeitgenössischen Objekten oder Videoinstallationen. Nahe der Tate Modern befindet sich das rekonstruierte **Shakespeare's Globe Theatre**, wo man sich an Shakespeares Stücken unter freiem Himmel ergötzen kann.

**Die Themse ist bis heute die Lebensader Londons.**

Am Südufer der Themse, Dudelsackpfeifer und afrikanische Artisten passierend, trifft man auf das British Airways **London Eye**, eines der größten Riesenräder der Welt. Man blickt aus 135 m Höhe auf London herab: auf die Kuppeln von Wrens Kirchen, auf das **Windsor Castle** und auf **Canary Wharf**, das ehemalige Hafengebiet, das heute einen Komplex mit Bürogebäuden namhafter Unternehmen und dem 250 m hohen, von César Pelli entworfenen One Canada Square (auch One Canada Tower genannt) beherbergt. Um Canary Wharf entstand ein Geschäfts- und Freizeitzentrum mit über 200 Läden – eine phänomenale Architektur aus Stahl und Glas unter Verwendung historischer Werftanlagen. Einzigartig ist auch die von Norman Foster entworfene U-Bahn-Stationen »Canary Wharf«.

**City of Westminster** Das britische Parlamentsgebäude mit seinen zahlreichen Räumen und dem Markenzeichen Londons, dem Turm mit der Glocke **Big Ben**, wurde 1849 an der Stelle des alten Königspalastes im neugotischen Stil wieder aufgebaut. Baumeister war der Architekt Charles Barry. In der **Westminster Hall** tagte bis zum

aufnahm. Weltberühmt wurde auch der U-Bahn-Plan von London, der um 1930 von Harry Beck nach dem Vorbild eines elektrischen Schaltkreises als Liniennetz mit 45-Grad-Winkeln entworfen wurde. Auch die roten Londoner Doppeldeckerbusse haben eine Besonderheit: Sie halten pflichtgemäß nur an den weiß unterlegten Schildern. Bei Haltestellen mit dem Hinweis »Request« auf rotem Hintergrund, muss man winken.

**Trafalgar Square mit der National Gallery als prächtiger Kulisse.**

Brand im Jahr 1834 das Oberste Gericht. Auf der gegenüberliegenden Seite steht die prachtvolle von Eduard dem Bekenner 1065 errichtete **Westminster Abbey** mit dem 34 m hohen gotischen Kirchenschiff. Seit 1066 wurden hier fast alle Staatsoberhäupter gekrönt. Zugleich ist es die Ruhestätte von Monarchen, Wissenschaftlern und Dichtern, wie Shakespeare und Dickens. Besonders sehenswert sind die **Chapel of Henry VII** mit dem Deckengewölbe im Perpendikularstil und die **St. Edward's Chapel** mit dem Schrein des Gründers. An der Nordseite des Trafalgar Square befindet sich die **National Gallery**, die Gemälde bedeutender Malschulen vom 13. bis 20. Jh. beherbergt; in einem eigenen Flügel befinden sich Meisterwerke der Renaissance. Von hier ist es nicht weit zur **Chinatown**, wo man an unzähligen kleinen Speiselokalen und Läden mit Lebensmitteln vorbeikommt. Die älteste Lichtreklame der Welt kann man im **Piccadilly Circus**, dem bekanntesten Platz Londons, finden. Hier schlägt das Herz der Vergnügungswelt. Die gleichnamige Straße ist gesäumt von typisch englischen Geschäften, wie dem Kaufhaus Fortnum & Mason. Auf der Regent Street befindet sich das legendäre Kaufhaus Liberty – ein Palast mit eigener Modekollektion.

Eines der bekanntesten Wahrzeichen Londons ist zweifelsfrei der **Buckingham Palace**, der 1705 für den Duke of Buckingham erbaut wurde und den der Architekt John Nash im 19. Jh. zu einem Palast umgestaltete. Seit dem Einzug Königin Viktorias ist der Palast mit seiner Gemäldegalerie und seinem prachtvollen Thronsaal Wohn- und Amtssitz der Queen. Wenn sie anwesend ist, weht die Flagge. Nicht zu verpassen ist die Wachablösung der Gardetruppen – täglich um 11 Uhr. Während der 30-minütigen Parade wird der Palastschlüssel an die neue Wache übergeben.

**South Kensington** Richtung Westen kommt man zu dem weltbekannten 1834 erbauten Kaufhaus **Harrods**, das einst im Besitz der englischen Königsfamilie war. Es verfügt über 250 stilvoll dekorierte Abteilungen, darunter die fast schon legendäre Delikatessenhallen. Das in der Nähe gelegene **Victoria & Albert Museum** – ein von Aston Webb konzipierter Prunkbau – birgt die umfangreichste Kunsthandwerks- und Designsammlung der Welt. Sage und schreibe über 11 km erstrecken sich die Ausstellungssäle, die Exponate aus Porzellan und Glas sowie Textilien, Skulpturen und Metallarbeiten beheimaten. Interessant ist hier auch die **Fashion Gallery** mit einer Sammlung historischer Kleidungsstücke bis hin zur Haute Couture des 21. Jh.s. Das Great Bed of Ware – ein vier Meter breites, mit Inschriften übersätes Eichenbett – wurde durch die Erwähnung bei Shakespeare berühmt.

Gegenüber dem Museum befindet sich der **Hyde Park**, der seit 1635 für die Öffentlichkeit zugänglich ist. Das Zentrum des Parks ist der 1730 angelegte Serpentine Lake, an dessen Südseite die **Diana, Princess of Wales Memorial Fountain** steht, zum Gedenken an Prinzessin Diana. Der **Speakers' Corner** bietet Freiraum für jeden, sich zu einem beliebigen Thema zu äußern. Im Süden des Parks erhebt sich das **Albert Memorial** für Prinz Albert, den Gemahl der Königin Viktoria.

Das **British Museum** ist das erste öffentliche Museum der Welt. Es beherbergt 6 Mio. enzyklopädische Kostbarkeiten zur gesamten Kulturgeschichte der Menschheit, darunter aus dem Alten Orient, Ägypten, der klassischen Antike, aus Asien und dem islamischen Orient sowie ethnografische Ausstellungsstücke. Zu den wichtigsten Objekten gehören der Parthenon-Fries, die mumifizierte Katze und der Stein von Rosetta. Das Zentrum des Museums ist der von Norman Foster entworfene mit einem Glasdach versehene Great Court, in dessen Mitte sich ein Lesesaal mit einer der bedeutendsten Sammlungen an Büchern und Manuskripten weltweit befindet.

**Bild oben: Der Panoramablick über London zeigt es: Tradition und Moderne gehen hier eine überraschend harmonische Verbindung ein.**

# Edinburgh

## Festival-Hauptstadt

Treffpunkt für Künstler aus aller Welt ist Edinburgh im Grunde das ganze Jahr über, denn die Kultur wird in der schottischen Hauptstadt gepflegt wie kaum anderswo. Im August vereinen sich Künstler und Stadt zum Superlativ: Das berühmte Edinburgh Festival ist eine Ansammlung diverser Festspiele, die Jahr für Jahr rund 2 Mio. Besucher aus dem In- und Ausland anlocken. In dieser Zeit erobern Gaukler die Gassen, Theatergruppen funktionieren Hinterhöfe zur experimentellen Bühne um, internationale Musikstars treten auf, Kabarett, Zirkus, Oper, Film und Ballett werden

**Land:** Großbritannien (Schottland)
**Einwohner:** 490 000
**Sprache:** Englisch
**Währung:** Britisches Pfund
**Hauptreisezeit:** Mai bis September
**Zeitzone:** UTC +/– 0

**Trotz der selbstbewussten Pflege des vielfältigen kulturellen Erbes ist Edinburgh eine dynamische und lebendige Stadt, deren beschwingte Atmosphäre Jung und Alt anzieht. Die großen Cruiseliner gehen in South Queensferry rund 20 km westlich von Edinburgh in Sichtweite der berühmten Eisenbahnbrücke über den Firth of Forth vor Anker. Die schottische Hauptstadt kann von hier aus mit Shuttle-Service, Taxis oder der Eisenbahn erreicht werden. Kleinere Kreuzfahrtschiffe können auch im Hafen von Leith nördlich des Edinburgher Stadtzentrums anlegen. Die meisten Passagiere zieht es natürlich sofort in die mit einem Bus oder Taxi leicht zu erreichende Innenstadt. Doch auch der Hafen hat einiges zu bieten. Nach Jahren des Verfalls hat er sich zu einem schicken Einkaufs- und Ausgehviertel gemausert. Hauptattraktion ist die königliche Jacht »Britannia«, die in ein Museumsschiff umgewandelt wurde.**

**Edinburgh Castle** Die auf dem Castle Rock, einem erloschenen Vulkan, 100 m über der Stadt thronende Trutzburg ist zweifellos die touristische Attraktion Edinburghs. Als Residenz schottischer Könige blickt sie auf eine bewegte Geschichte zurück. Das älteste erhaltene Gebäude auf dem Festungsareal, die St. Margaret's Chapel, stammt aus dem 12. Jh. In den Jahrhunderten bis zur endgültigen Vereinigung Schottlands mit England, nach der Schlacht von Culloden im Jahr 1746, wurde Edinburgh Castle immer wieder belagert, zerstört und neu aufgebaut. Die Festung umfasst daher Gebäudekomplexe aus fast allen Epochen der schottischen Geschichte. Eine Besichtigung ist immer mit einer Reise in die Vergangenheit verbunden. Vor allen Dingen die Gemächer im Royal Palace lohnen einen Besuch. Hier sind die schottischen Reichsinsignien ausgestellt, und hier befindet sich die Kammer, in der Maria Stuart 1566 ihren einzigen Sohn gebar. Er ging als schottischer König Jakob VI. und als englischer König Jakob I. in die Geschichte ein.

Seit 1996 wird im Royal Palace ein besonderer Schatz gehütet: Der »Stone of Destiny«, der Krönungsstein der schottischen Könige. Im Jahr 1296 wurde der 66 x 41 x 27 cm große Sandsteinblock von dem englischen König Eduard I. nach Westminster geschmuggelt und als Zeichen seines Anspruchs auf die schottische Krone unter den dortigen Krönungsstuhl gelegt. Erst 700 Jahre später kehrte er als Leihgabe der Queen nach Edinburgh zurück und zieht dort schottische Patrioten in seinen Bann.

Im French Prison kann Mons Meg, eine gigantische, 6 t schwere Kanone aus dem 15. Jh., bestaunt werden. Darüber hinaus verfügt das 🏛 **National War Museum** über eine reiche Waffensammlung.

**Royal Mile** Diese Flaniermeile weist ebenso wie ihre Seitenstraßen eine hohe Dichte an Pubs, urigen Lokalen und Läden aller Art auf. Sie führt vom Edinburgh Castle über die Straßen Castle Esplanade, Castlehill, Lawnmarket, High Street, Canongate und Abbey Strand zum Palace of Holyroodhouse hinunter. Die Royal Mile bildet die Hauptschlagader der Altstadt von Edinburgh und wird von steil abfallenden bzw. ansteigenden engen Gassen, Hinterhöfen und Durchgängen, den Closes, gekreuzt. Einst galten sie als schmuddeliger, gefährlicher Ort und waren als Rückzugsgebiet von Kleinkriminellen verschrien. Heute sind die alten Gemäuer sorgfältig restauriert und die Closes ein Touristenmagnet.

Besonders sehenswert sind der Old Fishmarket Close und der Advocate's Close. Der Real Mary King's Close verschwand 1753 durch Überbauung im Untergrund und wurde dadurch zum Gegenstand von Gerüchten, Mythen und Gruselgeschichten. Heute bieten kostümierte Gästeführer Rundgänge durch diese inszenierte Edinburgher Unterwelt an und informieren über das Alltagsleben vergangener Zeiten in dem Labyrinth. Im Lady Stair's Close befindet sich das 🏛 **Writers' Museum**, das den schottischen Schriftstellern Robert Louis Stevenson, Sir Walter Scott und Robert Burns gewidmet ist. In einer Druckerei am Anchor Close wurde zwischen 1768 und 1771 die erste Auflage der Encyclopædia Britannica gedruckt. An der Royal Mile finden sich aber nicht nur Closes, sondern auch einige bedeutende Repräsentativbauten wie ⛪ **St. Giles' Cathedral** aus dem 15. Jh. oder das im 17. Jh. errichtete Gebäude des schottischen Parlaments. Am Fuß der Burg informiert das Whisky Heritage Centre über alle Aspekte des schottischen Nationalgetränks. An der unteren Royal Mile erinnert das John Knox House / Scottish Storytelling Centre an den großen Reformator und Gegner Maria Stuarts. Familien mit Kindern sei ein Besuch des 🏛 **Museum of Childhood** mit seiner sehenswerten Sammlung von Spielzeug aus allen Jahrhunderten und Erdteilen empfohlen.

**Palace of Holyrood House** Die offizielle Residenz der britischen Königsfamilie in Schottland steht in Abwesenheit der Royals für Besichtigungen offen. Die meisten Besucher interessieren sich auch nicht für die heutige Queen und ihren Clan, sondern für eine andere Bewohnerin des Palastes: In Holyrood

geboten. Und natürlich ertönen überall Dudelsackweisen. Ambitionierte »Einzeltäter« bereiten sich das ganze Jahr über auf dieses großartige Ereignis vor. Beim legendären »Military Tattoo« (rechts) auf der Castle Es-

planade spielen die »Pipes & Drums« drei Wochen den Zapfenstreich vor dem illuminierten Schloss. Start des Kultursommers ist Ende Juli, wenn das »International Blues and Jazz Festival« den Anfang macht.

House residierte zwischen 1561 und 1567 Maria Stuart, hier heiratete sie in zweiter Ehe Lord Darnley, hier musste sie mit ansehen, wie ihr Privatsekretär und vermutlicher Liebhaber David Rizzio hinterrücks erstochen wurde. Im Nordwestturm des Palastes sind einige Erinnerungsstücke ausgestellt. Der größte Teile des heute sichtbaren Schlosses wurde erst rund 100 Jahre nach dem Tod der berühmten Königin errichtet. Die Räumlichkeiten sind mit kostbaren Möbeln, Teppichen und Gemälden ausgestattet.

**Holyrood Park** Dieser südöstlich des Palastes gelegene und nach ihm benannte, 260 ha große Park präsentiert sich mit seinen Gewässern, Anhöhen und Tälern als ein Stück schottisches Hochland inmitten der Großstadt. Viele Wanderwege laden zu ausgedehnten Spaziergängen durch eine grüne Bilderbuchlandschaft ein. Das Gelände wird überragt von dem 251 m hohen **Artur's Seat**, einem erloschenen Vulkan, der fantastische Ausblicke über Edinburgh bietet.

**St. Giles' Cathedral weist wunderschöne Glasfenster auf.**

**New Town** Als gelungenes Beispiel für eine planvoll angelegte Stadt steht dieses Viertel zusammen mit Edinburghs Altstadt seit 1995 auf der UNESCO-Weltkulturerbeliste.
Seine Anfänge gehen auf die Mitte des 18. Jh.s zurück, als zu Wohlstand gekommene Edinburgher Bürger nach Wohnmöglichkeiten außerhalb der engen und schmutzigen Altstadt suchten. Im Laufe eines halben Jahrhunderts entstand auf einem unbebauten Areal im Norden der City ein Wohnquartier für die gehobenen Schichten, das heute als weltweit größtes zusammenhängendes Ensemble georgianischer Bauten bestaunt werden kann. Ein Streifzug durch die schnurgerade verlaufenden und von eleganten neoklassizistischen Stadthäusern gesäumten Straßen ist ein Muss für jeden Edinburgh-Besucher. Im Süden wird die New Town von der Princes Street, Edinburghs Haupteinkaufsstraße, begrenzt.
An ihrer Nordseite befinden sich die schicksten und trendigsten Geschäfte der ganzen Stadt, im Süden schließt sich ihr der **Princes Street Garden**, eine weitläufige Parkanlage, an. Hier lockt die **National Gallery of Scotland** mit einer bedeutenden Sammlung von Werken europäischer Meister.

**Calton Hill** Diese Anhöhe östlich der New Town ist nicht nur wegen der grandiosen Aussicht, die sie gewährt, sondern auch wegen der klassizistischen Bauten, die hier zu Anfang der 19. Jh. errichtet wurden, ein beliebtes Ausflugsziel. Das den Gefallenen der Napoleonischen Kriege gewidmete National Monument etwa konnte zwar nie fertiggestellt werden, erinnert aber doch an sein Vorbild, den Parthenon von Athen. Das 30 m hohe **Nelson Monument** ehrt den Sieger von Trafalgar; das einem griechischen Tempel nachempfundene **Dugald Stewart Monument** den gleichnamigen schottischen Mathematiker und Philosophen.

**Bild oben: Der Charakter der schottischen Hauptstadt wird bestimmt durch den architektonischen Kontrast von mittelalterlicher Altstadt und umsichtig geplanter Neustadt.**

# Invergordon, Orkney-Inseln, Greenock

## Caledonian Canal

Die Highlands sind durch ein lang gestrecktes Tal, das Great Glen, in zwei Teile geteilt: die Northwest Highlands und die Grampian Mountains. Das Tal verläuft entlang einer bis heute aktiven tektonischen Verwerfung über 100 km vom Moray Firth an der Nordostküste Schottlands bis hinunter nach Fort William am Atlantik. Im Talgrund liegen drei Seen, Loch

**Land:** Großbritannien (Schottland)
**Einwohner:**
Invergordon: 4000
Orkney-Inseln: 20 000
Greenock: 45 000
**Sprache:** Englisch
**Währung:** Britisches Pfund
**Hauptreisezeit:** Mai bis September
**Zeitzone:** UTC +/– 0

**Eine Kreuzfahrt in den Norden Großbritanniens führt in eine urwüchsige und zugleich sagenumwobene Gebirgslandschaft. Die Berichte über das Ungeheuer von Loch Ness und die Legenden, die sich um den schottischen König Macbeth ranken, zählen zu den vielen Mythen, die im Land kursieren. In den Schlössern und Burgen sollen Gespenster ihr Unwesen treiben, und in fast jedem See haust angeblich ein Monster. Die Überlieferung hält auch die Erinnerung an die Clans wach, die bis zu ihrer Zerschlagung durch die Engländer im Jahr 1749 über die Highlands herrschten. Doch Schottland ist auch ein sehr modernes Land mit entwickelter touristischer Infrastruktur. In den Kreuzfahrthäfen bieten die lokalen Veranstalter verschiedene organisierte Touren ins Bergland und zu vielen Sehenswürdigkeiten an.**

**Invergordon** Die an einem Nebenarm des Moray Firth gelegene Hafenstadt ist als Tor zu den Scottish Highlands ein beliebtes Kreuzfahrtziel. Viele Passagiere nutzen die Gelegenheit zu einem Ausflug in die atemberaubende Bergwelt im äußersten Norden Großbritanniens und verbinden die Tour mit der Besichtigung einer typischen schottischen Burg.
Der Anziehungspunkt schlechthin ist natürlich das rund 30 km südlich von Invergordon gelegene **Loch Ness**. Ein Monster hat dieses nur 1,5 km breite, sich aber 37 km von Nordosten nach Südwesten hinziehende und bis zu 230 m tiefe Gewässer berühmt gemacht. Seit Anfang der 1930er-Jahre erstmals Zeitungsberichte über ein in dem See hausendes unbekanntes Tier veröffentlicht und durch Fotos untermauert wurden, reißt das Interesse nicht mehr ab. Mit schöner Regelmäßigkeit tauchen weltweit Meldungen über eine Sichtung des Ungeheuers in den Medien auf. Obwohl seine Existenz von Wissenschaftlern bezweifelt wird, ist »Nessie« ein internationaler Star und Loch Ness die touristische Hauptattraktion der Highlands geworden. Zentrum des Hypes ist das Dorf Drumnadrochit am Westufer des Sees. Hier konkurrieren gleich zwei Informationszentren und mehrere Souvenirshops um die Gunst der Besucher. Lokale Veranstalter bieten Touren über den See an. Nur ein Stück weiter westlich von Drumnadrochit gewähren die Ruinen des **Urquhart Castle** aus dem 13. Jh. einen beeindruckenden Blick über Loch Ness. Auf halbem Wege zwischen Invergordon und Loch Ness liegt – an der Mündung des River Ness in den Moray Firth – **Inverness**, die nördlichste Stadt Großbritanniens.
Die heute rund 50 000 Einwohner zählende Hauptstadt der Highlands ist nicht nur ein geschichtsträchtiger, sondern auch ein bedeutender Ort der Weltliteratur. William Shakespeare erkor **Inverness Castle** zum Schauplatz der Ermordung König Duncans durch Macbeth, den Titelhelden eines seiner berühmtesten Dramen. Heute existiert die Burg, die Shakespeare bei der Abfassung des Stückes vor Augen geschwebt haben könnte, nicht mehr. Sie wurde 1746 von den Truppen Bonnie Prince Charlies zerstört. An ihrer Stelle wurde in den 1830er-Jahren ein viktorianisches Schloss errichtet.

**Der Ring of Brodgar steht leicht erhöht auf einem Plateau.**

Auch das 10 km östlich von Inverness gelegene **Cawdor Castle** wirbt mit Shakespeares Königsmörder um Besucher. Denn immerhin wird Macbeth gleich im ersten Akt der Tragödie zum »Thane of Cawdor« ernannt.
Die Anfänge des bis heute in Privatbesitz befindlichen Schlosses gehen auf das 14. Jh. zurück. Im 17. Jh. wurde es zu einem luxuriösen Wohnsitz umgebaut. Cawdor Castle und seine Parks können von Mai bis September besichtigt werden.
Zwischen Inverness und Cawdor Castle liegt **Culloden Moor** – Schauplatz einer historisch verbürgten Schlacht. Hier wurden die Rebellen, die unter der Führung des Stuart-Sprösslings Charles Edward, genannt Bonnie Prince Charlie, für die Unabhängigkeit Schottlands kämpften, von den Engländern 1746 vernichtend geschlagen und damit die Vereinigung beider Königreiche endgültig besiegelt. Seit 2007 informiert ein Visitor Centre über die Geschichte des Aufstands und seine Niederschlagung.

Ness, Loch Oich und Loch Lochy, die seit 1822 durch ein Kanalsystem miteinander verbunden sind. Bis heute gilt der legendäre Caledonian Canal, der von dem Schotten Thomas Telford erbaut wurde, als Meisterwerk

der Ingenieurbaukunst. Er verfügt über 29 Schleusen (links). Dadurch können die den Kanal passierenden Boote einen Höhenunterschied von 30 m überwinden. Für die kommerzielle Schifffahrt wurde er nie genutzt.

## Orkney-Inseln

**Orkney-Inseln** Dieser der Nordostspitze Schottlands vorgelagerte Archipel besteht aus rund 70 Inseln, von denen 17 bewohnt sind.

Die Cruiseliner steuern die Kapitale Kirkwall im Südosten von Mainland, der Hauptinsel, an. Kleinere Schiffe machen in der Nähe des Cruiseterminals fest, größere ankern in der Bucht und lassen die Passagiere mit Tenderbooten an Land bringen. Dank ausgezeichneter Busverbindungen lassen sich viele Sehenswürdigkeiten von hier aus schnell erreichen.

Eine beliebte Attraktion sind die gewaltigen Monumente, die die Steinzeitmenschen hier hinterließen. Sie siedelten seit 3900 v. Chr. auf den Inseln. Seit 1999 stehen sie als **»The Heart of the Neolithic Orkney«** auf der UNESCO-Welterbeliste. **Skara Brae** an der Westküste Mainlands gilt als das besterhaltene jungsteinzeitliche Dorf Europas und war vermutlich zwischen 3100 und 2500 v. Chr. bewohnt. Über Jahrtausende lag es unter einer riesigen Sanddüne verborgen, bis 1850 ein Sturm die Gebäude mit steinzeitlichen Möbeln freilegte. Mittlerweile sind die Häuser zwar für den Publikumsverkehr geschlossen, das Dorf selbst aber kann besichtigt werden. Ein Besucherzentrum informiert über das prähistorische Alltagsleben der Menschen, und die originalgetreue Rekonstruktion eines ihrer Häuser macht mit steinzeitlicher Wohnkultur vertraut. Nur wenige Kilometer südöstlich von Skara Brae befindet sich der **Ring of Brodgar**, ein gewaltiger Steinkreis, der mit einem Durchmesser von 110 m größer als die Anlage von Stonehenge ist. Auch die erstaunliche Präzision, mit der die steinzeitlichen Baumeister bei der Anlage des Kammergrabes von Maes Howe im Osten des Ring of Brodgar zu Werk gingen, versetzt bis heute in Erstaunen. Die Runensammlung, die in dem Grab gefunden wurde, stammt vermutlich aus dem 12. Jh. und gilt als größte der Welt. Auch **Kirkwall** lohnt eine Besichtigung. Die mächtige romanische **St.-Magnus-Kathedrale** erinnert an die skandinavischen Wikinger, die seit dem 8. Jh. auf den Orkneys siedelten und sich bis zur Übernahme der Inseln durch die Schotten 1470 hier aufhielten.

Ruinen des neolithischen Dorfs Skara Brae auf den Orkney-Inseln.

George Square ist der Mittelpunkt der Glasgower Innenstadt.

Auch der **Earl's Palace**, ein Renaissancebau aus dem 17. Jh., ist sehenswert. Die **Highland Park Distillery** informiert über schottischen Whisky und seine Zubereitung. Zwischen Kirkwall und den anderen Orkney-Inseln verkehren Fähren.

## Greenock

**Greenock** Die im Westen Schottlands an der Mündung des River Clyde in den Firth of Clyde gelegene Hafenstadt bietet sich als Ausgangspunkt für Exkursionen in das nur 40 km entfernte **Glasgow** an. Zwischen Glasgow und dem Hafen von Greenock verkehren regelmäßig Züge. Nach Jahrzehnten des Niedergangs hat sich die größte Stadt Schottlands zu einer überaus attraktiven Kunstmetropole entwickelt. Die Museen und Galerien der europäischen Kulturhauptstadt des Jahres 1990 können selbst mit Londoner Einrichtungen konkurrieren.

Das Herz der Metropole schlägt an dem zwischen Central Station und Queen Street Station gelegenen **George Square**. Die meisten Sehenswürdigkeiten sind von diesem weitläufigen, von georgianischen und viktorianischen Bauten gesäumten Platz aus gut erreichbar. Die lange vernachlässigte Merchant City südöstlich des George Square, in der seit der Mitte des 18. Jh.s Glasgows reiche Kaufleute residierten, wurde in den 1980er-Jahren saniert und hat sich seitdem zu einem schicken Einkaufs- und Ausgehviertel gemausert. Zwei Straßenzüge nordöstlich des George Square lohnt Glasgows **Kathedrale** eine Besichtigung; empfehlenswert ist außerdem das beeindruckende **St. Mungo Museum of Religious Life and Art**, das über die Religionen dieser Welt informiert. Eines der interessantesten Museen Glasgows liegt in **Glasgow Green**, einem weitläufigen Park im Südosten des Stadtzentrums: Das in einem viktorianischen Bau befindliche **People's Palace**, ein Museum mit viktorianischer Sandsteinfassade, informiert auf anschauliche Weise über die Geschichte der Stadt und ihrer Bewohner. Von den vielen herausragenden Museen Glasgows seien hier noch die **Burrell Collection**, außerdem die in der ehemaligen Börse unweit des George Square untergebrachte **Gallery of Modern Art** sowie die **Hunterian Art Gallery** genannt. Kenner und Liebhaber des europäischen Jugendstils sollten den Bummel auf jeden Fall mit einer Besichtigung des über die Stadt verstreuten architektonischen Erbes von Charles Rennie Mackintosh verbinden. Er war einer der ganz großen Architekten der Belle Époque. In der Touristeninformation am George Square gibt es eine kostenlose Broschüre mit Routenplaner.

Die Freunde moderner Architektur kommen an den Ufern des Clyde auf ihre Kosten. Dort, wo einst die größten Werften der Welt standen, wurden in den letzten Jahre futuristische Bauten wie das Armadillo von Norman Foster oder das Glasgow **Science Centre** hochgezogen. Nur 40 km südöstlich von Glasgow liegt **New Lanark** – eine historische Siedlung mit Textilfabrik, die als wichtiges Zeugnis der frühen Industriekultur seit 2001 auf der UNESCO-Welterbeliste steht.

**Bild oben links: Um das Jahr 1230 erbaut, zählte Urquhart Castle einst zu den größten Burgen Schottlands. Heute kann sie besichtigt werden.**

# Belfast, Dublin

## Irish Pub

Was wäre eine Irland-Reise ohne einen Besuch in einem traditionellen Irish Pub? Mehr als nur ein Ort, an dem man alkoholische Getränke konsumiert, sind die Kneipen der Insel eine soziale Institution, in der man Freunde treffen, Geschäfte abschließen, entspannen und diskutieren kann. Berühmt sind die Singing Pubs, in denen fast jeden Abend musiziert und getanzt wird. »The Temple Bar« in Dublin wurde schon mehrfach als »Irish Music Pub of the Year« ausgezeichnet (rechts). Viele irische Musiker starteten in so einem Lokal ihre internationale Karriere. Meist wirkt die Einrich-

**Land:** Großbritannien (Nordirland)
**Einwohner:**
Belfast: 270 000
**Sprache:** Irisch, Englisch
**Währung:** Britisches Pfund
**Hauptreisezeit:** Mai bis September
**Zeitzone:** UTC +/– 0

**Land:** Republik Irland
**Einwohner:**
Dublin: 530 000
**Sprache:** Irisch, Englisch
**Währung:** Euro
**Hauptreisezeit:** Mai bis September
**Zeitzone:** UTC +/– 0

**In den Kreuzfahrthäfen der Grünen Insel erwartet die Passagiere ein facettenreiches Kulturleben. Die Kunst- und Musikszene ist so experimentierfreudig wie innovativ und knüpft doch an irisches Brauchtum an. Die tiefe Religiosität der Iren, die sich zu 95 Prozent zum katholischen Glauben bekennen, hat ihre Wurzeln in dem massiven Widerstand gegen die Briten, die über Jahrhunderte alles »Irische« unterdrückten. In dem zum Vereinigten Königreich gehörenden Nordirland bestimmt der Konflikt zwischen Katholiken und Protestanten den Alltag der Menschen bis heute.**

⚓ **Belfast** Als Schauplatz eines bürgerkriegsähnlichen Konfliktes zwischen Katholiken und Protestanten war die Hauptstadt Nordirlands über Jahrzehnte eine No-go-Area für Touristen. Seit dem Ende der blutigen Kämpfe, das mit dem Karfreitagsabkommen von 1998 eingeleitet wurde, steht eine Stippvisite in Belfast auf dem Programm vieler Urlauber. Die weltoffene Atmosphäre, gute Einkaufsmöglichkeiten und die traditionsreichen Pubs locken darüber hinaus viele Städtereisende an. Auch als Kreuzfahrtziel wird Belfast immer beliebter. Fast jeder Cruiseliner, der in der Irischen See unterwegs ist, legt an der Stormont Wharf im Hafen der Metropole an. Der Passenger Terminal ist durch einen Shuttle-Service mit dem Zentrum verbunden.
Belfasts Herz schlägt unzweifelhaft am **Donegall Square**, einem weitläufigen Platz, der von der um 1900 zu Ehren Queen Victorias errichteten, neoklassizistischen **City Hall** beherrscht wird. Das prunkvolle Gebäude beeindruckt durch seine 53 m hohe Kuppel. Die 1788 eröffnete **Linen Hall Library** an der Nordseite des Platzes ist eine Fundgrube für historisch interessierte Bücherwürmer. Die vom Donegall Square nach Norden führende Royal Avenue wurde zusammen mit ihren Seitenstraßen in eine Fußgängerzone verwandelt. Hier befinden sich die großen Einkaufszentren der Stadt ebenso wie viele kleine Designer-, Antiquitäten- und Kunsthandwerksläden. Das abgesehen von der City Hall wohl bedeutendste Wahrzeichen Belfasts steht nur einen Steinwurf vom Donegall Square entfernt – an der Great Victoria Street, Ecke Howard Street: Der **Crown Liquor Saloon** ist Paradebeispiel für einen Pub der viktorianischen Ära und ein Muss für jeden Belfast-Besucher. Wer sich für die jüngste Geschichte Nordirlands interessiert, darf einen Besuch der Shankill und der Falls Road nicht versäumen. Die Viertel rund um diese unmittelbar nebeneinander liegenden Straßen im Westen Belfasts waren ein Zentrum des Bürgerkriegs. Bis heute wird die Shankill Road von protestantischen Royalisten, die Falls Road von republikanischen Katholiken bewohnt. Beide Viertel sind durch eine mit militanten Graffiti übersäte Mauer voneinander getrennt.

**Wie von Menschenhand erbaut wirkt der Giant's Causeway.**

80 km nördlich von Belfast lockt eines der vielen Naturwunder der Insel: **Giant's Causeway** – seit 1986 UNESCO-Welterbestätte. Es handelt sich dabei um eine Gesteinsformation, die aus rund 40 000 bis zu 12 m hohen Basaltsäulen besteht und sich über 5 km die Küste entlang erstreckt. Wissenschaftler vermuten, dass die Säulen aus erkalteter Lava bestehen, die vor 60 Mio. Jahren aus Erdspalten drang und bei der Abkühlung zersprang. Ein Tagesausflug lohnt sich schon allein deshalb, weil die Fahrt über die **Antrim Coast Road**, eine der spektakulärsten Küstenstraßen Europas, führt. Noch vor Giant's Causeway lohnen die Old Bushmills Distillery und das mittelalterliche 🏰 **Dunluce Castle** einen Besuch.

⚓ **Dublin** Die Hauptstadt der Republik Irland zählt zu den lebenswertesten europäischen Metropolen. Die nach dem EU-Beitritt einsetzende wirtschaftliche Modernisierung Irlands gab auch der Stadtentwicklung neue Impulse. Seit den 1980er-Jahren sind in Dublin nicht nur neue Geschäfts- und Wohnviertel entstanden. Gleichzeitig wurde auch das historische Zentrum attraktiver gemacht. Das mittelalterliche Viertel **Temple Bar** und die noch erhaltenen georgianischen Bauten, die in den 1960er-Jahren unter britischer Herrschaft beinahe abgerissen worden wären, wurden restauriert und erstrahlen heute in neuem Glanz. Eine innovative Musik- und Kunstszene sowie viele Ausgehmöglichkeiten haben aus Dublin eine Swinging City gemacht.

Die großen Cruiseliner gehen am Alexandra Quay im Hafen von Dublin vor Anker. Der Terminal ist durch einen Linienbus mit der City verbunden. Eine Taxifahrt in das Herz der Metropo-

tung urgemütlich. Holzvertäfelungen, Mobiliar aus Massivholz, Plüschsofas und Dämmerlicht verbreiten eine fast familiäre Atmosphäre. Hier holt jeder sein Getränk am Tresen ab und bezahlt auch gleich. »Deckel machen« gibt es nicht, auch Trinkgelder sind unüblich. Wer nicht nur den eigenen Drink bezahlt, sondern eine Runde ausgibt, gehört dazu und kann erwarten, dass ihm das nächste Glas spendiert wird.

le dauert rund 15 Minuten. Kleinere Schiffe fahren ein Stück weit die Liffey hinauf und legen am North Wall Quay an. Auch hier stehen Taxis bereit. Das prächtige georgianische **Customs House**, ein Wahrzeichen Dublins, ist von hier nur einen Spaziergang weit entfernt. Es wurde gegen Ende des 18. Jh.s am Nordufer der Liffey errichtet und lohnt eine Besichtigung. Ein Besucherzentrum informiert über die wechselvolle Geschichte des Gebäudes.

Durch die Liffey, die die Stadt von Osten nach Westen durchfließt, wird Dublin zweigeteilt. Im Norden des Flusses wurden die neuen Geschäftsviertel angelegt. Im Süden befinden sich die großen touristischen Attraktionen. Die meisten sind von der O'Connell Bridge im Herzen der Stadt auf einem Spaziergang zu erreichen.

Die älteste Universität Irlands, das **Trinity College**, liegt nur einen Steinwurf weit entfernt. Hier locken der altehrwürdige **Long Room** der Bibliothek und das berühmte **Book of Kells**, ein mittelalterliches Evangeliar mit kostbaren Malereien, besonders die bibliophilen Menschen an. Das Trinity College wurde 1592 von Königin Elisabeth I. gegründet, die heute bestehenden Bauten stammen vom Ende des 18. Jh.s. Die Grünanlagen auf dem weitläufigen Universitätsgelände laden zu Spaziergängen ein. Südöstlich des Trinity College beginnt der **Merrion Square** – ein lang gestreckter Platz, der nach drei Seiten von georgianischen Bürgerhäusern gesäumt und oft als schönstes bauliches Ensemble seiner Art gerühmt wird. Ein herrlicher Park, in dem viele skurrile Skulpturen u. a. von Oscar Wilde aufgestellt sind, nimmt den größten Teil des Platzes ein. An der Westseite des Merrion Square lohnen das **Leinster House**, ein georgianische Stadtpalast, in dem heute das irische Parlament residiert, und einige bedeutende Museen wie etwa die **National Gallery** und das **National Museum** eine Besichtigung. Der sich im Süden an die Museen anschließende **St. Stephen's Green** ist die grüne Lunge der Stadt. An seiner Westseite beginnt die Grafton Street, Dublins schicke Flaniermeile, die Richtung Norden bis hin zur O'Connell Bridge führt. Sie wurde 1982 in eine Fußgängerzone umgewandelt und hat sich seitdem zu einer der teuersten Einkaufsstraßen der Welt entwickelt. Internationale Designerlabels, teure Boutiquen und noble Restaurants haben sich hier niedergelassen. Straßenmusikanten verleihen der Grafton Street ein besonderes Flair.

Im Westen der Grafton Street beginnt auf der Höhe des Trinity College Dublins schickes Ausgehviertel Temple Bar. Bis in die 1980er-Jahre wurde es von Alternativen, Punks und Hippies bevölkert. Heute ist es ein Treffpunkt der Jeunesse dorée. Hier befinden sich nun die angesagtesten Pubs und Restaurants der Stadt.

**Dublin Castle wird heute für repräsentative Zwecke genutzt.**

Im Süden von Temple Bar ragt **Dublin Castle** in den Himmel empor. Über die Jahrhunderte war das Schloss, in dem die Statthalter der englischen Krone residierten, für patriotische Iren ein Symbol der verhassten Fremdherrschaft. Heute werden hier die irischen Präsidenten in ihr Amt eingeführt. Teile des Schlosses können besichtigt werden. Die östlich von Temple Bar gelegene **Christ Church of Holy Trinity Cathedral** beeindruckt durch ein 25 m hohes Langschiff mit gotischen Bögen. Die Kirche, deren Anfänge auf das 12. Jh. zurückgehen, wurde im 19. Jh. umfassend restauriert. Nur noch die Krypta und ein Seitenportal stammen daher mit Sicherheit aus dem Mittelalter. Die Kathedrale gehört ebenso wie die rund 500 m weiter südlich gelegene **St. Patrick's Church** zur anglikanischen Church of Ireland.

Ihr katholisches Gegenstück, die **St. Mary's Pro-Cathedral**, ein klassizistisches Bauwerk aus dem frühen 19. Jh., liegt im Norden der Liffey. Hier befinden sich auch das **Dublin Writers Museum** und das **James Joyce Centre** – beide ein unbedingtes Muss für Liebhaber der irischen und der Weltliteratur.

Obwohl die Brauerei selbst nicht besichtigt werden kann, dürfen Freunde des Gerstensafts einen Besuch der **Guinness Brewery** in Dublins Westend nicht versäumen. Das Guinness Storehouse informiert hier über alle Aspekte der Bierbraukunst.

**Oben links: Repräsentative Ausmaße hat die City Hall von Belfast. Oben rechts: Die O'Connell-Brücke in Dublin wurde Ende des 18. Jh.s erbaut.**

Ein Kreuzfahrtschiff ankert direkt vor Lissabons romantischem Altstadtviertel Alfama.

# Französische, iberische und marokkanische Atlantikküste, Azoren, Madeira, Kanarische Inseln

Kreuzfahrtschiffe, die im Frühjahr aus der Karibik zu ihren Sommertouren in Europa aufbrechen und im Herbst nach Amerika zurückkehren, machen meist auf den Azoren, Madeira oder auf den Kanaren Station. Jede dieser einzigartigen Inseln bildet eine kleine Welt für sich. Die Kanaren bieten eine Vielfalt an Landschaftsräumen, Madeira ist als Blumenparadies bekannt, und auch auf den Azoren grünt und blüht es überall. Viele Atlantiküberquerungen enden in den französischen und spanischen Kreuzfahrthäfen an der Kanalküste bzw. der Biskaya. Städte wie Bordeaux, Bilbao oder Lissabon locken nicht nur mit architektonischen Sehenswürdigkeiten, sondern auch mit einem reizvollen Hinterland.

# Le Havre, Cherbourg, La Rochelle

### Weltkulturerbe Le Havre

Auguste Perret (1874–1954), einer der Pioniere des Stahlbetonbaus, wollte die an der Seinemündung gelegene Stadt ursprünglich auf einer 3,5 m hohen Betonplattform über den Trümmern der im Zweiten Weltkrieg zerstörten Stadt neu errichten. Dies ließ sich jedoch nicht verwirklichen. Bei der Wiederbebauung des parzellierten Geländes wurden die weni-

**Land:** Frankreich
**Einwohner:**
Le Havre: 180 000
Cherbourg: 40 000
La Rochelle: 75 000
**Sprache:** Französisch
**Währung:** Euro
**Hauptreisezeit:** Mai bis September
**Zeitzone:** UTC + 1

**Die wichtigsten Häfen an der französischen Kanalküste werden oft nach Atlantiküberquerungen angelaufen. Viele Kreuzfahrtpassagiere verbinden die Schiffsreise mit einem längeren Frankreichaufenthalt.**
**Sowohl Cherbourg als auch Le Havre waren im Zweiten Weltkrieg den verheerenden Bombenangriffen der Alliierten ausgesetzt und mussten wieder aufgebaut werden. Doch heute präsentieren sich beide wieder als attraktive Großstädte. Le Havre ist ein Mekka für die Freunde moderner Architektur, in Cherbourg kommen die Liebhaber der französischen Küche ganz besonders auf ihre Kosten. In La Rochelle am Golf von Biskaya erinnern die malerische Altstadt und der Vieux Port an die einstige Bedeutung der Stadt als wichtigster französischer Atlantikhafen.**

**Le Havre** Die an der Mündung der Seine in den Ärmelkanal gelegene Stadt wurde 1518 auf Initiative des Admirals Bonnivet, der hier einen Marinehafen errichten ließ, gegründet. Heute beherbergt sie den nach Marseille größten französischen Handels- und einen wichtigen Kreuzfahrthafen, der für die großen Schiffe Ausgangspunkt für Reisen nach **Paris** ist. Die französische Hauptstadt ist nur zwei Zugstunden entfernt. Am modernen Cruiseterminal stehen Shuttle-Busse zum Hauptbahnhof oder in das Stadtzentrum bereit. Le Havre ist eine sehr junge Stadt, da sie nach dem Zweiten Weltkrieg großflächig nach Plänen des Architekten, Bauunternehmers und Städteplaners Auguste Perret wieder aufgebaut wurde.
Die neue Stadt beeindruckt durch breite Boulevards und klare Bauformen. Ihr Zentrum wird von dem 107 m hohen Turm der **St.-Joseph-Kirche** beherrscht. Sie wurde zwischen 1951 und 1956 aus Beton errichtet. Unzählige Glasbausteine leuchten den Betonturm aus. Kein Geringerer als Oscar Niemeyer entwarf das nach ihm benannte und 1982 eröffnete **Kulturzentrum**.
Trotz der Zerstörungen des Krieges sind einige historische Bauten wie der Renaissancebau des Justizpalastes, in dem heute ein **Naturkundemuseum** untergebracht ist, oder die **Kathedrale Notre-Dame** aus dem 16. Jh. erhalten.
Die größte Hängeseilbrücke Europas, **Pont de Normandie**, verbindet Le Havre mit Honfleur auf der anderen Seite der Seine.

**Cherbourg** Die 40 000 Einwohner der im Norden der Halbinsel Cotentin an der Kanalküste gelegenen Hafenstadt behaupten mit Stolz, den größten künstlichen Hafen der Welt vor ihrer Haustür zu haben. Im 19. Jh. wurde er zu einem wichtigen Kriegshafen ausgebaut, und auch heute noch unterhält die französische Marine in Cherbourg einen Flottenstützpunkt. Die großen Kreuzfahrtschiffe legen am geschichtsträchtigen **Quai de France** an. Von hier brachen einst die Auswanderer nach Amerika auf. Im Cruiseterminal können sich die auscheckenden Passagiere mit kostenlos angebotenen Delikatessen aus der Region auf die Attraktionen des Landausflugs vorbereiten. Ein lohnenswertes Ausflugsziel in der Nähe ist z. B. der traditionelle französische Sonntagsmarkt in **Octeville**, einem kleinen Ort, der im Jahr 2000 mit der Hafenstadt zu der Gemeinde Cherbourg-Octeville zusammengeschlossen wurde.
Cherbourg selbst hat seinen Gästen nicht allzu viel zu bieten. Im Museum **La Cité de la Mer** ist die »Redoutable«, ein Atom-U-Boot, ausgestellt.
In der Umgebung bieten sich die spektakulären Klippen des **Cap de la Hague** und die schönen Sandstrände kleiner Buchten als Ausflugsziele an.
Nur eine Stunde Zugfahrt entfernt liegt **Bayeux**. Das schmucke Städtchen, das mit einer sehenswerten Altstadt und mit

gen übrig gebliebenen Gebäude in das neue Stadtkonzept eingefügt und die alten Straßenverläufe teils beibehalten. Einzigartig ist die Konsequenz, mit der ein Gitternetz von Quadraten mit je 100 m Seitenlänge

über das Gelände gelegt und dabei vorgefertigte Bauteile mit gleicher Kantenlänge (6,25 Meter) verwendet wurden, ohne deshalb Eintönigkeit aufkommen zu lassen. Die einzelnen Betonplatten sind nicht verputzt, die Skelettbauweise ist noch erkennbar. Auch die Kirche St. Joseph entwarf Auguste Perret. Die Markthallen stammen von André le Donné, Charles Fabre und Jean Le Soudier (links im kleinen Bild).

der Kathedrale Notre-Dame, einem architektonischen Juwel der normannischen Gotik, aufwarten kann, wurde durch den nach ihm benannten Wandteppich weltberühmt. Dieses meisterlich gestickte Fries zeigt die Eroberung Englands durch die Normannen in der Schlacht von Hastings und ist im **Musée de la Tapisserie** ausgestellt.

8 km außerhalb von Bayeux liegt **Arromanches-les-Bains** mit dem Gold Beach, einem von mehreren Strandabschnitten an der Küste der Normandie, an denen die alliierten Truppen am 6. Juni 1944 an Land gingen.

**Im Jachthafen von Cherbourg wimmelt es von hübschen Segelbooten und Jachten.**

**La Rochelle** Die 75 000 Einwohner zählende Hauptstadt des Departements Charente-Maritime liegt im Norden des Golfs von Biskaya. Sie wurde vermutlich im 10. Jh. gegründet und war im Mittelalter der bedeutendste Hafen an der französischen Atlantikküste. Noch heute beherbergt La Rochelle einen der wichtigsten Fischereihäfen des Landes.

Das historische Zentrum kann von der Anlegestelle für Kreuzfahrtschiffe im modernen Hafen La Pallice leicht mit Bussen erreicht werden. Es beginnt direkt hinter dem alten Hafen, der mit seinen hübschen Cafés und Restaurants eine Touristenattraktion ist. Sein Eingang wird von Tour St.-Nicolas und Tour de la Chaîne aus dem 14. Jh. bewacht. In Kriegszeiten wurde zwischen den Türmen eine Kette gespannt, um den Hafen vor feindlichen Schiffen zu schützen. Die Altstadt kann mit historischen Bauten aus der Zeit zwischen dem 15. und dem 18. Jh. aufwarten. Besonders sehenswert sind das **Hôtel de Ville**, das mit einem prunkvollen Renaissancehof glänzt, sowie die erst im 19. Jh. vollendete **Kathedrale St.-Louis**.

**Großes Bild: Die beiden imposanten Türme, Chaîne und St.-Nicolas, bewachen die Hafeneinfahrt von La Rochelle.**

# Bordeaux

## Historisches Weinanbaugebiet

In der fruchtbaren Region Aquitaine wurde schon unter den Römern der Weinbau eingeführt. Heute zählen zu dem geschützten Territorium St.-Émilion (rechts), St.-Christophe-des-Bardes, St. Étienne-de-Lisse, St.-Hippolyte, St.-Laurent-des-Combes, St.-Pey-d'Armens, St.-Sulpice-de-Faleyrens und Vignonet. St.-Émilion entstand um eine Grotte herum, in die sich der Mönch Émilion im 8. Jh. zurückgezogen hatte. Später wurde neben der Einsiedelei die Église Monolithe in den Felsen gehauen. Ein Weg verbindet die

Land: Frankreich
Einwohner: 235 000
Sprache: Französisch
Währung: Euro
Hauptreisezeit: Mai bis Oktober
Zeitzone: UTC + 1

**Bordeaux** Die Hauptstadt der Region Aquitanien liegt 45 km von der Atlantikküste entfernt an der Gironde, dem Mündungstrichter der Flüsse Garonne und Dordogne. Die Gezeitenkräfte des Meeres wirken durch die bogenförmige Flussmündung, der Bourdaux den Beinamen »Port de la Lune« verdankt, bis in die Stadt hinein. Die großen Kreuzfahrtschiffe können daher direkt in der City anlegen, das historische Stadtzentrum ist von den Kais aus in wenigen Gehminuten erreichbar. Bordeaux blickt auf eine über 2000-jährige Geschichte zurück und kann ein reiches architektonisches Erbe vorweisen. Römer, Kelten und Franken hinterließen hier ihre Spuren. Die historischen Bauten in der Altstadt, denen Bordeaux die Aufnahme in die UNESCO-Weltkulturerbeliste verdankt, stammen allerdings zum Großteil aus dem frühen 18. Jh. Sie beeindrucken durch ihre Leichtigkeit und Eleganz. Die direkt am Ufer der Garonne gelegene **Place de la Bourse** zählt sicherlich zu den schönsten Plätzen Europas. Das Ensemble herrschaftlicher Paläste und Prachtbauten, das ihn säumt, wurde unter dem Architekten Jacques Gabriel und seinem Sohn zwischen 1749 und 1755 angelegt. Die ein kleines Stück weiter westlich gelegene **Place du Parlement** ist für ihre stattlichen Bürgerhäuser berühmt. Die westliche Altstadt wird von der mächtigen mittelalterlichen **Kathedrale St.-André**, einem der größten Sakralbauten Frankreichs, beherrscht. Die in der nördlichen Altstadt direkt an der Garonne gelegene **Esplanade des Quinconces** ist

**Die Place de la Bourse wird von der Seehandelsbörse und dem Zollmuseum flankiert (oben).**

Kirche mit den Katakomben, in denen der heilige Émilion begraben sein soll. Weitere historische Bauten in St.-Émilion sind das Cloître de la Collégiale mit dem schönen Kreuzgang und die Chapelle de la Trinité.

Letztere wurde im 13. Jh. zu Ehren des heiligen Émilion errichtet, der Schutzpatron der Winzer ist. Das hübsche, für seinen Spitzenwein bekannte Örtchen liegt auf der Pilgerroute nach Santiago de Compostela.

der größte freie Platz Europas. Auf seiner der Garonne gegenüberliegenden Seite ragt das um die Wende vom 19. zum 20. Jh. errichtete **Monument aux Girondins** in die Höhe. Es erinnert an die während der Revolution hingerichteten Aufständischen.

Im Südwesten der Esplanade liegt der **Triangle d'Or**, das teuerste Einkaufsviertel der Stadt. Edle Boutiquen und Designerläden stehen hier dicht an dicht. Der **Marché des Grands Hommes** ist geradezu ein Paradies für alle, die gern shoppen. Trotz des reichen architektonischen Erbes ist Bordeaux alles andere als ein Museum. Tausende von Studenten und zahlreiche Touristen aus aller Welt sorgen vielmehr für eine lebendige und internationale Atmosphäre.
Die Stadt ist Zentrum eines berühmten Weinanbaugebietes. Wer sich für die weltbekannten Weingüter interessiert, dem empfiehlt sich beispielsweise die rund 50 km lange Fahrt entlang der Gironde nach Pauillac zum Château Mouton-Rothschild.

**Schmucke Bürgerhäuser umgeben die Place du Parlement.**

# Bilbao, Santander, La Coruña

## Der Jakobsweg

Das vermeintliche Grab des heiligen Jakob im nordwestspanischen Santiago de Compostela war eines der bedeutendsten Pilgerziele des christlichen Abend-

**Land:** Spanien
**Einwohner:**
Bilbao: 350 000
Santander: 180 000
La Coruña: 245 000
**Sprache:** Spanisch, Baskisch, Galizisch
**Währung:** Euro
**Hauptreisezeit:** Mai bis September
**Zeitzone:** UTC + 1

**In den spanischen Kreuzfahrthäfen am Golf von Biskaya legen Cruiseliner vor und nach Atlantiküberquerungen an. Viele Passagiere nutzen die Gelegenheit zu Ausflügen in das reizvolle Küstenhinterland. Hier locken Santiago de Compostela und der Jakobsweg. In Bilbao ist ein Besuch des Guggenheim-Museums ein Muss für jeden Gast der Stadt. Das Prähistorische Museum von Santander präsentiert Fundstücke aus der nahe gelegenen, für die Öffentlichkeit geschlossenen Höhle von Altamira, und der Herkulesturm in La Coruña gilt als ältester Leuchtturm der Welt.**

⚓ **Bilbao** Die mit 350 000 Einwohnern größte Stadt des spanischen Baskenlandes liegt am Ende der Ría de Bilbao, einer tief ins Land eindringenden schmalen Bucht des Atlantischen Ozeans. Der Hafen mit den Kais der Kreuzfahrtschiffe befindet sich in der alten Residenzstadt ⚓ **Getxo** direkt an der Mündung der von spektakulären Felsklippen und kleinen Sandstränden gesäumten Ría. Hier ist das historische Stadtviertel um den alten Hafen sehenswert. Hauptattraktion von Getxo ist aber die noch immer genutzte älteste Schwebefähre der Welt – »**Puente Vizcaya**« oder »**Puente Colgante**« – aus dem Jahre 1893, die seit 2006 auf der UNESCO-Weltkulturerbe-Liste steht.

Das 20 km entfernte Stadtzentrum von Bilbao ist mit einem Shuttle-Bus oder der Metro gut erreichbar. Die herausragende Sehenswürdigkeit der altehrwürdigen Industriestadt ist das 🏛 **Guggenheim-Museum Bilbao**. Der Entwurf des kanadisch-US-amerikanischen Architekten und Designers Frank O. Gehry ist ein außergewöhnliches Beispiel für den seit dem Ende des 20. Jh.s entwickelten dekonstruktivistischen Baustil. Über einem ovalen Grundriss erheben sich trutzige, durch rechtwinklige Fensterpartien gegliederte Kalksteinblöcke, vielgestaltige Glasfronten und organisch geformte Bauelemente mit glänzenden Plattenfassaden aus Titan.

Durch eine Teichanlage und den Zugang über die La-Salve-Hängebrücke ist das Bauensemble in die Umgebung eingebunden. Etwa 1 Mio. Besucher pro Jahr besichtigen hier auf einer Ausstellungsfläche von 11 000 m² vor allem experimentelle Installationen sowie Objekte der Videokunst des 20. Jh.s.

⚓ **Santander** Die Hauptstadt der autonomen spanischen Provinz Kantabrien liegt im Norden der Iberischen Halbinsel an der Mündung des Río de San Salvador in den Golf von Biskaya. Dank der Lage am offenen Ozean, einigen Traumstrände und einem angenehmen Klima hat sich Santander zu einem in Spanien sehr beliebten Seebad entwickelt. Der Cruiseterminal liegt in der Nähe des Stadtzentrums.

Die wichtigsten Sehenswürdigkeiten und die gut besuchten Cafés an der **Plaza de Cañadio** lassen sich von hier aus gut zu Fuß erreichen. Die Ursprünge der heute 180 000 Einwohner zählenden Stadt gehen auf den römischen Hafen Portus Victoriae Iuliobrigensim zurück. Der heutige Name leitet sich von dem frühen christlichen Märtyrer St. Emeriterius ab, dessen Gebeine in der ⛪ **Kathedrale Nuestra Señora de la Asunción** bestattet sind. Sie zählt zu den wenigen Gebäuden Santanders, die nach einem Großbrand im Jahre 1941, der die Stadt fast vollständig zerstörte, originalgetreu wieder aufgebaut wurden. Trotz der einförmigen modernen Bebauung ist ein Stadtbummel lohnenswert. Großzügig angelegte Boulevards und noble Geschäfte verleihen Santander ein unverwechselbares Gesicht. Studenten und Feriengäste aus aller Welt sorgen für kosmopolitisches Flair.

Am Hafen bieten lokale Veranstalter Bootstouren zu Sehenswürdigkeiten außerhalb des Stadtzentrums wie der Halbinsel **La Magdalena**, dem Leuchtturm **Cabo Mayor** oder den Badestrand von 🏖 **Somo** an.

Im 🏛 **Prähistorischen Museum** von Santander sind zahlreiche Fundstücke aus der weltberühmten Höhle von Altamira mit ihren steinzeitlichen Höhlenmalereien ausgestellt. Seit 1979 ist die 30 km von Santander entfernte Höhle für die Öffentlichkeit nicht mehr zugänglich, da die uralten Farben durch die Atemluft der Touristen ge-

landes (links: Pilgergottesdienst in der Kathedrale). Durch Frankreich verlaufen vier Hauptrouten: Die Via Turonensis beginnt in Paris und führt über Tours, Poitiers und Bordeaux nach Ostabat, wo sie mit der Via Lemovicensis von Vézelay und der Via Podiensis von Le Puy her zusammentrifft, um dort die Pyrenäen zu überqueren. Die Via Tolosana beginnt in Arles, führt über Toulouse und den Somportpass nach Jaca und Puente la Reina, wo sich alle Wege zum Camino Francés vereinen, der in Santiago de Compostela endet. Um die Pilger in die Orte entlang der Route zu locken, entstanden dort imposante sakrale Bauwerke, die wegen ihrer Reliquien ebenfalls zu beliebten Wallfahrtszielen avancierten und zu den bedeutendsten Beispielen mittelalterlicher Sakralbaukunst zählen. So gewann der Jakobsweg große Bedeutung für die Entfaltung der Romanik.

schädigt wurden. Nur eine originalgetreue Nachbildung des 1500 $m^2$ großen Eingangsbereiches mit den kopierten Felsbildern kann besichtigt werden.

Bilbaos Hängebrücke, eigentlich eine Schwebefähre, wurde 1893 eingeweiht.

**La Coruña** Die Hauptstadt der Autonomen Gemeinschaft Galiciens liegt im äußersten Nordwesten Spaniens an einer durch eine Halbinsel vor dem offenen Atlantik geschützten Bucht. Bereits in der Antike nutzten Phönizier, Kelten und Römer den natürlichen Hafen als Stützpunkt für ihre Kriegs- und Handelsschiffe. Die Römer errichteten um 110 den als Leuchtturm konzipierten **Herkulesturm**, der sein heutiges klassizistisches Aussehen allerdings einer Restaurierung unter dem spanischen König Karl IV. in den Jahren 1788–1791 verdankt. Im Inneren blieb die römische Architektur jedoch erhalten. Der 112 m hohe Turm verfügt über eine Aussichtsplattform, die man über 242 Stufen erreicht. Er ist der älteste noch genutzte Leuchtturm der Welt und das Wahrzeichen der Stadt. Seit 2009 steht er auf der UNESCO-Welterbeliste.

Die Kreuzfahrtschiffe ankern direkt vor dem Stadtzentrum, das mit zahlreichen historischen Gebäuden aufwarten kann. Besonders sehenswert sind die Galeriehäuser an der Strandpromenade. Viele Kreuzfahrtpassagiere nutzen ihren Landgang aber zu einem Ausflug in die 75 km weiter südlich gelegene Pilgerstadt **Santiago de Compostela**, die Endpunkt des berühmten Jakobsweges ist. Die bemerkenswert gut erhaltene Altstadt, die seit 1985 auf der UNESCO-Weltkulturerbeliste steht, wird von der grandiosen **Kathedrale**, die das Grab des Apostels Jakob beherbergen soll, überragt. Über die Jahrhunderte wurde die Kirche, mit deren Errichtung bereits 1077 begonnen wurde, immer wieder erweitert und umgebaut. Sie präsentiert sich deshalb als einzigartiger Stilmix aus Romanik und Gotik, aus Barock und Klassizismus.

**Oben links: Bilbaos Guggenheim-Museum. Die Kathedrale von Santiago de Compostela gilt als einer der wichtigsten Wallfahrtsorte der Christenheit (oben rechts).**

# Lissabon

## Manuelinik

Mit diesem Begriff bezeichnet man eine besonders prunkvolle Ausprägung der spätgotischen Kunst in Portugal während der Regierungszeit König Manuel I. (1469–1521). Spanische, italienische und flämische Stilelemente verbinden sich hier mit orientalisch anmutenden Ornamenten, die sich auf Gegenstände der Seefahrt beziehen. Die verschwenderische Prachtentfaltung, die die Manuelinik auszeichnet, verdankt sie dem enormen Reichtum, den die Seemacht Portugal im Zuge ihrer kolonialen Eroberungen anhäufte. Das große Erdbeben im Jahre 1755 zerstörte die meis-

**Land:** Portugal
**Einwohner:** 500 000
**Sprache:** Portugiesisch
**Währung:** Euro
**Hauptreisezeit:** Mai bis Oktober
**Zeitzone:** UTC +/– 0

**Die an der Mündung des Tejo in den Atlantik gelegene Hauptstadt Portugals erfreut sich als Kreuzfahrtziel steigender Beliebtheit. Sie kann mit einem reichen kulturellen Erbe punkten und präsentiert sich doch zugleich als moderne, lebendige Metropole. Bereits die Phönizier legten hier einen Hafen an. Später gehörte die Stadt zum Römischen Reich. Nach dessen Zusammenbruch und der Zeit der Völkerwanderung eroberten die muslimischen Mauren weite Teile der Iberischen Halbinsel und schlugen Lissabon ihren Besitzungen zu. Nach der Reconquista erhob König Alfons III. die Stadt im Jahre 1256 zur Hauptstadt des rund 100 Jahre zuvor gegründeten Königreichs Portugal. Zur Zeit der Entstehung des Portugiesischen Kolonialreichs um 1500 v. Chr. entwickelte sie sich zu einer der reichsten und schönsten Städte der Welt. Die gewaltigen Zerstörungen des Erdbebens im Jahre 1755 beendeten diese Periode des Wohlstands. Im Zuge des systematischen Wiederaufbaus entstand das Stadtviertel Baixa, dessen erdbebensichere Konstruktion und schachbrettmusterartig angeordnetes Straßennetz oft als Meisterwerk der Stadtplanung gerühmt werden. Lissabon verfügt über drei Cruiseterminals, die durch einen regelmäßig verkehrenden Personennahverkehr mit dem Stadtzentrum verbunden sind.**

**Am Tejo** Bei der Einfahrt in den Tejo taucht gleich nach dem **Torre de Belém** das kolossale **Padrão dos Descobrimentos** auf. Das Denkmal ist einem Schiff nachgebildet und Entdeckerpersönlichkeiten gewidmet. Auch die gewaltige, dem Cristo Redentor von Rio de Janeiro nachempfundene Christus-Statue von Almada ist zu sehen. Kurz vor den Kais überspannt die **Ponte 25 de Abril** den Fluss. Die Hängebrücke hat 1013 m Spannweite und eine Gesamtlänge von 2287 m. Die Konstruktion ist offensichtlich durch die Golden Gate Bridge in San Francisco inspiriert. Flussabwärts erkennt man die 145 m hohe **Torre Vasco da Gama** auf dem Gelände der Weltausstellung des Jahres 1998; davor die Silhouette der Schrägseilbrücke Ponte Vasco da Gama, die mit mehr als 17,3 km Länge eine der gewaltigsten Brücken Europas ist.

**Der Aufzug Santa Justa verbindet den Stadtteil Baixa mit Chiado.**

**Baixa** Das heutige Zentrum Lissabons erreicht man über die direkt am Tejo gelegene **Praça do Comércio** – einen von prachtvollen Gebäuden gesäumten Platz, der nach dem Erdbeben von 1755 an der Stelle des zerstörten königlichen Schlosses entstand. Das einzigartige Flair verdankt Baixa den großzügig angelegten Straßenzügen und nicht zuletzt den kunstvoll gefliesten Hausfassaden. Die als Azulejos bekannten, oft in hellem Blau eingefärbten, glänzenden Keramikfliesen – die Azulejos – sind in der Majolika-Technik hergestellt. Sie garantiert eine jahrhundertelange Haltbarkeit und ist ein kulturelles Erbe der Mauren. Neben den Motiven aus der Seefahrt und dem Alltagsleben sind auf den Kacheln an den Häusern von Baixa Blumen und Tiere sowie maurische Ornamente abgebildet.
Im Norden wird das Viertel durch die **Praça da Figueira** und die **Praça do Rossio** begrenzt. Beide Plätze wurden wie die Praça do Comércio im Zuge des Wiederaufbaus der Stadt nach dem Erdbeben von 1755 angelegt und wirken sehr beeindruckend.
Von der Praça do Rossio aus führt der breite, von alten Pla-

ten Zeugnisse dieser Baukunst unwiederbringlich. Erhalten geblieben sind – als Wahrzeichen Lissabons – der Torre de Belém in der Tejomündung und das Kloster Mosteiro dos Jerónimos (Hieronymus-Kloster, rechts). In

der Malerei gilt der »Meister von Sardoal« als ausdrucksstarker Vertreter der Manuelinik. Beispiele seiner Bildwerke kann der Besucher im Museu Nacional de Arte Antiga in Lissabon bewundern.

**Abendlich erstrahlt die Praça dos Restauradores in Baixa.**

**Die Rua Augusta lädt zum Bummeln und Kaffeetrinken ein.**

**»Rossio« wird die Praça de Dom Pedro IV auch gern genannt.**

tanen und Palmen gesäumte Boulevard der **Avenida da Liberdade** in Richtung der Stierkampfarena **Campo Pequeno**. Die nach dem Vorbild der Champs-Élysées in Paris angelegte Prachtstraße mündet in einen mehrspurigen Kreisverkehr. Dieser umrundet das monumentale Denkmal des Marquês de Pombal, der für den Wiederaufbau Lissabons nach dem großen Erdbeben verantwortlich war.

**Chiado** Diesen in der westlichen Oberstadt gelegenen Stadtteil erreicht man von der Unterstadt aus am besten mit dem **Elevador de Santa Justa**, einem einzigartigen 45 m hohen Personenaufzug aus dem Jahr 1902, dessen oberer Ausgang lange nur als Aussichtsplattform genutzt wurde. Gegenüber dem Ausstieg befindet sich die Klosteranlage des **Convento do Carmo** mit dem **Museu Arqueológico do Carmo**. Die zu dem Kloster gehörende **Igreja do Carmo** wurde bei dem großen Erdbeben von 1755 zerstört. Nur die Ruinen stehen noch. Den imposanten **Palácio de São Bento** kann man von Chiado aus am besten mit einer der pittoresken historischen Straßenbahnen Lissabons erreichen.
In dem ehemaligen Benediktinerkloster residieren heute das portugiesische Parlament und der Premierminister. Weitere Strecken, die teilweise als Stand- und Kabelstraßenbahnen ähnlich wie in San Francisco betrieben werden, führen in die Stadtteile Belém und zur Alfama, dem ältesten und bekanntesten Viertel Lissabons.

**Alfama** In der Zeit der Mauren war dieser Stadtteil das Zentrum Lissabons. Er blieb von dem Erdbebens von 1755 weitgehend verschont. So ist es ein besonderes Erlebnis, durch das Gewirr der engen Gassen zu flanieren und den manuelinischen Dekor an den alten Häusern zu bestaunen. In der Alfama steht eine der ältesten Kirchen der Stadt, die **Catedral Sé Patriarcal** aus dem 12. Jh. Das Gotteshaus wurde in den Jahrhunderten danach durch Erdbeben zwar mehrmals zerstört oder beschädigt, danach aber immer wieder aufgebaut, so dass es heute die Baustile verschiedenster Epochen in sich vereinigt. Einen guten Ausblick auf die Alfama hat man von der Festung **Castelo de São Jorge**. Diese Festung wurde von den Mauren errichtet und später als Königsburg genutzt. Über dem Labyrinth der Gassen thront das **Kloster São Vicente de Fora**, das Alfons I. im Jahre 1147 als Augustinerkloster gründete. Das im manuelinischen Stil errichtete Bauwerk beherbergt die Gräber der Könige von Portugal (1640–1853) und Kaiser von Brasilien (1822–1889) aus dem Hause Bragança. Unterhalb des Klosters liegt die Barockkirche **Igreja de Santa Engrácia**. Sie dient als Nationales Pantheon mit Gräbern bedeutender Persönlichkeiten der portugiesischen Geschichte. Das bunte Straßen- und rege Nachtleben der Alfama ist bekannt. In zahlreichen Lokalen sitzen die Gäste und lauschen bei einem Glas Portwein der traditionellen portugiesischen Fado-Musik.

**Belém** In diesem im Westen gelegenen Stadtteil befinden sich zwei der bekanntesten Sehenswürdigkeiten Lissabons: Die **Torre de Belém** wurde 1519 als Leuchtturm errichtet und war lange Zeit ein Symbol für die Macht der Seefahrernation. Heute ist hier eine Aussichtsplattform untergebracht. Das **Kloster Mosteiro dos Jerónimos** (Hieronymus-Kloster) berherbergt nicht nur Grabstätten der portugiesischen Könige aus dem Haus Avis, sondern auch die von Vasco da Gama sowie den berühmten Dichtern Luís Vaz de Camões und Fernando Pessoa. Die besondere kulturhistorische Bedeutung, die der Anlage einen Eintrag ins UNESCO-Welterbe-Register eingebracht hat, verdankt sie der Tatsache, dass sie zu den wenigen manuelinischen Bauwerken zählt, die das Jahrhunderterdbeben von 1755 unbeschadet überstanden haben.

**Großes Bild: Der im manuelinischen Stil errichtete Turm von Belém wirkt mit seinen orientalischen Erkern und Zinnen sehr verspielt.**

# Azoren

## Weinbaukultur der Azoreninsel Pico

Pico ist die zweitgrößte Insel der Azorengruppe und erhielt ihren Namen nach dem gleichnamigen, 2351 m hohen Vulkan Ponta do Pico (rechts), dem höchsten Berg Portugals. Die Böden der Insel sind mineralienreich, das Klima ist ozeanisch mild, im Sommer trocken und im Winter sehr feucht mit stürmischen Winden. Haupterwerb ist hier auch heute noch die Landwirtschaft. Schon seit der ersten Besiedlung bauten die Portugiesen auf Pico Wein an. Pflanzen und Trauben mussten vor dem heftigen Wind und der mitgeführten Meerwasser-

**Das Kirchlein wacht über die schwarzsandige Praia de São Roque.**

**Viele Menschen kennen die Azoren nur durch das nach ihnen benannte Hoch, das in Europa regelmäßig für gutes Wetter sorgt. Als Ferienziel**

**Land:** Portugal
**Fläche:** 2330 km²
**Einwohner:** 245 000
**Sprache:** Portugiesisch
**Währung:** Euro
**Hauptreisezeit:** Juni bis Oktober
**Zeitzone:** UTC – 1

**hingegen wird die mitten im Atlantik auf halbem Wege zwischen Europa und Amerika gelegene und zu Portugal gehörende Inselgruppe gerade erst entdeckt. Bis heute gilt sie als Geheimtipp für Individualurlauber, die an dörflichen Idyllen und Wanderungen durch einsame, wildromantische Gebirgslandschaften viel Vergnügen finden.**

**Ponta Delgada** Die meisten Cruiseliner, die auf ihrer Atlantiküberquerung die Azoren ansteuern, legen im Hafen von Ponta Delgada an. Er befindet sich an der Südküste von São Miguel, der größten und östlichsten Insel des Archipels. Seit dem Jahr 2008 verfügt die Hauptstadt der Azoren über einen modernen Kreuzfahrtpier, an der selbst Riesenschiffe anlegen können. Sie ist Teil der »Portas do Mar« – eines neuen Hafenkomplexes, der auch einen Fähr- und einen Jachthafen umfasst. Der Terminal befindet sich nur etwa 100 m vom historischen Stadtzentrum entfernt.

Obwohl man in dem Gewirr enger Straßen und Gassen leicht die Orientierung verlieren kann, lohnt eine Besichtigung. Die schmucke **Altstadt** von Ponta Delgada wartet mit einigen barocken Kirchen und Palästen, mit lauschigen Parks und schmucken Plätzen auf. Hauptverkehrsader der Stadt ist die breite Uferstraße Avenida Infante Dom Henrique, die entlang des Hafens verläuft. Sie wird von modernen Hochhäusern, Banken, Cafés und Geschäften gesäumt.

Schon auf den ersten Blick präsentiert sich die Insel São Miguel als uralte Kulturlandschaft. Das milde Klima und die reichen Niederschläge sorgen wie überall auf den Azoren für eine üppige Vegetation. Die Wälder der Insel wurden durch die portugiesischen Kolonialherren abgeholzt und die frei werdenden Flächen intensiv landwirtschaftlich genutzt. Seit Langem sind Täler und Höhenzüge Sao Miguels deshalb von saftig grünen

Wiesen und Weiden bedeckt. Den vulkanischen Ursprung der Azoren bezeugen auf beeindruckende Weise Geysire, Fumarolen (Austrittstellen von Dampf) und brodelnder Schlamm am **Furnas-See** im Osten São Miguels. Sie werden für medizinische Zwecke genutzt und sind eine Touristenattraktion. Einheimische bieten hier in den heißen Erdlöchern gegarte regio-

gischt geschützt werden; und so entstand besonders an der Nordwestküste ein kleinräumiges Mosaik aus rechteckigen Feldbegrenzungen, die »currais«. In Handarbeit mussten die Trockensteinmauern dieser

Weingärten angelegt werden. Oft stehen in einem Feld nur sechs Reben. Angebaut wird bis heute die Verdelho-Rebe. Seit 2004 ist die Weinbaukultur der Insel Pico auf der UNESCO-Welterbeliste eingetragen.

nale Speisen an. Im äußersten Westen der Insel lockt in der Nähe der kleinen Ortschaft **Sete Cidades** die Caldera eines im 15. Jh. explodierten Vulkans. Die malerischen Kraterseen am Boden der Caldera sind ein beliebtes und gern gesehenes Fotomotiv. Die schönste Sicht hat man von dem in 500 m Höhe am Kraterrand angelegten Aussichtspunkt **Vista do Rei**. São Miguel verfügt mittlerweile über ein gut ausgebautes Straßennetz. Viele Sehenswürdigkeiten auf der in West-Ost-Richtung 63 km und in Nord-Süd-Richtung nur 16 km langen Insel sind während eines Tagesausflugs locker zu erreichen.

**Blühende Hortensien am Kratersee bei Sete Cidades.**

# Madeira

## Madeiras Lorbeerwald »Laurisilva«

Der Lorbeerwald von Madeira, der in Höhen zwischen 600 und 1300 m liegt, ist ein Überrest der einst auch im Mittelmeerraum weitverbreiteten Lorbeerwälder. Die starke Dezimierung des Waldes ist vor allem auf Brandrodung und Abholzung zurückzuführen; dies war seit dem 15. Jh. eine gängige Methode, um Brennholz und Ackerland zu gewinnen. Ursprünglicher Lorbeerwald ist daher fast nur noch an den steilen Berghängen der Inselnordküste vorhanden (rechts). Dabei hat dieser eine zentrale Bedeutung

**Die zu Portugal gehörende »Blumeninsel« liegt etwa 730 km westlich der marokkanischen Küste und 951 km südwestlich von Lissabon entfernt mitten im Atlantik. Im 19. und noch im 20. Jh. galt sie als Zufluchtsort für gut betuchte Senioren aus England und ganz Europa, die hier ihr Winterquartier aufschlugen. Heute wird sie mehr und mehr von Aktivurlaubern besucht.**
**Die wild zerklüftete, von tiefen Schluchten durchzogene Berglandschaft ist ein Dorado für Wanderer und die artenreiche Flora ein Paradies für Naturliebhaber. Seit dem Beginn ihrer Erschließung durch die portugiesischen Kolonialherren im frühen 19. Jh. wird auf Madeira intensiv Landwirtschaft betrieben. An fast jedem noch so steilen Hang wurden Terrassenfelder angelegt. Sie werden über ein mehrere Tausend Kilometer umfassendes Netz von künstlichen Kanälen, den Levadas, mit Wasser versorgt.**

### Madeira

**Land:** Portugal
**Fläche:** 740 km²
**Einwohner:** 230 000
**Sprache:** Portugiesisch
**Währung:** Euro
**Hauptreisezeit:** Mai bis Oktober
**Zeitzone:** UTC +/– 0

**Funchal** Kreuzfahrtschiffe legen im Hafen von **Funchal**, der an der Südküste gelegenen Hauptstadt Madeiras, an. Die Inselmetropole hat ihren Besuchern eine Vielfalt von Sehenswürdigkeiten zu bieten und ist an sich schon eine Reise wert. Überall grünt es. An Straßen und Plätzen, in Gärten und Parks entfalten unzählige Blüten ihre Farbenpracht. Zahlreiche historische Prunkbauten zeugen von dem Reichtum, der hier einst mit dem Anbau von Zuckerrohr erwirtschaftet wurde. Das Stadtzentrum kann von der Kreuzfahrtpier in 20 min zu Fuß erreicht werden. Gleich gegenüber dem Jachthafen springt der **Palácio de São Lourenço** ins Auge. Die Festung wurde im 17. Jh. zum Schutz gegen Piraten errichtet und ist heute die Residenz des Gouverneurs.
Fast ein Muss für jeden Madeira-Besucher ist eine Besichtigung der **Kathedrale Sé**. Das von außen eher unscheinbar wirkende Gotteshaus aus dem frühen 16. Jh. beeindruckt innen durch eine mit Elfenbeinintarsien reich geschmückte Holzdecke sowie kunstvoll geschnitzte Altäre und Chorgestühle.
Aus den vielen Museen Funchals ragt der **Núcleo Museológico a Cidade do Açucar** besonders hervor. Er wurde an der Stelle eines gegen Ende des 19. Jh.s abgerissenen Kaufmannshauses errichtet und informiert heute über die Geschichte der Zuckerproduktion auf der Insel.
Die von historischen Bauten im typisch madeirischen Barockstil gesäumte **Praça do Município** gilt als schönster Platz Funchals. In der Oberstadt veranschaulicht das in einem schönen Herrenhaus aus dem 18. Jh. untergebrachte **Museu Quinta das Cruzes** durch einige prachtvoll ausgestattete Räume die Wohnkultur reicher madeirischer Kaufleute. Das Museum liegt inmitten eines herrlichen Gartens, der in einen archäologischen Park umgewandelt wurde.
Berühmt ist die in dem ältesten Viertel Funchals gelegene große Markthalle **Mercado dos**

für die Wasserversorgung: Die Blätter der Bäume »sammeln« das Wasser aus der Luft, dann wird es vom Unterwuchs festgehalten und schließlich im Gestein gespeichert. Auch die Bodenerosion wird durch den Bestand dieses Lorbeerwalds reduziert. Zudem haben sich einzigartige Pflanzenarten und Tierpopulationen, insbesondere aus der Vogel- und Insektenwelt, hier einen geeigneten Lebensraum erhalten können.

**Lavradores** Hier kann man sich einen sehr guten Überblick über die einheimische Landwirtschaft verschaffen. Das Angebot an exotischen Früchten, Obst, Gemüse sowie Fleisch und Fisch ist außerordentlich vielseitig. Die kleinen Restaurants rund um die Markthalle locken mit Köstlichkeiten der Inselküche.

Etwa 2 km westlich des Stadtzentrums beginnt Funchals Hotelzone mit einer ganzen Reihe an Nobelherbergen. Berühmt ist das auf einem Felsvorsprung inmitten eines botanischen Gartens gelegene **Reid's Palace**. Das Hotel wurde 1891 errichtet und zählt zu den luxuriösesten weltweit. Zum Fünf-Uhr-Tee finden sich auch gern Besucher ein, die nicht zu den Hotelgästen zählen.

In der Hotelzone befinden sich die **Piscina do Lido**, ein öffentlich zugängliches Freibad mit einem Meerwasserschwimmbecken, verschiedene Restaurants und Gelegenheiten, Liegestühle zu leihen. Nach Sandstränden sucht man auf der Insel allerdings vergeblich. Die Küsten sind of sehr steil und felsig.

Nur auf der 74 km nordöstlich gelegenen Insel Porto Santo gibt es einen 8 km langen Sandstrand.

**Monte** Der in einer Höhe auf von 700 m nur 6 km nördlich von Funchal gelegene kleine Ort Monte ist eine Touristenattraktion der besonderen Art. Im 19. Jh. ließen sich reiche Madeirer hier herrschaftliche, von blühenden Gärten umgebene Villen errichten. Von der Endstation der Seilbahn, die von Funchal hinauf nach Monte führt, kann man die Aussicht auf die schönen Prachtbauten in Ruhe genießen. Viele Touristen verbinden ihren Ausflug nach Monte mit einer abwechslungsreichen Korbschlittenfahrt zurück nach Funchal. Was wäre eine Madeira-Reise ohne eine Besichtigung einer der berühmten botanischen Gärten? Der 1987 angelegte **Monte Palace Tropical Garden** beginnt in der Nähe des Korbschlitten-Startplatzes und lockt mit einer Fülle exotischer Pflanzenarten aus aller Welt. Auch der in 300 m Höhe an einem Hang im Nordosten von Funchal errichtete **Jardim Botânico de Madeira** und **Blandy's Garden** sind sehenswert.

**Die Hügel und Berge prägen die Insel, das zeigt sich auch beim Blick über den hübschen Jachthafen von Funchal.**

# Tanger, Casablanca, Agadir

## Hassan-II.-Moschee

Mit 210 Metern überragt das Minarett der Hassan-II.-Moschee in Casablanca den weltweit höchsten Kirchturm, den des Ulmer Münsters, um fast 50 Meter. Damit ist das Minarett das höchste religiöse Bauwerk auf der Erde, und auch die Moschee gehört zu den größten islamischen Gotteshäusern. Allein die Gebetshalle kann 25 000 Gläubige aufnehmen, über

**Land:** Marokko
**Einwohner:**
Tanger: 700 000
Casablanca: 3,5 Mio.
Agadir: 570 000
**Sprache:** Arabisch, Tamazight
**Währung:** Dirham
**Hauptreisezeit:** Frühjahr, Herbst
**Zeitzone:** UTC +/– 0

**Die großen Hafenstädte an der marokkanischen Atlantikküste werden gern bei Atlantiküberquerungen und auf Kreuzfahrten ins westliche Mittelmeer angesteuert. Um Metropolen wie Tanger und Casablanca ranken sich Mythen und Legenden. Einst waren sie als Tummelplätze von internationalen Gangsterbanden, Abenteurern und Geheimagenten berüchtigt. Heute faszinieren sie durch ihre Mischung aus westlicher Moderne und orientalischem Flair. Agadir im Süden des Landes präsentiert sich als modernes, freundliches Seebad, das mit Traumstränden und vielfältigen Wassersportmöglichkeiten lockt.**

**Tanger** Nach wie vor geht von der am westlichen Eingang der Straße von Gibraltar gelegenen Hafenstadt eine ungeheure Faszination aus. Immer noch gilt sie als geheimnisvoller, fast schon gefährlicher Ort, an dem Orient und Okzident aufeinandertreffen. In der Tat war Tanger für mehr als 100 Jahre bis zur endgültigen Eingliederung in den marokkanischen Staatsverband im Jahr 1956 eine sehr offene und kosmopolitische Stadt, die seit 1892 von einem international besetzten Gremium verwaltet wurde und zu einem großen Handels- und Finanzzentrum aufstieg. In dieser Zeit stand Tanger in dem Ruf, ein Magnet für Glücksritter, Drogenhändler und Bohèmiens zu sein. Bis heute ist sie als Zentrum des internationalen Rauschgift- und Waffenschmuggels berühmt-berüchtigt. Das pulsierende Herz der Metropole und zugleich ihre touristische Hauptattraktion ist natürlich die Medina, die **arabische Altstadt**. Sie beginnt gleich hinter dem Hafen und ist vom Cruiseterminal aus bequem mit dem Shuttle-Service oder einem Taxi erreichbar. Sie windet sich einen Hügel hinauf und wird im Nordwesten von einer mächtigen **Zitadelle** bzw. Kasbah überragt. Die Festung lockt nicht nur mit einer grandiosen Aussicht über Tanger und die Straße von Gibraltar, sondern auch mit einigen beeindruckenden historischen Bauten wie etwa dem im 17. Jh. errichteten **Sultanspalast**, der heute das **Musée de la Kasbah** beherbergt.
Wie andere arabische Altstädte auch präsentiert sich Tangers Medina als ein Labyrinth enger Gassen und gleicht in vielem einem Bazar. Den Mittelpunkt der Medina bildet der **Petit Socco,** der Kleine Markt – früher ein Treffpunkt von Schmugglern und Gaunern, heute ein Paradies für Souvenirhändler. Der **Grand Socco**, also der Große Markt, liegt vor dem südwestlichen Eingangstor zur Altstadt, dem Bab al Fahs. Der Platz, der von König Mohammed V. in Place du 9 Avril 1947 umbenannt wurde, wird von Restaurants, Cafés und Hotels gesäumt. Jeden Tag wird hier ein Markt abgehalten. Donnerstags und sonntags bieten Berber aus dem Rif ihre Waren an. Außerhalb der Medina lohnt die hoch über der Steilküste an der Bucht von Tanger gelegene Villa des amerikanischen Milliardärs Malcolm Forbes einen Besuch. Sie wurde in ein Museum umgewandelt und kann besichtigt werden.

**Casablanca** Die durch den gleichnamigen Filmklassiker berühmt gewordene Millionenstadt ist das unbestrittene Finanz- und Wirtschaftszentrum Marokkos. Die wichtigsten Unternehmen des Landes sind hier ansässig, und der Hafen zählt zu den größten Afrikas. Casablanca präsentiert sich als westlich orientierte, moderne Metropole. Mehr noch als durch herausragende architektonische Zeugnisse der über 1000 Jahre alten Geschichte beeindruckt die Stadt durch ihre großzügige, aus der französischen Kolonialzeit stammende Anlage. In Downtown Casablanca, das sich gut auf einem Spaziergang erkunden lässt, bestimmen Plätze und Parks sowie breite Boulevards, die von modernen Hochhausbauten oder prachtvollen Palästen im Art-déco-Stil gesäumt werden, das städtische Bild.
Die Kreuzfahrtschiffe legen in Casablancas Handelshafen an. Am Cruiseterminal stehen Taxis bereit, die für einen schnellen Transfer ins nahe gelegene Stadtzentrum sorgen. Als Ausgangspunkt für eine Stadterkundung bietet sich die weitläufige **Place Mohammed V**, das Herzstück des kolonialen Casablanca, an. Hier finden sich einige imponierende Verwaltungsgebäude, die in den ersten Jahrzehnten des 20. Jh.s errichtet wurden und zumindest in Teilen der traditionellen maurischen Architektur nachempfunden sind. Der sich dem Platz im Süden anschließende **Parc de la Ligue Arabe** lädt zu Spaziergängen auf palmenbestandenen Wegen ein. In seinem Norden wartet die **Cathédrale Sacré-Cœur**, ein Prunkstück maurisch-neugotischer Architektur, auf ihre Besucher.
Die Avenue Hassan II verbindet die Place Mohammed V mit der rund 500 m weiter nördlich gelegenen **Place des Nations Unies**, dem zweiten Herzstück des modernen Casablanca. In dem Viertel rund um diesen Platz finden sich die schicksten Restaurants und Hotels der ganzen Stadt. Der östlich abzweigende **Boulevard Mohammed V** ist ein Einkaufsparadies für alle mit gehobenen Ansprüchen. In die schönen Art-déco-Häuser ent-

100 000 Menschen können sich auf dem Gelände aufhalten (rechts). Vollendet wurde die Moschee 1993. Benannt ist sie nach dem damals regierenden marokkanischen König. Zwei Besonderheiten zeichnen den

Gebäudekomplex aus: Ein Teil des Baugrunds ragt in den Atlantik, was daran erinnern soll, dass sich Allahs Thron über dem Wasser befindet. Außerdem lässt sich das Dach der Gebetshalle automatisch öffnen.

Stimmungsvoll ist ein Bummel durch Tangers Medina.

lang dieser Flaniermeile sind Designerläden und Antiquitätengeschäfte eingezogen.

Im Norden der Place des Nations Unies beginnt Casablancas kleine alte **Medina**. Ein Großteil der Bebauung in dem Viertel stammt aus dem 19. Jh. In den kleinen Läden der Medina werden vor allen Dingen Billigwaren angeboten.

Das Quartier des Habous, die neue Medina, wurde in den 1930er-Jahren von den französischen Kolonialherren im Stil einer traditionellen arabischen Altstadt angelegt. Das Viertel liegt rund 1,5 km nordöstlich des Stadtzentrums und bietet vieles, was die alte Medina vermissen lässt: orientalische Cafés und Basare, in denen man nach Herzenslust stöbern und feilschen kann.

Die neue touristische Hauptattraktion Casablancas ragt auf einem Felsvorsprung rund 2 km westlich des Hafens über dem Meer empor: Die monumentale **Moschee Hassan II.** wurde zwischen 1980 und 1993 auf Initiative des 1999 verstorbenen Monarchen errichtet und gilt als das erste Wahrzeichen der Stadt. Das Gotteshaus bietet mehr als 25 000 Gläubigen Platz und ist damit die fünftgrößte Moschee der Welt.

Rund 1,5 km westlich der Moschee Hassan II. beginnt der noble Vorort Ain Diab, dessen palmenbestandene Corniche mit vielen Strand- und Nachtklubs, Restaurants und Diskotheken lockt. Hier finden sich auch einige schöne Badestrände.

## Agadir

**Agadir** Die 500 km südlich von Casablanca gelegene Hafenstadt ist das unbestrittene touristische Zentrum Marokkos. Der feine, sich über 10 km hinziehende, breite **Sandstrand** ist längst kein Geheimtipp mehr und lockt jedes Jahr mehr Pauschalurlauber, die hier ihre Badeferien verbringen, an. Das alte Agadir wurde 1960 durch ein Erdbeben fast völlig zerstört.

Die neue Stadt ist durch moderne Architektur geprägt und gibt sich doch traditionsbewusst. Unweit südlich der Stadt wurde eine Medina im Stil eines Berberdorfes, die Dutzende von Künstlerateliers- und Werkstätten beherbergt, neu errichtet. Einige zauberhafte Gärten wie die **Vallée des Oiseaux** oder der **Jardin de Olhão** wurden in Agadirs modernem Zentrum angelegt. Hier gibt es auch zahlreiche stilvolle Restaurants, Geschäfte und Cafés; und das **Musée du Patrimoine Amazigh** informiert über die Kultur der Berber. Das Gebiet um den neuen Jachthafen hat sich zu einem attraktiven Ausgehviertel vor allem für junge Leute entwickelt. Einziges Relikt der reichen Geschichte Agadirs sind die Ruinen der 1541 auf einem Berg etwa 7 km nordwestlich der Stadt errichteten Kasbah, die einen herrlichen Ausblick über die Bucht von Agadir gewähren. Der Cruiseterminal liegt nordwestlich des Stadtzentrums, das mit dem Taxi in etwa 10 min problemlos erreicht werden kann.

**Großes Bild: Die Hassan-II.-Moschee überragt Casablanca. In dem Gotteshaus verbinden sich modernste Technik und archaisches Kunsthandwerk, Weltliches und Religiöses.**

# Kanarische Inseln: Lanzarote, Fuerteventura

## Vulkane

Imposante Lavalandschaften, Calderas (Kraterkessel) und Barrancos (Trockenschluchten) zeugen auf den Kanarischen Inseln vom vulkanischen Ursprung des Archipels. Die Inseln sind die Spitzen mächtiger unterseeischer Vulkane, die ihre Entstehung allerdings nicht plattentektonischen Prozessen, sondern einem sogenannten Hotspot verdanken. Dort steigt

**Land:** Spanien
**Fläche (alle Inseln):** 7446 km²
**Einwohner:** 2,1 Mio.
**Sprache:** Spanisch
**Währung:** Euro
**Hauptreisezeit:** Frühjahr, Herbst
**Zeitzone:** UTC +/- 0

**Die »Inseln des ewigen Frühlings« sind Urlaubsparadies und Kreuzfahrtziel par excellence. Auch abseits der großen Ferienzentren an den Küsten gibt es auf den Kanaren vieles zu entdecken. Angefangen bei den Vulkanlandschaften von Lanzarote über die Schluchtensysteme von Gran Canaria und La Palma bis hin zu den Dünenlandschaften von Fuerteventura und natürlich dem gewaltigen Vulkanmassiv des Pico del Teide auf Teneriffa: Alle Inseln warten mit grandiosen, von den Kräften des Erdinnern und der Erosion geschaffenen Naturwundern auf, und jede bildet eine Welt für sich.**

**Lanzarote** Die nur 140 km vom afrikanischen Festland entfernte, östlichste Insel der Kanaren verdankt ihren Beinamen »schwarze Perle« einem von vielfältigen vulkanischen Aktivitäten geprägten Landschaftsbild. Obwohl Lanzarote eine Fläche von nur 846 km² umfasst, finden sich 300 Vulkankrater. Schwarz-braune Lavafelder überziehen weite Gebiete.

⚓ **Arrecife** Kreuzfahrtschiffe legen in Arrecife an der Ostküste an. Die Inselhauptstadt Lanzarotes bietet sich als Ausgangspunkt für Ausflüge zu den faszinierenden Zeugnissen des vulkanischen Ursprungs an.

Auf einer Tour durch den **Parque Nacional de Timanfaya** zeigt sich, was die gewaltigen Kräfte des Erdinnern an der Oberfläche alles bewirken können. Zwischen 1730 und 1736 fanden auf Lanzarote die gewaltigsten jemals von Menschen beobachteten Vulkanausbrüche statt. Weite Gebiete wurden unter einem Lavastrom und Ascheregen begraben. Auf dem Gebiet des heutigen Nationalparks beträgt die Temperatur nur wenige Meter unter der Erde immer noch bis zu 400 Grad. Die eigens für Touristen von den Parkwächtern arrangierten »Versuchsanordnungen« belegen dies: Wasser, das in Erdlöcher geschüttet wird, schießt als Fontäne wieder nach oben. Heuballen, die in Erdspalten gehalten werden, fangen sofort Feuer. Auch der Grill des Restaurants »El Diábolo« wird mit der Hitze aus dem Erdinnern betrieben. In der Nähe des Restaurants startet eine Bustour durch den Park. Die **»Ruta de los Volcanes«** führt in die atemberaubende, facettenreiche Vulkanlandschaft der **Montañas del Fuego**.

Die **Jameos del Agua** im Nordosten Lanzarotes sind Teil eines Lavahöhlensystems, das vor 20 000 Jahren bei einem Ausbruch des Vulkans Monte Corona entstanden sein muss. Sie wurden der Öffentlichkeit zugänglich gemacht und sind heute eine Touristenattraktion. In einer der Höhlen ist ein Restaurant mit Bar eingezogen, eine weitere Höhle wird für kulturelle Veranstaltungen genutzt.

Die etwa 1 km entfernte **Cueva de los Verdes** gehört zu dem gleichen Lavahöhlensystem und kann auf geführten Touren erkundet werden. Wer sich in den engen Gängen zurechtfinden will, sollte allerdings eine entsprechende körperliche Konstitution mitbringen.

Auch Menschen, die sich weniger für Vulkanismus interessieren, hat Lanzarote einiges zu bieten. So hat die Insel einige sehr schöne Sandstrände zu bieten. Die romantisch gelegenen **Playas del Papagayo** im äußersten Süden haben sich zu Tourismuszentren entwickelt, die **Playa de Famara** lockt vor allem Surfer an.

**Fuerteventura** Die zweitgrößte Kanareninsel liegt ganz im Südosten des Archipels nur 120 km von der marokkanischen Küste entfernt. Obwohl sie wie ihre »Schwesterinseln« vulkanischen Ursprungs und ihre heutige Gestalt ein Werk der Erosion ist, erinnert sie an die Sahara. Weite Gebiete Fuerteventuras sind versteppt und wirken wüstenhaft oder bestehen aus dunklen, »malpaís« genannten Lavaschollenfeldern. Die hügelig-gebirgige Vulkanlandschaft schimmert in allen Rot- und Brauntönen.

Insbesondere dank des ganzjährig angenehmen Badewetters und der kilometerlangen, hellgelben Sandstrände hat sich Fuerteventura dennoch zu ei-

heißes Material aus dem Erdmantel auf und entlädt sich in Eruptionen. Wegen der Bewegung der Erdkruste entstand dann – ähnlich wie in Hawaii – eine ganze Vulkankette. Besonders ausgeprägt ist der Vulkanismus auf Lanzarote (bei El Cuervo, links) sowie den jüngeren Inseln Teneriffa, La Gomera, El Hierro und La Palma, wo es in den vergangenen Jahrhunderten zu vielen Ausbrüchen kam, dem letzten 2011 vor El Hierro.

**In der wild zerklüfteten Felslandschaft von Fuerteventura liegt das einstige Fischerdorf Ajuy, auch Puerto de la Peña genannt.**

nem beliebten Urlaubsziel entwickelt. Überall an den Küsten sind Ferienresorts entstanden, und sie bieten ihren Gästen alle nur erdenklichen Annehmlichkeiten.
Die Insel ist, dank der zuverlässigen Winde, ein wahrer Hotspot für Wellenreiter, Wind- und Kitesurfer aus aller Welt. Außerdem finden in den glasklaren Küstengewässern Taucher ideale Bedingungen vor.

**Puerto del Rosario** Die Kreuzfahrtschiffe legen hier an der Ostküste an. Obwohl die ca. 15 000 Einwohner zählende kleine Stadt keine spektakulären Sehenswürdigkeiten zu bieten hat, ist ein Bummel durch das direkt am Hafen gelegene Stadtzentrum doch lohnenswert. Nach einer umfassenden Sanierung wirkt es sauber und gepflegt. Allenthalben laden Straßencafés zum Verweilen und kleine Geschäfte zum Stöbern und Einkaufen ein.
Puerto del Rosario bietet sich als Ausgangspunkt für Ausflüge über die Insel an. An der Nordostküste lockt insbesondere die grandiose Dünenlandschaft des **Parque Natural de las Dunas de Corralejo**. Der helle, fast weiße Sandstrand und das riesige Wanderdünengebiet im Hinterland sind ein Wahrzeichen Fuerteventuras geworden.

Das einstige Fischerdorf **Corralejo** selbst hat sich zu dem bedeutendsten Ferienzentrum auf Fuerteventura entwickelt. Hier sind nicht nur große Ferienanlagen entstanden, sondern auch fantastische Einkaufsmöglichkeiten. Auch die nur durch einen Isthmus mit der Hauptinsel verbundene schmale Landzunge von Jandía im äußersten Süden Fuerteventuras lockt mit einer spektakulären Dünenlandschaft und einigen herrlichen **Traumstränden**.

In den Tälern des Inselinnern lohnen einige schmucke kleine Städtchen einen Besuch. An erster Stelle ist hier die im Westen gelegene und nach ihrem Gründer Jean de Béthencourt benannte ehemalige Hauptstadt Fuerteventuras zu nennen. **Betancuria** ist heute ein Dorf mit nur etwas mehr als 700 Einwohnern und doch ein viel besuchter Ort. Viele Bauten stammen aus dem 17. Jh. und stehen heute unter Denkmalschutz. Das in einem repräsentativen Palais untergebrachte **Museo de Betancuria** glänzt mit einer Sammlung prähistorischer Funde und Artefakten.
Auch das 17 km südwestlich gelegene Städtchen **La Oliva**, das Betancuria 1834 als Inselhauptstadt ablöste, wartet mit sehenswerten historischen Gebäuden wie der prunkvollen Casa de los Coroneles auf.

**Großes Bild: Die Insel Lanzarote wurde in den 1990er-Jahren von der UNESCO zum Biosphärenreservat erklärt. Faszinierend wirkt das vulkanische Gebiet von El Cuervo.**

# Kanarische Inseln: Gran Canaria, Teneriffa, La Palma

## Die Ureinwohner

Als Spanien ab 1402 die Kanaren in Besitz nahm, fanden sie eine vermeintliche »Steinzeitkultur« vor. Die Altkanarier – nach der Bezeichnung für die Urbevölkerung von Teneriffa Guanchen genannt – kleideten sich zwar in Tierfelle, lebten in Berghöhlen und benutzten nur Steinmesser und hölzerne Wurfspeere, verfügten aber über eine eigene Schrift, hinterließen Fels-

**Gran Canaria** Die drittgrößte Kanareninsel wartet mit einer außergewöhnlichen Vielfalt von Naturräumen auf. Im vergleichsweise niederschlagsreichen Norden wird von alters her intensiv Landwirtschaft betrieben. Einige sehenswerte Städte und zahlreiche Dörfer zeugen von dem Wohlstand, der hier mit dem Anbau von Zuckerrohr geschaffen wurde. Der trockene Süden hingegen wirkt vielerorts fast wüstenhaft und stand lange Zeit im Schatten der nördlichen Inselhälfte. Erst mit der Entwicklung einer florierenden Tourismusindustrie hat er den Anschluss geschafft. Die gebirgige Region im Zentrum ist von tiefen Schluchten und bis zu 1900 m aufragenden Felsmassiven durchzogen. Kiefern und Lorbeerbäume gedeihen hier. Ihre Bewohner leben von Mandel-, Zitrusfrüchte-, Kartoffel- und Gemüseanbau.

**Las Palmas** Die landschaftlich weniger reizvolle Ostküste wartet mit der Inselmetropole Las Palmas auf. Obwohl die Hauptstadt Gran Canarias ihre Rolle als Touristenzentrum an die Ferienresorts der Südküste abgegeben hat, zieht sie dank ihres mediterranen Flairs immer noch zahlreiche Urlauber an.

**Santa Catalina Terminal**
In diesem Teil des Hafens von Las Palmas legen die Kreuzfahrtschiffe an. Das historische Stadtzentrum lässt sich von hier aus gut zu Fuß, mit dem Bus oder einem Taxi erreichen.
In der Altstadt fallen die prachtvollen Paläste aus allen Epochen der kanarischen Geschichte seit der spanischen Eroberung auf. Sie werden von der 1497 vollendeten **Catedral de Santa Ana** überragt. Die ganz in der Nähe des Gotteshauses gelegene **Casa de Colón** gilt als beeindruckendstes Beispiel spanischer Kolonialarchitektur auf der Insel. Obwohl nicht sicher ist, dass Kolumbus hier vor seiner Atlantiküberquerung Station machte, ist das in dem Palazzo residierende Museum ihm gewidmet. Trotz der vielen historischen Prachtbauten ist Vegueta, wie die Altstadt von Las Palmas heißt, alles andere als ein Museum. Dank zahlreicher Geschäfte, Restaurants und Cafés herrscht hier– wie in dem benachbarten Viertel Triana – vielmehr stets lebhaftes Treiben.

Die touristischen Höhepunkte von Gran Canaria lassen sich von Las Palmas aus mit dem Bus oder einem Taxi erreichen. Eine Fahrt zu der **Playa del Ingles** im Süden dauert etwa eine Stunde. Der 8,4 km lange, helle Strand ist heute von Ferienresorts umstellt und hat sich zum größten touristischen Zentrum der Insel entwickelt. Westlich der Playa del Ingles beginnt die großartige Dünenlandschaft von **Maspalomas**.
Etwa 30 km südlich von Las Palmas liegt in der Nähe der Ortschaft Agüimes der **Barranco de Guayadeque**. Die etwa 15 km lange Schlucht erstreckt sich bis in das Gebiet um den Pico de las Nieves und ist als Höhlendorf berühmt geworden. Archäologische Funde belegen, dass die Höhlen in dem Gebiet bereits von der vorspanischen Bevölkerung bewohnt wurden. Noch heute werden einige genutzt. Der Barranco de Guayadeque ist eine Touristenattraktion; einige Pflanzenarten kommen nur hier vor und stehen unter Naturschutz. Eine Besichtigung des in einer der Höhlen eingerichteten Museums oder ein Besuch im Höhlenrestaurant ist ein nicht alltägliches Erlebnis.

**Teneriffa** Auch abseits der touristischen Zentren hat die größte Kanarische Insel ihren Gästen viel zu bieten. Aus der Fülle der Kulturdenkmäler und Naturwunder ragen zwei UNESCO-Welterbestätten besonders hervor. Nur 9 km von der heutigen Inselhauptstadt Santa Cruz de Tenerife entfernt liegt **San Cristobál de La Laguna**. Das historische Zentrum der ehemaligen Kapitale Teneriffas gilt als frühes Beispiel einer am Reißbrett entworfenen Stadt, das zum Vorbild für die

zeichnungen wie jene in El Cementerio auf La Palma (links), kannten die Technik der Mumifizierung oder errichteten wie in Güimar auf Teneriffa pyramidenförmige Terrassenbauten. Dadurch blühten die Spekulationen über den Ursprung dieses rätselhaften Volks. Sprachliche und genetische Untersuchungen legen es nahe, dass die Guanchen von Berbern abstammen, die um 1000 v. Chr. von der Atlas-Region im heutigen Marokko auf die Inseln ausgewandert sind. Sie brachten Schafe, Ziegen, Schweine und Hunde sowie Gerste, Weizen und Linsen mit und entwickelten ein differenziertes religiöses, soziales und politisches System.

spanischen Kolonialstädte in Lateinamerika wurde. Die engen Gassen und Straßen sind schachbrettartig angelegt und werden von schmucken Häusern und herrschaftlichen Villen im typisch kanarischen Baustil gesäumt. Zu den Hauptattraktionen des Viertels zählen sicherlich die **Catedral** sowie die **Iglesia de Nuestra Señora de la Concepción**. Das in einem prachtvollen Renaissancebau untergebrachte **Museo de Historia de Tenerife** informiert mit einer Sammlung historischer Dokumente über die Geschichte der Insel und der Stadt.

**Santa Cruz de Tenerife** Kreuzfahrtschiffe, die die größte Kanareninsel ansteuern, legen im Hafen von Santa Cruz im Nordosten Teneriffas an. Santa Cruz de Tenerife, eine moderne mediterrane Metropole, ist als Shopping-Paradies bekannt. In den begrünten Fußgängerzonen der Innenstadt finden sich aber neben den vielen Einkaufsmöglichkeiten auch viele urige Bars, Cafés und Restaurants. Der Hafen ist durch einen kostenlosen Shuttle-Service mit dem Zentrum verbunden.

Ein Ausflug in den ebenfalls zum UNESCO-Welterbe zählenden **Teide-Nationalpark** führt in eine überwältigende Vulkanlandschaft. Das Gebiet um den 3718 m hohen Vulkan **Pico del Teide** weist unterschiedliche Formationen vulkanischen Ursprungs auf und kann auf mehreren gut ausgewiesenen Wanderwegen erkundet werden. Zwischen Santa Cruz und dem Park verkehren Busse.

## La Palma

Die nordwestlichste Kanareninsel gilt noch immer als Geheimtipp für Individualurlauber. Touristische Zentren wie auf Gran Canaria oder Teneriffa sind hier nicht entstanden. Dafür werden viele Ferienwohnungen vermietet, auch Landgasthäuser und Bauernhöfe bieten Unterkünfte an. La Palma wird auch »die grüne Insel« genannt. Trotz der seit der spanischen Eroberung andauernden Abholzung der Wälder sind immer noch weite Gebiete des Eilands von üppiger Vegetation bedeckt. Berühmt ist der Kanarische Drachenbaum, eine bis zu 20 m hohe Pflanze aus der Familie der Spargelgewächse, die durch ihre wie ein Quirl angeordneten, knorrigen Äste und ihr Blätterdach auffällt.

La Palmas wildromantische Gebirgslandschaft zieht besonders Wanderer an. Dank eines gut ausgebauten Straßennetzes finden aber auch Mountainbiker ideale Bedingungen vor.

Die Küstengewässer sind ein Dorado für Sporttaucher. Dunkle **Vulkansandstrände** verleihen vielen der kleinen Badebuchten rund um La Palma einen besonderen Reiz. Im Norden wird das Inselinnere von der riesigen Caldera de Taburiente beherrscht. Wissenschaftler vermuten, dass der mit einem Durchmesser von 9 km und einem Umfang von 28 km wohl größte Krater der Welt durch die Explosion eines Vulkans entstanden ist und die Kräfte der Erosion ihm seine heutige Gestalt verliehen haben. Wildbäche haben tiefe Schluchten, die Barrancos, in die inneren Kraterwände gegraben. Durch den engen **Barranco de las Angustias** im Südwesten der Caldera bahnen sie sich einen Weg ins Meer. Der Krater ist im Norden und Osten von mehr als 2000 m aufragenden Gebirgszügen umgeben. Auf dem mit 2426 m höchsten Berg der Insel, dem **Roque de los Muchachos**, befindet sich das gleichnamige Observatorium mit seinen riesigen Teleskopen.

Seit 1954 ist die **Caldera de Taburiente** als Nationalpark ausgewiesen. Verschiedene Wanderwege führen durch das Gebiet, und an den Kraterrändern wurden Aussichtspunkte angelegt. Auch an der Südspitze La Palmas locken einige Naturwunder vulkanischen Ursprungs. Sowohl der imposante 671 m hohe San Antonio als auch der kleinere, erst 1971 ausgebrochene Teneguía können erklommen werden. Vom Centro de Visitantes del Volcán San Antonio führen Wanderwege zu den Kraterrändern hin.

**Santa Cruz** Kreuzfahrtschiffe steuern die Inselhauptstadt an der Ostküste an. Das historische Zentrum des kleinen Orts lässt sich vom Hafen aus in wenigen Minuten erreichen. An den Palästen und Bürgerhäusern aus dem 18. Jh. fallen die kunstvoll gearbeiteten Holzbalkone im kanarischen Baustil auf. Trotz des Reichtums an altehrwürdiger Architektur ist die Altstadt Santa Cruz ein sehr lebendiger Ort. Straßencafés und lokalen Märkte verleihen ihr ein heiteres Flair.

**Der Pico de las Nieves im Inselinneren von Gran Canaria lädt mit seinen typischen Felsformationen zu einer lohnenswerten Fahrt ein.**

## Nationalpark Teide auf Teneriffa

Der Nationalpark besteht vor allem aus einer unwirtlichen Vulkanlandschaft mit dem Pico del Teide und einer Caldera von 17 km Durchmesser. Stark wechselnde atmosphärische Bedingungen und oft auftretende Nebelmeere verleihen der Szenerie ihren eigenen Reiz. Die Gegend hier ist zu karg für eine auffällige Wirbeltierfauna. Immerhin sind drei Arten endemisch, darunter die Blaukehlige Eidechse (Gallotia galloti), das Wahrzeichen des Parks. Der Teide-Blaufink (Fringilla teydea) kommt überwiegend in Kiefernwäldern vor und ist auch im Park anzutreffen. Die reiche Insektenfauna umfasst 700 Arten und besteht auch vor allem aus Arten, die nur hier vorkommen. Im Park gedeihen 168 Arten von Blütenpflanzen. Als dominierende Art nimmt man den Teideginster (Spartocytisus supranubius) wahr. Seine Blüten ergeben einen gern gegessenen

Honig. Mit der Seilbahn kommt man bequem auf Spaniens höchsten Berggipfel (alle Bilder), und auf den Wegen geht es zu den Aussichtspunkten. Für den eigentlichen Gipfel benötigt man eine Erlaubnis.

# Westliches Mittelmeer

Das westliche Mittelmeer ist eine facetten- und kontrastreiche, alte Kulturlandschaft. Unabhängig davon, ob die Kreuzfahrt in Barcelona, Palma de Mallorca, Genua oder Civitavecchia beginnt oder endet, unabhängig davon auch, ob das Schiff vor der südfranzösischen Küste kreuzt oder Kurs auf die spanischen Ferienzentren, auf Sizilien, Korsika oder Malta nimmt: Eine Kreuzfahrt in der Region führt in kulturelle Zentren, traditionsreiche Hafenstädte und zu spektakulären Küstenlandschaften, in mondäne Ferienorte und zu berühmten Badestränden hin. Abwechslung ist hier Programm.

Im Hafen von Neapel liegt das Kreuzfahrtschiff »Celebrity Solstice« vor Anker.

# Málaga, Cartagena, Alicante, Valencia

## Málaga: Kathedrale

Im Herzen der Altstadt sticht sie aus dem Häusermeer hervor: die Kathedrale (Bilder rechts). Siegreiche Christen bauten sie selbstbewusst in die Hauptachse Málagas zwischen Alcazaba, Plaza de la Constitución und Río Guadalmedina. Sie nannten sie Catedral de la Encarnación, »Kathedrale der Fleischwerdung Christi«. Ihr Bau wurde in den Jahrhunderten immer wie-

**Kreuzfahrten entlang der südspanischen Mittelmeerküste führen in eine klassische Urlaubsregion. Die Costa del Sol und die Costa Blanca sind ebenso wie die Costa Cálida in Europa als von der Sonne verwöhnte Ferienparadiese bekannt. Die Kreuzfahrthäfen verfügen über eine hoch entwickelte touristische Infrastruktur und vermitteln doch auch Tradition und Landeskultur.**

**Málaga** Die zweitgrößte Stadt Andalusiens ist das Eingangstor zu den Urlaubsparadiesen an der Costa del Sol. In den Sommermonaten erreichen Millionen sonnenhungriger Touristen die Stadt und reisen von hier aus in die großen Ferienzentren an der Küste. Das mondäne Marbella liegt nur 50 km, Torremolinos ganze 6 km vom Flughafen entfernt. Der Hafen verfügt über einen modernen, erst 2007 eingeweihten Cruiseterminal, der durch einen Shuttle-Service mit dem Stadtzentrum verbunden ist.

**Land:** Spanien
**Einwohner:**
Málaga: 570 000
Cartagena: 215 000
Alicante: 335 000
Valencia: 800 000
**Sprache:** Spanisch, Katalanisch
**Währung:** Euro
**Hauptreisezeit:** April bis Oktober
**Zeitzone:** UTC + 1

Málaga selbst wird als Touristenziel gerade erst entdeckt. Die Geburtsstadt Pablo Picassos kann mit einer facettenreichen Kulturlandschaft, einigen interessanten Museen und einer heiteren Atmosphäre punkten. Hier laden von schmucken Geschäften gesäumte historische Gassen und prächtige Alleen zu einem ausgiebigen Bummel ein. Den Mittelpunkt des alten Viertels bildet die **Kathedrale**, die zwischen dem 16. und 18. Jh. an der Stelle einer Moschee errichtet wurde.
Östlich des Stadtzentrums ragen auf einer Anhöhe die Ruinen des **Castillo de Gibralfaro** empor. Die Festung wurde im 8. Jh. unter dem Emir Abd-ar-Rahman I. von Córdoba errichtet und im 15. Jh. im Zuge der Reconquista umgebaut. Heute lockt sie mit einem kleinen Museum und einem weiten Blick auf Málaga und die Küste.
Die im Westen der Anhöhe gelegene **Alcazaba** wurde um das Jahr 1000 errichtet und beherbergt heute ein archäologisches Museum. Unterhalb der Burg wurde ein römisches Amphitheater freigelegt.
Kunsthistorisch interessierte Touristen dürfen einen Besuch im **Museo Picasso Málaga** nicht versäumen. Es wartet mit einer repräsentativen Sammlung von Gemälden und Skulpturen dieses größten Sohnes der Stadt auf. In der Casa Natal de Picasso sind heute eine Kulturstiftung und ein kleines Museum untergebracht.

**Cartagena** Obwohl die größte Stadt an der Costa Cálida mit selbst für spanische Verhältnisse ungewöhnlich vielen Sonnentagen im Jahr aufwarten kann, liegt sie – wie die ganze Region – im Schatten der großen Ferienzentren an der Costa del Sol und der Costa Brava. Dank ihres sorgfältig gepflegten antiken Erbes zieht sie allerdings kulturhistorisch interessierte Kurzurlauber an.
Cartagena wurde 227 v. Chr. von dem karthagischen Feldherrn Hasdrubal gegründet und nach seiner Heimatstadt Karthago genannt. Der Name ist phönizisch, bedeutet so viel wie »Neustadt« und wurde von den Römern, die im Jahr 209 v. Chr. die Stadt eroberten, mit »Carthago Nova« übersetzt. Unter Kaiser Diokletian (reg. 284–305) wurde Cartagena Hauptstadt der römischen Provinz Hispania Carthaginensis. Während des Mittelalters sank der Stern der Stadt.
Erst mit der Einrichtung eines großen Flottenstützpunktes im 18. Jh. gelangte sie zu neuer Blüte. Bis heute verfügt Cartagena über eine bedeutende Marinebasis. Der Handelshafen ist einer der größten Spaniens, und auch als Kreuzfahrtziel wird Cartagena immer beliebter.
Der neue Cruiseterminal ist für eine wachsende Zahl von Passagieren ausgelegt und präsentiert sich serviceorientiert. Die nahe gelegene Innenstadt kann mit einem Bus oder Taxi erreicht werden.
An der Calle Mayor und ihren Seitenstraßen finden sich einige prachtvolle Bauten, die zu Beginn des 20. Jh.s im Stil des »modernisme català« errichtet wurden – ein Magnet für die Liebhaber der Jugendstilarchitektur. In der das Zentrum überragenden mittelalterlichen Burg ist heute das Centro de Interpretación de la Historia de Cartagena untergebracht. Über die Stadt verstreut finden sich einige Ruinen aus römischer Zeit wie das Theater, das Augusteum und der Decumanus. Auch die Ausstellungen im **Museo Arqueológico Municipal** und im **Museo Nacional de Arqueología Subacuática** halten das antike Erbe lebendig; ebenso das Centro de Interpretación de la Muralla Púnica.
Nordöstlich von Cartagena liegt **Mar Menor** – eine 70 km² große Salzwasserlagune, die durch

der unterbrochen, vor allem aus Geldmangel. So ist ein Portal der Spätgotik erhalten, und barocke Einflüsse zeigt die Hauptfassade. Der Nordturm ragt mit einer Höhe von 92 m in den Himmel, der Südturm ist nach wie vor unvollendet. Deshalb nennt der Volksmund die Kirche »La Manquita«: »Die kleine Einarmige«. Innen besteht sie aus drei Schiffen, die mit aufwendigen Ornamenten in den Gewölben bestechen.

**Oben links: Blick auf Malaga, wo sich in unmittelbarer Nähe des Hafens eine der größten Stierkampfarenen Spaniens befindet.**

die Nehrung La Manga vollständig vom offenen Meer getrennt ist und daher ideale Voraussetzungen für viele Wassersportarten bietet.

## Alicante

**Alicante** Die traditionsreiche Hafenstadt hat sich zu einem der beliebtesten Seebäder an der Costa Blanca entwickelt. Das angenehm milde Klima lockt fast zwölf Monate im Jahr sonnenhungrige Touristen an. An den hübschen Stränden der Stadt und im historischen Zentrum herrscht eine internationale, entspannte Atmosphäre.

Der hinter dem Jachthafen angelegte neue Cruiseterminal ist durch einen Shuttle-Service mit der Altstadt Alicantes verbunden. In den malerischen, engen Gassen des Viertels finden sich gute Einkaufsmöglichkeiten und viele Lokale, die Spezialitäten der regionalen Küche anbieten. Bars, Discos, Kneipen und Klubs sorgen hier bis tief in die Nacht für Ferienstimmung.

Im Osten wird die Altstadt von dem **Castillo de Santa Bárbara** aus dem 16. Jh., das heute ein Museum beherbergt, überragt. Die parallel zur Marina verlaufende, palmenbestandene und mit Marmorsteinen gepflasterte Promenade **Explanada de España** ist ein beliebter Treffpunkt bei Einheimischen und Touristen. Östlich des Hafens beginnt auch Alicantes Stadtstrand, die **Playa del Postiguet**.

Nur 20 km südwestlich von Alicante liegt der Küstenort **Elche**, der für seinen Palmenwald bekannt ist. El Palmeral umfasst eine Fläche von 3,5 km² und besteht aus mehr als 11 000 Palmen. Seit 2000 steht er auf der UNESCO-Welterbeliste.

## Valencia

**Valencia** Ein ausgesprochen beliebtes Kreuzfahrtziel ist die drittgrößte Stadt Spaniens. Der Cruiseterminal liegt etwa 4 km vom historischen Stadtzentrum entfernt und ist mit ihm durch einen Shuttle-Service verbunden. Valencias Altstadt wartet mit verschiedenen architektonischen Zeugnissen aus allen Epochen seiner wechselvollen Geschichte auf. Angefangen bei den Ruinen der römischen Siedlung, die heute zusammen mit Fundstücken aus maurischer Zeit im sehenswerten archäologischen **Museo de la Almoina** ausgestellt sind; über gotische Kirchen und barocke Paläste bis hin zu der im Stil des katalanischen Modernisme errichteten **Halle des Mercado Central** –all diese Bauten machen Valencia zu einem Juwel unter Europas Städten.

Im Mittelpunkt der **Altstadt** steht die **Kathedrale**, deren Ursprünge zwar auf das 13. Jh. zurückgehen, die in den Jahrhunderten danach aber wieder und wieder umgebaut wurde und deshalb die unterschiedlichsten Baustile in sich vereint.

Die zwischen 1482 und 1498 erbaute **Seidenbörse** (La Lonja de la Seda) steht seit 1996 als einer der bedeutendsten spätgotischen Profanbauten auf der UNESCO-Kulturerbeliste.

Doch die Stadt beeindruckt nicht nur mit prachtvollen historischen Gebäuden, sondern hat in jüngster Zeit durch spektakuläre futuristische Bauten wie Norman Fosters **Palacio de Congresos** oder die **Ciudad de las Artes y las Ciencias** des heimischen Architekten Santiago Calatrava auf sich aufmerksam gemacht.

Die Ciudad umfasst ein Planetarium mit IMAX-Kino, ein Wissenschaftsmuseum, eine Oper sowie mit dem Oceanogràfic das größte Aquarium des Kontinents. Valencia liegt an der Mündung des Turia in das Mittelmeer. Nach einer verheerenden Überschwemmung wurde der Fluss in den 1960er-Jahren nach Süden umgeleitet und das trockene Flussbett in einen Freizeitpark verwandelt. Dieses neue Naherholungsgebiet wird von Einheimischen wie Touristen gern genutzt. Die Stadt bietet Kreuzfahrtpassagieren die VLC Cruise Card, mit der diese den Shuttle-Bus benutzen können und Rabatte in Museen, Geschäften und Restaurants erhalten.

**Drei Impressionen von Valencia: Markthalle Mercado de Colón …**

**… Plaza de la Virgen mit illuminiertem Neptunbrunnen …**

**… und Palau de les Arts Reina Sofía in der Ciudad de las Artes.**

# Barcelona

### Antoni Gaudí und der Modernisme

Die Kathedrale Sagrada Família, die Häuser Casa Batlló und Casa Milà (rechts) sowie der Parc Güell sind die klingenden Namen der bizarren Meisterwerke Antoni Gaudís, die den Charakter der katalanischen Metropole nachhaltig geprägt haben. Gaudí gilt als berühmtester Vertreter des Modernisme – einer Form des Jugendstils, die ausschließlich katalanisch war und das wiedererwachende Nationalbewusstsein der Katalanen befeuerte. Wie andere Vertreter dieser Richtung auch, ließ sich Gaudí für sein Schaffen vom

**Land:** Spanien
**Einwohner:** 1,6 Mio.
**Sprache:** Katalanisch, Spanisch
**Währung:** Euro
**Hauptreisezeit:** Mai bis Oktober
**Zeitzone:** UTC + 1

**Barcelona ist eine Stadt in ständigem Aufbruch – eine »Stadt der Wunder«, wie sie der spanische Schriftsteller Eduardo Mendoza in seinem gleichnamigen Erfolgsroman nennt –, der es bisher stets gelungen ist, die unterschiedlichen kulturellen Strömungen und Entwicklungen harmonisch in ihr Stadtbild zu integrieren.**
**Während man im Gewirr der mittelalterlichen Gässchen der Stadtviertel Barri Gòtic oder El Born noch den magischen Charme der Vergangenheit atmet, wähnt man sich kurz darauf an dem im Zuge der Olympischen Spiele 1992 erbauten Port Olímpic im Zauberland der Postmoderne. In der Stadterweiterung Eixample kontrastieren herrschaftliche Stadtpaläste mit den fantasievollen Häusern der Meister des Modernisme, allen voran Antoni Gaudí, dessen großartige, von der Natur inspirierte Architektur das Gesicht Barcelonas tief geprägt hat. Sein Meisterwerk, die Kathedrale Sagrada Família, ist das Wahrzeichen der Stadt geworden.**
**Neben seinen Museen und kulturellen Einrichtungen ist Barcelona auch die Stadt der jungen Kreativen, der Künstler, Designer und Modemacher, die sich in den Gassen der Altstadt niedergelassen haben und der Stadt den Ruf der unkonventionellen quirligen Avantgardemetropole eingebracht haben. Schon immer war die Hafenstadt »Umschlagplatz« für Menschen, Ideen und Kulturgüter unterschiedlichster Provenienzen, und ihre Kontraste sind ihr Kapital: Unmittelbar am Alten Hafen liegt die neue Vergnügungsmeile Maremagnum, und am Stadtstrand des Fischerviertels Barceloneta wird in coolen Lounges und Designrestaurants bis in die Morgenstunden gefeiert. Barcelona ist keine Stadt für einen Tag. Bei diesem größten Start- und Zielhafen für Kreuzschiffe im westlichen Mittelmeer bietet es sich an, ein paar Tage mehr einzuplanen.**

**Barri Gòtic** Vom Alten Hafen und der unmittelbar davor liegenden **Plaça del Portal de la Pau**, um deren in der Mitte aufragender Kolumbussäule ein stetiger Kreisverkehr tobt, gelangt man über die Flaniermeile der **Rambles** zum rechts davon gelegenen Barri Gòtic – dem gotischen Viertel der Stadt. Mit seinen Ruinen aus der Römerzeit, schmalen mittelalterlichen Gassen und der hoch aufragenden **Kathedrale La Seu** bildet es den ältesten Teil Barcelonas. Hier befand sich einst auch das jüdische Viertel El Call, das im Mittelalter durch Mauern abgetrennt war. Sein Zentrum erhebt sich über dem Berg Taber, wo man heute noch die Überreste aus römischer Zeit findet: vier korinthische Säulen des Tempels César Augusto. Im Herzen des Barcelonas vergangener Tage stößt man auf die alten Stadtpaläste und Kirchen, die die schattigen Plätze säumen: Auf der **Plaça del Rei** steht der alte **Königspalast** aus dem 14. Jh., der Teil des Museums für Stadtgeschichte Barcelonas ist. Gleich drei sehenswerte Bauten umgeben die **Plaça de Sant Jaume**, das **Ajuntament** (Rathaus) aus dem 14. Jh., der **Palau de la Generalitat** mit seiner eindrucksvollen Renaissancefassade – Sitz der Regierung Kataloniens – und **La Caixa**, eine der ältesten Banken überhaupt.
Ein Juwel des Modernisme ist der **Palau de la Música Catalana**, ein Meisterwerk des Jugendstilarchitekten Lluís Domènech i Montaner. Wundervoll erholen kann man sich von einem Bummel durch den geschichtsträchtigen Stadtteil auf der von stimmungsvollen Cafés gesäumten **Plaça del Pi**. Picasso hatte hier einst sein erstes Atelier.

**Les Rambles** ist die pulsierende Lebensader Barcelonas, ohne die man sich diese Stadt nicht vorstellen könnte. Die Flaniermeile, auf der sich Verkaufsstände und Cafés, Straßenkünstler und Spaziergänger mischen, teilt die Altstadt in zwei Teile und reicht von der Kolumbussäule am Alten Hafen bis zur verkehrsreichen **Plaça de Catalunya**. Besonders in den Abendstunden wird es hier lebendig. Von Vogelhändlern und Porträtmalern bis zu Artisten, Kunsthandwerkern und Müßiggängern ist alles vertreten. Zu beiden Seiten liefern Herrenhäuser und Paläste sowie das **Gran Teatre del Liceu** und die Barockkirche **Església de Betlem** eine würdige Kulisse. Gleich am Beginn der Rambles liegt auf der rechten Seite der Eingang in das pittoreske Wachsfigurenkabinett.

**El Born und La Barceloneta** Bis heute ist in Barceloneta das besondere Flair des ehemaligen Fischerviertels zu spüren: Schmale Gassen, von den Balkonen tropfende Wäsche und gemütliche kleine Läden und Bars prägen diesen dem Meer zugewandten Stadtteil auf der schmalen Landzunge südöstlich des Hafens. Gleich hinter der Hafenpromenade beginnt der **Stadtstrand** von Barceloneta, an dem man Urlaubsfeeling inmitten der Großstadt erleben kann. Im Osten schließt sich der

Baustil der Gotik sowie von der maurisch-spanischen Fliesenkunst inspirieren. Intensiv setzte sich Gaudí mit der Natur und ihren Bauprinzipien auseinander, die er auf die Architektur übertrug und deren Formenreichtum sein Werk bestimmt. Schräge Stützen, unregelmäßige Grundrisse und das Vermeiden von Geraden kennzeichnen die Bauwerke ebenso wie die Verwendung von Kachelbruchstücken zur Verzierung.

**Die Sagrada Família ist bis heute unvollendet.**

**Casa Milà hat eine organisch gewellte Steinfassade.**

**Port Olímpic** mit seinen futuristischen Bauten an. Auf der anderen Seite des Passeig de Colom liegt das In-Viertel El Born mit dem **Picasso-Museum**, der alten Seefahrerkirche **Santa María del Mar** sowie kleinen Szenerestaurants, Designerläden und Ateliers.

**Eixample** Nach dem drastischen Anstieg der Bevölkerungszahlen ab Mitte des 19. Jh.s wurde der Abriss der alten Stadtmauern zugunsten einer Erweiterung Barcelonas in Richtung der Serra de Collserola erwogen. Der katalanische Architekt Ildefons Cerdà entwickelte dafür ein städtebauliches Konzept unter Einbeziehung aller sozialen und hygienischen Errungenschaften der damaligen Zeit. Zwischen der Altstadt und dem Stadtviertel Gràcia liegen nun Häuser um weite Innenhöfe in einem Raster sich rechtwinklig kreuzender Straßen. Gerade die Architekten des Modernisme fanden hier ein weites Betätigungsfeld – gleich mehrere bedeutende Jugendstilhäuser der katalanischen Meister liegen am Prachtboulevard **Passeig de Gràcia**, der vornehmsten Einkaufsmeile der Stadt: Oberhalb der Plaça de Catalunya findet man das Jugendstilhaus **Casa Lleó Morera** des Architekten Lluís Domènech i Montaner (Passeig de Gràcia Nr. 35). Märchenhaft verwunschen wie ein mystisches Tier zeigt sich die Fassade von Gaudís **Casa Batlló** am Passeig de Gràcia 43. Der detailreiche Aufbau ihrer Fassade lässt die Legende des heiligen Georg (Sant Jordi) in der Fantasie des Betrachters lebendig werden. Unmittelbar daneben befindet sich die **Casa Amatller** des Architekten Josep Puig i Cadafalch, und einige Hausnummern weiter gelangt man zu dem großen Gaudí-Wohnhaus **Casa Milà** (Nr. 92). Aktuelle Gegenwartskunst kann man in der dem katalanischen Künstler Antoni Tàpies gewidmeten **Fundació Tàpies** betrachten – auf der Calle Aragó 255, Mitten im Herzen von Eixample.

**Sagrada Família** Das Schmuckstück der Stadterweiterung Eixample ist und bleibt die noch immer unvollendete Kathedrale Sagrada Família, das Großprojekt Antoni Gaudís, das zu Fuß oder mit der Metro gut erreichbar ist. Zwei Schaufassaden zieren das sich mit seinen filigranen Türmen gegen den Himmel erhebende Bauwerk. Richtung Osten liegt die Geburtsfassade, welche die Geburt Jesu in plastischen Figuren zeigt und noch zu Lebzeiten Gaudís vollendet wurde, im Westen die Passionsfassade, die durch eine geometrische Linienführung und große Figuren ins Auge fällt. Bis heute wurde noch nicht mit dem Bau der Hauptfassade begonnen. Die Türme sind den Aposteln gewidmet und mit farbigen Tieren und Symbolen geschmückt.

**Großes Bild: Wo früher in Port Vell die Fischerboote schaukelten, liegen heute edle Jachten und Freizeitboote vor Anker.**

## Port Vell

**Der Alte Hafen wurde nach einer Generalsanierung in ein Freizeitareal umfunktioniert und erstrahlt in neuem Glanz. Jachten und Kreuzfahrtschiffe liegen hier, und an Land reihen sich Cafés aneinander (unten).**

Torre Jaume I., Stützpfeiler der Hafenseilbahn, überragt markant das weitläufige Hafenareal (links).

# Palma de Mallorca

## Frédéric Chopin und George Sand

Im alten mallorquinischen Stil eingerichtet, gemütlich und geordnet wirkt heute das Kartäuserkloster in dem Bergdorf Valldemossa (rechts), in dem Frédéric Chopin und George Sand den feuchtkalten mallorquinischen Winter 1838/39 verbrachten. Der ehemalige maurische Sommerpalast aus dem 11. Jh. wurde rund 200 Jahre später von König Jaume II. umgebaut und im 14. Jh. zum Kloster umfunktioniert. In zwei zu Wohnräumen ausgebauten Zellen hatte sich das für damalige Zeiten skandalöse Paar ein-

**Land:** Spanien
**Einwohner:** 405 000
**Sprache:** Katalanisch, Spanisch
**Währung:** Euro
**Hauptreisezeit:** April bis Oktober
**Zeitzone:** UTC + 1

**Wer sich Mallorca mit dem Schiff nähert, wird das Schauspiel der im Morgendunst ruhenden Insel nicht mehr vergessen. Sanft erheben sich die Hügelketten über dem Meer, langsam werden kleine Küstendörfer erkennbar, bis das Schiff in den geschäftigen Hafen von Palma einläuft.**
**Als »Insel der Ruhe« hatte der katalanische Schriftsteller Santiago Rusiñol i Prats (1861–1931) Mallorca bezeichnet, und tatsächlich finden sich noch vielerorts vom Tourismus unberührte Orte im Inneren der Insel. Doch das heutige Mallorca hat viele Gesichter: Quirlig und dabei trotzdem von mediterraner Leichtigkeit geprägt, zeigt sich die Inselmetropole Palma mit Stadtpalästen der maurischen Herrscher, Museen und Straßencafés. Berglandschaften mit romantischen Treppendörfchen wie Alaró oder Fornalutx findet man in den Tramuntana-Bergen nordwestlich von Palma, und im Inselzentrum breitet sich die Ebene Es Pla mit ihren Weinfeldern und Windmühlen aus. An den weißen Sandstränden oder versteckten Felsbuchten der Insel kommen meerbegeisterte Sonnenanbeter auf ihre Kosten; und wer es gerne turbulenter mag, der findet in den touristischen Zentren und den Diskotheken der Hauptstadt Gelegenheit zum Tanzen und Feiern bis in die Morgenstunden. Ein besonderes Erlebnis ist Mallorca im Winter, wenn die blühenden Mandelbäume die Insel in ein weißes Blütenparadies verwandeln. Diese Zeit eignet sich dazu, die Insel zu Fuß zu erkunden, eine Wanderung hinauf zum Kloster Santuari de Lluc zu unternehmen oder auf den Spuren von Chopin und George Sand zu wandeln und das Kartäuserkloster in Valldemossa zu besuchen.**

### Palma de Mallorca

Mit ihren verwinkelten Gassen, einigen prächtigen Kirchen, den vornehmen Stadtpalästen und der alles überragenden Kathedrale **Sa Seu** ist Palma zweifelsohne eine reizvolle Stadt.
Die Uferfront wird von stattlichen Palmen gesäumt, am **Parc de la Mar** unmittelbar am Hafen finden in den Abendstunden Konzerte und Theateraufführungen statt, und in den arkadengesäumten Einkaufsstraßen und Plätzen herrscht geschäftiges Treiben. Die wichtigsten Sehenswürdigkeiten befinden sich innerhalb der ehemaligen maurischen Medina, von der jedoch heute nur noch einige Überreste, wie die Banys Àrabs, die arabischen Bäder, übrig geblieben sind. In deren wunderschönen Gärten kann man sich nach einem Stadtbummel erholen. Bei einer Stadtbesichtigung sollte man den **Palau de S'Almudaina** besuchen. Als die Mauren im Jahr 903 die Insel eroberten, bauten sie die bereits existierende Festung auf dem Hügel über der Bucht nach ihren Vorstellungen um und gaben ihr den Namen Al Mudaina (arabisch für Zitadelle). Bis heute wird der Palast als königliche Residenz genutzt. Ihm genau gegenüber wurde 1306 mit dem Bau der Kathedrale begonnen. Durch ihre mit 1236 bunten Glasscheiben versehene Rosette fällt warmes, farbiges Licht in den Innenraum.

**Abendliche Stimmung an der Plaça Llotja in Palma.**

Schon früh war Mallorca ein beliebter Rückzugsort für die Künstler der Moderne, und kein Geringerer als Joan Miró hatte die Insel in den 1950er-Jahren zu seinem Wohnsitz erklärt. Sein Atelier birgt heute das **Museu Joan Miró** mit wichtigen Werken aus allen Schaffensperioden. Auch das im Stil der Postmoderne errichtete neue Kunstmuseum **Es Baluard** ist ein Muss für Kunstfreunde. Wechselnde Ausstellungen zeigen Werke zeitgenössischer spanischer und internationaler Künstler.

**Sóller** Ein Erlebnis der besonderen Art, das man sich auf keinen Fall entgehen lassen sollte, ist die Fahrt von Palma in das jenseits des Tramuntana-Gebirges gelegene Städtchen Sóller mit der hier bereits seit dem Jahr 1912 verkehrenden Eisenbahn. Auf der rund einstündigen Fahrt passiert man die Dörfer Son Sardina, Santa María, Caubet und Bunyola und erreicht, nachdem man nicht weniger als 13 Tunnel durchfahren hat, den nostalgischen Bahnhof von Sóller. Das Bahnhofsgebäude – ein ehemaliger Gutshof – dient heute auch als Ausstellungsraum, in dem Werke von Picasso

gemietet und sich vom Aufenthalt auf der »Insel der Ruhe« Linderung von Chopins Lungentuberkulose erhofft. Doch der Dauerregen der folgenden Monate verschlimmerte das Leiden, wenngleich er den Musiker zum berühmten »Regentropfen-Prélude« inspirierte. Belastend war auch die abweisende Haltung der gläubigen Mallorquiner, die ihre traditionellen Werte von der wilden Ehe der Franzosen bedroht sahen.

Malerischer Blick auf die Bucht von Port de Sóller.

Auf der Plaça de la Constitució von Sóller sitzt man gemütlich.

und Miró gezeigt werden. Sóller liegt einladend, umgeben von Orangenhainen und Gärten. Zahlreiche Modernisme-Bauten und ehrwürdige zweistöckige Wohnhäuser prägen das Stadtbild. In einem der Straßencafés auf der zentralen **Plaça de la Constitució** einen Café zu genießen und dem Treiben ringsum zuzuschauen ist ein echter Genuss.

Wen es zum Meer zieht, der kann mit der alten Straßenbahn, Baujahr 1922, zum Fischereihafen Port de Sóller hinabfahren. Die halbkreisförmige, zum Meer hin fast geschlossene Bucht bildet hier einen kleinen Naturhafen, den schon Phönizier, Römer und Araber zu nutzen wussten. Eine hübsche Palmenpromenade und ein Fischrestaurant machen den Ort heute für Besucher attraktiv.

Ebenfalls an der Nordwestküste liegen die beiden feudalen Herrensitze des Erzherzogs Ludwig Salvator, Sohn des damaligen Großherzogs von Toskana, der im Jahr 1867 erstmalig auf Mallorca landete und sich unsterblich in die Insel verliebte. Der Erzherzog erwarb gleich mehrere Güter und widmete sich von da an der Erforschung der Natur und Kultur der Insel – eine Arbeit, die er in sieben dicken Bänden unter dem Titel »Die Balearen« veröffentlichte. Im Jahr 1872 ließ der Erzherzog auf den Grundmauern des um diese Zeit bereits im Verfall begriffenen ehemaligen **Klosters Monestir de Miramar** sein erstes Anwesen errichten. Neben den Wohnräumen Ludwig Salvators, sind der gotische Kreuzgang aus dem 13. Jh. sowie die herrlich angelegten Terrassengärten sehenswert, von denen aus man den Blick übers Meer schweifen lassen kann.

Einen Ausflug wert ist auch **Son Marroig**, eine alte Finca aus dem 18. Jh., die Ludwig Salvator zu einem kleinen Schloss umbauen und aufwendig dekorieren ließ. In den Räumen kann man Bücher, Dokumente und Zeichnungen des Erzherzogs bewundern. Einige Accessoires stammen auch von Kaiserin Sisi, die den exzentrischen Forscher hier besuchte.

Vom nahe gelegenen Marmorpavillon aus hat man einen schönen Blick.

**Großes Bild: Wuchtig und gleichzeitig filigran thront Sa Seu neben dem Königspalast in Palma de Mallorca.**

# Menorca, Ibiza, Formentera

## Talayotkultur

Die »talayots«, zylinderförmige Steintürme, die eine Höhe von bis zu 10 m erreichen können und im Inneren mit Kammern und Korridoren ausgestattet sind, finden sich an archäologischen Ausgrabungsstätten auf Mallorca und Menorca. Oft fügen sich mehrere dieser prähistorischen Steinbauten zu einer Siedlung zusammen, die in den meisten Fällen durch eine »taula«, einen »Steintisch«, ergänzt wird. Dies ist eine monumentale T-förmige Konstruktion, die vermutlich eine rituelle Funktion in der vergangenen Kultur ihrer Erbauer erfüllte (rechts). Wer diese Bauten vor Urzeiten errichtet

**Land:** Spanien
**Fläche:**
Menorca: 694 km²
Ibiza: 571 km²
Formentera: 82 km²
**Einwohner:**
Menorca: 95 000
Ibiza: 130 000
Formentera: 10 000
**Sprache:** Katalanisch, Spanisch
**Währung:** Euro
**Hauptreisezeit:** April bis Oktober
**Zeitzone:** UTC + 1

**Die vier Hauptinseln der Balearen, als eigenständiger Archipel im Herzen des Mittelmeers zwischen Afrika und Europa gelegen, sind heute beliebte Urlaubsziele. »Bállein«, das altgriechische Wort für »werfen«, prägte den Namen der Inselgruppe und verweist auf die berühmten Steinschleuderer der Balearen, die Hannibal bei seinen Feldzügen zum Erfolg verhalfen. Heute noch wird diese Fertigkeit bei traditionellen Festen vorgeführt. Die großen Kulturen des Mittelmeerraums, Phönizier, Römer und Araber, verliehen den Inseln ihre jeweils eigene Prägung.**
**Erst im 13. Jh. wurden die Balearen Teil des spanischen Königreichs. 1983 erhielten sie den Status einer unabhängigen Provinz. Und noch heute zeichnet die Bewohner der Inseln eines ganz besonders aus: Toleranz und Aufgeschlossenheit mischen sich mit der Fähigkeit zur Bewahrung eigener Kultur und Tradition. So eröffnet jede der vier Inseln dem Besucher ihr eigenes Geheimnis, und allen gemeinsam sind atemberaubende Naturlandschaften, herrliche Strände, kleine Bergdörfer, interessante architektonische Zeugnisse und – last, but not least – Tourismuszentren mit modernen Erholungs- und Unterhaltungsangeboten. Auf den Inseln wird neben inseltypischen Dialekten meist Katalanisch gesprochen.**

**Menorca** Anders als Mallorca oder Ibiza gilt die Insel als Ort der Ruhe und des gemäßigten Tourismus. Besonders Familien mit Kindern, Naturliebhaber und Kulturinteressierte finden hier, was sie suchen: großzügige Hotels, kilometerlange Sandstrände im Süden, Wandermöglichkeiten im Inselinneren und Relikte der Talayotkultur (etwa 1800–123 v. Chr.), die Menorca und Mallorca in vorrömischer Zeit prägte.
Auf Menorca (lateinisch »minor« = die Kleinere), der östlichsten und zugleich nördlichsten Insel, findet man drei deutlich voneinander unterscheidbare Regionen vor: Hügeliges Weideland mit grasenden Kühen, knorrigen Olivenbäumen und vereinzelt weiß gekalkte Bauernhäusern prägt die Inselmitte, während wild zerklüftete Schluchten und kilometerlange Sandstrände den Süden bestimmen.
Cala Galdana, inmitten eines Kiefernwäldchens gelegen, und die beiden Sandstrände **Son Bou** und **Sant Tomás** gehören zu den schönsten Bademöglichkeiten in dieser Region. Im Norden dagegen fällt die Küste steil zum Meer hin ab.
Einer der Höhepunkte Menorcas ist die Hauptstadt **Maó**, mit **Port Maó**, dem größten Naturhafen Europas. Hier befindet sich auch die Anlegestelle der Kreuzfahrtschiffe, und so ist die Stadt bequem zu Fuß erreichbar. An der rund 30 m hohen Steilküste der Südseite liegen dicht gedrängt die Häuser der **Altstadt**, nur vereinzelt überragt von den Glockentürmen ihrer Kirchen. Unmittelbar am Wasser reihen sich niedrige Fischerhäuser, die heute Restaurants und Szenebars beherbergen. Boote und Jachten schaukeln auf dem Wasser und vermitteln ein verträumtes Bild der Inselhauptstadt. Doch ist man erst einmal ins Herz des historischen Zentrums vorgedrungen, überzeugen lebhafte Einkaufsstraßen und schmale Gässchen, Straßencafés auf schattigen Plätzen sowie Museen und Galerien von der Weltoffenheit Maós. Die Stadtmauern aus dem 11. Jh. und die Befestigungsanlage **Sant Felip** an der Einfahrt zum Hafen zeugen noch von der Angst der Inselbewohner vor den Plünderungen der Korsaren. Erst mit der Annektierung Menorcas durch die Engländer im 18. Jh. erlebte die Insel eine Blütezeit. Herrschaftliche Stadtpaläste und Kirchen entstanden, Schiffswerften, Stoffmanufakturen und Schmuckfabriken verhalfen der Insel zu einer relativ autonomen Wirtschaft. Bis heute ist der britische Einfluss in Maó spürbar.
Im Zentrum der Stadt liegt die **Plaça de s'Esplanada**, idealer Ausgangspunkt für einen Streifzug durch das historische Zentrum mit seinen alten Stadthäusern, der von Maulbeerbäumen gesäumten Allee Carrer de ses Moreres, der **Kirche Santa María** und dem **Museu de Menorca**, das mit einer umfangreichen Sammlung archäologischer Fundstücke aufwartet.

**Die Dämmerung taucht den Hafen Ciutadellas in schönes Licht.**

Über die südliche Küstenstraße erreicht man das Dorf **Binibèquer Vell**, über dessen ineinander verschachtelten Fassaden sich ein spiralförmiger Kirchturm erhebt. Zwei Städtchen, die sich ihren eigenen Charme über die Jahre bewahrt haben, sind das noch immer recht britisch wirkende Es Castell und das ganz in mediterranem Weiß erstrahlende Sant Lluís, beide nur wenige Kilometer von Maó entfernt. An der äußersten Westspitze der Insel liegt Ciutadella, Menorcas einstige Hauptstadt, die mit ihren verwinkelten Altstadtgässchen zum Bummeln einlädt.

**Ibiza** Auch heute noch ist der Name Ibiza aufs engste mit der Vorstellung von exzentrischen Partygängern verknüpft, die sich heiße Inselnächte um die Ohren schlagen. Und tatsächlich befinden sich mit Privilege, Pacha und Café del Mar einige der bekanntesten Klubs Europas auf der Insel. Doch Ibiza lässt sich nicht auf seine Nightlifeszene reduzieren. Auf den knapp 600 km² Inselfläche treffen unterschiedliche Welten aufeinander: Während im bergigen Norden Ibizas Schäfer und Bauern auf den Feldern ihre Arbeit beginnen, nehmen Nachtschwärmer in Ibiza-Stadt den ersten Café ein, machen Alt- oder Neohippies in ihren Fincas erste Meditations-

hat, lässt sich nicht genau sagen. Erste Spuren menschlicher Besiedelung finden sich auf den Balearen ab der Jungsteinzeit um 7000 v. Chr. Frühe Behausungen dieser vermutlich von der französischen Mittelmeer-

küste nach Mallorca und Menorca eingewanderten Siedler waren Höhlen, die um 1800 v. Chr. durch solche Steinbauten ersetzt wurden. Erst die Besiedelung der Balearen durch die Römer führte zum Untergang dieser Kultur. Zu den bekanntesten Siedlungen zählen Capocorb Vell auf Mallorca und Torralba d'en Salort in Menorca. Fundstücke sind in den archäologischen Museen der Hauptstädte ausgestellt.

**Vom Hafen bietet sich allabendlich ein schöner Blick auf Ibizas Altstadt.**

übungen und schlafen Touristen noch selig in ihren Hotelbetten. So findet jeder seinen Platz auf der Insel. Städtisches Zentrum ist **Eivissa** (Ibiza-Stadt) mit der historischen Altstadt **Dalt Vila**, eine der wenigen Städte im Mittelmeerraum, die seit mehr als 2500 Jahren durchgängig bewohnt wird. Um das Jahr 654 v. Chr. wurde die Stadt als Ibosim, als »Stadt des Gottes Bés«, von den Phöniziern gegründet. Dank der strategisch günstigen Lage stieg Ibosim rasch zu einem der wichtigsten Handelsstützpunkte im Mittelmeerraum auf. Unter maurischer Herrschaft wurde die Festung der Oberstadt zur »Medina Yebisah« ausgebaut und mit einem dreifachen Mauerwerk umgeben, dem Vorläufer der heutigen Stadtmauer aus der Renaissance. Noch heute betritt man Dalt Vila über zwei mächtige Stadttore, um sich dann in einem System verwinkelter Treppengässchen wiederzufinden, die sich zwischen den weißen Fassaden hindurchwinden. **Sa Penya** und **La Marina**, die der Altstadt vorgelagerten ehemaligen Fischerviertel, machen im Winter einen verschlafenen Eindruck. In Hafennähe verwandeln sie sich im Sommer zu einem Zentrum des städtischen Nachtlebens und machen Eivissa als Stadt des Gottes Bés alle Ehre. Vom Hafen aus, an dem auch die Kreuzfahrtschiffe anlegen, hat man einen herrlichen Blick auf die alte Stadt.

Wer von der Stadt aus direkt ans Meer möchte, findet an der Südspitze der Insel zwei schöne lang gestreckte Strände mit feinem, weißem Sand: **Es Cavallet** und **Las Salinas**, so benannt nach den Salzsalinen, deren ursprüngliche Anlage noch auf die Phönizier zurückgeht. Als Naturreservat für zahlreiche Tier- und Pflanzenarten steht dieses Gebiet heute unter besonderem Schutz. Das ursprüngliche Ibiza offenbart sich Besuchern im Norden der Insel: Schmale Landstraßen und Wege führen durch die bäuerlich geprägte Landschaft mit Feigen- und Olivenbäumen, Reben und den von Feldsteinmauern umrahmten Äckern Ibizas. Mit den weiß gekalkten Wehrkirchen von Dörfern wie Sant Joan, Sant Mateu oder Santa Agnès und den verstreut in der Landschaft liegenden Fincas zeigt sich das Erbe der Phönizier und Araber im typischen Baustil der Insel. Santa Gertrudis, im Zentrum der Insel gelegen, ist mit seinem belebten Platz gerade in den frühen Abendstunden ein beliebter Treffpunkt.

Wer die bunte Zeit der 1960er- und 1970er-Jahre wiederaufleben lassen möchte, findet auf Ibiza mit Sicherheit Gelegenheit dazu: Strandpartys, Hippiemärkte und lauschige Bars, wie die berühmte Anita's Bar in Sant Carloes, versetzen Besucher in die Zeit der Flower-Power.

## Formentera

**Formentera** Beschaulich und ruhig gibt sich die kleinste der vier Baleareninseln, die mit ihren gerade mal 82 $km^2$ und ihrer überwiegend flachen Landschaft zu Inselerkundungen mit dem Fahrrad einlädt. Formentera ist von Ibiza aus mit dem Schiff in rund 20 min zu erreichen. Hat man die Meerenge Es Freus mit ihren vielen kleinen Inseln passiert, sieht man schon von Weitem den Leuchtturm des Hafens La Savina. Von dort aus führt eine lange Straße durch die Inselmitte am Hauptort Sant Francesc Xavier vorbei in Richtung La Mola, der mit 200 Höhenmetern höchsten Erhebung der Insel.

Der berühmte traditionelle Kunsthandwerkermarkt belebt das stille Dörfchen **El Pilar** in den Sommermonaten. Hauptattraktion Formenteras sind jedoch die kilometerlangen weißen **Sandstrände**, die von türkisblauem Wasser umspült werden und karibisches Flair vermitteln. Originelle Strandbars wie der Piratabus oder die Blue Bar und die legendäre Kneipe Fonda Pepe in Sant Ferran bilden einen stimmungsvollen Kontrast zu den Diskotheken auf Ibiza und Mallorca.

**Großes Bild: Formenteras wildromanische Küstenlandschaft ist bei Erholungsuchenden besonders beliebt.**

# Marseille, Toulon

### Sanary-sur-Mer

Viele Kreuzfahrtpassagiere starten von Toulon aus zu einem Ausflug in dieses nur wenige Kilometer westlich gelegene Küstenstädtchen (rechts). Es galt als Zufluchtsort deutschsprachiger Schriftsteller, die vor den Nazis fliehen mussten. Namhafte Literaten wie Thomas Mann, Lion Feuchtwanger oder Franz Werfel hielten sich in den 1930er-Jahren in Sanary-sur-Mer auf und machten das Städtchen über die Grenzen Frankreichs hinaus bekannt. Heute erinnert eine Gedenktafel mit 36 Namen am Office de Tourisme an die Exilanten, und ein ausgeschilderter Rundweg

**Von der Basilika Notre-Dame de la Garde – erhaben auf einem 154 m hohen Kalkfelsen als Wahrzeichen der Stadt – hat man einen fantastischen Blick auf die Hafenstadt Marseille, auf das leuchtende Häusermeer, den Vieux Port und die umliegenden Berge sowie zur linken Seite auf die Frioul-Inseln. Die Stadt wurde um 600 v. Chr. von den Phokern gegründet. Um ca. 125 v. Chr. ging das griechische Massalia an die Römer über. Von Karl von Anjou 1252 unterworfen, wurde Marseille 1481 wie die übrige Provence mit Frankreich vereinigt. Angesiedelt zwischen Okzident und Orient, ist es die älteste Stadt Frankreichs.**

**Land:** Frankreich
**Einwohner:**
Marseille: 850 000
**Sprache:** Französisch
**Währung:** Euro
**Hauptreisezeit:** April bis Oktober
**Zeitzone:** UTC + 1

### Vieux Port und Château d'If

Der alte Hafen mit seinen Jachten und Fischerbooten ist zentraler Anziehungspunkt für Besucher Marseilles. Hier landeten einst die Griechen mit Ruderschiffen, fuhren Kreuzfahrerkoggen und mit Spezereien beladene Karavellen ein.

Rings um den Hafen finden sich heute Cafés und Restaurants, in denen man Fischspezialitäten wie die legendäre Bouillabaisse probieren kann. Beim Centre Bourse liegt der **Jardin des Vestiges**, ein archäologisches Gelände, wo Befestigungen der griechischen Siedlung Massalia und Reste des römischen Hafens zu besichtigen sind. Im angrenzenden 🏛 **Musée d'Histoire de Marseille** kann man sich mit der Stadtgeschichte Marseilles vertraut machen und Fundstücke wie das Wrack eines römischen Handelsschiffs aus dem 3. Jh. bewundern.

Wenn man etwa drei Stunden Zeit hat, kann man mit einem Boot vom alten Hafen zum **Château d' If** hinüberfahren, wo sich das im 16. Jh. errichtete Staatsgefängnis befindet, das durch den Roman Alexandre Dumas' »Der Graf von Monte Christo« berühmt wurde.

**Das Panierviertel** Auf einem Hügel nördlich des alten Hafens liegt das Panierviertel mit seinen verwinkelten, steilen Gässchen und Treppchen – das älteste Viertel Marseilles, in dem einst Fischer und Matrosen lebten. Ein Teil des Panier wurde 1943 von den deutschen Besatzern in die Luft gesprengt. Heute werden viele der verfallenden Altbauten renoviert, ins Erdgeschoss ziehen schicke Geschäfte und Galerien ein, und eine neue Klientel beginnt das Kleineleuteviertel in Besitz zu nehmen: die Pariser.

Das alte Armenhospiz, die 🏛 **Vieille Charité**, von dem Marseiller Barockarchitekten Pierre Puget erbaut, wurde im Zuge der Neugestaltung zu einem Museum der mediterranen und außereuropäischen Kunst umfunktioniert und zeigt u. a. ägyptische, römische und kelto-ligurische Exponate sowie Gegenstände aus Afrika, Ozeanien und Amerika mit einer Schädelsammlung.

In dem Renaissancepalast der Maison Diamantée befindet sich das 🏛 **Musée du Vieux Marseille**, das eine Möbel- und Trachtensammlung präsentiert. Westlich davon steht das ein-

**Blick über Marseilles Viertel Le Panier mit der Kathedrale Vieille Charité (Bild oben).**

folgt ihren Spuren. Sanary-sur-Mer ist aber nicht nur ein geschichtsträchtiger, sondern auch ein bezaubernder Badeort mit viel provenzalischem Flair. In dem gleich hinter dem malerischen kleinen Hafen beginnenden historischen Ortskern bieten stilvolle Restaurants und Delikatessenläden Spezialitäten der lokalen Küche an. Von der Hafenpromenade starten Ausflugsboote nach Cassis und zu den Calanques. In der Umgebung von Sanary-sur-Mer locken einige traumhafte Badestrände. Bis heute ist das ehemalige Fischerdorf Treffpunkt der Hautevolee und im Stadtgebiet liegen zahlreiche Luxusvillen im Grünen versteckt.

zigartige **Musée de Docks Romains** – errichtet direkt über den Ausgrabungen der römischen Handelsplätze des 1. bis 3. Jh.s nachchristlichen Jahrhunderts.

**Canebière und Palais Longchamp** Die beim alten Hafen beginnende weltbekannte Canebière aus dem 17. Jh. ist die Hauptlebensader Marseilles. Sie stellt die kulturelle und soziale Grenze zwischen den Immigrantenvierteln des Nordens und den reicheren Vierteln des Südens dar und ist nach wie vor eine der prächtigsten Straßen der Stadt. Beiderseits schmücken mächtige Fassaden von Grandhotels, Banken und Geschäftshäusern sowie Prunkbauten die Straßen und noblen Querstraßen, in denen sich im 19. Jh. wohlhabende Händler ansiedelten. Zugleich ist die Canebière aber auch eine junge Modemeile mit einem **Musée de la Mode** und dem spritzigen Cours Julien, wo man Szenebars, mit Graffiti bemalte Häuserfassaden, exotische Läden, experimentelle Theater und ausgefallene Designershops aufstöbern kann.

Auf dem Marché des Capucins trifft man auf ein Ambiente zwischen Provence und Afrika: Eingewanderte und Einheimische, Reiche und Arme – in der Luft hängt ein Duft nach Minze, Oliven, getrockneten Früchten und Fisch – und gefeilscht wird wie auf dem orientalischen Souk. Das von Henri Espérandieu geschaffene **Palais Longchamp** mit seinen Kolonnaden und Wasserspeiern beherbergt das **Musée des Beaux Arts** mit Gemälden aus dem 16. bis 20. Jh. und das **Musée d'Histoire Naturelle**. Am Ende des Boulevard Longchamp kommt man zum **Musée Grobet-Labadié**, einem Patrizierhaus, wo man einen Eindruck von der großbürgerlichen Marseiller Wohnkultur des 19. Jh.s erhält.

**Südlich des Vieux Port** Mit der Pendelfähre gelangt man vom Quai du Port zum Quai de Rive Neuve auf die Südseite des Vieux Port, wo den Besucher das **Musée Cantini** erwartet, das über eine enorme Sammlung an bedeutenden und namhaften Kunstwerken des 20. Jh.s verfügt.

Von dort kommt man zur **Kathedrale Notre-Dame de la Garde**, die im 19. Jh. an der Stelle einer alten Wallfahrtskirche von Henri Espérandieu im romanisch-byzantinischen Stil ausgeführt wurde. Auf der Spitze des Glockenturms steht die vergoldete Marienfigur mit dem Kind, die Bonne Mère. Als meistbesuchte Kathedrale der Provence ist sie im Inneren übersät mit Votivtafeln.

Unweit der Kirche befindet sich die während der Revolution teilweise zerstörte, heute überwiegend spätromanische Basilique St. Victor; hier wurde 416 eines der ersten Klöster Europas von dem Mönch Johannes Cassianus begründet. Besonders interessant sind die tief in der Erde verzweigten Krypten mit römischen und frühchristlichen Katakomben, in denen sich Märtyrergräber aus dem 3. Jh. und in die Mauer eingebaute Sarkophage entdecken lassen.

**La Corniche und Unité d'Habitation** Über dem Uferboulevard der traumhaften Küstenstraße Corniche erhebt sich das Musée du Château Borély aus dem 17. Jh. mit seinem bezaubernden botanischen Garten.

Hinter den Stränden erblickt man die Cité Radieuse, ein Wohnhochhaus, das von Le Corbusier zwischen 1947 und 1952 als kleine, autarke Stadt konzipiert wurde. Der Wohnblock steht auf 17 Betonstelzenpaaren, mit acht Doppelstockwerken und 337 Wohnungen, mit Läden und Gemeinschaftseinrichtungen wie Kindergarten, Schule, Bar, Kino und Theater.

**Herrschaftlich zeigt sich die Place de la Liberté in Toulon.**

**Die rund 70 km südöstlich von Marseille gelegene Hafenstadt Toulon ist ein beliebter Endhafen für Kreuzfahrten im westlichen Mittelmeer und wird als Ausgangspunkt für Ausflüge in die Provence genutzt.**

**In Toulon befindet sich der Hauptstützpunkt der französischen Marine. Die meisten Cruiseliner legen daher im Hafen von La Seyne-sur-Mer an, einem Vorort im Westen der Bucht von Toulon. Er ist durch einen Shuttle-Service und Fähren mit dem Stadtzentrum verbunden.**

Toulons Reize erschließen sich nicht unmittelbar. Die Stadt ist nach wie vor industriell geprägt und lebt vom Schiffsbau sowie von dem großen Militärhafen. Als bedeutender Stützpunkt der französischen Marine, der 1942 der Wehrmacht in die Hände fiel, war Toulon sowohl alliierten Bombenangriffen als auch der Zerstörungswut der deutschen Besatzer, die vor ihrem Rückzug 1944 die Hafenanlagen und die Zitadelle in die Luft sprengten, ausgesetzt.

Das Stadtbild wird daher von gesichtslosen Zweckbauten geprägt. Dennoch gibt es in Toulon einiges zu entdecken. Das **Musée National de la Marine** am Jachthafen Darse Vieille etwa informiert mit einer umfangreichen Ausstellung über die Geschichte der französischen Marine. Die hinter der Marina beginnende malerische **Altstadt** wurde nach dem Krieg zumindest in Teilen wieder aufgebaut und präsentiert sich heute als lebendiges und geschäftiges Einkaufsviertel. Auch an der Uferpromenade der Darse Vieille finden sich zahlreiche Restaurants, Bars und attraktive Geschäfte.

Im Norden der Stadt liegt Toulons Hausberg, der 542 m hohe **Mont Faron**.

Auf seinem Gipfel, der mit einer Kabinenseilbahn oder über eine Panoramastraße erreicht werden kann, lockt das **Musée Mémorial du Débarquement en Provence** mit einer Ausstellung zur Landung der Alliierten und einem fantastischen Ausblick über Toulon, die Hafenbucht und das offene Meer.

Neben Toulon sind nicht nur das provenzalische Hinterland und die mondänen **Badeorte** an der Küste, sondern auch die 8 km weiter westlich gelegenen Gorges d'Ollioules, ein Canyon, lohnende Ausflugsziele.

**Land:** Frankreich
**Einwohner:**
Toulon: 165 000
**Sprache:** Französisch
**Währung:** Euro
**Hauptreisezeit:** April bis Oktober
**Zeitzone:** UTC + 1

Der Vieux Port von Marseille wird bereits seit mehr als 2500 Jahren als Ankerplatz genutzt (unten).

Vom Hafen aus schweift der Blick auf den Hügel, den die Kathedrale Notre-Dame de la Garde bekrönt – auch »La Bonne Mère«, zu Deutsch »Gute Mutter« genannt; sie wacht über der Hafenstadt (links).

# Saint-Tropez, Cannes

## Glitzer und Glamour: Die Côte d'Azur

»Blaue Küste« nennen die Franzosen die größtenteils felsige Küstenlandschaft zwischen dem Massif de l'Estérel und den Seealpen. Aber natürlich ist Côte d'Azur nicht nur ein geografischer Begriff. Vielmehr verbinden sich damit verschiedene Assoziationen: Glitzer und Glamour, Stars und Sternchen, Strand- und Nachtleben, Traumschiffe in den Häfen und Villen über dem Meer. Tatsächlich hat sich nach den ersten Filmfestspielen von Cannes 1946 sukzessive der internationale Jetset dieser Traumlandschaft be-

**Land:** Frankreich
**Einwohner:**
Saint-Tropez: 5000
Cannes: 75 000
**Sprache:** Französisch
**Währung:** Euro
**Hauptreisezeit:** April bis Oktober
**Zeitzone:** UTC + 1

**Die französische Mittelmeerküste zwischen Cassis östlich von Marseille und Menton an der italienischen Grenze verdankt ihren klingenden Namen einem Buch, das 1887 unter Titel »La Côte d'Azur« erschien. Im angelsächsischen Sprachraum ist der Küstenstrich als »French Riviera« bekannt. Seit ihrer Entdeckung durch englische Adelige im 19. Jh. gilt die Côte d'Azur als Refugium der High Society. Obwohl sie infolge der Entwicklung des Massentourismus viel von ihrem alten Glanz verloren hat, zählt sie immer noch zu den exklusivsten und teuersten Urlaubsregionen der Welt.**

**Saint-Tropez** Seit Roger Vadim hier 1956 den Film »Und ewig lockt das Weib« mit Brigitte Bardot in der Hauptrolle drehte, hat sich das einstmals verträumte Fischerdorf zu einem mondänen Badeort entwickelt. Saint-Tropez ist als Tummelplatz der Reichen und Schönen weltweit ein Begriff. Wie kein anderer Ort an der Côte d'Azur verkörpert er für uns den Traum vom »süßen Leben«. Den Sommer über liegen in der Marina die Luxusjachten dicht an dicht. Die sündhaft teuren Bars und Klubs sind gut besucht, die Altstadtgassen voll von Tagesausflüglern. Und trotz des Hypes ist Saint-Tropez ein malerischer kleiner Küstenort geblieben.

Die Stadt liegt im Süden einer weiten, tief ins Land einschneidenden Bucht und ist von traumhaften **Badestränden** umgeben. Der historisch gewachsene Ortskern mit den ockerfarbenen Häusern präsentiert sich als herausgeputztes provenzalisches Dorf, das die Sonne beständig in ein magisches Licht taucht.

Lange vor dem großen Hype ließen sich Maler wie Signac, Seurat, Bonnard oder Matisse von dem Charme des Städtchens inspirieren. Einige ihrer großartigen Werke sind heute im **Musée de L'Annonciade** ausgestellt. Die Kreuzfahrtschiffe ankern vor dem neuen Hafen und bringen die Passagiere mit Tenderbooten an Land. Glamour und Magie Saint-Tropez' sind bei einem Bummel durch die engen Gassen der Altstadt zur Zitadelle hinauf allenthalben spürbar. Der Weg wird von edlen Designerläden, Luxusboutiquen und Nobelrestaurants gesäumt. Auf der Festung aus dem 16. Jh. wartet ein traumhafter Blick über den Golfe de Saint-Tropez. Die berühmtesten Badestrände von Saint-Tropez – allen voran die **Plage de Pampelonne** – liegen nicht in der Bucht, sondern erstrecken sich weiter südlich am offenen Meer. Nur wenige Strandabschnitte sind frei zugänglich, die meisten befinden sich in Privatbesitz. Westlich von Saint-Tropez lockt die **Plage de la Bouillabaisse**, im Osten die **Baie des Cannebiers**. Ein Ausflug in das mittelalterliche Weindorf **Ramatuelle** führt in eine interessante uralte Kulturlandschaft.

**Cannes** Der am Golf de la Napoule gelegene Küstenort zählt zu den traditionsreichsten Seebädern der Côte d'Azur. Im Gefolge des englischen Schatzkanzlers Lord Brougham, der das verschlafene Fischerdorf 1834 für sich entdeckte und zu seiner Winterresidenz erkor, zog es bereits während des 19. Jh.s die europäische Aristokratie hierher. 1868 wurde die **Croisette**, die berühmte Uferprome-

mächtigt. So wurden aus Fischerdörfern wie Saint-Tropez (rechts) rasch exklusive Ferienorte. Das charmante Antibes lässt heute noch erahnen, wie es einmal war. Ganz zurückgezogen haben sich die Reichen

und Schönen noch nicht von der »Côte«, aber die Situation hat sich normalisiert. Nun wird von den Reisenden das reizvolle gebirgige Hinterland mit der üppigen Vegetation und den idyllischen Dörfern entdeckt.

nade, angelegt und zu einer palmengesäumten, eleganten Flaniermeile ausgebaut. In den legendären Grandhotels, die entlang des Prachtboulevards entstanden, logierten Europas Eliten. Cannes wurde zum exklusivsten, nobelsten und luxuriösten Badeort des ganzen Kontinents. Heute sonnt sich die Stadt vor allen Dingen im Glanz des internationalen Filmfestivals, das hier seit 1946 alljährlich im Mai stattfindet und die Croisette in einen Catwalk für die Größen des Filmgeschäfts verwandelt.

Die meisten Kreuzfahrtschiffe ankern vor dem alten Hafen von Cannes, und die Passagiere werden mit Tenderbooten an Land gebracht. Die Sehenswürdigkeiten können vom Cruiseterminal aus in wenigen Gehminuten erreicht werden. Die Croisette beginnt gleich hinter dem Hafen direkt am **Palais des Festivals et des Congrès** und führt über 2 km Richtung Osten zur Place de la Croisette mit dem **Casino Palm Beach**. Obwohl von den luxuriösen Belle-Époque-Hotels, die die Flaniermeile einst säumten, nur das **Carlton** erhalten ist: Die Croisette ist eine Hauptattraktion der Stadt und ihr Aushängeschild. Auf der einen Seite locken exquisite Cafés, Bars und Bistros, auf der anderen Seite der Strand und das Meer. Natürlich ist auch der Schauplatz der Filmfestspiele, das Palais des Festivals et des Congrès, ein Anziehungspunkt. An der Allée des Étoiles haben mittlerweile mehr als 400 internationale Filmstars einen Händeabdruck im Zement hinterlassen.

Auf der anderen Seite des Hafens beginnt das alte Cannes. Zwei malerische enge Gassen winden sich den Hügel zu einer **Festung** mit dem Tour du Suquet hinauf. Der **Wachturm** gewährt einen herrlichen Blick über das Meer; das **Musée de la Castre** zeigt die Werke einheimischer Künstler.

**Mondän liegen die Jachten im alten Hafen von Cannes.**

**Beschaulich wirkt der Fischerhafen von Saint-Tropez am Abend (großes Bild).**

# Nizza

## Antibes und Pablo Picasso

Für alle, die ein wenig Zeit mitbringen, bietet sich von Nizza aus ein Abstecher nach Antibes an. Antibes geht auf die griechische Gründung Antipolis zurück. Der Ort (rechts) wurde im Laufe seiner Geschichte befestigt, und der französische Festungsbauer Vauban legte den Hafen und das Fort Carrée an. Das Stadtbild prägen die mittelalterlichen Türme und das schöne Grimaldi-Schloss. Der alte Wachturm der Stadt dient der Église de l'Immaculée Conception als Glockenturm. Das Château Grimaldi (12. Jh.) war mehrere Jahrhunderte, von

Land: Frankreich
Einwohner: 340 000
Sprache: Französisch
Währung: Euro
Hauptreisezeit: April bis Oktober
Zeitzone: UTC + 1

**Die einzige Großstadt an der Côte d'Azur wartet mit einem vielfältigen kulturellen Erbe auf. Obwohl die Metropole seit 1860 endgültig zu Frankreich gehört, wirkt die Herrschaft des italienischen Hauses Savoyen, das sich über Jahrhunderte mit den Franzosen um den Besitz der Grafschaft Nizza stritt, bis heute nach. Die Italiener haben nicht nur in der Architektur, sondern auch in der Alltagskultur reiche Spuren hinterlassen. Im historischen Zentrum ähnelt Nizza vielerorts mehr einer italienischen Kleinstadt als einem mondänen französischen Badeort.**

Die großen Cruiseliner gehen in dem nur wenige Kilometer östlich der Stadt gelegenen Kreuzfahrthafen von Villefranche-sur-Mer vor Anker, nur kleine Schiffe können am Quai du Commerce im Port Lympia, Nizzas historischem Hafen, anlegen. Die sehenswerte Altstadt kann von hier aus mit einem Bus, Taxi oder aber auf einem etwa halbstündigen Spaziergang erreicht werden.
Zwischen dem historischen Zentrum und Port Lympia ragt die **Colline du Château** 92 m empor. Obwohl von dem Schloss, dem der Hügel seinen Namen verdankt, wenig mehr als einige Grundmauern übrig sind, lohnt ein Aufstieg. Der Weg führt durch eine mediterrane Gartenlandschaft zu einer Aussichtsterrasse, von der aus man den Blick über die Dächer von Nizza, den Hafen und das Meer schweifen lassen kann.

Die **Altstadt** selbst präsentiert sich als äußerst lebendiges Viertel, das nicht nur mit zahlreichen barocken Bauten, sondern auch mit einer bunten Gastronomieszene und vielfältigen Einkaufsmöglichkeiten aufwartet. In den malerischen Gas-

1385 bis 1608, Sitz der Grimaldi aus Monaco. Die Stadt überließ Pablo Picasso dort im Herbst 1946 einige Räume als Atelier. Hier verarbeitete der Künstler das Ende des Krieges als Befreiung vom Bösen der Zivilisation.

In kurzer Zeit entstanden etwa 150 Werke, die er als Dank für die Gastfreundschaft dem Museum Antibes – dem heutigen Musée Picasso – überließ. Die Dauerausstellung umfasst auch einige Skulpturen.

sen des Quartiers locken unzählige kleine Läden, Marktstände und Restaurants mit kulinarischen Köstlichkeiten. Das Herz der Altstadt schlägt am **Cours Saleya**, einem lang gestreckten Platz, auf dem täglich, außer montags, ein Blumenmarkt stattfindet. Im Süden wird der Cours Saleya von einer Reihe von Flachdachhäusern gesäumt, in die mittlerweile nette, kleine Restaurants, Boutiquen und Galerien eingezogen sind. Die Nordseite wird von der prachtvollen **Chapelle de la Miséricorde** beherrscht. Am südwestlichen Ende der Altstadt beginnt die berühmte Promenade des Anglais – bis heute das unbestrittene Wahrzeichen der Stadt. Ihr Name erinnert an die reichen englischen Kurgäste, die im Jahr 1824 an der Stelle der heutigen Prachtstraße in eigenem Interesse einen nur 2 m breiten Gehweg anlegen ließen; die Stadt förderte das Projekt. Heute führt die Promenade des Anglais insgesamt über 6 km die Küste entlang und ist eine viel befahrene Autostraße. Trotz des hohen Verkehrsaufkommens ist sie eine beliebte Touristenattraktion. Direkt hinter den Stadtstränden lädt ein breiter, von Palmen gesäumter Fußgängerstreifen zum Flanieren ein. Architektonische Höhepunkte an der Promenade des Anglais sind das denkmalgeschützte **Hotel Negresco**, dessen auffallende Kuppel Gustave Eiffel entworfen hat, sowie die Art-déco-Fassade des **Palais de la Méditerranée**, das aufwendig saniert wurde und heute ein Luxushotel beherbergt.

Unter Nizzas sehenswerten Kunstmuseen ragt das **Musée Matisse** besonders hervor. Es residiert in einem genuesischen Palast aus dem 17. Jh. im Ortsteil **Cimiez** und ist für seine Sammlung von Skulpturen des Malers Henri Matisse bekannt. Matisse lebte von 1916 bis zu seinem Tod 1954 in Nizza. In Cimiez befinden sich auch das Archäologische Museum sowie die antike Ruinenstätte einer römischen Arena.

**Bild oben: Imposant und herrschaftlich präsentiert sich das Hotel Negresco an der Promenade des Anglais.**

# Monaco, Monte Carlo

## Die Spielbank

Ein Besuch des berühmten Spielkasinos von Monte Carlo gehört zum Pflichtprogramm eines jeden Monaco-Besuchs. Diese mittlerweile fast 150 Jahre alte Institution (rechts) hat nicht unwesentlich dazu beigetragen, dass Monaco als Refugium der Reichen und Schönen in aller Welt bekannt ist. Einst war das Kasino der »besseren Gesellschaft« vorbehalten. Die europäische Aristokratie und der amerikanische Geldadel spielten hier um Millionen. Heute steht es prinzipiell jedermann offen – allerdings sind für die Herren ein Anzug nebst Krawatte Pflicht. Die Spielbank wird

**Land:** Monaco
**Einwohner:** 33 000
**Sprache:** Französisch
**Währung:** Euro
**Hauptreisezeit:** April bis Oktober
**Zeitzone:** UTC + 1

**Mit einer Fläche von nur 2 km² und einer Einwohnerzahl von 33 000 ist Monaco der nach dem Vatikanstaat kleinste Staat der Erde und zugleich der am dichtesten besiedelte. Das Pro-Kopf-Einkommen im Jahr beträgt mehr als 60 000 Euro. Da es keine Steuerpflicht gibt, hat sich Monaco zu einem Paradies für Leute entwickelt, die dem Fiskus entkommen wollen. Nirgendwo sonst auf der Welt leben so viele Millionäre auf so engem Raum.**

Monaco zieht nicht nur Steuerflüchtlinge, sondern auch Touristen aus aller Welt magisch an. Seine Attraktivität verdankt der Zwergstaat allerdings nicht nur seiner reizvollen Lage an einer der schönsten Küsten der Welt, sondern seinem Ruf, glamouröser Tummelplatz der »oberen Zehntausend« zu sein – und der in der Öffentlichkeit sehr präsenten, skandalumwitterten Fürstenfamilie. Die Cruiseliner legen an der neuen Kreuzfahrtpier im **Port de Monaco** an. Obwohl die wichtigen Sehenswürdigkeiten dicht beieinanderliegen, erfordert die Stadterkundung eine gute Kondition, denn Monaco ist an Steilhänge gebaut.

Das malerische, von mittelalterlichen Gassen durchzogene historische Zentrum erstreckt sich über einen 60 m hohen Felsen im Süden der Hafenbucht. Hier befindet sich auch das **Palais Princier**, die Residenz des Fürsten. Große Teile der heute sichtbaren Palastanlage stammen aus dem 16. Jh., ihre Anfänge gehen auf das 13. Jh. zurück. Die Prunkräume sind der Öffentlichkeit zugänglich gemacht worden und können besichtigt werden. Vor dem Hauptportal findet jeden Tag um 11.55 Uhr eine Wachablösung statt. Ein Stück weiter südlich des Palastes lockt das 1910 von Fürst Albert I. eingeweihte **Ozeanografische Museum** nicht nur mit mehreren Aquarien, sondern auch mit Filmen von Jacques Cousteau. Gegenüber ragen die im Sonnenlicht glitzernden Hochhäuser von Monte Carlo in den Himmel empor. Hauptattraktion ist natürlich die prachtvolle **Place de Casino** mit der weltberühmten Spielbank und dem altehrwürdigen Hôtel de Paris – eine der teuersten und exklusivsten Herbergen Europas.

**Die Luxusjachten liegen im Hafen von Monaco.**

**In Monaco drängen sich luxuriöse Boote und mondäne Behausungen (rechts).**

von der 1863 gegründeten Société des Bains de Mer betrieben. Seit 1878 residiert sie in dem prunkvollen Belle-Époque-Palast an der Place de Casino, der von Charles Garnier, dem Erbauer der alten Pariser Oper,

entworfen wurde. In der Salle Garnier des Kasinogebäudes residiert auch die Opéra de Monaco, das insbesondere im Rahmen des Monte Carlo Opernfestivals und glanzvollen Inszenierungen auf sich aufmerksam macht.

# Korsika

## UNESCO-Weltnaturerbe: Golf von Porto

Seit dem Jahr 2006 lautet die offizielle Bezeichnung »Golf von Porto: Calanche von Piana (rechts), Golf von Girolata, Scandola-Reservat«. Damit ist auch der Umfang des geschützten Gebiets mit den namengebenden Buchten und Halbinseln erfasst. Das Areal wurde nicht nur für seine landschaftliche Schönheit ausgezeichnet, sondern auch für seine Fauna und Flora sowie für die traditionelle Land- und Weidewirtschaft seiner Bewohner. Das Naturreservat ist Teil eines größeren Regionalparks von Korsika. Viele

**Land:** Frankreich
**Fläche:** 8680 km²
**Einwohner:** 300 000
**Sprache:** Französisch
**Währung:** Euro
**Hauptreisezeit:** April bis Oktober
**Zeitzone:** UTC + 1

**Bonifacios Hafen wird von der Bastion de l'Étendard dominiert.**

**Die »Île de la Beauté«, wie Korsika auch genannt wird, präsentiert sich vielerorts noch als ein Stück wilde, unberührte Natur. Die Insel wird von Nordwesten nach Südosten von einer bis über 2000 m ansteigenden Gebirgskette durchzogen. Im Westen fällt sie steil zum Meer hin ab, im Osten geht sie in eine Hügellandschaft über. Tiefe Täler und Schluchten zerschneiden das Inselinnere. In höheren Lagen sind noch immer große Flächen mit Wald bedeckt, in den niederen Lagen ist die Luft vom Duft der Macchia erfüllt. An den stark zerklüfteten Küsten wechseln bizarre Felsformationen mit traumhaften Badestränden ab. Die in den Bergen versteckt liegenden Dörfer und malerischen Fischerorte verleihen Korsika einen eigenen Reiz.**
**Die Insel gehört erst seit 1768 zu Frankreich. Davor wurde sie 500 Jahre lang von der Seerepublik Genua beherrscht. In den Hafenstädten erinnern heute noch mächtige Zitadellen daran.**

**Bastia** Die an der Nordostküste gelegene, zweitgrößte Stadt Korsikas wird auf einer Kreuzfahrt als Ausgangspunkt für Ausflüge zum **Cap Corse** genutzt. Die 10 km schmale und 40 km weit ins Meer ragende Halbinsel präsentiert sich als Bilderbuch-Korsika. Sie wird von Norden nach Süden von einer bis auf 1300 m ansteigenden und an der Westküste steil zum Meer abfallenden Gebirgskette durchzogen. Weite Teile sind mit Macchia bedeckt. In den Tälern und an den Hängen liegen Bergdörfer versteckt. Bekannt ist der reizvolle, auf einem 200 m hohen Felsen an der Westküste errichtete Ort **Nonza**, der sich zu einer Touristenattraktion entwickelt hat. Wie vielerorts auf der Halbinsel ragt hier ein Genueser Wachturm empor. Eine Fahrt über die Panoramastraße entlang der zerklüfteten Küste nimmt einen Tag in Anspruch.
Bastia, das wirtschaftliche Zentrum Korsikas, ist eine geschäftige, dynamische und moderne Metropole. Hinter dem großen Handelshafen liegt die **Place St.-Nicolas**, einer der weitläufigsten Plätze Frankreichs und dank vieler einladender Straßenlokale ein beliebter Treffpunkt. Das historische Bastia kann von hier aus auf einem Spaziergang erreicht werden. Am malerischen alten Hafen, der heute von Jachten genutzt wird, erstreckt sich **Terra Vecchia**, der älteste Teil der Stadt. Der **Église St.-Jean-Baptiste** mit ihren Wandgemälden kann man hier einen Besuch abstatten. Im Süden wird der alte Hafen von dem an einem Hang erbauten Altstadtviertel **Terra Nova** überragt. Hier lockt die **Zitadelle** von Bastia mit einer fantastischen Aussicht über die Küste und Cap Corse. Die Häuser von Terra Nova wurden ebenso wie die Festung zwischen 1480 und 1520 errichtet und liebevoll restauriert. In dem 1530 erbauten **Gouverneurspalast** residierten einst die Statthalter Genuas auf Korsika. Heute ist in ihm ein ethnografisches Museum untergebracht. Am westlichen Ende von Cap Corse liegt der mondäne Badeort **St.-Florent**, der mit traumhaften Stränden lockt.

**Bonifacio** Eine Schiffsreise zu dieser an der Südspitze Korsikas gelegenen Stadt ist zu empfehlen. Von der Seeseite aus ist die Sicht auf Bonifacio, das nicht zuletzt dank seiner atemberaubenden Lage oft als schönste Stadt Korsikas gerühmt wird, wahrhaft spektakulär. Der Ort thront auf einem steil zur Küste abfallenden Kalksteinplateau 70 m über dem Meer. Der Hafen liegt auf der anderen Seite der Felsklip-

Seevogelarten wie Möwen, Kormorane und die selten gewordenen Seeadler finden hier ein ideales Nist- und Brutgebiet. Große Teile der recht felsigen Halbinsel La Girolata werden von naturbelassenen

Wäldern bedeckt. Hier sind die für den Mittelmeerraum typischen Macchien noch großflächig anzutreffen. Dichte Eukalyptuswälder säumen die schönen, feinsandigen Strände der mediterranen Insel.

**Der Löwenbrunnen mit der Napoleon-Statue in Ajaccios Altstadt.**

pen in einer tief ins Land einschneidenden, aber nur schmalen, fjordartigen Bucht, dem **Goulet de Bonifacio**. Seit jeher gelangen Schiffsreisende über die Montée Rastello und die Montée St.-Roch in die Oberstadt auf dem Plateau. Die Altstadt Bonifacios wird von engen malerischen Gassen und steilen Treppen durchzogen, und die mittelalterlichen Häuser verleihen ihr einen leicht morbiden Charme.

Von vielen Punkten eröffnen sich grandiose Aussichten auf die Küste und das Meer. Nicht versäumen sollte man eine Besichtigung der **Bastion de l'Étendard** – ein Teil der Befestigungsanlagen, in dem heute ein Museum zur Stadtgeschichte untergebracht ist.

Auch die **Église Ste.-Marie-Majeure**, die aus dem 14. Jh. stammt und mehrmals umgebaut wurde, ist sehenswert. Der **Escalier du Roi d'Aragon** eine 187-stufige Treppe, die in den Fels gehauen wurde, führt direkt ans Meer. An der Kreidefelsküste östlich von Bonifacio finden sich einige zauberhafte Buchten mit schönen **Badestränden**. Von der Chapelle St.-Roch führt die Promenade des Falaises entlang der Küste zu dem nur 5 km östlich von Bonifacio gelegenen **Capo Pertusato**, dem südlichsten Punkt Korsikas. An dieser Stelle ist die Nordspitze Sardiniens, in Sichtweite, nur 12 km weit entfernt.

## Ajaccio

**Ajaccio** Die an dem nach ihr benannten Golf im Inselwesten gelegene Hauptstadt Korsikas ist ein beliebtes Ziel von Kreuzfahrten im westlichen Mittelmeer. Die Schiffsanlegestelle liegt nur wenige Gehminuten vom Stadtzentrum entfernt. Die Stadt zeigt sich elegant, weltoffen und mit mediterranem Flair. Großzügig angelegte Boulevards, die von mondänen Restaurants und Cafés gesäumt werden, wechseln ab mit engen Gassen, in denen urige Lokale versteckt liegen. Die Anfänge Ajaccios reichen bis zu den Römern zurück. Das moderne Ajaccio wurde erst um 1500 von Genuesern gegründet. Der Name der Stadt ist eng mit Napoleon Bonaparte verbunden, der 1769 hier geboren wurde. Zahlreiche Straßennamen und Denkmäler erinnern an den Korsen, sein Geburtshaus wurde in ein Museum verwandelt, im Rathaus werden sein Geburtsschein und die Totenmaske aufbewahrt. In der **Cathédrale Notre-Dame-de-la-Miséricorde**, einem zwischen 1587 und 1593 errichteten Renaissancebau, wurde Napoleon getauft.

Mit dem **Museum Fesch** verfügt Ajaccio über eine der bedeutendsten Sammlungen von Werken italienischer Meister vom 14. bis zum 18. Jh.

Von Ajaccio starten Busse ins macchiabewachsene Landesinnere zu dem **Schildkrötenpark** »A cupulatta« mit 130 Schildkrötenarten oder zu den wilden Schluchten der **Vallée du Prunelli**. Ganz im Norden des Golfs von Ajaccio lockt auf einer ins Meer ragenden Landzunge die **Pointe de la Parata** mit Ausblicken auf das Meer und die Îles Sanguinaires, ein Rückzugsgebiet für Seevögel.

## Calvi

**Calvi** Die kleine Stadt an der Nordwestküste Korsikas zählt zu den beliebtesten Ferienorten Korsikas. Die traumhaften **Badestrände**, die sich vor der Kulisse sanft ansteigender Gebirgszüge die Küste des Golfe de Calvi entlangziehen, und das tiefblaue Meer locken alljährlich viele Urlauber an. An der eleganten Uferpromenade des Jachthafens herrscht im Sommer bis tief in die Nacht bunter Trubel. Hauptattraktion Calvis ist natürlich die **Zitadelle**, die – ausgestattet mit mächtigen Bastionen – auf einem ins Meer ragenden Felsen im 15. Jh. von den Genuesern errichtet wurde. Direkt unterhalb der Zitadelle gehen die Kreuzfahrtpassagiere vor Anker. Sehenswerte Gebäude auf der Zitadelle sind die **Cathédrale St.-Jean-Baptiste** und der aus dem 13. Jh. stammende und im 16. Jh. erweiterte Gouverneurspalast, der heute eine Offiziersmesse der französischen Fremdenlegion beherbergt. Zwischen Calvi und dem nördlich gelegenen Hafenstädtchen L'Île Rousse fährt die Tramway de la Balagne, ein Teil der korsischen Schmalspurbahn, die Küste entlang und macht dabei an vielen schönen **Badestränden** Station.

**Große Bilder, von links: Blick über den Hafen von Bastia; Calvi schmiegt sich idyllisch an die Hänge der Bucht.**

# Genua

Land: Italien
Einwohner: 610 000
Sprache: Italienisch
Währung: Euro
Hauptreisezeit: April bis Oktober
Zeitzone: UTC + 1

**Der Cruiseterminal Stazione Marittima in Genua zählt zu den wichtigsten am Mittelmeer. Hier starten und enden viele Kreuzfahrten. Nach Jahren der Vernachlässigung wurde das historische Zentrum der ligurischen Kapitale im Zuge ihrer Kür zur europäischen Kulturhauptstadt 2004 aufwendig restauriert. Eine Stippvisite lohnt sich.**

Genua war für Jahrhunderte bis zur Besetzung Oberitaliens durch Napoleon eine unabhängige Adelsrepublik und im Mittelalter gar Rivalin Venedigs im Kampf um die Vorherrschaft im Mittelmeerhandel. Nach der Gründung des Banco di San Giorgio durch einige Genueser Patrizierfamilien im Jahr 1407 stieg die Geburtsstadt von Christoph Kolumbus zu einem der bedeutendsten Finanziers europäischer Könige und zur wohlhabendsten Metropole des Kontinents auf. Bis heute künden die **Palazzi dei Rolli** der Strade Nuove, wie die Prachtstraßen Via Garibaldi, Via Balbi und Via Cairoli genannt werden, von dem immensen Reichtum, den Genueser Kaufleute im 16. und 17. Jh. anhäuften. Seit 2006 steht das Ensemble prunkvoller Renaissance- und Barockpaläste auf der UNESCO-Welterbeliste. Im **Palazzo Bianco** ist ebenso wie im **Palazzo Rosso** eine kostbare Sammlung italienischer und flämischer Meister untergebracht.
Genuas pittoreske **Altstadt** erstreckt sich zwischen dem alten Hafen und den Strade Nuove. Dank einer umfassenden Sanierung wirkt sie heute sehr gepflegt. Genuas alter Hafen, der **Porto Antico,** wurde bereits 1992 im Zuge der Kolumbus-Feiern rundum erneuert. Heute ist das Quartier ein beliebtes Ausgehviertel und eine touristische Hauptattraktion. Die restaurierten Lagerhäuser am **Molo Vecchio** und die hypermodernen Bauten des italienischen Stararchitekten Renzo Piano bilden einen reizvollen Gegensatz. Auch die Galeone »Neptune«, ein viel fotografiertes altes Segelschiff, und das riesige Aquarium locken viele Touristen an. Der Cruiseterminal befindet sich in Sichtweite des Porto Antico. Genuas Sehenswürdigkeiten können von hier mit dem Taxi erreicht werden.

**Im Porto Antico kann man den Tag ausklingen lassen.**

**Das Wahrzeichen von Genua ist seit der 500-Jahr-Feier der Entdeckung Amerikas der fächerartige »Bigo«, eine Art Ladekran, mit Panorama-Aufzug.**

## Savona

Die rund 50 km westlich von Genua gelegene Stadt Savona ist Heimathafen der größten europäischen Cruiseline Costa Crociere und Ziel- bzw. Endpunkt vieler Mittelmeerkreuzfahrten (rechts). Der 2003 eingeweihte luxuriös ausgestattete, hypermoderne Cruiseterminal Palacrociere Savona bietet seinen Gästen allen Komfort. Er befindet sich nur wenige Hundert Meter vom Stadtzentrum entfernt. Obwohl Savona eine auf den ersten Blick wenig reizvolle Industriestadt ist und überdies während des Zweiten Weltkriegs stark zerstört wurde, lohnt sich eine Stadtbesichtigung. Das

kleine historische Zentrum wartet mit Zeugnissen einer wechselvollen Geschichte auf. Während des Mittelalters bis zur Eroberung und Zerstörung durch die Seerepublik Genua 1528 war Savona ein unabhängiger Stadtstaat und eine bedeutende Handelsmacht im Mittelmeerraum. Im mittelalterlichen Ortskern erinnern einige Renaissancepaläste und Baudenkmäler wie die im 12. Jh. als Teil der Stadtbefestigung errichtete Torre del Brandale, das Wahrzeichen der Stadt, an diese Zeit. Die südlich der Altstadt über dem Meer aufragende Fortezza del Priamàr hingegen gilt als Zeichen des Niedergangs Savonas während der Genueser Herrschaft.

# Portofino, Porto Venere, La Spezia

## Cinque Terre

Seit seiner Anbindung an das italienische Straßennetz in den 1970er-Jahren hat sich dieser über 12 km zwischen dem Capo di Montenero und Punta Mesco hinziehende Küstenstrich zu einem der beliebtesten Reiseziele Italiens entwickelt. Die einzigartige Kulturlandschaft der Cinque Terre zieht nicht mehr nur Wanderer, sondern auch Tagesausflügler an. In den Sommermonaten finden sich in den fünf berühmten Ortschaften des Gebiets Urlauber aus aller Welt ein: Monterosso, Vernazza, Corniglia, Manarola (rechts) und Riomaggiore gelten als Bilderbuchdörfer schlechthin. Die Be-

**Land:** Italien
**Einwohner:**
Portofino: 500
Porto Venere: 4000
La Spezia: 95 000
**Sprache:** Italienisch
**Währung:** Euro
**Hauptreisezeit:** April bis Oktober
**Zeitzone:** UTC + 1

**Die Kreuzfahrthäfen an der Riviera di Levante, wie die ligurische Küste östlich von Genua auch gern genannt wird, präsentieren sich als historisch gewachsene, malerische kleine Orte; mit nur einer Ausnahme, nämlich La Spezia.**
**Obwohl Portofino und Porto Venere längst zu den mondänsten italienischen Seebädern zählen, konnten sie ihren dörflichen Charme konservieren. Nach wie vor schaukeln farbenfrohe Fischerboote in den pittoresken, kleinen Häfen und verbinden sich mit den in hübschen Pastelltönen gestrichenen, mittelalterlichen Häusern entlang der Kais zu einem verführerischen Idyll. Dies und die überaus reizvolle, stark zerklüftete Küste, die von steil zum Meer abfallenden Gebirgszügen geprägt wird, haben aus der Riviera di Levante ein angesagtes Kreuzfahrtgebiet gemacht.**

**Portofino** Der rund 40 km östlich von Genua an einer geschützten Bucht gelegene und der nur 500 Einwohner zählende Ort präsentiert sich als italienisches Bilderbuchdorf. Der malerische kleine Hafen ist von urigen, in warmen Pastelltönen leuchtenden Häusern umgeben und wird von dicht bewaldeten Felshängen überragt. Eine Ansicht darf in keinem Italienreise-Katalog fehlen. Seit Hollywood-Stars wie Errol Flynn oder Humphrey Bogart die Idylle für sich entdeckten, hat sich Portofino zu einem mondänen Ferienort entwickelt. Das einstige Fischernest ist ganz auf wohlhabende Urlauber eingestellt. In den Sommermonaten wimmelt es von Luxusjachten, an den Kais haben exklusive Restaurants ihre Tische aufgestellt, und in den Auslagen der Geschäfte findet sich alles, was gut und teuer ist. Die Kreuzfahrtschiffe gehen in der Hafenbucht vor Anker und bringen die Passagiere mit Tenderbooten an Land. Auch abseits der Hafenpromenade gibt es in und um Portofino einiges zu entdecken.

Vom Hafen aus führt ein Wanderweg zu der **Kirche San Giorgio** und dem **Castello Brown**, die die Bucht im Süden überragen. Von hier öffnet sich ein fantastischer Ausblick über den Hafen und das Meer. Portofino liegt an der Südspitze der gleichnamigen Halbinsel, die als **Parco Naturale Regionale di Portofino** ausgewiesen ist. Von Portofino aus führt ein Wanderweg durch das Gebiet zum sehenswerten **Kloster San Fruttuoso** an der Ostküste. Die Strecke kann in zwei bis drei Stunden bewältigt werden und lohnt nicht nur wegen der Ausblicke auf die steil abfallende Küste. Das Kloster selbst ist dank seiner einmaligen Lage an einer von steilen, bewaldeten Berghängen umgebenen Bucht eine Attraktion. Der vor dem Kloster gelegene **Strand** ist im Sommer gut besucht. Auch Camogli im Osten der Halbinsel und Santa Margherita Ligure nördlich von Portofino sind sehenswerte, exklusive Badeorte.

**Porto Venere** Die malerische kleine Hafenstadt liegt an der äußersten Spitze der

Halbinsel, die die Bucht von La Spezia im Westen begrenzt. Nicht zuletzt aufgrund ihrer eindrucksvollen Lage an einem der reizvollsten Küstenabschnitte der italienischen Riviera steht sie seit 1997 zusammen mit den Dörfern des Cinque Terre und den Palmarischen Inseln auf der UNESCO-Welterbeliste. Die Anfänge Porto Veneres gehen auf einen von den Römern um 50 v. Chr. angelegten und nach der Venus benannten Hafen zurück, der bis in die byzantinische Zeit als Flottenstützpunkt diente. Zwischen dem 12. und dem 17. Jh. wurde Porto Venere von der Seerepublik Genua kontrolliert. Im 20. Jh. machte es als der Ort, an dem der US-amerikanische Vergnügungsdampfer »President Warfield« zum Flüchtlingsschiff »Exodus« umgebaut wurde, von sich reden. Heute ist es ein mondäner Ferienort.
Die Kreuzfahrtschiffe gehen nordöstlich des malerischen kleinen Hafens vor Anker und bringen die Passagiere mit Tenderbooten an Land. Schon von Weitem fällt die dichte Reihe schlanker Turmhäuser entlang des Hafenkais auf. Die farbenfrohen Bauten wurden während der Genueser Herrschaft errichtet und sind heute das unbestrittene Wahrzeichen der Stadt. Auch der dahinter liegende mittelalterliche Ortskern ist eine Touristenattraktion. Den Sommer über geht es in den engen Gassen des Viertels immer lebhaft zu. Überall locken attraktive kleine Geschäfte, Bars und Restaurants.
Ein Bummel entlang der Hauptgasse Via Capellini führt aus der Stadt zu der auf einem Felsvorsprung im Meer gelegenen Kirche **San Pietro**, deren heute sichtbarer Bau aus dem 13. Jh. stammt. Porto Venere wird von dem gewaltigen **Castello Doria**, einer im frühen 12. Jh. begonnenen und bis in das 16. Jh. ständig erweiterten Festungsanlage, überragt. Ein Aufstieg ist schon allein wegen der grandiosen Aussicht, die der Blick von der Burg eröffnet, lohnenswert. Auch die Hauptkirche von Porto Venere, die unterhalb der Burg gelegene **Chiesa San Lorenzo**, ist sehenswert. Das Gotteshaus wurde im Laufe der Jahrhunderte immer wieder umgebaut und weist romani-

siedlung und Kultivierung der Cinque Terre begann bereits vor 1000 Jahren. Seither wurden an den steilen Berghängen rund um die Dörfer kunstvolle Terrassenfelder angelegt, und bis heute wird hier Landwirtschaft betrieben. Von den Kreuzfahrthäfen sind die Dörfer gut per Bootsausflug erreichbar. Für eine idyllische Wanderung auf dem alten Pfad zwischen den Dörfern sollte man mindestens einen Tag einplanen.

sche und gotische Formen sowie Stilelemente der Renaissancearchitektur auf.

Porto Venere bietet sich als Ausgangspunkt für Bootsausflüge zu den Dörfern der **Cinque Terre** oder zu den **Palmarischen Inseln** an. Bis heute wird auf Palmaria der Nero Portoro, ein für Innendekorationen verwendeter, kostbarer schwarzer Kalkstein, abgebaut. Ganz im Süden der Insel befindet sich ein stillgelegter Steinbruch, der besichtigt werden kann.

**Porto Venere – eins der städtebaulichen Kleinode an der ligurischen Küste.**

**La Spezia** Keinem Geringeren als dem berühmten Camillo Benso von Cavour hat die an dem nach ihr benannten Golf gelegene Stadt ihre Entwicklung zu einer wichtigen Basis der italienischen Marine zu verdanken. Der Politiker trieb den Ausbau des Hafens voran und veranlasste noch vor seinem Tod 1861 die Errichtung des Arsenale Militare Marittimo.

Bis heute ist der Flottenstützpunkt eine wichtige Einnahmequelle der Stadt geblieben. Erst in jüngster Zeit wurde der Ausbau einer touristischen Infrastruktur forciert. Da die Stadt während des Zweiten Weltkriegs stark zerstört wurde, kann sie nicht mit vielen historischen Sehenswürdigkeiten aufwarten. Allerdings verfügt sie über eine facettenreiche Museumslandschaft und gilt allein deshalb als kulturelles Zentrum der Region.

Sehenswert sind vor allem das **Archäologische Museum** – es ist in dem die Stadt überragenden Castello di San Giorgio untergebracht – sowie das im Marinearsenal residierende **Schifffahrtsmuseum**. Das im Stadtzentrum gelegene **Centro d'Arte Moderna e Contemporanea** verfügt über eine bemerkenswerte Sammlung von Werken moderner Kunst mit Gemälden von Giorgio de Chirico und Wassily Kandinsky. La Spezia bietet sich als Ausgangspunkt für Ausflüge in die Dörfer der Cinque Terre oder aber in die legendären Küstenstädte im Osten des »Golfo dei Poeti«, wie die Bucht von La Spezia auch genannt wird, an. In den Küstenorten wie San Terenzo, Lerici und Tellaro ließen sich im 19. Jh. berühmte Dichter wie die Shelleys, Lord Byron oder Keats nieder. Heute sind sie als mondäne Badeorte und Treffpunkt der Schickeria über die Grenzen Italiens hinaus bekannt. In La Spezia werden die Kreuzfahrtpassagiere mit kleinen Booten an Land gebracht. Gleich an der Anlegestelle können sie Ausflüge in die Cinque Terre oder verschiedene Stadtrundfahrten buchen.

**Großes Bild: Kaum 500 Einwohner leben ständig in dem malerischen Hafenstädtchen Portofino, einem Tummelplatz der Hautevolee im Sommer.**

# Livorno, Pisa, Lucca, Florenz

## Die Macht der Medici

Das Ende der Auseinandersetzungen zwischen den kaisertreuen Ghibellinen (oder weißen Guelfen) und den papsttreuen (schwarzen) Guelfen führte im Jahr 1250 zur Begründung des unabhängigen Stadtstaates Florenz. Der Einfluss des Adels wurde gemindert, die politischen Rechte der Bürger verankerte man in einer Verfassung. Als Regierung fungierte die »Signoria« (eine monokratische Regierungsform), der ein gewählter »Gonfaloniere« vorstand. Die wirtschaftlich aufblühende Republik wurde zur dominierenden Macht in der Toskana; einzelne Geschlechter

**Land:** Italien
**Einwohner:**
Livorno: 160 000
Florenz: 370 000
Lucca: 85 000
Pisa: 87 000
**Sprache:** Italienisch
**Währung:** Euro
**Hauptreisezeit:** April bis Oktober
**Zeitzone:** UTC + 1

**Livorno ist der Ausgangspunkt für Exkursionen in die Renaissancestädte Florenz, Pisa oder Lucca. Passagiere, die sich nicht einer der von ihrer Cruiseline angebotenen Exkursionen anschließen möchten, können den Zug nehmen. Der Bahnhof ist nur 3 km vom Cruiseterminal entfernt. Der Containerhafen, in dem die großen Kreuzfahrtschiffe anlegen, ist durch einen Shuttle-Service mit dem Stadtzentrum von Livorno verbunden.**

**Pisa** Die rund 20 km nordöstlich von Livorno gelegene Stadt hat durch ein einziges Bauwerk Weltberühmtheit erlangt: Den »Schiefen Turm von Pisa« kennt jedes Kind. Er ist zu einem Wahrzeichen der Stadt, wenn nicht ganz Italiens geworden. Historische Quellen belegen, dass er noch während der Bauarbeiten am dritten Stockwerk aufgrund des Schwemmlanduntergrunds in die bekannte Schieflage geriet. Versuche, die Neigung durch allerlei bauliche Maßnahmen auszugleichen, hatten offensichtlich keinen Erfolg. Messungen haben ergeben, dass sich der Turm seit seiner Fertigstellung in der Mitte des 14. Jh.s um viele Zentimeter gesenkt hat. Als die Neigungsgeschwindigkeit Anfang der 1990er-Jahre zunahm, musste er für Besucher geschlossen werden. Nach umfänglichen Maßnahmen zur Stabilisierung, durch die der Turm um 44 cm angehoben werden konnte, ist er seit 2001 wieder für die Öffentlichkeit zugänglich. Der Schiefe Turm von Pisa wurde als Campanile des **Doms Santa Maria Assunta** errichtet und bildet zusammen mit diesem, dem zugehörigen Baptisterium und einem monumentalen Camposanto ein selbst für Italien einmaliges Ensemble romanischer Sakralbauten, das seit 1987 UNESCO-Weltkulturerbe ist. Allein seine Lage ist außergewöhnlich: Dom, Baptisterium und Campanile stehen nicht auf einem gepflasterten Platz, sondern auf einer weitläufigen Rasenfläche, der Piazza del Duomo, die im Norden vom Camposanto begrenzt wird. Alle Bauwerke wurden in einem Zeitraum von mehr als 200 Jahren zwischen 1063 und 1300 errichtet und sind dennoch einheitlich gestaltet.

Pisa hat aber auch abseits der Piazza del Duomo einiges zu bieten. Obwohl es im Zweiten Weltkrieg bombardiert wurde, finden sich in der Altstadt noch zahlreiche Paläste und Kirchen aus der Zeit zwischen der Mitte des 11. und Mitte des 13. Jh.s als Pisa eine unabhängige Republik und dominierende Seemacht im westlichen Mittelmeer war. Die von der Piazza del Duomo in die Altstadt führende Via Santa Maria etwa wird von mittelalterlichen Häusern, in denen sich heute stilvolle Tavernen und elegante Geschäfte niedergelassen haben, gesäumt. Die östlich der Via Santa Maria gelegene **Piazza dei Cavalieri** war zwar schon im Mittelalter Hauptplatz der Stadt, wurde aber unter der Herrschaft der Florentiner neu gestaltet und erinnert damit an die Kapitulation Pisas vor der Florentiner Übermacht im Jahr 1509. Die prächtigen Palazzi, mit denen der Platz im 16. Jh. ausgestattet wurde, gehen auf Pläne von Giorgio Vasari, dem berühmten Hofarchitekten der Medici, zurück. Auf der anderen Seite der Via Santa Maria liegt der unter dem Medici-Fürsten Cosimo I. angelegte **Orto Botanico** – der älteste botanische Garten der Welt. Die von Arkadengängen gesäumte kleine Flaniermeile Pisas, der Borgo Stretto, beginnt am nördlichen Arno-Ufer hinter dem Ponte di Mezzo und lockt mit eleganten Geschäften und stilvollen Straßencafés. Östlich dieser Haupteinkaufsstraße erstreckt sich ein uriges Viertel aus engen Gassen, in dem kleine Geschäfte und Tavernen kulinarische Spezialitäten der Region anbieten.

**Ein architektonisches Kunstwerk ist Pisas Piazza dei Miracoli.**

**Lucca** Viele Kreuzfahrtpassagiere nutzen ihren Aufenthalt in Livorno zu einem Abstecher in diesen nur 20 km von Pisa entfernten, entzückenden kleinen Ort. Lucca wird immer wieder als reizvollste und idyllischste aller toskanischen Städte gepriesen. Dank einer glücklichen Geschichte, die ihr zwischen 1369 und der Besetzung durch Österreich im Jahre 1799 die Unabhängigkeit bescherte, ist die historische Bausubstanz der Stadt erhalten geblieben. Mittelalterliche Kirchen und Patrizierhäuser, die von dem Reichtum der Luccheser Kaufleute zeugen, prägen den Ortskern, der von einer mächtigen, vollständig erhaltenen Stadtmauer aus dem 16. Jh. umgeben ist. Hauptattraktion von Lucca ist der mittelalterliche **Duomo San Martino**, der vor allen Dingen durch seine bemerkenswerte Fassade beeindruckt. Sie besteht aus einem Arkadengang mit einer dreigeschossigen Log-

wie die Albizzi, die Rucellai und die Strozzi bestimmten deren politische Geschicke. Das Ende der Republik begann mit der Ernennung des vom Papst protegierten Cosimo de' Medici zum »Gran Maestro« im Jahr 1434.

Er begründete die bis ins Jahr 1765 dauernde Herrschaft des Geschlechts über Florenz. Blütezeit der Epoche war die Regentschaft Lorenzos des Prächtigen von 1469 bis 1492 (links). Ab 1569 führten die Medici-Herrscher den Titel »Großherzog der Toskana«. Aus ihrer Familie gingen bedeutende Kardinäle und Päpste hervor. Um ihrer Macht Ausdruck zu verleihen, ließen die Medici Paläste errichten und förderten die Künste.

**Luccas Duomo di San Martino ist auch innen eine Augenweide.**

gia darüber und wurde der eigentlichen Außenwand zu dekorativen Zwecken vorgesetzt. Die Säulen und Bögen der Loggia sind mit Blütenmustern und Tierskulpturen überreich geschmückt. Auch die Fassaden der Kirche **San Michele in Foro**, des anderen bedeutenden mittelalterlichen Sakralbaus von Lucca, sind mit verschwenderisch dekorierten mehrgeschossigen Loggien geschmückt.
Die Piazza dell'Anfiteatro im Zentrum der Altstadt ist ein beliebtes Fotomotiv und stellt baugeschichtlich ein Unikum dar. Die mittelalterlichen Häuser, die das Oval des Platzes säumen, wurden auf den Überresten eines römischen Amphitheaters errichtet.

**Florenz** Die rund 80 km östlich von Livorno gelegene Hauptstadt der Toskana präsentiert sich als Gesamtkunstwerk. Nirgendwo sonst finden sich so viele architektonisch herausragende Baudenkmäler und kostbare Kunstschätze auf so engem Raum. Kein Wunder, dass das historische Florenz deshalb seit 1982 auf der UNESCO-Weltkulturerbeliste steht.
Die Stadt gilt als Zentrum jener europäischen kulturellen Bewegung, die nach dem Untergang der mittelalterlichen Welt in einer Rückbesinnung auf die Antike den Menschen als schöpferisches Wesen wiederentdeckte und die unter dem Namen »Renaissance« bekannt geworden ist. Von Florenz gingen dabei bedeutende Impulse für wissenschaftliche und künstlerische Neuerungen aus. Gelehrte wie Galileo Galilei und Architekten wie Giorgio Vasari oder Filippo Brunelleschi wirkten hier, Künstler wie Michelangelo, Botticelli oder Leonardo da Vinci schufen in Florenz unsterbliche Werke. Obwohl sich die ungeheure Fülle an architektonischen und künstlerischen Kostbarkeiten kaum in einer Woche, geschweige denn an einem Tag studieren lässt, lohnt auch ein Kurzbesuch.
Einige der wichtigsten historischen Sehenswürdigkeiten liegen an der Strecke zwischen **Domplatz** und **Palazzo Pitti** und können deshalb bei einem Spaziergang in Augenschein genommen werden. An der **Piazza del Duomo** fällt sofort die reich geschmückte Hauptfassade der **Kathedrale** auf. Sie wurde allerdings erst gegen Ende des 19. Jh.s angebracht und steht in scharfem Konstrast zu der schlichten Eleganz des hallenartigen Innenraums. **Santa Maria del Fiore** ist eines der größten christlichen Gotteshäuser. Die Kirche wurde 1436 nach fast 200 Jahren Bauzeit mit der Ausführung der gewaltigen Kuppel, eines Werks Brunelleschis, fertiggestellt. Die Piazza del Duomo ist durch die Via Calzaiouli mit der Piazza della Signoria verbunden. Hier lockt der **Palazzo Vecchio**, die mit kostbaren Gemälden und Skulpturen ausstaffierte einstige Residenz der Medici, die Besucherscharen an. Vor dem Palast stehen Kopien von Michelangelos »David« und Donatellos »Judith und Holofernes«. Im Süden der Piazza della Signoria zweigt der Piazzale degli Uffizi ab. Mit den **Uffizien** befindet sich hier eines der weltweit bedeutendsten Kunstmuseen, das eine riesige Sammlung von Meisterwerken europäischer Maler hütet.
Unweit der Uffizien führt der berühmte **Ponte Vecchio** über den Arno. Bis heute sind in den kleinen Geschäften auf der Brücke Goldschmiede und Juweliere ansässig. Der Korridor über der Ladenzeile, der von dem berühmten Vasari stammt, kann leider nur mit besonderer Genehmigung besichtigt werden.

Auf der anderen Seite des Arno lockt der **Palazzo Pitti**, in dem zwischen 1549 und 1859 die toskanischen Großherzöge residierten, mit kostbaren Sammlungen von Gemälden alter und neuer Meister sowie einem Porzellan- und einem Silbermuseum. Zum Palazzo Pitti gehört der **Boboli-Garten**, ein wunderschöner Renaissancegarten.

**Großes Bild: Dom Santa Maria del Fiore und Ponte Vecchio prägen die Panoramaansicht von Florenz.**

Der Dom Santa Maria del Fiore und das auf der Westseite vorgelagerte Baptisterium harmonieren mit polychromen Marmorfassaden; der Campanile ist frei stehend und niedriger als die Domkuppel (unten).

Giorgio Vasaris Kuppelfresko im Dom stellt auf eindrucksvolle Art und Weise das Jüngste Gericht dar. Zwei Jahre vor seinem Tod im Jahr 1572 begonnen, wurde es von Federico Zuccari fortgeführt (links).

# Sardinien

## Parco Nazionale dell'Arcipelago di la Maddalena

Von Palau setzen Ausflugsboote die Gäste über zum etwa 12 000 ha großen Nationalpark (rechts) mit den Inseln La Maddalena, Caprera, Spargi und Santo Stefano sowie weiteren kleinen Inseln. Auf Caprera steht die Casa di Garibaldi, in der der italienische Nationalheld Giuseppe Garibaldi seine letzten Lebensjahre verbrachte. Ein Damm verbindet Caprera mit La Maddalena. Dort gibt es eine rund 20 km lange Panoramastraße rund um die Insel.
Die Insel Santo Stefano, direkt südlich von La Maddalena gele-

**Land:** Italien
**Fläche:** 24 090 km²
**Einwohner:** 1 675 000
**Sprache:** Italienisch
**Währung:** Euro
**Hauptreisezeit:** April bis Oktober
**Zeitzone:** UTC + 1

**Italiens zweitgrößte Insel ragt als stark zerklüftetes und vielgestaltiges Gebirgsmassiv aus dem azurblauen Meer. Die Kräfte der Erosion haben im Laufe von Jahrmillionen eine charakteristische Landschaft aus Gestein geformt. Die einst dichten Wälder sind im Zuge systematischer Rodungen, zu denen es im 19. Jh. kam, größtenteils verschwunden. Heute bedeckt mediterrane Macchia weite Gebiete.**
**Sardinien ist für seine oft kilometerlangen, hellen, feinsandigen Strände berühmt. Bizarre Felsformationen sorgen für eigentümliche Reize. Die Geschichte der Insel wird in den Kreuzfahrthäfen auf besondere Weise sichtbar, denn sie werden von mächtigen Festungen, die die Eroberer aus Genua, Pisa und Aragón errichteten, überragt.**

⚓ **Olbia** Nicht zuletzt aufgrund ihrer Nähe zur Costa Smeralda hat sich die Hafenstadt im Nordosten Sardiniens zu einem beliebten Ziel auf Mittelmeerkreuzfahrten entwickelt. Seit Karim Aga Khan den Küstenstrich mit dem klingenden Namen in den 1960er-Jahren für sich entdeckte, ist er zu einem Treffpunkt des internationalen Jetsets geworden.
Die **Costa Smeralda** bezaubert durch eine unvergleichliche Naturlandschaft. An der im Übrigen felsigen und klippenreichen Küste liegen verträumte Buchten mit hellen, feinsandigen Traumstränden versteckt. Weite Teile des Gebiets sind von Macchia bedeckt. Das Meer funkelt in der Sonne smaragdgrün. Die Ferienvillen und Luxusresorts, die hier entstanden, sind der Landschaft angepasst, Farben und Formen der

Blick von Osten über Alghero.

Häuser von der Natur beeinflusst. Die Erbauer von **Porto Cervo**, dem erst 1962 gegründeten Hauptort der Costa Smeralda, ließen sich von der traditionellen sardischen Architektur inspirieren.
Das malerische Städtchen ähnelt einem historisch gewachsenen Dorf und ist doch ein schicker, mondäner Ferienort, der seinen Gästen allen nur erdenklichen Luxus bieten kann.
Die Reize Olbias erschließen sich nicht unmittelbar; der bedeutendste Hafen Sardiniens präsentiert sich als moderner Industriestandort und wird von Touristen vor allen Dingen als Verkehrsdrehscheibe genutzt. Dabei hat die Stadt ihren Gästen doch einiges zu bieten. In den kleinen Gassen der für Autos weitgehend gesperrten Altstadt locken stilvolle Lokale, an der Flanier- und Shoppingmeile **Corso Umberto I**, die vom Hafen direkt ins Zentrum führt, haben internationale Modelabels Dependancen eröffnet. Das **Archäologische Museum** bewahrt Schätze aus der Frühzeit Olbias und der römischen Antike auf. Ungefähr 5 km nördlich von Olbia lockt mit der auf dem Hügel Punta Casteddu thronen-

gen, ist bekannt für ihre vielfältigen Seevogel-Populationen. Das Ziel des Nationalparks ist es, den Bestand an Vögeln, etwa den der Korallenmöwe, der Flussseeschwalbe, der Krähenscharbe oder des Gelbschnabel-

Sturmtauchers, zu sichern. Die Eilande im Westen sind dagegen alle unbewohnt. Alle Inseln besitzen eine zerklüftete Küstenlinie, glasklares Wasser und zu schroffen Formationen erodierte Felsen.

den Festung bzw. Nuraghe **Cabu Abbas** eines der berühmten Wahrzeichen Sardiniens. Nicht nur an der Costa Smeralda, sondern auch an dem Küstenabschnitt südlich von Olbia finden sich einige traumhafte Badestrände. Das der Küste im äußersten Nordosten Sardiniens vorgelagerte **Maddalena-Archipel** ist ein Paradies für Segler, Surfer und Taucher. Obwohl die Inseln bereits im 18. Jh. besiedelt wurden, finden sich hier noch viele unberührte Plätzchen, einsame Buchten und Strände. Das rund 12 000 Einwohner zählende Städtchen **La Maddalena** auf der gleichnamigen Hauptinsel hingegen präsentiert sich als urbaner, lebendiger Ort mit einer ausgezeichneten touristischen Infrastruktur. Große Teile des Maddalena-Archipels sind als Nationalpark ausgewiesen.

## Alghero

Seitdem die italienische Königsfamilie gegen Ende des 19. Jh.s die an der Nordwestküste Sardiniens gelegene Stadt zu ihrer Sommerresidenz erkor, hat sie sich zu einem der großen touristischen Zentren der Insel entwickelt. Wunderschöne **Badestrände**, zahlreiche historische Sehenswürdigkeiten in der auch landschaftlich überaus reizvollen Umgebung und nicht zuletzt die charmante Altstadt locken alljährlich sehr viele Urlauber an. Alghero wird oft als schönste Stadt Sardiniens gerühmt.

Ihren Beinamen »Barceloneta« verdankt sie katalanischen Einwanderern, die nach der Inbesitznahme der Stadt durch die aragonische Krone im Jahr 1372 und der Vertreibung der sardischen Bevölkerung hier siedelten und ein reiches architektonisches Erbe hinterließen. Das historische Zentrum wird von Bauten im Stil der katalanischen Gotik geprägt und oft mit dem Barri Gòtic von Barcelona verglichen. Die Ursprünge der **Befestigung**, von der es bis heute zur Meerseite hin umschlossen wird, gehen auf Genueser zurück, die Alghero im 12. Jh. gründeten. Aber erst die spanischen Eroberer bauten sie zu einem mächtigen Bollwerk aus; auf einen Rundgang sollte man bei einer Besichtigung keinesfalls verzichten. Außerdem befinden sich im **Centro Storico** verschiedene Restaurants, die für ihre ausgezeichnete Küche bekannt sind. In der weiteren Umgebung Algheros lockt direkt am Capo Caccia die **Grotta di Nettuno**, eine Tropfsteinhöhle, zu der eine Treppe aus 652 Stufen führt; diese wurde direkt in die steil zum Meer abfallenden Felswände gehauen.

Rund 10 km nördlich von Alghero liegt **Anghelu Ruiu**, eine der größten Nekropolen im Mittelmeerraum. Ihre 38 Felskammergräber wurden von Trägern der steinzeitlichen Ozieri-Kultur angelegt und können besichtigt werden. Zwischen Alghero und dem Capo Caccia finden sich einige schöne, feinsandige Badestrände wie die **Spiaggia Bombarde** und die **Spiaggia Il Lazzaretto**. Nördlich davon lohnt die Nuraghe Palmavera einen Besuch.

**Der Burgberg dominiert das historische Zentrum von Cagliari.**

## Cagliari

Die an der Südküste Sardiniens gelegene Metropole ist nicht nur Hauptstadt, sondern auch das wirtschaftliche Zentrum der Insel und ein wichtiger Industriestandort. Während des Zweiten Weltkriegs wurde Cagliari stark zerstört. Große Teile des Stadtgebiets werden daher von Neubauten geprägt. Allein im historischen Zentrum, das hinter dem Hafen beginnt und sich bis zum Burgberg hinaufzieht, finden sich noch zahlreiche architektonische Zeugnisse aus der wechselvollen Stadtgeschichte. Obwohl Alt-Cagliari überschaubar ist, erfordert ein Stadtbummel eine gewisse Kondition. Immerhin geht es vom Hafen- bis zum Burgviertel immer bergan.

Die **Marina**, das historische Hafenviertel, präsentiert sich als Gewirr leicht schmuddeliger, enger und dunkler Gassen, das im Süden zum Hafen hin von dem mehrspurigen Prachtboulevard Via Roma und im Westen von der eleganten Einkaufsmeile Largo Carlo Felice begrenzt wird. Die Straßen des Quartiers wurden bereits im Mittelalter angelegt, viele kleine Geschäfte, Handwerksbetriebe und volkstümliche Lokale, die für ihre ausgezeichnete Küche bekannt sind, residieren hier.

Die den Hafen entlangführende palmenbestandene Via Roma hingegen wird an ihrer Nordseite von klassizistischen Arkadenhäusern gesäumt. Hier stehen trendige Straßencafés und Edelboutiquen dicht an dicht. Auch an dem baumbestandenen und geschäftigen Largo Carlo Felice zeigt Cagliari seine mondäne, urbane Seite. Große Banken und Kaufhäuser haben hier ihren Sitz. Hinter der Via Manno, die das Marina-Viertel im Norden begrenzt, führt ein steiler Weg zur mächtigen **Zitadelle** hinauf. Große Teile der Festung wurden bereits im frühen 14. Jh. unter der Regie von Pisanern, die Cagliari kurze Zeit besetzt hielten, angelegt. Unter den spanischen Aragoniern, die zwischen 1326 und 1713 über Sardinien herrschten, wurde sie umgebaut und mit zusätzlichen Bauten ausgestattet.

Die Fassade des Doms **Santa Maria** ist zwar auch ein gutes Beispiel für den pisanisch-romanischen Stil, im Innern überwiegen jedoch barocke Elemente.

Der **Bastione San Remy** wurde im frühen 18. Jh. unter der Regie des Hauses Savoyen über einer spanischen Anlage errichtet. Bis ins 19. Jh. durften ausschließlich hohe Beamte sowie Angehörige von Klerus und Adel ihre Residenzen auf der Zitadelle errichten. Mit dem Wegfall der Privilegien verwandelte sie sich in ein Elendsquartier. Heute zieht es wieder zahlungskräftige Bürger hierher. Die alteingessenen Bewohner werden verdrängt.

Das außerhalb der Festungsmauern errichtete **Museo Archeologico Nazionale** informiert anschaulich und umfassend über die sardische Geschichte und wartet mit einer einzigartigen Sammlung nuraghischer Bronzeskulpturen auf.

**Großes Bild oben links: Die wehrhaften alten Stadtmauern von Alghero boten Schutz vor Eindringlingen und sind noch heute gut erhalten.**

# Civitavecchia, Rom

## Das antike Rom

Von der Glanzzeit des Römischen Reichs künden die Reste antiker Bauwerke rund um Kapitols- und Palatinhügel. Auf dem von Senatorenpalast, Konservatorenpalast und Palazzo Nuovo umgebenen Kapitolsplatz erinnert heute nur noch eine Kopie des Reiterstandbilds von Marc Aurel (das Original aus dem 2. Jh. wird in den Kapitolinischen Museen aufbewahrt) an das antike Erbe. Der Kapitolsplatz selbst wurde um 1540 nach Plänen von Michelangelo umgestaltet und später barockisiert. Ganz in der Nähe befindet sich das unter Kaiser Augustus errichtete Marcellus-

**Land:** Italien
**Einwohner:** 52 000
**Sprache:** Italienisch
**Währung:** Euro
**Hauptreisezeit:** April bis Oktober
**Zeitzone:** UTC + 1

**Im Rahmen einer Mittelmeerkreuzfahrt gehört ein Besuch der Ewigen Stadt sicherlich zu den Höhepunkten. Wie kaum anderswo lassen sich im Zentrum des einstigen Römischen Reichs und der Christenheit anhand der Fülle von Baudenkmälern und Museen höchst anschaulich über 2000 Jahre abendländischer Geschichte studieren.**
**Rom liegt rund 20 km von der Küste Latiums entfernt, Kreuzfahrtschiffe gehen deshalb am modernen Terminal von Civitavecchia rund 70 km nordwestlich von Rom vor Anker. Vom Eingang des Hafenareals sind es zu Fuß ca. 10 Minuten zum Bahnhof. Speziell für Kreuzfahrtreisende steht dort der Roma Express bereit, der die Fahrgäste ins Herz der Ewigen Stadt zur Station San Pietro in unmittelbarer Nähe des Petersdoms befördert.**

**Civitavecchia** Kaiser Trajan (reg. 98–117) legte einst den Grundstein für den größten Seehafen des Latiums. Unter Papst Julius II. (1503–1513) wurde dieser nach Plänen des berühmten Baumeisters Bramante für die Kriegsmarine des Kirchenstaates ausgebaut. Neben der den Hafen beherrschenden Festung Forte Michelangelo (16. Jh.) lohnen die Überreste der antiken Tauriner Thermen sowie die noch heute von vielen Römern genutzten Ficoncella-Thermen eine Erkundung.

**Rom** Antike Baukunst und Monumente, Kirchen aus allen Epochen, prachtvolle Palazzi, weltberühmte Museen, großzügig angelegte Gärten und Brunnen, dazu die Vatikanstadt als Zentrum der Christenheit – für all das steht Rom, die auf sieben Hügeln erbaute Ewige Stadt. In der Antike war Rom das Zentrum eines Weltreiches, von dem aus zahlreiche Kaiser die Geschicke des Imperium Romanum bestimmten.
Von hier aus, dem Ort des mutmaßlichen Grabes des Apostels Petrus, etablierten sich der Kirchenstaat bzw. sein heutiger Nachfolger, die Vatikanstadt, mit dem römischen Bischof in der Nachfolge Petri als Oberhaupt der Kirche.
Die jeweils berühmtesten Baumeister und Künstler ihrer Zeit kamen hierher, um im Auftrag von Päpsten und Kardinälen, Kaisern und Fürsten neue Architektur zu schaffen.

**Vatikan** Den Mittelpunkt des Vatikans bildet der imposante Bau der **Peterskirche**. Sie steht auf den Resten einer um 325 geweihten Basilika, welche wiederum über dem mutmaßlichen Grab des Apostels Petrus errichtet wurde. Die namhaftesten Künstler der Renaissance und des Barock – Bramante, Raffael, Michelangelo und Bernini – widmeten sich dem berühmtesten und größten Sakralbau der abendländischen Kirchenkunst. Für den Bronzebaldachin über dem Grab Petri entwarf Bernini die gedrehten Säulen. Von Michelangelo stammen die Kuppel mit einem Durchmesser von 42 m und die subtil gestaltete **Pietà**.
Vor dem Petersdom erstreckt sich der Petersplatz, eine ebenfalls von Bernini gestaltete elliptische Anlage mit Kolonnadengang und zwei Brunnen.

Unmittelbar neben dem Petersdom befindet sich die **Sixtinische Kapelle**. Hier tritt das Konklave zusammen. Ihren Ruhm verdankt die Kapelle jedoch vor allem der grandiosen Ausmalung durch Botticelli, Perugino, Signorelli und Michelangelo, der die Malereien an der Decke sowie der Altarwand schuf.
Zugänglich ist der Prachtraum über die **Vatikanischen Museen**, ein ganzes Ensemble von Palazzi und Pinakotheken, wo sich Kunstschätze wie kaum anderswo auf der Welt ballen.
Von den reichen und ausgesprochen wertvollen päpstlichen Kunstsammlungen seien hier nur die Stanzen des Raffael erwähnt, Pontifikalgemächer im Apostolischen Palast, mit Fresken des Meisters wie »Die Schule von Athen« oder »Der Brand des Borgo«.

**Engelsburg** Nur wenige Hundert Meter vom Vatikan entfernt thront die Engelsburg über dem Tiber. Unter Kaiser Hadrian (reg. 117–138) ursprünglich als Mausoleum konzipiert, erhielt die Engelsburg erst 590 ihren heutigen Namen. Heute können 58 Säle der Burg besichtigt werden. Neben kunstvoll ausgeschmückten päpstlichen Gemächern führt der Rundgang durch eine Waffensammlung und ein ehemaliges Gefängnis. Einen eindrucksvollen Blick über die Stadt hat man von der Aussichtsplattform.

**Centro Storico** Überquert man die von barocken Engelsfiguren Berninis gesäumte Engelsbrücke, bietet sich ein Spaziergang durch die Altstadt Roms an, die hier an der östlichen Seite der knieförmigen Biegung des Tibers beginnt und deren Grenzen durch Piazza Venezia, **Spanische Treppe** und **Piazza del Popolo** markiert werden. Im Gassen- und Straßengewirr passiert man herrliche Renaissancegebäude, vor allem aber vermitteln die Plätze, Kirchen und Paläste hier ein facettenreiches Bild vom »Römischen Barock«. So etwa an der **Piazza Navona**, einem be-

theater. Bis zu 15 000 Zuschauer fanden im größten Theater Roms Platz. Östlich davon dehnt sich der politische, wirtschaftliche und religiöse Mittelpunkt des alten Roms aus, das Forum Romanum (rechts). Hier

herrschte damals geschäftiges Treiben. Brot und Spiele gab es einst in Form von Gladiatorenkämpfen im Kolosseum, das bis zu 80 000 Zuschauer fasste; es war das größte Amphitheater des Römischen Reiches.

liebten Treffpunkt der Hauptstädter. Umgeben von den dekorativen Fassaden barocker Prachtbauten und Kirchen wie Sant' Agnese in Agone bietet er eine malerische Kulisse für jegliche Art von Kleinkunst. Sein Zentrum bilden drei Springbrunnen, darunter die von Bernini geschaffene **Fontana dei Quattro Fiumi** (Vierströmebrunnen) mit ihren Flusspersonifikationen. In den Cafés rund um den Platz lässt sich pralles römisches Leben genießen.

Nur wenige Blocks entfernt erwartet den Spaziergänger das besterhaltene Bauwerk der Antike: das **Pantheon**. Der Zentralbau mit Vorhalle und selbsttragender Kuppel wurde zwischen 120 und 125 unter Hadrian errichtet und beherbergte wohl mehrere Statuen von Göttern. Im Jahr 609 erhob Papst Bonifatius das Pantheon zur Kirche. Seine harmonischen Proportionen und die überzeugende Lichtführung durch eine 9 m breite Öffnung in der Kuppel machen einen Besuch zum Erlebnis. Neben italienischen Königen wurde hier auch Raffael beigesetzt.

Einen kleinen Schlenker nach Süden, vorbei an der gotischen Kirche **Santa Maria sopra Minerva** mit der Elefantenskulptur von Bernini davor, lohnt das Urbild der Jesuitenkirchen, die 1584 vollendete, später hochbarock umgestaltete **Chiesa del Gesù**. Mit ihrer Verbindung von tonnengewölbtem Langhaus und kuppelgewölbter Vierung beeinflusste sie den barocken Kirchenbau in ganz Europa nachhaltig.

Nicht nur derjenige, der wieder nach Rom zurückkehren möchte, sollte die **Fontana di Trevi** aufsuchen. An der Rückseite eines Palastes schuf Nicolò Salvi in den Jahren von 1732 bis 1751 ein ungeheures Spektakel aus Stein. Vor triumphaler Architektur pflügt der kraftvolle Meeresgott mitsamt seinen

Rossen durch die tosende Gischt. Im Brunnenwasser liegen jede Menge Geldmünzen. Romliebhaber werfen sie rücklings über die Schulter in eben der Hoffnung, bald wieder nach Rom zurückzukommen.

Weiter führt der Weg auf verwinkelten Pfaden vorbei am **Palazzo del Quirinale** (dem Amtssitz des Staatspräsidenten), den von den Baumeister-Gegenspielern Bernini und Borromini erbauten Barockkirchen **San Carlo alle Quattro Fontane** und **Sant' Andrea al Quirinale**, dem barocken Palazzo Barberini (Residenz der Galleria Nazionale d'Arte Antica) und der Fontana del Tritone (einem weiteren von Bernini geschaffenen Brunnen), bis man schließlich die beliebte **Spanische Treppe** erreicht. Gegenüber der Fontana della Barcaccia, zu Füßen der Treppe, beginnt die Via dei Condotti. Früher nahmen hier Berühmtheiten wie Stendhal, Goethe, Byron, Liszt und Keats Quartier, heute lässt sich dort in Boutiquen italienischer Nobeldesigner shoppen, bevor man sich im Antico Caffè Greco, das es seit 1760 gibt, von den Strapazen erholt.

**Villa Borghese** Nur unweit nördlich der Spanischen Treppe erstreckt sich über den Hügel Pincio die Villa Borghese, eine rund 5 km² große Parkanlage, die drei hochkarätige Museen beherbergt: das Museum der Villa Borghese mit der Sammlung des Kardinals Borghese (darunter Werke von Bernini, Raffael, Caravaggio u.a.), die Galleria Nazionale d'Arte Moderna e Contemporanea (Werke des 19. und 20. Jh.s) sowie das Museo Nazionale Etrusco in der Villa Giulia.

**Oben links: Das Pantheon an der Piazza della Rotonda. Bildleiste von oben: Engelsburg, Spanische Treppe, Vierströmebrunnen, Fontana di Trevi.**

Gian Lorenzo Berninis grandioser, von 1656 bis 1667 elliptisch gestalteter Platz vor der Peterskirche hat eine Länge von 240 Metern und ist von einem 17 Meter breiten Kolonnadengang gesäumt (unten).

Bilder von links: Berninis Bronzebaldachin in der Peterskirche; Blick in die Gänge und Räume der Vatikanischen Bibliothek; die berühmten Fresken Michelangelos in der Sixtinischen Kapelle.

# Neapel

## Der Vesuv

1944 ist er zum (bisher) letzten Mal ausgebrochen, der 15 km von Neapel entfernt liegende Vesuv (rechts), mit rund 12 000 Jahren der jüngste und einzig

**Land:** Italien
**Einwohner:** 960 000
**Sprache:** Italienisch
**Währung:** Euro
**Hauptreisezeit:** April bis Oktober
**Zeitzone:** UTC + 1

**Wer sich Neapel vom Meer her nähert, wird das sich ihm darbietende Bild der Hafenstadt so schnell nicht vergessen. Hat man die Küstenlinie von Pozzuoli passiert, so zeichnen sich im Morgendunst die Silhouetten der Stadtpaläste Neapels ab, allen voran das Castel dell'Ovo, die Festungsanlage des ehemaligen Normannenschlosses.**
**Im Hintergrund erhebt sich der Vesuv – seit jeher eindrucksvoll und bedrohlich zugleich in seiner immerwährenden dunklen Präsenz. Doch was wäre Neapel, die Stadt, in der sich Antike und Moderne, Armut und Reichtum, Ruinen und Palazzi, Heiligenkulte und Alltagskultur beständig durchdringen, ohne ihren Vulkan? Tief hat sich die besondere Geografie der Stadt in das Bewusstsein seiner Bewohner eingeprägt. Eine reiche Auswahl an übernatürlichen Mächten, allen voran der Stadtpatron San Gennaro, zahlreiche Madonnen sowie die namenlosen Toten der Stadt stehen den Neapolitanern bei Gefahren schützend zur Seite – so will es die Tradition. Die Stätten ihrer Verehrung, der Dom sowie die Kirchen der Stadt, wurden teils auf den Fundamenten antiker Tempel errichtet, sodass man noch heute durch die Krypten hinabsteigen kann bis auf das Niveau der im 7. Jh. v. Chr. von griechischen Siedlern gegründeten »Neuen Stadt« – »Neapolis«. Nach den Griechen folgten Römer, Westgoten, Byzantiner, Langobarden und Normannen, Franzosen und Spanier und hinterließen hier die Spuren ihrer Herrschaft, bis Neapel im Jahr 1860 Teil des vereinigten italienischen Staats wurde.**
**Die Vielfalt der unterschiedlichen kulturellen Einflüsse ist im Stadtbild nach wie vor präsent: Orientalisch buntes Treiben herrscht auf den Märkten und in den Gassen der Altstadt, spanische Majoliken schmücken Kuppeln und Mauern von Adelspalästen, und neoklassizistische Bauten, wie der ehemalige Königspalast auf dem Capodimonte, erinnern an die Herrschaft der Bourbonen im 18. Jh. Der Hafen für Kreuzfahrtschiffe liegt zentral und nur wenige Gehminuten von der Piazza del Municipio entfernt.**

**Altstadt** Umgrenzt von der Via Carbonara, die als Via A. Poerio auf die Piazza Garibaldi mit der Stazione Termini mündet, der lebendigen Einkaufsstraße Corso Umberto I, der Via Toledo im Westen, die noch dem antiken schachbrettartigen Straßenverlauf folgt, und der nach Norden hin abschließenden Via Foria, befindet sich das Herz des ursprünglichen Neapels. Hier kontrastiert die Eleganz der alten Stadthäuser und Paläste mit dem morbiden Charme des Verfalls der vergangenen Pracht in den schmalen Gassen, auf denen munteres Leben herrscht. Kleine Handwerksbetriebe, Vergolderwerkstätten und Krippenbauer haben sich in den Straßenzügen rund um die **Via San Gregorio Armeno** herum angesiedelt.

noch aktive Vulkan auf dem europäischen Festland. Doch niemand weiß, wie lange er noch »schläft«. Fest steht aber, dass in seinem Inneren der Druck steigt. Ein 3 km tiefer Pfropfen verstopft den Schlot, während in 5 bis 7 km Tiefe das Magma weiter brodelt. Falls es zu einem neuerlichen Ausbruch kommt, sind mehr als 600 000 Menschen, die rund um den Vesuv leben, gefährdet. Seit dem letzten Ausbruch hat der Vulkan zwei Gipfel: Der eigentliche Vesuv ist 1281 m, der Nebengipfel des Monte Somma ist 1132 m hoch. Der Hauptkrater hat eine Tiefe von bis zu 300 m und einen Durchmesser von 600 m. Schön ist der Blick vom Kraterrand über den Golf von Neapel. Um den Vesuv aus nächster Nähe von allen Seiten in Augenschein zu nehmen, fährt man mit der Circumvesuviana, einer Bahnlinie, in ca. zwei Stunden um den Vulkan herum.

**Die Kirche San Francesco di Paola liegt an der zentralen und monumentalen Piazza del Plebiscito.**

Hier kann man die typischen Krippen von Neapel bewundern und erwerben, die durch ihre realistischen und detailreichen Darstellungen pittoresker neapolitanischer Lebenswelten Weltruhm erlangten.

Gegenüber auf der Via Duomo erhebt sich der **Dom** von Neapel, der von Karl I. von Anjou im gotisch-angiovinischen Stil errichtet wurde. In Form einer Seitenkapelle wurde die ehemals älteste Kirche der Stadt, die **Santa Restituta**, in den mächtigen Innenraum integriert. Geweiht ist der Dom dem Stadtheiligen San Gennaro, dessen Gebeine in der Krypta verwahrt werden. Unter den zahlreichen Gotteshäusern dieses Stadtbezirks sind die Kirchen **San Giorgio Maggiore** (erbaut in der Mitte des 17. Jh.s.), **Santa Maria Maggiore** (erbaut bereits um 530) sowie die kleine Barockkirche **Santa Maria del Purgatorio ad Arco** mit ihren die Fassaden zierenden Totenschädeln besonders sehenswert.

Unweit davon in der Via Francesco de Sanctis befindet sich die **Cappella Sansevero**, deren künstlerisch-bizarre Innenausstattung den exzentrischen Experimenten und Fantasien Raimondo di Sangros, Fürst von Sansevero (1710–1771), zu verdanken ist. Ein steinerner Zeuge der Geschichte Neapels ist die gotische Kirche **San Lorenzo Maggiore,** in der man bis auf die Überreste der griechischen Agora hinabsteigen kann. Am meisten sieht man natürlich beim Bummel durch die Stadt. Schattige Plätze mit Straßencafés laden zwischendurch zur Erholung ein.

**Capodimonte** Im Norden der Stadt, ca. 4 km vom Hafen entfernt, erhebt sich der grüne Hügel Capodimonte mit dem **Palast**, den Karl III. von Bourbon ab 1738 hier errichten ließ. Die herrschaftlichen Hauptgebäude gruppieren sich um drei arkadenbestandene Innenhöfe, außen bilden Säulen aus grünem Trachyt einen spannungsvollen Kontrast zum ziegelroten Mauerwerk. Der Palast ist Sitz des Museums und der Galerie Capodimonte. Neben der Farnesischen Sammlung König Karls III. beherbergt er seit 1957 die Werke der Nationalgalerie und stellt so eine der größten Pinakotheken der Welt dar. Werke von Masaccio, Tizian und Caravaggio sowie eine Ausstellung wertvollen Porzellans gehören zu den Höhepunkten des Museums.
Ein Park im Stil einer englischen Gartenanlage umgibt den Palast und bietet Ausflüglern die Möglichkeit einer wohlverdienten Ruhepause nach Neapels stets geschäftigem Treiben.
Allein der weite Blick über die Stadt lohnt den Weg hierher. Gut erreichbar ist der Hügel mit dem Bus, Haltestelle Piazza Vittoria oder Piazza del Municipio, oder per Taxi.

**Napoli Sotterranea** (das unterirdische Neapel). Neapel ruht auf einer Unterwelt aus Grotten, Gruften und Gängen, die beim Abbau des zum Bau der Häuser verwenden Tuffsteins im Laufe der Jahrtausende entstanden sind.
An vielen Stellen der Stadt eröffnet sich ein Zutritt zu diesem Höhlensystem, so etwa auf der Piazza San Gaetano 68, von wo aus man an geführten Touren in die Unterwelt teilnehmen kann. Neben Wasserbecken und Hallen kann man hier auch die Reste eines Amphitheaters besichtigen. Bis zur Mitte des 19. Jh.s., insbesondere aber in den Zeiten der großen Pest- und Choleraepidemien nutzte man die Höhlen auch zur Bestattung der Toten. Bei einigen dieser Friedhöfe handelt es sich um vorchristliche Stätten der Totenbestattung, die bis in die Antike zurückdatierbar sind, wie beispielsweise beim Cimitero delle Fontanelle oder bei den Katakomben von San Gennaro, beide im Stadtviertel Sanità gelegen.
An beiden Schädelstätten floriert bis heute der Kult der »anime del purgatorio«, der sogenannten »armen Seelen im Fegefeuer«, die in einem rituellen Akt als Familienmitglieder »adoptiert« werden, indem man ihre Schädel in kleine Altäre bettet und Kontakt zu ihnen hält. Als Lohn für diese Mühe kann fortan mit dem Beistand des Toten im mühevollen Alltag des neapolitanischen Diesseits gerechnet werden.

**Bild oben links: Blick über das abendlich erleuchtete Neapel mit den Quartieri Spagnoli; das Stadtviertel ist Teil des historischen Zentrums.**

Von Neapel in einer halben Stunde mit der Circumvesuviana ab der Stazione Termini bequem zu erreichen ist die im Jahr 79 von den Lavaströmen des Vesuvs verschüttete Stadt Pompeji (rechts). Die erst Mitte des 19. Jh.s systematisch freigelegten und gut erhaltenen Areale dieser einst blühenden römischen Ortschaft vermitteln dem Besucher heute einen realistischen Eindruck vom Leben in der Antike. An die alten Gassen Pompejis schließen sich herrschaftliche Villen an. Die schattigen Patios sind oftmals reich mit Fresken geschmückt (ganz rechts: Wandbild in der Villa dei Misteri). Von kleinen Verkaufsbuden am Straßenrand über Bäckereien, Thermen bis hin zu Tempeln kann man hier fast alle Einrichtungen finden, die den Alltag der römischen Kultur in der damaligen Zeit bestimmten. Seit 1998 steht Pompeji auf der Welterbeliste der UNESCO.

Unter der Vulkanasche blieben die antiken Kunstwerke erstaunlich gut erhalten, etwa das Fresko mit dem Porträt des Terentius Neo mit seiner Frau (Bild unten).

# Amalfiküste

## Capri

Die legendäre Felseninsel wird nicht nur von Luxuslinern direkt angelaufen, sondern ist auch ein beliebtes Ausflugsziel von Kreuzfahrtpassagieren, die in den Häfen am Golf von Neapel und der Costiera Amalfitana an Land gehen. Eine Überfahrt mit der Fähre dauert nicht mehr als zwei Stunden. Der Hafen ist durch eine Zahnradbahn mit der Piazza Umberto I im Herzen des Inselstädtchens verbunden. Der kleine Platz ist das unbestrittene Zentrum Capris. Die Luxusflaniermeile Via Vitt. Emanuele führt in einer Viertelstunde zu der Klosteranlage Certosa di San Giacomo und den Giardini di Au-

**Land:** Italien
**Einwohner:**
Sorrent: 16 000
Amalfi: 5000
Salerno: 140 000
**Sprache:** Italienisch
**Währung:** Euro
**Hauptreisezeit:** April bis Oktober
**Zeitzone:** UTC + 1

**Die Costiera Amalfitana zwischen Punta Campanella und Salerno zählt sicherlich zu den malerischsten Steilküsten der Welt. Obwohl die Region früher schwer zugänglich war, wurde hier seit dem Mittelalter eine einzigartige mediterrane Kulturlandschaft geschaffen, die seit 1997 auf der UNESCO-Welterbeliste steht. Jedes der kleinen Städtchen entlang der Küste ist für sich ein architektonisches Juwel. Bis ins 19. Jh. waren sie nur über das Meer erreichbar. Seit 1840 sind die Ortschaften zwischen Positano und Vietri sul Mare durch eine Küstenstraße verbunden. Die 50 km lange Amalfitana windet sich oft 100 m über dem Meer die Steilklippen entlang und bietet spektakuläre Ausblicke auf den Golf von Salerno und seine Küste.**

**Sorrent** Die im Süden des Golfs von Neapel auf der nach ihr benannten Halbinsel gelegene Stadt war bereits in der Antike eine beliebte Sommerfrische. Im 18. und 19. Jh. wurde sie von reichen Nord- und Mitteleuropäern wiederentdeckt und avancierte zu einem eleganten Kurort. Heute ziehen das angenehm milde Klima, die traumhafte Lage und nicht zuletzt die Nähe zu Capri, Pompeji und Neapel Touristen aus der ganzen Welt an. Sorrent thront auf einem steil abfallenden Kalksteinplateau über dem Meer und wird von Ausläufern der Monti Lattari eingerahmt. Von alters her werden in der Region Zitrusfrüchte angebaut. Blühende Gärten sowie üppig wuchernde Zitronen- und Orangenhaine sind daher Sorrents Markenzeichen. Kreuzfahrtschiffe, die Sorrent anlaufen, ankern vor der Stadt. Die Passagiere werden mit Tenderbooten an Land gebracht. Von der Anlegestelle am neuen Jachthafen, der Marina Piccola, kann Alt-Sorrent zu Fuß über 200 Treppenstufen in 20 Minuten oder aber mit einem Bus erreicht werden. Als Ausgangspunkt für eine Stadtbesichtigung bietet sich der am Rand des Tuffsteinplateaus angelegte Park **Villa Comunale** an. Von hier aus kann man die fantastische Aussicht über den Golf von Neapel bis hin zum Vesuv genießen. Die **Piazza Torquato Tasso**, das nach dem Renaissancedichter benannte Zentrum Sorrents, ist von hier aus nur etwas mehr als einen Steinwurf weit entfernt. Der Platz, den heute ein Denkmal Tassos schmückt, wird von dem Corso Italia, einer eleganten Flaniermeile, durchkreuzt. In westlicher Richtung führt die Straße zu dem sehenswerten romanischen **Dom** sowie zur **Museobottega della Tarsialignea**, das eine weltweit wohl einmalige Sammlung von Intarsienarbeiten besitzt. Weitere Attraktionen Sorrents sind das **Kloster San Francesco** in der Nähe des Parks Villa Comunale sowie das **Museo Correale di Terranova** – das wichtigste Museum der Stadt. Es residiert inmitten eines herrlichen Gartens in einem alten Adelspalast im Osten Sorrents am Rand des Tuffsteinplateaus und verfügt über eine beachtenswerte Sammlung von Gemälden flämischer und neapolitanischer Meister.

Einige der besten Restaurants und Trattorien Sorrents finden sich direkt am Hafen. Sie sind für ihre Fischspezialitäten bekannt und bieten auch den berühmten Sorrentiner Limoncello, einen Zitronenlikör, an. Viele Kreuzfahrtpassagiere nutzen den Landgang in Sorrent zu einem Ausflug auf das der Halbinsel vorgelagerte **Capri**. Die Fähren starten in der Marina Piccola.

Mit der zwischen Neapel und Sorrent verkehrenden Circumvesuviana sind Pompeji und Herculaneum zu erreichen.

gusto, einem paradiesischen Park, der eine unvergessliche Aussicht über den Süden Capris bietet. Für einen Spaziergang zum Arco Naturale und den an der Südostspitze Capris aus dem Meer ragenden Felsnadeln Faraglioni (links) muss man ungefähr 1,5 Stunden veranschlagen. Der Weg führt durch eine zauberhafte Gartenlandschaft. Von der Marina Grande starten Ausflugsboote zu Inselrundfahrten und zur Blauen Grotte.

**Amalfi ist die bedeutendste Stadt an dieser Küste.**

**Amalfi** Die Stadt, der die Küste ihren Namen verdankt, liegt in einem engen, zum Meer hin offenen Tal und windet sich über steile Berghänge hinauf. Amalfi war zwischen dem 9. und dem 14. Jh. eine freie Seerepublik und eine bedeutende Handelsmacht im Mittelmeerraum.
Nach der verheerenden Sturmflut des Jahres 1343, die große Teile der Stadt zerstörte, versank sie für Jahrhunderte in die politische Bedeutungslosigkeit. Erst mit dem Aufblühen des modernen Tourismus im 19. Jh. wurde Amalfi wiederentdeckt und entwickelte sich zu einem wirtschaftlichen Zentrum der Region. Die Kreuzfahrtschiffe ankern vor der Küste und lassen die Passagiere mit kleinen Booten an Land bringen.

Hauptattraktion der Stadt ist zweifellos der **Dom**, der sich ganz in Hafennähe über einer imposanten Freitreppe erhebt. Das Gotteshaus wurde 987 neben einer frühchristlichen Basilika errichtet und über die Jahrhunderte häufig umgebaut. Es beeindruckt durch eine mit geometrischen Mustern reich geschmückten Fassade und durch eine verschwenderische barocke Innenausstattung. Der Campanile im normannisch-arabischen Stil stammt aus dem 12. Jh. Die **Piazza Duomo** wird von netten Cafés gesäumt.
In der malerischen Altstadt Amalfis finden sich gute Einkaufsmöglichkeiten und viele Trattorien. Nördlich des Domplatzes wurde in einer Papierfabrik ein **Museum** eingerichtet, das über die Geschichte der Papierherstellung informiert.

**Salerno** Die Hauptstadt der gleichnamigen italienischen Provinz hat sich seit der Sanierung der lange Zeit vernachlässigten Altstadt in den 1990er-Jahren zu einer sehenswerten Touristenattraktion entwickelt. In dem Gassengewirr des historischen Viertels geht es stets lebhaft und geschäftig zu. Überall locken stilvolle Geschäfte und Restaurants. Interessant ist neben dem normannischen **Dom** aus dem 11. Jh. das in der Kirche San Gregorio untergebrachte **Museo Didattico della Scuola Medica Salernitana**. Es informiert über die im Mittelalter in ganz Europa berühmte Ärzteschule und ist geradezu ein Muss für jeden Gast der Stadt.

Wer sich für die Kunst und Kultur der Etrusker interessiert, sollte einen Besuch des **Museo Archeologico Nazionale** in Pontecagnano oder der **Area archeologica di Fratte** im Osten der Stadt nicht versäumen. Salerno wird von dem mittelalterlichen **Castello di Arechi** überragt. Normannen, das Haus Anjou und die Aragonesen hinterließen hier Spuren. Nach einer umfangreichen Sanierung steht die Festung heute für Besichtigungen offen.

**Großes Bild oben: Entlang der Amalfiküste entfaltet sich immer wieder ein schöner Blick auf das Tyrrhenische Meer, wie hier von Ravello aus.**

# Sizilien Messina, Catania, Syrakus, Trapani

## Ätna

Mongibello nennen die Sizilianer auch oft ihren launenhaften Feuerberg. Doch so heikel das Leben im Schatten des größten Vulkans Europas sein mag (rechts: Blick über Taorminas griechisches Theater zum Ätna): Ein Ausflug auf den 3323 m hohen Gipfel ist, wenn man auf den vorgegebenen Pfaden bleibt, ungefährlich. Von Nicolosi oder Zafferana führt die

**Fläche:**
Sizilien: 25 426 km²
**Einwohner:**
Messina: 240 000
Catania: 295 000
Syrakus: 125 000
Trapani: 70 000
**Sprache:** Italienisch
**Währung:** Euro
**Hauptreisezeit:** April bis Oktober
**Zeitzone:** UTC + 1

**Sizilien zieht nicht nur durch seine wilde landschaftliche Schönheit, sondern auch durch sein reiches kulturelles Erbe immer wieder die Menschen in seinen Bann. Zwar wurde die Insel durch eine Verschiebung der politischen Kräfteverhältnisse seit dem Beginn der Neuzeit an den Rand Europas gedrängt, während der Antike und des Mittelalters lag sie aber im Brennpunkt der Geschichte des Kontinents.**

**Messina** Nicht zuletzt dank ihrer exponierten Lage an der gleichnamigen Meerenge zwischen der Nordostspitze Siziliens und dem italienischen Festland ist die heute knapp 250 000 Einwohner zählende Stadt ein beliebtes Ziel auf Mittelmeer-Kreuzfahrten. Gleich bei der Einfahrt in die Hafenbucht werden die Schiffe von dem imposanten Forte San Salvatore aus dem 17. Jh. begrüßt. Das Zentrum ist nur wenige Gehminuten von der Anlegestelle für Cruiseliner entfernt. Hier präsentiert sich Messina urban und modern.

Da die Stadt in der Vergangenheit immer wieder durch schwere Erdbeben und 1943 durch einen Bombenangriff zerstört wurde, finden sich nur wenige historische Baudenkmäler wie die im 12. Jh. errichtete Kirche **Santissima Annunziata dei Catalani** an der Piazza Duomo. Die Kathedrale **Maria Santissima Assunta** auf der anderen Seite des Platzes wurde bei dem Bombardement von 1943 stark beschädigt und musste wieder aufgebaut werden. Einige Gehminuten südöstlich der Piazza Duomo lohnt die Kirche **Santa Maria degli Alemanni** einen Besuch. Das Gotteshaus wurde im 13. Jh. vom Deutschritterorden errichtet und ist der einzige rein gotische Sakralbau Siziliens. Im **Museo Regionale** am Viale della Libertà sind Reste vieler bei dem großen Erdbeben von 1908 zerstörten Kirchen und Paläste ausgestellt. Messina bietet sich als Ausgangspunkt für Ausflüge zum **Ätna** oder aber in das rund 45 km weiter südlich gelegene **Taormina** an. Seit seiner Entdeckung durch Italienreisende wie Goethe hat sich das reizvoll zwischen Vulkan und Meer gelegene Küstenstädtchen zu einem Besuchermagneten entwickelt. Im 19. Jh. zog es Europas High Society hierher, heute wird Taormina von Touristen aus allen gesellschaftlichen Schichten und Regionen bevölkert. Hauptattraktion ist das in einen Hang gebaute **antike Theater**, das einen herrlichen Blick auf den schneebedeckten Ätna und über die Küste gewährt. Seine Anfänge gehen auf griechische Kolonisten zurück. Die heute sichtbaren Ruinen stammen aus römischer Zeit.

**Catania** Die Stadt verdankt ihren Beinamen »schwarze Tochter des Ätna« den vielen barocken Prunkbauten aus dunklem Lavagestein, die ihr historisches Zentrum prägen. Nach dem verheerenden Erdbeben von 1693, das Catania fast vollständig zerstörte und mehr als 10 000 Opfer forderte, entschlossen sich die überlebenden Bewohner, ihre Stadt ganz im Stil der damaligen Zeit neu aufzubauen. Unter der Leitung des Stararchitekten Giovanni Battista Vaccarini (1702–1768) entstand ein faszinierendes Ensemble aus eleganten Bürgerhäusern, ausladenden Kirchen und prunkvollen Palästen. Straßen und Plätze wurden erweitert und so zu Fluchtwegen ausgebaut. Das barocke Zentrum Catanias gilt als Musterbeispiel einer planvoll angelegten Stadt und steht zusammen mit den anderen spätbarocken Städten des **Val di Noto** auf der UNESCO-Weltkulturerbe-Liste. Vom Hafen ist es schnell mit der U-Bahn erreichbar.
Viele Kreuzfahrtpassagiere nutzen den Aufenthalt in Catania zu einem Ausflug auf den **Ätna**, dem höchsten Vulkan Europas. Mit dem Bus oder einem Pkw gelangt man von Catania aus zu der Talstation der neuen Ätna-Seilbahn, die die Besucher zu den erloschenen Silvestri-Nebenkratern bringt.

**Syrakus** Die viertgrößte Stadt Siziliens blickt auf eine fast 3000-jährige, in einer Fülle von Baudenkmälern sichtbar werdende Geschichte zurück

**Großes Bild oben: Catanias Kathedrale ist der heiligen Agatha, der Schutzpatronin der Stadt, geweiht.**

Strada dell'Etna in vielen Kurven bis zum Rifugio Sapienza auf 1910 m. Weiter geht es per Seilbahn auf 2600 m und zuletzt mit Führer im Allradfahrzeug bis zum Kraterrand. Das landschaftlich reizvolle Gebiet

wurde 1981 zum Nationalpark erklärt. Eine Alternative bietet sich auch die Schmalspurbahn Ferrovia Circumetnea, die in 3,5 Stunden um den Ätna herum fährt, von Catania bis in das 114 km entfernte Giarre-Riposto.

Beliebter Treffpunkt ist die Piazza IX Aprile in Taormina.

Auf der kleinen Insel Ortigia befindet sich der Dom von Syrakus.

Die Windmühlen und Salinen, hier bei Marsala, sind das Wahrzeichen der Region.

und steht deshalb auf der UNESCO-Welterbeliste. Sie wurde 734 v. Chr. von Kolonisten aus Korinth gegründet und entwickelte sich schnell zu einem politischen und kulturellen Zentrum des antiken Griechenlands. Dichter wie Aischylos und Pindar verfassten hier wichtige Werke. Platon hielt sich mehrmals am Hof des Königs Dionysos II. auf und versuchte den Herrscher von seiner politischen Philosophie zu überzeugen. Berühmt ist auch der Mathematiker Archimedes, der um 287 v. Chr. in Syrakus geboren und hier 212 v. Chr. im Zuge der römischen Eroberung der Stadt getötet wurde. Nach dem Untergang des Imperium Romanum wechselten Byzantiner, Araber und mittelalterliche europäische Dynastien einander in der Herrschaft über Syrakus ab. Sie alle hinterließen – wie die Griechen und Römer – in der Architektur ihre Spuren.

Nach dem großen Erdbeben von 1693, das viele Gebäude zerstörte, wurde Syrakus mit prachtvollen Kirchen und Palästen ausgestattet. Die meisten Zeugnisse antiker, mittelalterlicher und barocker Baukunst befinden sich auf **Ortigia**, einer kleinen nur durch einen schmalen Kanal vom Festland getrennten Insel. Sie kann von den Anlegestellen der Kreuzfahrtschiffe über eine Brücke erreicht werden. Auf dem Festland wartet der **Parco Archeologico della Neapoli** mit bemerkenswerten Bauten aus griechischer und römischer Zeit auf.

**Trapani** Die Stadt verdankt ihren griechischen Namen Drepanon (Sichel) der sichelförmigen Landzunge, auf der sie ursprünglich errichtet wurde. Ihre Anfänge gehen auf eine Siedlung der Ionier zurück. Während des Ersten Punischen Krieges errichteten die Karthager hier einen strategisch wichtigen Stützpunkt.

Unter den Römern verlor Trapani dann an Bedeutung. Erst im Mittelalter blühte die Stadt wieder auf und entwickelte sich zu einem bedeutenden Handelsplatz. Das Salz aus den nahe gelegenen Salinen wurde nach Frankreich, England und Spanien exportiert. Auch heute ist die Salzgewinnung ein nicht unbedeutender Wirtschaftsfaktor. Die Salinen mit ihren **Windmühlen** sind zu einem Wahrzeichen der ganzen Region geworden. Während des 17. und 18. Jh.s wurden viele Bauten aus früheren Epochen im Stil der Zeit modernisiert.

In der sehenswerten **Altstadt**, die sich über die ganze Landzunge erstreckt, dominieren deshalb barocke Bauten. Auch die sogenannte Neustadt, die sich seit dem 19. Jh. auf dem Festland entwickelte, lockt mit einer touristischen Attraktion: Das **Museo Regionale Pepoli** ist in einem Karmeliterkloster aus dem 14. Jh. untergebracht, das ebenfalls im 18. Jh. umfassend renoviert wurde. Die meisten Kreuzfahrtschiffe gehen an der **Garibaldi-Pier** im Hafen von Trapani vor Anker. Das Stadtzentrum lässt sich von hier aus in wenigen Gehminuten erreichen.

Viele Passagiere nutzen den Aufenthalt in Trapani zu einem Tagesausflug in die antike Ruinenstadt **Segesta** oder in das nur 15 km entfernte **Erice**. Das zauberhaft auf dem gleichnamigen Berg angelegte Städtchen wurde im Mittelalter von Normannen besiedelt.

Die **Festung**, die sie auf den Resten eines Venustempels errichteten – das Castello di Venere – bietet einen atemberaubenden Ausblick auf die steile Küste und die Trapani vorgelagerten Inseln.

# Palermo

## Monreale

Kein Aufenthalt in Palermo ist denkbar ohne die Fahrt hinauf in das rund 8 km entfernte Bischofsstädtchen Monreale. Von der Anhöhe des Monte Caputo hat man die sizilianische Hauptstadt mit der wie mit dem Zirkel gezogenen Bucht Conca d'Oro schön vor sich liegen. Herausragende Sehenswürdigkeit ist die berühmte Kathedrale. 1172 hatte Wilhelm II. hier in luftiger Höhe eine Benediktinerabtei gestiftet, um die sich alsbald eine Stadt bildete. In ihrem Zentrum ließ er einen Dom bauen – eine dreischiffige Basilika, die den Triumph des Christentums über den Islam symbolisieren sollte.

**Land:** Italien
**Einwohner:** 655 000
**Sprache:** Italienisch
**Währung:** Euro
**Hauptreisezeit:** April bis Oktober
**Zeitzone:** UTC + 1

**Eingebettet zwischen den Hügeln des Monte Pellegrino und dem Kap Zaffarana liegt Palermo in der Ebene der Conca D'Oro, der Goldenen Muschel. Dies ist eine Anspielung auf die Orangenhaine, die sich in früherer Zeit um Palermo ausbreiteten. Im 8. Jh. v. Chr. wurde die Stadt von den Phöniziern gegründet, geriet 254 v. Chr. unter römische Herrschaft und erlebte ab 831 eine Blütezeit als Sitz der arabischen Emire, die die Stadt mit Palästen und Moscheen bedachten. Im 12. Jh. entwickelte sich unter normannischer Herrschaft jenes für Palermo so charakteristische Zusammenspiel aus arabischen und normannischen Kulturelementen, das seinen Niederschlag in den Palästen, Kirchen und Plätzen der Stadt gefunden hat. In der Folge geriet Palermo, ähnlich wie Neapel, unter die wechselvolle Fremdherrschaft von Franzosen und Spaniern, die zu einer zunehmenden Verarmung der Stadt und des umliegenden Landes führte. Mafiöse Strukturen waren die Folge, die auch unter dem neuen Machthaber Italien nicht beseitigt werden konnten. Nach den Zerstörungen des Zweiten Weltkriegs schien die einstmals prächtige Altstadt mit ihren byzantinischen Kirchen, Moscheen, Barockpalästen und arabischen Lustschlössern dem Verfall preisgegeben zu sein. Die Gelder zu ihrem Wiederaufbau versickerten in dunklen Kanälen. Erst in den 1990er-Jahren streifte Palermo das Stigma mafiöser Dekadenz von sich. Unter dem Antimafia-Bürgermeister Leoluca Orlando (Amtszeit 1985–2000) blühte das öffentliche, wirtschaftliche und kulturelle Leben der Stadt wieder auf. Seither wird in der Altstadt mit Erfolg renoviert.**

**Via Vittorio Emanuele** Eine erste Orientierung in der Stadt bieten zwei Verkehrsachsen, von denen die Via Marqueda in einer parallel zum Meer verlaufenden schrägen Nord-Süd-Achse verläuft. Gekreuzt wird sie von der Via Vittorio Emanuele, die in west-östlicher Richtung führt. Beide Straßen teilen die Altstadt in vier gleich große Stadtviertel, mit dem achteckigen, als Quattro Canti bekannten Platz im Zentrum, der durch ornamental gestaltete Häuserfassaden und Brunnen mit allegorischen Figuren besticht.
Nähert man sich vom Quattro Canti dem Meer, so trifft man linker Hand auf den **Vucciria-Markt**, einer Art sizilianischem Souk, an dem mit theatralischen Posen und lautem Geschrei zappelnde Fische und Gemüse, Gebäck und frische Kräuter feilgeboten werden – ein Erlebnis für jeden, der Palermos multikulturelle Seele kennenlernen möchte. Unmittelbar am Quattro Canti eröffnet sich die **Piazza Pretoria** mit der Kirche **San Giuseppe** aus dem 16. Jh. und dem **Palazzo Senatorio**, der das Rathaus beherbergt. Von dort aus gelangt man zu der im Jahr 1143 errichteten **La Martorana** und der im arabisch-normannischen Stil errichteten Kirche **San Cataldo**, deren reiche Innenausstat-

Diese mit einer Länge von 102 m und 40 m Breite größte Kirche Siziliens ruht auf 18 antiken Säulen. Sie enthält die Sarkophage der Könige Wilhelm I. und II. und herrliche Bronzeportale. Die große Sensation

sind ihre einzigartigen Mosaike (links), die auf einer Fläche von 6300 m² mit beispielloser Pracht biblische Geschichten erzählen. Sehenswert ist auch der reich verzierte Kreuzgang mit seinen 216 Säulenpaaren.

**Der Vucciria-Markt ist einer der ältesten in ganz Europa.**

tung die Glaubenswelt der Ostkirche wiedergibt. Folgt man der Via Vittorio Emanuele in westlicher Richtung, so erreicht man den in seiner Größe eindrucksvollen **Dom** von Palermo, der mit einer klassizistischen Kuppel und zahlreichen Treppentürmen weithin sichtbar ist. Unweit davon, an dem Ort der ersten phönizischen Festung, befindet sich der **Normannenpalast** mit der **Cappella Palatina**, der im 9. Jh. als Palast den Emiren diente und in der Folge von Roger II. zum Regierungspalast ausgebaut wurde. Besonders sehenswert sind das Zimmer des Roger, der Parlamentssaal sowie die Cappella Palatina, in deren Innenräumen die Symbiose der drei großen Religionen Palermos zutage tritt. Das byzantinisch geprägte Christentum, der christliche Westen und der Islam haben sich hier zu einem Kunstwerk höchsten Ranges vereinigt. Die hinter dem Palast versteckte Kirche **San Giovanni degli Eremiti** bezeugt mit ihren fünf leuchtend roten Kuppeln die arabisch-normannische Kultur Palermos.

**La Zisa und die Katakomben der Kapuziner** Gleich zwei Sehenswürdigkeiten erwarten den Besucher am westlichen Rand der Stadt, unweit der Piazza Vittorio Emanuele Orlando: **La Zisa**, einer der schönsten Paläste, die aus der Epoche der Fatimiden von Palermo erhalten sind, und die schaurig-makabre Kapuzinergruft. »Die ist das irdische Paradies, das sich den Augen öffnet«, so lautet die Botschaft der in arabischen Schriftzeichen verfassten Inschrift über dem Eingang der Zisa, die im Jahr 1165 von Wilhelm I. als Sommerresidenz errichtet wurde. Der kubische Bau vermittelt einen in sich geschlossenen Eindruck. Drei symmetrisch angelegte Eingänge unterbrechen die Geschlossenheit der Fassade. Innen eröffnen sich dem Blick des Betrachters die Wohngemächer der Herrscher, in deren Zentrum sich der geräumige Empfangssaal mit dem islamischen Paradiesbrunnen befindet. Etwas gruselig ist ein Besuch der Catacombe dei Cappuccini in der Via Cipressi 1. Hier erwarten den in die dunklen Gänge der Katakomben Eintretenden lange Reihen mumifizierter Skelette, die, angetan mit Alltagskleidern, Uniformen und verstaubten Anzügen, einen wahnwitzigen Anblick bieten – nichts für zarte Gemüter!

**Oben von links: Piazza Pretoria; Fresken in der Cappella Palatina im Normannenpalast; Blick ins Innere des Doms von Monreale (oben rechts).**

Von außen eher unscheinbar, überwältigt der Innenraum der Cappella Palatina im Palazzo Reale, dem Normannenpalast, mit Marmorsäulen und leuchtenden Mosaiken auf goldenem Grund (unten).

Die Fassade der Kathedrale Maria Santissima Assunta (ganz links) ist mit wunderschönen arabesken Intarsien geschmückt. Im Inneren präsentiert sie sich als klassizistische Pfeilerbasilika (links).

# Malta

## Vallettas Häfen

Was wäre ein Aufenthalt in Valletta ohne eine Hafenrundfahrt? Die Stadt wurde an der Spitze einer Halbinsel, die von weitverzweigten Meeresbuchten umgeben ist, errichtet und verfügt daher über zwei Naturhäfen (rechts). Der 3 km tief ins Land schneidende Grand Harbour im Südosten der Halbinsel zählt zu den schönsten der Welt. Nicht erst die Ordensritter, sondern bereits die Phönizier, Römer und Araber richteten auf den drei kleinen Landzungen, die an ihrer Ostseite in die Bucht ragen, Ankerplätze ein. Die Siedlungen, die hier erbaut wurden, sind längst zusammen-

**Land:** Malta
**Fläche:** 316 km²
**Einwohner:** 420 000
**Sprache:** Maltesisch, Englisch
**Währung:** Euro
**Hauptreisezeit:** April bis Oktober
**Zeitzone:** UTC + 1

**Der Inselstaat zwischen Sizilien und der tunesischen Mittelmeerküste besteht aus den bewohnten Inseln Malta, Gozo und Comino sowie drei unbewohnten kleinen Eilanden.**
**Die Cruiseliner steuern die Hauptstadt Valletta auf der Hauptinsel Malta an. Bei der Einfahrt in den in einer tief eingeschnittenen Bucht gelegenen Hafen ziehen die Schiffe an der historischen Skyline Vallettas vorbei – ein unvergessliches Erlebnis. Der neue Cruiseterminal befindet sich an der »Waterfront« – einer Reihe barocker Lagerhäuser, die für kulturelle Veranstaltungen umgebaut wurden und mit Restaurants und Geschäften locken.**

Auf Malta werden die Besucher mit einer vieltausendjährigen Geschichte konfrontiert. Die Inseln warten mit Zeugnissen der **Megalithkultur**, die sich zwischen 3600 und 2500 v. Chr. hier entwickelte, auf. Der **Tempelkomplex von Hal-Tarxien** und die unterirdische Grabanlage von **Hal-Saflieni**, nur 6 km südöstlich von Valletta gelegen, gelten als Höhepunkte steinzeitlicher Baukunst und stehen auf der UNESCO-Welterbeliste. Auch die Kapitale selbst ist als gut erhaltene idealtypische Befestigungsstadt seit 1980 UNESCO-Welterbe. Sie wurde unter der Federführung der Architekten Francesco Laparelli und Gerolamo Cassar nach der Belagerung Maltas durch die Osmanen ab 1566 im Auftrag des Johanniterordens erbaut und präsentiert eine Fülle an historischen Bauten wie den 1571 errichteten Großmeisterpalast, in dem heute das maltesische Parlament und der Staatspräsident residieren. In der St. John's Co-Cathedral, einem Schmuckstück barocker Baukunst, wurden die Ordensritter bestattet. Das in einem Palast aus dem 18. Jh. untergebrachte **National Museum of Fine Arts** beeindruckt mit einer Sammlung von Gemälden italienischer und maltesischer Meister. Das **Archäologische Nationalmuseum** residiert in einer ehemaligen Herberge der Ordensritter und informiert über die Geschichte Maltas von der Megalithkultur bis zum Mittelalter.

**Die Anlage von Mnajdra besteht aus drei Tempeln.**

**Rechts: Von Bord eines Kreuzfahrtschiffs aus bietet sich hier die Kulisse von Maltas Hauptstadt Valletta mit ihren Befestigungsmauern dar.**

gewachsen und unter dem Namen »Three Cities« bekannt. Wie ihre »Schwesterstadt« Valletta auf der gegenüberliegenden Seite des Grand Harbour warten sie mit historischen Forts aus der Zeit der Ritterherrschaft auf. Der die Halbinsel von Valletta im Nordwesten umschließende Marsamxett Harbour, wird durch Manoel Island das heute durch eine Brücke mit dem Festland verbunden ist, geteilt. Hier lohnt das von einem Großmeister des Malteserordens im 18. Jh. errichtete Fort Manoel Island eine Besichtigung. In Sliema an der Nordseite des Marsamxett Harbour starten und enden die Hafen- und Inselrundfahrten.

# Östliches Mittelmeer, Schwarzes Meer

Das östliche Mittelmeer ist seit jeher ein klassisches Kreuzfahrtgebiet. Bereits die 1891 von dem Reeder Albert Ballin organisierte erste Kreuzfahrt der Geschichte führte von Cuxhaven über Gibraltar und das westliche Mittelmeer bis nach Athen, Istanbul und in die Levante. Heute haben die Kreuzfahrtveranstalter auch die antiken Stätten auf dem Peloponnes, die Inselwelt der Ägäis und die Urlaubsparadiese an der türkischen Mittelmeerküste im Programm. Die Region wartet mit einem reichen kulturellen Erbe auf: Griechen, Byzantiner, Kreuzritter und Osmanen haben sie geprägt. Ihre touristische Infrastruktur ist hoch entwickelt und die Gastfreundlichkeit ihrer Bewohner sprichwörtlich.

Der Mandraki-Hafen von Rhodos-Stadt ist idealer Ausgangspunkt für eine Stadtbesichtigung oder eine Inseltour.

# Brindisi, Bari, Ancona, Ravenna

### Ravennas frühchristliche Baudenkmäler

Die ältesten Mosaiken der Stadt befinden sich im Mausoleum der Kaiserin Galla Placidia. In der 547 geweihten Kirche San Vitale ist insbesondere die Chornische mit reichen Mosaiken ausgekleidet. Der Gotenkönig Theoderich ließ Anfang des 6. Jh.s das Baptisterium der Arianer mit schönen Kuppelmosaiken errich-

**Land:** Italien
**Einwohner:**
Brindisi: 90 000
Bari: 320 000
Ancona: 100 000
Ravenna: 160 000
**Sprache:** Italienisch
**Währung:** Euro
**Hauptreisezeit:** April bis Oktober
**Zeitzone:** UTC + 1

**Allen Unkenrufen zum Trotz zählt Italiens Adriaküste zu den beliebtesten Urlaubsregionen im Mittelmeerraum. Nicht nur das inzwischen sauberer gewordene Meer, sondern auch die breiten, hellgelben Sandstrände und das angenehm warme Klima locken alljährlich Millionen Urlauber an. Die Städte entlang der Küste und im Hinterland blicken auf eine wechselvolle Geschichte zurück und warten mit kunsthistorischen Zeugnissen aus allen Zeitaltern und Epochen auf. In den Kreuzfahrthäfen von Bari, Brindisi und Ancona finden sich antike Ruinen, normannische Festungen und mittelalterliche Kirchenbauten auf engstem Raum. Ravenna ist für seine frühchristlichen Kirchen berühmt.**

**Brindisi** Der Name der Stadt leitet sich von dem Wort »brunda« ab, was in der Sprache der um 1000 v. Chr. in der Region siedelnden Messapier so viel wie »Hirschkopf« bedeutet; er spielt auf die einem Geweih nicht unähnliche Form der Hafenbucht an. Sie ist nur durch den schmalen Canale Pigonati mit dem offenen Meer verbunden und in auseinanderstrebende Meeresarme, den Seno di Ponente und den Seno di Levante, geteilt. Von Brindisi starten die Fähren nach Griechenland, und die Kreuzfahrtschiffe machen hier gelegentlich auf ihrem Weg nach Venedig Station. Die Stadt blickt auf eine bewegte Geschichte zurück, die sich dem Besucher schon vom Hafen aus erschließt. Sie wurde vermutlich im 7. Jh. v. Chr. von griechischen Kolonisten gegründet und ca. 250 v. Chr. von den Römern erobert. Die neuen Herren bauten die Via Appia bis hierher aus und nutzten die Meeresanbindung, um Handel mit dem Orient zu treiben. Von den beiden Säulen, die im 3. Jh. am Endpunkt der Römerstraße aufgestellt wurden, ragt heute noch eine auf einer Terrasse unweit der Kreuzfahrtpier 19 m in den Himmel empor.
Von hier bietet sich ein weiter Blick über den Hafen bis hin zu der Insel Sant'Andrea, auf der Alfons V von Aragon 1445 ein Kastell errichten ließ. Brindisis Stadtzentrum, das gleich hinter dem Hafen beginnt, wartet mit einigen sehenswerten mittelalterlichen Sakralbauten wie der Kirche **San Benedotto** aus dem 11. Jh. oder **San Giovanni al Sepolcro** aus dem 12. Jh. auf. Prähistorische und antike Grabungsfunde hütet das **Archäologische Museum**. Das über dem Ufer des Seno di Poente unter Friedrich II. im 13. Jh. errichtete **Castello Svevo** ist ein beliebtes Fotomotiv. Es wird von der italienischen Marine genutzt und kann daher nicht besichtigt werden. Die außerhalb des Stadtzentrums gelegene Kirche **Santa Maria del Casale** ist ein Solitär unter Süditaliens Sakralbauten. Sie zeichnet sich durch eine Verbindung von romanischen und gotischen Bauformen aus.

**Bari** Die Hauptstadt Apuliens wird als Kreuzfahrtziel gern in die Routen aufgenommen. Seit der Eröffnung des modernen Cruiseterminals laufen

ten. Sant'Apollinare Nuovo wurde als Palastkirche unter Theoderich erbaut und war anfangs dem heilige Martin geweiht. Das Grabmal des Gotenkönigs, um 520 errichtet, wird von einer Marmorkuppel gekrönt. Das Baptisterium neben dem Dom schmücken Mosaiken und Flachreliefs. Das Oratorio di Sant'Andrea im Bischofspalast ließ Erzbischof Petrus II. Anfang des 6. Jh.s erbauen und mit Mosaiken ausgestalten. Außerhalb der Stadt liegt die sehenswerte Kirche Sant'Apollinare in Classe (links), die ab 534 über dem Grab des ersten Bischofs von Ravenna errichtet wurde. Die Mosaiken zeigen die Verklärung Christi.

auch große Schiffe Bari an. Zwischen dem Terminal und der Innenstadt verkehren Busse. Downtown Bari ist nicht nur räumlich durch den breiten Corso Vittorio Emanuele, sondern auch architektonisch und sozial zweigeteilt.
Das hinter dem Hafen beginnende Gewirr malerischer, enger Gassen, das die Altstadt bildet, ist das Quartier der einfachen Leute geblieben. Hier spielt sich bis heute ein Großteil des Alltagslebens »auf der Straße« ab. Aus den vielen mittelalterlichen Sakralbauten der Altstadt ist die Basilika **San Nicola** sehenswert. Die Krypta dieser zwischen 1087 und 1189 errichteten romanischen Kirche soll die Gebeine des heiligen Nikolaus beherbergen. Auch die prachtvoll ausgestattete Kathedrale **San Sabino** aus dem 12. Jh. ist eine Augenweide. Hier fällt besonders der Rundbau des Baptisteriums auf. Die Anfänge des **Castello Normanno-Svevo** im Südwesten der Altstadt gehen auf den Normannen Robert Guiscard zurück. Aber erst Friedrich II. ließ sie im 13. Jh. zu einer monumentalen Festung ausbauen. Eine Besichtigung der Anlage sollte auf dem Programm stehen. Die jenseits des Corso Vittorio Emanuele beginnende Neustadt wurde erst zu Beginn des 19. Jh.s angelegt. Das Quartiere Murattino wird von einem Netz gerader, rechtwinklig aufeinander zulaufender Straßen durchzogen und stellt damit einen extremen Gegensatz zu dem labyrinthischen Gewirr der Altstadtgassen dar. Das Stadtbild wird von klassizistischen Palästen und gründerzeitlichen Bauten geprägt. Die Neustadt ist Baris Einkaufsparadies.

**Ancona** Die an einer der wenigen Adria-Buchten gelegene Hauptstadt der Marken verfügt über einen bedeutenden Handelshafen und wird häufig bei Kreuzfahrten angesteuert. Das Stadtzentrum liegt nicht weit von der Anlegestelle für Cruiseliner, der Pier XXIX Settembre, entfernt; zwischen dem modernen Cruiseterminal und dem Stadtzentrum verkehren Shuttle-Busse.
Ancona präsentiert sich als laute, ständig vom Verkehrsinfarkt bedrohte und doch lebendige Metropole. Obwohl sie im Zweiten Weltkrieg stark zerstört und bis in die jüngste Zeit von Erdbeben heimgesucht wurde, tauchen zwischen all den modernen Zweckbauten, die das Stadtbild heute prägen, immer wieder Zeugnisse einer reichen Geschichte auf.
Die Stadt wurde 387 v. Chr. von Griechen gegründet und vermutlich im 2. Jh. v. Chr. von den Römern erobert. Kaiser Trajan († 117) ließ den Hafen zu einem der wichtigsten Handels- und Flottenstützpunkte im Römischen Reich ausbauen. Unterhalb des Monte Guasco, eines den Eingang der Hafenbucht überragenden Ausläufers des Monte-Cenero-Massivs, wurde ihm zu Ehren ein Triumphbogen erbaut. Sein in der Nähe errichtetes kleineres Pendant erinnert an Papst Clemens XII. († 1740), der den Hafen ausbauen ließ und zum Freihafen erhob.
Die romanische Kathedrale **San Ciriaco** auf dem Monte Guasco zählt zu den besterhaltenen mittelalterlichen Sakralbauten in Italien. Im Stadtzentrum finden sich weitere architektonische Zeugnisse aus dem Goldenen Zeitalter Anconas. Die Stadt war über 500 Jahre eine autonome Seerepublik und wurde erst 1532 unter Papst Clemens VII. dem Kirchenstaat einverleibt. Ancona bietet sich als Ausgangspunkt für einen Ausflug nach **Urbino**, die weltberühmte und zum UNESCO-Weltkulturerbe gehörende Renaissancestadt, oder in den nicht minder berühmten Marienwallfahrtsort **Loreto** an.

**Byzantinisches in Ravenna: die Kirche San Vitale.**

**Ravenna** Einst lag die Hauptstadt der italienischen Region Emilia-Romagna direkt am Meer. Ihr Hafen wurde unter Kaiser Augustus zu einem der größten und bedeutendsten Flottenstützpunkte des römischen Imperiums ausgebaut. Aber erst als die Hauptstadt des Weströmischen Reiches, dann als Residenz des Gotenkönigs Theoderich des Großen und schließlich als Zentrum der byzantischen Enklave in Italien gelangte Ravenna auch zu großer kultureller Blüte. Die Baudenkmäler, die in dieser Zeit, zwischen dem 4. und dem 7. Jh., in der Stadt entstanden, gelten als bedeutendste architektonische Zeugnisse des frühen Christentums und stehen deshalb auf der UNESCO-Welterbeliste.
Kirchen wie die **Basilica San Vitale**, das **Battistero degli Ariani**, die **Basilica Sant' Apollinare Nuovo** oder die außerhalb des Zentrums gelegene **Basilica Sant' Apollinare in Classe** sind mit kostbaren Mosaiken geschmückt. Die Kunstwerke sind schon allein deshalb einzigartig, weil im Zuge des sogenannten Bilderstreits zwischen 750 und 850 alle bildlichen Ausdrucksformen der Heiligenverehrung aus den Kirchen Byzanz' entfernt wurden. 751 wurde Ravenna von Langobarden erobert, 755 infolge der Pippinischen Schenkung dem neu gegründeten Kirchenstaat einverleibt. Die Stadt verlor ihre politische und kulturelle Bedeutung. Der Hafen begann zu verlanden. Heute liegt er 9 km von Ravenna entfernt.

**Auf der Piazza del Plebiscito in Ancona steht ein Denkmal von Papst Clemens XII. (oben links).**

# Venedig

## Karneval

Neben Rio de Janeiro und den Städten entlang des Rheins ist kein Ort weltweit so berühmt für seinen Karneval wie Venedig. Jährlich locken fantastisch verkleidete Menschen auf den Plätzen, stilvolle Kostümfeste in erlesenen Kreisen sowie öffentliche Puppenspiel-, Musik- und Theaterdarbietungen Tausende Besucher in die Stadt. Die Tradition des bunten Treibens, mit dem die Tage vor Beginn der Fastenzeit gefeiert werden, reicht bis in das hohe Mittelalter zurück. Im Jahr 1797 kam es dann zum Ende der Republik Venedig und auch des Karnevals, der erst im Jahr 1979 wie-

**Land:** Italien
**Einwohner:** 270 000
**Sprache:** Italienisch
**Währung:** Euro
**Hauptreisezeit:** Februar bis Oktober
**Zeitzone:** UTC + 1

**Die legendäre Lagunenstadt im Norden der Adria ist zentraler Ausgangs- und Zielhafen für Kreuzfahrten im östlichen Mittelmeer. Alljährlich werden ca. 2 Mio. Passagiere gezählt. Mit der in den letzten Jahren für große Schiffe ausgebauten Stazione Marittima und S. Basilio verfügt Venedig über gleich zwei Cruiseterminals. Die meisten Passagiere verbinden die Schiffsreise mit einem Aufenthalt in der Stadt. Venedig, das seit 1987 zusammen mit der Lagune auf der UNESCO-Welterbeliste steht, wurde auf Pfählen im Wasser erbaut und gilt als Gesamtkunstwerk. Unzählige prächtige Paläste und kunstvoll ausgeschmückte Kirchen zeugen von der immensen Bedeutung, die die Stadt als führende Seemacht im östlichen Mittelmeer einst hatte. Der morbide Charme der mehr als 150 Kanäle, Gassen und pittoresken Plätze inspiriert Künstler und Literaten seit jeher.**

**Piazza San Marco** Seit mehr als 800 Jahren schlägt hier das Herz der einstigen Handelsgroßmacht. Die Piazza San Marco gehört zweifelsfrei zu den schönsten Plätzen der Welt und wird oft als städtebauliches Meisterwerk gepriesen. Jedes der prachtvollen Gebäude, die sie säumen, ist ein Solitär. Die berühmte **Basilica di San Marco** an der Ostseite des Platzes vereinigt byzantinische und gotische Bauelemente auf gelungene Weise. Die vielgiebelige, reich dekorierte Fassade dieses von fünf Kuppeln gekrönten Kirchenbaus bildet einen spielerischen Kontrast zu der architektonischen Strenge der Arkadenbauten an den drei anderen Seiten der Piazza. Einst residierten in den Prokuratien im Norden und Süden die sogenannten Prokuratoren, hohe Verwaltungsbeamte der Republik. Heute beherbergen sie elegante Geschäfte und Lokale wie das traditionsreiche **Caffè Florian** oder das **Caffè Quardi**. Beide sind im Westen durch die »Ala Napoleonica« verbunden. In diesem Trakt, dessen Bau tatsächlich von dem großen Korsen initiiert wurde, ist Venedigs Stadtmuseum, das berühmte **Museo Correr**, untergebracht. Im Südosten geht der Markusplatz in die zum Canale di San Marco offene Piazzetta über. Die Ostseite des Platzes wird von dem mächtigen **Dogenpalast** beherrscht. In dem ihm gegenüberliegenden Gebäude, einem Meisterwerk der Renaissancearchitektur, residieren das **Museo Archeologico** und die **Biblioteca Marciana**. Am meerseitigen Eingang zur Piazzetta ragen die **Colonna di San Marco** mit dem Markuslöwen und die **Colonna di Todaro** mit einer Statue des Stadtheiligen empor. Zur Zeit der Seerepublik fanden zwischen den beiden Säulen Hinrichtungen statt, heute gehen hier Touristen, die die Stadt per Gondel oder Vaporetto erkunden, an Land. Eine Besichtigung des Markusplatzes bliebe ohne einen Aufstieg auf den **Campanile** des Doms unvollständig. Seit dem 12. Jh. überragt dieser rund 100 m hohe Turm alle anderen Bauwerke der Stadt. Die Aussichtsplattform, die über Treppenstufen oder einen Fahrstuhl erreicht werden kann, gewährt einen grandiosen Blick.

**Basilica di San Marco** Eine Besichtigung des Markusdoms gilt als Höhepunkt jeder Venedigreise. Wie kein anderes Gebäude der Stadt symbolisiert dieses Gotteshaus die Macht und den Reichtum der Seerepublik. In seinem Kern stammt der byzantinische Kuppelbau, dessen Grundriss die Form eines griechischen Kreuzes hat, aus der zweiten Hälfte des 11. Jh.s Über die Jahrhunderte wurde er von den Dogen erweitert und mit einzigartigen Kunstschätzen ausstaffiert. Die Innenräume der Basilika sind bis in die Kuppelspitzen mit kostbaren Goldgrund-Mosaiken geschmückt. Sie wurden zum großen Teil bereits im 13. Jh. von Künstlern,

derbelebt wurde. Einzigartig ist die venezianische Maskerade, die ihren Ursprung in den Kostümierungen des Commedia-dell'Arte-Theaters hat. Typisch sind die »bautta«, ein Kapuzenumhang, und die »volto« oder

»larva« genannte weiße oder schwarze Halbmaske aus Pappmaschee, die die obere Gesichtshälfte bedeckt, und es gehört eine federnbesetzte Kopfbedeckung zur farbenfrohen Ausstattung (links).

die in der Tradition byzantinischer Meister standen, geschaffen und bilden Geschichten aus der Bibel ab. Auch die Hauptfassade beeindruckt durch ihren Reichtum an dekorativen Elementen wie Skulpturen, Säulen und Türmchen. Die Mosaiken über den Portalen links und rechts des Haupteingangs thematisieren den Raub von Reliquien des heiligen Markus und ihre Überführung von Alexandria nach Venedig 828/829. Das Pferdegespann über dem Hauptportal ist die Kopie einer antiken Skulptur, die – ebenso wie die Gruppe der Tetrarchen an der Porta della Carta des Dogenpalastes – 1204 von venezianischen Kreuzfahrern in Konstantinopel erbeutet wurde. Das Original ist seit einigen Jahren im Dommuseum **Museo Marciano** ausgestellt.

**Palazzo Ducale** Dieser sich im Süden des Markusdoms anschließende und sich bis zur Mole am Canale di San Marco erstreckende Prachtbau war das Machtzentrum der Serenissima. Hier residierte von 802 bis zur Eroberung der Stadt durch Napoleon und seine Truppen der Doge, Venedigs Staatsoberhaupt, hier tagte der Große Rat, hier wurden Gesetze gemacht und Gerichtsurteile gefällt. Auch das Gefängnis befand sich im Dogenpalast. Das heute sichtbare, dreiflügelige Gebäude wurde zwischen dem 14. und dem 16. Jh. ganz im Stil von bescheideneren Vorgängerbauten errichtet und gilt als Meisterwerk gotischer Profanbaukunst. Der West- und der Südflügel bestechen durch ihre unverwechselbaren Fassaden: Über zwei zierlichen Arkadengeschossen erhebt sich ein mächtiges Obergeschoss, das mit weißen und rosafarbenen Marmorplatten verkleidet wurde. Innen erwartet die Besucher eine schier überwältigende Fülle an einzigartigen Kunstwerken. Die lichten, weitläufigen Räume des Palastes sind über und über mit Wand- und Deckengemälden von Meistern des Cinquecento wie Tintoretto und Veronese geschmückt. In der Sala del Maggior Consiglio im ersten Stock

San Marco ist die ehemalige Hauskapelle des Dogen.

Die Rialto-Brücke spannt sich über den Canal Grande.

hängt das größte Gemälde der Welt – das »Paradies« des venezianischen Meisters Jacopo Tintoretto. Der Ostflügel des Dogenpalastes ist durch die berühmte **Seufzerbrücke** mit den Prigioni Nuove auf der anderen Seite des Rio di Palazzo della Paglia verbunden. Das Gefängnis wurde im 16. Jh. zur Entlastung der überfüllten Kerker im Innern des Palastes errichtet und ist schon wegen der Brücke ein Muss für jeden Venedig-Besucher. Den Namen »Seufzerbrücke« (Ponte dei Sospiri) verdankt das Bauwerk der romantischen Vorstellung, dass die Verurteilten den Weg ins Gefängnis seufzend antraten.

**Canal Grande** Die fast 4 km lange und bis zu 100 m breite Hauptverkehrsader Venedigs windet sich s-förmig durch das historische Zentrum und wird oft als schönste Wasserstraße der Welt gerühmt. An beiden Ufern stehen Kirchen und Paläste aus der Blütezeit der Serenissima mit ihren dem Kanal zugewandten Schauseiten dicht an dicht. Mehr als 100 Palazzi befinden sich noch in Privatbesitz und sind bewohnt oder werden als Hotel genutzt, in andere sind international bedeutende Museen eingezogen. Ihre Pracht lässt sich am besten vom Wasser aus bei einer Fahrt mit der Gondel oder dem ungleich preisgünstigeren öffentlichen Nahverkehrsmittel Vaporetto erschließen.

**Rialto-Brücke** Venedigs vielleicht bekanntestes Wahrzeichen überspannt den Canal Grande an seiner schmalsten Stelle und verbindet die Stadtteile San Marco und San Polo. Die Rialto-Brücke wurde zwischen 1588 und 1591 an der Stelle von hölzernen Vorgängerbauten errichtet und mit einem überdachten Bogengang, der beiderseits von kleinen Geschäften gesäumt wird, ausgestattet. Einst wurden an der Rialto-Brücke Waren aus aller Welt angelandet und verkauft. Heute ist sie eine Touristenattraktion. Die Läden auf der Brücke sind von Souvenirhändlern besetzt.

Von den 120 Inseln in der Lagune von Venedig sind die beiden Inseln **Murano** und **Burano** die bekanntesten. Genau genommen zerfallen sie in mehrere kleine und nur durch schmale Kanäle getrennte Eilande.
**Murano** ist als Zentrum der Glasbläser weltweit ein Begriff. Erzeugnisse aus Murano-Glas sind seit dem Mittelalter in ganz Europa begehrt. Auf den Inseln gibt es zahlreiche Glasbläsereien, die auch Besuchern offen stehen. Das **Museo dell'Arte Vetraria** im Palazzo Giustinian informiert über alle Aspekte der Glasbläserkunst. **Burano** ist für die feinen Spitzen, die hier seit Jahrhunderten hergestellt werden, berühmt. Im **Museo del Merletto** sind kostbare Handarbeiten aus Spitze ausgestellt.

**Bild links oben: Die Kirche San Giorgio Maggiore auf dem gleichnamigen Inselchen bietet den Passagieren einen festlichen Empfang.**

**Morgens tauchen Nebel und das Licht der aufgehenden Sonne die Piazzetta mit dem Dogenpalast, einem Dreimaster und San Giorgio Maggiore im Hintergrund in eine unwirkliche Stimmung (unten).**

Links: Der Markusplatz ist das Herz der Serenissima. Wer auf dem Wasserweg kommt, der betritt ihn über die zur Lagune hin offene Piazzetta mit dem Dogenpalast und der Biblioteca Marciana gegenüber.

# Poreč, Rovinj, Zadar, Split

## Poreč

Die Altstadt von Poreč an der Westküste der Halbinsel Istrien wurde von der UNESCO im Jahre 1997 zum Weltkulturerbe erhoben. Das Sakralensemble der Euphrasius-Basilika im historischen Stadtkern von Poreč gilt als herausragendes Beispiel für die Verschmelzung von frühchristlicher und byzantinischer Baukunst. Im 4. Jh. errichteten die Christen in Poreč eine Kapelle, in die sie auch die Gebeine des hl. Maurus, ihres ersten Bischofs, betteten; er galt als ein Märtyrer während der spätrömischen Christenverfolgung. Von diesem Bauwerk sind nur Reste geblieben. Im 5. Jh. wurde

**Land:** Kroatien
**Einwohner:**
Poreč: 18 000
Rovinj: 15 000
Zadar: 75 000
Split: 210 000
**Sprache:** Kroatisch
**Währung:** Kuna
**Hauptreisezeit:** Mai bis Oktober
**Zeitzone:** UTC + 1

**Rund 15 Jahre nach dem Ende des Kroatienkrieges (1991–1995) erfreut sich die östliche Adria wieder großer Beliebtheit bei sonnenhungrigen Touristen aus Nord- und Mitteleuropa. Die wildromantische Landschaft, das lichtblaue, klare Meer und die verträumten Badebuchten an dem Küstenstrich zwischen Istrien und Dubrovnik locken jedes Jahr mehr Menschen an. Nicht nur die Ferienresorts, sondern auch die traditionsreichen Hafenstädte haben sich für die Urlaubsgäste herausgeputzt und wirken attraktiver denn je. Sie sind ein festes Ziel auf Mittelmeerkreuzfahrten geworden und werden von internationalen Cruiselinern angelaufen.**

⚓ **Rovinj** Die an der Westküste der Halbinsel Istrien gelegene Stadt hat sich nicht zuletzt dank ihrer zauberhaften Lage zu einem beliebten Ziel für Kreuzfahrten in der östlichen Adria entwickelt. Lange bevor die Schiffe in den Hafen einlaufen, passieren sie ein Gewirr kleiner, grün schimmernder Inseln mit weißen Felsenbordüren vor stark zerklüfteten Küstenstreifen.
An Land erwartet die Passagiere dann auch ein mediterranes Paradies. Von drei Seiten umgibt Wasser die Stadt, ihre Gebäude sind fast überall direkt ans Meer gebaut. Der malerische Altstadthügel Rovinjs erinnert mit seinen Palazzi und in warmen Farben gestrichenen Häusern an Italien. Enge Gassen, die von pittoresken Plätzen, Durchgängen und Portalen unterbrochen werden, laden zu Spaziergängen ein. Hoch über der Stadt thront die Kathedrale **St. Euphemia** mit ihrem weit aufragenden Campanile, einem Zeugnis der venezianischen Herrschaft von 1283 bis 1797. In der nahen Valdibora-Bucht präsentiert das Meeresbiologische Institut seinen Besuchern die vielfältige Fauna der nördlichen Adria.

**Sveti Donat von Zadar ist als byzantinische Rundkirche angelegt.**

⚓ **Zadar** Die nach Split zweitgrößte Stadt an der dalmatinischen Küste gilt als Dorado für Kunst- und Kulturhistoriker. Obwohl es über die Jahrhunderte immer wieder zerstört wurde, wartet Zadar mit einer Fülle bemerkenswerter Paläste, Kirchen und Klöster aus fast allen Epochen der Geschichte auf. Die Anfänge der Stadt gehen vermutlich auf eine Siedlung der Illyrer zurück. Im 2. Jh. v. Chr. wurde sie von den

eine erste große Basilika errichtet. Unter Bischof Euphrasius erhielt diese im 6. Jh. ihre heutige Form und Ausstattung. Mit seinen reichen und gut erhaltenen Mosaiken ist das im byzantinischen Stil errichtete Gotteshaus

eines der schönsten Bauwerke dieser Epoche (links). Aus derselben Zeit stammen auch die Taufkirche (Baptisterium) und das Atrium, einer der wenigen noch erhaltenen Vorhöfe aus frühchristlicher Zeit.

Römern erobert. Nach dem Untergang Westroms fiel Zadar zunächst an Byzanz, 1109 wurde es dem christlichen Ungarisch-Kroatischen Königreich einverleibt und 1409 an die Republik Venedig verkauft. Mit dem 1797 zwischen Napoleon und Franz II. geschlossenen Frieden von Campo Formio, der das Ende der Serenissima besiegelte, gelangte Zadar wie auch die anderen venezianischen Besitzungen an der Adria in habsburgische Obhut und Verwaltung.
Nach dem Ersten Weltkrieg fiel es an Italien, 1947 wurde die Stadt jugoslawisch. Während des Kroatienkrieges (1991–1995) stand sie permanent unter Beschuss durch serbische Truppen und war von der Außenwelt praktisch abgeschnitten. Die Schäden, die die Belagerer anrichteten, sind mittlerweile aber behoben. Heute erstrahlt Zadar in altem Glanz, das Leben ist in die Stadt zurückgekehrt. Ihr reiches kulturelles Erbe, die traumhafte Umgebung und nicht zuletzt die Vitalität ihrer Bewohner locken wieder die Urlauber an.
Die Kreuzfahrtschiffe gehen an der Westseite der schmalen Landzunge, auf der die Altstadt liegt, vor Anker.

Das historische Zadar ist weniger als 1 km² groß und lässt sich gut an einem halben Tag erkunden. Die Sehenswürdigkeiten wie das **Römische Forum**, die mittelalterlichen Kirchen und venezianischen Paläste finden sich auf engstem Raum. Das **Archäologische Museum** informiert über die Geschichte der Stadt sowie der Region. In dem direkt angrenzenden **Benediktinerinnenkloster** sind kostbare Kirchenkunstschätze ausgestellt. Zadar ist für seine lebendigen Märkte berühmt. Ein Besuch des Bauern- oder Fischmarkts gehört zu jeder Stadtbesichtigung dazu. Für die passende musikalische Begleitung sorgt die weltweit einzige **Meeresorgel** oberhalb der Kreuzfahrtpier. Sie ist zu einem Wahrzeichen Zadars geworden. Dank eines in die Uferpromenade eingelassenen Systems von Röhren, durch das Meerwasser fließt, tönt es Tag und Nacht aus dem Untergrund. Die Installation des Architekten Nikola Bašić ist preisgekrönt.

**Split** Die heute rund 210 000 Einwohner zählende Metropole an der süddalmatinischen Küste gilt als Kleinod unter Europas Städten. Kein anderer Ort auf dem Kontinent kann von sich behaupten, aus einem Palast heraus entstanden zu sein. In der Tat gehen die Anfänge des heutigen Split auf den Altersruhesitz zurück, den der römische Kaiser Diokletian hier, an seinem Geburtsort, um 300 errichten ließ. Der stark befestigte, aus einer ganzen Reihe von Villen und Tempeln bestehende Palastkomplex diente den Einwohnern des nahe gelegenen Salona, das im 7. Jh. von slawischen Eroberern zerstört worden war, als Zufluchtsort und wurde von ihnen in eine kleine Stadt verwandelt. Obwohl die Anlage im Laufe der Jahrhunderte immer wieder umgebaut und mit Kirchen und Palazzi ausgeschmückt wurde, blieb ihre ursprüngliche, einem römischen Militärlager nachgebildete Struktur erhalten. Nach wie vor bildet ein Peristyl, ein von Säulenhallen umgebener offener Hof, den Mittelpunkt des Areals, und nach wie vor wird es von zwei sich überkreuzenden Straßenzügen zerteilt. Dort, wo einst das Gefolge Diokletians flanierte, amüsieren sich heute Touristen. In die alten Gemäuer sind Souvenirläden, Galerien, Cafés und Bars eingezogen. Sie machen aus dem **Diokletianspalast**, der seit 1979 auf der UNESCO-Welterbeliste steht, ein äußerst lebendiges Viertel. Westlich des Palastes beginnt der im Mittelalter neu angelegte Teil der Stadt. Hier erinnern das alte Rathaus und die Türme eines Kastells an die Zeit, als Split von den Venezianern zu einem Bollwerk gegen die Osmanen ausgebaut wurde. Direkt vor der Altstadt führt die elegante **Uferpromenade Riva** an der der Hafenbucht entlang. Die Kreuzfahrtschiffe gehen in Splits großem, nur wenige Gehminuten südlich des historischen Zentrums gelegenen Hafen vor Anker.

**Impressionen aus Split: Uferpromenade ...**

**... Campanile des Doms St. Domnius ...**

**... und venezianische Loggia am Platz Narodni Trg.**

**Die Schutzheilige Euphemia thront auf dem Campanile von Rovinj (Bild links oben).**

# Dubrovnik

## Die Republik Ragusa

Die Stadt (rechts) war fast 500 Jahre eine unabhängige Adelsrepublik und Rivalin Venedigs im Kampf um die Vormachtstellung im Orienthandel. Obwohl der kleine Staat mit dem italienischen Namen Ragusa bis 1526 dem ungarisch-kroatischen König Tribute zahlen musste, genossen seine Bürger seit der Niederlage der Serenissima weitgehende Autonomie. Die Geschicke der Stadt wurden von einem von adeligen Patriziern gewählten Gremium gelenkt. Ragusa verfügte über eine eigene Gerichtsbarkeit und konnte Handel treiben. Der politischen Weitsicht der Stadtobe-

**Land:** Kroatien
**Einwohner:** 44 000
**Sprache:** Kroatisch
**Währung:** Kuna
**Hauptreisezeit:**
Mai bis Oktober
**Zeitzone:** UTC + 1

**Wie ein »Fels in der Brandung« ragt die auf einer schmalen, felsigen Landzunge gelegene »Perle der Adria«, wie Dubrovnik auch genannt wird, aus dem tiefblauen Meer. Die Altstadt ist von einem mächtigen Befestigungsring umgeben, den ihre Bewohner einst zum Schutz gegen ihre Feinde errichten ließen. Über die Jahrhunderte weckte der Wohlstand Dubrovniks, das im 15. Jh. und 16. Jh. ein Zentrum des Handels zwischen Orient und Okzident war, nicht nur bei Piraten, sondern auch bei der Rivalin Venedig Begehrlichkeiten.**
**Heute lockt die Pracht der Klöster, Kirchen und Paläste in der Altstadt, die seit 1979 auf der UNESCO-Welterbeliste steht, internationale Touristen an. Die großen Cruiseliner laufen den modernen Hafen von Gruž, einem Stadtteil im Nordwesten der Altstadt, an. Kleinere Schiffe können auch vor dem malerischen alten Hafen ankern.**

**Stadtmauer** Der mächtige Befestigungsring, der das historische Dubrovnik bis heute vollständig umschließt, hat sicherlich dazu beigetragen, dass die Stadt über lange Zeit ihre Unabhängigkeit bewahren konnte. Seine Mauern sind bis zu 25 m hoch und stellenweise 6 m breit. An vier markanten Eckpunkten wurden massive Forts errichtet, durch die die Zugänge zur Stadt und ihre Umgebung kontrolliert werden konnten: Der alte Hafen im Osten Dubrovniks wird nach der Landseite von dem außerhalb der Anlage erbauten Fort Revelin, nach der Seeseite von dem Fort Sveti Ivan bewacht.

Auf der anderen Seite der Stadt ragt im Norden der runde Turm des **Forts Minčeta** in den Himmel empor, im Süden erhebt sich **Fort Bokar** direkt über dem Meer. Zusätzlich zu diesen Forts verfügt die Anlage über zwölf Wehrtürme, mehrere Bastionen und Schießscharten für 120 Kanonen. Berichte über die Belagerung der Stadt durch Sarazenen im 9. Jh. lassen darauf schließen, dass Dubrovnik bereits früh von einem Verteidigungswall umgeben war. Die heute noch sichtbare Gestalt aber erhielt der Befestigungsring erst gegen Ende des 15. Jh.s.
Die Bürger der Stadt beauftragten unter dem Eindruck der Einnahme Konstantinopels durch die Osmanen und aus Furcht vor einer Eroberung durch Venedig erfahrene Baumeister mit dem Ausbau. Bis heute sind Dubrovniks Stadtmauern begehbar und können über Treppenaufgänge am **Pile-Tor**, dem einzigen Zugang zur Stadt im Westen, und am **Ploče-Tor** im Nordosten erklommen werden. Ein Bummel über den fast 2 km langen Schutzwall gehört zu jeder Stadtbesichtigung dazu.

**Zur blauen Stunde ist ein Bummel über den Stradun fast magisch.**

**Stradun** Die Flaniermeile Alt-Dubrovniks durchschneidet die Stadt von Westen nach Osten und verbindet das Pile-Tor mit der **Placa Luža** direkt hinter dem alten Hafen. Sie ist bereits im 11. Jh. durch die Zuschüttung des schmalen Kanals, der die Insel Lave vom Festland trennte, entstanden und hat sich seitdem zur Hauptverkehrsstraße der Stadt entwickelt.
Die eleganten Barockhäuser, die sie säumen, wurden nach dem Erdbeben von 1667, das große Teile Dubrovniks zerstörte, als Residenzen für angesehene Kaufleute errichtet. Heute beherbergen sie schmucke Geschäfte oder Straßencafés. Am westlichen Ende des Straduns lohnt besonders das **Franziskanerkloster** aus dem 14. Jh. eine Besichtigung. Das angeschlossene **Museum** beherbergt eine Bibliothek mit mehr als 20 000 mittelalterlichen Handschriften sowie eine der ältesten Apotheken Europas. Im Kreuzgang des **Klarissinnenklosters** auf der anderen Seite des Stradun kann man in einem Café eine kleine Pause einlegen. Das Kloster wurde bereits gegen Ende des 13. Jh.s gegründet und unterhielt im 15. Jh. eines der ersten Waisenhäuser Europas. Das heutige Gebäude wurde allerdings erst nach dem Erdbeben von 1667 errichtet.

**Östliche Altstadt** In diesem an der Hafenseite gelegenen Teil Dubrovniks stehen repräsentative Bauten aus der Blütezeit der Stadt dicht an dicht. Der **Palača Sponza** an der Nordseite der Placa Luža etwa wurde in

ren ist es zu danken, dass die Stadt auch nach der vernichtenden Niederlage der Ungarn gegen die Osmanen im Jahr 1526 unabhängig blieb. Während des 16. Jh.s entwickelte sich Ragusa zu einem blühenden Handelszentrum. Mit der Entwicklung des transatlantischen Seehandels, durch den das Mittelmeer in Randlage geriet, begann der Niedergang. Nach dem großen Erdbeben von 1667 war es mit der Herrlichkeit vorbei.

**Die Kathedrale »Sveti Gospa« beherbergt wertvolle Altarbilder.**

**Vor dem Franziskanerkloster kann man den Abend genießen.**

der Zeit zwischen 1516 und 1522 errichtet und besticht durch die gelungene Kombination aus spätgotischer und Renaissancearchitektur. Das Gebäude diente als Zollamt, Münze und Lagerhaus. Zeitweise war hier ein Gefängnis untergebracht. Auch in dem Prachtbau des Dominikanerklosters, das hinter dem Palača Sponza liegt und fast die gesamte Nordostecke der Stadt einnimmt, wurden spätgotische mit Bauformen der Renaissance kombiniert. Es stammt aus dem 14. Jh. und beherbergt heute ein Museum. Ein Stück weiter südlich der Placa Luža befindet sich der **Rektorenpalast**, das politische Zentrum der Dubrovniker Republik. In dem zwischen 1435 und 1451 von Onofrio della Cava errichteten Arkadenbau tagten nicht nur die Räte der Stadt, hier residierte auch der Rektor, das immer nur für einen Monat gewählte Stadtoberhaupt. Im oberen Stockwerk des Gebäudes ist heute das Stadtmuseum untergebracht, im hübschen Innenhof finden den Sommer über Konzerte statt.

Mit ihrer weithin sichtbaren Kuppel überragt die gegenüber dem Rektorenpalast gelegene **Kathedrale Sveti Gospa** alle anderen Häuser der Stadt. Sie wurde nach dem Erdbeben von 1667 an der Stelle eines Vorgängerbaus errichtet und zählt zu den größten Barockbauten Dalmatiens. Nicht weniger sehenswert ist die Jesuitenkirche **Sveti Ignacija** in der Nähe des Marktplatzes ganz im Süden Alt-Dubrovniks. Auch dieses Gotteshaus wurde nach dem Erdbeben im zeitgenössischen Barockstil neu gebaut und beeindruckt in seinem Innern durch Fresken, die das Leben Ignatius von Loyolas darstellen. Zu dem malerischen alten Hafen, in dem heute Jachten vor Anker liegen, gelangt man durch das kleine Seetor an der Placa Luža.

**Insel Lokrum** Das südöstlich des alten Hafens gelegene Eiland lockt mit Badebuchten, Spazierwegen und viel Grün. Es ist als Naturschutzgebiet ausgewiesen und wird von den Dubrovnikern gerne als Sommerfrische genutzt. Richard Löwenherz soll hier auf dem Rückweg von seinem dritten Kreuzzug 1192 gestrandet sein. Zwischen 1023 und 1798 lebten Benediktinermönche auf der Insel. Ihr Kloster wurde 1858 von dem österreichischen Erzherzog Maximilian in ein Schloss umgewandelt und mit einem herrlichen Park umgeben. Auch ein Fort gibt es hier. Es wurde zu Beginn des 19. Jh.s, als Dubrovnik zu den Illyrischen Provinzen des napoleonischen Frankreich gehörte, errichtet. Man kann Lokrum vom alten Hafen Dubrovniks aus schnell mit einem Wassertaxi oder einem Fährschiff erreichen.

**Bild oben links: Von fern wirkt Dubrovniks Stadtmauer wie aus dem Fels gewachsen. Laternen tauchen den Rektorenpalast in ein weiches Licht und lassen seine Arkadengänge elegant wirken (rechts).**

Dubrovnik wirkt wie eine Insel aus Stein, denn die Altstadt ist an drei Seiten vom Meer umgeben und bietet eine prächtige Kulisse für die einfahrenden Kreuzfahrtschiffe (unten).

Die roten Dächer der Häuser von Dubrovnik leuchten den ankommenden Passagieren schon von Weitem entgegen (links) – ebenso malerisch ist der Blick auf die Bucht.

# Korfu, Kefalonia, Zakynthos

## Achilleion

Bei Gastouri, nur 7 km südlich von Korfu-Stadt, zieht das Achilleion alljährlich mehrere Tausend Touristen an. Es ist ein nach dem homerischen Helden benannter Palast der Kaiserin Elisabeth von Österreich. Das in einer herrlichen Parklandschaft gelegene Anwesen präsentiert sich als eine einzige Hommage an das antike Griechenland. Sisi schmückte den Palast innen und

**Land:** Griechenland
**Fläche:**
Korfu: 585 km²
Kefalonia: 689 km²
Zakynthos: 408 km²
**Einwohner:**
Korfu: 115 000
Kefalonia: 40 000
Zakynthos: 40 000
**Sprache:** Griechisch
**Währung:** Euro
**Hauptreisezeit:** April bis Oktober
**Zeitzone:** UTC + 2

**Die Inseln sind der Westküste Griechenlands vorgelagert und erstrecken sich von der albanischen Grenze bis zum nördlichen Peloponnes. Jedes Eiland wartet mit vielfältigen Naturräumen auf: Schroffe Karstgebirge wechseln mit sanft geschwungenem Hügelland, trockene, pflanzenarme Zonen mit regenreichen und mit einer üppigen Vegetation ab. Die Küsten sind stark zerklüftet, die herrlichen Badestrände rund um die Inseln werden oft von steil aufragenden Klippen eingerahmt.**
**Von alters her sind die Ionischen Inseln Zentren des Olivenanbaus im Mittelmeer, und so sind weite Teile des fruchtbaren Hügellands mit Olivenhainen überzogen. Gemeinsam mit den schlanken Zypressen, die allerorten aufragen, verleihen sie der Landschaft ihr mediterranes Gepräge. In den größeren Ortschaften erinnert noch vieles an Italien. Hier haben die Venezianer, die von 1386 bis 1797 über die Ionischen Inseln herrschten, in Kunst und Architektur ihre Spuren hinterlassen.**

**Korfu** Seit den Tagen der Kaiserin Elisabeth von Österreich, die hier 1889 eine Villa erwarb und zu einem Palast umbauen ließ, hat sich die nördlichste der Ionischen Inseln zu einem der beliebtesten Ferienziele im Mittelmeerraum entwickelt. Das angenehme Klima und die mediterrane Atmosphäre locken alljährlich mehr als 1 Mio. Touristen an. Die Cruiseliner legen im neuen Hafen von Korfu-Stadt, der an der Ostküste gelegenen Inselkapitale, an. Ihre malerische, von zwei mächtigen Festungen aus venezianischer Zeit eingerahmte Altstadt kann vom Cruiseterminal aus mit einem Taxi oder einem Leihwagen erreicht werden.

Das historische **Korfu** wartet mit einem reichen architektonischen Erbe auf und steht seit 2007 auf der Liste des UNESCO-Welterbes. Nicht nur die Venezianer, die über die Insel herrschten, sondern auch die Franzosen und Briten haben das Stadtbild geprägt. Die **Spianada**, der weitläufige Platz vor der alten Festung, wurde zwar bereits von den Venezianern angelegt, aber erst von den Franzosen mit den eleganten Liston-Arkaden geschmückt. Die Cafés und Tavernen entlang dieser Flaniermeile sind zum Treffpunkt von Einheimischen und Touristen geworden. Der prächtige neoklassizistische **Palace of St. Michael and St. George** im Norden der Spianada erinnert an die Zeit, als Korfu zusammen mit den anderen Ionischen Inseln ein Protektorat des British Empire war (1814–1864). Er wurde zwischen 1819 und 1824 als Residenz des Lord-Hochkommissars errichtet und kann besichtigt werden. Auch die mächtige alte venezianische Festung im Osten der Spianada lohnt einen Besuch; sie bietet einen schönen Blick über das Meer.
Die Altstadtviertel westlich der Spianada präsentieren sich als faszinierendes Geflecht aus urigen Gassen und eleganten, von Arkaden gesäumten Straßen. Auch hier locken Tavernen mit griechischen Spezialitäten, allerlei Geschäfte mit Souvenirs und lokalem Kunsthandwerk. Der alte Hafen im Norden der Altstadt wird von der ursprünglich aus venezianischer Zeit stammenden **Neuen Festung** überragt. Auch sie lohnt vor allen Dingen wegen der fantastischen Aussicht über den Hafen und die Stadt eine Besichtigung.
Nur wenige Kilometer südlich von Korfu-Stadt liegt inmitten eines weitläufigen Parks das kleine **Schloss Mon Repos**, das als Geburtsort des Herzogs von Edinburgh königstreue Briten anlockt. Es befand sich zwischen 1864 und dem Sturz der Monarchie in Griechenland im Besitz der Königsfamilie. Heute ist hier ein archäologisches Museum untergebracht.

Korfu verfügt über ein gut ausgebautes Straßennetz. Die vielfältige Natur, angefangen von den bukolischen Landschaften im Süden über die wildromanti-

außen mit Statuen von Gestalten aus der griechischen Mythologie aus (rechts); auch sie selbst ist als Plastik verewigt. Berühmt ist die Skulptur des »Sterbenden Achill«, die sie zu Ehren ihres griechischen Lieblingshelden Achill an zentraler Stelle im Park aufstellen ließ, die jedoch von Wilhelm II., der das Anwesen im Jahr 1907 kaufte, um einige Meter verrückt und durch eine Bronzestatue des »Siegreichen Achill« ersetzt wurde.

sche Westküste bis hin zum gebirgigen Norden, lernt man am besten auf einer Inselrundfahrt kennen. In Korfu-Stadt bieten Veranstalter Touren und Leihwagen an.

**Kefalonia** Kreuzfahrtschiffe, die die flächenmäßig größte Ionische Insel ansteuern, legen im Hafen der Inselhauptstadt Argostoli an der Westküste an. Obwohl der quirlige kleine Ort im Jahr 1953 bei einem Erdbeben zerstört wurde und wieder aufgebaut werden musste, hat er viel von seinem ursprünglichen Charme behalten. Das Stadtbild wird von freundlichen, hellen Häusern geprägt. Die touristische Infrastruktur ist hoch entwickelt. Es gibt unzählige Tavernen und Restaurants, Freizeit- und Einkaufsmöglichkeiten.
Die gesamte Insel lernt man am besten bei einer Inselrundfahrt kennen. Das Gebiet um das in der Nähe von Argostoli gelegene Énos-Massiv, die mit einer Höhe von 1638 m höchste Erhebung auf den Ionischen Inseln, ist als Nationalpark ausgewiesen und kann mit dem Auto erreicht werden. Es ist Heimat der seltenen Kefalonia-Tanne und lädt zu Spaziergängen ein.
An den Hängen im Westen des Massivs wird der dank seines Zitronen-Bouquets von Kennern in aller Welt geschätzte Robola-Wein angebaut. Die Kefalonian Robola Cooperative bietet Weinproben und Führungen durch die Kelterei an. Auf der anderen Seite des Bergmassivs locken die beiden farbenprächtig schillernden Tropfsteinhöhlen Melissani und Drogarati sowie idyllische Hafenstädtchen.

**Zakynthos** Kreuzfahrtschiffe, die die südlichste der Ionischen Inseln ansteuern, gehen in der gleichnamigen Hauptstadt an der Südostküste vor Anker. Die Passagiere werden mit Tenderbooten zu der Anlegestelle an der Hafenpromenade gebracht. Stattliche Arkadenhäuser und gemütliche Tavernen bestimmen das Ortsbild. Der Großteil der bei dem Erdbeben von 1953 zerstörten Gebäude wurde originalgetreu wieder aufgebaut.

Im **Byzantinischen Museum** sind Meisterwerke der späten byzantinischen Malerei ausgestellt. Zu den Blauen Höhlen im Norden von Zakynthos gelangt man per Boot. Das glasklare Wasser und der Zauber der Grotten ziehen viele Besucher in ihren Bann. Naturliebhaber können am Sandstrand der Bucht von Laganas im östlichen Teil der Insel mehr über die Unechten Karettschildkröten erfahren, die dort nachts ihre Eier im Sand vergraben. Leider sind die bis zu 180 kg schweren Meeresschildkröten vom Aussterben bedroht.

**Die Neue Festung überragt die Altstadt von Korfu.**

**Großes Bild: Der spektakuläre »Schiffswrackstrand« an der Nordwestküste von Zakynthos wurde von den Venezianern »Blume der Levante« genannt.**

# Katakolon, Itea, Korinth

### Kanal von Korinth

Viele kleine Kreuzfahrtschiffe mit Kurs auf Athen haben eine Passage dieses berühmten Schifffahrtsweges in ihrem Programm. Sie ist ein Abenteuer

und sicherlich nichts für klaustrophobisch veranlagte Menschen. Aus der Froschperspektive scheinen die zu beiden Seiten 75 m aufragenden Wände der nur 24 m breiten Wasserstraße bedrohlich nahe (links).

**Land:** Griechenland
**Einwohner:**
Katakolon: 600
Itea: 7000
Korinth: 60 000
**Sprache:** Griechisch
**Währung:** Euro
**Hauptreisezeit:**
April bis Oktober
**Zeitzone:** UTC + 2

**Die meisten Cruiseliner, die die Inselwelt der Ägäis von Westen aus ansteuern, haben einen Abstecher zu den weltberühmten antiken Stätten von Olympia und Delphi im Programm.**
**Im 19. Jh. wurden die Zentren der griechischen Kultur wiederentdeckt und systematisch erforscht. Bis heute faszinieren der Austragungsort der antiken Olympischen Spiele und der Sitz des wohl berühmtesten Orakels der Geschichte allein durch die Mythen, die sich darum ranken. Auch die alte Hafenstadt Korinth ist ein geschichtsträchtiger und sagenumwobener Ort. Der berühmte Sisyphos soll Begründer der Stadt gewesen sein. Südlich von Korinth liegt Mykene, eine der Keimzellen europäischer Kultur.**

**Katakolon (Olympia)** Der beschauliche kleine Fischerort an der Westküste des Peloponnes wird von Kreuzfahrtschiffen als Ausgangspunkt für Ausflüge in das 35 km entfernte Olympia angelaufen. Als Austragungsort der Olympischen Spiele der Antike zählt die idyllisch inmitten einer bewaldeten Hügellandschaft am Ufer des Alfios gelegene Ruinenstätte zu den ganz großen kulturellen touristischen Attraktionen dieser Welt. In der Antike befand sich hier ein bedeutendes, dem Zeus geweihtes Heiligtum. Seine Anfänge gehen auf das 10. Jh. v. Chr. zurück. Archäologische Funde belegen außerdem, dass hier spätestens ab 776 v. Chr. alle vier Jahre Olympische Spiele stattfanden. Sie entwickelten sich schnell zum wichtigsten Wettbewerb des Altertums. Griechen aus ganz Hellas maßen sich hier zu Ehren des Zeus beim Laufen und später auch in anderen Disziplinen. Das Stadion bot mehr als 40 000 Zuschauern Platz. Es liegt nordöstlich der Altis, des eigentlichen heiligen Bezirks.
Seit Anfang des 19. Jh.s finden hier Ausgrabungen statt, die eine Fülle antiker Bauten und Kunstschätze zutage förderten. Unter all den Tempeln, Gäste- und Schatzhäusern, die Archäologen bis jetzt freilegten, ist das dem Zeus gewidmete Heiligtum das bedeutendste. Es wurde zwischen 472 und 457 v. Chr. errichtet und gilt als Meisterwerk der klassischen griechischen Tempelbaukunst. Von Pausanias ist überliefert, dass die Cella des Tempels eine von dem berühmten Phidias geschaffene, 12 m hohe Zeus-Statue aus Gold und Elfenbein barg – eines der sieben Weltwunder des Altertums. Ein anderer bedeutender Tempel auf der Altis war der Hera geweiht. Archäologische Funde belegen, dass seine Säulen ursprünglich aus Holz waren und im Lauf von Jahrhunderten durch steinerne ersetzt wurden. Auf dem Areal des Tempels wurde 1877 die berühmte Hermes-Statue des Praxiteles gefunden, die zusammen mit zahlreichen anderen antiken Kunstwerken im 2004 wiedereröffneten **Archaiologiko Moussio** in der Nähe des Ausgrabungsgeländes bestaunt werden kann. Falls man nicht an einer geführten Exkursion teilnehmen möchte, kann man Olympia von Katakolon aus mit dem Bus oder dem Zug erreichen.

**Itea** Der hübsche Ort an der Nordküste des Golfs von Korinth wird von Kreuzfahrtschiffen als Ausgangspunkt für Exkursionen nach **Delphi** angelaufen. Die berühmte Ruinenstätte befindet sich nur 15 km von Itea entfernt in 700 m Höhe in traumhaft schöner Lage auf einer Terrasse am Südhang des Parnass-Gebirges. Sie zählt zu den bedeutendsten Hinterlassenschaften der Antike und steht seit 1987 auf der UNESCO-Welterbeliste. Den Mittelpunkt der Anlage bildet das Apollon-Heiligtum, das als Sitz des berühmten Orakels für alle Griechen der Nabel (Omphalós) der Welt und eine panhellenische Institution war. Ratsuchende aus dem ganzen Land pilgerten zur Pythia, einer Priesterin, die als Medium Apollons galt, und ließen sich von ihr die Zukunft vorhersagen.
Historiker vermuten, dass sie in einem der Öffentlichkeit nicht zugänglichen Raum über einer Erdspalte saß und durch aufsteigende Dämpfe in Trance versetzt wurde. Der Überlieferung zufolge verkündete sie die ihr im Rausch eingebenen Wahrheiten in unverständlichen Worten, die von einem Priester übersetzt werden mussten. Dank der uneingeschränkten Autorität, die es genoss, übte das Orakel von Delphi auch Einfluss auf politische Entwicklungen aus. Nicht nur Privatpersonen, sondern auch Fürsten und Staatsmänner wie König Kroisos oder Themistokles baten um Rat bei wichtigen Entscheidungen. Die Gebühren und Geschenke der Pilger verhalfen dem Heiligtum zu außerordentlichem Reichtum. Archäologen haben auf dem Areal des Tempelbezirks die Überreste von mehr als 20 von den griechischen Stadtstaaten errichtete Schatzhäusern sowie unzählige Weihegaben gefunden. Der Apollon-Tempel selbst muss ein

Der Kanal von Korinth durchschneidet den gleichnamigen Isthmus an seiner schmalsten Stelle und verbindet den Korinthischen Golf im Westen mit dem Saronischen im Osten. Er ist nur 6,3 km lang und wurde 1893 nach zwölf Jahren Bauzeit fertiggestellt. Die Idee, das Ägäische und das Adriatische Meer durch den Bau eines Kanals am Isthmus miteinander zu verbinden, wurde bereits in der Antike diskutiert. Denn die Umschiffung des Peloponnes galt als gefährlich, und die häufig praktizierte Alternative, die Schiffe auf dem Landweg über den Isthmus zu schleppen, war mühselig. Römische Imperatoren machten sich deshalb die Idee eines Kanals zu eigen und ließen konkrete Pläne ausarbeiten. Doch sie scheiterten am mangelnden Know-how der römischen Ingenieure. Erst mit moderner Technik konnte der Traum Wirklichkeit werden.

beeindruckendes Bauwerk gewesen sein. Seine Anfänge gehen auf das 6. Jh. zurück. Die heute sichtbare Ruine stammt von einem Bau aus der zweiten Hälfte des 4. Jh.s. Südöstlich dieses Heiligtums befinden sich die Ruinen eines der Athene Pronaia geweihten Tempelbezirks. Hier fallen drei in den 1930er-Jahren wieder aufgerichtete Säulen eines Rundbaus auf. In dem Archäologischen Museum, das dem Ausgrabungsgelände angeschlossenen ist, werden einzigartige Kunstschätze wie die überlebensgroße Bronzestatue eines Wagenlenkers aufbewahrt.

**Korinth** Die Kreuzfahrtschiffe gehen in dem modernen Hafen vor Anker. Infolge mehrerer Erdbeben, die die Stadt auch im 20. Jh. heimsuchten, finden sich im neuen Korinth kaum historische Gebäude. Nach einem schweren Erdbeben im Jahr 1858, das die alte Stadt fast vollständig zerstörte, wurde Korinth 8 km weiter westlich in der Nähe der Einfahrt zum Kanal wieder aufgebaut.
Dank seiner Lage im Süden des berühmten Isthmus, der einzigen Landverbindung zwischen dem griechischen Festland und dem Peloponnes, war der heute 60 000 Einwohner zählende Ort fast während des ganzen Altertums eine strategisch bedeutende Metropole. Unter dem Tyrannen Periander (reg. 624–593 v. Chr.) gelangte Korinth zu einer ersten wirtschaftlichen und kulturellen Blüte, während des 6. Jh.s dann stieg es zu dem neben Athen und Sparta wohl einflussreichsten griechischen Stadtstaat auf.
Die lang andauernden Konflikte Korinths mit Athen trugen nicht unwesentlich zum Ausbruch des berühmten Peloponnesischen Kriegs (431–404 v. Chr.), in dem die Stadt aufseiten Spartas kämpfte, bei. 337 v. Chr. wurde in Korinth der nach der Stadt benannte Bund gegründet, ein Zusammenschluss fast aller griechischen Städte unter der Federführung Philipps II. von Makedonien. Ein Jahr später erneuerte Philipps Sohn Alexander der Große das Bündnis und sicherte sich so die Gefolgschaft der Griechen bei seinem Persienfeldzug. 146 v. Chr. wurde Korinth von den Römern vollständig zerstört und erst ab 44 v. Chr. unter Julius Cäsar umso prächtiger wieder aufgebaut. Als Verwaltungszentrum der römischen Provinz Achaia wuchs es schnell auf 80 000 Einwohner an. In Archaia Korinthos, dem antiken Korinth, finden sich bemerkenswerte bauliche Zeugnisse aus der Römerzeit. An das klassische griechische Altertum erinnern die sieben noch erhaltenen dorischen Säulen des **Apollon-Tempels** aus dem 6. Jh. Am Eingang zu dem Ausgrabungsgelände informiert das **Archaiologiko Moussio** mit Fundstücken über die Geschichte der antiken Stadt. Nur 3 km von Archaia Korinthos entfernt thront auf einem 575 m hohen Felsmassiv **Akrokorinth**. Die berühmte Festung blickt auf eine wechselvolle Geschichte zurück. Byzantiner, Venezianer und Osmanen haben hier gebaut. Sogar die Überreste einer fränkischen Burg finden sich hoch auf dem Gipfel. Korinth bietet sich auch als Ausgangspunkt für Ausflüge in das rund 60 km entfernte **Mykene** an. Die sagenumwobene Burg, die seit 1999 zusammen mit der Festung von Tiryns UNESCO-Welterbestätte ist, war Zentrum einer ganz frühen europäischen Hochkultur.
Heinrich Schliemann glaubte, in Mykene das Grab Agamemnons entdeckt zu haben. Heute ist aber bekannt, dass die mit Gold und Edelsteinen ausgestatteten Gräber, die er 1876 in Mykene freilegte, aus einer sehr viel früheren Zeit als der homerischen stammen und bereits um 1250 v. Chr. angelegt wurden.

**Im Archäologischen Museum in Olympia.**

**Großes Bild: Drei der dorischen Säulen des Rundtempels im Heiligtum der Athena Pronaia in Delphi wurden rekonstruiert.**

# Athen, Piräus

## Die Akropolis

Der in zentraler Lage auf einem 156 m hohen Felsplateau angelegte Tempelbezirk des antiken Athens symbolisiert das klassische griechische Altertum. Im Zuge der im 19. Jh. einsetzenden regen Ausgrabungstätigkeit wurden sämtliche Bauten, die über die Jahrhunderte von Römern, Byzantinern und Osmanen auf dem Burgberg errichtet worden waren, entfernt und so die heute sichtbaren Ruinen freigelegt (rechts, Karyatiden). Es sind die Überreste der Heiligtümer, die auf den Fundamenten von Vorgängerbauten in der zweiten Hälfte des 5. Jh.s v. Chr. zur Blütezeit

**Land:** Griechenland
**Einwohner:**
Athen: 2,5 Mio.
Piräus: 165 000
**Sprache:** Griechisch
**Währung:** Euro
**Hauptreisezeit:** April bis Oktober
**Zeitzone:** UTC + 2

**Der Hafen von Piräus ist der wichtigste Kreuzfahrthafen im östlichen Mittelmeer. Alljährlich machen in dem modernen New Passenger Terminal mehrere Hundert Cruiseliner Station oder brechen zu Touren in die Ägäis auf. Die meisten Passagiere nutzen ihren Aufenthalt zu einer Sightseeingtour durch das nur 8 km entfernte Athen. Jährlich besuchen mehrere Millionen Menschen Griechenlands Hauptstadt.**
**Als der Ort, an dem vor rund 2500 Jahren viele Entwicklungen, die Europa bis heute prägen, begannen, hat Athen eine ähnliche Strahlkraft wie Rom. Steinernes Symbol dieser großen Geschichte ist natürlich die Akropolis. Wie kein anderes Baudenkmal symbolisiert dieses hoch über der Stadt auf einem Felsplateau thronende Ensemble von Tempelruinen das antike Griechenland, das als Geburtsstätte der Demokratie und als Wiege europäischer Wissenschaft und Philosophie gilt.**
**Athen hat aber mehr und anderes zu bieten als die Akropolis und einen glanzvollen Namen: Mehrere Museen von Weltruf hüten Kunstschätze aus allen Epochen der griechischen Geschichte. Die traditionsreichen Altstadtviertel unterhalb der Akropolis bieten griechische Folklore in allen Variationen: Hier finden sich zahlreiche Straßenmärkte und ein vielfältiges Angebot an urigen Restaurants und Tavernen.**

**Antike Stadt** Rund um die Akropolis finden sich einige antike Ruinenstätten, die aus architekturgeschichtlicher Sicht vielleicht nicht von zentraler Bedeutung sind, von denen aber dennoch entscheidende Impulse für die kulturelle Entwicklung Europas ausgingen. In dem **Dionysos-Theater** am Südhang der Akropolis etwa fanden spätestens seit dem Ende des 6. Jh.s Festspiele und Wettkämpfe zu Ehren des Gottes statt, für die Dichter wie Aischylos (525–456 v. Chr.), Sophokles (496–406 v. Chr.) und Euripides (480–406 v. Chr.) ihre bis heute überall auf der Welt aufgeführten Tragödien schrieben. Die sichtbaren Überreste des Theaters stammen von einem Bau, den Lykurg um 330 v. Chr. errichten ließ.
Auch die nordwestlich der Akropolis gelegene griechische **Agora** lohnt wegen ihrer historischen Bedeutung einen Besuch. Im 5. und 6. Jh. schlug hier das wirtschaftliche und politische Herz der attischen Demokratie. Die Agora war Markt- und Versammlungsplatz zugleich. Von den Säulenhallen und öffentlichen Gebäuden, die den Platz einst schmückten, sind meist nur spärliche Überreste vorhanden. Nur der zur gleichen Zeit wie der Parthenon auf einer Anhöhe im Nordwesten der Agora errichtete **Hephaistos-Tempel** ist bemerkenswert gut erhalten. Die Stoá des Attalos an der Ostseite des Geländes wurde von amerikanischen Archäologen anhand antiker Beschreibungen originalgetreu aufgebaut und beheimatet heute das **Museum der antiken Agora**.

**Archäologisches Nationalmuseum** Dieses berühmte Museum beherbergt die weltweit

größte Sammlung von Kunstschätzen aus der griechischen Antike und ist ein Muss für jeden, der sich für Archäologie interessiert. Ursprünglich wurde es ausschließlich für Grabungsfunde aus der Stadt Athen und ihrem Umland errichtet, mittlerweile hütet es antike Kunstschätze aus ganz Griechenland und bietet einen umfassenden Überblick über die griechische Kunstgeschichte von der Archaik bis zur Spätantike. Zu den Höhepunkten zählen der Goldschatz, der von Heinrich Schliemann in Mykene ausgegraben wurde, sowie eine aus dem Meer geborgene Poseidon-Statue aus Bronze. Die Kollektionen sind nach folgenden Schwerpunkten unterteilt: Prähistorische Epoche, Skulpturen, Vasen, Bronzearbeiten sowie ägyptische Kunst. Das Museum wurde nach Plänen des Architekten Ludwig Lange in der zweiten Hälfte des 19. Jh.s errichtet. Nach einer im Jahr 2009 abgeschlossenen Erweiterung bietet es rund 11 000 Exponaten Platz.

**Syntagma** An diesem Platz im Zentrum der Stadt schlägt das politische Herz des modernen Griechenlands. In dem an der Ostseite gelegenen **Schloss**, das der erste König des unabhängigen griechischen Staates, der Bayernprinz Otto I., nach Plänen Friedrich von Gärtners in den 1830er-Jahren errichten ließ, residiert seit 1934 das griechische Parlament. Außerdem wird das streng klassizistische Gebäude, das nur an ausgesuchten Tagen der Öffentlichkeit zugänglich ist, vom Präsidenten der Republik als Amtssitz genutzt.
Die Präsidentengarde, die den Palast und das davor gelegene Grab des Unbekannten Soldaten bewacht, ist dank Röcken und Samtjacken, die die Solda-

der attischen Demokratie entstanden. Sie waren Teil des Bauprogramms, das Perikles zur Erneuerung der Stadt, die in den Perserkriegen stark zerstört worden war, ins Leben rief. Mit dem Neubau der Heiligtümer

auf der Akropolis wurden namhafte Architekten beauftragt. Das Meisterwerk der Architekten Iktinos und Kallikrates bildet den Mittelpunkt der Anlage. Seit jeher wird die Klarheit der Gestaltung gerühmt.

ten tragen, ein beliebtes Fotomotivs, und die jede Stunde stattfindende Wachablösung eine Touristenattraktion. Die hinter dem Parlament beginnenden **Nationalgärten**, die auf Veranlassung der Königin Amalia um 1840 angelegt wurden, präsentieren sich als Oase der Ruhe inmitten der hektischen Großstadt und laden zu Spaziergängen ein.

**Plaka** Das östlich der Akropolis gelegene Viertel ist der älteste Stadtteil Athens und wird von Touristen wie Einheimischen als Ausgehviertel geschätzt. In den urigen Tavernen und Straßenlokalen des Quartiers treffen sich Menschen aus aller Welt. Zahlreiche Antiquitäten- und Trödelläden verlocken zum Stöbern, allerorten spielen Straßenmusikanten auf. Trotz der überall herrschenden Geschäftigkeit präsentiert sich die Plaka als beinahe ländliches Idyll. Das

**Poseidon-Statue im Archäologischen Nationalmuseum in Athen.**

Gewirr enger, von malerischen Häuschen gesäumter Gassen, das das Ortsbild prägt, erinnert vielerorts an ein Kykladendorf. Der sich direkt unterhalb der Akropolis an den Berg schmiegende Teil des Viertels wurde in der Tat von kykladischen Handwerkern, die am Bau des königlichen Schlosses beteiligt waren, errichtet. Das Gebiet der Altstadt wurde bereits im Altertum besiedelt und wartet mit architektonischen Zeugnissen aus allen Epochen der athenischen Geschichte auf.

Überall stößt man auf die Überreste antiker Bauten, auch einige sehenswerte byzantinische Kirchen wie die **Panagia Gorgoepikoös** der die **Agios Nikolaos Ragavas** lohnen einen Besuch. Ein Großteil der Bebauung in der Plaka stammt allerdings aus dem 18. Jh. und wurde in den 1980er-Jahren aufwendig restauriert. Im Norden der Altstadt liegt hinter dem römischen Forum die **Platia Monastiraki**. Das Viertel rund um diesen weitläufigen Platz ist durch seinen Flohmarkt bekannt geworden. Basare, Straßenhändler und nicht zuletzt eine Moschee aus osmanischer Zeit an der Ostseite des Platzes verleihen ihm eine orientalische Atmosphäre.

**Großes Bild: Das Zentrum der Akropolis von Athen bildet der Parthenon (hier die Westseite), den der Bildhauer Phidias im Auftrag des Athener Staatsmannes und Generals Perikles entwarf. Dieser Haupttempel der Anlage steht auf einem Plateau, das aus dem Schutt eines Athene-Tempels aufgeschichtet wurde.**

Das Wahrzeichen Athens: Blick von Süden auf die beleuchtete Akropolis mit dem gewaltigen Parthenon im Zentrum der Anlage (unten).

Links: Die Propyläen sind die monumentale Toranlage der die Akropolis einst umgebenden Mauern. Sie entstanden in den Jahren 437 bis 432 v. Chr.

# Rhodos, Kos, Chios

**Mittelalterliche Altstadt von Rhodos**

Mit Alexander dem Großen wurde die schon früh besiedelte Insel makedonisch, danach wieder unabhängig, dann byzantinisch. Seit 1310 stand Rhodos unter der Herrschaft des Johanniterordens, 1523 gelangte sie unter osmanische Kontrolle. Die türkische Herrschaft währte bis 1912, als Italien die Insel eroberte und bis 1943 besetzte. Erst seit 1948 gehört die Insel zu Griechenland. Ihr heutiges Gesicht verdankt Rhodos-Stadt der Bautätigkeit der einstigen Kreuzfahrer. Die Ritterstraße (rechts) ist ein noch gut erhal-

**Land:** Griechenland
**Fläche:**
Rhodos: 1408 km²
Kos: 287 km²
Chios: 842 km²
**Einwohner:**
Rhodos: 115 000
Kos: 33 000
Chios: 52 000
**Sprache:** Griechisch
**Währung:** Euro
**Hauptreisezeit:** April bis Oktober
**Zeitzone:** UTC + 2

**Die der türkischen Küste vorgelagerten griechischen Inseln präsentieren sich als einzigartiger Mix verschiedenster Kulturen. Orient und Okzident, eine uralte bäuerliche Kultur und der moderne Tourismus sind hier zu einem vielfarbigen Amalgam verbunden. Auf Kos und Rhodos in der östlichen Ägäis finden sich mittelalterliche Kreuzritterburgen, osmanische Moscheen, byzantinische Kirchen und antike Ruinenstätten auf engstem Raum. Die Einheimischen sind in lokalen Traditionen verwurzelt, tief religiös und weltoffen zugleich. Während im Hinterland der Hafenstädte – besonders auf Chios – eine über Jahrhunderte gewachsene Dorfkultur gepflegt wird, können die Badeorte an den Küsten mit allen Annehmlichkeiten aufwarten.**

**Rhodos** Nicht umsonst nennt die griechische Mythologie die Hauptinsel des zu den Südlichen Sporaden gehörenden Dodekanes-Archipels ein Geschenk des Sonnengottes Helios an seine Gattin Rhode. Von alters her werden in den fruchtbaren Tälern der gebirgigen und bis auf 1215 m ansteigenden Insel Wein und Oliven, Aprikosen und Pfirsiche angebaut. Seit der Antike wurde immer wieder um diesen kleinen Garten Eden gekämpft. Nach dem Zerfall des Alexanderreiches wechselten Römer, Byzantiner, Johanniter, Osmanen, Italiener und Deutsche sich in der Herrschaft über Rhodos ab. 1943 wurde die Insel von deutschen Truppen besetzt und die jüdische Bevölkerung nach Auschwitz deportiert. Seit 1948 gehört Rhodos zu Griechenland. Dank seiner landschaftlichen Reize, des mediterranen Klimas, traumhafter **Badestrände** und eines reichen kulturellen Erbes hat es sich zu einem Urlaubsparadies par excellence entwickelt.

Die Kreuzfahrtschiffe legen im neuen Hafen von Rhodos-Stadt, der an der Nordostspitze gelegenen Inselkapitale, an. Von hier aus sind es nur wenige Gehminuten bis in die berühmte Altstadt, deren Bebauung sich als faszinierender Mix aus mittelalterlicher europäischer und osmanischer Architektur präsentiert und die deshalb seit 1988 auf der UNESCO-Welterbeliste steht. Die Anfänge von Rhodos-Stadt reichen zwar bis in die Antike zurück, aber erst die Kreuzritter des Johanniterordens, die von 1310 bis 1523 über die Insel herrschten, haben ihr ein unverwechselbares Gesicht verliehen. Sie bauten den unter byzantinischer Herrschaft bedeutungslos gewordenen Ort zu einer Festung aus, errichteten Kirchen, Paläste und Herbergen für ihre Ordensbrüder. Augenfälligstes architektonisches Zeugnis dieser Epoche ist der die Altstadt überragende **Großmeisterpalast**, der im 14. Jh. vermutlich auf den Resten einer byzantinischen Akropolis errichtet wurde. Unter den Osmanen wurde er als Gefängnis genutzt und war dem Verfall preisgegeben. Erst die Italiener, die Rhodos zwischen 1937 und 1943 besetzt hielten, bauten ihn wieder auf und statteten ihn mit kostbaren Kunstschätzen aus. Nicht minder sehenswert ist das **Archaiologiko Moussio**, das in dem im 15. Jh. erbauten neuen Hospital residiert. Es wartet mit einer bemerkenswerten Sammlung von Skulpturen aus allen Epochen der Antike auf. Der die Altstadt vollständig umgebende, 5 km lange und bis zu 12 m breite Mauerring, eines der gewaltigsten Festungssysteme Europas, kann nur dienstags und samstags begangen werden, als Alternative bietet sich ein Rundgang um die Anlage an.

Die Osmanen, die Rhodos 1523 unter Süleyman dem Prächtigen eroberten, ließen die mittelalterlichen Straßenzüge zwar intakt, bauten aber prachtvolle Moscheen wie die Süleyman-Moschee. In den engen Gassen des türkischen Viertels erwartet den Besucher ein Stück Orient. Dank der kleinen Läden und Tavernen gleicht das Quartier vielerorts einem Basar. Bis zu ihrer Deportation nach Auschwitz haben sephardische Juden, die im 15. Jh. aus Spanien kamen, Rhodos mitgeprägt. Die **Kahal-Shalom-Synagoge** in ihrem einstigen Wohnbezirk erinnert daran. Sie wurde um 1570 errichtet und beherbergt heute ein Museum. Der alte **Mandraki-Hafen** nördlich der Altstadt wird von einer 400 m langen Mole begrenzt, auf der sich die drei berühmten Windmühlen sowie das Fort Agios Nikolaos befinden. Einst soll die Hafeneinfahrt von dem berühmten Koloss von Rhodos bewacht worden sein, heute wird sie an beiden Seiten von einem Hirsch und einer Hirschkuh, die auf hohen Säulen thronen, beschützt. Die schönsten Strände von Rhodos-Stadt befinden sich nördlich des Mandraki-Hafens. Hier wurden große Ferienanlagen errichtet.

**Kos** Die drittgrößte Insel des Dodekanes-Archipels lockt

tenes Beispiel einer Straße des 15. Jh.s. Um sie herum liegen die sogenannten »Herbergen«, die Versammlungshäuser der Ritter-Landsmannschaften. Die Straße beginnt bei der byzantinischen Kathedrale und führt

zur Residenz des Großmeisters des Johanniterordens, die von den Italienern nach alten Stichen neu aufgebaut wurde. Im 1440 bis 1489 entstandenen Ritterhospital findet man heute ein archäologisches Museum.

mit unvergleichlichen Badestränden und einem vielfältigen Freizeitangebot. Sonnenanbeter, Surfer und Biker finden hier ideale Bedingungen vor. Die Hotels und Ferienanlagen entlang der Küste bieten allen erdenklichen Komfort, auch Nachtschwärmer kommen hier auf ihre Kosten. Kos blickt auf eine wechselvolle Geschichte zurück und kann ein reiches kulturelles Erbe vorweisen. Griechen und Römer, Byzantiner, Johanniter und Osmanen haben auf der Insel ihre Spuren hinterlassen. In Kos-Stadt, dem an der Nordküste gelegenen Hauptort der Insel, finden sich antike Ruinenstätten, christliche Kirchen und muslimische Gotteshäuser auf engstem Raum. Moscheen und Kirchen sind ebenso wie die Ruinen der antiken Tempel frei zugänglich. Das touristische Herz von Kos-Stadt schlägt am alten Mandraki-Hafen, der von dem von Johannitern errichteten Kastell Neratzia bewacht wird. In der Nähe des Hafens erinnert eine uralte Platane an den berühmten Arzt Hippokrates, der um 460 v. Chr. auf Kos geboren wurde und diesen Baum selbst gepflanzt haben soll. Im späten 4. Jh. v. Chr. wurde ihm zu Ehren ein dem Gott der Heilkunst geweihtes Heiligtum errichtet, das sich in römischer Zeit zu einem Heilbad entwickelte. Heute ist dieses Asklepieion, das erst zu Beginn des 20. Jh.s wiederentdeckt wurde, eine Touristenattraktion. Die meisten Kreuzfahrtschiffe legen im Hafen von Kos-Stadt an. Von hier aus können die Sehenswürdigkeiten der Insel mit einem Bus oder Taxi erreicht werden.

**Einige Säulen im Asklipieion auf Kos sind rekonstruiert.**

**Chios** Die zu der Region der Nördlichen Ägäis gehörende Insel liegt etwas abseits der großen Touristenströme und gilt als Geheimtipp für Individualurlauber. Während auf Rhodos und auf Kos die Moderne längst Einzug gehalten hat, prägt auf Chios immer noch eine über die Jahrhunderte gewachsene bäuerliche Kultur das Inselleben. Von alters her ist die Gewinnung von Mastix, einem Harz, das aus dem Mastix-Baum gewonnen und zur Herstellung von Kosmetika, Farben und Ölen genutzt wird, eine wichtige Einnahmequelle der Chioten. Unter den Osmanen, die die Insel 1566 erobert hatten, machte der Handel mit diesem Stoff die Inselbewohner wohlhabend und unabhängig. Da er im Reich des Sultans heiß begehrt war, genossen die Mastix-Bauern von Chios gewisse Privilegien. Dies änderte sich, als sie sich zu Beginn des 19. Jh.s dem griechischen Freiheitskampf gegen die Osmanen anschlossen. Bis heute werden hier in jedem Sommer 300 Tonnen Mastix geerntet. Die Kreuzfahrtschiffe gehen im Hafen von Chios-Stadt an der Ostküste vor Anker.

**Großes Bild: Bereits um 400 v. Chr. wurde hier auf Rhodos ein Hafen angelegt.**

# Mykonos

## Delos

Die nur 3,6 km² große, karge Nachbarinsel von Mykonos beherbergt eine der wichtigsten Ruinenstätten Griechenlands und steht deshalb auf der UNESCO-Weltkulturerbeliste. In den Apollon-Heiligtümern und den mit prachtvollen Mosaiken reich ausgestatteten Wohnhäusern, die seit 1872 auf dem Gelände freigelegt wurden, spiegelt sich die Kulturgeschichte des antiken Griechenlands von der Archaik über die Klassik bis in die römische und hellenistische Zeit. Berühmt ist die aus dem 7. Jh. stammende Löwenterrasse (rechts) mit ihren Tierskulpturen. Die noch vorhande-

Weltbekannt sind die Windmühlen von Mykonos.

**Mykonos zählt zu den großen Ferienzentren im Mittelmeerraum. Die herrlichen Strände, die kosmopolitische Atmosphäre und nicht zuletzt das bunte Nachtleben locken Menschen aus aller Welt an. Und doch hat die Insel viel von ihrem Charme bewahrt. Mykonos-Stadt gilt als malerischster Kykladen-Ort und wird deshalb von fast allen Cruiselinern auf einer Ägäistour angelaufen.**

**Land:** Griechenland
**Fläche:** 105 km²
**Einwohner:** 10 000
**Sprache:** Griechisch
**Währung:** Euro
**Hauptreisezeit:** April bis Oktober
**Zeitzone:** UTC + 2

Die meisten Kreuzfahrtschiffe legen im Hafen von Tourios 4 km nördlich von Mykonos-Stadt an. Ein Shuttle-Service verbindet ihn mit der Inselkapitale, die sich als Kykladen-Städtchen wie aus dem Bilderbuch präsentiert. Nirgendwo sonst lässt sich die für die Region typische Architektur besser studieren als hier. Von Weitem scheint Mykonos-Stadt nichts als ein am Hang erbautes Ensemble weiß gekalkter und mehr oder weniger regelmäßig angeordneter Bungalows zu sein. Aus der Nähe betrachtet entpuppt es sich als Gewirr ineinander verschachtelter putziger kleiner Häuschen, das von einem labyrinthischen Netz aus engen kopfsteingepflasterten Gassen, Treppen und Durchgängen durchzogen wird. Überall sorgen leuchtend blau, türkis oder rot gestrichene Fensterläden und Türen sowie über und über mit Blumen geschmückte Balkone für farbige Akzente in dem sonst fast blendend weißen Häusermeer.
Besonders in den Sommermonaten verwandelt sich diese Idylle geradezu in eine Partyzone. Mykonos Chora, wie der Hauptort der Insel im Griechischen genannt wird, ist dann ein Treffpunkt für Touristen aus aller Welt. An der Hafenpromenade herrscht ein fast babylonisches Sprachengewirr. Die vielen Tavernen, Bars und Restaurants der Stadt haben bis spät in die Nacht geöffnet, in den Discos wird bis in die frühen Morgenstunden getanzt. Leute, die für Menschenmassen in Partystimmung nicht so viel übrighaben, können auf das nahe gelegene Delos fahren und zwischen antiken Ruinen flanieren. Zwischen Mykonos und der unbewohnten Insel verkehren Fähren. Fast ein Muss für jeden Mykonos-Besucher ist ein Bummel zu den vier seit Langem stillgelegten Windmühlen auf dem Ano Mili im Süden der Stadt. Sie sind das Wahrzeichen der Insel.

**Oben: Panoramablick über die Kykladen-Insel. Darunter: Mykonos-Stadt mit Hafen.**

nen Originale wurden durch Kopien ersetzt und sind heute in einem, dem Ausgrabungsgelände angeschlossenen Museum ausgestellt. Als Geburtsstätte der Artemis und des Apollon war Delos ein heiliger Ort, der hinsichtlich seiner kultischen Bedeutung Delphi und Olympia in nichts nach stand. Zwischen 477 und 454 v. Chr. wurde hier die Bundeskasse des Attisch-Delischen Seebundes, den 200 griechische Städte und Inseln im Kampf gegen die Perser geschlossen hatten, aufbewahrt. Delos entwickelte sich zu einer politischen Macht in Griechenland. Als Perikles die Kasse nach Athen überführen ließ, verlor die Insel an Bedeutung.

# Naxos, Paros, Milos

## Kykladen-Architektur

Nichts hat das Bild von den Kykladen so geprägt wie die typische Bauform. Ansichten der weiß gekalkten, ineinander verschachtelten und übereinander-gestaffelten Flachdachbauten von Mykonos oder Naxos dürfen in keinem Griechenland-Reisekatalog fehlen. Ihre einfachen und klaren Formen haben Architekten wie Le Corbusier inspiriert und bestechen immer wieder aufs Neue. Die traditionelle Kykladen-Architektur hat sich über Jahrhunderte entwickelt und ist aus der Notwendigkeit einer Anpassung an topografische und klimatische Verhältnisse entstanden. Die

**Die Inselwelt im Zentrum der Ägäis ist ein ideales Kreuzfahrtgebiet. Auf den Kykladen findet sich eine Vielfalt von Landschaften und Kulturräumen. Die eine Insel präsentiert sich gebirgig und kahl, die andere als sanft geschwungene Hügellandschaft. In den oft fruchtbaren Tälern werden Oliven, Wein und Zitrusfrüchte angebaut, und Sonnenhungrige werden an den Stränden Die Kykladen verfügen über ein reiches architektonisches Erbe, das sich nicht nur in antiken griechischen Tempelstätten, byzantinischen Kirchen und Klöstern sowie venezianischen Festungen, sondern vor allem in traditionellen, lokalen Bauformen zeigt. Die »weißen« Dörfer und Städtchen sind das Markenzeichen der gesamten Inselgruppe.**

**Land:** Griechenland
**Fläche:**
Naxos: 389 km²
Paros: 196 km²
Milos: 160 km²
**Einwohner:**
Naxos: 20 000
Paros: 14 000
Milos: 5000
**Sprache:** Griechisch
**Währung:** Euro
**Hauptreisezeit:** April bis Oktober
**Zeitzone:** UTC + 2

**Naxos** Die größte Kykladen-Insel wartet mit einem reichen kulturellen Erbe und zauberhaften Landschaften auf. Allein die an der Westküste gelegene Inselkapitale ist eine Reise wert. Mit dem **Kastro-Viertel** verfügt Naxos-Stadt über eine der wenigen erhaltenen mittelalterlichen Siedlungen Griechenlands. Sie ist im 13. Jh. um eine Festung herum entstanden und erinnert an die Zeit, als Naxos Zentrum des von dem venezianischen Kreuzritter Marco Sanudo gegründeten Herzogtums Archipelagos war. Von der Burg, die an der Stelle der antiken Akropolis errichtet wurde, sind nur Teile des Mauerwerks und ein Turm erhalten. Am höchsten Punkt des Kastro steht ein kleines katholisches Gotteshaus, das ebenfalls aus dem 13. Jh. stammt. Das eigentliche Wahrzeichen von Naxos befindet sich allerdings nicht in der Altstadt, sondern ragt auf einem Inselchen, das nur durch einen schmalen Damm mit dem Hafen verbunden ist, empor: Die **Portara**, das 6 m hohe und 4 m breite Tor eines Tempels aus dem 6. Jh. v. Chr., ist ein viel fotografiertes Postkartenmotiv. Obwohl Naxos eine der beliebtesten Ferieninseln der Kykladen ist, lassen sich noch genügend ruhige Plätzchen finden. Rund um die Insel locken viele einsame **Badebuchten**. Selbst die sich über 20 km hinziehenden, hellen und feinsandigen Strände südlich der Hauptstadt sind niemals übervölkert. Die landschaftliche Schönheit Naxos' kann man idealerweise auf einer Tour mit dem Leihwagen genießen. Das Inselinnere wird von hoch aufragenden Gebirgszügen durchzogen. In den fruchtbaren Tälern werden Oliven, Kartoffeln, Obst und Zitrusfrüchte kultiviert. Überall grünt und blüht es. Immer wieder laden schmucke Dörfer, antike Stätten und byzantinische Kirchen zu einem Zwischenstopp ein.

Der schmale Damm verbindet Naxos mit der Portara.

**Paros** Nicht zuletzt aufgrund ihrer Lage im Zentrum der Kykladen hat sich die Insel zu einem der meistbesuchten Urlaubsziele in der Region entwickelt. Paros ist durch regelmäßigen Fährverkehr mit den anderen Inseln des Archipels verbunden und bietet sich daher als Ausgangspunkt für Tagesausflüge nach Naxos, Mykonos, Santorin, Tinos oder Ios an. Aber auch die vielen schönen **Badestrände** rund um die Insel sowie gute Wandermöglichkeiten locken jedes Jahr die Feriengäste an. Trotz der hoch entwickelten touristischen Infrastruktur zählt Paros zu den verträumtesten Kykladen-Inseln. Nach wie vor werden in dem fruchtbaren Hügelland des Inselinneren Oliven und Wein angebaut. Zypressenhaine und Pinienwäldchen, schmucke weiße Dörfer und malerische kleine Fischerorte vervollständigen das idyllische Bild. Viele Kreuzfahrtschiffe steuern den Hafen von Parikia, der an der Westküs-

kubische Form der oft nur aus einem Raum bestehenden Häuser erleichtert Anbauten und Erweiterungen (rechts, Ios). Auf den Flachdächern kann Regenwasser gesammelt werden. Dank der dicken Mauern aus

Bruchstein und des weißen Verputzes ist es im Sommer innen angenehm kühl und im Winter warm. Meist sind die Häuser durch Treppen, Durch- und Aufgänge miteinander verbunden, die Siedlungen von einem Gewirr enger Gässchen durchzogen. Einst sollten diese Labyrinthe die Bewohner der Kykladen-Städte vor Angriffen von Piraten schützen. Heute werden sie in den Sommermonaten von zahllosen Touristen bevölkert.

:e gelegenen Inselhauptstadt, an. Hier lädt vor allen Dingen das venezianische **Kástro-Viertel** zu einem Bummel ein. Die unweit des Hafens gelegene Kirche **Panagia Ekatontapilianí**, deren Anfänge auf das 4. Jh. zurückgehen, ist eine der ältesten Kirchen Griechenlands und zählt zu den bedeutendsten Sakralbauten der Kykladen.
Parikias Uferpromenade entlang der Hafenbucht wird von vielen Restaurants, Bars und Cafés gesäumt. Hier herrscht bei Tag und bei Nacht Hochbetrieb. Nicht nur die Inselhauptstadt, sondern auch der an einer malerischen Bucht im Norden von Paros gelegene Fischerort Naoussa wird von Kreuzfahrtschiffen angelaufen. Auch hier laden die verwinkelten Gassen des historischen Zentrums zum Spazieren ein. In der Umgebung von Naoussa finden sich einige Traumstrände, die mit Badebooten erreichbar sind. Die alte Inselhauptstadt **Lefkes** 10 km östlich von Parikia wurde schon oft als schönster Kykladenort gerühmt. Das idyllisch an einem Hang gelegene, rund 700 Einwohner zählende Dorf wartet mit mittelalterlichen Gässchen, einer prachtvollen Kirche sowie einem sehenswerten **Heimatmuseum** auf.
Auf halbem Wege zwischen Parikia und Lfkes befinden sich die berühmten Marmorstollen von Marathi – ein unbedingtes Muss für jeden Paros-Besucher. Der hier abgebaute und als »Lichnites« bekannte Marmor war in der Antike heiß begehrt und galt als kostbarster der Welt. Statuen wie die Venus von Milo oder die Nike von Samosthrake sind aus ihm gehauen.

## Milos

Die Insel im äußersten Südwesten der Kykladen liegt ein wenig abseits der großen Touristenströme und hat ihren Gästen doch einiges zu bieten. Jahrmillionen dauernde vulkanische Aktivität hat eine facettenreiche Landschaft geformt und Milos ein unverwechselbares Gesicht verliehen. Das mit dem **Profitis Ilias**, einem erloschenen Vulkan, im Westen bis auf 748 m ansteigende Hügelland besteht vorwiegend aus Lava, die klippenreichen und im Norden steilwandigen Küsten sind mit bizarren Gebilden aus hellem Bimsstein und rötlichem Basalt übersät. Zwar fand der letzte große Vulkanausbruch auf Milos in vorgeschichtlicher Zeit vermutlich vor rund 60 000 Jahren statt, vielerorts erinnern aber schwefelhaltige Thermalquellen und rauchende Fumarolen an auch heute noch sehr unruhigen Untergrund. Der Vulkanismus hat nicht nur die Landschaft geprägt, ihm verdankt Milos auch seinen Reichtum an Bodenschätzen. Archäologische Ausgrabungen in Filakopi an der Nordostküste belegen, dass auf der Insel bereits um 2000 v. Chr. Werkzeuge aus dem Vulkanglas Obsidian hergestellt und Schwefel, Alaun sowie Bimsstein abgebaut wurden. Bis heute ist der Export wertvoller Mineralien und seltener Erze ein bedeutender Wirtschaftszweig.

Die Kreuzfahrtschiffe steuern **Adamas** an der tief ins Land schneidenden, breiten Bucht von Milos an der Nordküste an. Das kleine Hafenstädtchen hat sich zum touristischen Zentrum der Insel mit einem wachsenden Angebot an Hotels, Restaurants und Tavernen entwickelt. Kreuzfahrtpassagieren bietet es sich als Ausgangspunkt für Inselrundfahrten und Bootsausflüge zu den oft nur über das Meer zugänglichen unberührten Badebuchten an.

Oberhalb von Adamas liegt auf einem Felsplateau über der Bucht von Milos die Inselhauptstadt **Plaka**, ein Kykladen-Dorf, in dem die Zeit stehen geblieben zu sein scheint. Von der Kapelle Mesa Panagia auf dem Festungshügel über der Stadt hat man eine schöne Aussicht über Milos und seine Nachbarinseln.
Ein Stück weiter südlich von Plaka befinden sich die Ruinen des antiken Melos. In der Nähe des gut erhaltenen römischen Theaters aus dem 3. Jh. wurde 1820 die berühmte, im Louvre aufbewahrte Statue der Venus von Milo gefunden. Auch die frühchristlichen Katakomben unterhalb der antiken Stadt lohnen einen Besuch.

**Oben links: Hoch über Naxos thront die Portara. Oben rechts: Als »weiße Stadt« präsentiert sich Naoussa auf Paros.**

# Santorin

## Tanz auf dem Vulkan

Die Ankunft eines Kreuzfahrtschiffs vor Santorin gleicht einem »Tanz auf dem Vulkan«. Bevor die Schiffe im Hafen von Fira vor Anker gehen, gleiten sie durch einen Einsturzkrater, den ein aktiver Feuerberg bei einem Ausbruch vor 3600 Jahren zurückließ (rechts). Untersuchungen belegen, dass durch diese minoische Eruption eine bis auf 1000 m ansteigende Insel zerstört wurde und im Meer versank. Im Zuge der Entleerung der Magmakammern während des Ausbruchs bildeten sich riesige unterirdische Hohlräume, die das Eiland zum Einsturz brachten. Der Krater wurde ge-

**Förmlich an den Hang geklebt: die Häuser von Oia.**

**Die im Süden der Kykladen gelegene Inselgruppe ist ein geradezu magisches Kreuzfahrtziel im östlichen Mittelmeer. Die Ansichten der hoch über dem azurblauen Meer auf scharfkantigen Felsen thronenden und in der Sonne leuchtenden, schneeweißen Häuser von Santorin faszinieren alle Besucher und wecken Sehnsüchte. Ohne Zweifel haben diese Perspektiven die Vorstellungen über die Ägäis als einer Region der Helligkeit und des Lichts für immer geprägt.**

### Santorin

**Land:** Griechenland
**Fläche:** 92 km²
**Einwohner:** 15 000
**Sprache:** Griechisch
**Währung:** Euro
**Hauptreisezeit:** April bis Oktober
**Zeitzone:** UTC + 2

Die meisten Kreuzfahrtschiffe ankern vor Fira, dem Hauptort des ganzen Archipels. Die Passagiere werden mit Tenderbooten an Land gebracht und gelangen dann mit einer Seilbahn, über einen Serpentinenweg zu Fuß oder auf dem Rücken eines Maultieres in die 300 m über dem Meer in den Steilhang des Kraters gebaute Stadt. Dank der Weitsicht der Verantwortlichen wurden die Häuser auf Fira, wie die Hauptinsel auch genannt wird, nach dem schweren Erdbeben von 1956 im Stil traditioneller lokaler Bauformen wieder aufgebaut. In hellen Pastelltönen gestrichene, kleine Häuser, die ineinander verschachtelt scheinen und durch Treppen, Terrassen oder Höfe mit einander verbunden sind, verleihen der Stadt ihr unverwechselbares Gesicht.
Im Zentrum der Stadt herrscht fast ganzjährig reges Treiben. Hier reiht sich Bar an Bar und Restaurant an Restaurant. Die Geschäfte bieten lokales Kunsthandwerk, Schmuck, Kleidung und kulinarische Köstlichkeiten an. Wer dem Rummel entgehen möchte, kann den Kraterrandweg entlang wandern. Er führt aus der Stadt nach Norden bis in den kleinen Ort **Oia** und gewährt spektakuläre Ausblicke auf das in der Sonne glitzernde Meer und die in allen Erdfarben leuchtenden Kraterwände. Eine Tour dauert etwa vier Stunden.
Ganz im Süden der Insel wurde eine bronzezeitliche Siedlung entdeckt, die vermutlich bei dem Vulkanausbruch von 1600 v. Chr. mit einer dicken Ascheschicht überzogen und dadurch konserviert wurde. Die stattlichen, mit kunstvollen Fresken geschmückten Gebäude, die auf dem Gelände von Akrotiri gefunden wurden, belegen, dass hier vor der Katastrophe Träger einer frühen Hochkultur lebten. Überreste von Leichen wurden nicht gefunden. Daher ist anzunehmen, dass die Menschen durch die der Eruption vorausgehenden Erdbeben gewarnt wurden und die Insel rechtzeitig verlassen konnten.

**Atemberaubende Ausblicke auf Archipel und Steilküste.**

flutet, nur Teile seines Randes ragen seitdem aus dem Meer und bilden den Archipel von Santorin. Bis heute ist die Erde um die Inseln nicht zur Ruhe gekommen. 1956 zerstörte ein großes Erdbeben fast alle Sied-

lungen. Die rauchenden Schlote von Nea Kameni, einer winzigen, in der Caldera gelegenen Insel, bezeugen ebenso wie die Thermalquellen der 2000 Jahre alten Nachbarinsel Palea Kameni die vulkanische Aktivität.

# Kreta

## Der Palast von Knossos

Die Palaststadt, südlich von Iraklion gelegen, gilt als herausragendes architektonisches Zeugnis der minoischen Kultur. Die Anlage, die von Arthur Evans teils wieder aufgebaut wurde, zeigt sich als Gewirr hintereinandergeschachtelter Räume, Treppen und Korridore, die scheinbar planlos um einen 53 x 28 m großen Hof angeordnet sind (rechts). Die Größe der Räume variiert ständig, Korridore zweigen abrupt ab und eröffnen immer neue Perspektiven. Wissenschaftler vermuten, dass die Erbauer der Anlage bewusst auf jede Symmetrie in der Anordnung der Räume verzichtet

**Land:** Griechenland
**Fläche:** 8331 km²
**Einwohner:** 620 000
**Sprache:** Griechisch
**Währung:** Euro
**Hauptreisezeit:** April bis Oktober
**Zeitzone:** UTC + 2

**Nicht allein die wilde Schönheit ihrer in weiten Teilen nur schwer zugänglichen Gebirgsnatur, auch die Mythen, die sich um diese Insel ranken, bewegen die Fantasie ihrer Besucher.**
**Die phönizische Königstocher Europa, die von dem liebeskranken Zeus nach Kreta entführt wird, das sagenhafte Labyrinth des Königs Minos, in dem ein menschenfressendes Ungeheuer gefangen gehalten wird, bis es von Theseus und Ariadne bezwungen wird – all die Erzählungen und Legenden über Kreta, die durch Zeitgenossen Homers überliefert sind, haben sich tief in das Gedächtnis der Menschen eingegraben und über die Jahrhunderte Maler, Dichter und Philosophen inspiriert. Bis zum Ende des 19. Jh.s wurden sie allerdings in den Bereich der Fabel verwiesen. Seitdem der britische Archäologe Arthur Evans aber den Palast von Knossos ausgrub und seine labyrinthische Struktur freilegte, ist bekannt, dass sie zumindest ein Körnchen Wahrheit enthalten und dabei eine ganz andere, sehr viel ältere Kultur als die griechische in den Blick nehmen.**
**Diese nach dem sagenhaften Minos benannte Zivilisation entwickelte sich zwischen 2000 und 1350 v. Chr. und ist mittlerweile als früheste Hochkultur Europas anerkannt. Nach den Entdeckungen von Evans wurden auf Kreta noch zahlreiche weitere minoische Siedlungen ausgegraben. Die Kunstschätze, die dabei geborgen wurden, sind heute in den archäologischen Museen der Insel ausgestellt.**

**Venezianischer Morosini-Brunnen in Iraklion.**

⚓ **Iraklion** Kretas Kapitale, die zugleich die drittgrößte Stadt Griechenlands ist, präsentiert sich zunächst als lebendige, laute und mediterrane Metropole. Obwohl Iraklion nach den Zerstörungen des Zweiten Weltkriegs wieder aufgebaut werden musste und deshalb stellenweise etwas gesichtslos wirkt, lohnt sich eine Stadtbesichtigung. Zwischen den modernen Zweckbauten tauchen immer wieder architektonische Zeugnisse aus der bewegten Geschichte Kretas auf. Vor allem die Venezianer, die zwischen 1204 und 1645 über die Insel herrschten, haben im Stadtbild ihre Spuren hinterlassen.
Sehenswert sind insbesonders der **venezianische Hafen** mit seinem im 16 Jh. erbauten **Kastell** sowie die mächtige Stadtbefestigung. Von den Palästen, die venezianische Aristokraten im 15. und 16. Jh. in Iraklion errichten ließen, ist leider nur die **Loggia** erhalten. Auch dieser prächtige Arkadenbau wurde im Zweiten Weltkrieg stark zerstört und musste rekonstruiert werden. Der **Elef-**

und ein komplexes bauliches Ensemble geschaffen haben, das den Griechen rätselhaft blieb. Kein Wunder deshalb, dass der Palast von Knossos Vorbild für das sagenhafte Labyrinth des Königs Minos wurde, dem auch Theseus nur mithilfe des Ariadnefadens entkommen konnte. Der Palast wurde um 1625 v. Chr. errichtet. Bauhistoriker schätzen, dass die mehrstöckige Anlage über 800 bis 1300 Räume verfügte.

**In den Abendstunden ist der illuminierte Hafen von Chania am schönsten.**

**therios-Venizelos-Platz**, den ein venezianischer Brunnen aus dem 17. Jh. schmückt, ist ein beliebter Treffpunkt von Jung und Alt, von Einheimischen wie Touristen. Das unweit des Platzes gelegene weltberühmte **Archäologische Museum von Iraklion** hütet in den Ruinenstädten der Minoer gefundene Schätze und informiert mit einer gut strukturierten Ausstellung über alle Phasen der minoischen Kunstgeschichte. Die Sehenswürdigkeiten Iraklions sind vom Cruiseterminal über die Hafenpromenade zu Fuß gut erreichbar.

## Chania

Die im Nordwesten Kretas gelegene Hafenstadt hat sich zu einem touristischen Zentrum gemausert. Chania verfügt über all das, was auch eine kurze Stippvisite zu einem reinen Vergnügen macht: Pittoreske Altstadtviertel, altehrwürdige Kirchen, Paläste und Stadthäuser, bunte Märkte sowie einladende Tavernen und Cafés. Das pulsierende Herz Chanias schlägt zweifellos an dem alten venezianischen Hafen, der sich zu einem mondänen Ausgehviertel entwickelt hat und doch einen morbiden Charme ausstrahlt. In die halb verfallenen venezianischen Stadthäuser, die das Hafenrund säumen, sind schicke Lokale eingezogen. Die Uferpromenade ist bis in die Nacht mit Leben erfüllt. An der Ostseite des Hafens fallen die Kuppeln der **Janitscharen-Moschee** auf. Sie erinnert daran, dass Kreta zwischen 1645 und 1913 von den Osmanen kontrolliert wurde.

Einen Bummel über die lange Mole, die den Hafen zur Meerseite hin einfasst, sollte kein Chania-Besucher versäumen. Der Weg führt am Fischerei- und Jachthafen vorbei. Der alte Leuchtturm an der Spitze der Mole wurde aufwendig restauriert. Auf dem Kastelli-Hügel oberhalb der Janitscharen-Moschee erstreckt sich das älteste Viertel der Stadt. Es wurde 1941 bei Bombenangriffen der Deutschen schwer beschädigt und präsentiert sich deshalb heute als mehr oder weniger gelungener Mix aus historischen Gebäuden und Neubauten.

An der Odos Kanevaro wurden die Überreste einer minoischen Siedlung freigelegt. Die ansteigenden Gassen an der Westseite des Hafens führen in das historische **Topanas-Viertel**. Hier finden sich nicht nur prächtige Stadthäuser aus venezianischer Zeit, sondern auch fantastische Einkaufsmöglichkeiten. Überall locken Modeboutiquen, Goldschmiedeläden sowie Webereien und Gerbereien mit ihren Angeboten. In dem sich südlich anschließenden Evraiki-Viertel erinnert die **Synagoge Etz Chaim** an das Schicksal der jüdischen Bevölkerung, die bis in die 1940er-Jahre hier lebte. Ein Rundgang durch Chania bliebe ohne einen Besuch der **Markthalle** unvollständig. Die Stände in dem nach dem Vorbild des Marseiller Marktes errichteten Gusseisenbau von 1911 sind mit frischem Fleisch und Fisch, Obst, Gemüse und lokalen kulinarischen Spezialitäten üppig ausgestattet.

Liebhabern sakraler Baukunst sei ein Abstecher auf die **Akrotiri-Halbinsel**, die östlich von Chania ins Meer ragt, empfohlen. Hier laden einige venezianisch-kretische Klöster zu einer Besichtigung ein.

Die Kreuzfahrtschiffe legen im etwa 6 km von Chania entfernten Hafen von **Soudha** am östlichen Ende von Akrotiri an.

## Agios Nikolaos

Der wohl beliebteste Ferienort Kretas liegt im Nordosten der Insel an einer weiten Bucht, die den sprechenden Namen »Mirabello« trägt, was so viel wie »schöne Aussicht« bedeutet. Obwohl die knapp 10 000 Einwohner zählende Gemeinde nicht mit einem historischen Ortskern aufwarten kann, präsentiert sie sich als charmantes, bezauberndes kleines Städtchen. Große Hotelbauten sucht man hier vergebens. Die Ferienanlagen, die seit den 1970er-Jahren entlang der Küste errichtet wurden, sind der reizvollen Umgebung angepasst. Der kleine Hafen von Agios Nikolaos, in dem die Kreuzfahrtschiffe anlegen, ist nur wenige Minuten vom Stadtzentrum, das um den Voulismeni-See errichtet wurde, entfernt. Dieses Binnengewässer wird durch unterirdische Quellen gespeist und ist durch einen schmalen Kanal mit dem Hafen verbunden.

An seiner Westseite ragen Steilklippen empor. An seinem Nord- und an seinem Ostufer haben Tavernen und Restaurants ihre Tische aufgestellt. Dank der Touristen herrscht hier bis in die Nacht ein reges Treiben.

Agios Nikolaos ist nach einer kleinen Kirche benannt, die heute zum Hotel »Minos Palace« gehört. Wer sich einen Schlüssel für die Kirche im Hotel abholt, verschafft sich Zutritt zu einem bedeutenden Baudenkmal, das mit byzantinischen Fresken aufwarten kann.

**Bild links oben: Im kleinen Hafen von Agios Nikolaos ankern ganz stadtnah auch die großen Kreuzfahrtschiffe.**

# Istanbul

## Großer Basar

Istanbuls berühmteste, im historischen Zentrum östlich der Hagia Sophia gelegene »Shoppingmeile« zählt zu den größten überdachten Märkten der Welt. Auf einer Fläche von 20 ha bieten rund 20 000 Händler in 4500 Läden usbekische Hochzeitskleider, kurdische Kelims, Felle aus Anatolien, maßgeschneiderte Bauchtanzkostüme, bunte Glaslaternen und vieles mehr an (rechts). In dem dichten Gedränge, das von früh bis spät in den Gassen des Basars herrscht, können unkundige Besucher leicht die Übersicht verlieren. Dennoch geht es hier keineswegs chaotisch zu. Jedes Gewerbe verfügt

**Land:** Türkei
**Einwohner:** 13 Mio.
**Sprache:** Türkisch
**Währung:** Türkische Lira
**Hauptreisezeit:** April bis Oktober
**Zeitzone:** UTC + 2

**Nach einem langen Dornröschenschlaf zeigt sich Istanbul, das alte Konstantinopel, heute als dynamische, boomende internationale Metropole. Die Stadt liegt nicht nur geografisch auf zwei Kontinenten, sondern auch am Schnittpunkt verschiedenener Kulturen. Orient und Okzident, Christentum und Islam haben ihr Gesicht und ihre 2600-jährige Geschichte geprägt. Lange Zeit war die Stadt ein geistiges und politisches Zentrum der europäischen Welt.**

**Ihre Anfänge gehen auf griechische Kolonisten zurück, die um 660 v. Chr. auf einer Anhöhe an der Mündung des Goldenen Horns in den Bosporus die Stadt Byzantion gründeten. 324 n. Chr. verlegte Konstantin der Große seine Residenz an die später nach ihm benannte Stadt und machte sie zur Kapitale des römischen Imperiums. Nach der Teilung des Römerreichs im Jahr 395 wurde Konstantinopel für mehr als 1000 Jahre Hauptstadt des Oströmischen bzw. Byzantinischen Reiches und unbestrittener Mittelpunkt des orthodoxen Christentums.**

**Nach ihrer Eroberung durch die Osmanen im Jahr 1453 wurde die Stadt das Zentrum der islamischen Welt, das die Sultane mit prächtigen Moscheen und Palästen ausstatteten. Obwohl die Hauptstadt der Türkei nach der Gründung der Republik unter Kemal Atatürk nach Ankara verlegt wurde, ist Konstantinopel, das seit 1930 Istanbul heißt, der wirtschaftliche und kulturelle Mittelpunkt des Landes geblieben.**

**Der moderne Cruiseterminal befindet sich auf der europäischen Seite im Norden der Galata-Brücke. Die Brücke überspannt das Goldene Horn, einen 7 km tief ins Land schneidenden Seitenarm des Bosporus, und führt in das historische Zentrum mit Topkapı-Palast, Hagia Sophia und Blauer Moschee.**

**Hagia Sophia** Das berühmte Wahrzeichen Istanbuls thront, eingerahmt von der nicht minder berühmten Blauen Moschee und dem Topkapı-Palast, auf der in den Bosporus hineinragenden Landzunge. Sie war von der Antike bis zum Ende des Osmanischen Reiches das religiöse wie politische Zentrum der Stadt. Die Hagia Sophia wurde zwischen 532 und 537 im Auftrag von Kaiser Justinian unter der Federführung der Architekten Anthemios von Tralles und Isidoros von Milet errichtet. Bis heute wird sie als Meisterwerk frühchristlicher Kirchenbaukunst gerühmt. Die mächtige Kuppel wurde bereits von Zeitgenossen Anthemios' und Isidoros' als achtes Weltwunder gefeiert: Mit stolzen Ausmaßen von nahezu 56 m Höhe und 31 m Durchmesser liegt das Gewölbe auf nur vier Pfeilern auf und wirkt dadurch fast schwerelos. Als Hauptkirche des Byzantinischen Reiches war die Hagia Sophia für Jahrhunderte eines der bedeutendsten christlichen Gotteshäuser.

Nach der Eroberung Konstantinopels 1453 wandelten die Osmanen sie in eine Moschee um. Unter ihrem berühmten Architekten Sinan wurde die Kirche um Grabbauten und Brunnen erweitert sowie mit Minaretten versehen. Teile des Wandschmucks mit christlichen Bildmotiven wurden entfernt und die Kreuze durch den Halbmond ersetzt. Dennoch sind einige wunderbare Mosaiken aus byzantinischer Zeit erhalten: Über dem Kaisertor der inneren Vorhalle ist Christus als Weltenherrscher zu sehen. Die Apsis schmückt ein Mosaik der Madonna mit ihrem Kind, auf den oberen Galerien versetzt eine Darstellung des Jüngsten Gerichts mit Christus als Weltenrichter die Betrachter in Erstaunen. Die Hagia Sophia wurde 1934 in ein Museum (Ayasofya Camii Müzesi) umgewandelt.

**Blaue Moschee** (Sultan Ahmet Camii) Das Gotteshaus ist neben der Hagia Sophia das bedeutendste sakrale Bauwerk der Stadt und wird heute als Hauptmoschee Istanbuls genutzt. Jeden Morgen schallen von den Minaretten die durchdringenden Rufe des Muezzins und wecken die Gläubigen. Die Blaue Moschee, auch Sultan-Ahmed-Moschee genannt, wurde unter Sultan Ahmed I. (reg. 1603–1617) zu Beginn des 17. Jh.s errichtet und sollte nach dem ausdrücklichen Willen des jugendlichen Herrschers, der nur ein Jahr nach der Vollendung des Baus im Alter von 27 Jahren starb, größer und schöner sein als der benachbarte byzantinische Kirchenbau. Der mit dem Bau beauftragte Architekt Mehmed Aga, ein Schüler des großen Sinan, schuf in der Tat ein vollkommenes Meisterwerk islamischer Baukunst. Allein die Dachkonstruktion, die aus vielen, kleinen stufenförmig um die mächtige Zentralkuppel angeordneten Halbkuppeln besteht, gilt als Kunstwerk. Wände und Säulen des 53 m langen und 51 m breiten Gebetssaals sind mit über 20 000 Majolika-Fliesen geschmückt. Sie sind mit floralen

**Auch vom Schiff aus ist der Galata-Turm gut zu sehen.**

**Architektur und Lage machen die Blaue Moschee einzigartig.**

nämlich über ein eigenes Viertel. Mittelpunkt des Basars ist das Quartier der Juweliere und Goldschmiede. Wie in »Tausendundeiner Nacht « werden Gold, Silber und Edelsteine präsentiert. Obwohl die Händler des Basars

in der Kunst der Feilschens geübt sind, folgen alle einem gemeinsamen Grundsatz: Wer hier verkauft, darf keine überteuerten Waren anbieten; und früher oder später wird man sich handelseinig (links).

Motiven fein bemalt und schillern im Licht, das durch die 260 Fenster der Halle dringt, in allen erdenklichen Farbtönen. Ihren Beinamen verdankt die Moschee, die offiziell nach ihrem Stifter benannt ist, den blauweißen Fliesen im Kuppelrund. Die Moschee verfügte bei Fertigstellung über sechs Minarette, genauso viele, wie die Moschee in der Geburtsstadt des Propheten Mohammed aufwies; dies rief bei frommen Muslimen Proteste hervor. Der Sultan sah sich deshalb gezwungen, für die Moschee in Mekka ein siebtes Minarett zu stiften. Die Blaue Moschee ist der Öffentlichkeit zugänglich gemacht worden. Für die 10 000 Touristen, die täglich hierher strömen, ist der Südeingang vorgesehen.

**Topkapı-Palast** Eine Besichtigung der linker Hand der Hagia Sophia direkt an der Mündung des Goldenen Horns in den Bosporus angelegten Residenz der osmanischen Herrscher nimmt mindestens einen halben Tag in Anspruch. Der riesige Gebäudekomplex umfasst eine Fläche von 70 ha und zählt zu den größten Palästen der Welt. Er wurde nach der Eroberung Konstantinopels von Mehmed II. errichtet und über die Jahrhunderte bis zur Verlegung der Sultans-Residenz im neuen Dolmabahtsche-Palast (Dolmabahçe Sarayı) durch Abdülmecit I. im Jahr 1856 immer wieder ausgebaut.
1923 wurden große Teile des Palastes in ein Museum umgewandelt. Es beherbergt umfangreiche Porzellan-, Handschriften- und Gewändersammlungen. Mehr als nur ein Palast ist der Topkapı eine Stadt in der Stadt, die von dicken Mauern umgeben ist. Er besteht aus vier hintereinanderliegenden offenen Höfen, um die sich die Palastbauten gruppieren. Der **erste Hof** wurde als Parade- und Hinrichtungsplatz genutzt. Hier befanden sich Kasernen, Stallungen, Wirtschaftsräume und die Unterkünfte der Bediensteten. Der eigentliche Palastbezirk beginnt erst mit dem **zweiten Hof** – einer wundervollen Parkanlage, die von den Amts- und Wohnräumen der hohen Staatsbeamten umgeben ist. In der ehemaligen Palastküche auf der rechten Seite dieses zweiten Hofs ist heute die Porzellansammlung untergebracht. Im **dritten Hof** befindet sich der prächtige Audienzsaal, in dem der Sultan ausländische Gesandte und die Würdenträger seines Reiches empfing. Die Schatzkammer in der nordöstlichen Ecke ist voll mit kostbarsten Juwelen, Waffen und Goldschmiedearbeiten.
In der Hırka-i Saadet Dairesi werden berühmte Reliquien Mohammeds, wie beispielsweise der Mantel und Barthaare des Propheten, aufbewahrt. Der **vierte Hof** beherbergt verschiedene Pavillons. Die Terrasse bietet einen wunderbaren Blick über das Goldene Horn und den Bosporus. Hauptattraktion des Topkapı-Palastes ist natürlich der an der linken Seite angebaute **Haremsbereich**, in dem der Sultan mit seinen Frauen, Konkubinen und zahlreichen Kindern lebte. Einst war dies verbotenes Terrain, heute kann er zumindest bei einer Führung besichtigt werden.

**Rund um den Galata-Turm**
Der 62 m hohe Galata-Turm überragt die Stadtteile im Norden des Goldenen Horns. Er war Teil einer Befestigungsmauer, die die Genueser Kaufleute im Jahr 1348 errichtet hatten. Die italienische Seerepublik unterhielt mit Erlaubnis des byzantinischen Kaisers bereits seit 1261 eine Handelsniederlassung am Bosporus. Nach der Eroberung Konstantinopels durch die Osmanen 1453 verloren die Genueser dann ihre Privilegien. Die Mauer wurde geschliffen, und nur der Turm blieb stehen. Im Zuge der Modernisierung Istanbuls wurde er aufwendig restauriert und mit einem Aufzug ausgestattet, der zu einer Aussichtsplattform mit Restaurant führt.
Hinter dem Galata-Turm erstreckt sich über einen Hügel der Stadtteil Beyoglu – das sogenannte Europäerviertel. Bis zur Verlegung der türkischen Hauptstadt nach Ankara hatten hier ausländische Botschaften und internationale Unternehmen ihren Sitz. Das Stadtbild wird deshalb von prachtvollen europäischen Jugendstilbauten geprägt. Nach dem Wegzug der Europäer war Beyoglu lange dem Verfall preisgegeben, heute zählt es zu den angesagtesten Vierteln der Millionenmetropole. Seit den 1990er-Jahren haben hier unzählige Bars, Jazzklubs, Kneipen und Restaurants eröffnet, die Treffpunkt junger Istanbuler sind. Die Hauptgeschäftsstraße Istiklal Caddesi hat sich zu einer Shopping- und Flaniermeile entwickelt.

**Bild oben: Die Neue Moschee (Yeni Camii) im Stadtviertel Eminönü ist eine der größten Moscheen der Stadt; dahinter überquert die immer belebte Galata-Brücke das Goldene Horn.**

**Der imposanteste Bestandteil der fast 1500 Jahre alten, heute als Museum dienenden Hagia Sophia ist die 55 m hohe Kuppel. Zeitweise war sie auch als Moschee genutzt worden (unten).**

**Hagia Sophia und Blaue Moschee prägen die einzigartige Kulisse der Stadt auf zwei Kontinenten.**

# Izmir, Kuşadası, Marmaris, Antalya

## Ephesos

Die heutige Ruinenstadt unweit des Städtchens Selçuk ist uralt, schon für die Lyder und Karer war die Stelle lange vor der Ankunft griechischer Händler und Siedler an der ionischen Küste ein heiliger Ort der Muttergöttin Kybele. Deren Artemis-Tempel stand in der Tradition des Mutterkultes und zählte zu den Weltwundern. Um das Jahr 129 wurde Ephesos Hauptstadt

**Land:** Türkei
**Einwohner:**
Izmir: 2,9 Mio.
Kušadasi: 58 000
Mamaris: 28 000
Antalya: 820 000
**Sprache:** Türkisch
**Währung:** Türkische Lira
**Hauptreisezeit:** April bis Oktober
**Zeitzone:** UTC + 2

**Eine Kreuzfahrt entlang der türkischen Mittelmeerküste führt in moderne Urlaubsparadiese. In den letzten 30 Jahren sind in der Region große Ferienzentren entstanden, die den Badeorten an der Costa del Sol und der Adria Konkurrenz machen. Einstmals verschlafene Fischerdörfer wie Kuşadası und Marmaris haben sich in elegante Seebäder mit Uferpromenade und Jachthafen verwandelt. Das Angebot an Freizeitaktivitäten ist hier schier unerschöpflich, das Nachtleben bunt und facettenreich. Die Küstenorte bieten sich aber auch als Ausgangspunkt für Ausflüge in das landschaftlich reizvolle Hinterland an. Denn dort liegen berühmte antike Ruinenstädte wie Ephesos oder Pergamon, Didyma oder Termessos versteckt.**

⚓ **Izmir** Nicht zuletzt dank einiger antiker Kulturdenkmäler in der weiteren Umgebung hat sich die drittgrößte Stadt der Türkei zu einem Kreuzfahrtziel im östlichen Mittelmeerraum entwickelt.
Nur 70 km südlich von Izmir liegt die Ruinenstätte der antiken Metropole **Ephesos**, die einst den monumentalen Artemis-Tempel beherbergte. Auch die Überreste des antiken **Pergamon** 80 km nördlich von Izmir sind ein beliebtes Ziel von Tagesausflügen. Die Stadt war ein Zentrum der hellenistischen Welt und Heimstatt des berühmten Pergamonaltars, der heute in dem nach ihm benannten Berliner Museum steht.
Aber auch Izmir selbst hat dem Besucher einiges zu bieten. Obwohl sich die Stadt vielerorts als laute und schnell wachsende Millionenmetropole präsentiert, trägt sie ihren Beinamen »die Schöne« zu Recht. Die palmenbestandene Uferpromenade Atatürk Caddesi, die vom Hafen Alcansak nach Süden zum Konak Meydanı, dem zentralen Platz der Stadt, verläuft, ist eine einzige Touristenattraktion. Nach Jahren des Verfalls ist der breite Boulevard in eine elegante Flaniermeile mit schicken Bars und Restaurants verwandelt worden.
Am Konak Meydanı schlägt das eigentliche Herz von Izmir. Hier befindet sich nicht nur das Rathaus, sondern auch das moderne Atatürk-Kulturzentrum sowie die 1748 errichtete **Konak Camii** – die schönste Moschee der Stadt.
Nordöstlich des Konak beginnt der **Basar** – ein Bummel sollte eingeplant werden. In dem Gewirr unzähliger kleiner Läden gibt es vieles zu entdecken. Besonders sehenswert sind der überdachte Markt und eine Karawanserei, die beide aus dem 18. Jh. stammen. Unter den vielen bedeutenden Museen von Izmir ist das 🏛 **Museum für Kunst und Geschichte**, dessen Sammlungen auf drei Gebäude im **Kültür Parkı** verteilt wurden, sicherlich das interessanteste. Es hütet Skulpturen, Keramiken und Gebäudereste, die in den antiken Ruinenstätten entlang der türkischen Mittelmeerküste gefunden wurden. Mit der Gründung des Museums wurde das alte 🏛 **Archäologische Museum** unweit des Konak Meydanı entlastet. Natürlich lohnt auch dieses traditionsreiche Haus einen Besuch. Der südöstlich des Alsancak-Viertels gelegene Kültür Parkı ist ein beliebter Freizeit- und Erholungspark. Er umfasst eine riesige Grünfläche und lockt mit Zoo, botanischem Garten und vielen Restaurants.
Die Kreuzfahrtschiffe legen in Izmirs großem Industriehafen in ⚓ **Alsancak** an. Nach umfänglichen Sanierungsarbeiten hat sich dieser Stadtteil in ein hippes Ausgehviertel verwandelt. Trendige Bars, Kneipen und Restaurants stehen hier dicht an dicht. Alsancak ist vom Passenger Terminal aus in wenigen Minuten erreichbar, ein Spaziergang entlang der Uferpromenade zum Konak Meydanı dauert ca. 20 min. Für Eilige stehen auch Taxis und Busse bereit.

⚓ **Kuşadası** Dank ausgedehnter Sandstrände und der Geschäftstüchtigkeit seiner Bewohner hat sich das einstige Fischerdorf zum größten Ferienzentrum der türkischen Ägäis entwickelt. In den letzten Jahrzehnten sind in und um Kušadası Hotelkomplexe und Ferienanlagen für Pauschaltouristen entstanden. Der alte Ortskern wurde in ein Vergnügungsviertel mit Bars, Kneipen und Restaurants verwandelt. Hier geht es bei Tag und bei Nacht turbulent zu.
An der Kreuzfahrtpier legt jeden Tag ein anderer Cruiseliner an. Die meisten Passagiere nutzen ihren Landgang zu einer Exkursion in das nahe gelegene **Ephesos**. Auch die antiken Ruinenstätten von Milet, Priene und Didyma können während eines Tagesausflugs besichtigt werden.

⚓ **Marmaris** Das kleine Städtchen im Süden der türkischen Ägäisküste ist ein belieb-

der römischen Provinz Asia; damals war sie eine der größten und bedeutendsten Städte. Hier lebten rund 200 000 Einwohner. Von ihren Tempeln, Prachtstraßen, Bädern und Wohnhäusern haben Archäologen mehr

rekonstruieren können als an irgendeinem anderen Ort in der Türkei (links). Nur den Hafen hat die jahrhundertelange Verlandung verschwinden lassen: Das Meer ist heute mehrere Kilometer entfernt.

ter Ferienort. Die malerische Lage an einer von dicht bewaldeten Bergen umgebenen Bucht, traumhafte **Badestrände** und nicht zuletzt das mit 300 Sonnentagen im Jahr überaus angenehme Klima ziehen die Urlauber an. Die Küstengewässer sind ein Paradies für Segelfreunde. Marmaris verfügt über mehrere Marinas, in den Jachten aus der ganzen Welt ankern. Der moderne Cruiseterminal liegt im Süden der Netsel-Marina und ist durch Shuttle-Busse mit dem auf einer kleinen Halbinsel gelegenen Ortszentrum verbunden. Hier präsentiert sich Marmaris als historisch gewachsenes Städtchen. Rund um das kleine **Kastell**, das Süleyman der Prächtige um 1522 errichten ließ, sind einige alte Häuschen erhalten. Das dahinter liegende Basarviertel wurde teilweise überdacht. Allabendlich verwandelt sich die als »Bar Street« bekannte Vergnügungsmeile in eine Partyzone.

In Marmaris bieten lokale Veranstalter Bootsausflüge und Tauchgänge an.

**Das kleine Kastell überragt den Hafen von Marmaris.**

**Antalya** Die Millionenstadt an der türkischen Riviera ist das unbestrittene Zentrum einer boomenden Urlaubsregion. In den Sommermonaten landen Ferienflieger aus Europa auf dem Flughafen der Metropole. Allein 2010 wurden mehr 8 Mio. sonnenhungrige Touristen gezählt. Die meisten zieht es in die Badeorte entlang der Küste, nur wenige bleiben in der Stadt, die doch sehr viele interessante Sehenswürdigkeiten zu bieten hat.

Antalya wartet mit einer reizvollen **Altstadt** auf, die sich über einem malerischen kleinen Hafen aus der Römerzeit erhebt. Einst war Kaleiçi – so der türkische Name des Viertels – nach der Landseite hin vollständig von einer Stadtmauer umgeben. Teile des Walls, der vermutlich zuerst unter dem Stadtgründer Attalos II. angelegt und über die Jahrhunderte umgebaut wurde, stehen bis heute. Das an der Ostseite der Altstadt gelegene **Hadrianstor** etwa, ein dreitoriger, monumentaler Triumphbogen, wurde um das Jahr 130 zu Ehren des römischen Kaisers errichtet. Auch der Sockel des Uhrturms, der am nördlichen Eingang zur Altstadt in den Himmel ragt, war Teil der Stadtbefestigung. Lange Zeit war die Altstadt Antalyas dem Verfall preisgegeben. Heute ist das Viertel, das aus einem Labyrinth enger Gassen besteht, ganz auf Touristen eingestellt. In die sorgfältig restaurierten osmanischen Holzhäuser aus dem 18. und 19. Jh. sind Pensionen, Restaurants und Souvenirläden eingezogen. An vielen Ecken bieten Händler Teppiche und lokales Kunsthandwerk an. Die Moscheen Kaleiçis stehen jedermann offen. Außerhalb der Altstadt lockt Antalyas kleiner Basar mit orientalischem Flair. Auch das moderne Zentrum der Metropole, das gleich hinter der Altstadt beginnt, bietet fantastische Einkaufsmöglichkeiten. Das **Archäologische Museum** von Antalya ist vom Zentrum aus mit der Straßenbahn erreichbar. Es hütet kostbare Grabungsfunde aus den antiken Ruinenstätten des Umlands und ist unter Kennern berühmt.

**Port Akdeniz**, der Kreuzfahrthafen, liegt etwa 40 km westlich von Antalya und ist durch einen Shuttle-Service mit der Altstadt verbunden, und auch Taxis stehen bereit. An der Küste zwischen Port Akdeniz und Antalya finden sich einige schöne **Badestrände** und Beach-Parks, die Freizeitvergnügen und ausgezeichnete gastronomische Services bieten.

Im Hinterland von Antalya locken antike Ruinenstädte wie Termessos, Side oder Perge – ein Besuch lohnt sich.

**Bild oben links: Vor Kušadası ankern täglich mehrere große Kreuzfahrtschiffe; mit Blick auf den Hafen von Antalya lässt es sich gemütlich speisen (oben rechts).**

# Israel, Ägypten

## Die »Weiße Stadt« von Tel Aviv

Tel Aviv wurde im Jahr 1909 gegründet und entwickelte sich unter britischem Mandat zur Großstadt für Tausende jüdischer Emigranten, die eine neue, sichere Heimat suchten. Ausdruck dieses Neuanfangs ist die »Weiße Stadt«, die architektonisch ganz den Idealen des modernen Bauens folgte. Den Plan dafür erstellte der Brite Sir Patrick Geddes. Unter seiner Leitung entstanden bis 1948 viele Gebäudekomplexe im Stil der klassischen Moderne. Die Entwürfe lieferten vom Bauhaus beeinflusste europäische

**Land:** Israel
**Einwohner:**
Haifa: 270 000
Aschdod: 210 000
**Sprache:** Neuhebräisch, Arabisch
**Währung:** Neuer Israelischer Schekel
**Hauptreisezeit:** Frühjahr, Herbst
**Zeitzone:** UTC + 2

**Land:** Ägypten
**Einwohner:**
Port Said: 600 000
Alexandria: 4,5 Mio.
**Sprache:** Arabisch
**Währung:** Ägyptisches Pfund
**Hauptreisezeit:** Oktober bis Mai
**Zeitzone:** UTC + 2

**Trotz der angespannten politischen Lage sind die ägyptischen und israelischen Mittelmeerhäfen beliebte Kreuzfahrtziele. Viele Passagiere nutzen die Gelegenheit zu Ausflügen in zwei legendäre Metropolen: In Alexandria und Port Said bieten viele Kreuzfahrtveranstalter Kurztrips nach Kairo und zu den Pyramiden von Giseh an.**
**Die israelischen Kreuzfahrthäfen werden als Ausgangspunkt für Ausflüge nach Jerusalem und zu anderen Schauplätzen der Bibel genutzt. Und natürlich haben auch die Hafenstädte selbst einiges zu bieten.**

**Haifa** An der einzigen größeren Bucht der Mittelmeerküste Israels liegt die drittgrößte Stadt des Landes. Auf dem Wasserweg Kommenden bietet am Karmel-Kap der nordwestliche Ausläufer des rund 500 m hohen Karmel-Gebirges eine grandiose Kulisse. Am Kreuzfahrtterminal des größten Seehafens Israels befindet man sich dann schon mitten in der Stadt. Auskunft über die Geschichte der illegalen Einwanderung von Juden nach Palästina unter der britischen Mandatsregierung und somit auch die jüngere Geschichte Haifas gibt in der Allenby Road das **Clandestine Immigration and Naval Museum**. Ebenfalls noch in der Unterstadt trifft man im Stadtteil HaMoshava HaGermanit auf die Spuren von pietistischen Württemberger Templern (nicht zu verwechseln mit dem Templerorden), die Mitte des 19. Jh. ins Heilige Land ausgewandert waren. Ihre Begeisterung für den Nationalsozialismus machte der Episode der »Palästinadeutschen« ab 1941 ein Ende. Die inzwischen renovierten Häuser der schwäbischen »Häuslebauer« sind heute gleichwohl Touristenziel. In nächster Nähe setzte eine andere Religionsgemeinschaft einen Akzent: Hier erhebt sich in den treppenförmig ansteigenden **»Hängenden Gärten«** das Weltzentrum der Bahai mit dem kuppelgekrönten Mausoleum des Religionsgründers Bab – seit 2008 mit anderen Stätten der Bahai in Westgaliläa auch UNESCO-Weltkulturerbe.
Weiter oben am Berg Karmel ist die Höhle des Propheten Elias mit dem darüber befindlichen **Karmeliterkloster Stella Maris** Pilgerort für Juden, Christen, Muslime und Drusen gleichermaßen.
Eine Besonderheit Haifas ist die »Carmelit«, die einzige U-Bahn der Welt, die als Standseilbahn konstruiert ist. Sie verbindet die Unterstadt, das auf mittlerer Höhe befindliche Geschäftszentrum Hadar HaKarmel und den höchstgelegenen Stadtteil Har HaKarmel miteinander.
Wer einfach nur baden möchte, findet an schönen **Sandstränden** Gelegenheit dazu – etwa am unweit des Hafens gelegenen **Surfer's Beach** in Bat Galim. Am nördlichen Ende der Bucht von Haifa lohnt die einstige Kreuzfahrerstadt **Akkon** mit ihrer mächtigen Zitadelle einen Abstecher. Haifa ist zudem das Eingangstor zur biblischen Landschaft von Galiläa. Auf einer Exkursion lassen sich die Originalschauplätze der Taufe Jesu am Jordan, der Bergpredigt am Berg der Seligpreisungen nahe dem See Genezareth, die **Brotvermehrungskirche** in Tabgha und die **Verkündigungskirche** in Jesu Geburtsort Nazareth näher in Augenschein nehmen.

**Mausoleum des Bab in den Hängenden Gärten von Haifa.**

**Aschdod** Obwohl es erst 1956 gegründet wurde, beherbergt das moderne Aschdod heute den bedeutendsten kommerziellen Frachthafen Israels. Über 200 000 Menschen, davon rund ein Drittel jüdische Immigranten aus der ehemaligen Sowjetunion, haben hier eine neue Heimat gefunden. Das neue Aschdod wurde am Rand der historischen Stadt gleichen Namens angelegt, in der sich seit dem 17. Jh. v. Chr. Kanaaniter, Philister, Israeliten, Assyrer, Neubabylonier, Griechen, Hasmonäer, Römer, Byzantiner, Kreuzfahrer und Araber in der Herrschaft über die Stadt ablösten. Das in der Bibel erwähnte Aschdod war Teil der Pentapolis der Philister, die um 1050 v. Chr. die berühmte Bundeslade aus dem Tempel in Jerusalem entwendet und nach Aschdod gebracht haben sollen. Über die Geschichte der Stadt informiert das **Korin Mamam-Museum**. Die Ruine der Festung **Chastel Béroard** am südlichen Rand der Stadt erinnert an die Zeit der Kreuzzüge. Ansonsten gibt es einige schöne **Strände**, und wer sich für Ur-

Architekten, die nach Israel ausgewandert waren, wie Arie Sharon, Zeev Rechter, Richard Kauffmann, Dov Karmi und Genia Averbuch. So entstand ein »Bauhaus im großen Stil«, (rechts am Rothschild-Boule-

vard), auch wenn sich nicht alle Architekten am Bauhaus orientierten. Das Engel-Haus von Zeev Rechter (1933) etwa stand auf den für die Bauten Le Corbusiers charakteristischen Stelzen, den »Pilotis«.

banistik interessiert, kann hier die Strukturen einer auf dem Reißbrett geplanten modernen Stadt studieren – mit ihrem Nebeneinander von 17 Stadtquartieren, von denen jedes weitgehend autonom ist. Wegen der zahlreichen hier ansässigen Diamantschleifer ist Aschdod auch ein guter Platz, um Schmuck zu kaufen.

Die Stadt dient den Kreuzfahrtpassagieren aber vor allem als Ausgangspunkt für Exkursionen nach Jerusalem sowie ins nur 30 km entfernte Tel Aviv. Während in Jerusalem, der Stadt der drei abrahamitischen Religionen, die Religiosität förmlich mit Händen zu greifen ist, verströmt die Party-Hauptstadt Tel Aviv weltliche Ausgelassenheit und Lebenslust. Eine ausführliche Besichtigung wert ist dort die **»Weiße Stadt«**, ein von jüdischen Architekten erbauter Stadtteil aus über 4000 Häusern im Bauhaus- und Internationalen Stil.

**Port Said** Noch im Jahr 1859 erstreckten sich hier an der Schnittstelle von Afrika und Asien lediglich Sandwüsten und Salinen. In diesem Jahr, als man mit den Bauarbeiten für den Suez-Kanal begann, wurde auch der Grundstein für Port Said am nördlichen Eingang zum Kanal gelegt. Zum Aufbau von Kanal und Stadt bildete sich bald ein multikulturelles Gemeinwesen heraus, mit einheimischen Fellachen, jüdischen Kaufleuten, italienischen Architekten, französischen Bankiers und einer großen griechischen Kolonie.

Mit der Machtergreifung von Gamal Abdel Nasser und der Verstaatlichung des Suez-Kanals in den 1950er-Jahren verließ die internationale Gemeinschaft die Stadt. Heute ist Port Said Zwischenstation für die den Suez-Kanal passierenden Schiffskonvois bedeutender Frachthafen (zusammen mit der Schwesterstadt Port Fuad auf der asiatischen Seite des Kanals) und mit seinen Stränden eine beliebte Sommerfrische für die hitzegeplagten Einwohner von Kairo. Für Kreuzfahrtpassagiere ist der Ort jedoch das Eintrittstor ins nur rund drei Stunden entfernte Kairo bzw. zu den Pyramiden von Giseh. Vom Kreuzfahrtterminal gelangt man leicht zu Fuß ins Zentrum von Port Said. Dort fällt die mit traditionellen Holzbalkonen versehene Kolonialarchitektur des 19. und 20. Jh.s auf. Leider wurden viele alte Gebäude Port Saids in diversen Kriegen zerstört, anlässlich des Sechstage-kriegs mit Israel wurde die Stadt sogar evakuiert. An die einheimischen Opfer der Kriege erinnert das in Form eines altägyptischen Obelisken gestalteten Denkmal. Die bedeutendsten historischen Bauwerke sind das arkadengesäumte und kuppelgekrönte Hauptverwaltungsgebäude der Suez Canal Authority (1895) sowie der alte Leuchtturm von 1869. Er ist einer der ersten aus Beton errichteten Bauten überhaupt, der aufgrund von Verlandung heute allerdings nicht mehr direkt am Meer steht.

**Außenansicht der modernen Bibliotheca Alexandrina.**

**Auch der Besuch von Kairos Fischmarkt ist ein Erlebnis.**

**Alexandria** An den westlichen Ausläufern des Nildeltas liegt die Stadt, die einmal das intellektuelle Zentrum der antiken Welt war: Alexandria. Im Jahr 331 v. Chr. von Alexander dem Großen gegründet, standen hier einst der Leuchtturm von Pharos (eines der sieben antiken Weltwunder), das Museion, einst Zentrum der Alexandrinischen Schule mit so bedeutenden Gelehrten wie Euklid und Ptolemäus, sowie die größte Bibliothek der Antike mit rund 1 Mio. Schriftrollen. Leider haben diese Bauwerke die Stürme der Zeit, in der sich Griechen, Römer, Byzantiner, Osmanen und Araber in der Herrschaft über die Stadt abwechselten, nicht überdauert, ebenso wenig ist das Grab des hier bestatteten Alexander des Großen lokalisierbar. Antike Spuren finden sich aber noch in Gestalt der Pompeius-Säule, der römischen Katakomben (Kom al-Shoqafa), eines römischen Amphitheaters oder im **Graeco-Roman Museum**. Ebenfalls einen Besuch lohnen das **Royal Jewelry Museum** (mit Schmuckstücken der Dynastie von Mohammed Ali) und das **Alexandria National Museum** mit Exponaten zur Lokalgeschichte.

Am besten fährt man vom etwas außerhalb im Osthafen gelegenen Kreuzfahrtterminal mit Taxi oder Pferdekutsche zur Corniche, dem lang gestreckten Uferboulevard. Dort bildet die **Zitadelle Qait Bey** einen Blickfang; hier wurden die Reste eines im 15. Jh. durch Erdbeben zerstörten Leuchtturms von Pharo verbaut. Ganz in der Nähe lässt sich das imposanteste Gotteshaus Alexandrias bewundern: die 1775 im andalusischen Stil errichtete **Moschee Al-Mursi Abul-Abbas**. In östlicher Richtung vom Hafen liegt die **Bibliotheca Alexandrina**, 2002 in Form einer aufgehenden Sonne errichtet.

Nicht versäumen sollte man einen Besuch in einem der ägyptischen Kaffeehäuser, wo man beim Rauchen der Wasserpfeife (Shisha) Lokalkolorit genießt. Ähnlich wie Port Said dient Alexandria, inzwischen 4,5-Mio.-Metropole und bedeutendster Export- und Importhafen Ägyptens, vielen Passagieren nur als Sprungbrett ins knapp 200 km entfernte Kairo mit seinen Pyramiden. Exkursionen werden auch zum Weltkriegsschauplatz El-Alamein angeboten.

# Tunis

## Karthago

Viele Passagiere nutzen den Aufenthalt in Tunis zum Ausflug in die Ruinenstätten von Karthago (rechts). Die legendäre Stadt, die im 2. Jh. v. Chr. mit Rom um die Vormachtstellung im Mittelmeerraum kämpfte und erst nach drei Kriegen bezwungen werden konnte, ist heute ein nobler Villenvorort der tunesischen Kapitale und kann vom Kreuzfahrthafen schnell erreicht werden. Da die Ruinen der antiken Stadt über ein weites Gebiet verstreut liegen, sollte man für eine Besichtigung dennoch einen Tag einplanen. Obwohl es 146 v. Chr. von den Truppen des Scipio Aemilianus völlig zerstört

**Land:** Tunesien
**Einwohner:** 750 000
**Sprache:** Arabisch
**Währung:** Tunesischer Dinar
**Hauptreisezeit:** Frühjahr, Herbst
**Zeitzone:** UTC + 1

**Allein im Jahr 2012 laufen mehr als 500 internationale Cruiseliner den Hafen La Goulette an. Damit ist die tunesische Hauptstadt ein beliebtes Ziel auf einer Mittelmeerkreuzfahrt.**
**Für die Passagiere wurde ein moderner Terminal erbaut, der mit einem überdachten Souk aus zahlreichen kleinen Geschäften und Restaurants aufwarten kann. Für Fahrten in das nur 15 km entfernte Tunis oder zu den Sehenswürdigkeiten der Umgebung stehen 350 Taxis bereit**

**In den Souks kann man bummeln und die Zeit vergessen.**

Tunis präsentiert sich als eine Mischung aus Tradition und Moderne, aus Morgenland und Abendland. Wohl nirgendwo sonst in Nordafrika prallen Orient und Okzident so markant aufeinander wie hier. Die berühmte Medina, deren Ursprünge auf die zwischen dem 9. und 10 Jh. über das Gebiet des heutigen Tunesiens herrschende Aghlabiden-Dynastie zurückgehen, präsentiert sich als Gewirr enger Gassen und steht damit in Kontrast zu dem schachbrettmusterartig angelegten Netz breiter Straßen und Boulevards in der Ville Nouvelle, die während der französischen Kolonialzeit (1881–1956) angelegt wurde.
In der Neustadt wird das Stadtbild von repräsentativen Jugendstilbauten und moderner Hochhausarchitektur, in der Medina von den kleinen Läden der Souks, von arabischen Palästen und Moscheen geprägt.
Hauptattraktion für Touristen ist dieser Teil der Stadt, dessen einzigartige Architektur über Jahrhunderte Baumeister in der ganzen islamischen Welt inspirierte und der deshalb seit 1979 auf der UNESCO-Welterbeliste steht. Hier ziehen vor allem die zur Zeit der Hafsiden im 13. Jh. entstandenen Souks Menschen aus aller Welt in ihren Bann. Wie auf allen traditionellen orientalischen Märkten wird jeder Souk bzw. jedes Viertel von einem bestimmten Gewerbe dominiert. Bis heute liegen die Souks der »ehrbaren« Berufe in der Nähe der Ez-Zitouna-Moschee im Zentrum der Medina und die weniger angesehenen an deren Rand.
Außerhalb der Medina lohnt das in einem osmanischen Palast aus dem 19. Jh. untergebrachte 🏛 **Bardo-Museum** einen Besuch. Es beherbergt die weltweit größte Sammlung von punischen, römischen und frühchristlichen Mosaiken.

**Rechts: Von der prächtigen Terrasse eines der umliegenden Häuser genießt man einen schönen Blick auf das Minarett der Ez-Zitouna-Moschee.**

wurde, haben Archäologen in der Nähe des Byrsa-Hügels Überreste des punischen Karthagos freigelegt. Erst unter Julius Cäsar und Augustus wurde die Stadt wieder aufgebaut und mit vielen prachtvollen Bauten ausgestattet. Als Hauptstadt der römischen Provinz Africa erlebte Karthago eine Renaissance und entwickelte sich zu einer glanzvollen Metropole. Noch die Ruinen der Antoninus-Pius-Thermen, des Odeons und einiger Villen zeugen von dem Reichtum, in dem die Karthager schwelgten. In den ersten nachchristlichen Jahrhunderten war die Stadt am Rande Nordafrikas auch ein Zentrum des Frühchristentums.

# Constanţa, Odessa, Jalta, Sotschi, Trabzon

## Krim

Die etwa 26 000 km² große ukrainische Halbinsel im Norden des Schwarzen Meers ist naturräumlich vielgestaltig. Ausläufer des Osteuropäischen Tieflands nehmen den nördlichen Teil der Krim ein, der nach Süden über Hügelland allmählich zum Krimgebirge ansteigt. Dieses bis 1545 m hohe Gebirge (rechts) schirmt den äußersten Süden von kalten Luftströmungen aus

### Constanţa

**Land:** Rumänien
**Einwohner:** 300 000
**Sprache:** Rumänisch
**Währung:** Leu
**Hauptreisezeit:** Mai bis Oktober
**Zeitzone:** UTC + 2

### Odessa, Jalta

**Land:** Ukraine
**Einwohner:**
Odessa: 1 Mio.
Jalta: 80 000
**Sprache:** Ukrainisch
**Währung:** Hrywnja
**Hauptreisezeit:** Mai bis September
**Zeitzone:** UTC + 2

### Sotschi

**Land:** Russland
**Einwohner:** 340 000
**Sprache:** Russisch
**Währung:** Rubel
**Hauptreisezeit:** Mai bis September
**Zeitzone:** UTC + 4

### Trabzon

**Land:** Türkei
**Einwohner:** 235 000
**Sprache:** Türkisch
**Währung:** Türkische Lira
**Hauptreisezeit:** Mai bis Oktober
**Zeitzone:** UTC + 2

**Kreuzfahrten im Schwarzen Meer sind beliebt. Überwältigend sind die Vielfalt spektakulärer Landschaften mit üppiger Vegetation, sanft gewellten Weinbergen und sonnigen Tälern sowie die zauberhaften Küstenstädte – bis hin zu Teeplantagen und Mineralquellen an der kaukasischen Küste bei Sotschi, der »Badewanne der Russen«.**

**Constanţa** Die 185 km nördlich von Istanbul gelegene Stadt beherbergt den bedeutendsten Containerhafen Rumäniens und ist zugleich der größte Schwarzmeerhafen der EU. Constanţa blickt auf eine mehr als 2000-jährige Geschichte zurück. Die Anfänge gehen auf eine Siedlung griechischer Kolonisten zurück. 29 v. Chr. eroberten die Römer die Region. Nach dem Untergang Roms wechselten Byzantiner, Genuesen und Osmanen einander in der Herrschaft über die Stadt und ihr Umland ab. Seit 1878 ist Constanţa rumänisch. Das **Archäologische Museum** wartet mit zahlreichen Ausgrabungsstücken aus dem Neolithikum sowie der griechischen und römischen Antike auf. In einem nach ihm benannten Ausstellungsraum sind die Reste eines gigantischen römischen Mosaiks ausgestellt. Das **historische Zentrum** der Stadt liegt auf einer Halbinsel und kann vom südlich gelegenen Hafen und der Kreuzfahrtpier auf einem halbstündigen Spaziergang oder mit einem Taxi erreicht werden. In Sichtweite der Piata Ovidiu, des zentralen Platzes der Altstadt, befinden sich die um 1910 errichtete **Mahmudiye-Moschee** sowie einige christliche Gotteshäuser. Constantas Kasino wurde um 1910 auf einem ins Meer ragenden Felsvorsprung im Südosten der Altstadt erbaut.

**Odessa** Die größte Hafenstadt der Ukraine beginnt sich nach den Jahren der Abschottung in der Ära der Sowjetherrschaft wieder gegenüber der Welt zu öffnen. Es herrscht eine heitere, ungezwungene Atmosphäre in der Stadt. Im 19. Jh. entwickelte sich Odessa, das erst gegen Ende des 18. Jh.s von Katharina der Großen gegründet worden war, zu einem Schmelztiegel von Völkern und Nationen; und bis heute leben in Odessa Menschen aus 130 verschiedenen Nationen.
Odessas Hafen verfügt über einen großen Cruiseterminal. Das rund 3 km entfernte Stadtzentrum kann von hier aus mit einem Taxi oder aber per pedes über die ausladende **Potemkinsche Treppe** erreicht werden. Seit 1841 verbindet dieses Bauwerk, das durch Sergei Eisensteins Film »Panzerkreuzer Potemkin« international bekannt wurde, den Hafen mit der Innenstadt. Über 192 Stufen geht es hinauf zum bul. Primorski, einer Prachtstraße aus dem 19. Jh. Am Ende der Treppe begrüßt die Bronzestatue des Herzogs de Richelieu, von 1803 bis 1814 Statthalter des Zaren in Odessa, die Besucher. Das Denkmal bietet sich als Ausgangspunkt für einen Bummel an. Die zwischen 1884 und 1887 errichtete **Oper** übertrifft an verschwenderischer Prachtentfaltung alle anderen Opernhäuser dieser Welt. Die zu Beginn des 19. Jh.s errichtete, unter Stalin dann zerstörte und 1999 wieder aufgebaute **Verklärungskathedrale** zieht ebenso wie der **Woronzow-**

Das prächtige Kasino von Constanţa auf einem Felsvorsprung.

nördlichen Richtungen ab und bewirkt an der Südküste der Krim ein mediterranes Klima. Fruchtbare Schwarzerdeböden im Norden der Halbinsel werden von ausgedehnten Getreidefeldern eingenommen, in der süd-

lichen Küstenregion ermöglicht das milde Klima Obst- und Weinbau. Hier gedeihen die Trauben, aus denen der bekannte Krimsekt gekeltert wird. Daneben ist die Krim eine beliebte Urlaubsregion.

**Palast** am westlichen Ende des bul. Primorski durch eine klassizistische Formensprache die Blicke auf sich.
An der in eine Fußgängerzone umgewandelten Deribsowskaja finden sich viele erstklassige Restaurants und Geschäfte. Die Passazh, eine gegen Ende des 19. Jh. errichtete Einkaufspassage, lohnt allein wegen des Jugendstildekors einen Besuch. Dank des milden Klimas war Odessa bereits im 19. Jh. ein beliebter Urlaubsort. Heute sind das Meer und die Strände um Odessa allerdings etwas verschmutzt.

**Jalta** Dank eines ganzjährig milden Klimas und einer malerischen Lage zwischen Gebirge und Meer entwickelte sich das Küstenstädtchen im Süden der Krim-Halbinsel im 19. Jh. zu einem noblen Kurort. Die prächtigen Residenzen aus dieser Zeit sind heute eine Touristenattraktion. Der Livadia-Palast 3 km westlich von Jalta ist der berühmteste.
In der ehemaligen Sommerresidenz der Romanows, die von Zar Nikolaus II. ausgebaut wurde, fand im Februar 1945 die Konferenz von Jalta statt, auf der die Siegermächte des Zweiten Weltkriegs Vereinbarungen über die europäische Nachkriegsordnung und die Aufteilung Deutschlands in Besatzungszonen trafen.
An der Uferpromenade **nab Lenina** spielt sich ein Großteil des Lebens ab. Heute genauso wie vor 100 Jahren spazieren elegant gekleidete Feriengäste hier entlang und genießen den Blick aufs Meer. Die vielen Restaurants und Cafés an dieser Flaniermeile sind den Sommer über bis in die Nacht gut besucht. Das **Tschechow-Museum** in der Nähe der nab. Lenina erinnert an den berühmten russischen Dichter, der an Tuberkulose litt und in Jalta die letzten Jahre seines Lebens verbrachte.
Der Hafen mit der Anlegestelle für die Kreuzfahrtschiffe ist nicht weit von der Uferpromenade entfernt. Für Ausflüge in die malerische Umgebung Jaltas stehen Taxen bereit. 16 km westlich von Jalta lockt der **Woronzow-Palast** in dem idyllischen Kurort Alpuka alljährlich die Besucher an. Die in den 1820er-Jahren errichtete Residenz des russischen Gouverneurs präsentiert sich als Märchenschloss, das gotische, mogulzeitliche und islamische Baustile kombiniert. Das in der Nähe am Kap Aj-Todor gelegene »Schwalbennest« erinnert ein wenig an Neuschwanstein. Mit seinen Erkern, Türmchen und Zinnen ist das auf einem Felsvorsprung über dem Meer aufragende Schlösschen zu einem Wahrzeichen der Krim geworden. Der 10 km östlich von Jalta gelegene **Botanische Garten** von Nikita präsentiert sich als ein kleines Paradies. Er wurde zu Beginn des 19. Jh.s angelegt und bietet mehr als 20 000 Pflanzenarten, darunter 2000 Rosensorten, Schutz.
Die Krim ist weltweit als Weinanbaugebiet bekannt. Die Kellereien in dem Dorf Massandr östlich von Jalta weihen Touristen in die Kunst des Kelterns ein und bieten Weinproben an.

**Ehemaliges griechisch-orthodoxes Sumela-Kloster bei Trabzon.**

**Sotschi** Der Austragungsort der Olympischen Winterspiele 2014 verfügt über einen modernen Cruiseterminal. Dank des subtropischen Klimas und seiner Lage ist Sotschi ein Urlaubsparadies par excellence. Es erstreckt sich über mehr als 30 km die Ostküste des Schwarzen Meeres entlang und ist von den imponierenden Gebirgszügen des Kaukasus, die nur 40 km weiter landeinwärts eine Höhe von 3000 m erreichen, umgeben. Sotschi wurde zu Beginn des 20. Jh.s von der russischen Aristokratie entdeckt und entwickelte sich unter den Sowjets zum beliebtesten Kurort des Imperiums. Heute ziehen das mediterrane Flair und die vielfältigen Wellnessangebote auch Gäste aus dem Westen an. Angefangen von Wanderungen im nahen Gebirge über Kajakfahren auf den bei Sotschi ins Meer mündenden Flüssen bis hin zu Schwimmen, Segeln und Wasserski: Sotschi bietet nicht nur im Winter viele Möglichkeiten für Aktivurlauber. In der Umgebung Sotschis locken der Sotschier Nationalpark und das Naturreservat Nordkaukasus.

**Trabzon** Die Hafenstadt an der türkischen Schwarzmeerküste bietet sich als Ausgangspunkt für einen Ausflug in das 45 km weiter südlich gelegene **Sumela-Kloster** an – einen der wenigen Orte auf der Welt, der Christen wie Muslimen heilig ist. Das Kloster wurde in 250 m Höhe an einer steilen Felswand angelegt und zählt heute zu den Hauptattraktionen des **Nationalparks Altindere-Tal**. Seine Anfänge gehen auf das 4. Jh. zurück, als christliche Eremiten in den Höhlen des Tals Unterschlupf fanden und diese mit Altären und Kapellen ausstatteten. Den Herrschern des Kaiserreichs von Trapezunt, einem kurzlebigen Staatswesen, das 1204 von einem byzantinischen Adelsgeschlecht gegründet wurde, diente sie als Krönungsstätte.
Die ältesten erhaltenen Gebäude auf dem Areal stammen aus jener Zeit, die jüngsten aus dem 19. Jh. Bis zu ihrer Ausweisung aus der Türkei 1926 wurde das Kloster von griechisch-orthodoxen Mönchen bewirtschaftet, heute wird es vom türkischen Staat verwaltet. Besonders sehenswert ist die in den Fels gehauene und innen wie außen mit Fresken dekorierte Kirche.
Trabzon wird von seinem Handelshafen geprägt. Touristen reisen eher selten hierher.
Hauptattraktionen sind die Klosterkirche **Hagia Sophia** und die die Stadt überragende **Zitadelle**, die beide aus der Zeit des Kaiserreichs von Trapezunt stammen. An die jüngere türkische Geschichte erinnert die Villa, in der Kemal Atatürk zeitweilig wohnte und heute ein nach ihm benanntes Museum untergebracht ist. Das Stadtzentrum Trabzons liegt nicht weit von der Kreuzfahrtpier entfernt und ist mit einem Shuttle-Service verbunden.

**Oben links: 40 m hoch über dem Meer bei Jalta, an der Südküste der Halbinsel Krim, steht das malerische Schwalbennest-Schloss.**

# Rotes Meer, Persischer Golf, Indischer Ozean

Der Indische Ozean und seine Nebenmeere umfassen mehr als ein Kreuzfahrtgebiet. Während Touren durch das Rote Meer und in die Emirate am Arabischen Golf längst zum Klassiker geworden sind, werden die Hafenstädte Ostafrikas und Madagaskars ebenso wie Mauritius, Réunion, die Seychellen und die Malediven vergleichsweise selten von Cruiselinern angelaufen. Die Entfernungen zwischen diesen Kreuzfahrtzielen sind sehr groß, und die Überfahrten beanspruchen viel Zeit. Dafür warten an Land tropische Naturparadiese, wie sie wohl sonst nirgendwo auf der Welt zu finden sind.

**In der Bucht von Mutrah, im Sultanat Oman, liegen die großen Kreuzfahrtschiffe und privaten Luxusjachten vor Anker.**

# Aqaba, Scharm el-Scheich, Safaga

## Tauchen

Die Hauptattraktion des Südsinais ist neben seiner Gebirgslandschaft die Unterwasserwelt. Weit gereiste Taucher rühmen die Riffe im Golf von Aqaba, zwischen Scharm el-Scheich und dem Grenzort Taba als eines der reizvollsten Reviere der Erde. Da diese direkt am Ufer liegen und knapp unter der Wasseroberfläche beginnen, sind sie auch für Schnorchler

**Land:** Jordanien
**Einwohner:**
Aqaba: 80 000
**Sprache:** Arabisch
**Währung:** Jordanischer Dinar
**Hauptreisezeit:** Oktober bis April
**Zeitzone:** UTC + 2

**Land:** Ägypten
**Einwohner:**
Sharm el-Scheich: 12 000
Safaga: 40 000
**Sprache:** Arabisch
**Währung:** Ägyptisches Pfund
**Hauptreisezeit:** Oktober bis April
**Zeitzone:** UTC + 2

**Diese Kreuzfahrtstationen versprechen ein vielfältiges Freizeitprogramm – an Land und unter Wasser. Die Unterwasserwelten in dieser Region sind bei Tauchern, aber auch bei Schnorchlern aus der ganzen Welt beliebt, und an Land locken kulturelle Höhepunkte wie die Felsenstadt Petra oder das Katharinenkloster die Besucher an.**

**Aqaba** Die einzige Hafenstadt des Wüstenstaats Jordanien liegt am Nordende des gleichnamigen Golfs. Dank einiger der Küste vorgelagerter Korallenriffe hat sie sich zu einem beliebten **Treffpunkt für Taucher** entwickelt. Der 1997 als Schutzgebiet eingerichtete Aqaba Marine Park lockt mit einer artenreichen Unterwasserwelt und bietet mehr als 20 Tauchplätze an.
Die meisten Kreuzfahrtpassagiere, die in Aqaba an Land gehen, nutzen allerdings die Gelegenheit zu einem Ausflug in die weitere Umgebung der Stadt. Etwa zwei Autostunden nördlich von Aqaba liegt **Petra** – eine weltberühmte Ruinenstätte und seit 1985 UNESCO-Weltkulturerbe. Die Stadt war in hellenistischer Zeit ein wichtiges Handelszentrum und Mittelpunkt des unabhängigen Königreichs der Nabatäer. Mit ihrer Eroberung durch die Römer begann der Niedergang. Als die Muslime im 7. Jh. bis in das heutige Jordanien vordrangen, wurde Petra endgültig aufgegeben. Noch heute aber zeugen die monumentalen **Felsengräber** sowie die Überreste einiger Tempel und Profanbauten von der einstigen Bedeutung der Stadt. Auf dem Gebiet der in einem Talkessel versteckt liegenden antiken Metropole wurden mehr als 800 Baudenkmäler gezählt. Für eine Besichtigung sollte man sich deshalb einen Tag Zeit nehmen.

Östlich von Aqaba lockt das **Wadi Rum** mit seiner großartigen Wüstenlandschaft immer mehr Touristen an. Es wurde durch den britischen Offizier Thomas Edward Lawrence, besser bekannt unter dem Namen Lawrence von Arabien, berühmt.

## Scharm el-Scheich

Das einstige Fischerdorf an der Südspitze der Sinai-Halbinsel hat sich nach dem Abschluss des Friedensvertrages zwischen Israel und Ägypten im Jahr 1979 zu einem exklusiven Badeort gemausert. An den breiten, kilometerlangen **Sandstränden** mit der atemberaubenden Kulisse der Sinai-Berge im Hintergrund tummeln sich Urlauber aus aller Welt. Die Korallenriffe vor der Küste sind ein **Taucherparadies**. Die Strände in der Umgebung der Stadt werden von Ferienanlagen und Luxushotels gesäumt. Restaurants bieten internationale kulinarische Spezialitäten an. Dank der vielen Discos, Klubs und Bars kommen

**Am 1500 km langen Riff tummeln sich manchmal auch Delfine.**

auch Nachtschwärmer auf ihre Kosten. Die touristischen Höhepunkte von Scharm el-Scheich können vom Cruiseterminal aus leicht mit einem Taxi erreicht werden. **Na'ama Bay** etwa, der Strand, an dem die touristische Erschließung der Region begann, lockt nicht nur mit einem Traumstrand, sondern auch mit einer von stilvollen Restaurants, Hotels und Geschäften gesäumten Uferpromenade.

Bei eintägigen Landaufenthalten bietet sich ein Ausflug in den 20 km südlich von Scharm el-Scheich gelegenen **Nationalpark Ras Mohammed** an. Das 1983 eingerichtete Schutzgebiet umfasst auf einem Areal von 400 $km^2$ Wüstengebiete, Mangrovensümpfe und Korallenriffe. Viele bedrohte Tierarten leben und und Tausende von Zugvögeln rasten hier. Das Korallenriff gilt als einzigartig in der Welt. Es soll Millionen Jahre alt sein und bietet einer artenreichen Unterwasserfauna einen Lebensraum.

Viele Kreuzfahrtveranstalter haben einen Ausflug zu dem legendären **Katharinenkloster**, einem der ältesten christlichen Klöster überhaupt, im Programm. Die Anlage wurde im 6. Jh. an der Stelle, an der Gott Moses in einem brennenden Dornbusch erschienen sein soll, errichtet. Ein einziger Mönch soll es erbaut haben. Heute wird es von griechisch-orthodoxen Mönchen bewohnt. Nicht zuletzt aufgrund seiner religiösen Bedeutung steht es seit 2002 auf der Liste des UNESCO-Weltkulturerbes. Das Kloster liegt in 1500 m Höhe unterhalb des 2285 m aufragenden Moses-Bergs – der Ort, an dem Gott Moses die Zehn Gebote überreicht haben soll.

geeignet. Schätzungsweise 250 verschiedene Korallen- und über 1000 Fischarten sind entlang der über 1500 km langen Riffe heimisch. Besonders prachtvolle Korallenbänke finden sich rund um Ras Mohammed an der südlichsten Spitze der Halbinsel: 1983 wurde das Gebiet zum ersten Nationalpark Ägyptens erklärt. Die einschlägige Infrastruktur, vom Geräteverleih bis zu den Kursangeboten, ist perfekt ausge-

baut. Zu einem weiteren Paradeziel für den internationalen Tauchtourismus hat sich in den letzten Jahrzehnten dank Orten wie Hurghada, Safaga und Marsa Alam die Westküste des Roten Meeres entwickelt.

Sandstein und Granit sind die Gesteine des Wadis Rum.

Hinter dicken Mauern versteckt sich das Katharinenkloster.

**Safaga** Die 50 km südlich von Hurghada gelegene Hafenstadt wird von vielen als Ausgangspunkt für Exkursionen nach **Luxor, Karnak** und in das **Tal der Könige** genutzt. Die weltberühmten Ruinenstätten liegen etwa 220 km landeinwärts und können von Safaga aus in drei bis vier Stunden erreicht werden. Seit den Terroranschlägen in den 1990er-Jahren fahren die Busse Richtung Niltal im Konvoi und werden von Polizeikräften eskortiert. Die Tempelkomplexe von Luxor und Karnak waren fast 1300 Jahre lang die religiösen Zentren eines mächtigen Imperiums. Sie erstrecken sich über ein riesiges Areal.

Auch die **Pharaonengräber** im Tal der Könige auf der anderen Seite des Nils liegen in einem nicht leicht zugänglichen Gebiet verstreut. Für eine erschöpfende Besichtigung benötigt man fast mehr als einen Tag Zeit. Viele Kreuzfahrtveranstalter bieten deshalb Touren mit Übernachtungsmöglichkeiten an. Safaga ist einer der bedeutendsten Handelshäfen Ägyptens und für Touristen nicht besonders attraktiv. Die Küstenabschnitte in der Umgebung sind allerdings ein beliebtes **Taucher- und Surferrevier**. Den schwarzen **Sandstränden von Safaga** wird ebenso wie dem überdurchschnittlich salzhaltigen Meerwasser eine heilende Wirkung bei Hautkrankheiten nachgesagt.

**Großes Bild: Aufgrund der Artenvielfalt sorgen Tauchgänge im Roten Meer für unvergessliche Eindrücke.**

Das archäologisch bedeutendste Relikt der Nabatäer liegt auf halbem Weg zwischen dem Golf von Aqaba und dem Toten Meer versteckt in den Bergen des Djebel Harun: »Petra« (»Fels«) bezeichneten griechische Geschichtsschreiber diese Totenstadt. Für ihre Hauptstadt wählten die Nabatäer im Jahr 169 v. Chr. einen von der Natur perfekt geschützten Ort aus: den felsigen Talkessel des Wadis Musa, das sich beinahe unzugänglich hinter der nur wenige Meter breiten, jedoch 200 Meter tiefen Schlucht des Siq befindet (rechts). Die imposantesten Bauwerke von Petra sind gigantische, in den Fels geschlagene Felsengräber, deren kunstvolle Fassaden mit ihren mächtigen Säulen, Gesimsen und Giebeln ein eindrucksvolles Wechselspiel von traditioneller arabischer Bauweise und hellenistischer Architektur offenbaren (unten). Die reich geschmückten Grab-

mäler mit klingenden Namen wie »Schatzhaus des Pharao« legen nahe, dass die Nabatäer an ein Leben nach dem Tod glaubten. Petra wurde im Jahr 106 von den Römern besetzt, im 3. Jh. römisches Municipiums und im 4. Jh. als Hauptstadt der Provinz Palaestina Tertia Bischofssitz. Im ehemaligen Stadtzentrum schreitet man heute deshalb über eine römische Pflasterstraße und durch einen Triumphbogen. Nach der Verlegung der Handelswege durch die Sassaniden geriet Petra in Vergessenheit und wurde erst 1812 durch den Schweizer Orientreisenden Johann Ludwig Burckhardt für Europa wiederentdeckt.

Am Ostufer des Nil wurden ab Ende des 3. Jahrtausends v. Chr. die ersten Tempel, Paläste und Wohnviertel Thebens errichtet. Seit der 11. Dynastie, die ab 2119 v. Chr. begann, wuchs Thebens Bedeutung als zwischenzeitliche Hauptstadt, vor allem als königliche Begräbnisstätte und Kultort für Amun-Re, den ägyptischen Reichsgott. Unter der 18. und den folgenden Dynastien (ab 1532 v. Chr.) entstanden hier verschiedene Monumentalbauten. Die Metropole umfasste die gewaltigen Palast- und Tempelanlagen von Luxor und Karnak am östlichen Nilufer (Theben-Ost) sowie die Nekropolen und Totentempel am Westufer (Theben-West). Unter den Tempelbauten nahm das Amun-Heiligtum in Karnak eine zentrale Position ein. Es war die größte und wichtigste Tempelanlage der alten Ägypter. Noch heute macht der unter Sethos I. und Ramses II. erbaute

große Säulensaal mit den 134 riesigen, in 16 Reihen angeordneten und reich mit Hieroglyphen verzierten Säulen (links, unten) einen überwältigenden Eindruck. Am anderen Nilufer lag die Totenstadt. Im Tal der Könige und im Tal der Königinnen befinden sich Grablegen. Zum Areal gehören etwa der Terrassentempel von Hatschepsut, die Totentempel der Pharonen Ramses II. und Ramses III. und die Memnon-Kolosse.

# Oman

## Im Land der Burgen und Festungen

Die mehr als 500 Festungen und Wachtürme des Oman sind Zeugen einer spannungsreichen Ge-

**Land:** Oman
**Einwohner:**
Muscat: 770 000
Salalah: 120 000
Khasab: 12 000
**Sprache:** Arabisch
**Währung:** Rial Omani
**Hauptreisezeit:** Oktober bis April
**Zeitzone:** UTC + 4

**Eingerahmt vom steil aufgefaltetem Hadschar-Gebirge liegt Muscat, die Hauptstadt des Sultanats Oman direkt am Meer. In Mutrah entstand ein moderner Hafen, dessen Ufer noch die bunt bemalten historischen Handelshäuser aus dem 18. Jh. säumen. Auch die Gartenstadt Salalah lohnt einen Besuch, und die Umgebung von Khasab wartet mit einer romantischen Landschaft auf.**

⚓ **Muscat** Seit Sultan Qabus ibn Said das Land in den 1970er-Jahren gegenüber der Welt öffnete, ist die Kapitale des Oman mit der Hafenstadt Mutrah sowie den an der Küste und im gebirgigen Hinterland neu entstandenen Wohn- und Geschäftsvierteln zu einer Metropolregion mit 770 000 Einwohnern zusammengewachsen. Dank seiner Lage direkt an einer durch die Ausläufer des Hadschar-Gebirges abgeschirmten Bucht ist das alte Muscat aber ein überschaubarer Ort geblieben.

Fast ein Drittel der historischen Bebauung musste dem 1974 eingeweihten neuen **Palast** des Sultans weichen. Dennoch erinnern einige sehenswerte Häuser an die Zeit, als Muscat Hauptstadt einer Nation von Seefahrern war. Das in der Nähe des Palastes gelegene **Beit Nadir** etwa wurde im 18. Jh. als

Dem Souk von Mutrah sollte man einen Besuch abstatten.

Residenz eines Kaufmanns errichtet und gilt als typisches Beispiel für die omanische Architektur der Zeit. Nicht weit entfernt davon steht das ebenfalls im 18. Jh. erbaute **Beit Fransa**, das bis 1920 Residenz des französischen Konsuls war und heute das **Omani-French Museum** beherbergt. Auch drei der vier Tore der Stadtbefestigung, die Muscat einst umschloss,sind erhalten. Einzig das Bab al-Kabir musste nach dem Einsturz des Vorgängerbaus im Jahr 1973 neu errichtet werden. Trotz seiner Modernität fügt es sich harmonisch in die historische Bebauung ein. Die Stadtbefestigung wurde ebenso wie die Forts, die auf den Klippen im Westen und Osten der Bucht in den Himmel ragen, von Portugiesen im 16. Jh. errichtet. Die Europäer hatten Muscat 1507 erobert, wurden

schichte. Aufgrund seiner exponierten Lage im Südosten der Arabischen Halbinsel war das Land immer wieder Angriffen fremder Mächte ausgesetzt. Schon im Mittelalter wurden deshalb sowohl an den Küsten als auch im Landesinneren Wehrburgen, in denen die Bevölkerung der umliegenden Siedlungen im Falle eines Angriffs Schutz fand, angelegt. Berühmt ist Fort Bahla (links), das seit 1987 zum UNESCO-Welterbe gehört. 1507 eroberten Portugiesen die Nordküste des Oman und bauten Fluchtburgen und Wachtürme zu mächtigen Bastionen aus. Bekannte Relikte der Zeit sind Fort Mirani und Fort Jalali in Muscat. Nach der Vertreibung der Portugiesen durch Sultan Ibn Saif I. im Jahre 1650 wurden die Festungen mit Kanonen bestückt. Als sie ihre militärische Funktion einbüßten, verfielen die Bauwerke; heute werden sie restauriert.

aber 1659 von arabischen Stammesfürsten wieder vertrieben. Die Kreuzfahrtschiffe legen an dem erst 2010 eingeweihten Cruiseterminal im Hafen von Mutrah an. Viele Sehenswürdigkeiten Muscats können von hier aus mit einem Taxi oder auf einem Spaziergang erreicht werden. Die **Corniche**, die **Mutrah** mit dem historischen Muscat verbindet, verläuft unmittelbar hier. Die von Kaufmannshäusern im Sarazenenstil gesäumte **Uferpromenade** wurde für Touristen herausgeputzt und zählt zu den Hauptattraktionen der Stadt. Direkt an der Corniche befindet sich noch in Hafennähe der Eingang zum **Souk** – ein Muss für jeden Muscat-Besucher.

**Salalah** Die Hauptstadt der omanischen Provinz Dhofar im Südwesten des Landes präsentiert sich als grüne Gartenstadt inmitten der Wüste. Zwischen Juni und September überzieht der Charif genannte Südwestmonsun den Landstrich zwischen Küste und Dhofar-Gebirge mit Regen und lässt die Natur erblühen. Mango- und Papayabäume, Kokospalmen und Bananenstauden gedeihen hier. Im Sommer lockt das vergleichsweise milde Klima Urlauber aus der ganzen Golfregion an. Auch Sultan Qabus ibn Said hatte sich in Salalah eine Sommerresidenz erbaut.

Lange Zeit war Dhofar das Zentrum des internationalen **Weihrauchhandels**. Noch heute bieten Beduinenfrauen im Souk des Altstadtviertels Al-Hafah Olibanumharze und Duftmischungen aus Myrrhe, Sandelholz und Weihrauch an. Auch die auf einer kleinen Landzunge vor der Küste gelegene **Ruinenstätte al-Baliid** erinnert an das einst wichtigste Handelsgut des Oman. Archäologen haben hier die Überreste einer Hafenstadt freigelegt, von der aus bis ins späte Mittelalter Weihrauch im Tausch gegen Gewürze nach Indien verschifft wurde. Die Ruinenstätte von al-Baliid steht seit 2000 zusammen mit dem Hafen von Khor Bari, der Oase Wubar und dem Wadi Dawkah als Relikt des Weihrauchhandels auf der UNESCO-Welterbeliste.

**Khasab** Der nur etwas mehr als 12000 Einwohner zählende kleine Ort ist die Hauptstadt der Provinz Musandam, einer omanischen Enklave an der Straße von Hormus, die ganz von den Vereinigten Arabischen Emiraten umschlossen ist. Dank der tief in das Land einschneidenden Fjorde oder Khors wird die Provinz auch das »Norwegen Arabiens« genannt. Mehr als durch kulturelle Sehenswürdigkeiten glänzt Musandam durch seine wildromantische Natur. Die karge Gebirgslandschaft zieht vor allen Wanderer an. Die Fjorde sind ein beliebtes Taucherrevier. An einer Fjordpassage mit einer Dhau kommt wohl kein Musandam-Besucher vorbei. Die Fahrt führt an steil aufragenden Felsen und einsam gelegenen Fischerdörfern vorbei. Die Boote werden oft von Delfinen begleitet. Lokale Veranstalter bieten Tagesausflüge an.
Khasab selbst gilt als Treffpunkt iranischer Schmuggler, die hier Ziegen gegen amerikanische Zigaretten tauschen. Die Attraktion des Ortes ist die stattliche **Festung** aus dem 17. Jh., die mit einer sehenswerten Ausstelllung zur Geschichte und Kultur von Musandam aufwartet.

**Oben links: Eine breite Promenade säumt die Corniche von Muscat. Oben rechts: Im Markt von Salalah.**

# Dubai

## The Palms

Seit es 2001 in Angriff genommen wurde, hat dieses gigantische Bauprojekt weltweit für Aufsehen gesorgt. Der Plan, vor der Küste Dubais drei künstliche Inseln in Form einer stilisierten Palme anzulegen, um so Platz für neue Luxushotels, Shoppingmalls und Ferienvillen zu schaffen, löste bei den einen Kopfschütteln oder Erheiterung, bei den anderen Bewunderung und Begeisterung aus (rechts). Zwar mussten die Bauarbeiten an den beiden größeren Inseln mangels Nachfrage eingestellt oder doch zumindest unterbrochen werden. Die kleinste der drei, »Palm Jumeirah«, konnte

**Land:** Vereinigte Arabische Emirate
**Einwohner:** 1,8 Mio. (Stadt)
**Sprache:** Arabisch
**Währung:** VAE-Dirham
**Hauptreisezeit:** Oktober bis April
**Zeitzone:** UTC + 4

**Das zu den Vereinigten Arabischen Emiraten gehörende Fürstentum an der Ostspitze der Arabischen Halbinsel macht seit Jahren durch gigantische Bauprojekte auf sich aufmerksam. Die bemerkenswerten Wolkenkratzergebilde, die hier seit der Jahrtausendwende entstehen, werden in aller Welt diskutiert. Immer höher, immer moderner und prunkvoller – dies scheint das Motto des seit 2006 regierenden Staatsoberhaupt Scheich Mohammed bin Raschid und seiner Stadtplaner zu sein. Tatsächlich aber faszinieren Dubais Hochhaustürme nicht nur durch ihre schiere Größe, sondern oftmals auch durch ihre eigenwillige architektonische Form. So sind das Burj al-Arab und die Fassade der National Bank of Dubai dem Segel einer Dhau nachempfunden; der Architekt des Jumeirah Beach Hotel wurde offensichtlich von den gegen die Küste Dubais schlagenden Meereswellen inspiriert. Dubai ist das Einkaufsparadies des Nahen und Mittleren Osten. Die über die ganze Stadt verstreuten Shoppingmalls locken zahlungskräftige Kunden aus der gesamten arabischen Welt an. Für gut betuchte Gäste wurden auch die traditionellen Souks am Dubai Creek sorgfältig restauriert.**

**Dubai Creek** Obwohl dieser 14 km ins Land reichende und bis zu 1 km breite Meeresarm des Persischen Golfs Konkurrenz durch moderne Highways bekommen hat, ist er eine Hauptverkehrsader der Stadt geblieben. Nach wie vor wird er von unzähligen Dhauen als Transportweg genutzt, und nach wie vor flitzen traditionelle Wassertaxis, Abras genannt, zwischen beiden Ufern hin und her. Die Stadtteile beiderseits des Creeks bilden unzweifelhaft das Herz der boomenden Metropole. Sie können von Port Rashid aus leicht mit einem Taxi erreicht werden und lassen sich gut zu Fuß erkunden.

Östlich des Hafens liegt direkt am Creek die Shindagha Road – eine sorgfältig herausgeputzte Uferpromenade, die mit zwei sehenswerten Museen lockt. Das **Scheich Saeed al-Maktoum House** will mit einer Sammlung historischer Fotografien einen Eindruck von der Zeit vor dem Ölboom vermitteln. Es ist in der stilvoll restaurierten Residenz von Scheich Mohammed, dem Großvater des jetzigen Regenten, untergebracht. Auch das **Heritage & Diving Village** erinnert an das kulturelle Erbe Dubais und informiert dabei besonders über die Kunst der Perlentaucher. Den Mittelpunkt des historischen Stadtkerns am Südufer des Creeks bildet das **Al-Fahidi-Fort** aus dem 18. Jh. Einst Amtssitz des Emirs, beherbergt die stattliche Festung heute das **Dubai Museum**, das mit einer bemerkenswerten Ausstellung zur Geschichte Dubais aufwartet.

Im Osten des Forts beginnt das traditionsreiche **Bastakia-Viertel**, das nach der iranischen Stadt Bastak benannt ist und einst von iranischen Händlern bewohnt wurde. Lange waren die zu Beginn des 20. Jh.s errichteten Lehm- und Korallensteinhäuser des Quartiers dem Verfall preisgegeben. Mittlerweile wurden einige aber restauriert. Sie beeindrucken durch luftige Innenhöfe und hoch aufragende, im Sommer Kühle spendende Windtürme.

Östlich des Forts beginnt hinter der großen Moschee der **Bur-Dubai-Souks**. In den engen Gängen und Gassen dieses liebevoll restaurierten, traditionellen orientalischen Marktes werden vor allem kostbare Stoffe angeboten. Auch **Deria** auf der

allerdings 2008 eingeweiht werden. Auf ihrem 4 km langen und 600 m breiten »Stamm« wurden Luxushotels, auf den »Wedeln« luxuriöse Ferienhäuser erbaut. »The Palm« ist zum Schutz vor hohen Wellen von ei-

nem künstlichen Riff umgeben und mit ihm durch einen Unterwassertunnel verbunden. An der Spitze der Insel lockt ebenfalls seit 2008 das superteure Hotel Atlantis mit einem gigantischen Freizeitpark.

gegenüber liegenden Seite des Creeks lockt mit einigen orientalischen Märkten wie dem ⁂ **Spice Souq** und dem ⁂ **Gold Souq**. Bei einer Überfahrt auf einem Abra kann man die Aussicht auf das Ensemble futuristischer Hochhaustürme mit den dicht gedrängt am Kai von Deira vor Anker liegenden Dhauen im Vordergrund genießen.

**Sheikh Zayed Road** Diese bis zu zwölf Spuren breite Schnellstraße verläuft parallel zur Küstenlinie vom Dubai World Trade Centre bis nach Abu Dhabi und ist 52 km lang. Sie ist ein Wahrzeichen des modernen Dubai und gilt als Symbol für den Ehrgeiz seiner Stadtplaner, immer höher, immer weiter und kühner zu bauen. Eine Fahrt über den Superhighway gleicht einer Zeitreise in die Welt von morgen. Sie führt an futuristischen Hochhaustürmen wie dem 2010 eröffneten **Rose Tower**, dem mit 333 m höchsten Hotel der Welt, vorbei. An der Sheikh Zayed Road entsteht auch das neue Wohn- und Geschäftsviertel

**Einheimische beim Plaudern in der Heritage Village.**

Downtown Dubai mit dem bereits 2010 eingeweihten Wolkenkratzer **Burj-Khalifa** im Mittelpunkt. Mit einer Höhe von 830 m ist er das höchste Gebäude des Planeten. Der Turm beherbergt exklusive Hotels, Restaurants und Suiten. Nicht verpassen: Im 124. Stockwerk befindet sich in 452 m Höhe eine **Aussichtsplattform**. Die Straße wird aber nicht nur von Wolkenkratzern, sondern auch von vielen luxuriösen Einkaufszentren gesäumt. Die zum Burj-Khalifa gehörende Dubai Mall etwa ist mit über 600 Geschäften die zweitgrößte der Welt. Das künftig größte Einkaufszentrum, die Mall of Arabia im Gebiet der entstehenden »Falcon City of Wonders« soll gegen Ende 2013 eingeweiht werden.

**Jumeirah** Der Stadtteil erstreckt sich südlich von Port Rashid über mehr als 20 km entlang der Küste. Seit hier vor einigen Jahren reiche Emirate – allen voran der Scheich und seine Familie – Villen errichteten, hat sich Jumeirah zur wohl teuersten Wohngegend im ganzen Land entwickelt. Der endlose weiße Strand ist zum Treffpunkt des internationalen Jetsets geworden. Die Küstenstraße wird von vielen Luxushotels gesäumt. Berühmt sind das durch seine Wellenform bestechende **Jumeirah Beach Hotel** und die auf einer künstlichen Insel im Meer erbaute Luxusherberge Burj al-Arab, die einem aufgeblähten Dhausegel nachempfunden wurde und das einzige 7-Sterne-Hotel der Welt ist.
Einige wenige Strandabschnitte sind frei zugänglich. Gegen eine geringe Eintrittsgebühr steht aber auch der bewachte Jumeirah Beach Park allen offen, die für ein paar Stunden in die Welt der Schönen und Reichen eintauchen wollen.

**Bild oben links: die Scheich Zayed Road; das Jumeirah Beach Hotel und das Burj al-Arab bei Nacht (oben rechts).**

## Dubai Creek

**Der Burj-Khalifa-Wolkenkratzer ist mit 830 m Höhe das höchste Gebäude der Welt (rechts im Bild unten). Nach sechsjähriger Bauzeit wurde er 2010 eingeweiht und überragt die Skyline von Dubai.**

Der 14 km lange Meeresarm des Persischen Golfs Dubai Creek teilt Dubai in die Stadtteile Bur Dubai und Deira. Hier wurde die Metropole einst gegründet (links).

# Abu Dhabi, Katar, Bahrain, Kuwait

**Land:** Vereinigte Arabische Emirate
**Einwohner:**
Abu Dhabi (Stadt): 860 000
**Sprache:** Arabisch
**Währung:** VAE-Dirham
**Hauptreisezeit:** Oktober bis April
**Zeitzone:** UTC + 4

**Land:** Katar
**Fläche:** 11 606 km²
**Einwohner:** 1,7 Mio.
**Sprache:** Arabisch
**Währung:** Katar-Riyal
**Hauptreisezeit:** Oktober bis April
**Zeitzone:** UTC + 3

**Land:** Bahrain
**Fläche:** 750 km²
**Einwohner:** 1,2 Mio.
**Sprache:** Arabisch
**Währung:** Bahrain-Dinar
**Hauptreisezeit:** Oktober bis April
**Zeitzone:** UTC + 3

**Land:** Kuwait
**Fläche:** 17 818 km²
**Einwohner:** 3 Mio. (Land)
**Sprache:** Arabisch
**Währung:** Kuwait-Dinar
**Hauptreisezeit:** Oktober bis April
**Zeitzone:** UTC + 3

**Junge Metropolen und Luxus pur, das wird oft mit der Region am Persischen Golf in Verbindung gebracht. Doch die Staaten und Städte haben mehr als nur Shoppingparadiese zu bieten. Abu Dhabi besticht mit seiner Lage inmitten eines Mangrovengürtels, Katar präsentiert seine schier endlosen Wüstenlandschaften, und Kuwait verfügt über eine breite Museumslandschaft.**

⚓ **Abu Dhabi** Dank seiner immensen Ölvorkommen – 10 Prozent der Ölreserven des Planeten lagern hier – ist der Wüstenstaat eines der reichsten Länder der Erde. Die gleichnamige Hauptstadt, die die Zentrale der Vereinten Arabischen Emirate (VAE) beherbergt, hat sich binnen weniger Jahrzehnte von einem Fischerdorf zu einer modernen Metropole mit 860 000 Einwohnern entwickelt.
Abu Dhabi liegt auf einer der Küste vorgelagerten Insel und ist gewissermaßen am Reißbrett entstanden. Die Straßen sind schachbrettartig angelegt. Einförmige Hochhausfassaden prägen das Stadtbild. Vielerorts wird diese Monotonie durch Bauten, die die Formensprache der arabischen Architektur zitieren, unterbrochen. Mehr als 300 Moscheen gibt es hier.
Abu Dhabi wird auch »Gartenstadt der VAE« genannt. Dank der Meerwasserentsalzungsanlagen konnten an vielen Stellen Parks und Grünflächen mit Springbrunnen angelegt werden; die Straßen werden von Palmen gesäumt. ⚓ **Port Zayed**, in dem die Kreuzfahrtschiffe einlaufen, liegt im Norden der Stadt. **Downtown Abu Dhabi** kann von hier aus leicht mit einem Taxi erreicht werden. Als Ausgangspunkt für einen Bum-

Die Scheich-Zayed-Moschee in Abu Dhabi fasst 40 000 Gläubige.

In Doha ist der Souk Waqif einen Abstecher wert.

## Bahrain

Die Hauptinsel des 33 winzige Eilande umfassenden gleichnamigen Königreichs nördlich von Katar wird gern auf Kreuzfahrten angelaufen. Der Cruiseterminal am Sheikh Khalifa bin Salman Port in der Nähe der Hauptstadt Manama (links) wird zurzeit ausgebaut. Die im äußersten Nordosten der Insel gelegene Kapitale des Inselstaats hat sich zu einem internationalen Banken- und Finanzzentrum entwickelt. Weithin sichtbares Symbol der neuen Ära sind die Zwillingstürme des Bahrain World Trade Center, die Harbour Towers und die Almoayyed Towers. Jede dieser kühnen Konstruktionen gilt als zukunftsweisendes Meisterwerk zeitgenössischer Baukunst. Trotz Modernisierungen ist in Manama das traditionelle arabische Leben noch präsenter als in den anderen Golfstaaten.

mel bietet sich der **Ittihad Square** an. Der lang gestreckte Platz wird von riesigen Plastiken, die einer Kanone, einem Rosenwassersprenkler, einem Weihrauchbrenner und einem Wehrturm nachgebildet sind, geschmückt. Auch die unweit des Ittihad Square gelegene **Cultural Foundation** und das **Fort Qasr al-Hosn** sind sehenswert. Nordöstlich des Platzes lockt der New Souk – eine im Stil traditioneller arabischer Märkte erbaute Shoppingmall, die für ihre feinen Juweliergeschäfte bekannt ist. Auch die **Sheikh Zayed Street**, die einige Häuserblocks südlich des Souk beginnt, macht dem weltweiten Ruf Abu Dhabis, ein Einkaufsparadies zu sein, alle Ehre.

Nördlich des Ittihad Square verläuft die 6 km lange **Corniche**. Die Uferstraße wurde in den letzten Jahren sorgfältig herausgeputzt und lädt nun mit Parkanlagen und kleinen Cafés zu einem Bummel ein. Am südlichen Ende der Corniche befindet sich der **Emirates Palace** – ein orientalisches Märchenschloss und das wohl luxuriöseste Hotel der Welt. Das Gebäude der einen Kilometer lange Nobelherberge wurde zwischen 2001 und 2005 in Anlehnung an die traditionelle arabische Architektur errichtet und wird von der Kempinski-Hotelkette betrieben.

**Katar** Das Staatsgebiet des Emirats umfasst eine 160 km in den Persischen Golf hineinragende schmale Halbinsel und grenzt im Süden an Saudi-Arabien. Dank seines Ölreichtums ist Katar das Land mit dem weltweit höchsten Pro-Kopf-Einkommen. Obwohl der Islam Staatsreligion ist, gibt sich das Land modern und weltoffen. 80 Prozent der Bevölkerung kommen aus Indien, Pakistan oder aus dem Iran. Die touristische Infrastruktur ist weniger entwickelt als in den VAE oder im Oman. Dennoch ist Qatar als Kreuzfahrtziel beliebt. Die endlos scheinende Wüstenlandschaft gilt als weltweit einzigartig. Vegetationslose Geröllwüste, die im Südosten in Sanddünen übergeht, prägen das Landschaftsbild. Die Wüsten des Emirats lassen sich gut während eines Tagesausflugs erkunden. An den Küsten finden sich zahlreiche Salzwassersümpfe.

**Al Bidda Tower und Burj Qatar in Doha wirken futuristisch.**

In der an der Ostküste gelegenen Hauptstadt **Doha**, in der auch die Kreuzfahrtschiffe vor Anker gehen, bieten lokale Veranstalter Exkursionen an. Auch ein Besuch in der mehr als 500 000 Einwohner zählenden Kapitale lohnt sich. Wie andere Metropolen in der Golfregion wächst Doha kontinuierlich und verändert ständig das Gesicht. Die Skyline wird von einigen auffallenden, futuristischen Hochhaustürmen beherrscht. Dennoch knüpfen Architekten, die hier wirken, immer wieder an die traditionelle islamische Baukunst an. Zwischen dem Hafen und Downtown Doha verkehren Shuttle-Busse.
Als Ausgangspunkt für eine Stadterkundung bietet sich die **Corniche** an; sie zieht sich über 6 km entlang der Doha Bay hin. Hauptattraktionen der Stadt sind das **Museum of Islamic Art**, das in einem beeindruckenden Monumentalbau des Stararchitekten Ieoh Ming Pei untergebracht ist, das **Doha Fort** und der **Souk d Waqif**. Das **Qatar National Museum** residiert zurzeit noch in einem prächtigen Palast aus dem Jahr 1901 und soll 2014 in ein neues Haus umziehen.

**Kuwait** Noch sind die Wunden, die der Zweite Golfkrieg vor 20 Jahren geschlagen hat, nicht alle verheilt. Dennoch gewinnt Kuwait als Kreuzfahrtziel mehr und mehr an Attraktivität. Die Hauptstadt Kuwait City, in deren Umland die meisten Einwohner des Wüstenstaats leben, präsentiert sich als moderne Metropole.
Die über die ganze Stadt verstreuten Shoppingmalls locken Besucher aus der arabischen Welt an. Kuwait City verfügt über eine breit gefächerte Museumslandschaft. Zwar wurde das **National Museum** während der Kriege weitgehend zerstört und geplündert. Mittlerweile aber stehen große Teile der einst weltweit größten Sammlung islamischer Kunst wieder an ihrem Ort und können besichtigt werden. An die Schrecken des Krieges erinnert das **Kuwait House of National Memorial**. Durchaus interessante Ausstellungen zur Geschichte, Kultur und Kunst in der Region finden sich im **Tareq Rajab Museum**, im Arab Fund Building und im **Sadu House**. Kein Kuwait-Besucher sollte einen Bummel durch die Altstadt mit ihren malerischen **Souks** versäumen. Fast ein Muss für jeden Touristen ist auch ein Besuch der direkt an der Bucht gelegenen **Kuwait Towers**. Sie gelten als Wahrzeichen der Stadt und dienen als Wasserspeicher. Auf dem höchsten Stockwerk befindet sich eine rotierende Aussichtsplattform mit einem gut besuchten Restaurant.

**Großes Bild links oben: Der internationale Sporthafen wird von der illuminierten Skyline Abu Dhabis dominiert.**

# Malediven

## Die untergehenden Inseln?

In einer spektakulären Aktion machte am 17. Oktober 2009 der Staatspräsident der Malediven, Mohammed Nasheed, auf die Klimaerwärmung und die für sein Land drohenden Konsequenzen aufmerksam: Er hielt mit seinem Kabinett eine Unterwassersitzung im Indischen Ozean ab, bei der ein Dokument unterzeichnet wurde, in dem zur Verringerung des weltweiten $CO_2$-Ausstoßes aufgerufen wird. Die Malediven, ein Inselstaat aus rund 26 Atollen mit 1200 Inseln (rechts), deren höchste Erhebung nur gut 2 m über dem Meeresspiegel liegt, müssten ei-

**Land:** Malediven
**Fläche:** 298 km²
**Einwohner:** 400 000
**Sprache:** Dhivehi
**Währung:** Rufiyaa
**Hauptreisezeit:** Oktober bis März
**Zeitzone:** UTC + 5

**Trauminseln und Wunschziele – sicherlich jeder träumte schon mal von den palmenbewachsenen kleinen Inseln inmitten eines strahlend blauen Meeres. Der zumeist ruhige Indische Ozean und die konstanten Luft- und Wassertemperaturen locken viele Besucher an.**

Seit sich der Inselstaat im Indischen Ozean zu Beginn der 1970er-Jahre für den Tourismus öffnete, ist er zu einem Sehnsuchtsziel für stressgeplagte Menschen aus aller Welt geworden. Die Malediven bieten alles, was zu einem Traumurlaub unter tropischer Sonne dazugehört. Jedes der nur wenige Quadratkilometer großen Eilande scheint ein Garten Eden mit Palmenwald, makellosem weißen **Sandstrand** und einem in hellem Türkis schillernden Meer zu sein. Die 26 Atolle, aus denen die Malediven bestehen, sind ein **Schnorchler- und Taucherparadies**. Die Unterwasserwelt der Korallenriffe in den Lagunen und an der Außenseite der Atolle ist einzigartig, der Artenreichtum groß. Dennoch ist dieser submaritime Lebensraum in seinem Bestand gefährdet und wie das ganze Inselreich durch den Klimawandel vom Untergang bedroht. Die Regierung der Malediven entschloss sich deshalb im Oktober 2009 zu einer weltweit Aufsehen erregenden Protestaktion und hielt eine Kabinettssitzung unter Wasser ab.
220 der mehr als 1200 Inseln des Archipels sind von Einheimischen bewohnt und nur mit besonderer Genehmigung zugänglich. Die Touristen aus aller Welt werden in den oft von großen Reiseveranstaltern betriebenen Ferienresorts auf einer der fast 100 Hotelinseln untergebracht. Individualreisen sind deshalb schwierig zu planen und nicht zu empfehlen. Auch Kreuzfahrtpassagiere sollten auf Angebote ihres Veranstalters zurückgreifen und sich organisierten Touren anschließen. Allerdings hat auch die Hauptstadt **Male**, in der die meisten Kreuzfahrtschiffe vor Anker gehen, ihren Gästen einiges zu bieten. Die Kapitale der Malediven erstreckt sich über die gesamte gleichnamige Insel und kann mit einigen schönen Moscheen, dem sehenswerten **Nationalmuseum** sowie einigen bunten Märkten aufwarten.

**Fahnenbarsche schwimmen über einem intakten Riffsystem.**

**Die Inselwelt des Indischen Ozeans zählt zu den schönsten Unterwasserlebensräumen weltweit (rechts).**

nen klimabedingten Anstieg des Meeresspiegels um bis zu einem halben Meter bis zum Jahr 2100 im wahrsten Sinne des Wortes ausbaden. Viele Inseln wären damit dem Untergang geweiht, rund 400 000 Menschen wür-

den ihre Heimat verlieren. Die Regierung unternimmt Anstrengungen, Land für die potenziellen Klimaflüchtlinge zu erwerben. Ebenso soll der Tourismus auf den Inseln umweltverträglicher gestaltet werden.

# Seychellen

## Naturpark Vallée de Mai

Etwas nördlich der Hauptinsel Mahé liegt Praslin, die zweitgrößte Insel der Seychellen. Im Herzen dieser Granitinsel wurde innerhalb des Praslin-Nationalparks 1966 das Naturreservat Vallée de Mai eingerichtet. Das nur knapp 20 ha große Schutzgebiet dient dem Erhalt der Seychellennusspalme (Lodoicea maldivica) – ein Relikt frühzeitlicher Vegetation. Aufgrund der langen evolutionären Isolation der Inselgruppe hat sich hier eine ganz urzeitliche Flora erhalten können. Lange Zeit kannte man nur die gewaltigen, bis zu 18 kg schweren Samen der auch Coco de Mer ge-

**Land:** Seychellen
**Fläche:** 455 km²
**Einwohner:** 88 000
**Sprache:** Seychellenkreol, Französisch, Englisch
**Währung:** Seychellen-Rupie
**Hauptreisezeit:** Frühjahr, Herbst
**Zeitzone:** UTC + 4

**Der 1000 km von der Ostküste Afrikas entfernte und 500 km südlich des Äquators gelegene Inselstaat ist ein Traumziel für Leute, die Erholung unter tropischer Sonne an menschenleeren, weiten Sandstränden abseits des modernen Massentourismus suchen. Die Seychellen gelten als ein Garten Eden inmitten des Indischen Ozeans mit weitestgehend unberührter Natur und unter ökologischen Gesichtspunkten erbauten Hotelanlagen und Villen. Die Verantwortlichen setzen ganz klar auf die Entwicklung eines sanften Tourismus. Die Pflege lokaler Kultur und Traditionen wird großgeschrieben. Das Seychellen-Archipel erstreckt sich über eine Fläche von 455 km² und lässt sich aufgrund geologischer Gegebenheiten in zwei Gruppen aufteilen. Die 73 »Outer Islands« sind aus Korallenriffen entstanden und in erdgeschichtlicher Hinsicht noch jung. Hingegen bestehen die 42 »Inner Islands« aus 700 Mrd. Jahre altem Granitgestein und sind aus dem Meer ragende Überreste des Superkontinents Gondwana, dessen Auseinanderbrechen vor 100 Mio. Jahren das Auseinanderdriften der afrikanischen und der indischen Platte sowie die Entstehung des Indischen Ozeans nach sich zog. Sie werden von Geologen auch als Mikrokontinent bezeichnet.**
**Dank der besonderen Entstehungsgeschichte und abgeschiedenen Lage konnte sich auf den »Inner Islands«, zu denen Mahé, Praslin und La Digue gehören, eine einzigartige Flora und Fauna entwickeln.**

**Mahé** Obwohl die größte Insel der Seychellen nur 154 km² umfasst, lockt sie mit einer facettenreichen Tropenlandschaft. An den Küsten befinden sich einige der schönsten Badebuchten der Welt. Der Norden wird von dem 900 m aufragenden dicht bewaldeten Morne Seychellois beherrscht. Die Region um den Berg ist seit 1979 als Nationalpark ausgewiesen.

Die Kreuzfahrtschiffe legen an der **New Pier** im Süden **Victorias**, der Kapitale der Seychellen, an. Die »kleinste Hauptstadt der Welt«, wie sie oft auch genannt wird, ist ein tropisches Idyll. Eingerahmt von den malerischen, bis 700 m Meereshöhe aufragenden und dicht bewaldeten Bergen der **Trois Frères**, breitet sie sich nur über wenige Straßenzüge an der Nordostküste Mahés aus. Das Straßenbild wird noch immer von farbenfrohen Holzhäusern mit Wellblechdächern geprägt. An die Kolonialzeit erinnern besonders die katholische **Cathédrale de l'Immaculée Conception** und der einem Londoner Uhrturm, nämlich dem an der Vauxhall Bridge Road, nachempfundene **Clock Tower**. Die Hauptattraktion von Victoria ist wohl der jeden Werktag stattfindende **Markt**, der mit einem reichen Angebot an tropischen Früchten, Gewürzen und lokalem Kunsthandwerk aufwarten kann. Auch ein Besuch des **Botanischen Gartens** lohnt sich. Victoria bietet sich als Ausgangspunkt für eine Inselrundfahrt an.

Die Route die **Ostküste** Mahés hinunter führt in ein touristisch eher wenig erschlossenes Gebiet. Im Südosten lädt vor allem die Anse Royale in der Nähe des kleinen gleichnamigen Ortes zu einer Pause ein. Die Bucht lockt mit einem traumhaften Strand, der durch ein Korallenriff vom offenen Ozean abgeschirmt wird. Der Name »Anse Royale« geht auf den »Jardin du

nannten Pflanze (rechts), von denen der portugiesische Weltumsegler Ferdinand Magellan einst annahm, dass es sich um die Früchte eines auf dem Meeresgrund wachsenden Baumes handeln müsse. Das Vallée de

Mai beheimatet eine vielfältige Fauna. Es gibt diverse Chamäleon- und Geckoarten. Außerdem sind hier zahlreiche Vogelarten vertreten, wie die Seychellen-Vasapapageien und Seychellen-Salanganen und Kolibris.

Roi«, einer 1772 von Franzosen angelegten Gewürzplantage, zurück. Noch heute werden hier Vanille, Zimt, Nelken und vieles mehr angebaut und verkauft.

An der **Westküste** befinden sich die meisten Traumstrände der Insel. An der Anse Intendance ganz im **Südwesten** Mahés kann man sich in die unaufhörlich brandenden Wellen des Indischen Ozeans stürzen. An der **Anse à la Mouche** hingegen ist die See dank des vorgelagerten Korallenriffs eher flach und ruhig. Obwohl die Grand Anse zu den schönsten Badebuchten Mahés zählt, wird der Strand hier nur wenig besucht, denn das Baden ist nicht ganz ungefährlich. Die **Beau Vallon Bay** im Norden Mahés kann von Victoria aus mit dem Auto erreicht werden. Sie hat sich zum touristischen Zentrum der Insel entwickelt. Hier sind einige Hotels und Restaurants entstanden, doch die Strände sind niemals überlaufen. Dank des vorgelagerten Korallenriffs ist die Bucht ein beliebtes Tauchrevier. Verschiedene Veranstalter bieten Charterjachten und Ausflüge mit Glasbodenbooten an.

**Praslin** Das mit einer Fläche von 38 km² zweitgrößte Eiland der Seychellen liegt 37 km nordöstlich von Mahé und ist mit der Hauptinsel durch regelmäßig verkehrende Hochgeschwindigkeitskatamarane und Propellerflugzeuge verbunden. Auch Praslin wird als tropischer Garten Eden gerühmt. Die endlos langen, von Palmen gesäumten weißen Sandstrände sind ein Traum für Strandwanderer und Sonnenanbeter. Sie werden durch ein fast die ganze Insel umgebendes Korallenriff vom offenen Ozean abgeschirmt. Das Wasser ist daher relativ flach und angenehm warm. Die im Westen gelegenen Strände an der **Anse Lazio** und der **Anse Kerlan** zählen für viele zu den schönsten auf der ganzen Welt.
Die weite **Anse Volbert** an der Ostküste gilt als das touristische Zentrum der Insel. Hier konzentrieren sich Hotels, Restaurants und vielerlei Geschäfte. Dennoch wirken die weiten Strände niemals überlaufen. Der Küste Praslins vorgelagert sind einige winzige Eilande wie Curieuse oder Aride, die jedes für sich dank einer artenreichen Flora und Fauna ein Paradies für Naturfreunde sind. Hauptattraktion Praslins wie des ganzen Archipels ist das **Vallée de Mai**, einer der kleinsten Naturparks der Welt und seit 1983 UNESCO-Naturerbe. Hier gedeihen auf weniger als 200 m² 5000 der berühmten Seychellen-Nusspalmen. Kreuzfahrtschiffe, die Praslin anlaufen, legen in **Baie Ste. Anne** an der Südküste an. Die Sehenswürdigkeiten und Badebuchten können von hier aus mit einem Taxi erreicht werden.

**La Digue** Das nur 10 km² große Eiland verdankt seinen Beinamen »Île Rouge« den rötlichen Granitfelsen, die in den Buchten bis zu 300 m hoch aufragen. In Verbindung mit den herrlich **weißen Sandstränden**, dem türkis schimmernden Meer und den Kokospalmen, die allerorten zwischen ihnen hervorsprießen, ergeben sie ein prächtiges Bild, das oft als Kulisse für Werbe- oder Modeaufnahmen genutzt wird. La Digue lässt sich gut zu Fuß, mit dem Fahrrad oder aber auf einem Ochsenkarren-Taxi erkunden. Im Inselinnern kann man die Kokos- oder Vanilleplantagen besichtigen und sich die Verarbeitung von Kopra zu Kokosöl zeigen lassen. Das interessante Naturschutzgebiet **Veuve** wurde eigens für den nur auf La Digue vorkommenden Paradiesfliegenschnäpper, eine der seltensten Vogelarten der Welt, eingerichtet. Die Kreuzfahrtschiffe gehen vor **La Passe**, dem an der Nordwestküste gelegenen kleinen Hauptort der Insel, vor Anker.

**Bild oben: Der Felsenstrand Anse Soleil in der gleichnamigen Bucht auf der Hauptinsel Mahé ist fast schon zum Wahrzeichen dieses tropischen Inselparadieses geworden.**

# Mauritius

## Kulturlandschaft Le Morne

Zwischen 1721 und 1735 wurden unter französischer Herrschaft erstmalig Sklaven aus Afrika, Madagaskar und Asien zur Arbeit auf den Zuckerrohrfeldern nach Mauritius gebracht. Bis zur Abschaffung der Sklaverei im Jahr 1835 gelang vielen Sklaven die Flucht. So entstanden Gemeinschaften entflohener Schwarzer und Asiaten, Maroons genannt, die sich auf dem nur schwer zugänglichen Gipfel des Le Morne (rechts) versteckt hielten und kleine Siedlungen in den Höhlen und Felsenkliffs des Bergs

**Land:** Mauritius
**Fläche:** 2040 km²
**Einwohner:** 1,3 Mio.
**Sprache:** Englisch
**Währung:** Mauritius-Rupie
**Hauptreisezeit:** Frühjahr, Herbst
**Zeitzone:** UTC + 4

**Auf Mauritius findet man die ursprüngliche tropische Vegetation nur noch an wenigen Stellen im Südwesten der Insel. Den größten Teil der nur von einigen markanten Bergen strukturierten Insel nehmen heute Zuckerrohrfelder ein.**

Die Tropeninsel liegt ca. 900 km östlich von Madagaskar entfernt und ist auch dank der abgeschiedenen Lage ein Traumziel für Leute, die Ferne und Exotik suchen. Auf Mauritius prägen vielerorts kegelförmige oder spitz aufragende Felsformationen das Landschaftsbild. Sie wechseln sich mit weiten

**Der Chamarel-Wasserfall.**

Ebenen, in denen Zuckerrohr angebaut wird, ab. Die Küsten werden durch ein fast die ganze Insel umgebendes Korallenriff vom offenen Ozean abgeschirmt. Die Lagunen sind für ihren Fischreichtum bekannt und ein beliebtes **Taucher- und Schnorchlerrevier**. An den von Palmen gesäumten, feinsandigen Traumstränden der Insel wurden Luxusresorts errichtet. Die Bevölkerung von Mauritius ist herzlich, gastfreundlich und weltoffen. Sie stammt von Einwanderern aus den unterschiedlichen Kulturkreisen, von europäischen Kolonisten, afrikanischen Sklaven sowie aus Indien und China herbeigerufenen Plantagenarbeitern, ab. In Religion, Brauchtum, Küche, Tanz und Musik hält sie das Erbe ihrer Vorfahren lebendig. Ab 1715 war Mauritius für fast 100 Jahre in französischem Besitz. Obwohl die Insel 1814 von den Briten erobert und erst 1968 unabhängig wurde, ist der französische Einfluss immer noch präsent. Amtssprache ist zwar Englisch, in ihrem Alltag verständigen sich die Mauritier aber in einer Kreolsprache, die sich aus dem Französischen entwickelte. Als Kreuzfahrtziel wird Mauritius derzeit entdeckt.

In **Port Louis** wird eine neue Anlegestelle für Cruiseliner gebaut. Die Hauptstadt bietet sich als Ausgangspunkt für Exkursionen in das Hochland oder zu den Traumstränden im Norden der Insel an. Südlich von Port Louis lässt ein **Freizeitpark**, der auf einer Zuckerrohrplantage eingerichtet wurde, die koloniale Vergangenheit lebendig werden. Port Louis ist eine geschäftige und moderne Metropole. Nur wenige kolonialzeitliche Bauten sind erhalten geblieben. Direkt am Hafen ist mit dem Caudan Waterfront Complex eine auch bei Einheimischen beliebte Shoppingmall entstanden.

An einer Stippvisite im **Blue Penny Museum** kommt wohl kein Mauritius-Besucher vorbei. Hier werden Exemplare der blauen und Roten Mauritius – der wohl teuersten und berühmtesten Briefmarken der Welt – aufbewahrt.

**Rechts: Eine malerisch-idyllische Ruhe verbreitet die Baie du Tamarin.**

gründeten. Mauritius, ein wichtiges Zwischenziel im östlichen Sklavenhandel, wurde somit unter dem Beinamen »Maroon Republic« als Insel der flüchtigen Sklaven bekannt. Die Geschichten der Maroons wurden

durch mündliche Überlieferung weitergegeben und sind Teil des kulturellen Erbes der Bevölkerung. Le Morne ist sowohl eine Gedenkstätte der Sklaverei als auch Symbol der kreolischen Identität der Inselbewohner.

# La Réunion

## UNESCO: Vulkanlandschaft auf La Réunion

Die Vulkanlandschaft der rund 800 km östlich von Madagaskar im Indischen Ozean gelegenen, politisch zum französischen Überseegebiet gehörenden Île de la Réunion (»Insel der Zusammenkunft«) ist das Refugium einer reichen, vielfach endemischen Tier- und Pflanzenwelt. Die Insel, die mit den benachbarten Eilanden Mauritius und Rodrigues den Archipel der Maskarenen bildet, entstand vor rund 2 Mio. Jahren, als sich der Vulkan Piton des Neiges aus dem Indischen Ozean erhob. Heute ist dieser Vulkan der

**Land:** Frankreich
**Fläche:** 2507 km²
**Einwohner:** 830 000
**Sprache:** Französisch
**Währung:** Euro
**Hauptreisezeit:** Frühjahr, Herbst
**Zeitzone:** UTC + 4

**Die etwa 800 km östlich von Madagaskar und 200 km südwestlich von Mauritius gelegene Insel ist als Übersee-Departement Teil Frankreichs und damit der südlichste Außenposten der Europäischen Union. Obwohl Tausende Kilometer von ihm entfernt, ist das französische Mutterland auf der Insel fast überall präsent.**

Amtsprache- und Verkehrssprache ist Französisch. Die Inselbewohner verständigen sich in einem kreolischen Dialekt. Sie stammen von europäischen Kolonisatoren, afrikanischen Sklaven oder den indischen und chinesischen Vertragsarbeitern, die nach der Sklavenbefreiung zu den Arbeiten auf den Zuckerrohrfeldern herangezogen wurden, ab. Auch wenn sie in vielem das Erbe ihrer Vorfahren pflegen und wahren, fühlen sie sich als Franzosen. Außerhalb Frankreichs ist Réunion als Urlaubsziel nur wenig bekannt. Dennoch wird der Hafen der Hauptstadt ⚓ **Saint-Denis** regelmäßig von Schiffen, die im Indischen Ozean kreuzen, angelaufen.

Die Inselmetropole Saint-Denis wartet mit französischem Flair und einem reizvollen kolonialzeitlichen Zentrum auf. Die Markthallen und ein kleinerer Markt sorgen für das exotische Kolorit. Die Stadt bietet sich als Ausgangspunkt für Inselrundfahrten oder Ausflüge in die einzigartige Gebirgswelt Réunions an. 40 Prozent der Insel sind als **Nationalpark** ausgewiesen und stehen seit 2010 auf der UNESCO-Liste des Weltnaturerbes. Réunion ist vulkanischen Ursprungs und wird von Nordwesten nach Südosten von einer Vulkankette durchzogen. Tiefe Schluchten, steil aufragende Gebirgsmassive und Hochebenen prägen das Landschaftsbild. Mehr als 350 Flüsse und Bäche durchziehen das gesamte Gebiet.

Der Norden wird von dem 3070 m hohen erloschenen **Vulkan Piton des Neiges** beherrscht. Die drei riesigen Talkessel um den Berg werden von bis zu 1200 m steil aufragenden Felswänden umschlossen und sind vermutlich durch den Einsturz von Nebenkratern entstanden. Der Südosten der Insel wird von dem 2630 m hohen **Piton de la Fournaise**, einem der aktivsten Vulkane der Erde, dominiert. Von steilen Hängen der **Plaine de Palmistes** umgeben, befindet sich der schön gelegene Bergsee **Grand Étang** im Osten der Insel.
La Réunion ist nur etwas mehr als 2500 km² groß. Nicht zuletzt aufgrund ihrer besonderen Topografie kann die Insel aber dennoch mit mehreren Klimazonen und dadurch mit einer facettenreichen Vegetation aufwarten. Trockenwald, Tieflandregenwald und Nebelwald finden sich hier auf engstem Raum. Bis zu 3000 m hohe Vulkanberge und tiefe Talkessel machten die von extremen Höhenunterschieden und den verschiedensten Mikroklimata geprägte Insel La Réunion zum Refugium einer einzigartigen Flora und Fauna.

**Rechts: Das Aussehen der vulkanisch entstandenen Insel prägen üppig bewachsene Hanglagen mit zahllosen Wasserfällen.**

höchste Gipfel einer quer über die Insel verlaufenden Vulkankette. Zu der zum Welterbe erklärten Vulkanlandschaft gehören auch die »Cirques« Cilaos, Salazie und Mafate – drei im Zentrum der Insel gelegene Talkessel. Das neue Schutzgebiet entspricht im Kern weitgehend dem bereits im März 2007 um den Piton des Neiges gegründeten Parc National de la Réunion. Ein noch aktiver Vulkan ist der Piton de la Fournaise (links).

# Richards Bay, Durban, Port Elizabeth

**Land:** Südafrika
**Einwohner:**
Richards Bay: 360 000
Durban: 3,7 Mio.
Port Elizabeth: 1,3 Mio.
**Sprache:** Englisch, Afrikaans und weitere indigene Sprachen
**Währung:** Rand
**Hauptreisezeit:** Frühling, Herbst
**Zeitzone:** UTC + 2

**Südafrika bietet vielfältige Eindrücke: Tierfreunde und Hobbybotaniker kommen auf ihre Kosten genauso wie Weinliebhaber und Freunde der kapholländischen Architektur. Ein Erlebnis für sich ist das kosmopolitische Kapstadt am Fuße des Tafelbergs.**

**Richards Bay** Der 157 km nördlich von Durban gelegene moderne Industriehafen wird von Kreuzfahrtschiffen als Ausgangspunkt für Exkursionen ins Zululand oder zu einigen der schönsten Naturreservate Südafrikas angelaufen. Etwa 45 Minuten von Richards Bay entfernt liegt **Shakaland** – ein für den Film »Shaka Zulu« erbautes Zuludorf, das in ein **Freilichtmuseum** umgewandelt wurde. Hier kann man sich auf hochinteressanten Culture Tours über Kultur und Geschichte der Zulus informieren und bei einem Mittagessen kulinarische Spezialitäten der Region kosten. Zum Programm gehören Aufführungen traditioneller Tänze. Auch das 14 km südlich von Shakaland im Dlinza Forest Reserve gelegene Städtchen **Eshowe** wartet mit einem der Geschichte der Zulus gewidmeten **Museum** auf. Es ist in dem alten Fort Nongquai untergebracht und für seine kunsthandwerklichen Sammlungen berühmt.

Wer sich für die Naturwunder der Region interessiert, kann dem **Dlinza Forest Reserve** einen Besuch abstatten. Das subtropische Waldgebiet ist Heimat vieler seltener Vogelarten und kann auf ausgewiesenen kurzen Wanderwegen erkundet werden. Für ganz Mutige wurde in 10 m Höhe ein befestigter Holzsteg angelegt, der 125 m in den Wald zu einem Aussichtsturm führt. In dem etwa eine Autostunde nördlich von Richards Bay gelegenen **Hluhluwe-Umfolozi-Park** erwartet die Besucher ein Stück afrikanische Wildnis. Das von sanft ansteigenden Hügelketten durchzogene Gebiet bildet ein Refugium für Afrikas »Big Five« – Elefant, Büffel, Löwe, Leopard, Nashorn – und zahlreiche andere Tierarten. Im Nordosten

**Im iSimangaliso-Wetland-Park leben große Krokodilbestände.**

des Hluhluwe-Umfolozi-Parks liegt der **Lake St. Lucia** – der größte See Südafrikas. Auch er bietet verschiedenen Tierarten wie Pelikanen, Störchen, Krokodilen und Flusspferden einen Lebensraum. Der See ist eigentlich eine Lagune, die über 40 km parallel zur Küste verläuft und mit dem Indischen Ozean durch eine schmale Öffnung verbunden ist. Die Region um das Gewässer ist als **iSimangaliso-Wetland-Park** ausgewiesen und steht seit 1999 auf der UNESCO-Welterbeliste. Touren in das Gebiet müssen im Voraus gebucht werden.

**Durban** Die quirlige Metropole am Indischen Ozean ist die zweitgrößte Stadt Südafrikas und beherbergt den wichtigsten Containerhafen des Landes. Obwohl hier viele Industriebetriebe angesiedelt sind, ist Durban der beliebteste Ferienort der Regenbogennation. Das subtropische Klima, die kilometerlangen breiten **Sandstrände** und nicht zuletzt der weite, offene Ozean ziehen alljährlich mehr als 2 Mio. Urlauber an.

Dank der starken Brandung ist die Stadt ein Treffpunkt für **Surfer** geworden. Die Wellenreiter werden wie die anderen Badegäste durch etwa 400 m vor der Küste installierte Fangnetze vor Haiangriffen geschützt. Die parallel zum Strand verlaufende Marine Parade wird von Luxusherbergen, Ferienanlagen, Bars und Restaurants gesäumt. An dieser auch »Golden Mile« genannten Promenade geht es fast immer wie auf einem Jahrmarkt zu. Überall haben fliegende Händler ihre Stände aufgebaut und

## Zululand

Das Hinterland des Küstenabschnitts zwischen der Mündung des Tugela River in den Indischen Ozean und Lake St. Lucia gehört zu den traditionellen Siedlungsgebieten der Zulus – der mit 11 Mio. Menschen größten Volksgruppe Südafrikas (links). Dank mündlicher Überlieferung ist bekannt, dass die Zulus bis zu Beginn des 19. Jh.s nur einer unter vielen in der Region ansässigen Familienclans waren und sich erst unter ihrem König Shaka zu einem bedeutenden Machtfaktor in Südafrika entwickelten. Bis heute gilt Shaka als geschickter politischer und militärischer Stratege, der die vielfach zerstrittenen Stämme des Gebiets zu einer Nation zusammenschweißte und ein wohlorganisiertes Staatswesen schuf. Bis heute wird er von den Zulus wie ein Held verehrt.

**Eine Nashorngruppe im Hluhluwe-Umfolozi-Park.**

bieten Kunsthandwerk oder Souvenirs an. Die farbenprächtig kostümierten Rikschafahrer sind ein beliebtes Fotomotiv. An der »Golden Mile« wurden in den letzten Jahren einige Freizeitparks errichtet. Die **uShaka Marine World** etwa lockt mit Unterwasser-Abenteuern. Hier können in einer Tauchkabine Haie beobachtet oder Spaziergänge am Meeresboden unternommen werden.

Das weitläufig angelegte Zentrum Durbans liegt im Norden der durch eine schmale Meerenge mit dem offenen Ozean verbundenen Bay of Natal und beginnt gleich hinter dem Hafen. Zwar prägen mittlerweile moderne Hochhäuser das Stadtbild, dennoch sind einige kolonialzeitliche Bauten erhalten: Die pompöse, neobarocke **City Hall** beherbergt heute das **Natural Science Museum** und die **Art Gallery**, die mit einer bemerkenswerten Sammlung zeitgenössischer Zulu-Kunst aufwarten kann.

Auch in dem östlich der City Hall gelegenen Gerichtsgebäude aus dem Jahr 1863 residiert heute ein Museum. Es informiert über das Alltagsleben während der Kolonialzeit. Das wohl beeindruckendste Museum Durbans ist das **Kwa Muhle Museum** in der Bram Fischer Road. In einer ständigen Ausstellung legt es anhand von Text- und Bildzeugnissen die Brutalität des Apartheid-Regimes offen.

Durban ist die Hauptstadt der indischstämmigen Südafrikaner. Die Nachfahren der indischen Landarbeiter, die im 19. Jh. von den Briten ins Land geholt wurden, machen 20 Prozent der Stadtbevölkerung aus. Ihr angestammtes Quartier im Westen des Stadtzentrums lockt mit orientalischem Flair und gleicht in vielem einem Basar. Der an der Stelle des abgebrannten alten indischen Marktes errichtete **Victoria Street Market** ist eine Touristenattraktion. Auch die **Juma Masjid**, eine der größten Moscheen der Südhalbkugel, und der **Alayam Hindu Temple** sind sehenswert. Obwohl indisches Viertel und Stadtzentrum vom Hafen aus mit dem Taxi erreicht werden können, sind Erkundungen auf eigene Faust nicht unbedingt zu empfehlen. Die im ehemaligen Hauptbahnhof untergebrachte Tourist Junction bietet informative geführte Touren an.

**Port Elizabeth** Die drittgrößte Hafenstadt Südafrikas liegt an der Algoa Bay ganz im Süden des Landes und bietet sich als Ausgangspunkt für Ausflüge in den nur 70 km entfernten **Addo Elephant National Park** an. Das Reservat wurde 1931 zum Schutz der von der Ausrottung bedrohten Kap-Elefanten gegründet und darf sich mittlerweile rühmen, eine der weltweit größten Populationen der Dickhäuter zu beherbergen. Ihre Zahl ist von 11 in den Anfangsjahren des Parks auf 400 im Jahr 2006 geschnellt und hat damit die Grenze des Erträglichen erreicht. In dem vielerorts von dichter Buschvegetation bedeckten Gebiet leben aber nicht nur Elefanten, sondern auch Nashörner, Büffel, Leoparden und andere Wildtierarten. 2003 wurden hier Löwen angesiedelt. Der Addo Elephant National Park hat sich damit zu einem Safari-Park entwickelt.

Port Elizabeth selbst präsentiert sich als geschäftige und doch freundliche Metropole. Die größte Stadt der südafrikanischen Provinz Ostkap gilt als »very british«. In Downtown Port Elizabeth rund um den historischen Marktplatz haben sich einige kolonialzeitliche Bauten erhalten.

Südöstlich des Stadtzentrums lockt die Bayworld mit einem **naturgeschichtlichen Museum**, einem **Oceanarium** und einem **Schlangenpark**. Hier befinden sich auch die legendären **Badestrände**, dank derer sich Port Elizabeth zu einem beliebten Ferienziel in Südafrika entwickelt hat.

**Großes Bild oben links: Vom Millennium Tower bietet sich ein schöner Blick über den Hafen und die Skyline von Durban; oben rechts: kriegerisch dekorierte Rikschafahrer.**

# Kapstadt

## Robben Island

Das nur etwa 5,5 km² große und 12 km vor Kapstadt in der Table Bay gelegene Eiland (rechts) ist als Gefängnisinsel, auf der Nelson Mandela 26 Jahre seines Lebens hinter Gittern verbrachte, berühmt-berüchtigt. Weltweit gilt es als Symbol des Apartheid-Regimes, das hier zwischen 1961 und 1991 Oppositionelle und Widerstandskämpfer gegen die Rassentrennung gefangen hielt. Nach dem Ende des Regimes wurden auf Robben Island zunächst kriminelle Straftäter untergebracht. Bereits kurz nach der Entdeckung der Insel im 16. Jh. wurde sie als Strafkolonie genutzt, und

**Land:** Südafrika
**Einwohner:** 3,8 Mio.
**Sprache:** Englisch, Afrikaans und weitere indigene Sprachen
**Währung:** Rand
**Hauptreisezeit:** Frühling, Herbst
**Zeitzone:** UTC + 2

**Schon oft wurde die Millionenstadt an der Südwestspitze Afrikas als »schönste Stadt der Welt« gepriesen. Ihre einmalige Lage am Fuß des Tafelbergmassivs, ihr reizvolles Hinterland und nicht zuletzt ihr multikulturelles Flair ziehen Touristen aus aller Welt an. Kapstadt ist ein Aushängeschild der jungen südafrikanischen Regenbogennation. Menschen aller Hautfarben und Kulturen bevölkern die Straßen, europäische und afrikanische Traditionen treffen hier aufeinander. Kapstadt ist ein Mekka für Gourmets und Nachtschwärmer.**

**City Bowl** Wie in einer Schüssel breitet sich die Innenstadt der Metropole in dem Gebiet zwischen Signal Hill, Lion's Head, Tafelberg und Devil's Peak aus. Das historische Zentrum beginnt südlich der einst direkt entlang der Küste verlaufenden Strand Street und lässt sich gut zu Fuß erkunden. Als Ausgangspunkt für einen Stadtbummel bietet sich der mit der Statue des Stadtgründers Jan van Riebeeck geschmückte Platz nördlich der Strand Street an. Hier geht die von der Table Bay kommende Heerengracht in die Adderley Street, eine der Hauptgeschäftsstraßen Kapstadts, über. Auf der Einkaufsmeile geht es stets lebhaft zu. Sie wird von Menschen aller Hautfarben, von fliegenden Händlern und Straßenkünstlern ebenso wie von Geschäftsleuten bevölkert. Obwohl in den Vierteln beiderseits der Adderley Street moderne Hochhäuser das Stadtbild dominieren, tauchen immer wieder architektonische Zeugnisse der bewegten Geschichte Kapstadts auf.
An der Ostseite des Hauptbahnhofs etwa scheint das mächtige **Castle of Good Hope** immer noch allen Stürmen zu trotzen. Die zwischen 1666 und 1679 erbaute Festung ist das älteste Gebäude der Stadt und wird heute als Hauptsitz des Western Cape Military Command genutzt. Dennoch wurden einige Teile für die Öffentlichkeit zugänglich gemacht. In ihnen sind Museen untergebracht. Auch die gegenüberliegende **City Hall** (Rathaus) aus dem Jahr 1905 ist sehenswert.

Direkt an der Adderley Street laden die Groote Kerk aus dem Jahr 1841, die an der Wende vom 19. zum 20. Jh. erbaute **St. George's Cathedral** und vor allen Dingen die 1679 errichtete **Slave Lodge** zu einer Besichtigung ein.

Die parallel zur Adderley Street verlaufende **Long Street** ist die älteste Straße Kapstadts und eine einzige Touristenattraktion. In die sorgfältig restaurierten Häuser im viktorianischen Stil sind Trödel- und Secondhandläden, Antiquitätengeschäfte, Book Stores sowie viele Bars und Restaurants eingezogen. An der Long Street liegt auch der **Green Market Square** – der vielleicht schönste Platz in ganz Kapstadt. Er wird von einigen bemerkenswerten Gebäuden im Art-déco-Stil sowie dem prachtvollen **Old Town House** aus dem Jahr 1755 gesäumt. Tagsüber bieten hier Händler verschiedenes afrikanisches Kunsthandwerk an.

Auf der Höhe der St. George's Cathedral geht die Adderley Street in die Government Avenue über. Die etwa 1 km lange und von mächtigen Eichen gesäumte Prachtstraße führt durch »The Company Gardens« – den Ort, an dem die Geschichte Kapstadts begann. An der Stelle des heutigen Parks befand sich der Nutzgarten, den Jan van Riebeck anlegen ließ, um die am Kap Station machenden Handelsschiffe mit frischem Gemüse versorgen zu können. »The Gardens« wird von einigen repräsentativen Gebäuden wie dem **House of Parliament**, der **South African Library** und dem **De Tuynhuys**, das heute die Kapstädter Residenz des südafrikanischen Präsidenten ist, gesäumt.
Am Südende des Parks befinden sich die nicht weniger beeindruckende **Great Synagogue**, das **South African Museum** und die **South African National Gallery**.

**Kap der Guten Hoffnung** Die sagenumwobene Südwestspitze Afrikas liegt 60 km südlich von Kapstadt am Ende der gleichnamigen Landzunge und bietet sich als Ziel für Tagesausflüge an. Eine Fahrt entlang der Küste der Cape Peninsula führt in eine abwechslungsreiche Natur- und Kulturlandschaft.

Gleich hinter Kapstadt wartet der **Kirstenbosch National Botanical Garden** mit einer weltweit einmaligen Sammlung von mehr als 20 000 Pflanzenarten auf. Sie gehört zu den schönsten der Welt. Das 1685 errichtete und sorfältig restaurierte **Groot Constantia** gilt als

auch den frühen holländischen Kolonisten diente sie als Gefängnis. Seit 1996 ist die Insel eine nationale Gedenkstätte, seit dem Jahr 1999 UNESCO-Weltkulturerbe. Das Robben Island Museum (ganz rechts) bie-

tet Führungen an, die von ehemaligen politischen Häftlingen geleitet werden. Die Touren beginnen am Nelson Mandela Gateway an der V&A Waterfront und dauern einschließlich der Überfahrten etwa 3,5 Std.

besonders reizvolles Beispiel kapholländischer Architektur und ist zu einem international bekannten Werbeträger für südafrikanische Weine geworden. Der hier erzeugte Rebensaft zählt zu den besten des Landes.

Südlich von Simon's Town, einem kleinen, an der Ostküste der Cape Peninsula gelegenen Städtchen, das dank seiner historischen Altstadt zu einem Touristenmagnet geworden ist, liegt die **Boulders Bay**, an der Tausende von Brillenpinguinen zu Hause sind. Die Küstenstraße endet an einem Parkplatz, von dem aus man zu den Klippen von **Cape Point** hinaufsteigen und den Blick auf das weiter westlich liegende Kap der Guten Hoffnung genießen kann. An der Nordwestküste der Halbinsel bietet eine Fahrt auf dem **Chapman's Peak Drive** spektakuläre Aussichten auf den Atlantik.

**Die glitzernde Silhouette von Sea Point vor dem spitz aufragenden Lion's Head.**

**V&A Waterfront** Das zu Beginn der 1990er-Jahre restaurierte historische Hafenviertel ist nicht nur eine Touristenattraktion, sondern auch bei den Einheimischen ein beliebtes Ausflugsziel. Es bietet Alt und Jung alle nur erdenklichen Freizeitvergnügen an. In die sorgfältig restaurierten oder originalgetreu nachgebauten Lager- und Kontorhäuser sind Geschäfte, Kinos, Restaurants und Bars eingezogen. Verschiedene Veranstalter bieten Hafenrundfahrten und Helikopterflüge an. Gleich am Eingang zum Hafenviertel können Besucher im Two Oceans Aquarium die Unterwasserfauna in den Gewässern rund um das Kap studieren und – mit etwas Glück – eine Haifischfütterung beobachten. Am Nobel Square sind Statuen der vier südafrikanischen Friedensnobelpreisträger aufgestellt.

**Tafelberg** Das eine Gesamtfläche von 6500 ha umfassende und bis auf 1086 m ansteigende Felsplateau ist das unumstrittene Wahrzeichen der Metropole und fester Programmpunkt für jeden Kapstadt-Besucher.
Zwar lässt sich der Tafelberg auf verschiedenen Wanderwegen auch zu Fuß erklimmen, allerdings ist dies nicht ganz ungefährlich und außerdem recht zeitaufwendig. Eine Fahrt mit der Seilbahn hingegen dauert nur ca. 7 min und ist selbst schon ein Erlebnis: Um ihren Gästen einen umfassenden Rundblick zu gewähren, drehen sich die Kabinen während der Fahrt. In der Nähe der Bergstation befinden sich einige Restaurants und Bars. Das Plateau ist auf einem Rundwanderweg zu erkunden, und dabei kann man die grandiose Aussicht auf die Kap-Halbinsel, den offenen Ozean und die Metropole genießen. Die Talstation der Seilbahn ist von der City aus leicht mit einem Bus oder Taxi zu erreichen. Manchmal wird der Betrieb allerdings wetterbedingt eingestellt.

**Großes Bild oben: Der Tafelberg mit seiner typischen Wolkendecke, die von den Einheimischen »Das Tischtuch des Tafelbergs« genannt wird.**

## Kapstadt Waterfront

**Wahrzeichen der Stadt und der Kap-Halbinsel ist der Tafelberg, dessen Plateau unter dem »Tischtuch«, der dicken Wolkendecke, versinkt, wenn der Südostwind, der »Kapdoktor«, weht (unten).**

Majestätisch beherrscht der Tafelberg die abendlich illuminierte Victoria & Alfred Waterfront, und die Jachten und Fischerboote liegen hier malerisch vor Anker (links).

Am weißen Sandstrand von Ko Phi Phi lassen sich Touristen mit exotischen Thai-Spezialitäten verwöhnen, während die »MS Europa« draußen vor Anker liegt.

# Indischer Ozean und Südostasien

Südostasien präsentiert sich als Schmelztiegel von Völkern und Kulturen. Einwanderer aus Indien und China sowie islamische Eroberer und europäische Kolonisatoren haben das Leben in der Region geprägt. Singapur beeindruckt nicht nur durch eine glitzernde Skyline, sondern auch durch das Nebeneinander verschiedener Religionen. Chinesische, hinduistische und buddhistische Tempel stehen neben Kirchen und Moscheen. Auch in Kuala Lumpur und Bangkok halten chinesische und indische Händler die Traditionen ihrer Heimatländer wach. Der Vielvölkerstaat Indonesien ist ein islamisch geprägtes Land, und hier sind viele Kulturen zu Hause.

# Phuket, Langkawi, Penang

### Die Piraten der Malakka-Straße

Schon im 5. Jh. beklagte sich ein chinesischer Reisender über die Piraterie in der Straße von Malakka. Heute passieren rund 60 000 Handelsschiffe, beladen mit Rohstoffen und Konsumgütern, die 800 km lange und an ihrer engsten Stelle nur 3 km breite Meeresstraße, und noch immer ist sie ein Tummelplatz von Piraten. 2004 wurden hier offiziell 325 Angriffe mit 30 Toten registriert – die Dunkelziffer dürfte weitaus höher gelegen haben. Heute sind die Seeräuber professionell organisiert und ausgerüstet: Mit Schnell-

**Land:** Thailand
**Fläche:**
Phuket (Insel): 543 km²
**Einwohner:** 320 000
**Sprache:** Thai
**Währung:** Baht
**Hauptreisezeit:** Nov. bis Februar
**Zeitzone:** UTC + 7

**Land:** Malaysia
**Fläche:**
Langkawi: 320 km² (Insel)
Penang: 285 km² (Insel)
**Einwohner:**
Langkawi: 54 000
Penang: 750 000
**Sprache:** Malaiisch
**Währung:** Ringgit
**Hauptreisezeit:** Nov. bis Februar
**Zeitzone:** UTC + 8

**Die der Westküste der Malaiischen Halbinsel vorgelagerten Eilande Phuket und Langkawi sind als Ferienparadiese bekannt. Die tropische Sonne, das azurblaue Meer und von Palmen gesäumte, feinsandige Traumstrände ziehen ganzjährig Urlauber aus aller Welt an. Die touristische Infrastruktur umfasst nicht nur Hotelanlagen und ausgezeichnete Einkaufsmöglichkeiten, sondern auch Natur- und Freizeitparks. Die wie Langkawi zu Malaysia gehörende Insel Penang lockt weniger mit Traumstränden als mit einem Weltkulturerbe: Das historische Zentrum der Hauptstadt Georgetown steht seit 2008 unter dem Schutz der UNESCO.**

⚓ **Phuket** Nachdem die Schäden, die der Tsunami 2004 anrichtete, beseitigt werden konnten, gilt die der Westküste Thailands vorgelagerte Insel wieder als Urlaubsparadies par excellence. Die legendären weißen **Sandstrände** und malerischen Badebuchten ziehen alljährlich Millionen Besucher an. Vor allem an der Westküste bieten zahlreiche Ferienanlagen ihren Gästen allen erdenklichen Komfort und unendlich viele Freizeitvergnügungen an. Das einstige Fischerdorf **Patong** ist wegen seines 3, 5 km langen stark frequentierten Traumstrandes weltbekannt und ein Mekka für Nachtschwärmer geworden. Nur wenig ruhiger geht es in **Kata** und **Karon** zu. Wer seinen Tag an Land abseits der Touristenmassen verbringen möchte, kann einen der touristisch weniger erschlossenen Strände wie **Mai Khao** oder **Surin** ansteuern.

Phuket hat noch anderes zu bieten als Sonne, Strand und azurblaues Meer. Im Norden der Insel wurde mit dem **Khao Phra Thaew Wildlife & Forest Reserve** ein 23 km² großes Regenwaldgebiet unter Naturschutz gestellt. Der dichte Dschungel kann auf ausgewiesenen Wanderwegen erkundet werden. Am Haupteingang bieten sachkundige Führer Exkursionen an. Auch die an der Nordostküste gelegene Inselhauptstadt **Phuket City** lohnt eine Besichtigung. Sie wurde oft als schönste Stadt Thailands gepriesen und glänzt mit einigen Beispielen chinesisch-portugiesischer Architektur. Von der Kreuzfahrtpier in Phuket City aus kann man Punkte der Insel mit einem Taxi erreichen.

⚓ **Langkawi** Die größte Insel des gleichnamigen Archipels liegt im Norden der Straße von Malakka an der Grenze zu Thailand. Dank malerischer Buchten, traumhafter Badestrände und eines vielerorts dicht bewaldeten Inselinnern, aber auch dank staatlicher Förderung hat sie sich zu einem international gefragten Urlaubsziel in Malaysia entwickelt. Auch Kreuzfahrtschiffe steuern Langkawi immer häufiger an. Die meisten Sehenswürdigkeiten der nur 329 km² großen Insel können von der Anlegestelle für Cruiseliner in der Nähe der Inselhauptstadt Kuah bequem auf einem Tagesausflug erreicht werden.

Einige der schönsten Badestrände liegen 20 km von Kuah entfernt an der Südwestspitze der Insel. Obwohl auch hier viele Ferienanlagen entstanden sind, werden der **Pantai Cen-**

booten, Raketenwerfern, Panzerfäusten, aber auch den »Parang« genannten Macheten entern sie meist kleinere und mittelgroße Frachter, rauben Wertgegenstände, kidnappen die Besatzung – um sie später gegen Lösegeld wieder freizulassen – und verhökern die Ladung. Bisweilen wird auch das Schiff neu lackiert und über Mittelsmänner weiterverkauft. Die Lanun – wie die meist von den Inseln der Nordküste Sumatras stammenden Piraten auf Malaiisch genannt werden – operieren auf eigene Rechnung oder im Dienste chinesischer Verbrechersyndikate. Die unzugänglichen Küsten der indonesischen Inseln bieten ihnen nach getaner Arbeit Unterschlupf. Aufgrund von verstärkter Kooperation zwischen den Anrainerstaaten Thailand, Singapur, Malaysia und Indonesien ist die Piraterie in den letzten Jahren zurückgegangen.

**Boote am Kata Noi Beach auf der Insel Phuket, Thailand.**

**dang** und der **Pantai Tengah** immer noch wegen ihrer Weitläufigkeit und Ruhe gepriesen.

Ganz in der Nähe der Traumstrände wurde mit **Underwater World Langkawi** ein Tunnelaquarium mit einer artenreichen Unterwasserflora und -fauna angelegt. Wer sich für die Mythen der Inselbewohner interessiert, sollte einen Besuch am **Grab der Mahsuri** auf halbem Weg zwischen Kuah und den Stränden im Südwesten nicht versäumen. Die inmitten eines kleinen Gartens gelegene Gedenkstätte erinnert an eine muslimische Prinzessin, die – fälschlicherweise des Ehebruchs beschuldigt und zum Tode verurteilt – bei ihrer Hinrichtung Langkawi mit einem Fluch belegt und für lange Zeit mit Plagen überzogen haben soll. Heute – so scheint es – ist der Bann gebrochen. Die Inselbewohner profitieren von einer blühenden Tourismus-Industrie.

Fast ein Muss für jeden Urlauber ist eine Fahrt mit der Seilbahn auf den 708 m hohen **Machinchang** im Südwesten Langkawis. Von den beiden Besucher-Plattformen auf dem Gipfel des Bergs kann man die Aussicht über Insel und Meer genießen. Die hier 2004 errichtete Sky Bridge ist wohl nur etwas für Menschen ohne Höhenangst. Die 125 m lange Brücke führt über eine tiefe, dicht bewaldete Schlucht, gewährt aber auch einen fantastischen Rundblick auf die Andamanensee und die Inseln des Archipels.

**Penang** Obwohl die an der Straße von Malakka gelegene und zu Malaysia gehörende Insel nicht über allzu viele landschaftliche Reize verfügt, kommen alljährlich Abertausende von Urlaubern hierher. Die meisten haben eine Besichtigung der Hauptstadt **Georgetown** im Programm.
Das historische Zentrum der Inselmetropole gilt als architektonisches Kleinod und als Juwel unter Südostasiens Städten. Wohl nirgendwo sonst in der Region ist die historische Bebauung so gut erhalten wie hier. Georgetown oder Pendang City – wie die Malaien ihre Stadt nennen – wurde 1786 als Stützpunkt der East India Company gegründet und zog schon bald Menschen aus aller Herren Länder an. Arabische und indische Händler, chinesische Einwanderer und europäische Kolonisten gaben sich hier ein Stelldichein ein. Juden, Christen und Muslime, Hindus und Buddhisten haben ihre Gotteshäuser gebaut. Damals wie heute prägt eine einzigartige kulturelle Vielfalt das Bild der Stadt.
Seit 2008 steht die historische Altstadt von Georgetown deshalb zusammen mit der von Malakka auf der UNESCO-Weltkulturerbeliste. Sie beginnt gleich hinter dem Hafen und ist von der **Swettenham Pier**, der Anlegestelle für Kreuzfahrtschiffe, leicht zu erreichen. Der Penang Heritage Trust schlägt verschiedene Rundgänge für die Stadterkundung vor.

**Bilder oben, von links: Dschunken in der malerischen Phang-Nga-Bucht vor Phuket; Ke-Lok-si-Tempel in Penang, Malaysia; marmorne Buddhafigur in der Sime-Halle des burmesischen Tempels Dhammikarama in Penang, Malaysia.**

Die in der Phang-Nga-Bucht dicht beieinander liegenden Kalksteininseln dienten als Filmkulisse in »Der Mann mit dem goldenen Colt« mit James Bond – sie gehören zum Nationalpark Ao Phang Nga (unten).

Die markante Felsnadel Khao Ta-Pu steht mitten im Naturschutzgebiet des Inselarchipels und gilt als echte Touristenattraktion; sie wird auch James-Bond-Felsen genannt.

# Kuala Lumpur

## Petronas Twin Towers

Die 452 m hohen Zwillingstürme (ganz links), einst die höchsten Gebäude der Welt, sind das unbestrittene Wahrzeichen des neuen Kuala Lumpur und ein

**Land:** Malaysia
**Einwohner:** 1,6 Mio.
**Sprache:** Malaiisch
**Währung:** Ringgit
**Hauptreisezeit:** Nov. bis Februar
**Zeitzone:** UTC + 8

**Obwohl Kuala Lumpur mit »nur« ca. 1,6 Mio. Einwohnern sicherlich nicht zu den Riesenstädten Ost- bzw. Südostasiens zählt, findet sich hier all das, was die Metropolen der Region so faszinierend macht. Tradition und Moderne prallen unmittelbar aufeinander. Altes und Neues stehen dicht an dicht nebeneinander. Im östlichen Stadtzentrum ragen als Wahrzeichen des neuen Kuala Lumpur die Wolkenkratzer des Banken- und Geschäftsviertels in den Himmel empor. Im historischen Zentrum erinnern die kolonialzeitlichen Prunkbauten rund um den Merdeka Square ebenso wie die liebevoll restaurierten Shophouses von Chinatown an die wechselvolle Geschichte der Stadt.**

**Kuala Lumpur wurde erst Mitte des 19. Jh.s von chinesischen Zinnsuchern gegründet und entwickelte sich rasch zu einer boomenden Stadt. Gegen Ende des Jahrhunderts gelangte es als Hauptstadt der Föderation Malaya unter britische Kontrolle und wurde ein bedeutender Stützpunkt des British Empire. In den noch erhaltenen Bauwerken aus dieser Epoche gehen mogulzeitliche und viktorianische Architektur eine kühne Verbindung ein. Der Hafen von Kuala Lumpur, Port Klang, liegt etwa 45 km südwestlich der Stadt. Ein Tagesausflug will deshalb gut geplant sein.**

**Historisches Zentrum** Das Herz des alten Kuala Lumpur schlägt rund um den **Merdeka Square** am Zusammenfluss von Gombak und Klang. Hier prägen prunkvolle Repräsentativbauten aus der Zeit, als Kuala Lumpur die Hauptstadt der von den Briten geschaffenen und kontrollierten Föderation Malaya war, das Bild. Die Architekten, die nach einem großen Brand 1881 vom britischen Gouverneur mit dem Wiederaufbau des Kolonialdistriktes beauftragt wurden, waren vorher in Indien tätig gewesen und offensichtlich von der Architektur der Großmoguln geprägt. Der lang gestreckte Prachtbau des 1897 fertiggestellten **Bangunan Abdul Samad** im Osten des Merdeka Square etwa beeindruckt mit luftigen Arkaden, kunstvoll verzierten Bogenfenstern und Zwiebeltürmen. Sein Uhrturm erinnert ein wenig an Big Ben und wird doch von einer Zwiebelhaube im Mogulstil gekrönt. Auch die nördlich des Merdeka Square gelegene **City Hall** aus dem Jahr 1896 zitiert mogulzeitliche Architektur und mischt sie mit viktorianischen Stilelementen.

Direkt am Zusammenfluss von Gombak und Klang ragen Kuppeln und Minarett der **Masjid Jamek** in den Himmel empor. Die älteste Moschee der Stadt wurde 1909 eingeweiht und ist den muslimischen Gotteshäusern Nordindiens nachempfunden. An dem Gebäude des Royal Selangor Club am westlichen Rand des Merdeka Square hingegen springen sofort die Fachwerkfassade und die roten Ziegel der Giebeldächer ins Auge – ein Stück Europa inmitten der asiatischen Metropole, und zusammen mit dem Kricketplatz ein Stück Heimat für die Expats. Südlich des historischen Zentrums befinden sich einige interessante Museen wie das **Nationalmuseum** mit seiner beeindruckenden ethnologischen Sammlung, das **Islamic Arts Museum** oder das **Natural History Museum**, das über die Geschichte Malaysias von den Anfängen bis zur Gegenwart informiert.

**Chinatown** Das Viertel der chinesischen Einwanderer, die im 19. Jh. als Minenarbeiter ins Land kamen, beginnt südöstlich des Merdeka Square auf der anderen Seite des Klang. Lange Zeit schien es fast so, als müsse die bis dahin historisch gewachsene Bebauung dieses Quartiers supermodernen Shoppingmalls weichen. Mittlerweile aber haben sich Kuala Lumpurs Stadtplaner eines Besseren besonnen und den Wert von Chinatown als

Symbol des modernen Asien. Der Entwurf des argentinischen Architekten César Pelli gilt als gelungen und wird in aller Welt bestaunt. Er ist moderner Architektur verpflichtet und greift doch auf traditionelle islamische Baustile zurück. Die schlanken, sich nach oben verjüngenden Türme sind einem Minarett nachempfunden, ihre fünf Abschnitte versinnbildlichen die fünf Säulen des Islam. Die Türme wurden 1992 von dem staatlichen Mineralölkonzern Petronas in Auftrag gegeben und beherbergen den Hauptsitz des Unternehmens. 1998 wurden sie fertiggestellt. Im Sockelbau sind eine Konzerthalle, exklusive Läden und das Petronas Science Center untergebracht. In 172 m Höhe sind die beiden Türme durch eine Skybridge (links) miteinander verbunden. Sie ist für die Öffentlichkeit zugänglich gemacht worden.

Neujahrsdeko mit Lampions und Blütenzweigen in Chinatown.

In der Petaling Street ist das Essen im Freien ein Vergnügen.

Touristenattraktion entdeckt. Viele der typischen chinesischen Shophouses wurden restauriert. An der Hauptgeschäftsstraße Jalan Petaling stehen Marktstände und Garküchen wieder dicht an dicht, nach Sonnenuntergang lockt hier ein Nachtmarkt Einkaufsbummler und Schnäppchenjäger an.
Auch der 1936 im Art-déco-Stil erbaute **Central Market** im Norden von Chinatown wurde vollständig restauriert und zählt heute zu den touristischen Highlights der Stadt. Wer sich für chinesische Tempelbaukunst interessiert, sollte einen Besuch des **See-Yeoh-Tempels** ganz in der Nähe des Central Market nicht versäumen. Das taoistische Heiligtum beeindruckt durch besonders filigrane Holzschnitzereien im Innern des Gebäudes. Mitten in Chinatown liegt auch der wichtigste hinduistische Tempel Kuala Lumpurs, der **Sri Mariamman**.

**Little India** Das nördlich des Zusammenflusses von Gombak und Klang gelegene Quartier wartet mit zahlreichen Straßenmärkten, traditionellen Restaurants und Garküchen auf. An den Verkaufsständen und in den kleinen Läden werden farbenfrohe Saris, Sarongs und kostbare Stoffe angeboten. Die Luft ist vom Duft exotischer Gerichte erfüllt. Vielerorts spielen Straßenmusikanten auf.

Die Hauptgeschäftsstraße **Jalan Tuanku Abdul Rahman** glänzt mit einigen restaurierten Art-déco-Häusern aus den 1920er-Jahren, in die Edelboutiquen eingezogen sind. Hier befindet sich auch das legendäre **Coliseum** – ein kolonialzeitliches Hotel mit Bar und Restaurant, in dem es sich wie zur Zeit der Briten schlemmen lässt.

**Modernes Zentrum** Das neue Kuala Lumpur entsteht im Osten des Klang. Mehr als andere Bauwerke prägen die hier aus dem Boden schießenden Wolkenkratzer das Bild der malaiischen Hauptstadt. Sie gelten als Stein gewordener Ausdruck der Leistungsfähigkeit des Landes und sind Symbol einer entfesselten wirtschaftlichen Dynamik. Berühmt sind die 452 m hohen **Petronas Twin Towers** – die bei ihrer Fertigstellung im Jahr 1998 höchsten Gebäude der Welt. Nicht minder bedeutend ist der **Menara Kuala Lumpur**, mit 422 m der zweithöchste Fernsehturm Asiens. Im »Goldenen Dreieck«, wie das moderne Zentrum Kuala Lumpurs heißt, gibt es fantastische Einkaufsmöglichkeiten. Rund um die Jalan Bukit Bintang wurden moderne Shoppingmalls eingerichtet. Unzählige Restaurants und Garküchen in der benachbarten Jalan Alor bieten alle nur erdenklichen Köstlichkeiten an.

**Lake Gardens** Dieser weitläufige, mehr als 90 ha große Park im Süden von Downtown KL präsentiert sich als grüne Oase inmitten der hektischen Metropole. Er wurde 1890 von den britischen Kolonialherren rund um einen künstlichen See angelegt und verfügt über einige zusätzliche Attraktionen wie den Bird und den Butterfly Park, den Orchideen- und Hibiskuspark.

**Großes Bild: Im Prachtbau Bangunan Sultan Abdul Samad mit dem 41 m hohen Uhrturm am Merdeka Square tagt heute das Oberste Gericht.**

Die hoch in den Himmel aufragenden Zwillingstürme versinnbildlichen durch ihre Vertikalstruktur die fünf Säulen des Islam. Sie sind Teil eines städtebaulichen Ensembles mit weitläufigem Park (unten).

Die Petronas Twin Towers und der Fernsehturm erstrahlen in der nächtlichen Skyline der futuristisch anmutenden Millionenmetroprole in einem sphärischen Licht (links).

# Singapur

## Raffles Hotel

Wer sich einen Hauch von Luxus gönnen möchte, sollte einen Besuch im legendären Raffles nicht versäumen (rechts). Die heute zu der Hotelkette Raffles

**Land:** Singapur
**Einwohner:** 5,2 Mio.
**Sprache:** Tamil, Malaiisch, Chinesisch, Englisch
**Währung:** Singapur-Dollar
**Hauptreisezeit:** Nov. bis Februar
**Zeitzone:** UTC + 8

**Der auf einem winzigen Eiland an der Südspitze der Malaiischen Halbinsel gelegene Stadtstaat wird von vielen Cruiselines als Ausgangs- und Zielhafen für Kreuzfahrten in den ostasiatischen und südostasiatischen Raum genutzt. Das hochmoderne Cruise Centre ist nur 20 min vom Changi Airport, einem wichtigen Drehkreuz im internationalen Luftverkehr, entfernt. Es verwöhnt seine Gäste mit allerlei Annehmlichkeiten. Singapur hat sich seit seiner Unabhängigkeit im Jahre 1965 zu einem pulsierenden Finanz- und Handelszentrum entwickelt.**
**Die ehemalige britische Kronkolonie gehört zu den reichsten Staaten der Welt. Das Pro-Kopf-Einkommen ist überdurchschnittlich hoch. Singapore City gilt als sauberste und sicherste Stadt des Planeten. Schmutz und Kriminalität gibt es hier praktisch nicht. Eine strenge Gesetzgebung, die auch für nach westlichen Maßstäben geringe Vergehen drakonische Strafen vorsieht, scheint hier Früchte zu tragen.**
**Singapur hat aber mehr zu bieten als Ordnung, Sauberkeit und den Glanz einer prosperierenden Wirtschaftsmetropole. Es ist ein Schmelztiegel der Kulturen. Inder, Chinesen, Malaien, Araber und Europäer haben der Stadt ihren Stempel aufgedrückt.**

**Chinatown** Das traditionelle Wohnviertel der chinesischen Einwanderer liegt südlich des Singapore River im Schatten der Wolkenkratzer des Central Business District. Lange Zeit dem Verfall preisgegeben, ist es heute eine Touristenattraktion. Trotz der Bausünden der Vergangenheit konnte zumindest ein Teil der historischen Bausubstanz erhalten und restauriert werden. Viele der für Chinatown wie für Singapur typischen Shophouses – im »chinesischen Barock« errichtete zweistöckige Gebäude mit einem Ladengeschäft im Erdsowie Wohnräumen im Untergeschoss – erstrahlen heute in neuem Glanz.
In die meisten ist die Moderne mit schicken Boutiquen, Galerien, Restaurants, Bars und Cafés eingezogen. Nur noch in einigen Nebenstraßen Chinatowns bieten heute wie vor 100 Jahren traditionelle chinesische Händler ihre Waren an.
In Chinatown gibt es einige sehenswerte Gotteshäuser, die die ganze kulturelle Vielfalt Singapurs spiegeln. Der chinesische **Thian Hock Keng Temple** aus dem Jahr 1839 ist der daoistischen Himmelsgöttin Mazu geweiht.
Die **Jamae-Moschee** an der South Bridge Road ist eines der ältesten islamischen Heiligtümer der Stadt. Das größte hinduistische Gotteshaus Singapurs, der reich mit farbenfrohen Skulpturen dekorierte **Sri Mariamman Temple**, befindet sich in ihrer unmittelbaren Nachbarschaft. Ebenfalls an der South Bridge Road wurden 2002 **The Buddha Tooth Relic Temple and Museum** gegründet, die in einem imposanten Pagodenbau untergebracht und den Lehren Buddhas gewidmet sind.

**Orchard Road** Diese Straße wird oft mit der Fifth Avenue, den Champs-Élysées oder der Regent Street verglichen. Nirgendwo sonst wird Singapur seinem Rufs als Einkaufsparadies so gerecht. Glitzernde Shopping-Malls stehen hier dicht an dicht. Das Warenangebot ist überwältigend und reicht von kostbarem Schmuck über modernste Elektronik bis hin zu edlen Antiquitäten und Designer-Kleidung. Für einen Stadtbummel sollte man sich unbedingt Zeit nehmen. Auch in den Vierteln beiderseits der Orchard Road gibt es einiges zu entdecken. Das 1900 errichtete **Goodwood Park Hotel** beispielsweise beherbergte in seinen Anfängen den Teutonia Club und war Treffpunkt deutscher Expats. Heute ist in dem pittoresken Gebäude ein Luxushotel untergebracht. Auch die zu Beginn des 20. Jh.s errichteten **Shophouses** von Emerald Hill sind sehenswert. In viele dieser traditionellen, von wohlhabenden Kaufleuten errichteten Geschäftshäuser sind Afterworkkneipen, Bars und Restaurants eingezogen.

**Blick über die »Theatres on the Bay« auf die nächtliche Skyline.**

**Die Kampong-Glam-Moschee prägt das Arabische Viertel.**

Berühmt ist der **Botanische Garten** westlich der Orchard Road. Einer seiner frühen Direktoren, Henry Nicholas Ridley, pflanzte hier das erste Mal in ganz Südostasien erfolgreich Kautschuk an und löste damit einen lang anhaltenden Boom aus. Heute glänzt die Anlage mit einem beeindruckenden Or-

International gehörende »Grand Old Lady of the East« zählt zu den besten und teuersten Hotels der Welt. Auch wenn eine Übernachtung für die meisten wohl unerschwinglich ist, finden sich hier tagtäglich Touristen aus aller Welt zu einem Drink oder zum Shoppen ein (links). Wie kein zweites Gebäude der Stadt verkörpert der Prachtbau die untergegangene Kolonialzeit. 1887 von den armenischen Brüdern Sarkies errichtet, entwickelte sich das Raffles schon bald zum ersten Haus am Platz. Im »Savoy von Singapur« logierten VIPs wie Charlie Chaplin oder Ava Gardner. Während des Zweiten Weltkriegs wurde das Raffles in ein Militärlager umgewandelt. Nach 1945 wieder ein Hotel, verblasste das viktorianische Juwel zusehends. Seit 1987 klassifiziertes Nationaldenkmal, wurde der historische Prachtbau renoviert und erstrahlt heute in seinem alten Glanz.

chideengarten und einem kleinen Regenwald.

Der **Istana Park** im Nordosten der Orchard Road beherbergt den Amtssitz des Präsidenten der Republik. Das 1869 als Gouverneursresidenz errichtete Gebäude ist bis auf einige hohe Feiertage für die Öffentlichkeit leider nicht zugänglich.

**Little India** Das Quartier nördlich des Stadtzentrums gilt als das traditionsreichste, bunteste und quirligste Singapurs. Hier taucht man in den Orient ein. In den Straßen und Sträßchen beiderseits der Serangoon Road, der Hauptstraße des Viertels, geht es stets geschäftig zu. Auf Schritt und Tritt locken Garküchen und Restaurants. Zahlreiche kleine Geschäfte und Straßenhändler bieten Waren aller Art an. Am südwestlichen Ende der Serangoon Road befindet sich – in unmittelbarer Nachbarschaft der U-Bahn-Station »Little India« – der **Tekka Market** – ein Shoppingcenter, in dem zahlreiche traditionelle Geschäfte, Lebensmittelläden und Marktstände untergebracht sind. Auch in der gegenüberliegenden **Tekka Mall** und in den **Little India Arcades** bieten Händler indische Spezialitäten und indisches Kunsthandwerk an. Nicht nur das rege Treiben in »Little India«, sondern auch einige hinduistische Tempelbauten bezeugen die Präsenz der indischen Einwanderer. Besonders sehenswert sind der **Sri Veeramakaliamman Temple** und der **Sri Srinavasa Perumal Temple** an der Serangoon Road.

**Kampong Glam** Das Viertel rund um die Arab Street ist das traditionelle Wohnquartier der muslimischen Einwohner. Wie jeder anderen ethnischen bzw. religiösen Gruppe, so wiesen der Gründer Singapurs Thomas Stamford Raffles und sein Architekt George D. Coleman auch den Einwanderern aus der islamischen Welt ein bestimmtes Areal zur Besiedlung zu. Straßennamen wie »Kandahar« oder »Muscat« Street erinnern sichtbares Wahrzeichen des Viertels ist die **Masjid Sultan**, die zwar nicht das größte, wohl aber das schönste islamische Gotteshaus Singapurs ist. Die Moschee wurde in den

**»Buddha Tooth Relic«, der mutmaßliche Zahn Buddhas.**

**Ochsengespann mit Festtagsschmuck in »Little India«.**

daran. Der Name des Viertels selbst kommt aus dem Malaiischen. »Kampong« bedeutet Dorf, und der Ausdruck »Glam« spielt vermutlich auf die in der Region gedeihenden Gelam-Bäume an.
Auch Kampong Glam ist ein Paradies für Einkaufsbummler. Die vielen liebevoll restaurierten traditionellen Ladengeschäfte bieten vor allen Dingen erlesene Stoffe, Kleidung, kostbare Teppiche und Rattanwaren an. Hauptattraktion und weithin

1920er-Jahren an der Stelle eines Vorgängerbaus aus dem Jahr 1825 im indoislamischen Stil errichtet und bietet 6000 Gläubigen Platz.

Nicht minder sehenswert sind die **Malabar-Moschee** sowie die ehemalige Residenz des Sultans Istana Kampong Glam. Der Palast wurde 1830 für den Sohn des von den Briten eingesetzten Sultans Ali Iskandar Shah errichtet; heute beherbergt er das Malay Heritage Centre.

**Colonial District** Bei einem Bummel durch den auch »Heritage District« genannten Bezirk nördlich der Singapore-River Mündung begegnet einem die koloniale Vergangenheit der Stadt auf Schritt und Tritt. Von den Briten errichtete prunkvolle Regierungsbauten stehen hier dicht an dicht. Das unmittelbar am Flussufer gelegene imponierende **Empress Place Building** etwa war einst ein Gebäude der Kolonialverwaltung und beherbergt heute das **Asian Civilisations Museum**.

Am Empress Place steht auch die geschichtsträchtige **Victoria Memorial Hall** mit dem weithin sichtbaren Uhrturm und einer Bronzestatue Sir Thomas Stamford Raffles' am Eingang. Während der japanischen Besatzung zeigte die Uhr Tokioter Zeit an. Nicht weit entfernt davon befindet sich das **Old Parliament House**, in dem bis 1999 das singapurische Parlament tagte und das heute mit Kunstausstellungen glänzt. Auch der neoklassizistische Prunkbau des **Old Supreme Court** gleich gegenüber ist sehenswert. Der daneben errichtete **New Supreme Court** wurde von Sir Norman Foster erbaut – ein Meisterwerk der modernen Architektur.

Herzstück des Colonial Districts ist der **Padang**, eine große Grünfläche, die Raffles als Sport- und Freizeitstätte anlegen ließ und die noch heute für Sportveranstaltungen genutzt wird. An seinem Südende wird der Padang von dem pittoresken Gebäude des **Singapore Cricket Club**, im Norden von dem restaurierten Prachtbau des Singapore Recreation Club eingerahmt. Ein unbedingtes Muss für jeden Singapur-Besucher ist das berühmte **Raffles Hotel** an der Beach Road, das sein koloniales Ambiente sorgfältig konserviert und pflegt.

Singapurs Marina Bay im Lichterglanz der Formel-I-Nachtrallye (großes Bild oben) und ein Blick von der Helix Bridge aus auf das Marina Bay Sands Resort mit faszinierend futuristischem Charakter (unten).

Ein architektonisches Unikum sind die »Theatres on the Bay« an der Esplanade entlang der Marina Bay. Die filigrane Aluminium-Glas-Konstruktion – »The Durian« – gleicht einer Durian-Frucht (links).

# Bangkok

## Bangkoks Kanäle

Bangkok wurde einst »Venedig des Ostens« genannt. Zahllose Flüsse und Kanäle durchzogen die Stadt. Das Leben ihrer Bewohner spielte sich zu einem Gutteil auf dem Wasser ab. Als König Chulalongkorn der Große (Rama V.) in der zweiten Hälfte des 19. Jh.s den Anstoß zur Modernisierung des Landes gab, begann man die Klongs genannten Kanäle im östlichen Teil der Stadt zuzuschütten und durch Asphaltstraßen zu ersetzen. In Thonburi, der ersten, am Westufer des Chao Phraya gelegenen Hauptstadt des 1768 gegründeten neuen Siamesischen Reiches, blieben sie jedoch weitge-

**Land:** Thailand
**Einwohner:** 7 Mio.
**Sprache:** Thai
**Währung:** Baht
**Hauptreisezeit:** Nov. bis Februar
**Zeitzone:** UTC + 7

**Die thailändische Hauptstadt ist Start- bzw. Endpunkt vieler Ost- und Südostasienkreuzfahrten. Hier nutzen zahlreiche Passagiere die Gelegenheit zu einem längeren Aufenthalt in der mehr als 7 Mio. Einwohner zählenden, bei Tag und bei Nacht vibrierenden Metropole. Lange Zeit galt diese als Sündenpfuhl. Das Amüsier- und Rotlichtviertel Patpong ist weltbekannt.**
**Heute macht sie auch als Wirtschafts- und Handelszentrum, das mit einer modernen Skyline glänzt, von sich reden. Obwohl Krung Thep, die »Stadt der Engel«, erst 1768 gegründet wurde, ist sie reich an historischen Sehenswürdigkeiten. Im alten Bangkok, das sich beiderseits des die Stadt von Norden nach Süden durchfließenden Chao Phraya erstreckt, gibt es zahlreiche Tempel, Paläste und Museen. Auch Chinatown und die Kanäle von Thonburi im Osten des Chao Phraya sind sehenswert. Ein Tagesausflug will gut geplant sein. Eine Fahrt von Bangkoks Hafen Laem Chabang in die Stadt nimmt ca. zwei Stunden in Anspruch.**

**Königspalast** und **Wat Phra Kaeo** Obwohl die königliche Familie 1946 in den Chitlada-Palast umzog, präsentieren diese beiden Meisterwerke fernöstlicher Architektur wie keine andere Sehenswürdigkeit Bangkoks das thailändische Königtum. Palast und Tempel liegen innerhalb eines von hohen weißen Mauern umschlossenen Areals in dem alten königlichen Bezirk der Stadt. Sie wurden ab 1782 unter König Rama I., der die Hauptstadt Siams an das Ostufer des Flusses Chao Phraya verlegte und der die bis heute herrschende Chakri-Dynastie begründete, errichtet. Der Wat Phra Kaeo ist der bedeutendste Tempel Thailands und gilt als einer der schönsten buddhistischen Sakralbauten. Fast scheint er nur aus in der Sonne glänzenden Stupas, reich dekorierten Schreinen, Pagoden und Statuen von Dämonen zu bestehen. In dem Tempel wird der berühmte **Smaragd-Buddha** – das Nationalheiligtum Thailands – aufbewahrt. Die nur 60 cm große, aus Jade gefertigte und in kostbare Gewänder gehüllte Statue gilt als Beschützer des Staates und des Königshauses. Der Monarch höchstpersönlich legt ihm dreimal im Jahr eine neue Robe an. Nicht weniger sehenswert als der Wat Phra Kaeo sind die Repräsentationsbauten des Königspalastes. Zum Komplex gehören vier große Prunkgebäude sowie einige kleinere Hallen, Pavillons und Gärten. Der 1882 von dem Architekten John Clunich errichtete **Chakri Maha Prasat** präsentiert sich dabei als gelungener Mix aus westli-

Der Wat Arun, »Tempel der Morgenröte«, mit den fünf Türmen.

Goldzauber im Wat Pho, dem »Tempel des Liegenden Buddha«.

hend erhalten. Hier sind Boote immer noch ein wichtiges Transportmittel (ganz links). Ein Ausflug führt vielerorts in eine geradezu ländliche Idylle an traditionellen Holzhäusern, Tempeln und schwimmenden Märkten wie dem Damnoen Saduak vorbei (links). In Thonburi befindet sich auch – direkt am Noi Canal – das Königliche Barkenmuseum mit einer faszinierenden Sammlung reich verzierter Prozessionsbarken.

chen und thailändischen Baustilen. Für eine Besichtigung von Tempel und Königspalast sollte man sich etwas Zeit nehmen. Leider sind sie nur bis 15 Uhr der Öffentlichkeit zugänglich.

Auch außerhalb des ummauerten Bezirks von Königspalast und Wat Phra Kaeo befinden sich bedeutende buddhistische Heiligtümer wie der **Wat Pho** mit seinen monumentalen, 46 m langen und 16 m hohen Statue eines liegenden Buddha oder der **Wat Mahathat** – Sitz einer der beiden buddhistischen Universitäten Bangkoks. Auf der anderen Seite des Flusses ragen die ganz mit Kacheln aus chinesischem Porzellan verkleideten Türme des **Wat Arun** in den Himmel empor. Der Tempel wurde 1768 unter König Taksin, dem Begründer des neuen Siamesichen Reiches, erbaut und beherbergte bis zum Bau der **Wat Phra Kaeo** den Smaragd-Buddha.

**Indisches Viertel** und **Chinatown** Wie überall in Südostasien pflegen auch in Bangkok die Nachfahren chinesischer und indischer Einwanderer die Traditionen ihrer Heimatländer. Sie gelten als clevere Händler und Geschäftsleute.

In **Phahurat**, dem südöstlich des königlichen Bezirks gelegenen Viertel der Inder, bieten zahlreiche Läden erlesene Stoffe und farbenfrohe indische Kleidung an. Bangkoks Chinatown liegt östlich von Phahurat und zählt zu den lebhaftesten Vierteln der Stadt. Auch hier prägen zahlreiche Geschäfte, traditionelle chinesische Marktstände und Garküchen das Bild. Das Quartier ist für seine vielen Juwelierläden und Schmuckhändler bekannt.

Wer sich für den Einfluss des Westens auf die Entwicklung der thailändischen Architektur interessiert, sollte eine Besichtigung des **Hauptbahnhofs** am Südende von Chinatown nicht versäumen. Der Bau wurde von niederländischen Architekten zu Beginn des 20. Jh.s errichtet und gilt als frühes Beispiel des thailändischen Art-déco-Stils.

**Nationalmuseum** Das größte Museum Südostasiens liegt in Flussnähe nördlich des Wat Mahathat und ist in einem prächtigen Palast im thailändischen Stil untergebracht. Es informiert mit einer riesigen Sammlung von Gebrauchs- sowie Kunstgegenständen, archäologischen Funden, Musikinstrumenten und Textilien über die vieltausendjährige Geschichte Thailands. In einem Nebengebäude ist eine Sammlung südostasiatischer Buddhas untergebracht. Sehenswert ist auch die Buddhaisawan-Kapelle mit einem bedeutenden Bild des Erleuchteten.

**Banglamphu** In den 1980er-Jahren war dieses Viertel nördlich des königlichen Bezirks ein Geheimtipp bei Backpackern, heute zieht es auch gut betuchte Touristen aus aller Welt an. An der Hauptgeschäftsstraße **Khao San** stehen Straßencafés, Souvenirläden, Restaurants und Hotels dicht an dicht. Abends verwandelt sich die Flaniermeile in ein Lichtermeer aus grellbunten Neonreklamen. In den vielen kleinen Läden Banglamphus stöbern nicht nur Touristen, sondern auch Bangkoker herum.

**Dusit** In diesem Viertel nordöstlich des königlichen Bezirks befindet sich der **Chitlada-Palast** – die Residenz des thailändischen Königs. Der **Dusit-Park** gilt als hervorragendes Beispiel thailändischer Gartenbaukunst und wird von stressgeplagten Großstädtern wie Touristen gerne als Rückzugsgebiet genutzt. Hier werden häufig traditionelle thailändische Tänze aufgeführt. Sehenswert sind auch das **königliche Elefantenmuseum** und die **Abhisek Dusit-Thronhalle**.

**Siam Square** Hier schlägt das pulsierende Herz des modernen Bangkok, das sich östlich des alten Stadtkerns ausbreitet. Glitzernde Shoppingmalls und riesige Bürohaustürme prägen in diesem Einkaufs- und Ausgehviertel das Stadtbild. Das Angebot an Waren rund um den Platz ist überwältigend. Der Siam Square ist nicht nur bei Touristen beliebt, sondern zieht dank der nahe gelegenen Universität auch viele junge Bangkoker an.

**Große Bilder, von links: Auch nachts sind Sampans und Barken auf dem Menam Chao Phraya unterwegs, und Chinatown erstrahlt im Neonlicht.**

1767, nach der Zerstörung der alten Hauptstadt Ayutthaya durch die Birmanen, zogen sich die Siamesen nach Thonburi zurück (damals eine Kleinstadt, heute ein Stadtteil von Bangkok). 1782 bestieg dort Chao Phra Chakri als König Rama I. den Thron und begründete damit die bis heute regierende Chakri-Dynastie. Noch im ersten Jahr seiner Regentschaft verlegte er seinen Regierungssitz an das gegenüberliegende östliche Flussufer. Dort entstand auf einem an allen vier Seiten von einer insgesamt 1900 m langen Mauer umgebenen, 218 400 m² großen Areal der Grand Palace (rechts und großes Bild) mit dem königlichen Tempel des Smaragd-Buddhas – offiziell Wat Phra Kaeo genannt (unten). Der Smaragd-Buddha ist nicht – wie etwa der Name oder die Farbe suggerieren mag – aus Smaragd, sondern aus Jade hergestellt. In

Thailand werden manchen Buddha-Statuen magische und übersinnliche Kräfte zugeschrieben. Ebenfalls auf der Ostseite des Ufers lag das damals vorwiegend von Chinesen bewohnte Dorf mit dem Namen

Baan Makok, aus dem sich nach und nach der im Westen gebräuchliche Name Bangkok entwickelte. Die Kurzform des ellenlangen offiziellen Namens, Krung Thep, bedeutet »Stadt der Engel«.

# Ho-Chi-Minh-Stadt

## Mekong-Delta

Das Mündungsgebiet des mächtigen Flusses Mekong beginnt südwestlich von Ho-Chi-Minh-Stadt und erstreckt sich über den ganzen Süden Vietnams. Die fruchtbaren Schwebstoffe, die der im tibetischen Hochland entspringende und sich hier in neun Haupt- sowie zahlreiche Nebenarme teilende Fluss mitführt, haben die Region zu einem der fruchtbarsten Landstriche Südostasiens gemacht. Das Delta ist nicht nur die Reiskammer Vietnams, auch zahlreiche Obst- und Gemüsesorten sowie Kokospalmen und Kautschukbäume gedeihen hier. Das Gewirr der Flüsse und Kanä-

**Land:** Vietnam
**Einwohner:** 7,2 Mio.
**Sprache:** Vietnamesisch
**Währung:** Dong
**Hauptreisezeit:** Dezember bis April
**Zeitzone:** UTC + 7

**Fast jeder Cruiseliner auf Ostasien-Tour legt mittlerweile einen Zwischenstopp in Ho-Chi-Minh-Stadt ein. Mit 7,2 Mio. Einwohnern ist das ehemalige Saigon die größte Stadt und zugleich das wirtschaftliche Zentrum des Landes. Die wichtigsten vietnamesischen und viele internationale Unternehmen residieren hier. Ho-Chi-Minh-Stadt wächst rasant und präsentiert sich als weltoffene, mondäne Metropole.**

**Dong Khoi** Bei einem Bummel entlang der Flaniermeile von Ho-Chi-Minh-Stadt begegnet man auf Schritt und Tritt der wechselvollen Geschichte der Stadt. In der Straße, die von der Mole am Ufer des Saigon-Flusses zur **Cathédrale Notre-Dame** führt, schlug das Herz der französischen Kolonialmacht. Toute Saigon traf sich hier. Einige Prunkbauten wie das 1899 eröffnete **Stadttheater**, das 1880 erbaute **Hotel Continental** oder das in der Nähe von Notre-Dame gelegene **Hauptpostamt** erinnern an diese Zeit. Am Ende der parallel zur Dong Khoi verlaufenden Nguyen Hue befindet sich das **Hôtel de Ville (Rathaus)** – ein protziger Kolonialbau, der heute Sitz des Volkskomitees von Ho-Chi-Minh-Stadt ist. Das geschichtsträchtige Gebäude des **Rex Hotel**, in dem während des Vietnamkrieges amerikanische Offiziere residierten, liegt nur einen Steinwurf entfernt. Es wurde von den kommunistischen Machthabern in eine Luxusherberge umgewandelt. Während des Vietnamkriegs entwickelte sich die Dong Khoi zu einem Amüsierviertel für amerikanische GIs. Bars, Bordelle und Spelunken schossen aus dem Boden. Nach dem Ende des Kriegs im Jahr 1975 verfiel die Straße in einen Dornröschenschlaf. Erst im Zuge der wirtschaftlichen Liberalisierung in den 1980er-Jahren erwachte sie wieder zu neuem Leben. Heute wird die Dong Khoi von edlen Boutiquen, Souvenirläden, Straßencafés und Restaurants gesäumt.

**Cho Ben Thanh** Wer sich für traditionelle Märkte begeistert, sollte einen Besuch in den **»Halles Centrales«**, wie die Franzosen den größten Markt von Ho-Chi-Minh-Stadt nannten, nicht versäumen. In dem riesigen Gebäudekomplex, dessen Südeingang ein Uhrenturm ziert, preisen Händler eine Vielzahl von Waren an. Die Stände quellen von Obst und Gemüse, Fisch und Geflügel über. Touristen können Souvenirs aller Art erstehen. Garküchen und Essensstände bieten kulinarische Spezialitäten der Region an. Jeden Tag herrscht hier ein dichtes Gedränge und Gewimmel. Die Markthallen liegen ca. 1 km westlich der Flaniermeile Dong Khoi.

**Tunnel von Cu Chi** 40 km nördlich von Ho-Chi-Minh-Stadt wurden Teile eines von vietnamesischen Partisanen angelegten Tunnelsystems der Öffentlichkeit zugänglich gemacht. Während des Vietnamkrieges diente das sich über eine Fläche von 150 km² ausdehnende Labyrinth unterirdischer Gänge Vietcong-Soldaten als Unterschlupf. Es bildete die Basis vieler Attacken gegen den Kriegsgegner und soll nicht unwesentlich zum Sieg der Guerillakämpfer über die hochgerüstete US-Armee beigetragen haben. Die Anfänge des Tunnelsystems gehen auf die Zeit zurück, als sich der vietnamesische Widerstand gegen die französische Kolonialmacht formierte. Während des Zweiten Vietnamkriegs wurde es ständig erweitert und erreichte schließlich eine Gesamtlänge von 250 km. Heute wird es von den Vietnamesen stolz als Symbol des Widerstands präsentiert.

In **Ben Dinh** ist ein Freilichtmuseum entstanden, das auf vielfältige Weise über Taktiken und Überlebensstrategien der Guerilla informiert. Wer sich das zutraut, kann die engen Tunnel, in denen Menschen oft wochenlang bei völliger Dunkelheit verbrachten, besichtigen. Ein 90 m langes Teilstück wurde eigens für Touristen aus dem Westen auf eine Höhe von 1,20 m und eine Breite von 0,80 m gebracht.

**Cholon** Das chinesische Viertel liegt südöstlich von Downtown Ho-Chi-Minh-Stadt und kann mit öffentlichen Verkehrsmitteln oder einem Taxi erreicht werden. Der Stadtteil macht seinem Namen – »Cholon« bedeutet so viel wie »Großer Markt« – alle Ehre. In den engen Gassen und Straßen bieten Straßenverkäufer ihre Waren, Handwerker ihre Dienste und Garküchen exotische Köstlichkeiten an. Das Angebot ist über-

Brunnen mit Wasserschlangenskulptur am Lam Son Square.

Das einstige Rathaus ist geprägt vom französischen Kolonialstil.

le (ganz links), die das Gebiet durchziehen, prägt das Leben der Menschen bis heute. Nach wie vor leben viele von ihnen in Dörfern aus Pfahlbauten oder auf Hausbooten. Sampans und Barken (links) sind das wichtigste und oft einzige Transportmittel. In Ho-Chi-Minh-Stadt bieten lokale Veranstalter Tagesausflüge in diese einzigartige Kulturlandschaft an. Ausgangspunkt für Bootstouren ist die Stadt My Tho am Ostrand des Deltas.

wältigend und reicht von Nahrungsmitteln aller Art bis zu feinstem Kunsthandwerk. Cholon gehört zu den traditionsreichsten Vierteln von Ho-Chi-Minh-Stadt.
Bereits im 17 Jh. gründeten Chinesen hier eine Stadt, die sich bald zu einem blühenden Handelszentrum entwickelte. Die Einwanderer aus dem Reich der Mitte brachten nicht nur ihren ausgeprägten Geschäftssinn, sondern auch chinesische Traditionen und Bräuche mit. In den mit kunstvollen Schnitzereien verzierten Pagoden in der Umgebung der Nguyen Trai werden noch heute uralte chinesische Kulte gepflegt. Lange Zeit galt Cholon als Sündenpfuhl. Zu Beginn des 20. Jh.s schossen hier Spielhöllen, Bordelle und Opiumhöhlen aus dem Boden. In den 1950er-Jahren trieb das Verbrechersyndikat Binh Xuyen sein Unwesen. Da in dem Gewirr der Gassen Vietcong-Soldaten Unterschlupf fanden, war es auch für amerikanische GIs eine No-go-Area. Nach der kommunistischen Machtübernahme flohen viele Bewohner Cholons aus Vietnam. Erst im Zuge der Liberalisierung der Wirtschaft in den 1980er-Jahren kehrte die alte Geschäftigkeit zurück.

**Ein Happen zwischendurch mit besten Aussichten.**

**An den Tunneln von Cu Chi – ein Gemälde zum Vietnamkrieg.**

**In den Markthallen von Ben Thanh lockt ein vielfältiges, frisches Warenangebot.**

# Nha Trang, Da Nang, Hanoi

## Halong-Bucht

Eine Dschunkenfahrt durch die Halong-Bucht (rechts) führt in eine fernöstliche Bilderbuchlandschaft. Das Gewirr der rund 3000 steil aus dem Meer aufra-

Land: Vietnam
Einwohner:
Nha Trang: 350 000
Da Nang: 500 000
Hanoi: 6,5 Mio.
Sprache: Vietnamesisch
Währung: Dong
Hauptreisezeit: Dezember bis April
Zeitzone: UTC + 7

**Seit sich Vietnam am Ende der 1980er-Jahre gegenüber der Welt öffnete, hat sich der Tourismus zu einem wichtigen Wirtschaftsfaktor entwickelt. Allein 2009 wurden fast 4 Mio. Besucher gezählt. Nach Backpackern, Kriegsveteranen und Individualtouristen haben auch Cruiselines das Land als Reiseziel entdeckt. Eine Kreuzfahrt entlang der 3000 km langen Küste führt in eine uralte Kulturlandschaft mit unzähligen historischen Sehenswürdigkeiten und Naturwundern.**

**Nha Trang** Schon die französischen Kolonialherren priesen den 450 km nördlich von Ho-Chi-Minh-Stadt an der Mündung des Song-Cai-Flusses gelegenen Badeort als »Nizza Indochinas«. Auch heute ist Nha Trang das touristische Zentrum Vietnams. Die kilometerlangen **Sandstrände**, die reizvolle landschaftliche Umgebung und nicht zuletzt die fantastischen Wassersportmöglichkeiten haben aus der Stadt eine Ferienoase gemacht. Der Hafen Nha Trangs liegt nördlich des Stadtzentrums, das mit dem Taxi in wenigen Minuten erreicht werden kann. Hauptattraktion ist natürlich der 6 km lange Stadtstrand – ein Paradies nicht nur für Sonnenanbeter, sondern auch für alle Freunde des Wassersports. Lokale Veranstalter bieten hier Segeltörns und Bootstouren zu den vorgelagerten Inseln an. Die Küstengewässer sind ein beliebtes **Taucher- und Schnorchlerrevier**. An der Strandpromenade, der **Tran Phu**, locken einige ausgezeichnete Restaurants. Nur wenige Hundert Meter östlich des Strands befindet sich der **Cho Dam**, der zentrale Markt von Nha Trang. Hier kann man kulinarische Spezialitäten der Region, Kunsthandwerk und Souvenirs erstehen. 800 m hinter der **neugotischen Kathedrale** unweit des Hauptbahnhofs ragt die riesige Statue eines weißen Buddha in den Himmel empor. Das Denkmal wurde 1963 zu Ehren des buddhistischen Mönchs Thich Quang Duc, der sich aus Protest gegen die repressive Politik des katholischen Diem-Regimes selbst verbrannte, errichtet. Auch die in unmittelbarer Nachbarschaft gelegene Long Son-Pagode ist einen Besichtigung wert. Die wohl bedeutendste historische Sehenswürdigkeit Nha Trangs ist der **Po-Nagar-Tempel**, der sich auf einer Anhöhe nördlich des Hafens erhebt und zu den bedeutendsten Cham-Heiligtümern Vietnams zählt. Die Cham, heute eine von 54 anerkannten ethnischen Minderheiten Vietnams, herrschten zwischen dem 8. und 15. Jh. über weite Teile des Landes und gründeten einige bedeutende Königreiche. Die in dieser Zeit errichteten Kultbauten zeugen vom Einfluss hinduistischer Religion und Kultur. In dem Po-Nagar-Tempel wurde die Gemahlin Shivas verehrt.

**Da Nang** Die Hafenstadt an der Mündung des Han-Flusses erlangte traurige Berühmtheit, als hier 1965 die ersten amerikanischen Truppen landeten und den wichtigsten US-Militärstützpunkt in Vietnam errichteten. Heute erinnert nur noch wenig an den Krieg. Die mittlerweile fast 1 Mio. Einwohner zählende Metropole hat sich zu einem quirligen Industrie- und Handelszentrum entwickelt. Die meisten Kreuzfahrtpassagiere, die in Da Nang an Land gehen, nutzen die Gelegenheit zu einem Ausflug zu den spektakulären Sehenswürdigkeiten der Umgebung. 40 km südlich von Da Nang liegt der kleine Ort **Hoi An**, dessen historische **Altstadt** seit 1999 auf der Liste des UNESCO-Weltkulturerbes steht. Im 17. Jh. entwickelte sich die Stadt zum bedeutendsten Hafen Südostasiens und zu einem internationalen Umschlagplatz für Waren aller Art. Kaufleute aus China, Japan und Europa ließen sich hier nieder und gründeten Handelsstützpunkte. Die Bauten des historischen Stadtkerns stammen allerdings größtenteils aus dem 19. Jh. Hoi An wurde während der Tai Son-Rebellion 1780 fast vollständig zerstört und musste wieder aufgebaut werden. Die beeindruckenden Versammlungshallen, Kaufmannshäuser und Pagoden bezeugen dennoch den Einfluss chinesischer Immigranten, die nach dem Sturz der Ming- durch die Qing-Dynastie 1644 aus dem Reich der Mitte flohen und sich im südostasiatischen Raum niederließen. Die Brückenpagode **Chua Cau** erinnert an das japanische Erbe der Stadt.

Wahrzeichen von Nha Trang ist der Cham-Tempel Po Nagar.

Fischerboote liegen vertäut vor der Altstadt von Hoi An.

Mit Beginn des 19. Jh.s verlor der Hafen von Hoi An seine Bedeutung. Heute ist die Stadt eine Touristenattraktion. In die historischen Bauten sind Cafés, Boutiquen und Souvenirläden eingezogen. Auf halbem Weg

genden, oft dicht bewaldeten Karstkegel hat die Menschen seit jeher fasziniert. Der Legende nach sollen es auf Geheiß des Jadekaisers von einer Drachenfamilie zum Schutz gegen chinesische Invasoren ausgespuckte Perlen sein. Geologen gehen allerdings davon aus, dass die bizarren Felsformationen nichts als die Gipfel eines seit der letzten Eiszeit langsam versinkenden Kalksteinplateaus sind. Einige der Meeresgrotten können nur bei Ebbe besichtigt werden. Die größte Insel Cat Ba liegt im Süden der Bucht. Seit 1986 sind Teile der Küste und einige Primärwaldgebiete im Inselinnern als Naturpark ausgewiesen. Cat Ba ist Rückzugsgebiet vieler bedrohter Tier- und Pflanzenarten. Das malerische Fischerdorf Cat Ba verfügt über eine gut entwickelte touristische Infrastruktur. Seit 1994 steht die Halong-Bucht auf der UNESCO-Liste des Weltnaturerbes.

zwischen Da Nang und Hoi An liegen die sogenannten Marmorberge – eine Gruppe von fünf malerischen Kalksteinfelsen, in denen früher Marmor abgebaut wurde.
Den 107 m hohen **Nui Thuy Son** (Wasserberg) kann man über zwei Treppen erklimmen. An seinen Hängen wurden inmitten einer reizvollen Gartenlandschaft Pagoden und buddhistische Tempel errichtet. Von seinem Gipfel aus kann man die Aussicht auf die Bucht von Da Nang und das Chinesische Meer genießen.

**Hanoi** Wohl jede Kreuzfahrt entlang der Küste Vietnams hat einen Stopp in der Halong-Bucht am Golf von Tonkin im Programm. Eine Dschunkenfahrt durch das Gewirr der rund 3000 Karstinseln, die in der Bucht aus dem Meer ragen, wird von den meisten Vietnam-Reisenden als unvergessliches Erlebnis gepriesen.
Die Kreuzfahrthäfen **Haiphong** und **Cai Lan** bieten sich aber auch als Ausgangspunkte für Tagesausflüge in das 100 km entfernte Hanoi an.
Die Hauptstadt Vietnams präsentiert sich als traditionsbewusste Metropole. Sie blickt auf eine 1000-jährige Geschichte zurück und ist reich an historischen Sehenswürdigkeiten. Fast 800 Jahre – bis zur Verlegung des kaiserlichen Hofes nach Hu im Jahre 1802 – residierten vietnamesische Herrscher hier. Thang Long, wie die Stadt bis zu ihrer Eroberung durch die Franzosen hieß, bildete das kulturelle und politische Zentrum des Landes.

Architektonische Zeugnisse aus dieser Zeit gibt es nur wenige. Die ab dem 11. Jh. unter der Ly-Dynastie errichtete **Zitadelle** von Thang Long muss einst ein imponierendes Bauwerk gewesen sein. Sie wurde nach dem Vorbild der »Verbotenen Stadt« in Peking errichtet und erst von den französischen Kolonialherren zerstört. Seit 2003 werden auf dem Areal der Zitadelle, das nur an wenigen Stellen der Öffentlichkeit zugänglich ist, archäologische Ausgrabungen durchgeführt. Der zentrale Bereich ist seit 2010 UNESCO-Weltkulturerbe.

Liebhaber fernöstlicher Tempel- und Gartenbaukunst sollten einen Besuch des **Van-Mieu-Literaturtempels** nicht versäumen. Auch die Anfänge dieser weitläufigen Anlage, einst ein Zentrum konfuzianischer Gelehrsamkeit, gehen auf das 11. Jh. zurück.

Die historische Altstadt Hanois, das Viertel der Händler und Handwerker, erstreckt sich nördlich des **Hoan-Chiem-Sees** bis zu den Ufern des Roten Flusses. In dem Gewirr der kleinen Gassen stehen Werkstätten und Marktstände dicht an dicht. Heute wie vor 100 Jahren bieten hier Handwerker und Straßenverkäufer Waren aller Art an. Ein Großteil des Lebens spielt sich nach wie vor auf den stets übervölkerten Straßen ab. Ein Bummel durch das Viertel führt in eine faszinierende und zugleich chaotische Welt.

Südlich des Hoan-Chiem-Sees liegt das französische Viertel. Breite Boulevards und kolonialzeitliche Prunkbauten prägen hier das Stadtbild. Die Flaniermeile lockt mit ihren Galerien, Souvenirläden und Restaurants Einheimische wie Touristen an.

**Bildleiste, von oben: Typisches Tunnelhaus in der Altstadt von Hanoi; schwer beladene Räder und Rikschas in den Gassen von Hanoi; vietnamesische Schönheit im Sarong vor dem Literaturtempel Van Mieu.**

**Rund um die Hafenstadt Hong Gai unweit von Halong-Stadt verwandelt die Morgenröte die mystischen Drachenfelsen in eine Traumlandschaft.**

In der riesigen Bucht im Golf von Tonkin liegen an die 3000 Inseln; bei Sonnenuntergang wird es ruhiger in den viel befahrenen Gewässern – eine Landschaft voller Magie.

# Jakarta, Surabaya, Semarang

## Niederländische Ostindien-Kompanie

Javas Hafenstädte (rechts der alte Hafen Sunda Kelapa in Jakarta) haben sich aus Handels-

**Land:** Indonesien
**Einwohner:**
Jakarta: 11 Mio.
Surabaya: 2,8 Mio.
Semarang: 1,3 Mio.
**Sprache:** Indonesisch (Bahasa Indonesia)
**Währung:** Rupiah
**Hauptreisezeit:** April bis September
**Zeitzone:** UTC + 7

**Die zu Indonesien gehörende, kleinste der Großen Sunda-Inseln wird von Kreuzfahrtschiffen eher selten angelaufen. Die touristische Infrastruktur Javas ist deutlich weniger gut entwickelt als auf dem südlich gelegenen Bali. Die großen Hafenstädte machen vor allem als schnell wachsende Wirtschaftszentren von sich reden. Obwohl Java mit einer Fläche von 130 000 km² nur wenig größer als Kuba ist, leben hier 130 Mio. Menschen – 60 Prozent der indonesischen Bevölkerung. Sie verteilen sich auf einige Millionenstädte an der Küste und unzählige Dörfer. Java ist vulkanischen Ursprungs und Teil der Pazifischen Feuerrings. Teilweise noch aktive, bis zu 3600 m hohe Vulkane prägen von Nordwest bis Südost das Landschaftsbild. An ihren Hängen befinden sich Reisterrassen und Kaffeeplantagen. Obwohl der überwiegende Teil der Javaner sich zum Islam bekennt, gilt die Insel als kultureller Schmelztiegel. Über die Jahrhunderte haben hinduistische Fürsten, islamische Herrscher, chinesische Einwanderer und nicht zuletzt die europäischen Kolonisatoren das Leben geprägt. Ihr reiches kulturelles Erbe spiegelt sich in prachtvollen Sakralbauten wider.**

**Jakarta** Die Sehenswürdigkeiten der Hauptstadt Indonesiens erschließen sich dem Besucher nur schwer. Wie andere Megacitys dieser Erde gleicht Jakarta zunächst dem sprichwörtlichen Moloch, der alles verschlingt. Als wirtschaftliches Zentrum eines der schnell wachsenden Schwellenländer des Planeten zieht die Metropole zahllose junge Menschen, die hier ihr Glück zu machen versuchen, an. Das Bevölkerungswachstum ist enorm. 1945 zählte Jakarta gerademal 600 000 Einwohner, heute sind es bereits 11 Millionen.
Die Stadt wächst unaufhaltsam mit den Nachbarstädten Bogor, Tangerang und Behasi zu einer bald mehr als 20 Mio. Einwohner umfassenden Metropolregion zusammen. Wie keine zweite Megacity hat Jakarta in den letzten drei Jahrzehnten das Gesicht verändert. Überall wurden und werden Hochhäuser und Wolkenkratzer gebaut. Das Stadtgebiet wird von einem Netz von mehrspurigen Autobahnen durchzogen. Das Verkehrsaufkommen ist enorm, die Luftverschmutzung groß. Obwohl sich die Wirtschaft positiv entwickelt, leben die meisten Einwohner in Armut. Viele Stadtteile sind verslumt. Die Gesundheitsversorgung ist mehr als mangelhaft, Trinkwasser knapp. Trotz des Chaos, des Schmutzes und der gravierenden sozialen Probleme gibt es hier einiges zu entdecken.

In **Kota**, dem alten Kolonialviertel westlich des Handelshafens Tanjung Priok, erinnern einige sehenswerte historische Gebäude an die Zeit, als Jakarta noch Batavia hieß und Hauptstadt von Niederländisch-Indien war: In dem ehemaligen Stadhuis am Fatahillah-Platz im Zentrum von Kota wurde ein **Museum für die Geschichte Jakartas** eingerichtet. Gleich gegenüber ist im ehemaligen

stützpunkten der Vereenigde Oostindische Compagnie (VOC) entwickelt. Die Gesellschaft wurde 1602 von Kaufmannsgilden gegründet und entwickelte sich im 17. Jh. dank der Unterstützung der niederländischen Krone, die sie mit dem Recht zur Kriegsführung und zum Landerwerb sowie einem Handelsmonopol ausstattete, zu einem der mächtigsten Unternehmen der Welt. In ihrer Blütezeit verfügte sie über eine Flotte von 4700 Schiffen, die den Handel zwischen Südostasien und der Alten Welt beherrschten. Nach Europa wurden vor allen Dingen Pfeffer und andere Gewürze sowie chinesischer Tee und kostbare Seide exportiert. Auch die Kaffeeplantagen, die die VOC auf Java anlegen ließ, trugen zum Erfolg des Unternehmens bei. Zentrale und Hauptumschlagplatz für Waren aus dem asiatischen Raum war Batavia – das heutige Jakarta.

Lawang Sewu, »Haus mit den 1000 Türen«, in Semarang.

Sumatra-Tiger im Zoologischen Garten von Surabaya auf Java.

Justizpalast, einem neoklassizistischen Prachtbau, das **Haus der Bildenden Kunst** untergebracht. Auch ein Besuch des »Toko Merah«, eines Backsteinbaus aus dem Jahr 1730 lohnt sich.

Die Hauptattraktion Kotas liegt nur wenige Gehminuten vom »Toko Merah« entfernt: In dem alten Hafen Sunda Kelapa scheint die Zeit stehen geblieben zu sein. Heute wie vor 100 Jahren werden hier Lastensegler be- und entladen. Ganz in der Nähe wurde in einem 1657 erbauten Lagerhaus der Niederländischen Ostindien-Kompanie ein **Schifffahrtsmuseum** mit einer außergewöhnlichen Sammlung indonesischer Boote eingerichtet. Der **Merdeka** oder Unabhängigkeitsplatz gilt als Zentrum des modernen Jakarta. Er wird von einem 132 m hohen Obelisken, der an den Unabhängigkeitskampf der Indonesier erinnert, beherrscht. Von der Aussichtsplattform in 115 m Höhe kann man die Megacity aus der Vogelperspektive erkunden. Im Untergeschoss befindet sich heute ein Museum, das auf anschauliche Weise über die Geschichte Indonesiens informiert. Der weitläufige Platz wird von einigen Prachtbauten aus der Kolonialzeit gesäumt: Das **Nationalmuseum**, das eine der besten und größten ethnografischen Sammlungen Südostasiens beherbergt, ist in einem neoklassizistischen Gebäude untergebracht. Der **Freiheitspalast** war einst Wohnsitz des niederländischen Generalgouverneurs und ist heute Residenz des indonesischen Präsidenten. Auch die Umgebung des Unabhängigkeitsplatzes wartet mit einigen kolonialzeitlichen Gebäuden auf. Nordöstlich des Platzes wurde in den 1970er-Jahren die **Istiqlal-Moschee** erbaut – eines der größten islamischen Gotteshäuser der Welt.

## Surabaya

Die an der Nordküste Javas gelegene und mit 4 Mio. Einwohnern zweitgrößte Stadt Indonesiens wird von Kreuzfahrtschiffen meist nur als Zwischenstation auf ihrem Weg nach Bali genutzt. Dennoch gibt es auch in Surabaya einiges zu entdecken. Seine Altstadt ist reich an Zeugnissen einer wechselvollen Geschichte. Die bedeutende **Ampel-Moschee** im Araberviertel etwa stammt aus dem 15. Jh. Sie beherbergt das **Grab des Sunan Ampel**, eines der frühen Wegbereiter des Islam auf Java.

An das Araberviertel mit seinen verwinkelten Gassen und zahllosen Läden schließt sich im Süden Surabayas Chinatown an. Auch hier locken Hunderte von Warenhäusern und ein traditioneller chinesischer Markt. Westlich von Chinatown liegt auf der anderen Seite des Flusses Kali Mas das europäische **Kolonialviertel**. Das Quartier glänzt mit einigen Beispielen holländischer Kolonialarchitektur wie dem **Hotel Majapahit**. Im modernen Zentrum Surabayas erinnert ein monumentales Denkmal an den Freiheitskampf der Indonesier. Lohnend ist auch ein Besuch im **Zoologischen Garten** der Stadt. Hier kann man Komodo-Warane und Sumatra-Tiger bestaunen.

## Semarang

Die 500 km östlich von Jakarta an der Nordküste Javas gelegene Stadt ist ein bedeutender Wirtschaftsstandort. Das moderne Zentrum wird von Shoppingmalls, Hotels und Banken geprägt. An die Zeit, als Semarang noch ein Stützpunkt der Niederländischen Ostindienkompanie war, erinnert die bemerkenswert gut erhaltene Altstadt mit ihren holländischen Kontor- und Bürgerhäusern. Hauptattraktion des Viertels ist die 1753 errichtete **Gereja Blenduk** – eine der ältesten christlichen Kirchen Indonesiens. Wahrzeichen der Stadt ist der viktorianische Gebäudekomplex **Lawang Sewu**, einst Sitz der Eisenbahngesellschaft. Am **Pasar Johar**, dem geschäftigsten Markt der Stadt, steht die **Masjid Besar** – die größte Moschee Semarangs. Zur Altstadt gehört auch das Gassengewirr von Chinatown. Sehenswert ist **Tay Kak Sie**, der bedeutendste chinesische Tempel Semarangs und der älteste auf ganz Java, südwestlich des Zentrums gelegen. Er ist Chen Ho, einem muslimischen Eunuchen, der Anfang des 15. Jh.s für den chinesischen Kaiser Südostasien erkundete, geweiht. Unter dem Namen Sam Po Kong gilt er als Wegbereiter des Islam.

**Großes Bild links: Die Istiqlal-Moschee verleiht dem Lichtermeer des nächtlichen Jakarta einen Hauch von Magie.**

# Bali

**Land:** Indonesien
**Fläche:** 5634 km²
**Einwohner:** 3,9 Mio.
**Sprache:** Indonesisch (Bahasa Indonesia)
**Währung:** Rupiah
**Hauptreisezeit:** April bis September
**Zeitzone:** UTC + 8

**Seit zivilisationsmüde europäische Künstler Bali zu Beginn des 20. Jh.s für sich entdeckten, gilt die zu Indonesien gehörende Insel als Traumziel schlechthin – als ein tropischer Garten Eden, in dem die Menschen stets heiter und liebenswürdig sind. Ihre Gastfreundlichkeit wird gerühmt, ihre tiefe Religiosität ist bekannt. Sie äußert sich in Musik, Tanz und farbenfrohem Maskenspiel.**
**Bali ist mit Naturwundern reich gesegnet. Die majestätisch in den Himmel ragenden Gipfel und Vulkankegel der Bali von Westen nach Osten durchziehenden Gebirgskette, kunstvoll angelegte Reisterrassen, Gewürzplantagen, Palmenhaine und -wälder prägen im Süden das Landschaftsbild. Hier liegen auch die legendären kilometerlangen, feinsandigen Sandstrände der Insel. Trotz der Schrecken, den die Terroranschläge von 2002 und 2005 verbreiteten, ist Bali ein beliebtes Kreuzfahrtziel. Die großen Cruiseliner gehen in Padang Bai an der Südküste vor Anker. Der beschauliche kleine Ort bietet sich als Ausgangspunkt zu den vielen Sehenswürdigkeiten der Insel an. Einige der schönsten Strände Balis liegen in seiner Nähe.**

**Gunung Agung** Der Vulkan ist mit 3142 m die höchste Erhebung Balis und prägt den ganzen Osten der Insel. Von alters her gilt seine oft von Wolken verhüllte Gipfelregion als Wohnsitz der Götter.

An seinem Südhang liegt in ca. 900 m Höhe der **Pura Besakih** – das bedeutendste hinduistische Heiligtum auf Bali. Die riesige Anlage erstreckt sich über mehrere Terrassen auf einer Fläche von 250 ha und umfasst zahlreiche Tempelbauten. Die Anfänge des Pura Besakih gehen auf das 8. Jh. zurück, unter den Fürsten von Gelgel wurde er im 14. Jh. Reichstempel und über die Jahrhunderte immer wieder erweitert und ausgebaut. Jede der balinesischen Herrscherdynastien hat hier einen eigenen Bezirk unterhalten, und jede Dorfgemeinschaft hat hier einen eigenen Schrein errichtet.
Die drei Haupttempel sind der hinduistischen Dreiheit Shiva, Brahma und Vishnu geweiht. Der Zutritt zu den eigentlichen Heiligtümern ist Nichthindus zwar strengstens verboten. Allerdings können sich Touristen zwischen den Bauten frei bewegen und die Aussicht über das südliche Tiefland Balis genießen.

**Ubud** Die ca. 30 000 Einwohner zählende Stadt liegt ca. 50 km nordwestlich von Padang Bai und gilt als kulturelles Zentrum Balis. Schon im frühen 20. Jh. zog der Ruf des Ortes, ein Hort der Pflege balinesischer Kunsttraditionen zu sein, viele zivilisationsmüde europäische Künstler an. Auch heute sind zahlreiche Kunstschulen, Galerien, Werkstätten und Museen in Ubud ansässig. Die Stadt ist zu einem Mekka für kunstinteressierte Touristen aus aller Welt geworden. Sie verfügt über eine gut entwickelte touristische Infrastruktur. Es gibt Hotels, Bars und Restaurants für jeden Geschmack und jeden Geldbeutel.

Einst war Ubud eine fürstliche Residenz. In einem Vorhof des **Regentenpalastes**, den noch heute die Fürstenfamilie bewohnt, werden jeden Abend balinesische Tänze aufgeführt. Ubud ist nicht nur ein Zentrum balinesischen Kunstschaffens, sondern beherbergt auch einige bedeutende hinduistische Heiligtümer wie den der Göttin der Weisheit geweihten **Pura Taman Kemude Saraswati**. Ein Besuch des Affenwaldes kann leicht zu einem kleinen Abenteuer werden und ist doch lohnenswert. Die hier heimischen Makaken sind überaus zutraulich, besitzen aber auch einige Fingerfertigkeit im Stibitzen von Kameras, Taschen und anderen Wertgegenständen.

Gläubigen Balinesen gelten sie als Nachfahren des Affengottes **Hanuman** und als Beschützer des **Pura Dalem Agung Padang Tegal**, eines inmitten des Waldes gelegenen, der Todesgöttin Durga geweihten Heiligtums. Welchem Zweck die **Goa Gajah**, die Elefantenhöhle, in der Nähe von Ubud diente, ist bis heute nicht geklärt. Ein Besuch ist dennoch lohnend. Der von einem monströsen steinernen Dämonen bewachte Eingang zu der Grotte liegt in einer reizvollen Parklandschaft.

Ubud ist die bekannteste einer ganzen Reihe von Ortschaften, die für ihre kunsthandwerklichen Erzeugnisse berühmt sind. Dabei ist jedes Dorf auf eine andere Technik spezialisiert – ideal zum Souvenirkauf. **Batubulan** ist ein Zentrum der Stein-

## Balinesische Tempel

Während fast ganz Südostasien im 14. Jh. unter den Einfluss des Islam geriet, hat sich auf Bali der hier seit dem Ende des 10. Jh.s verbreitete Hinduismus erhalten. Vermischt mit Elementen lokaler animistischer Religion, prägt er bis heute den Alltag der meisten Balinesen. Auf der »Insel der Götter« soll es mehr als 20 000 Tempel geben. Jede Familie, jede Dorfgemeinschaft und jede Berufsgruppe verfügt über ein eigenes Heiligtum. Ja die meisten Dörfer unterhalten sogar drei Tempel: Die Pura Dalem (Todestempel) liegen immer seewärts in Friedhofsnähe und sollen die Dämonen der Un-

terwelt besänftigen. Die Pura Puseh (Ursprungstempel) hingegen sind allerorts auf die Berge, die als Wohnort der Götter gelten, ausgerichtet. Den Mittelpunkt eines jeden Dorfes bilden die Pura Desa mit ihren Versammlungshallen. Weithin sichtbares Kennzeichen aller Tempel ist der Meru – ein pagodenartiger Turmbau (links), der aus mehreren mit Palmwedeln gedeckten Etagen besteht und sich nach oben verjüngt.

**Der Pura-Besakih-Tempel wird auch Muttertempel genannt.**

metz-, **Celuk** eines der Goldschmiedekunst. In **Blahbatuh** werden balinesische Musikinstrumente, in **Mas** kunstvolle Möbel aus Bambus und Holz hergestellt.

**Denpasar** Für die meisten Touristen ist die Inselhauptstadt nur eine Durchgangsstation auf dem Weg zu den Badeorten an der Südküste. Auf den ersten Blick hat Denpasar, das sich zu einer modernen und hektischen Metropole entwickelt hat, nur wenig zu bieten. Dennoch gibt es auch hier einiges zu entdecken. Das **Bali-Museum** am Puputan-Platz im Zentrum der Stadt informiert über die Geschichte der Insel von der Frühzeit bis zur Gegenwart. Sehenswert sind in der Nähe auch der Pura Jagatnatha, einer der hinduistischen Reichstempel Balis, und die **St.-Josephs-Kirche**.

**Kuta, Sanur, Bukit Badung** Südlich von Denpasar liegen die für ihre feinen Sandstrände berühmten Ferienzentren der Insel. Seit der in den 1960er-Jahren einsetzenden Öffnung Balis für den internationalen Tourismus zieht es Jahr für Jahr mehr und mehr Urlauber aus aller Welt hierher. Durch die Bombenanschläge von Kuta 2002 und Jimbaran 2005 wurde der Boom zwar jäh unterbrochen. Inzwischen sind die Urlauber aber – auch dank verschärfter Sicherheitsvorkehrungen – wieder zurückgekehrt. Das südwestlich von Denpasar gelegene einstige Fischerdorf **Kuta** gilt geradezu als Synonym für Massentourismus. Hier herrscht bei Tag und bei Nacht lebhafter Trubel. Die Open-Air-Discos sind berühmt. Dank der enormen Brandung ist Kuta ein **Surfer-Paradies**. Sehr viel ruhiger geht es in Sanur südöstlich von Denpasar zu. Das Meer ist hier ruhig und flach. Bei Ebbe zieht es sich hinter das vorgelagerte Riff zurück. Der Badestrand von **Sanur** ist kilometerlang.

**Nusa Dua** an der Ostküste der Halbinsel Bukit Badung, die den äußersten Südzipfel Balis bildet, wurde von vornherein als Enklave für gut betuchte Touristen konzipiert. Die »Retortenstadt« wartet mit einer Reihe von Luxushotels und Golfplätzen auf. Das in der Nähe des internationalen Flughafens von Bali gelegene **Jimbaran** ist für seine Seafood-Restaurants bekannt. Obwohl auch hier luxuriöse Hotels errichtet wurde, ist der Ort in vielem ein typisch balinesisches Dorf geblieben. Nach wie vor gehen Fischer auf dem Meer ihrer Arbeit nach, und die Balinesen bringen am Strand dem Gott des Meeres ihre Opfer.

**Pura Tanah Lot** Dieser Tempel an der Südküste Balis ist sicherlich nicht das bedeutendste, wohl aber das meistfotografierte Bauwerk der ganzen Insel. Obwohl das Betreten des inneren Bezirks Nichthindus untersagt ist, lockt er alljährlich Abertausende von Urlaubern an. Besucher geraten beim Anblick des auf einem weit ins Meer hineinragenden Felsenriff erbauten Heiligtums ins Schwärmen. Besonders abends, wenn die Sonne hinter Pura Tanah Lot im Ozean versinkt, bietet sich ihnen ein unvergessliches Schauspiel. Der Tempel wurde vermutlich im 16. Jh. von dem Hindupriester Niratha gegründet und zählt zu den balinesischen Meerestempeln, die die im Ozean hausenden Dämonen besänftigen sollen. Der Tempel selbst wirkt eher unscheinbar.

**Großes Bild: Überall in Bali findet man kunstvoll angelegte Reisterrassen mit fruchtbaren vulkanischen Böden.**

Der auf einem Felsen gelegene Meerestempel Pura Tanah Lot auf Bali trotzt seit Jahrhunderten allen Stürmen der Zeit – bei Ebbe ist er vom Festland her zugänglich.

**Von links: Traditioneller balinesischer Tanz im Tempel Pura Taman Swasti; Tänzerin in goldverziertem Kostüm; Kecak-Tänzer mit traditionellen Masken – seit den 1930er-Jahren Teil der Inselkultur.**

# Kuching, Brunei, Kota Kinabalu, Sandakan

**Land:** Malaysia
**Einwohner:**
Kuching: 650 000
Kota Kinabalu: 470 000
Sandakan: 410 000
**Sprache:** Malaiisch
**Währung:** Ringgit
**Hauptreisezeit:** Nov. bis Februar
**Zeitzone:** UTC + 8

**Land:** Brunei
**Fläche:** 5765 km²
**Einwohner:** 400 000
**Sprache:** Malaiisch
**Währung:** Brunei-Dollar
**Hauptreisezeit:** Nov. bis Februar
**Zeitzone:** UTC + 8

**Gleich drei Staaten haben die drittgrößte Insel der Welt unter sich aufgeteilt: Über zwei Drittel der Fläche Borneos gehören zu Indonesien. Der Nordwesten und der Norden sind malaiisches Territorium. Das unabhängige Sultanat Brunei an der Nordwestküste umfasst ein Prozent der Inselfläche. Nur die malaiischen Häfen und Bandar Seri Begawan, die Hauptstadt Bruneis, werden von Kreuzfahrtschiffen angelaufen. Von dort führen Touren in die als Nationalpark ausgewiesenen Regenwaldgebiete Borneos.**

⚓ **Kuching** Die quirlige Kapitale des malaiischen Bundesstaates Sarawak an der Westküste Borneos ist die größte Stadt der Insel. Sie bietet sich als Ausgangspunkt für Touren zu einigen der nahe gelegenen Naturwunder Borneos an. Der 37 km nördlich von Kuching auf einer schmalen Halbinsel gelegene **Bako-Nationalpark** weist eine Vielzahl von Naturräumen auf. Auf nur 27 km² finden sich Mangrovensümpfe, Tieflandregenwald und – auf dem höher gelegenen Plateau im Inselinnern – Buschwald. Der Artenreichtum im Nationalpark ist enorm. Viele der nur auf Borneo vorkommenden Nasenaffen und Warane leben hier. Man kann den Park auf gut ausgewiesenen Wanderwegen erkunden. Der etwa zwei Autostunden westlich von Kuching gelegene **Gunung-Gading-Nationalpark** wartet mit einer ganz besonderen Attraktion auf: Hier gedeiht die Rafflesia – eine Schmarotzerpflanze, deren Blüten einen Durchmesser von bis zu einem Meter erreichen können und damit zu den größten der Welt zählen.

Kuching selbst erstreckt sich über eine Fläche von 431 km² beiderseits des etwa 1 km weiter östlich ins Südchinesische Meer mündenden Flusses Sarawak und präsentiert sich als freundliche, urbane Metropole. Die in den 1990er-Jahren neu gestaltete Waterfront am Südufer des Flusses ist ein beliebter Touristentreffpunkt.
Einige historische Gebäude im Stadtzentrum erinnern an die Zeit, als Kuching Hauptstadt der weißen Rajas, wie die 100 Jahre über Sarawak herrschende englische Familie Brooke auch genannt wurde, war. Zu ihren Hinterlassenschaften gehören das **Fort Margherita** und die **Residenz am Nordufer** des Flusses. Der **Main Bazaar** hingegen bezeugt mit seinen chinesischen Shophouses ebenso wie der **Tua Pek Kong Temple** und das **Chinese History Museum** den Einfluss von Einwanderern aus dem Reich der Mitte. Sehenswert ist auch das **Sarawak-Museum** mit seiner ethnologischen Sammlung. Mit dem **Sarawak Cultural Village** auf der Halbinsel Santubong wurde ein einzigartiges Freilichtmuseum geschaffen: In den landestypischen Langhäusern auf dem Areal informieren Angehörige indigener Stämme auf anschauliche Weise über das traditionelle Dorfleben auf Borneo.

⚓ **Brunei** Dank des vor der Küste geförderten Erdöls gehört das an der Nordwestküste Borneos gelegene Sultanat zu den wohlhabendsten Ländern des Planeten. Die Einwohner verfügen über das höchste Pro-Kopf-Einkommen in ganz Südostasien. Der Sultan, einer der reichsten Männer der Wel, regiert sein islamisch geprägtes Land mit eiserner Hand.

Die großen Kreuzfahrtschiffe legen im Hafen der Hauptstadt ⚓ **Bandar Seri Begawan** – kurz BSB genannt – an. Gut die

## Langhäuser und Kopfjäger

Von alters her leben die Dayaks, wie die Ureinwohner Borneos im Malaiischen genannt werden, in lang gestreckten, auf Stelzen und zumeist an Flüssen errichteten Holzbauten. Nicht nur eine Familie, sondern eine ganze Dorfgemeinschaft findet darin Platz. Durch ihren Grundriss sind die Langhäuser (rumah) immer durch eine Wand der Länge nach in zwei Hälften geteilt (ganz links). Während im hinteren Teil die Wohnbereiche (bilik) der Familien liegen (links), wird der vordere Teil (ruai) – meist über eine Veranda – vom ganzen Dorf genutzt. Oft sind Totenköpfe in den Langhäusern wie Trophäen ausgestellt. Zwar sind die Kopfjäger längst aus Borneo verschwunden, ihre Beute ziert aber nach wie vor Decken und Wände alter Langhäuser.

Orang-Utans sind auf Sumatra und Borneo heimisch.

Riesenrafflesien gehören zu den größten Pflanzen der Welt.

Hälfte der 75 000 Einwohner BSBs lebt in Kampong Ayer, einer Ansammlung von Pfahlbauten-Dörfern vor der Küste. Die Gemeinden sind mit dem Festland durch Wassertaxis verbunden. Festland-BSB glänzt mit einigen modernen Prunkbauten. Im Zentrum wird das Stadtbild von der vergoldeten Kuppel und den über 40 m hohen Minaretten der 1958 fertiggestellten **Omar-Ali-Saifnddin-Moschee** geprägt, im Westen überragt die Residenz des Sultans, der größte Palast der Welt, die Stadt. BSB verfügt über zwei sehenswerte Museen: Im **Royal Regalia Museum** werden die Kroninsignien des Herrschers aufbewahrt, im **Brunei Museum** seine private Sammlung islamischer Kunst aus mehreren Jahrhunderten.

Der Osten Bruneis ist von den westlichen Landesteilen durch einen schmalen Korridor malaiischen Territoriums getrennt und nur wenig erschlossen. Hier lockt mit dem **Ulu-Temburong-Nationalpark** einer der ursprünglichen Regenwälder Borneos. In BSB bieten Veranstalter Tagesausflüge in das Gebiet an, das vom Westen aus nur per Schiff erreicht werden kann.

**Kota Kinabalu** Obwohl die im Zweiten Weltkrieg fast völlig zerstörte Hauptstadt des malaiischen Bundesstaates Sabah im Norden Borneos nach ihrem Wiederaufbau etwas gesichtslos wirkt, wird sie als Kreuzfahrtziel immer beliebter. In ihrer Umgebung locken einige der schönsten Naturparks Borneos. Der **Tunku Abdul Rahman Park** etwa erstreckt sich über fünf der Küste vorgelagerte Inseln und ist wegen seiner reizvollen **Badestrände** ein beliebtes Ausflugsziel. Auf **Pulau Gaya**, der größten Insel des Parks, wurden Wanderwege angelegt, die in ein Regenwaldgebiet führen. Hauptattraktion ist natürlich der 4100 m hohe **Mount Kinabalu** nordöstlich der Stadt. Das Gebiet um den höchsten Berg Südostasiens ist seit 1964 als Nationalpark ausgewiesen und steht auf der UNESCO-Welterbeliste. Das Park-Headquarter liegt 88 km von Kota Kinabalu entfernt und bietet geführte Exkursionen an. Sehenswert sind auch die Ausstellungen über Flora und Fauna des Gebiets.

Das **Monsopiad Cultural Village** im Süden von Kota Kinabalu ist nach einem legendären Kopfjäger benannt. Ein Besuch lohnt sich.

**Sandakan** Die Stadt an der Nordküste Borneos ist vor allen Dingen dank einiger Naturschutzreservate, die sich dem Schutz seltener Tiere widmen, ein attraktives Kreuzfahrtziel. 25 km westlich von Sandakan liegt das **Sepilok Forest Reserve** mit dem berühmten Orang-Utan-Rehazentrum.

Das Naturreservat **Turtle Islands** umfasst mehrere Inseln und Korallenriffe. Gelegentlich können auf Selingan seltene Karettschildkröten nachts bei der Eiablage beobachtet werden. Die Nachbarinseln **Bakkungan Kechil** und **Gulisan** dürfen nur tagsüber betreten werden.

Das **Kinabatangan Wildlife Sanctuary** südlich von Sandakan ist ein Refugium für seltene Tierarten wie etwa Nasenaffen, Orang-Utans und Elefanten.

**Großes Bild: Im dichten Regenwald des Kinabalu-Nationalparks stehen Fauna und Flora unter strengem Naturschutz.**

# Pazifik und Ostasien

Ostasien-Kreuzfahrten führen in eine aufregende, hypermoderne Glitzerwelt und zugleich in eine uralte Kulturlandschaft. Auch in den bei Tag und Nacht pulsierenden Metropolen wie Hongkong, Shanghai, Seoul oder Tokio liegen zwischen hoch aufragenden Wolkenkratzern Pagoden, Tempel und zauberhafte fernöstliche Landschaftsgärten versteckt. Die Bewohner dieser Riesenstädte sind traditionsverbunden, liebenswürdig und gastfreundlich, und ihre Geschäftstüchtigkeit ist bekannt. Ganz Ostasien scheint ein einziges großes Einkaufsparadies zu sein. Nicht nur in den Shopping-Hochburgen Tokio und Hongkong, sondern auch in Shanghai werben riesige luxuriöse und moderne Einkaufsparadiese und traditionelle Märkte um ihre Kunden.

Hongkongs einzigartige Skyline begrüßt die Passagiere an Deck der Kreuzfahrtschiffe. Gleichzeitig ist die Stadt eine der grünsten Metropolen Asiens.

# Hongkong

## Märkte

Hongkong gilt als preisgünstiges Einkaufsparadies. Dabei locken nicht nur die glitzernden Kosumtempel der Moderne, sondern auch die vielen Stra-

**Land:** China
**Einwohner:** 7,1 Mio.
**Sprache:** Chinesisch (Mandarin)
**Währung:** Yuan
**Hauptreisezeit:** Oktober bis März
**Zeitzone:** UTC + 8

**Die Metropole an der Mündung des Perl-Flusses ist eine faszinierende Stadt. Nirgendwo sonst finden sich Ost und West, uralte chinesische Traditionen und kapitalistisches Big Business auf so engem Raum vereint. Zwischen ultramodernen Hochhaustürmen tauchen buddhistische oder taoistische Tempel auf. Auch nach der im Jahr 1997 erfolgten Vereinigung mit der Volksrepublik China gehört Hongkong noch immer zu den großen Handels- und Finanzzentren der Welt.**
**In dem Vertrag zwischen der chinesischen und der britischen Regierung, der die Eingliederung der ehemaligen Kronkolonie in den chinesischen Staat regelte, wurde der Stadt ab 1997 der Status einer »Sonderverwaltungszone« zuerkannt. Den Bürgern Hongkongs wurde weitgehende Autonomie zugestanden, und die kapitalistische Wirtschaftsordnung blieb erhalten.**
**Hongkong erstreckt sich auf einer Fläche von 1100 km² und umfasst die Halbinsel Kowloon mit ihrem Hinterland, den sogenannten New Territories, sowie insgesamt 256 der Küste vorgelagerte Inseln. Der weitaus größte Teil der Bevölkerung drängt sich in den beiden durch die schmale Wasserstraße des Victoria Harbour voneinander getrennten Städten Kowloon und Central auf Hong Kong Island – an der Mündung des Perlflusses.**

**Kowloon** Obwohl die Stadt längst nicht so viel Glamour wie ihr »Zwilling« auf Hong Kong Island zu bieten hat, wartet sie mit einigen touristischen Attraktionen auf. An der Südspitze der Halbinsel wurde unweit des hypermodernen **Ocean Terminal**, an dem die Kreuzfahrtschiffe anlegen, ein Kulturzentrum mit einer Reihe interessanter Museen wie dem **Hong Kong Museum of Art** oder dem **Space Museum** eingerichtet. Die Hauptgeschäftsstraße Kowloons, die sich von der Südspitze der Halbinsel über mehrere Kilometer nach Norden hinziehende Nathan Road, macht dem Ruf Hongkongs als Einkaufsparadies alle Ehre. Der Boulevard, der sich allabendlich in ein Lichtermeer grellbunter Neonreklamen verwandelt, gleicht einem Basar, auf dem sich alle Welt trifft. Wer sich einen Hauch Luxus gönnen möchte, sollte einen Afternoon Tea im **Peninsula Hotel** am südlichen Ende der Nathan Road nicht versäumen. Das »beste Haus am Platz«, das in einem Prunkbau aus den 1920er-Jahren residiert und seit Kurzem über einen eigenen Helikopterlandeplatz verfügt, gilt als Treffpunkt der Hautevolee. Die interessantesten traditionellen chinesischen Märkte wie der **Jade-, Blumen- und Vogelmarkt** befinden sich im Norden Kowloons und können vom Hafen aus mit einem Taxi oder der U-Bahn erreicht werden. Auch ein Besuch des belebten **Temple Street Night Market**, der nachmittags öffnet und erst kurz vor Mitternacht schließt, ist lohnenswert.

**Hong Kong Island** In unmittelbarer Nähe des **Ocean Terminals**, an dem die großen Kreuzfahrtschiffe andocken, befindet sich die Anlegestelle der traditionsreichen **Star Ferry**, mit der man in wenigen Minuten nach Hongkong Island übersetzen kann. Die Fahrt durch einen der größten und zugleich schönsten Häfen der Welt ist ein Erlebnis, die Sicht auf die Skyline der Insel mit dem Victoria Peak im Hintergrund wunderbar. Mit Central, dem früheren Victoria, beherbergt Hong Kong Island das politische und wirtschaftliche Zentrum der Region. In dem Viertel rund um den Statue Square, der von der Fährenanlegestelle in wenigen Gehminuten zu erreichen ist, haben viele internationale Unternehmen und große Banken ihren Sitz.
Einige der Hochhaustürme gelten als Meisterwerke der modernen Architektur. Das Gebäude der **Hongkong & Shanghai Banking Corporation** im Süden des Platzes wurde in den 1980er-Jahren von Sir Norman Foster, der auch die neue Kuppel des Berliner Reichstagsgebäudes entwarf, erbaut. Der **neue Turm der Bank of China** an der Garden Road stammt von dem amerikanischen Architekten Ieoh Ming Pei, der auch die Pyramide vor dem Louvre schuf. Ebenfalls an der Garden Road befindet sich die Bodenstation der Peak Tram. Eine Tour hinauf zum **Victoria Peak**, der mit 554 m höchsten Erhebung der Insel, sollte kein Hongkong-Besucher versäumen. Die Aussicht vom Peak Tower über die Stadt, die Inseln und das Meer ist wahrhaft spektakulär.

Mehr als jede Sehenswürdigkeit sind jedoch Hektik und Betriebsamkeit ein Markenzeichen der Stadt geworden. In den Straßenschluchten von Central geht es fast 24 Stunden am Tag geschäftig zu. Wer das Gedränge und Gewühle lieber aus einer gewissen Distanz erleben möchte, der kann eine der altehrwürdigen **Doppeldecker-Straßenbahnen** benutzen. Die Trams verkehren entlang der Küste zwischen Kennedy Town im Westen und Shau Kei Wan im Osten.

Auch auf Hong Kong Island gibt es unzählige Einkaufsmöglichkeiten. Im Western Market an der Connaught Road, einem restaurierten Backsteingebäude aus dem Jahr 1906, locken Boutiquen und Cafés besonders junge Leute an. Causeway Bay, ein mit Hochhaustürmen dicht bebautes Viertel im Osten von Central, zählt zu den teuersten Einkaufsmeilen der Welt. Edle Shoppingmalls stehen hier dicht an dicht.

**Große Kreuzfahrtschiffe, aber auch die kleinen Passagierfähren durchqueren Victoria Harbour.**

ßenmärkte (ganz links) jährlich Millionen Besucher an. Mehr als alles andere sind sie zu einem Wahrzeichen der Stadt geworden. Einige der bedeutendsten befinden sich in Mong Kok in Kowloon. Zehn Gehminuten von der Metro-Station Prince Edward kann man auf dem berühmten Bird Garden Market (links) Männer ihre gefiederten Haustiere spazieren führen und füttern sehen. Legendär ist der Ladies' Market in der Tung Choi Street unweit der Metro-Station Mong Kok. Hier werden an unzähligen Ständen vor allen Dingen preiswerte Kleidung und Lederwaren angeboten. Auf dem Lebensmittelmarkt in der Argyle Street preisen die Händler kulinarische Spezialitäten der Region an. Der Temple Street Night Market an der Metro-Station Jordan ist auch dank der vielen traditionellen Garküchen und chinesischer Folklore beliebt.

**New Territories** Ein Ausflug in das Hinterland der Metropole führt in eine traditionsreiche chinesische Kulturlandschaft. Obwohl mittlerweile weite Teile des Gebiets, das 1898 für 99 Jahre von den britischen Kolonialherren gepachtet wurde, verstädtert sind, finden sich immer noch Orte der Ruhe und der Stille.
In **Sha Tin** nördlich von Kowloon gelegen laden der Tempel der 10 000 Buddhas und das 🏛 **Hong Kong Heritage Museum** zu einem Besuch ein. In **Tsuen Wan** wurde ein Dorf der Hakka, einer hanchinesischen Volksgruppe mit einer eigenen Sprache und eigenen kulturellen Traditionen, in ein Freilichtmuseum umgewandelt. Auf der Halbinsel **Sai Kung** im Osten der New Territories führen einsame Wanderwege durch eine ländliche Idylle; hier werden Touren durch die New Territories angeboten.

**Lantau** Obwohl sie Standort des neuen Großflughafens Chek Lap Kok ist, präsentiert sich die größte der Outlying Islands immer noch als ländliches Idyll. In der wildromantischen Gebirgslandschaft der Insel liegen kleine Dörfer und Klöster versteckt. Das Gebiet um den Lantau Peak, der mit 934 m höchsten Erhebung der Insel, steht unter Naturschutz und kann auf Wanderwegen erkundet werden. Lantau darf sich rühmen, Heimstatt der größten sitzenden **Buddha-Statue** der Welt zu sein. Seit 1993 thront der 34 m hohe Koloss über den Hallen des **Po-Lin-Klosters**. Die Insel kann von Hong Kong Island aus mit einer Fähre in gut einer Stunde erreicht werden.

**Rechts: Auf dem mehrspurigen Freeway entlang des Hafens von Hongkong ist eine Fahrt am Abend sicherlich besonders faszinierend.**

Der Blick von Victoria Peak auf Hongkong am Abend oder bei Nacht macht so manchen sprachlos (unten).

Hongkong – eine Stadt, die unaufhörlich in die Höhe zu wachsen scheint (links).

# Shanghai

## Vertrag von Nanking

Der Aufstieg Shanghais (rechts) zu einer der großen Metropolen des 19. Jh.s begann mit dem Vertrag von Nanking, der 1842 den Ersten Opiumkrieg zwi-

**Mehr als jede andere chinesische Metropole symbolisiert Shanghai den rasanten Wandel des Reichs der Mitte vom Entwicklungsland zur dynamischsten Volkswirtschaft der Welt. Nirgendwo sonst wird so viel gebaut wie hier. »Höher, schneller, moderner« – dies scheint das Motto der Shanghaier Stadtplaner zu sein. Überall schießen Hochhaustürme aus dem Boden, und das Autobahn- und Nahverkehrsnetz wird ständig erweitert. In den letzten 15 Jahren hat sich Shanghai außerdem zum Finanz- und Wirtschaftszentrum Chinas entwickelt. Die Einwohner gelten als clever und geschäftstüchtig. Sie sind weltoffen und knüpfen an die schillernde Vergangenheit der Stadt an. Zu Beginn des 20. Jh.s gaben sich Bonvivants und Lebenskünstler, Investoren und Spekulanten hier ein Stelldichein. Bordelle und Spielhöllen schossen aus dem Boden, Gangster-Syndikate trieben ihr Unwesen. Obwohl man in Shanghai auch heute wieder Geschäfte machen und das Leben genießen kann, ist diese Ära längst Geschichte. Nur die Prunkbauten am Bund erinnern daran.**
**Die Cruisliner gehen im International Shipping Center vor Anker.**

**Land:** China
**Einwohner:** 23 Mio.
**Sprache:** Chinesisch (Mandarin)
**Währung:** Yuan
**Hauptreisezeit:** April/Mai, Oktober
**Zeitzone:** UTC + 8

**Bund** Wohl kein Besucher Shanghais kommt an einem Bummel über die legendäre Flaniermeile am westlichen Ufer des Huangpu vorbei. Nirgendwo sonst in der Stadt wird man so unmittelbar mit der Vergangenheit und der Zukunft Chinas konfrontiert. Auf der anderen Seite des Flusses ragen die futuristischen Hochhäuser der Retortenstadt Pudong als Symbole des modernen China in den Himmel empor. Die Prunkbauten entlang der Promenade hingegen stammen aus den ersten Dekaden des 20. Jh.s und erinnern an die Zeit, als Shanghai fest im Griff ausländischer Geschäftsleute war. Im Prachtbau des **Dongfeng-Hotels** im Süden des Bunds beispielsweise residierte einst der exklusive Shanghai Club, ein Treffpunkt internationaler Magnaten, zu dem Frauen und Chinesen keinen Zutritt hatten. Das 1927 erbaute **Customs House** beherbergt auch heute ein Zollamt. Die Glocke im Uhrenturm schlägt zu jeder vollen Stunde im Stil ihres Londoner Vorbildes Big Ben.
Das einstige Cathay und heutige **Peace Hotel** an der Ecke East Nanjing Road/Bund wurde zwischen 1926 und 1929 von dem legendären Victor Sassoon errichtet. VIPs wie Charlie Chaplin, George Bernard Shaw und Noël Coward logierten hier. Auch heute gehört das Hotel zu den besten und luxuriösesten Häusern der Stadt.
Nach dem Zweiten Weltkrieg fiel der Bund zunächst in einen Dornröschenschlaf. Mit der wirtschaftlichen Liberalisierung in den 1980er-Jahren erwachte er zu neuem Leben. In die altehrwürdigen Gebäude zogen hippe Bars, Nobelrestaurants und exklusive Geschäfte ein. Heute bevölkern Geschäftsleute, Touristen und Straßenverkäufer die Promenade.

**Altstadt** Wer sich für das traditionelle China interessiert, sollte einen Besuch der Shanghaier Altstadt südlich des Stadtzentrums nicht versäumen. Zwar sind große Teile der ursprünglichen Bebauung mittlerweile abgerissen und die Bewohner umgesiedelt worden. Dennoch sind Shanghais Stadtplaner bemüht, einige historische Sehenswürdigkeiten zu erhalten und das Viertel für Touristen attraktiv zu machen. Der **Yu Yuan** zählt zu den Meisterwerken chinesischer Gartenbaukunst. Er wurde 1559 im Auftrag einer Shanghaier Beamtenfamilie im Stil der Ming-Zeit angelegt, danach mehrmals zerstört und zuletzt im Jahr 1956 restauriert. Die Anlage, ein kunstvolles Arrangement aus Gärten, Pavillons, Hallen und Teichen, erin-

**Die Kreuzfahrtschiffe legen am International Shipping Center an.**

**Eine vielfältige Architektur präsentiert sich am Bund.**

**In der Altstadt stößt man auf traditionelle Handwerksbetriebe.**

schen dem Chinesischen Kaiserreich und Großbritannien beendete. Darin verpflichteten sich die Chinesen, fünf Häfen, darunter Shanghai, für den internationalen Handel zu öffnen. Den Briten und später auch den Franzosen, Amerikanern und Japanern wurde das Recht eingeräumt, in diesen sogenannten Konzessionsgebieten Siedlungen und Handelsniederlassungen zu gründen. In Shanghai löste der Wegfall der Handelsbeschränkungen einen lang anhaltenden Boom aus. Die Stadt entwickelte sich in einem atemberaubenden Tempo und lockte Investoren aus aller Welt an. Bis weit in das 20. Jh. hinein war Shanghai eine sehr »europäische« Metropole. Erst die japanische Invasion im Jahr 1937 stoppte den Höhenflug. Viele Ausländer flohen aus der Stadt. Nach 1945 übernahmen nach 100 Jahren wieder Chinesen die Verwaltung der Stadt.

nert an ein chinesisches Landschaftsbild. Das **»Teehaus in der Mitte des Sees«** gleich am Haupteingang zum Yu Yuan kann nur über eine zickzackförmige Brücke, die böse Geister bannen soll, erreicht werden.

Rund um den Yu Yuan wurde der **Altstadtbasar** neu errichtet. In die Holzhäuser in traditioneller chinesischer Bauweise sind Restaurants, Geschäfte und Teehäuser eingezogen.
Shanghais Altstadt beherbergt einige historische Tempel, die die Vielfalt des religiösen Lebens in China spiegeln: Im Tempel des Stadtgottes wird eine taoistische Gottheit verehrt, der Konfuzius-Tempel ist dem berühmten Gelehrten geweiht, im **Chen-Xiang-Kloster** leben buddhistische Nonnen. Auch die älteste christliche Kirche Shanghais, die **Dongjiadu-Kathedrale**, liegt in der Altstadt. Sie wurde 1853 von spanischen Jesuiten erbaut.

**Französische Konzession** Das Viertel gehört zu den teuersten und elegantesten in Shanghai. An vielen Stellen wird das Stadtbild von Herrenhäusern aus den 1920er-Jahren und Art-déco-Villen geprägt. Heute wie in der Konzessions-Ära werden die breiten Boulevards von Luxusgeschäften und Edelboutiquen gesäumt.
In **Xintiandi** im Nordosten des Viertels wurden einige Gassen mit Shikumen-Häusern, den Steintor-Häusern, restauriert. Die in der zweiten Hälfte des 19. Jh.s entwickelte Shikumen-Architektur vereinigte westliche und östliche Baustile auf einzigartige Weise. Traditionelle chinesische Wohnhäuser mit Innenhof und Garten wurden hier nach Art englischer Townhouses als Reihenhäuser nebeneinandergestellt. Einst soll es in Shanghai mehr als 9000 Shikumen-Häuser gegeben haben. Heute findet man sie nur noch vereinzelt. In viele der aufwendig restaurierten Gebäude von Xintiandi sind Bars, Restaurants und Geschäfte eingezogen. Das Quartier gilt als trendy und lockt immer mehr Touristen an. Xintiandi ist nicht nur aufgrund seiner Bebauung ein geschichtsträchtiger Ort. In der Xingye 76 wurde am 23.7.1921 die Kommunistische Partei Chinas gegründet. In dem Shikumen-Haus erinnert eine Gedenkstätte an das Ereignis.
Auch in dem **Wohnhaus Sun Yat-sens** (1866–1925), dem ersten Präsidenten der chinesischen Republik, in der Xiangshan 7 ist ein Museum untergebracht.

**Pudong** Wie kein zweiter Ort symbolisiert der Stadtteil im Osten des Huangpu das moderne China. Die Skyline mit dem **Oriental Pearl TV Tower** und dem **Jin Mao Tower** ist zum neuen Wahrzeichen Shanghais geworden. Bis in die 1990er-Jahre war Pudong nur ein Stück Sumpfland. In nur etwas mehr als einem Jahrzehnt wurde hier eine Retortenstadt mit Hunderten von Wolkenkratzern hochgezogen. Die Wirtschaft wächst in atemberaubendem Tempo. Chinesische und internationale Unternehmen haben hier Milliarden von Dollar investiert.
In Pudong verkehrt die einzige regulär betriebene Magnetschwebebahn der Welt. Sie verbindet das Zentrum mit dem internationalen Flughafen und dem Gelände der Expo 2010. Vom Bund aus kann man Pudong mit einer Fähre oder mit dem Zug erreichen. Eine Bahnfahrt durch den Sightseeing-Tunnel unter dem Huangpu hindurch ist ein Erlebnis.

**Rechts: Die Gartenanlage Yu Yuan bietet inmitten der modernen Stadt einen kontrastreichen Einblick in die traditionelle chinesische Bauweise und Gartenbaukunst.**

**Der Jin-Mao-Turm, hier in der Bildmitte mit seiner beleuchteten Spitze, ist 420 m hoch, und seine treppenförmig aufsteigende Außenfassade soll an einen Bambushalm erinnern (unten).**

Der noch junge Stadtteil Pudong ist der Inbegriff des modernen Chinas und gleichzeitig das Wirtschafts- und Hightech-Zentrum von Shanghai (rechts).

# Qingdao, Incheon, Busan

**Der Chongmyo-Schrein in Seoul**

Im konfuzianischen Ritus spielt die Ahnenverehrung eine große Rolle. Deshalb hat die letzte ko-

**Qingdao an der Zhan-Qiao-Pier ist in Morgennebel gehüllt, die kleine Pagode ist noch ein Relikt aus der Vergangenheit.**

**Die Gegensätze zwischen den beiden wichtigsten Kreuzfahrthäfen am Gelben Meer könnten größer nicht sein: Das chinesische Qingdao ist trotz eines ganz enormen Bevölkerungswachstums und eines andauernden Baubooms ein reizvoller Ferienort und wird als schönstes Seebad Chinas gepriesen. Die Hafenstadt Incheon auf der koreanischen Seite des Gelben Meers hingegen ist mit der Megacity Seoul längst zu einer gigantischen Metropolregion mit mehr als 23 Mio. Einwohnern zusammengewachsen. Es herrscht rund um die Uhr urbane Geschäftigkeit. Die an der Südostküste Koreas gelegene Hafenstadt Busan ist eine bedeutende Handelsmetropole und außerdem bei den Koreanern ein beliebtes Urlaubsziel.**

**Land:** China
**Einwohner:**
Qingdao: 4,4 Mio.
**Sprache:** Chinesisch (Mandarin)
**Währung:** Yuan
**Hauptreisezeit:** Mai/Juni, September
**Zeitzone:** UTC + 8

**Land:** Republik Korea (Südkorea)
**Einwohner:**
Incheon: 2,7 Mio.
Busan: 3,7 Mio.
**Sprache:** Koreanisch
**Währung:** Won
**Hauptreisezeit:** Mai/Juni, September
**Zeitzone:** UTC + 9

## Qingdao

»Neapel am Gelben Meer« – so wurde die Hafenstadt an der Südküste der Halbinsel Shandong von den deutschen Kolonialherren genannt. Auch heute gehört die mittlerweile 4,4 Mio. Einwohner zählende Metropole, die 2008 Austragungsort der Olympischen Segelwettbewerbe war, zu den schönsten Badeorten Chinas. Dank ihrer Lage an der Bucht von Jiaozhou mit der Kulisse des Lao-Shan-Gebirges im Hintergrund und nicht zuletzt dank der vielen **Badestrände** ist sie ein beliebtes Ferienziel. Obwohl ultramoderne Prachtbauten inzwischen das Stadtbild prägen, ist das historische Viertel nach wie vor Qingdaos Markenzeichen. Die Bauten hier stammen aus der Zeit, als die Stadt zum deutschen Schutzgebiet Kiautschou gehörte und Vorposten des wilhelminischen Deutschlands im Fernen Osten war. Nachdem das chinesische Kaiserhaus durch Kanonenboote dazu gezwungen worden war, das Gebiet um die Bucht von Jiaozhou zu verpachten, konnten die Deutschen 1898 hier einen Marinestützpunkt eröffnen und eine Mustersiedlung nach dem Vorbild einer deutschen Kleinstadt errichten. Obwohl sie bereits 1914 den Japanern weichen mussten, hat ihre kurze Präsenz bis heute sichtbare Spuren hinterlassen.

Die **Altstadt** Qingdaos präsentiert sich an vielen Stellen als provinzielles Idyll mit Bauten im Zuckerbäckerstil. Bemerkenswert sind die neoromanische **St.-Michaels-Kathedrale** sowie der ausladende Prunkbau der **Gouverneursresidenz**, der heute ein Museum beherbergt. Der »Pavillon der zurückkehrenden Wellen« an der Uferpromenade Taiping Lu wurde zwar im traditionellen chinesischen Stil erbaut, nichtsdestotrotz erinnert er an ein deutsches Ostseebad.
Die 1904 gegründete **Tsingtao-Brauerei**, die sich außerhalb des historischen Zentrums befindet, soll das beste Bier im Reich der Mitte brauen. Reisebüros in Qingdao organisieren Besichtigungstouren.

Ein Ausflug in die bis zu 1100 m aufragenden Berge des **Lao Shan** östlich von Qingdao führt in eine der faszinierendsten Landschaften im Reich der Mitte. Die besondere Schönheit der Natur hat viele chinesische Landschaftsmaler inspiriert. In den Bergen liegen einige taoistische Tempel versteckt. Der größte und berühmteste ist der **Taiqing Gong** aus der Song-Zeit. Das Lao-Shan-Gebirge kann von Qingdao aus mit dem Bus erreicht werden.

## Incheon

Der koreanische Hafen ca. 30 km westlich von Seoul wurde 1983 eröffnet und gehört mittlerweile zu den größten Containerterminals der Welt. Die Einwohnerzahl Incheons, die zum Zeitpunkt der Hafeneröffnung im Jahr 1883 noch bei 4700 lag, ist auf 2,7 Mio. gestiegen. Die Stadt ist mit der koreanischen Kapitale zu einer gigantischen Metropolregion zusammengewachsen. Über 23 Mio. Menschen leben hier. Die meisten Kreuzfahrtpassagiere nutzen den Landgang in Incheon für einen Ausflug in die Megacity Seoul. Ihre Skyline ist zu einem Symbol des modernen Koreas, einer der großen Wirtschaftsmächte Asiens, geworden; man hat den Eindruck, die Stadt schläft nie.

**Seoul**, das einstige Hanyang, war über 600 Jahre lang die Hauptstadt Koreas, seit Ende des Koreakrieges 1953 ist sie nunmehr Hauptstadt Südkoreas. Viele historische Sehenswürdigkeiten bezeugen die lange und reiche Geschichte der Stadt. Die Joseon-Dynastie, die zwischen 1392 und 1897 über

reanische Königsdynastie, die sich kulturell am großen Nachbarn China orientierte und den Neokonfuzianismus in Korea zur offiziellen Staats- und Moralphilosophie machte, auch einen zentralen Ort zur Verehrung der eigenen Vorfahren angelegt (ganz links). Der Schrein der »königlichen Ahnen« (Chongmyo) geht auf den ersten Choson-Herrscher Yi Songgye zurück. Seine heutige Form erhielt der Bau um 1600, nachdem bei der japanischen Invasion unter Toyotomi Hideyoshi 1592 die meisten öffentlichen Gebäude Koreas niedergebrannt worden waren. Im Inneren des Schreins befinden sich die Ahnentafeln der 19 wichtigsten Yi-Könige. Die Anlage ist gut erhalten, weil sie regelmäßig genutzt und renoviert wird. Die Riten der Ahnenverehrung finden heute einmal im Jahr am ersten Sonntag im Mai statt (links); nur dann hat die Öffentlichkeit Zutritt.

das Land herrschte, errichtete einige repräsentative Paläste, die zwar während der japanischen Invasionen von 1592 und 1910 zerstört wurden, die aber zumindest teilweise rekonstruiert werden konnten.
Der größte Prachtbau, die Residenz **Gyeongbokgung**, ist ein beliebtes Touristenziel. Der Changdeokgung, in dem der letzte koreanische König nach seiner Abdankung lebte, steht auf der UNESCO-Weltkulturerbeliste. Auch zwei der ursprünglich acht Tore der historischen Stadtbefestigung sind erhalten. Sie werden nachts angestrahlt. Seoul verfügt über eine breit gestreute Museumslandschaft. Wer sich für die Geschichte Koreas interessiert, sollte einen Besuch im 🏛 **Nationalmuseum** nicht versäumen.
In Seoul gibt es verschiedene Einkaufsmöglichkeiten. Hypermoderne Shoppingmalls, aber auch traditionelle Märkte sind über die ganze Stadt verstreut. Einige der interessantesten Einkaufsstraßen finden sich in **Insadong**. In den schmalen Gassen dieses Viertels haben sich zahlreiche Kunstgalerien und Antiquitätenläden, Teehäuser, Garküchen und Restaurants angesiedelt. Dank eines ausgezeichneten Nahverkehrssystems lassen sich alle Höhepunkte Seouls bequem mit der Metro oder dem Bus erreichen.

⚓ **Busan** Die 4-Mio.-Metropole an der Südostküste der Koreanischen Halbinsel kann mit einer reizvollen landschaftlichen Umgebung aufwarten. Sie erstreckt sich entlang einer zerklüfteten Küste und ist von malerischen Gebirgszügen umgeben. Dank einiger schöner **Badestrände** ist die Stadt ein beliebter Ferienort geworden. Busan beherbergt den viertgrößten Containerhafen überhaupt und ist Koreas Tor zur Welt. Das Stadtzentrum unterscheidet sich nicht von denen anderer moderner asiatischer Metropolen. Auch hier ragen Hochhaustürme in den Himmel empor, in den Straßen geht es hektisch und betriebsam zu. Im **Beomeosa-Tempelbezirk** hingegen finden Besucher eine Oase der Ruhe und des Friedens. Das 678 gegründete buddhistische Heiligtum liegt in einer schönen Parklandschaft.

**Bild oben: Das Südtor der ehemaligen Stadtbefestigung von Seoul ist heute vom Verkehr umtost.**

# Tokio, Yokohama

## Tokyo Tower

Wohl kein Besucher der japanischen Hauptstadt kommt um eine Besichtigung des Tokyo Tower im Stadtbezirk Minato herum. Der 333 m hohe Fern-

**Land:** Japan
**Einwohner:**
Tokio: 9 Mio.
Yokohama: 3,7 Mio.
**Sprache:** Japanisch
**Währung:** Yen
**Hauptreisezeit:** Mai, August/Sept.
**Zeitzone:** UTC + 9

Der knapp 300 m hohe Yokohama Landmark Tower dominiert hier die Skyline.

**Die Geschichte des Hafens von Yokohama ist eng mit der Öffnung Japans gegenüber der Welt im 19. Jh. verbunden. 1853 ging der amerikanische Admiral Matthew Perry mit einem Flottengeschwader in der Bucht von Edo, dem heutigen Tokio, vor Anker und zwang den Shogun, die Gründung von ausländischen Handelsstützpunkten in dem bis dahin völlig abgeschotteten Inselreich zu erlauben. Zu den Gebieten, die der Herrscher den Ausländern überließ, gehörte auch eine kleine Insel vor Yokohama, das damals noch ein Fischerdorf war. Hier wurden Handelsniederlassungen gegründet und 1859 ein Seehafen eröffnet. Yokohama wurde Japans Tor zur Welt. Mit mehr als 3 Mio. Einwohnern ist die Kommune die zweitgrößte Stadt des Landes und mit dem nur 30 km entfernten Tokio zur einer der dicht besiedeltsten Metropolregionen der Welt zusammengewachsen.**
**Der Hafen ist immer noch der größte Japans und gleichzeitig ein Kreuzfahrtziel. Von hier ist Tokio in weniger als einer Stunde mit dem Shinkansen erreichbar. Zwischen dem hypermodernen Cruiseterminal und der Shin-Yokohama Station verkehren Busse.**
**Mehr als eine einzige Stadt ist Tokio eher eine Agglomeration von 23 administrativ eigenständigen Bezirken und mehreren Städten, die zusammen die größte Metropolregion der Welt bilden. Mehr als 35 Mio. Menschen drängen sich hier auf engstem Raum.**
**Allein in der Präfektur Tokio leben mehr als 8 Mio. Menschen. Sie lassen das politische, wirtschaftliche und kulturelle Herz der zweitgrößten Industrienation der Erde 24 Stunden ununterbrochen schlagen. Rund um die Uhr herrscht auf den Straßen ein Geschiebe und Gedränge.**

**Kaiserpalast** Die Residenz des Tennos liegt im Zentrum Tokios in der Nähe des Hauptbahnhofs inmitten einer weitläufigen Parklandschaft. Ein großer Teil des Areals um den Palast ist für die Öffentlichkeit gesperrt. Gleichwohl gibt es im Osten des Gebiets einige Grünflächen, zu denen jedermann Zutritt hat. Der Kaiserpalast steht an der Stelle der gewaltigen Burg Edo, die über Jahrhunderte die Residenz der mächtigen Tokugawa-Shogune war. Erst in der Meiji-Zeit, die 1868 mit der Auflösung des Shogunats begann, musste die alte Festung einem neuen Palast weichen. Der 1888 fertiggestellte Bau wurde 1945 bei einem Bombenangriff völlig zerstört und gegen Ende der 1960er-Jahre durch einen Betonbau ersetzt. An die alte Burg Edo erinnern noch die Wassergräben, die den Kaiserpalast umgeben. In dem der Öffentlichkeit zugänglichen Kokyo Higashi Gyoen wurde eins der Burgtore aus der Shogun-Zeit wieder aufgebaut. Die **Niju-Bashi** im Westen der Kokyo Gaien gehört zu den Wahrzeichen Tokios. Die Brücke führt über einen Wassergraben auf den Kaiserpalast zu und ist für Besucher gesperrt. Dennoch drängen sich hier die Touristen, um einen Blick auf den **Fushi-Yagura**, einem Wachturm der alten Burg, zu erhaschen.

Im **Kitanomaru-Koen**, einem Park am nördlichen Rand des Kaiserpalast-Bezirks, wurden einige Museen wie das 🏛 **Nationalmuseum für moderne Kunst** errichtet. Nordwestlich des Kaiserpalastes befindet sich der berühmt-berüchtigte **Yasukuni-Schrein**, der immer wieder für Proteste sorgt. Das 1869 gegründete Heiligtum ist den Soldaten gewidmet, die seit der Meiji-Revolution im Krieg für Japan starben. Die Tatsache, dass hier auch Kriegsverbrecher verehrt werden, löst regelmäßig internationale Proteste aus.

**Ginza** Das legendäre Geschäfts- und Vergnügungsviertel liegt südöstlich des Hauptbahnhofs im Herzen der Stadt. Trotz exorbitant hoher Preise locken Bars, Restaurants und Vergnügungslokale täglich Abertausende von Besuchern an. Bunte Neonreklamen schmücken fast jede Hausfassade. Sie gelten als Wahrzeichen des Viertels. Die Einkaufsstraßen der Ginza gehören zu den teuersten der Welt. In den Luxusgeschäften und eleganten Kaufhäusern können Kauflustige ein Vermögen ausgeben.
Ginza ist aber auch ein Mekka für Kunstliebhaber. Die Galerien bieten vor allem Werke zeitgenössischer japanischer Künstler an. Das 🏛 **Idemitsu-Kunstmuseum** beherbergt eine kostbare Sammlung traditioneller fernöstlicher Keramiken und Zeichnungen. Das 🎭 **Kabuki-za** im

sehturm ist dem Pariser Eiffelturm nachempfunden und mittlerweile ein Wahrzeichen der Stadt geworden (ganz links im Bild). Die beiden verglasten Aussichtsplattformen in 150 und 250 m Höhe gewähren einen fantastischen Rundblick über die Bucht von Tokio und das Hinterland der Metropole. Bei klarem Wetter ist sogar der Fujiyama in der Ferne zu sehen. Über den Tokyo Tower werden zahlreiche Fernsehprogramme ausgestrahlt. Er wurde 1958 fertiggestellt und war lange Zeit der höchste Fernsehturm der Welt. Mit seiner Höhe von 333 m überragt er sein französisches Vorbild immerhin um 9 m. Gleichwohl wiegt er nur ca. 4000 t und damit weit weniger als der 7200 t schwere Eiffelturm. Von 2008 bis Anfang 2012 wurde ein neuer, fast doppelt so hoher Fernseh- und Aussichtsturm, der markante Tokyo Sky Tree, erbaut.

Süden der Ginza bringt Theaterstücke der Edo-Zeit auf die Bühne. Allein das Theatergebäude, das westliche und traditionelle japanische Baustile in sich vereinigt, ist sehenswert. Wie kein zweiter Stadtteil Tokios symbolisiert die Ginza den Einbruch der Moderne in das traditionelle Japan. Bereits 1872 wurde hier nach dem Vorbild Pariser und Londoner Straßen ein breiter Boulevard angelegt und ein westlicher Lebensstil gepflegt.

**Ueno-Koen** Nicht nur zur Kirschblütenzeit zieht es Hauptstädter wie Besucher aus aller Welt in diesen weitläufigen Park im Norden des Stadtzentrums. Als Standort mehrerer bedeutender Museen und des **Toshogu-Schreins** ist er vielmehr das ganze Jahr über ein beliebtes Ausflugsziel. Das in einem Prunkbau aus dem frühen 20. Jh. untergebrachte 🏛 **Nationalmuseum Tokio** ist das größte des Landes. Es beherbergt die weltweit umfangreichste Sammlung ostasiatischer Kunst sowie eine Fülle archäologischer Schätze. Das 🏛 **Nationalmuseum für westliche Kunst** wurde nach Plänen von Le Corbusier errichtet.
Wer sich für die Geschichte Tokios, des einstigen Edo, interessiert, sollte einen Besuch im 🏛 **Historischen Museum Shitamachi** im Süden des Parks nicht versäumen. Es informiert mittels einiger interessanter Exponate über das Alltagsleben der »kleinen Leute« während der Shogun- und der Meiji-Zeit. Zwar ist der Toshogu-Schrein Tokios kunstgeschichtlich nicht ganz so bedeutend wie sein ebenfalls dem ersten Tokugawa-Shogun geweihtes Vorbild in Nikko. Nichtsdestotrotz präsentiert er das Kunstschaffen in der Edo-Zeit auf paradigmatische Weise. Er wurde 1651 errichtet und gilt als ältester Schrein Tokios. Ein Besuch ist auf jeden Fall lohnenswert.

**Shibuya** Der Bezirk im Westen Tokios bietet vielfältige Einkaufsmöglichkeiten. Die Omotesando-Dori, eine Lebensader Shibuyas, zählt zu den attraktivsten Shoppingmeilen der Metropole. Die Luxusgeschäfte residieren oft in spektakulären Neubauten. So wurde der Prada-Store von Herzog & de Meuron entworfen. Die Omotesando-Dori stößt im Westen auf den Yoyogi-Koen, eine weitläufige Parkanlage, die den berühmten **Meiji-Schrein**, das größte Heiligtum Tokios, beherbergt. Es wurde 1920 vollendet und ist dem Meiji-Tenno und seiner Gattin gewidmet. Während des Zweiten Weltkriegs wurde es zerstört, 1958 orginalgetreu wieder aufgebaut. Der Garten in der Nähe des Schreins zieht vor allem im Juni und Juli zahlreiche Besucher an, denn dann blühen Abertausende von Iris.

**Bild oben: Der Verwaltungsbezirk Shibuya ist Tokios Einkaufsparadies. Pünktlich zur Rushhour wird es hier immer richtig voll.**

Die Rainbow Bridge wurde im Jahr 1993 gebaut und ist mehr als 800 m lang. Sie verbindet zwei südliche Stadtteile von Tokio bzw. den Shibaura-Kai und Odaiba (unten).

Bei klarem Wetter kann man den Vulkan Fuji, höchster Berg Japans, hinter der Skyline des Hafens von Yokohama auch vom Kreuzfahrtschiff aus gut sehen (links).

# Osaka, Hiroshima, Fukuoka, Nagasaki

### Baudenkmäler und Gärten der Kaiserstadt Kyoto

Die alte Kaiserstadt war mehr als 1000 Jahre lang Zentrum der japanischen Adelskultur. Davon zeugen Tempel, Schreine, Paläste und Gärten. Zur Anlage, die Welterbe ist, gehören 17 Stätten in Kyoto (rechts der Goldene Pavillon), Uji und Otsu: drei Shinto-Schreine, 13 buddhistische Klös-

**Land:** Japan
**Einwohner:**
Osaka: 2,7 Mio.
Hiroshima: 1,2 Mio.
Fukuoka: 1,5 Mio.
Nagasaki: 450 000
**Sprache:** Japanisch
**Währung:** Yen
**Hauptreisezeit:** Mai, August/Sept.
**Zeitzone:** UTC + 9

**Trotz der Dreifachkatastrophe, von der Japan 2011 heimgesucht wurde, ist das Land ein beliebtes Kreuzfahrtziel. Reisen außerhalb der Region um die havarierten Atommeiler in Fukushima werden wieder als unbedenklich eingestuft. Nach den Schrecken, die Erdbeben, Tsunami und atomarer Super-GAU verbreiteten, ist der Alltag zurückgekehrt. Die von den Cruiselinern angelaufenen Hafenstädte präsentieren sich wie eh und je als pulsierende, moderne Metropolen und sind zugleich geschichtsträchtige Orte. Nagasaki und Hiroshima sind in aller Welt als Schauplätze der ersten kriegerischen Atombombeneinsätze bekannt. Osaka ist Ausgangspunkt für Ausflüge in die alte Kaiserstadt Kyoto.**

**Osaka** Viele Passagiere nutzen den Stopp in der Metropole zu einer Exkursion nach **Kyoto**, das über Jahrhunderte Sitz des Tennos war. Obwohl man die legendäre Kaiserstadt von Osaka aus mit dem Shinkansen in weniger als einer Stunde erreichen kann, sollte man sich für eine Besichtigung mindestens einen Tag Zeit nehmen. Die Fülle an Palästen und Tempeln aus allen Epochen der japanischen Geschichte ist überwältigend.
Aber auch Osaka selbst hat seinen Gästen einiges zu bieten. Unweit der Anlegestelle für Kreuzfahrtschiffe wartet das **Tempozan Harbor Village** mit einigen Superlativen auf. Es beherbergt eines der artenreichsten Aquarien und eines der größten Riesenräder der Welt. Der Tempozan Marketplace lockt mit einer Fülle von Souvenirshops und Restaurants. Das Stadtbild Osakas ist von moderner Architektur geprägt. Dennoch gibt es auch hier einige historische Sehenswürdigkeiten wie die Burg im Osten des Stadtzentrums oder den Shitenno-ji, den ältesten buddhistischen Tempel Japans aus dem Jahr 593.

**Hiroshima** Die Stadt im Süden der japanischen Hauptinsel Hondschu hat als Schauplatz des ersten kriegerischen Kernwaffeneinsatzes traurige Berühmtheit erlangt. Am 6. August 1945 um 8:15 Uhr explodierte die Atombombe »Little Boy« über Hiroshima und riss vermutlich mehr als 200 000 Menschen in den Tod. 80 Prozent des Stadtgebietes wurden zerstört. Noch heute leiden die Überlebenden und ihre Nachkommen unter den Folgen der Katastrophe. Der in Erinnerung an das Grauen angelegte **Friedenspark** zieht heute Scharen von Besuchern aus aller Welt an. Seinen Mittelpunkt bildet ein Kenotaph, dessen Sattelform an die traditionellen Grabbeigaben der Kofun-Epoche erinnern soll. Das Denkmal lenkt den Blick unmittelbar auf den sogenannten Atombombendom – die Ruine der im Epizentrum der Explosion gelegenen Industrie- und Handelskammer. Sie ist heute UNESCO-Weltkulturerbe. Das **Friedensmuseum** im Südosten des Parks informiert über die Geschichte Hiroshimas vor und nach den dramatischen Ereignissen.
Doch die Stadt wartet auch mit einigen zauberhaften fernöstlichen Landschaftsgärten wie dem Shukkei-en auf. Zwar wurde auch diese erstmals 1620 angelegte Oase der Ruhe und des Friedens durch die Bombe zerstört. Allerdings konnte sie ebenso wie die nur wenige Schritte entfernte, ursprünglich um 1590 errichtete Burg rekonstruiert werden. Garten und Burg sind ein beliebtes Ausflugsziel.

Die neben dem Friedenspark wohl berühmteste Touristenattraktion Hiroshimas ist **Miyajima**, die 20 km vor der Küste gelegene Insel der Schreine. Mit dem seit 1996 zum UNESCO-Weltkulturerbe zählenden **Itsukushima-Schrein** beherbergt sie eines der bedeutendsten Shinto-Heiligtümer. Sein bei Flut im Wasser stehendes rot lackiertes Eingangstor, der Torii, ist ein beliebtes Postkartenmotiv. Der konfuzianische Philosoph Hayashi Razan (1583–1657) zählte Miyajima zu den

ter sowie das Schloss Nijo-jo. Es wurde ab 1601 als Repräsentanz des Shogunats erbaut. Hier wohnten die Tokugawa-Shogune bei ihren Besuchen in Kyoto. Das Nijo-jo stellt einen ästhetischen Gegenpol zu den vom

Geist des Zen-Buddhismus geprägten Gärten und Teepavillons dar. Dazu gehören der um 1340 angelegte Moosgarten des Saiho-ji- oder Koke-dera-Tempels und der Trockengarten des Ryoan-ji-Tempels.

drei schönsten Landschaften Japans. Der 529 m hohe, dicht bewaldete Berg Misen im Zentrum der Insel gewährt eine atemberaubende Aussicht auf die Bucht von Hiroshima. Die Gipfelregion, die mit einer Seilbahn erreichbar ist, bietet Japanmakaken einen Lebensraum. Das Zentrum Hiroshimas kann vom Cruiseterminal aus schnell mit einem Taxi oder der Tram angefahren werden. Zwischen dem Friedenspark und Miyajima verkehren regelmäßig Boote.

**Fukuoka** Die Metropole ist die größte Stadt auf Kyushu, der südlichsten der drei japanischen Hauptinseln. Sie ist für ihre Shoppingmalls bekannt, auch Nachtschwärmer kommen hier auf ihre Kosten. Der Stadtteil um den Hafen, Hakata, beherbergt einige sehenswerte buddhistische und Shinto-Heiligtümer wie den Hakozaki-gu-Schrein oder den Shofuku-ji.

**Nagasaki** Die heute 450 000 Einwohner zählende Stadt liegt an der Westküste der Insel **Kyushu** im Süden Japans. Ihr Name ist wohl für immer mit dem zweiten kriegerischen Einsatz einer Atombombe verbunden. Am 9. August 1945 um 11:02 Uhr detonierte über Nagasaki die Plutoniumbombe »Fat Man« und tötete auf der Stelle 36 000 Menschen. Noch einmal 80 000 starben in den Jahren danach an den Folgen der Explosion. Große Teile der Stadt wurden dem Erdboden gleichgemacht. Heute erinnern auch hier der Friedenspark mit dem **Atombombenmuseum** und dem Friedensdenkmal sowie der auf dem Ground Zero aufgestellte Obelisk an die Katastrophe. Nagasaki wurde nach dem Krieg neu aufgebaut und gehört heute zu den großen Wirtschaftszentren des Landes. Dank der reizvollen landschaftlichen Umgebung, der Herzlichkeit der Menschen und nicht zuletzt dank einiger interessanter historischer Sehenswürdigkeiten ist die Stadt aber auch ein

**Mit Lampions wird in Hiroshima der Opfer der Bombe gedacht.**

**Das große Aquarium im Tempozan Harbor Village in Osaka.**

**Nagasaki war einst christliches Zentrum.**

Touristenmagnet und beliebtes Ziel für Cruiseliner auf Ostasientour geworden. Während der Shogun-Zeit war Nagasaki die einzige Verbindung Japans zur Außenwelt.
Auf der künstlichen Insel **Dejima** im Hafen der Stadt durften chinesische Kaufleute und die Niederländisch-Ostindische Kompagnie auch nach der Schließung aller ausländischen Handelsniederlassungen 1639 einen Stützpunkt unterhalten. Ein kleines Museum auf Dejima erinnert an diese Zeit. Bevor die Shogune begannen, Japan von der Außenwelt abzuschotten, war Nagasaki ein Zentrum christlicher Missionstätigkeit. Bereits im 16. Jh. landeten Jesuiten zusammen mit spanischen und portugiesischen Kaufleuten auf Kyushu und versuchten, die Bevölkerung zu christianisieren. Auseinandersetzungen mit dem Kampaku Toyotomi Hideyoshi waren die Folge. 1596 ließ der Statthalter des Tennō sechs Missionare und 20 japanische Christen ans Kreuz schlagen. Noch heute werden die Getöteten als Märtyrer verehrt. Die **Oura-Kirche** aus dem Jahr 1864 und ein 1962 im Nishi-Park errichtetes Denkmal sind ihnen geweiht. Mit den Meiji-Reformen des 19. Jh.s wurde Nagasaki wieder ein Zentrum des japanischen Christentums. Auch die 1925 begonnene, dann aber von »Fat Man« zerstörte und 1958 wieder aufgebaute **Urakami-Kathedrale**, das größte christliche Gotteshaus Ostasiens, zeugt davon.

Auch die chinesischen Einwanderer haben in Nagasaki ihre Spuren hinterlassen. In der Teramachi, einer Straße östlich des Stadtzentrums, befinden sich einige Heiligtümer des Zen-Buddhismus, die zu Beginn des 17. Jh.s von Flüchtlingen aus China errichtet wurden. Berühmt ist der **Shofuku-ji**, der zu den ältesten noch erhaltenen Bauwerken der Stadt zählt. Von der Anlegestelle für Kreuzfahrtschiffe kann man viele der Sehenswürdigkeiten Nagasakis zu Fuß oder mit dem Taxi erreichen; auch eine Stadtrundfahrt mit der Straßenbahn ist lohnenswert.

**Oben links: Das einem Balkentor nachgebildete Torii vor dem Itsukushima-Schrein bei Hiroshima ist nur bei Flut von Wasser umgeben.**

Die Skyline von Sydney im Abendrot ist ein Spektakel ohnegleichen – das Wahrzeichen der Stadt ist das Sydney Opera House mit der markanten Silhouette.

# Australien und Neuseeland

Australien und Neuseeland sind als Reiseziele weltweit im Kommen. Nicht nur ihre einzigartige Natur, sondern auch eine schier unerschöpfliche Vielfalt an Freizeitangeboten locken jedes Jahr mehr Touristen an. Ein Großteil des Lebens spielt sich am Wasser ab. Die Küstenregionen sind Paradiese für Segler, Schwimmer, Taucher und Surfer. Die Hafenstädte, in denen die Kreuzfahrtschiffe anlegen, präsentieren sich als attraktive, moderne Metropolen mit einer hohen Lebensqualität. Abseits der großen Städte sind in Australien die Tasmanische Wildnis und das Great Barrier Reef, in Neuseeland die Vulkanlandschaften der Nordinsel sowie die Fjordküste im Westen der Südinsel beliebte Kreuzfahrtziele.

# Darwin, Geraldton, Fremantle, Perth

**Land:** Australien
**Einwohner:**
Darwin: 120 000
Geraldton: 30 000
Fremantle: 28 000
Perth: 1,7 Mio.
**Sprache:** Englisch
**Währung:** Australischer Dollar
**Hauptreisezeit:** September bis April (Darwin: April bis Oktober)
**Zeitzone:** UTC + 8 (Darwin: + 9:30)

**Die Hafenstädte an der Nord- und Westküste Australiens werden bevorzugt von Kreuzfahrtschiffen auf Weltreise angelaufen. Ein Großteil der Bevölkerung der ansonsten nur äußerst dünn besiedelten Bundesstaaten Northern Territory und Western Australia lebt in der Küstenregion. Der ganze Westen Australiens wurde erst im Laufe des 19. Jh.s erschlossen und kolonisiert. Die Zeit der Pioniere ist hier immer noch lebendig. Dennoch präsentieren sich Metropolen wie Perth oder Darwin als moderne, attraktive Großstädte, in denen es sich angenehm leben lässt.**

**Darwin** Die Hauptstadt des Northern Territory liegt an der Küste der Arafurasee zwischen Indonesien und Australien. Sie ist nur zwölf Breitengrade vom Äquator entfernt und weist ein tropisches Klima mit einer Regenzeit in den Monaten Oktober bis April sowie einer Trockenperiode von Mai bis September auf.
Größere Kreuzfahrtlinien laufen Darwin gewöhnlich in der Regenzeit an. Kleinere Expeditionsschiffe konzentrieren sich auf die übrigen Monate. Die Temperatur liegt ganzjährig bei durchschnittlichen Werten zwischen 23° und 32° C. Die Gründung Darwins erfolgte 1869 aufgrund der günstigen Lage in der Mündungsbucht des Elizabeth River. Von den Kais der Kreuzfahrtschiffe kann man das Stadtzentrum in wenigen Minuten zu Fuß erreichen.

Hier bietet sich dem Besucher ein multikulturell geprägtes Großstadtleben, das von asiatischen und europäischen Einwanderergruppen sowie den Aborigines geprägt ist. Abgesehen von einigen wenigen noch erhaltenen Gebäuden aus dem 19. Jh. dominieren moderne Wohn- und Geschäftshäuser das Stadtbild. Nur 15 km von Darwin entfernt liegt das **Casuarina Coastal Reserve**, das tropische Regen- und Mangrovenwälder sowie weißsandige Strände umfasst. Aufgrund starker Gezeiten, giftiger Quallen und der häufig vorkommenden riesigen Salzwasserkrokodile ist das Meer aber nicht zum Baden geeignet.

**Geraldton** Einem milden und sonnigen Klima verdankt die 425 km nördlich von Perth an der australischen Westküste gelegene Stadt ihren Beinamen »Sun City«. 1849 gegründet, entwickelte sich Geraldton aufgrund des Hafens zum wichtigsten Wirtschaftszentrum der Region. Ihre überragende historische Bedeutung verdankt die Stadt allerdings einer Meuterei auf dem holländischen Handelsschiff »Batavia« im Juni des Jahres 1629. Die wenigen Überlebenden des Aufstandes gingen an der Stelle des heutigen Geraldton an Land. Sie gelten als die ersten Europäer auf dem australischen Kontinent. Im **Western Australian Museum** nahe dem Hafen sind Relikte dieses Schiffes und anderer Segelschiffe ausgestellt. Eine weitere Attraktion ist die 1938 fertiggestellte **St. Francis Xavier Cathedral** im Stadtzentrum. Sie erinnert an spanische Kirchenbauten der Romanik und weist doch auch Elemente der Renaissancearchitektur auf. Nördlich und südlich der Stadt erstrecken sich die langen Sandstrände der **Batavia Coast** – ein Dorado für alle Sonnenanbeter und Freunde des Wassersports.
Ein Unikum der besonderen Art stellt das 100 km im Hinterland liegende »Fürstentum« **Hutt River** dar. Ein Farmer erklärte am 21. April 1970 seine Unabhängigkeit vom australischen Staat. Er richtete auf seinem Land eine eigene Regierungsstelle mitsamt Postamt ein und ließ eigene Pässe, Briefmarken sowie eigenes Geld drucken.

**Fremantle** Ein Hauch von San Francisco weht durch die Straßen dieses an der Westküste Australiens und 20 km südlich des Stadtzentrums von Perth an der Mündung des Swan River gelegenen Touristenortes. Er wurde 1829 gegründet und erhielt seinen Namen nach dem englischen Kapitän Charles Fremantle, der die gesamte Westküste Australiens in diesem Jahr für das British Empire in Besitz nahm. Das direkt am Hafen gelegene Zentrum besitzt aufgrund etlicher pittoresker Holzhäuser im viktorianischen Stil und vieler kleinen Bars und Cafés eine durchaus kalifornisch anmutende Atmosphäre. Gaukler und Straßenmusikanten sowie das rege Treiben auf dem Fremantle-Flohmarkt in der 1897 erbauten **Victoria Market Hall** vermitteln ein unbeschwertes Lebensgefühl. Im Jachthafen der Stadt liegen oftmals die Nachbauten alter Segelschiffe wie die »HMS Endeavour« des Entdeckers

## Krokodile: »salties« und »freshies«

Das Leisten- oder Salzwasserkrokodil (links) ist nicht nur das größte heute lebende Reptil, sondern auch die – neben dem Nilkrokodil – aggressivste Panzerechse der Erde. Während der Regenzeit dringen die Tiere bis weit ins Landesinnere vor. Seit den 1980er-Jahren sind die urzeitlichen Reptilien geschützt. Sie können eine Länge von fünf bis sieben Metern erreichen und sind wahre Hungerkünstler: Vom körpereigenen Fett zehrend kommen »salties« bei gesenktem Stoffwechsel monatelang ohne Futter aus. Das Süßwasserkrokodil, in Australien auch »freshie« genannt, ist im tropischen Norden, vor allem im Bereich des McKinlay River im Northern Territory, beheimatet. Die bis 3 m langen Tiere gelten aber als sehr scheu.

James Cook sowie zahllose moderne Segler aller Größenklassen vor Anker. Im Western Australian Maritime Museum kann man außerdem die erhalten gebliebenen Fragmente des durch die Meuterei vor Geraldton bekannten Seglers »Batavia« besichtigen.

⚓ **Perth** Die quirlige und schmucke Hauptstadt des Bundesstaates Western Australia präsentiert sich als moderne Metropole. Sie dehnt sich entlang der Ufer des Swan River über mehr als 5000 km² bis zu den flachen Bergrücken des Darling Range aus. Ihre beeindruckende Wolkenkratzer-Skyline gilt als weithin sichtbares Symbol wirtschaftlicher Prosperität. Perth hat sich von einer Goldgräberstadt zu einer der bedeutendsten Wirtschafts- und Finanzzentren Australiens entwickelt. Die Stadt wurde 1829 gegründet und war Zentrum der Swan River Colony – eines von englischen Siedlern gegen Gebietsansprüche der Franzosen errichteten Vorpostens des British Empire in Australiens Westen.

Obwohl der größte Teil der historischen Bebauung verschwunden ist, erinnern im Stadtzentrum immer noch einige sehenswerte alte Gebäude wie das **Government House** von 1864 oder die **Town Hall** von 1867 an diese Zeit. Der 400 ha große **Kings Park** am Rand der City gleicht einem Stück Buschland in der Stadt und bietet mit dem im Nordteil gelegenen 🌱 **Botanischen Garten** einen interessanten Einblick in die Tier- und Pflanzenwelt des australischen Kontinents. Perth ist nicht nur ein bedeutender Wirtschaftsstandort, sondern auch ein Zentrum des Wassersports. Das subtropische Klima und die günstige Lage in der Nähe der Mündung des Swan River in den Indischen Ozean ziehen alljährlich Segler und Surfer aus aller Welt an. 2011 fanden in Perth die ISAF-Segelweltmeisterschaften statt.

**Abendplausch in Fremantle, dem San Francisco Westaustraliens.**

**Großes Bild oben: In der Abenddämmerung erhebt sich die funkelnde Skyline von Perth über der glatten Wasseroberfläche des Swan River.**

# Adelaide, Melbourne, Burnie, Hobart

### Koala: Das australische Symboltier

Koalas (rechts) werden bis zu 82 cm groß, haben ein silbergraues, wolliges Fell und eine Greifhand mit nadelspitzen Krallen. Sie sind zwar friedfertig und werden oft sehr zutraulich – mit übertriebenen Zärtlichkeitsbekundungen sollte man jedoch mit Blick auf ihre Krallen Zurückhaltung üben. Außerhalb Australiens kann man Koalas kaum

**Land:** Australien
**Einwohner:**
Adelaide: 1,2 Mio.
Melbourne: 3,6 Mio.
Burnie: 20 000
Hobart: 200 000
**Sprache:** Englisch
**Währung:** Australischer Dollar
**Hauptreisezeit:** Oktober bis Mai
**Zeitzone:** UTC + 10
(Adelaide: + 9:30)

**Die Südküste des Roten Kontinents ist mit einem subtropischen, mediterranen Klima mit heißen Sommern und vergleichsweise milden Wintern gesegnet. Dies und die Lage am Indischen Ozean machen die Region zu einem Urlaubsparadies par excellence. Die Stadtstruktur der Millionenmetropolen Adelaide und Melbourne basieren auf den Prinzipien einer Gartenstadt. Großzügig angelegte Parks lockern das von moderner Architektur geprägte Stadtbild auf. Die Bewohner gelten als lässig und cool. Auf der der Küste vorgelagerten Insel Tasmanien wartet ein einzigartiges Naturparadies mit vielen nur hier vorkommenden Tier- und Pflanzenarten.**

## Adelaide

Mit rund 1,2 Mio. Einwohnern ist die Hauptstadt des Bundesstaates South Australia die fünftgrößte Stadt des Kontinents. Sie wurde zu Beginn des 19. Jh.s von William Light, einem Statthalter des British Empire in South Australia, gegründet und als Hauptstadt der neuen Kolonie planvoll angelegt. Adelaide ist gewissermaßen am Reißbrett entstanden, die Straßen im Zentrum sind schachbrettartig geordnet. Anstelle des Walles, der die Stadt einst vor Angreifern schützen sollte, umgibt heute eine bis zu 600 m breite Parkanlage den historischen Kern. Diese übrigens nur 17.000 Einwohner zählende »City of Adelaide« beeindruckt durch die Weitläufigkeit ihrer Anlage und kann bequem zu Fuß erkundet werden. Einige sehenswerte historische Bauten wie das **Parliament House** oder das **Old Government House** haben sich erhalten. In der ehemaligen Railway Station ist heute ein Casino untergebracht. Das 🏛 **South Australian Museum** beherbergt die weltweit größte Sammlung von Artefakten der Aborigines. Das Zentrum ist vom Kreuzfahrthafen aus leicht mit einem Taxi oder öffentlichen Verkehrsmitteln erreichbar.

## Melbourne

Die lebenswerte und wunderschöne Hauptstadt des Bundesstaates Victoria ist die zweitgrößte Stadt Australiens. Sie wurde 1835 von britischen Kolonisten gegründet. Um 1840 lebten hier bereits etwa 10 000 Menschen. Die Stadt beeindruckt durch großzügig angelegte Parks und breite Prachtstraßen. Melbourne liegt an der Mündung des Yarra River in die nur durch einen schmalen Zugang mit dem offenen Meer verbundene weite Port Phillip Bay. Der Hafen mit der Kreuzfahrtpier liegt im Innern der Bucht direkt an der Flussmündung. In östlicher Richtung erstrecken sich hinter einem schmalen Sandstrand die Promenaden der Uferstraße, die an die Badeorte der französischen Riviera erinnern. Unter den vielen Sehenswürdigkeiten der Stadt ragt der **Eureka Tower** besonders heraus. Der 297,3 m hohe Wolkenkratzer wurde als Wohngebäude errichtet, verfügt aber in 285 m Höhe über eine öffentlich zugängliche Aussichtsplattform mit Restaurant, von der aus man den Blick über die Metropole genießen kann.

Das 2000 eröffnete 🏛 **Melbourne Museum** ist das größte Universalmuseum der Südhalbkugel und beeindruckt mit umfangreichen Sammlungen zur Wissenschaftsgeschichte, zur Kunst und nicht zuletzt zur Kultur der Aborigines.

## Burnie

Die kleine nur ca. 20 000 Einwohner zählende Stadt an der Nordküste Tasmaniens hat einen bedeutenden Tiefseehafen. Er wird vor allem im Südsommer in den Monaten von Oktober bis April von den großen Kreuzfahrtschiffen angelaufen. An der Mündung des Emu River gelegen, bietet er die Möglichkeit, die Strände einer kleinen Bucht für sportliche Aktivitäten oder erholsame Stunden am Meer zu nutzen. Der Name des Flusses geht auf den einst weit verbreiteten großen Laufvogel zurück, dessen tasmanische Unterart heute ausgestorben ist. Außerhalb des bebauten Areals zeigt sich der Fluss mit seinen bewaldeten Ufern in einem recht natürlichen Zustand. Bei einer kurzen Wanderung kann man interessante Einblicke in die Tier- und Pflanzenwelt Tasmaniens gewinnen. Östlich der im Jahre 1827 gegründeten Stadt liegt ein großes Waldgebiet mit dem

**Der Eureka Tower im Southbank-Viertel ist das höchste Gebäude im Häusermeer von Melbourne.**

halten, weil sie von den vielen endemischen Eukalyptusarten nur etwa 20 fressen. Ein erwachsener Koala benötigt pro Tag zwischen 600 und 1250 Gramm Blätter. Diese sind zwar sehr wasserreich (bis 67 Prozent), aber schwer zu verdauen und teilweise giftig. Symbiotische Kleinstlebewesen im Blinddarm schließen dort die Zellulose auf. Koalas fressen gerne bestimmte Erden, um diese schädlichen Blausäureverbindungen zu neutralisieren. Früher waren die weichen, dauerhaften Felle der Koalas sehr begehrt, sodass sie durch Jäger stark dezimiert wurden; mittlerweile aber stehen die drolligen Tiere unter strengstem Artenschutz.

flachen Gipfel des **Round Hill**, der einen weiten Rundblick über Stadt und Meer bis zu den Bergketten des Inlandes ermöglicht. Ein besonderer Anziehungspunkt ist das nur eine Parallelstraße vom Hafen entfernte **Pioneer Village Museum**. Es beherbergt Rekonstruktionen von gründerzeitlichen Gebäuden, in denen man Handwerkern in historischen Kostümen bei ihrer Arbeit über die Schulter sehen kann.

**Hobart** Die Hauptstadt Tasmaniens wird von Kreuzfahrtveranstaltern häufig als Ausgangspunkt für Exkursionen zu den vielen Naturwundern der Insel genutzt.
Dank der isolierten Lage hat sich hier im Laufe der Evolution eine einzigartige Flora und Fauna entwickelt. 37 Prozent der Fläche Tasmaniens sind als Nationalpark ausgewiesen und stehen auf der UNESCO-Welterbeliste. Auch Hobart selbst hat seinen Besuchern einiges zu bieten. Die Stadt wurde 1804 als Sträflingskolonie gegründet und wartet mit einigen historischen Bauten wie dem alten Zollhaus, in dem heute das tasmanische Parlament residiert, auf. Sehenswert ist auch das südlich des Hafens gelegene Viertel **Battery Point**, das nach den Geschützstellungen, die einst die Hafeneinfahrt sicherten, benannt ist. Die originalgetreu restaurierten Wohnhäuser aus der Gründungszeit der Stadt gewähren Einblicke in die Lebenssituation der ersten Siedler. Vom Battery Point aus kann man die Aussicht über die Stadt und das Meer genießen.

**Mystisch anmutende Nebelschwaden verhüllen den Gipfel des Mount Anne im Southwest National Park in der artenreichen Tasmanischen Wildnis (rechts).**

# Sydney

## James Cook

Der berühmte britische Entdecker James Cook (rechts) und seine Crew erreichten auf ihrer ersten Südseereise, die sie über Tahiti, Bora Bora, die Gesellschaftsinseln und Neuseeland nach Australien führte, im Jahre 1770 als erste Europäer die Südostküste des Kontinentes. Sie gingen mit ihrem Schiff, der »HMS Endeavour«, an einer unberührten Bucht vor Anker. Ihre spätere Benennung als »Botany Bay« geht auf den zur Schiffsbesatzung gehörenden Botaniker Joseph Banks zurück, der in der Umgebung der Bucht zahlreiche Pflanzen sammelte. Die vielfältige, 16 km vom Stadt-

**Land:** Australien
**Einwohner:** 3,64 Mio.
**Sprache:** Englisch
**Währung:** Australischer Dollar
**Hauptreisezeit:** September bis April
**Zeitzone:** UTC + 10

**Die kosmopolitische Hauptstadt des Bundesstaates New South Wales liegt 286 km nordöstlich von Canberra an der Ostküste Australiens. Mit 3,64 Mio. Einwohnern ist sie die mit weitem Abstand größte Stadt des Roten Kontinents. Hier leben bis zu 140 verschiedene Bevölkerungsgruppen. Nach New York ist Sydney die zweitgrößte multikulturelle Metropole der Welt.**

**Die Gründung der Stadt geht auf den 26. Januar 1788 zurück. Der Brite Captain Arthur Philipp taufte an diesem Tag eine Bucht im vielfältig gegliederten, ca. 50 km² großen Naturhafen Port Jackson nördlich der Botany Bay auf den Namen Sydney Cove. Als Kommandeur einer Flotte von elf Schiffen brachte er 756 Strafgefangene als Kolonisten an diesen Ort, der zur Keimzelle der heutigen Millionenstadt wurde. Die einmalige Lage an einem durch viele Buchten geprägten Küstenstrich macht Sydney zu den schönsten Großstädten der Welt.**

**Das milde, subtropische Klima trägt viel zu ihrer Attraktivität bei. Die höchsten Niederschläge fallen im März und die geringsten im September. Die Sonnenscheindauer erreicht ihr Maximum von November bis Dezember. Die Kreuzfahrtschiffe legen an den Docks des Circular Quay und des Darling Harbour in Port Jackson an.**

**Ein nostalgischer Dreimaster liegt am alten Hafen des Viertels The Rocks vertäut am Kai.**

**Von hier aus sind die Sehenswürdigkeiten der City in wenigen Minuten zu erreichen.**

**Harbour Bridge** und **Sydney Opera House** Die beiden weltberühmten Wahrzeichen Sydneys begrüßen jedes Schiff gleich bei der Ankunft im Hafen. Die Harbour Bridge überspannt die Einfahrt von Port Jackson und verbindet die Stadtteile zu beiden Seiten der Bucht. Die imposante Stahlkonstruktion wurde 1932 nach achtjähriger Bauzeit für den Verkehr freigegeben. Mit einer Spannweite von 503 m, einer Scheitelhöhe von 134 m und einer Breite von 50 m ist sie eine der größten Brücken der Welt. Zwei mächtige Doppelpfeiler, die mit Granit verkleidet wurden, tragen die Konstruktion. Über die Harbour Bridge verlaufen nicht weniger als sechs Straßenspuren, zwei Eisenbahnlinien sowie Wege für Fußgänger und Radfahrer. Geschulte Guides bieten einen »Spaziergang« mit grandioser Aussicht über die Metropole und ihren Hafen an.

Das seit 2007 auf der UNESCO-Welterbeliste stehende Sydney Opera House gilt als eines der herausragenden Beispiele moderner Architektur. Dank seiner kühnen Dachkonstruktion, aber auch dank seiner exponierten Lage direkt am Hafen hat es Weltberühmtheit erlangt. Das Opernhaus wurde von dem dä-

zentrum Sydneys entfernt gelegene Naturlandschaft ist im Botany Bay National Park unter Schutz gestellt. In der Nähe des einstigen Ankerplatzes befindet sich das Discovery Centre. Der Besucher kann sich hier über die drei spektakulären Südseereisen von James Cook in den Jahren 1768 bis 1780 informieren; die Originallogbücher im Nationalmuseum in Canberra stehen seit 2001 auf der Liste des Weltdokumentenerbes.

**Royal Botanic Gardens im Windschatten der Wolkenkratzer.**

nischen Architekten Jørn Utzon entworfen und erinnert viele an die aufgeblähten Segel eines Fünfmasters. In Wirklichkeit inspirierten Orangenschalen die kühne Konstruktion. Die Oper wurde 1973 nach 24 Jahren Bauzeit von Queen Elizabeth II. eingeweiht.

**The Rocks** Sydneys historisches, zwischen Harbour Bridge und Opernhaus gelegenes Hafenviertel galt bis weit in das 20. Jh. hinein als verkommene und unsichere Gegend. Nach einer Sanierung in den 1970er-Jahren entwickelte sich The Rocks zum beliebtesten Ausgehviertel. In die restaurierten Gebäude aus den Anfängen Sydneys sind Bars, Restaurants, Geschäfte, schicke Boutiquen und Galerien eingezogen. Ein Bummel durch die pittoresken mit Kopfstein gepflasterten Gassen ist ein unbedingtes Muss für jeden Sydney-Besucher – hier wimmelt es von Touristen aus aller Welt.

**Sydney Tower** Der mit einer Höhe von 305 m nach dem Sky-Tower im neuseeländischen Auckland höchste **Fernsehturm** der Südhalbkugel lockt mit einer Aussichtsplattform, die einen überwältigenden Panoramablick über die Stadt, ihr Hinterland und das Meer bietet.

**Sydneys Parkanlagen** Die hinter dem Opernhaus gelegenen **Royal Botanic Gardens** gelten als schönster Park der Stadt. Hier stehen uralte, mächtige Baumriesen aus allen Teilen des Kontinents. Die Anlagen beherbergen das prächtige Conservatorium of Music und das Government House, den Amtssitz des Gouverneurs von New South Wales.

15 km westlich der City liegt der für die Sommerspiele 2000 errichtete **Olympic Park**. Hier beeindruckt vor allem die futuristische Architektur des **Stadium Australia**, das wie ein Raumschiff von einem anderen Planeten im Zentrum des Geländes liegt. Zu Füßen der Harbour Bridge liegt an der nördlichsten Spitze der Landzunge Sydney Cove eine kleine Parkanlage am **Dawes Point**. Von hier aus kann man die schöne Aussicht auf das Opernhaus, den Circular Quay, den innerstädtischen Fährhafen und historische Stadtzentrum genießen.

**Strände** Zum Stadtgebiet Sydneys gehören mehr als 70 Badestrände. Der nur 15 Autominuten von der City entfernte **Bondi Beach** ist ein weltberühmtes Surferparadies. Die viktorianischen Häuser des gleichnamigen Stadtteils erinnern an englische Seebäder. Im Nordosten liegt das **Seebad Manly**. Der Sandstrand wird von alten Pinien gesäumt und gilt als schönster Strand der Stadt.

**Großes Bild oben: Die Harbour Bridge und das Sydney Opera House bestimmen die nächtliche Skyline einer der schönsten Großstädte der Welt.**

Im Jahr 2008 wurde die »RMS Queen Victoria II« feierlich im Hafen von Sydney empfangen (unten).

**Der Circular Quay befindet sich am nördlichen Ende des Stadtzentrums an der Sydney Cove, der Anlegestelle der First Fleet, welche 1788 erstmalig Australien erreichte.**

# Great Barrier Reef, Cairns

## Korallenriffe: ein Wunder der Natur

Riffe bilden die komplexesten marinen Lebensräume – ein atemberaubendes Wunder der Natur. Von der Luft aus gesehen erkennt man sie deutlich an ihren Mustern. Blaue, türkise und grüne Farbtöne komponieren eine vielfältige, komplexe Struktur, die nahe an an den Meeresspiegel heranreicht. Das Great Barrier Reef besteht aus Milliarden von Korallen, zwischen denen sich unzählige andere Lebewesen tummeln wie etwa Meeresschildkröten (rechts), bunte Tropenfische und graue Riffhaie (ganz rechts). Dem Taucher werden sofort verschiedene Zonen

**Land:** Australien
**Einwohner:** 100 000 (Cairns)
**Sprache:** Englisch
**Währung:** Australischer Dollar
**Hauptreisezeit:** Mai bis Oktober
**Zeitzone:** UTC + 10

**Das gewaltigste Korallenriff der Erde erstreckt sich über 2300 km vor der Küste Nordostaustraliens auf insgesamt 347 800 km². Obwohl ihm mittlerweile Gefahren durch Klimawandel und Umweltverschmutzung drohen, bietet das Great Barrier Reef immer noch einer einzigartigen Artenvielfalt Lebensraum. Seit 1981 ist das Riff UNESCO-Weltnaturerbe.**

**Cairns** Der wichtigste Kreuzfahrthafen für Ausflüge zum **Great Barrier Reef** ist die zum Bundesstaat Queensland gehörende Stadt Cairns. In der Hauptsaison legt jeden Tag ein anderer Cruiseliner an den Kreuzfahrtpiers im Hafen an. Der Reef Fleet Terminal, von dem aus regelmäßig Schnellboote in das Riffgebiet starten, liegt nur wenige Gehminuten entfernt. Jedes Jahr setzen rund 650 000 Passagiere von hier zu der nur 27 km entfernten Green Island über. Das 750 ha große Korallenriff, das die nur 1,5 km² große Insel umgibt, präsentiert sich als Great Barrier Reef im Kleinen und ist ein Taucher- wie Schnorchlerparadies. Ein Unterwasserobservatorium lädt zur Beobachtung der Meeresfauna und -flora ein. Auf Green Island und Cairns bieten lokale Veranstalter geführte Touren zu den Outer Reefs an.

Cairns selbst ist eine lebenswerte, moderne Stadt, die ganz auf die Urlauber aus aller Welt eingestellt ist. Im Zentrum finden sich zahlreiche Einkaufs- und Ausgehmöglichkeiten sowie Restaurants jeder Kategorie. Wenige Kilometer nördlich lockt mit dem **Trinity Beach** einer der schönsten Strände von Queensland. Cairns verdankt seine Attraktivität als Urlaubsziel nicht nur dem Great Barrier Reef, sondern auch einigen Naturwundern im Hinterland. Das Bergland um Cairns ist vielerorts von tropischem Regenwald bedeckt, der als **Wet Tropics of Queensland** zum UNESCO-Naturerbe gehört. Die **Skyrail Rainforest Cableway** bietet Exkursionen über dem Gebiet in luftiger Höhe an. In dem zu den Wet Tropics of Queensland gehörenden **Daintree National Park** rund 100 km nordwestlich von Cairns wurde ein Freizeitpark angelegt. Sehenswert sind auch der **Tjapukai Aboriginal Cultural Park** und das **AJ Hackett Bungy Centre** inmitten des Regenwaldes.

**Herzförmiges Inselchen im Great Barrier Reef.**

**Das Great Barrier Reef bezaubert auch von oben durch seine vielfältigen Farbflächen.**

deutlich. Je nach Umweltbedingungen wie Tiefe, Exposition und Wasserbewegung herrschen unterschiedliche Arten vor. Seit Jahrtausenden nutzen die Menschen Korallenriffe als Nahrungsquelle. Die breiten Saumriffe an den Küsten schützen sie auch vor tropischen Wirbelstürmen. Im Lauf der Jahrtausende lieferten die Riffe zudem den Korallensand an den Stränden und selbst die Gesteine der von Menschen bewohnten Inseln.

**Clownfische sind eine in den Korallenriffen der Südsee vorkommende Gattung der Riffbarsche, die in enger Symbiose mit Seeanemonen lebt. Letztere bieten ihnen Schutz vor Raubfischen (unten).**

Gestreifte Feuerfische, auch Löwenfische genannt, finden im Roten Meer wie auch am Great Barrier Reef einen optimalen Lebensraum (links). Korallenriffe bieten ihnen ausreichend Schutz und Nahrung.

# Auckland, Wellington, Tauranga, Fiordland

**Land:** Neuseeland
**Einwohner:**
Auckland: 1,4 Mio.
Wellington: 450 000
Tauranga: 115 000
**Sprache:** Englisch
**Währung:** Neuseeland-Dollar
**Hauptreisezeit:** November bis April
**Zeitzone:** UTC + 12

**Der 2100 km östlich von Australien im Südpazifik gelegene Inselstaat lockt mit einer außergewöhnlichen Vielfalt an Naturräumen. Die nördliche der beiden Hauptinseln gehört zu den vulkanisch unruhigsten Regionen des Planeten. Immer wieder kommt es zu heftigen Erdbeben. Einige der Feuerberge, die die Landschaft formten, sind bis heute aktiv.**
**Die Südinsel ist durch ein das Land von Nordosten nach Südwesten durchziehendes Hochgebirge, die bis auf über 3500 m ansteigenden Neuseeländischen Alpen, geprägt und ein Paradies für Alpinisten. Die einmalige Fjordlandschaft, die die Gletschermassen an der Südwestküste geschaffen haben, ist Ziel vieler Kreuzfahrten.**

## Auckland

Mit etwa 1,4 Mio. Einwohnern bildet die auf der Nordinsel gelegene Metropole zusammen mit ihrem Umland die am dichtesten besiedelte Region ganz Neuseelands. Auckland trägt den Beinamen City of Sails, da sich hier auch der größte Jachthafen der Südhalbkugel befindet. Die Stadt erstreckt sich über eine schmale Landbrücke zwischen dem Manukau Harbour an der Tasmansee im Westen und dem Waitemata Harbour am Pazifischen Ozean im Osten. Die Kreuzfahrtschiffe legen im **Waitemata Harbour** am Princes Wharf an, der nur wenige Gehminuten von der City entfernt ist. Die Skyline der imposanten Wolkenkratzer, die um das Hafenbecken aufragen, gilt mittlerweile als Aucklands Wahrzeichen. Absoluter Blickfang ist der 325 m hohe **Sky Tower**. Der größte Fernsehturm der Südhalbkugel bietet von seinen Aussichtsplattformen einen grandiosen Panoramablick über die vielfältig gegliederte Stadtlandschaft und die kegelförmigen Erhebungen von etwa 50 inaktiven Vulkanen im Hintergrund. Das Klima ist subtropisch mild, der Winter reich an Niederschlägen. Im Sommer locken die zahlreichen nahe der City gelegenen Strände Sonnenanbeter und Windsurfer an.

## Wellington

Die Hauptstadt Neuseelands liegt malerisch ausgebreitet am Fuß der steilen Berge des bis 940 m hohen **Rimutaka Range** an der Südspitze der Nordinsel. Sie ist nach Auckland die zweitgrößte Stadt des Landes.
Aufgrund ihrer exponierten Lage an der Cook Strait zwischen den beiden Hauptinseln Neuseelands ist sie dem oft stürmisch wehenden Westwind ausgesetzt und wird daher auch als Windy Wellington bezeichnet. Dank der hohen Zahl an Sonnenstunden ist das Klima aber dennoch gemäßigt warm und mild.
Die geschützte Hafenbucht des **Port Nicholson** hat nur eine schmale Passage zum Ozean und ist ringförmig von Landzungen und Halbinseln umgeben. Die großen Kreuzfahrtschiffe legen am **Aotea Quay** an. Von hier aus ist die City in 20 min zu Fuß erreichbar.

Kleinere Schiffe steuern den **Queens Wharf** direkt vor dem Stadtzentrum an. Aufgrund von Erdbeben ist von der alten viktorianischen Bausubstanz nur wenig erhalten. Die City präsentiert sich dem Reisenden heute mit einer imposanten Skyline moderner Hochhäuser. Die bedeutendste Sehenswürdigkeit liegt gleich in der Nähe der Kais: Das im Renaissancestil erbaute vierstöckige **Old Government Buildung** von 1876 ist das zweitgrößte Holzhaus der Erde.

## Die Maori-Kultur

Die indigene Bevölkerung Neuseelands, die Maori (links; beide Bilder), sind Nachkommen von polynesischen Seefahrern, die die Inseln seit dem 13. Jh. besiedelten. Durch den Kontakt mit den Europäern und die Verbreitung von Schusswaffen im frühen 19. Jh. kam es zu interethnischen Konflikten in den »Musketenkriegen«. Erst als britische Kronkolonie garantierte Neuseelad den Maori umfassendes Besitzrecht an Land, Wäldern und Fischgründen. So konnten sie ihre kulturelle Tradition bis heute bewahren. Die historischen und aktuellen Erzeugnisse der Maori-Kultur, Holz- und Steinschnitzereien, Boots- und Hausbau sowie Tänze und Gesänge kann man in den erhaltenen alten Siedlungen in der Umgebung der Kreuzfahrthäfen wie auch im Nationalmuseum »Te Papa« in Wellington bestaunen.

⚓ **Tauranga** Die an der Nordostküste der Nordinsel Neuseelands gelegene Stadt verdankt ihre Entstehung einer natürlichen Hafenbucht, die durch eine Halbinsel um den 232 m hohen Mount Maunganui und die Insel Matakana vor dem offenen Meer geschützt ist. Seit dem Anfang des 19. Jh.s hat sich Tauranga dank des großen Fischreichtums in der **Bay of Plenty** zur zweitgrößten Hafenstadt Neuseelands entwickelt. Sie ist aber auch ein wichtiger Exporthafen für in der Region angebaute Südfrüchte wie Kiwis oder Avocados. Die großen Kreuzfahrtschiffe gehen hier während des Südsommers vor Anker. Das milde subtropische Klima macht die Stadt zu einem beliebten Ferienort. Die Strände in Stadtnähe sind ein Dorado für Wellenreiter.

35 km nördlich von Tauranga liegt die **Mayor Island** – eine 13 km² große Vulkaninsel, deren Küstengewässer als Naturschutzgebiet ausgewiesen sind.

**Westhaven Marina und Skyline von Auckland.**

Im Spätsommer werden hier regelmäßig Wettbewerbe im Hochseeangeln durchgeführt. Die beiden **Kraterseen** der Insel sind ein beliebtes Ausflugsziel. Tauranga bietet sich auch als Ausgangspunkt für Tagesausflüge zu den geothermischen Attraktionen des 80 km südlich gelegenen **Rotorua** an. Geysire, Thermalquellen, grün und gelb schillernde Schwefeldämpfe sowie brodelnde Krater prägen die vulkanische Landschaft aus erkalteter Lava und Aschefeldern. Der größte Teil der gebirgigen Küstenregion an der Südwestspitze der Südinsel Neuseelands gehört zum **Fiordland-Nationalpark**. Zusammen mit anderen Nationalparks bildet er die **Te Wahipounamu World Heritage Area**, die zum Weltnaturerbe der UNESCO gehört. Die grandiose Naturlandschaft in diesem abgelegenen Teil Neuseelands ist von menschlichen Einflüssen weitgehend unberührt. Das stark ozeanisch beeinflusste, gemäßigte Klima ist durch sehr hohe Niederschläge (bis zu 8000 mm pro Jahr) geprägt. Eine weitere Besonderheit sind die stürmischen Winde der Westwinddrift zwischen 40° und 50° südlicher Breite, die auch als »Roaring Forties« bekannt sind. Aufgrund der großen Regenmengen sind die bis zu 2746 m hohen Berge bis zur Baumgrenze in 1000 m Höhe von einem dichten Südbuchen-Wald bedeckt. Darüber dominieren alpine Stauden und Gräser das Landschaftsbild.

Die Kreuzfahrtschiffe steuern die spektakulären, durch steile Felswände und zahllose Wasserfälle gekennzeichneten Fjorde wie den **Milford Sound**, den **Doubtful Sound** oder den **Dusky Sound** an, die mit den großartigen Fjorden Norwegens ohne Weiteres vergleichbar sind. Der beste Ausgangspunkt für Inlandstouren ist der Urlaubsort Ta Anua.

**Großes Bild oben: Der Milford Sound im traumhaft schönen Fiordland-Nationalpark ist Ziel vieler Kreuzfahrtschiffe.**

Die kräftige Brandung des Pazifischen Ozeans schlägt unablässig an den vulkanisch schwarzfarbigen Sandstrand von Waianapanapa, der sich nahe bei Hana auf der Insel Maui erstreckt.

# Hawaii und die Südsee

**Wer hat nicht schon von einer Reise in die Südsee geträumt? Seitdem die Forschungsreisenden des 18. Jh.s wie Georg Forster oder Louis Antoine de Bougainville die Inselwelt im Südpazifik als wunderbaren Garten Eden beschrieben, übt sie eine besondere Faszination auf viele Europäer aus und weckt die Vorstellungen vom unbeschwerten Leben an einsamen, palmenbestandenen Stränden. Lange Zeit war dieses Paradies am anderen Ende der Welt für die meisten Menschen nicht erreichbar. Heute ist es ein exklusives Kreuzfahrtziel. Der Südpazifik umfasst ein riesiges Gebiet, das auf einer einzigen Reise gar nicht erschöpfend erkundet werden kann. Viele Veranstalter bieten daher Kreuzfahrten in Teilregionen wie den Fidschi-, den Gesellschaftsinseln oder nach Hawaii an.**

# Kauai, Oahu

### Hula

In den 1970er-Jahren feierte die althawaiianische Tanzkunst, die lange fast nur in ihrer popularisierten Form aufgeführt und wahrgenommen wurde, ein Comeback (rechts). Viele Hawaiianer besannen sich auf die Traditionen ihrer Vorfahren und verschafften ihnen neue Geltung. Ursprünglich war der Hula eine Form mündlicher Überlieferung in einer schriftlosen Kultur. Durch die Sprache des Tanzes und die Gesänge wurden Mythen vermittelt oder Wünsche und Gefühle artikuliert und die Götter angerufen. Die Koordination der Bewegungen gehorchte strengen Regeln, das Wissen da-

**Land:** USA
**Fläche:**
Kauai: 1430 km²
Oahu: 1545 km²
Hawaii: 10 432 km²
Maui: 1883 km²
**Einwohner:**
Kauai: 67 000
Oahu: 950 000
Hawaii: 185 000
Maui: 145 000
**Sprache:** Englisch
**Währung:** US-Dollar
**Hauptreisezeit:** Dezember bis April
**Zeitzone:** UTC – 10

**Auf Hawaii erwarten den Besucher spektakuläre Naturwunder und einige Traumstrände. Auf allen Inseln sind weite Gebiete von dichten tropischen Regenwäldern bedeckt. Die bis heute aktiven Vulkanriesen Kilauea und Mauna Loa im Hawai'i Volcanoes National Park auf Big Island bezeugen ebenso wie der gigantische Krater des Haleakala auf Maui den vulkanischen Ursprung des Archipels. Sie sind ebenso wie die Regenwälder durch gut ausgebaute Panoramastraßen mit Aussichtsstopps auch unerfahrenen Touristen zugänglich gemacht worden.**

**Kauai** Die nördlichste der großen Hawaii-Inseln fasziniert aufgrund der hohen Niederschlagsmengen durch eine üppig grüne Vegetation. Kauai zählt zu den regenreichsten Gebieten der Erde. Eine Fülle tropischer Pflanzenarten gedeiht deshalb hier. Das nur schwer zugängliche Innere der bis auf 1600 m ansteigenden Insel ist mit dichtem Regenwald bedeckt. Zahlreiche Flüsse bahnen sich aus der Höhe über rauschende Wasserfälle einen Weg zum Meer. Sie haben tiefe Canyons und Täler in den Vulkankegel, der sich vor über 5 Mio. Jahren aufbaute, gegraben. Auf Satellitenaufnahmen wirkt Kauai beinahe kreisrund, und ihr »Durchmesser« beträgt rund 50 km. Ihre 43 Strände werden oft als die schönsten des ganzen Archipels gerühmt.

Die Kreuzfahrtschiffe gehen in **Nawiliwili**, dem Hafen der im Südosten gelegenen Inselhauptstadt **Lihue**, vor Anker. Von hier aus lassen sich die touristischen Attraktionen Kauais idealerweise mit einem Leihwagen erreichen.

Der Highway 56 verläuft von Lihue aus die Ost- und die Nordküste entlang bis nach Princeville und führt von dort als Route 560 weiter bis nach **Hanalei**, einem kleinen Dorf, das zwar nur 500 Einwohner zählt, aber über eine gut entwickelte touristische Infrastruktur mit Restaurants und Einkaufsmöglichkeiten verfügt. Obwohl die Länge der Strecke zwischen Lihue und Hanalei nur 55 km beträgt, sollte man für einen Ausflug mehr als einen halben Tag einplanen. Unterwegs laden nämlich immer wieder einige der schönsten **Badestrände** der Insel sowie spektakuläre Aussichtspunkte zu einem Zwischenstopp ein. Die Straße endet 8 km östlich von Hanalei im **Haena State Park**, einem Schutzgebiet, das mit einer grandiosen Naturlandschaft, traumhaften Stränden und archäologischen Fundstätten lockt. Keine 10 km nördlich von Lihue liegt – an der Mündung des gleichnamigen Flusses in den Pazifik – das Städtchen **Wailua**, das gerne als Ausgangspunkt für Touren zu im Hinterland gelegenen Sehenswürdigkeiten genutzt wird. Von der Wailua-Marina aus fahren Ausflugsboote 3 km den Fluss zur **Fern Grotto** hinauf. Die berühmte Lavahöhle ist innen und außen von Farnen überwuchert und wird häufig als Kulisse für Hochzeiten gewählt. Am Jachthafen selbst bieten verschiedene Veranstalter Kajak- und Kanutouren an. Die Route 580 führt von Wailua zu den Opaekaa-Wasserfällen und weiter zum **Keahua Arboretum**, das mit einer einzigartigen

**Nur zu Fuß, per Boot oder Hubschrauber zugänglich ist die Felsküste von Napali auf Kauai.**

rum war wenigen Auserwählten vorbehalten. Sie wurden in speziellen Schulen in die Kunst des Tanzes »eingeweiht« und dabei einer rigorosen Disziplin unterworfen. Über die Jahrhunderte hatte der Hula religiöse Bedeutung für die Menschen. Als die Inseln zu Beginn des 19. Jh.s unter den Einfluss christlicher Missionare gerieten, wurde er verboten und erst Ende des Jahrhunderts unter König Kalakaua wieder gepflegt.

Sammlung einheimischer Bäume und Sträucher aufwarten kann. Die Straße wird auch King's Highway genannt, weil an der Strecke althawaiianische Kultstätten liegen. In der Nähe der Wasserfälle lädt das **Kamokila Hawaiian Village**, das aus rekonstruierten althawaiianischen Dorfhütten besteht, zu einer Besichtigung ein.

Über den Highway 50 gelangt man von Lihue aus nach **Waimea**, einem geschichtsträchtigen kleinen Ort an der Südküste Kauais. Hier betrat James Cook im September 1778 als erster Europäer hawaiianischen Boden. Ein Denkmal erinnert an das Ereignis.

Von Waimea aus führt eine gut ausgebaute Straße zu dem nur wenige Kilometer weiter nördlich beginnenden **Waimea Canyon**, einem der spektakulären Naturwunder der Region. Die 23 km lange und fast 900 m tiefe Schlucht wird aufgrund der überwältigenden Ausblicke, die sich von der Höhe aus bieten, auch »Grand Canyon des Pazifik« genannt.

Eine Fahrt auf der Panoramastraße entlang des Canyon-Rands sollte man unbedingt einplanen. Unterwegs laden mehrere Aussichtspunkte zu Zwischenstopps ein.

**Oahu** Diese Insel ist wohl die bevölkerungsreichste des ganzen Archipels. Mehr als zwei Drittel der 1,36 Mio. Einwohner Hawaiis leben hier. Die an der Südostküste gelegene Hauptstadt **Honolulu**, die zugleich den Regierungssitz des US-Bundesstaates beherbergt, ist das Drehkreuz im transpazifischen Luft- und Schiffsverkehr. Mit ihrem urbanen Charakter zieht die Inselmetropole viele internationale Touristen an. Allein an den Kreuzfahrtpiers gehen alljährlich mehr als 500 000 Passagiere von Bord.

Eine faszinierende Mischung aus Südseezauber und modernem amerikanischen Großstadtleben macht den Reiz Honolulus aus. Das Einerlei der Hochhaustürme, die das Stadtbild prägen, wird immer wieder von weitläufigen Parks und gepflegten Grünanlagen unterbrochen, die meisten Straßen und Plätze werden von Palmen oder Banyanbäumen gesäumt. Die Stadt kann ihren Gästen alle Annehmlichkeiten eines Ferienparadieses bieten. Am berühmten **Waikiki Beach**, einem unbedingten Muss für jeden Honolulu-Besucher, gibt es Einkaufsmöglichkeiten, und die Gastronomie-Szene ist äußerst facettenreich. Bars und Discos, Theater und Kasinos sorgen bis tief in die Nacht für Unterhaltung. In **Downtown Honolulu** erinnern einige historische Bauten an die wechselvolle Geschichte Hawaiis. Obwohl die hawaiianische Volksvertretung seit 1969 im modernen State Capitol Building tagt, bildet der gleich gegenüber liegende **Iolani Palace**, die einzige Königsresidenz auf amerikanischem Boden, immer noch den Mittelpunkt des Regierungsviertels. Der Palast wurde 1880 unter König Kalakaua im viktorianischen Stil errichtet und diente lange Zeit als Parlamentsgebäude; die prachtvoll ausgestatteten Räume können besichtigt werden. Auch das unweit des Iolani-Palastes gelegene **Aliiolani Hale** ist sehenswert. Es wurde bereits 1874 als Königsresidenz erbaut und ist heute Sitz des Obersten Gerichtshofs. In der ehemaligen Gouverneursresidenz Washington Place nördlich des State Capitol Building erinnert ein Museum an Königin Liliuokalani, die letzte Monarchin Hawaiis. Die Schwester Kalakauas wurde 1893 von Anhängern einer Annexion Hawaiis durch die USA gestürzt und hat in diesem aus Korallenstein und Holz errichteten Haus die letzten Jahre ihres Lebens verbracht.

Nur 13 km nordwestlich von Honolulu liegt **Pearl Harbor**, der Hauptstützpunkt der US-amerikanischen Pazifikflotte. Hier erinnert das **USS Arizona Memorial** an den verheerenden japanischen Luftangriff vom Dezember 1941, der mehr als 2000 Opfer forderte und zum Eintritt der USA in den Zweiten Weltkrieg führte. Das Schlachtschiff **USS Missouri**, auf dem General MacArthur und Admiral Nimitz im September 1945 die bedingungslose Kapitulation Japans entgegennahmen, wurde in ein Museumsschiff umgewandelt und liegt seit 1999 in Pearl Harbor vor Anker.

Außerhalb von Honolulu präsentiert sich Oahu nach wie vor als tropisches Inselparadies, das sich problemlos erkunden lässt. Am Aloha Tower Marketplace nahe der Kreuzfahrtpier unterhalten große Autoverleiher Niederlassungen, und es werden geführte Touren angeboten.

**Bild oben: Der große Hafen von Honolulu ist auf die eintreffenden Passagiere eingestellt, die Skyline bietet die stimmungsvolle Kulisse dazu.**

**Starke landschaftliche Gegensätze prägen die Insel Kauai mit ihren Canyons und Felsküsten. Vom küstennahen Aussichtspunkt hat man einen herrlichen Blick auf die Napali Coast (unten).**

Die Ein- und Ausblicke in den Waimea Canyon sind in alle Richtungen ein besonderes Erlebnis. Der etwa 11 km lange Canyon wurde durch Erosion, Wind und Wetter und vom Poomau River geformt (links).

# Hawaii, Maui

## Wale – die Riesen des Ozeans

»Whale Watching« gehört zu einem beliebten Urlaubsvergnügen in Hawaii. Um die Kolosse aus der Nähe zu bestaunen, muss man allerdings mit dem Boot aufs Meer hinausfahren. Die Buckelwale (rechts) sieht man nur zwischen Dezember und April, wenn sie die kühlen Gewässer um Alaska verlassen, um sich im südlichen Pazifik zu paaren und Nachwuchs zu bekommen; oft hat man das Glück, die Babywale bei ihren Müttern zu sehen. Ungefähr 100 Pfund nehmen die »Kleinen« täglich zu, während sie

**Gigantische Ausmaße hat der Krater des Haleakala auf der Insel Maui.**

**Hawaii** Mit einer Fläche von 10432 km² ist diese Insel mehr als doppelt so groß wie alle anderen des Archipels zusammengenommen. Sie wird daher meist nur »Big Island« genannt. Nirgendwo sonst ist der vulkanische Ursprung der Inselgruppe so spürbar wie hier. Zwei der fünf Feuerberge, aus denen Big Island besteht, sind noch aktiv: Der 1242 m hohe **Kilauea** im Südosten spuckt seit 1983 kontinuierlich Lava aus, auch um den 4170 m hohen **Mauna Loa**, der zuletzt 1984 ausbrach, hat sich die Erde bis heute nicht beruhigt. Das Gebiet um die beiden Vulkanriesen ist als **Hawai'i Volcanoes National Park** ausgewiesen und steht seit dem Jahr 1987 auf der UNESCO-Welterbeliste. Die Kräfte des Erdinnern haben hier eine urweltliche Landschaft geformt, die sich dank der anhaltenden vulkanischen Aktivität ständig verändert. In dem Gebiet wurden verschiedene Wanderwege und Straßen angelegt. Der ganz in der Nähe des Visitor Centre am Eingang des Parks beginnenden Crater Rim Drive führt über 17 km um den Rand der **Kilauea Caldera** herum und an teilweise noch aktiven Nebenkratern vorbei. Von den Aussichtspunkten entlang der Straße lässt sich das Geschehen hautnah erleben. Die Chain of Craters Road bildet eine Abzweigung des Crater Rim Drive, die bis an die Küste zu einem Naturschauspiel führt: Hier kann man beobachten, wie glühende Lava ins Meer strömt.

Auch auf den berühmten **Mauna Kea** führt eine Straße, die von der Saddle Road zwischen Hilo und Waimea abzweigt. Bis zum Ellison S. Onizuka Center for International Astronomy, ein Informationszentrum, das sich in 2800 m Höhe befindet, kann die Strecke mit einem normalen Pkw befahren werden. Die letzten 10 km kommt man nur noch mit einem Geländewagen voran. Samstags und sonntags bieten die Ranger des Centers ihr Geleit an. Auch das berühmte Observatorium auf dem Gipfel kann an manchen Tagen auf geführten Touren besichtigt werden.

»Big Island« wartet außerdem mit einigen wichtigen Kulturdenkmälern auf. An der Westküste finden sich Zeugnisse aus den verschiedenen Epochen der hawaiianischen Geschichte. Der **Puuhonua o Hynaunau National Historical Park** beherbergt die wohl größte althawaiianische Kultstätte. Den Mittelpunkt der Anlage bildet ein vermutlich im 16. Jh. entstandener Puuhonua, ein Ort der Zuflucht für Leute, die sich eines »kapu«, eines Tabubruches, schuldig gemacht hatten und nur durch den Rückzug an diesen heiligen Ort einer Bestrafung entgehen konnten. Eine weitere bedeutende althawaiianische Kultstätte liegt etwas weiter nördlich an der Kealakekua Bay: Der **Hikiau Heiau** zählt zu den bedeutenden Heiligtümern aus vorchristlicher Zeit. Am 28. Januar 1779 betrat hier James Cook als erster Europäer den Boden der Insel. Zwei Wochen später wurde er auf der gegenüberliegenden Seite der Bucht von Einheimischen getötet. Ein Obelisk erinnert daran. Kein Geringerer als Kamehameha I., der von Big Island aus die anderen Inseln des Archipels eroberte und 1795 das Königreich Hawaii schuf, ließ 1790 den Puukohola Heiau an der Nordwestküste errichten. Das bestens erhaltene Heiligtum ist als National Historic Site ausgewiesen und wird noch heute als Kulisse bei traditionellen Feiern genutzt.

Am Geburtsort Kamehamehas auf der Halbinsel Kohala im Nordwesten von Big Island erinnert ein Denkmal mit den Geburtssteinen an den großen Herrscher. Ganz in der Nähe befinden sich die Überreste eines 1500 Jahre alten Heiligtums, des **Mookini Heiau.**

Kreuzfahrtschiffe laufen entweder die Inselhauptstadt **Hilo** an der Ost- oder **Kona** an der Westküste an. Die beiden Orte könnten gegensätzlicher nicht sein. Kona liegt im Windschatten der Vulkanberge und ist daher mit einem trockenen Klima, viel Sonne und traumhaften **Badestränden** gesegnet. Die einstige Residenz Kamehamehas hat sich zum touristischen Zentrum entwickelt. Hilo an der regenreichen Ostküste hingegen lockt mit einer üppig wuchernden tropischen Vegetation. In der näheren Umgebung der Stadt finden sich dschungelartige Waldgebiete wie der **Hawai'i Tropical Botanical Garden** oder der **'Akaka Falls State Park.**

**Maui** Die mit einer Fläche von 1883 km² zweitgrößte Insel des Archipels lockt mit ihrer facettenreichen Natur alljährlich mehr als 2 Mio. Urlauber an. Die **Strände** an der stets warmen und sonnigen Südküste gelten als die schönsten Hawaiis. Hier sind viele komfortable Ferienresorts entstanden. In der regenreichen Nordhälfte findet man üppige, tropische Vegetation.

Maui besteht eigentlich aus zwei Vulkaninseln, die durch eine »Central Valley« genannte Landenge miteinander verbunden sind. Die östliche wird von dem fast 3100 m hohen und seit mehreren Hundert Jahren »schlafenden« **Haleakala** dominiert, die westliche und sehr viel kleinere von einem längst erloschenen Vulkan. Die Kräfte der Erosion haben hier tiefe

schwimmen und atmen lernen. Im 19. Jh. war der Walfang eine bedeutende Industrie. Der Tran der mächtigen Tiere wurde als Brennstoff für Lampen und als Schmieröl exportiert. Auch Fleisch, Fett, Knochen und Zähne bzw. Barten von Pottwalen wurden verarbeitet. Dann kam eine Zeit, als der Walfang zum Erliegen kam, und einige Siedlungen wurden dadurch dem Verfall preisgegeben. Wale allein als Naturschauspiel anzuerkennen, dafür interessierte sich zu jener Zeit niemand. Heute zeigen sich wieder Tausende von Buckelwalen vor der Küste von Hawaii. Im seichten, kaum 200 m tiefen Gewässer ist ihr liebster Tummelplatz.

Schluchten und enge Täler in das Gestein gegraben. Große Teile der West Maui Mountains sind daher kaum zugänglich. Auch an dem gewaltigen Haleakala haben Wind und Wasser genagt. Geologen vermuten, dass sein mit einem Umfang von 35 km riesiger Krater über die Jahrtausende durch Regen ausgewaschen wurde.

Das Gebiet um den Vulkan ist gehört zum **Haleakala National Park** ausgewiesen und – da es mehrere Klimazonen sowie ganz unterschiedliche Vegetationsformen umfasst – zum UNESCO-Biosphärenreservat erklärt worden. Die gut ausgebaute Haleakala Crater Road führt zum Hauptquartier der Parkverwaltung am Gipfel und dann noch gut 20 km entlang des Kraterrands bis zum 3055 m hoch gelegenen **Pu'u Ulaulau**, dem höchsten Punkt Mauis. An der Straße wurden Aussichtspunkte eingerichtet, von denen man die fantastische, bizarre Landschaft im Krater betrachten kann. Auch die atemberaubenden Sonnenauf- und untergänge ziehen die Menschen an. Obwohl der die Nordküste entlang verlaufende Highway 36 aufgrund unzähliger Haarnadelkurven und vieler Brücken als nicht ganz ungefährlich gilt, ist er eine Touristenattraktion. Die Straße, die unter dem Namen **Road to Hana** bekannt wurde, führt durch ein Regenwaldgebiet mit üppig wuchernden tropischen Pflanzen und an brausenden Wasserfällen vorbei. Unterwegs laden traditionelle hawaiianische Siedlungen immer wieder zu einem Zwischenstopp ein. 17 km südlich von **Hana**, dem idyllischen kleinen Ort an der Ostküste Mauis, in dem die Straße früher endete, beginnt das **Kipahulu Valley,** ein ebenfalls mit dichtem Regenwald bedecktes Tal, das zum Haleakala National Park gehört. Hauptattraktion sind die **Ohe'o Gulch Pools**: natürliche Schwimmbassins, in denen man herrlich baden kann, sowie die **Waimoku Falls**, deren Wasser aus einer Höhe von 121 m in die Tiefe stürzt. Das an der Südwestküste zwischen Meer und West Maui Mountains gelegene Städtchen ⚓ **Lahaina** ist zwar nicht mehr das politische und wirtschaftliche, wohl aber das kulturelle Zentrum der Insel. Der Ort war zwischen 1810 und 1845 die Hauptstadt des Königreichs Hawaii und zugleich der bedeutendste Walfanghafen des Pazifiks. Das Nachtleben Lahainas war berühmt-berüchtigt. Nach dem Ende der Walfang-Ära wurde die Stadt Zentrum der Plantagenwirtschaft. Heute ist sie eine Touristenattraktion. Die historische Bebauung ist erhalten und wurde sorgfältig restauriert; einen Besuch sollten Maui-Besucher unbedingt einplanen.
Die großen Kreuzfahrtschiffe legen hier oder aber in dem modernen Hafen von ⚓ **Kahului** an der Nordküste an. Die Insel lässt sich gut mit einem Leihwagen erkunden, auch wenn das Straßennetz nicht gut ausgebaut ist; eine Inselrundfahrt nimmt mehr als einen Tag in Anspruch. Es werden von lokalen Veranstaltern auch Wanderungen angeboten.

**Am Kupaianaha Vent im Hawai'i Volcanoes National Park auf Big Island lassen sich spektakuläre Formen des Vulkanismus bewundern (oben).**

# Fidschi, Vanuatu

## Mikronesien, Melanesien, Polynesien

Mag die von dem französischen Forscher Jules Dumont d'Urville stammende Einteilung des südpazifischen Raums in die Großregionen Mikronesien, Melanesien und Polynesien aus kulturanthropologischer Sicht fragwürdig geworden sein, bietet sie doch nach wie vor eine Orientierungshilfe bei der geografischen Einteilung des Gebiets, das mit einer Gesamtfläche von rund 58 Mio. km² sechsmal so groß ist wie Europa. Mikronesien (rechts, Palau) umfasst die Inselgruppen im westlichen Pazifik nördlich des Äqua-

**Land:** Fidschi
**Fläche:** 18 333 km²
**Einwohner:** 850 000
**Sprache:** Fidschi, Hindustani, Englisch
**Währung:** Fidschi-Dollar
**Hauptreisezeit:** Mai bis Oktober
**Zeitzone:** UTC + 12

**Land:** Vanuatu
**Fläche:** 12 190 km²
**Einwohner:** 240 000
**Sprache:** Bislama, Englisch, Französisch
**Währung:** Vatu
**Hauptreisezeit:** Mai bis Oktober
**Zeitzone:** UTC + 11

**Die Fidschi-Inseln sind ein klassisches Kreuzfahrtziel im südpazifischen Raum. Die Hauptinsel Viti Levu präsentiert sich als touristisch hoch entwickeltes Südseeparadies, dessen Naturschätze und kulturelle Traditionen für die Urlauber in Naturparks, botanischen Gärten und Museen zugänglich gemacht wurden. Die Küstengewässer sind beliebte Taucher-, Schnorchler- und Seglerreviere. Der westlich der Fidschis gelegene Inselstaat Vanuatu lockt nicht nur als Inselparadies, sondern auch mit Zeugnissen vulkanischer Aktivität.**

**Fidschi** Die meisten Kreuzfahrtschiffe mit Kurs auf den Inselstaat im Zentrum des Südpazifik steuern die Hauptinsel **Viti Levu** an. Sowohl die Inselhauptstadt **Suva** im Südwesten als auch der Hafen von **Lautoka** im Nordwesten haben moderne Kreuzfahrtpiers.

**Viti Levu** wartet mit einer vielfältigen Natur- und Kulturlandschaft auf. Während in den städtischen Zentren die Moderne längst Einzug gehalten hat, werden in den kleinen Dörfern noch alte Traditionen gepflegt. Die Küstenregionen sind dicht besiedelt, das gebirgige, dicht bewaldete Inselinnere mit seinen bis auf fast 1400 m ansteigenden Vulkanbergen hingegen ist weitgehend unerschlossen. Im regenreichen Südosten herrscht tropischer Regenwald, im trockeneren Nordwesten Savannenvegetation vor. Hier wird Zuckerrohr angebaut.
Viti Levus Kapitale ist mit ihren schätzungsweise 200 000 Einwohnern die größte Stadt des Südpazifik und das unumstrittene urbane Zentrum der ganzen Region. Vor allem die Studenten der 1968 von zwölf Staaten Ozeaniens gegründeten University of the South Pacific verleihen ihr ein multikulturelles Flair.

**Downtown Suva** geht es stets lebhaft zu, und das Stadtbild wird weitgehend von moderner Architektur geprägt.
Das Zentrum beginnt wenige Gehminuten vom Kreuzfahrtpier entfernt. Gleich hinter dem Hafeneingang lockt eine Markthalle mit einer reichen Auswahl an fangfrischem Fisch, exotischen Früchten, Gewürzen und Gemüsen. Im **Curio & Handicraft Centre** an der Uferpromenade Stinson Parade wird Kunsthandwerk aus der Region angeboten. Die parallel zur Uferpromenade verlaufende **Victoria Parade** ist die älteste Straße Suvas und eine Haupteinkaufsmeile. Hier befinden sich nicht nur sehenswerte kolonialzeitliche Gebäude wie die **Old Town Hall**, in der heute einige Restaurants residieren, sondern auch moderne Geschäfte und Cafés. Am südlichen Ende der Victoria Parade liegt inmitten der traumhaften **Thurston Botanical Gardens** das 1955 eröffnete **Fiji-Museum**, das eine umfangreiche Ausstellung zur Geschichte und Kultur der Inseln präsentiert. Höhepunkte sind der Nachbau eines Kanus sowie ein Ruder der berühmten »HMS Bounty«.

Ein besonderes Erlebnis ist ein Ausflug in den 11 km nördlich von Suva gelegenen **Colo-I-Suva Forest Park**. In dem nur 2,5 km² großen Regenwaldgebiet wurden Wanderwege angelegt. Sie führen durch eine tropische Bilderbuchlandschaft mit malerischen Wasserfällen und natürlichen Schwimmbassins entlang des Waisila Creek. Der Park ist mit Bus oder Taxi erreichbar.

**Lautoka** im Nordwesten Viti Levus wird von Kreuzfahrtschiffen als Ausgangspunkt für Ausflüge zu den der Küste vorgelagerten Inseln genutzt. Auf den 20 Eilanden des **Yasawa-Archipels** präsentiert sich die Südsee ganz ursprünglich. Die Inseln locken mit einer üppigen Vegetation und einsamen, von hellen Sandstränden gesäumten Badebuchten. Eine entwickelte touristische Infrastruktur gibt es nicht. Außer zwei Luxusresorts bieten nur einige wenige Gasthäuser Unterkünfte an. Die **Mamanuca-Inseln** im Süden des Yasawa-Archipels zählen zu den beliebtesten Touristenzielen der Fidschis. Auf nahezu allen Inseln der Gruppe wurden Ferienanlagen und Luxusresorts errichtet. Taucher und Schnorchler, Segler und Surfer, Sonnenanbeter und Hochseeangler finden hier ideale Bedingungen vor. Die Stadt Lautoka zählt zu den wirtschaftlichen Zentren des Inselstaates. 20 km

Insel Malo-Lolailai im Mamanuca-Archipel, Fidschi-Inseln.

Der Vulkan Yasur auf Tanna im Vanuatu-Archipel ist aktiv.

tors. Seinen Namen verdankt es der Größe der Eilande. Die Inselwelt nordöstlich von Australien, die einen Bogen vom Bismarck-Archipel unterhalb des Äquators über die Salomoninseln bis zu den Neuen Hebriden, dem heutigen Vanuatu, und den Fidschi-Inseln spannt, wird noch heute »Melanesien« genannt. Das »polynesische Dreieck« erstreckt sich über die Hawaii-Inseln im Norden bis nach Neuseeland und zur Osterinsel.

südlich von Lautoka liegt der rund 12 000 Einwohner zählende Ort **Nadi**, der als Standort des internationalen Flughafens von Fidschi erste Anlaufstelle für Touristen ist.
Vom nahe gelegenen **Port Denarau** starten auch Fähren, Ausflugs- und Kreuzfahrtschiffe zu den Yasawa- und Mamanuca-Inseln. Wie Lautoka wird Nadi von indischstämmigen Einwohnern geprägt. Im Zentrum befinden sich Geschäfte und ein lebhafter Markt. Der hinduistische **Sri Siva Subramaniya Swami Temple** zählt zu den wenigen Sehenswürdigkeiten.

**Vanuatu** Bis zur Unabhängigkeit im Jahr 1980 wurde der 1750 km von der Nordostküste Australiens entfernte Inselstaat von Briten und Franzosen gemeinsam verwaltet und auf Landkarten »Neue Hebriden« genannt. Vanuatu ist in vielerlei Hinsicht einzigartig. Obwohl auf den 67 bewohnten Inseln des Gebiets insgesamt nur 240 000 Menschen leben, werden hier mehr als 100 lokale Sprachen gesprochen.
Bis in das 19. Jh. verständigten sich die verschiedenen Dorfgemeinschaften durch die sogenannten Sandzeichnungen, ein Inventar von Zeichen, das in Sand oder Asche geschrieben wurde und das seit 2003 auf der UNESCO-Liste des immateriellen Erbes der Menschheit steht. Erst im Zuge der Kolonisierung entwickelte sich die Kreolsprache Bislama, die heute zusammen mit Englisch und Französisch Amtssprache auf den Inseln ist. Nirgendwo sonst lässt sich der vulkanische Ursprung der südpazifischen Inselwelt so hautnah erleben wie in Vanuatu.

Neun Feuerberge sind noch aktiv. Allerorten steigen heiße Dämpfe aus dem Erdinnern auf. Obwohl Vanuatus Inseln mit ihrer üppigen tropischen Vegetation, ihren traumhaften, von Palmen gesäumten **Sandstränden** und ihren liebenswürdigen, traditionsverbundenen Bewohnern unseren Vorstellungen vom Südseeparadies fast vollkommen entsprechen, werden sie als Kreuzfahrtziel gerade erst entdeckt.

Die meisten Cruiseliner gehen in Vanuatus Hauptstadt **Port Vila** an der Ostküste von Efate Island vor Anker. Der 50 000 Einwohner zählende Ort besticht durch seine einzigartige Atmosphäre. Französische und britische Traditionen mischen sich hier mit ursprünglich gebliebenem Südseezauber. Eine Hauptattraktion sind sicherlich die lebhaften Märkte, auf denen Kulinaria der Region und lokales Kunsthandwerk angeboten werden.

5 km östlich von Port Vila lockt das **Ekasup Cultural Village** mit farbenprächtigen Folklore-Shows. Das überaus sehenswerte Freilichtmuseum informiert auf beeindruckende Weise über die Geschichte und Kultur des Landes.Im Nordwesten der Hauptstadt wurde mit dem »Secret Garden« eine Dschungellandschaft angelegt, in der nicht nur die Flora und Fauna Vanuatus bestaunt, sondern auch eine **Kannibalenhütte** besichtigt werden kann. In Port Vila bieten lokale Veranstalter verschiedene Abenteuerexkursionen, etwa **Rundflüge**, an.
Auch **Espiritu Santo**, die im Norden gelegene größte Insel des Archipels, wird von Kreuzfahrtschiffen angelaufen. Hier lockt der an der Ostküste gelegene **Champagne Beach**, der vielfach als schönster Strand der Welt gerühmt wird.

**Bild oben: Ein Paradies für Taucher – die Fidschi-Inseln haben farbenprächtige Korallenriffe zu bieten.**

# Tonga, Samoa

## Kannibalen der Südsee?

Als man im Oktober 2011 in einer Feuerstelle auf der Marquesas-Insel Nuku Hiva in Französisch-Polynesien die sterblichen Überreste eines deutschen Weltumseglers fand, wurde in den Medien reflexartig über Kannibalismus spekuliert – ein Topos, mit dem die Inselwelt Ozeaniens seit ihrer Entdeckung durch westliche Seefahrer assoziiert wird. Was ist dran an diesen Geschichten? Oft dienen sie nur der Legitimation der zivilisatorischen Überlegenheit der westlichen Eroberer über die »Wilden« und sollten den Daheimgebliebenen einen Schauer über den Rücken jagen. Zumeist handelte

**Land:** Tonga
**Fläche:** 649 km²
**Einwohner:** 105 000
**Sprache:** Tongaisch, Englisch
**Währung:** Pa'anga (Tonga-Dollar)
**Hauptreisezeit:** Mai bis Oktober
**Zeitzone:** UTC + 13

**Land:** Samoa
**Fläche:** 2831 km²
**Einwohner:** 195 000
**Sprache:** Samoisch, Englisch
**Währung:** Tala
**Hauptreisezeit:** Mai bis Oktober
**Zeitzone:** UTC + 13

**Die Inseln des Samoa- und des Tonga-Archipels bieten viel von dem, was sich zivilisationsmüde Urlauber von einem Südseeparadies erträumen: endlos lange, helle Sandstrände, an denen sich Palmen im Wind wiegen, in allen Türkistönen leuchtende Lagunen, Korallenriffe, die die Inseln vom tiefblauen Ozean abschirmen, eine üppige Vegetation und gastfreundliche, liebenswürdige Bewohner. Die Tonga-Inseln, ein bis heute monarchisch regierter Staat im südpazifischen Raum, warten mit königlichen Gräbern und Palästen auf. Wahrzeichen Samoas sind die allseitig offenen Rundbauten mit ihren gewölbten Dächern aus Blättern. Alle Inseln sind beliebt bei Seglern und Tauchern.**

**Tonga-Inseln** Das südlich von Samoa gelegene Inselreich besteht aus insgesamt 170 Inseln, die sich über eine Gesamtfläche von 700 000 km² verteilen. Nur 36 von ihnen sind bewohnt. Sie liegen etwas im Schatten der großen Touristenströme und werden auch von Kreuzfahrtschiffen nur selten angelaufen. Dabei ist das Klima angenehm mild und die Liebenswürdigkeit der Bewohner sprichwörtlich. Schon James Cook wusste die Gastfreundschaft der Tongaer zu schätzen und gab den Inseln deshalb den Namen »Friendly Islands«.
Tonga ist das einzige Inselreich Ozeaniens, das nie kolonisiert wurde und aufgrund von Freundschaftsverträgen, die es in der Mitte des 19. Jh.s mit europäischen Mächten und den USA schloss, seine Unabhängigkeit bewahren konnte. Bis zur Ankunft der Europäer in der zweiten Hälfte des 18. Jh.s hatte es die Vormacht im ganzen südpazifischen Raum. Die tongalesischen Stammesfürsten eroberten weite Gebiete der Region und drangen bis zu den Fidschi- und den Salomonen-Inseln vor. Aus Stammesfehden, die gegen Ende des 18. Jh.s ausbrachen, ging der König Taufa'ahau als Sieger hervor. Er vereinigte die Inseln und regierte bis 1893 als Alleinherrscher. Bis in die jüngste Zeit war Tonga eine absolute Monarchie. Die Regierung wurde vom König bestimmt. Erst seit 2010 wird sie durch ein demokratisch legitimiertes Parlament gewählt. Der gegenwärtige König Tupou V. ist aber Staatsoberhaupt geblieben.
Die meisten Kreuzfahrtschiffe, die Tonga anlaufen, gehen in **Nuku'alofa**, der Hauptstadt des Königreichs, vor Anker. Der 30 000 Einwohner zählende Ort liegt an der Nordküste von Tongatapu, der größten und südlichsten Tonga-Insel. Die Sehenswürdigkeiten können von der Anlegestelle für Kreuzfahrtschiffe zu Fuß erreicht werden.
Hauptattraktion dürfte neben dem 1867 in viktorianischem Stil errichteten **königlichen Palast** und einigen schönen Kirchen das **Tonga National Cultural Centre** sein. Es informiert auf anschauliche Weise über die Kulturgeschichte der Inseln und gilt als bestes seiner Art in der ganzen Region.
In Nuku'alofa bieten lokale Veranstalter Inselrundfahrten und Exkursionen zu den Sehenswürdigkeiten Tongatapus an. Im Osten der Insel finden sich viele Relikte einer reichen Geschichte wie das **Ha'monga a'Maui**, ein massives Steintor, das vermutlich um 1200 errichtet wurde. Die schönsten **Strände** Tongatapus liegen an der Südostküste.
Auch die 270 km nördlich von Tongatapu gelegenen **Vava'u Inseln** werden von Kreuzfahrtschiffen angelaufen. Sie gelten als schönste des ganzen Königreichs. Dieser Archipel besteht aus einem Korallenriff, das an vielen Stellen steil aus dem Meer ragt und ein Gewirr kleiner und kleinster Eilande bildet. Sie locken mit tropischer Vegetation und zauberhaften, hellen **Sandstränden**. Unterwasserhöhlen und buchtenreiche Küsten haben die Inseln zu einem Paradies für **Taucher** gemacht, und auch Segler zieht es hierher. Die Anlegestelle für Kreuzfahrtschiffe befindet sich im Hafen von **Neiafu** auf der Hauptinsel Vavau.

Segelboote im Hafen von Neiafu auf der Tonga-Insel Vavau.

es sich um Erzählungen aus zweiter oder dritter Hand. Gleichwohl haben neuere biochemische Untersuchungen ergeben, dass es vor allem in Amerika und Ozeanien Kannibalismus gegeben hat, wenn auch in geringerem Ausmaß als kolportiert. Georg Forster etwa, der Reisegefährte von James Cook, wurde auf seiner »Reise um die Welt« bei den Maori Neuseelands 1773 Zeuge von Kannibalismus. Zumeist war der Kannibalismus nicht kulinarisch, sondern religiös oder rituell legitimiert: Einverleibung der Kräfte toter Gegner oder mächtiger Vorfahren, symbolische Identität von pflanzlichem, tierischem und menschlichem Lebenszyklus in Tod und Wiedergeburt. Aber auch Rache und Erniedrigung mögen eine Rolle gespielt haben. Obwohl heute solche Praktiken nicht mehr nachzuweisen sind, hält sich die Vorstellung davon noch immer.

**Die Inseln der Tonga-Gruppe präsentieren sich als idyllische Urlaubsparadiese.**

**Samoa** Die Inseln dieses rund 1000 km nordöstlich von Fidschi gelegenen Archipels kommen westlichen Vorstellungen vom Südseeparadies schon ziemlich nahe. Endlose, von Palmen gesäumte, puderzuckerweiße **Sandstrände** ziehen sich die Küsten entlang. Korallenriffe schirmen sie vom offenen Ozean ab. In den Lagunen schillert das glasklare Wasser in allen Türkistönen. Das gebirgige Inselinnere ist von dichtem Regenwald bedeckt. Flüsse entspringen in den höheren Lagen und bahnen sich über Wasserfälle einen Weg zum Meer. 1899 wurde Samoa nach lang anhaltenden Auseinandersetzungen zwischen dem Deutschen Reich, den USA und Großbritannien um die Vorherrschaft in dem Gebiet politisch geteilt. Auf einer Konferenz in Berlin verzichtete das British Empire auf seine Ansprüche und durfte im Gegenzug andere Pazifikinseln besetzen. Die östlichen Inseln wurden Amerika zugesprochen, die westlichen den Deutschen. Nach dem Zweiten Weltkrieg wurde Westsamoa neuseeländisches Mandatsgebiet und nach 1945 dem Schutz der UN unterstellt. Seit 1962 bildet es einen unabhängigen Staat, die östlichen Inseln sind bis heute ein nicht inkorporiertes Außengebiet der USA. Viele Kreuzfahrtschiffe legen im Hafen von **Apia**, der an der Nordküste von Upolu gelegenen Hauptstadt des unabhängigen Inselstaats, an. Der 40 000 Einwohner zählende Ort präsentiert sich als freundliches, überschaubares Südseestädtchen. Das westlich der Kreuzfahrtpier gelegene kleine Zentrum ist zu Fuß zu erreichen. Es wird von modernen Zweck- und traditionellen Bauten gleichermaßen geprägt. Diese werden von den weithin sichtbaren hellen Türmen der **Mulivai-Kathedrale** aus dem Jahr 1905 überragt. Auf halbem Weg zwischen Kreuzfahrtpier und Kathedrale lockt das legendäre Aggie Grey's Hotel nach wie vor zahlungskräftige Gäste an. Celebrities wie Gary Cooper und Marlon Brando checkten in dem Gebäude im Kolonialstil ein. Einen Drink an der Bar sollte man sich gönnen. Auch ein Besuch des **Falemataaga Museum of Samoa** ist lohnenswert. Es residiert in einem Gebäude aus der deutschen Kolonialzeit und informiert über Kultur und Geschichte der Region. Östlich der Kreuzfahrtpier beginnt der **Vaiala Beach** mit dem Palolo Deep Marine Reserve – ein Meeresschutzgebiet, das Möglichkeiten zum **Schnorcheln** bietet.

Außerhalb der Stadt ist das alltägliche Leben noch von Traditionen geprägt, und die meisten Samoaner leben in dörflichen Gemeinschaften. Nichts findet hinter verschlossenen Türen statt, und die Menschen sind liebenswürdig und gastfreundlich.

**Großes Bild oben: Upolu, eine der Hauptinseln von Samoa, ist vulkanischen Ursprungs.**

# Tahiti, Moorea

## Der Maler der »Südseebilder«

Am 9. Juni 1891 erreichte Paul Gauguin Tahiti, zu einer Zeit, in der die polynesische Kultur schon fast vollständig untergegangen war. Besonders in Papeete, der Hauptstadt der französischen Kolonie, verlief das Leben wie in einer Stadt in der europäischen Provinz. Gauguin war auf der Suche nach einem »unbeachteten Paradies« und den »edlen Wilden« ausgezogen. Doch stattdessen begegneten ihm züchtig in Hüfttücher gewickelte tahitianische Männer, während die Frauen die von den Missionaren eingeführten

**Land:** Frankreich (Frz.-Polynesien, Gesellschaftsinseln)
**Fläche:**
Tahiti: 1042 km²
Moorea: 133 km²
Huahine: 74 km²
Bora Bora: 29 km²
**Einwohner:**
Tahiti: 180 000
Mo'orea: 16 000
Huahine: 6000
Bora Bora: 9000
**Sprache:** Tahitianisch, Französisch
**Währung:** CFP-Franc (= Euro)
**Hauptreisezeit:**
Mai bis Oktober
**Zeitzone:** UTC – 10

**Die zu Französisch-Polynesien gehörenden Gesellschaftsinseln sind das wohl bekannteste Urlaubs- und Kreuzfahrtziel in der ganzen Region. Inseln wie Tahiti, Moorea und Bora Bora gelten als Südseeparadiese par excellence. Sie ragen als von üppiger Vegetation bedeckte Gebirgsmassive vulkanischen Ursprungs aus dem tiefblauen Meer hervor. Die den Küsten vorgelagerten Korallenriffe haben in hellem Türkis leuchtende Lagunen ausgebildet. Die touristische Infrastruktur ist gut ausgebaut. Die Ferienbungalows, Klubs und Restaurants, die an und in den seichten Gewässern der Lagunen errichtet wurden, bieten modernen Südseezauber. Auf Folkloreveranstaltungen, in Museen und archäologischen Parks wird die alte polynesische Kultur den Urlaubern nahegebracht.**

**Tahiti** Seit der französische Graf Louis-Antoine de Bougainville die Insel in seinem 1771 veröffentlichten Reisebericht als wunderbaren Garten Eden pries, ist sie das Sehnsuchtsziel zivilisationsmüder Europäer. Immer noch ruft der Name »Tahiti« in vielen von uns Bilder von einem in allen Türkistönen schimmernden Meer, von einsamen, feinsandigen Stränden und sich sanft im Wind wiegenden Palmen wach. Auch wenn die atemberaubende Natur der Insel in vielem diesen Vorstellungen von einem Tropenparadies entspricht, so ist Tahiti doch nicht nur ein pazifisches Arkadien fernab der Zivilisation, sondern auch das wirtschaftliche Zentrum der Region.

**Papeete**, die im Nordwesten der Insel gelegene Hauptstadt Französisch-Polynesiens, präsentiert sich als quirliger, beinahe hektischer Ort. Das Stadtbild wird von modernen Geschäftsbauten geprägt. Tagtäglich bricht hier ein Verkehrschaos aus. Allein die vielen Cafés, Restaurants und Geschäfte entlang der Uferstraße **Boulevard Pomaré** verleihen Papeete südliches Flair.
Die Kreuzfahrtschiffe legen im Herzen der Stadt am **Quai d'Honneur** an. Von hier sind die meisten Sehenswürdigkeiten nur einen Steinwurf weit entfernt. Gleich hinter dem Hafen lockt die große Markthalle mit einem überreichen Angebot an exotischen Köstlichkeiten. Gegenüber der sehenswerten **Cathédrale de l'Immaculée Conception** aus dem Jahre 1875 ist mit dem **Centre Vaima** ein modernes Einkaufszentrum entstanden. In dem Gebäude ist das von dem Perlenhändler Robert Wan gegründete **Musée de la Perle** untergebracht. Hier erfahren Besucher alles, was es über die Zucht schwarzer Perlen, eines der wichtigsten Exportgüter der Region, zu erzählen gibt.
Tahiti ist vulkanischen Ursprungs und landschaftlich von bis zu 2000 m aufragenden, mit Bergregenwald bedeckten Gebirgszügen geprägt. In den tieferen Lagen gedeihen Farne und tropische Pflanzenarten. Zahlreiche kleine Flüsse entspringen in den Gipfelregionen und bahnen sich über spektakuläre Wasserfälle einen Weg ins Meer. Das Inselinnere ist unbewohnt. Die weitaus meisten der rund 180 000 Einheimischen leben an der Küste. Tahiti besteht aus zwei »Halbinseln«, die nur durch eine schmale Landbrücke miteinander verbunden sind.

Die kleinere von beiden, das im Südosten gelegene **Tahiti Iti**, ist touristisch nur wenig erschlossen und in weiten Teilen schwer zugänglich. **Tahiti Nui**, die große Insel, hingegen kann auf einer Küstenstraße, die über 120 km von Papeete aus um die ganze Insel führt, erkundet werden. Auf der Strecke laden viele interessante Sehenswürdigkeiten und Aussichtspunkte zu einem Stopp ein. **Pointe Vénus** ist der nördlichste Punkt der In-

Rüschenkleider trugen. Gauguin zog deshalb aufs Land. In Mataiea an der Südküste Tahitis fand er seine erste tahitianische Heimat und die Gesellschaft einer tahitianischen Frau. Doch sogar hier war von polynesischer Kultur nicht viel zu spüren. Hier entstanden viele Gemälde, die eine farbenfrohe exotische Welt thematisieren (links). Finanzielle und gesundheitliche Probleme zwangen ihn nach zwei Jahren zur Rückkehr nach Paris. Seine letzten europäischen Jahre (1893–1895) überzeugten ihn wieder davon, dass sein Platz nicht mehr in der Alten Welt war. Er fuhr wieder nach Tahiti, wo er 1903 einsam starb.

Wasserbungalows in der Südsee sind bei Touristen sehr beliebt.

Baie de Cook, eine der malerischen Buchten von Moorea.

sel. Seinen Namen verdankt dieses Kap James Cook, der in der Matavai-Bucht landete und hier eine Passage der Venus vor der Sonne beobachtete. In der Nähe der Pointe Vénus befinden sich einige sehr schöne **Vulkansandstrände**.

An der **Pointe d'Arahoho** wartet ein ganz besonderes Spektakel. Bei starker Brandung wird das Meerwasser in das Vulkangestein der Felsklippen gepresst und schießt aus Blaslöchern als Fontäne nach oben. Von hier gelangt man über eine kleine Straße auch zu den **Cascades de Fa'arumai** mit dem spektakulären **Vaimahuta-Wasserfall** – ein Muss für jeden Tahiti-Besucher. Kurz hinter der Landenge zwischen Tahiti Nui und Tahiti Iti erinnert das **Musée Gauguin** an den berühmten französischen Maler, der zwischen 1891 und 1893 auf Tahiti lebte und nicht unwesentlich zur Verbreitung des Südsee-Mythos beitrug. 15 km südlich von Papeete informiert das **Musée de Tahiti et des Îles** mit beeindruckenden Exponaten über die Natur und die Kulturgeschichte der ganzen Region. In Papeete bieten lokale Veranstalter Inselrundfahrten, Bootsausflüge und Wandertouren an. Informationen erhalten die Besucher im Visitor Centre direkt am Hafen.

**Moorea** Das 20 km nordwestlich von Tahiti gelegene, nur etwas mehr als 130 km² große Eiland ist für viele die schönste Südseeinsel. Ansichten ihrer steil aus dem tiefblauen Meer aufragenden Berggipfel finden sich in vielen Südseereisekatalogen. Die Insel ist von einem an nur wenigen Stellen durchlässigen **Korallenriff** umgeben. Obwohl Moorea über eine entwickelte touristische Infrastruktur verfügt, geht es hier beschaulicher als auf Tahiti zu. Viele Bewohner leben vom Ananas- und Vanilleanbau. Die Kreuzfahrtschiffe steuern die lang gestreckte **Baie de Cook** im Norden der Insel an und gehen am Ende der Bucht nahe Paopao vor Anker; der kleine Ort ist idealer Ausgangspunkt für Rundfahrten entlang der 60 km langen Küstenstraße. Unterwegs bieten sich spektakuläre Ausblicke auf das Meer und die Lagune. An der Westküste locken nicht nur einige Traumstrände, sondern auch das **Tiki Village Théâtre**, ein nachgebautes polynesisches Dorf, das Einblicke in die Kultur der Region bietet. Von Paopao aus führt eine Straße auch ins Inselinnere zu der archäologischen Fundstätte im **Vallée d'Opunohu** und weiter zum **Belvédère**, einem Aussichtspunkt, der fantastische Rundblicke über die Insel bietet.

**Großes Bild oben: Die tropische Vegetation prägt die Bergwelt von Tahiti.**

Die von grünen Berggipfeln umrahmte Baie d'Opunohu ist fast 80 m tief. Deshalb können auch Kreuzfahrtschiffe problemlos in die 3 km lange Bucht einfahren (unten).

Mit üppig-exotischer Vegetation, bizarren Berggipfeln und spiegelglattem Wasser in der Lagune entspricht Moorea den jahrhundertealten Vorstellungen der Europäer von einem friedlichen Südseeparadies.

# Huahine, Bora Bora

## Atolle

Bora Bora ist das bekannteste und vielleicht schönste von mehreren Hundert Atollen im südpazifischen Raum und wird gern auch als »Perle des Pazifiks« bezeichnet. Diese Korallenriffe umschließen eine Lagune (rechts) und ragen teilweise als Inseln aus dem Meer. Sie haben das Ihre zur Ausbildung des Mythos »Südsee« beigetragen. Der Begriff leitet sich vom entsprechenden maledivischen Ausdruck »atolhu« ab. Der Kontrast zwischen dem seichten, warmen und in allen Türkistönen schillernden Wasser der Lagune und der dunklen Tiefsee am äußeren Rand des Riffs ist

⚓ **Huahine** Das nur 74 km² große, 175 km nordwestlich vonTahiti gelegene Eiland ist immer noch ein Geheimtipp für Südsee-Urlauber. Obwohl seine landschaftliche Schönheit schon oft gepriesen wurde, kommen vergleichsweise wenig Touristen hierher. Huahine besteht wie Tahiti aus zwei Inseln, die durch eine Brücke miteinander verbunden und von einem Korallenriff umgeben sind. Die Insel war einst ein Zentrum der polynesischen Kultur. In Maeva an der Nordostküste wurden die Überreste einer großen Kultstätte, die vermutlich um 700 entstanden ist, ausgegraben. Die Zeremonialplätze, Versammlungshäuser und Befestigungsanlagen sind teilweise restauriert und zählen zu den beeindruckendsten der ganzen Region. Nur wenige Kilometer südlich von Maeva befindet sich in der Nähe von Faie eine andere bedeutende archäologische Fundstätte. Das malerische Dorf liegt am Ende einer engen, lang gestreckten Bucht, in der sich für Einheimische heilige Aale tummeln; sie werden regelmäßig gefüttert.

Die an der Westküste gelegene Inselhauptstadt, **Fare**, präsentiert sich als schmucker kleiner Ort mit einigen Geschäften und Cafés direkt am Hafen. Jeden Morgen wird hier Markt abgehalten. Die meisten Kreuzfahrtschiffe gehen in der ⚓ **Baie de Maroe** zwischen Huahine Nui und Huahine Iti vor Anker. Tenderboote bringen die Passagiere zur Anlegestelle in Maroe auf Huahine Iti. Hier bieten bekannte Autoverleiher ihre Dienste an, und in Fare können Fahrräder oder Boote gemietet werden.

⚓ **Bora Bora** Das rund 240 km nordwestlich von Tahiti gelegene Atoll zählt nicht nur zu den schönsten, sondern auch zu den teuersten Südseeparadiesen. Hier wurden exklusive Ferienresorts errichtet, in denen VIPs aus aller Welt residieren. Bora Bora verdankt seine Anziehungskraft den landschaftlichen Reizen. Die nur rund 29 km² große Hauptinsel ist nichts als ein erloschener Vulkan, dessen Caldera bereits im Meer versunken ist. Ihr gebirgiges Inneres ist mit üppig wachsender tropischer Vegetation bedeckt und nur schwer zugänglich. In den flachen Küstengebieten wurden Kokosnuss- und Obstplantagen angelegt. Ein Saum kleiner und kleinster Eilande, die Motus, die von dem Bora Bora umgebenden Korallenriff gebildet wurden, schirmt die Insel vom offenen Ozean ab. Das Wasser der Lagune schimmert in allen nur erdenklichen hellen Türkistönen, das der Tiefsee leuchtet dunkelblau.

Die großen Kreuzfahrtschiffe können Riff und Lagune nur an der tiefen Passe Teavanui passieren. Sie gehen dann in **Vaitape** vor Anker. Der Hauptort Bora Boras verfügt über eine gut entwickelte Infrastruktur mit Post, Internetcafés, Restaurants und Geschäften. Lokale Veranstalter bieten Inselsafaris und Bootstouren zu den Tauchgründen des Atolls an, und auf einem Helikopterflug kann die faszinierende Inselwelt aus der Vogelperspektive bestaunt werden.

**Bild oben: Hauptattraktion der Insel Bora Bora ist die Lagune, hier aus der Luft betrachtet, mit ihrem kristallklaren und türkis schimmernden Wasser.**

einfach überwältigend. Kein Geringerer als Charles Darwin hat als Erster eine bis heute weithin akzeptierte Erklärung für die Entstehung dieses besonderen Inseltyps gefunden. Demnach steht am Anfang der Atollbildung die Geburt einer Vulkaninsel, in deren Uferbereich sogenannte Saumriffe aus den verschiedenen Korallenarten wachsen. Im Verlaufe von Jahrtausenden versinkt die Insel – bedingt durch unterirdische Hohlräume, die bei der Entleerung der Magmakammern entstanden sind – im Meer. Das Riff hingegen dehnt sich weiter aus und ragt an einigen Stellen als Kranz flacher Inseln aus dem Meer heraus.

Markant ragen die beiden Vulkanstümpfe von Bora Bora hoch.

Huahine besteht aus zwei zentralen Vulkaninseln.

Hinter Portland Head Light an der Küste von Maine gleitet die »Carnival Victory« gemächlich dahin – im Licht der Morgensonne leuchtet das Schiff golden.

# Entlang der nordamerikanischen Atlantikküste

Die amerikanische Atlantikküste nördlich von New York ist ein ganz besonderes Kreuzfahrtgebiet. Die Reise führt zu wildromantischen, atemberaubend schönen Küstenstrichen und in traditionsreiche Hafenstädte. Im Indian Summer, der Hauptreisezeit, sind die Wälder im Hinterland in ein Meer aus leuchtenden Rottönen getaucht. Landgänge in Boston führen immer auch zu den Anfängen der USA zurück. Hier begann die amerikanische Revolution. Im kanadischen Halifax erinnert die Pier 21 an die Einwanderer aus Europa, die in Nova Scotia eine neue Heimat fanden. Die Überreste der Wikingersiedlung L'Anse aux Meadows auf Neufundland belegen, dass Europäer bereits 500 Jahre vor Kolumbus amerikanischen Boden betreten hatten.

# Halifax

## Hochseefischerei an der Neufundlandbank

Die Neufundlandbank gilt als einer der reichsten Fischgründe der Welt – vor allem Kabeljau, Schwertfisch, Hummer und Muscheln werden hier schon seit Jahrhunderten von Hochseefischern auch aus Europa gefangen. Von der Ostküste von Nova Scotia sind es dorthin nur wenige Hundert Kilometer – kein Wunder, dass die Hochseefischerei hier eine lange Tradition hat. So wurde im nahen Lunenburg 1921 die »Bluenose« gebaut, das größte Segelfangschiff der Welt. Nach dem Zweiten Weltkrieg verdrängten Trawler (wie

**Land:** Kanada
**Einwohner:** 370 000
**Sprache:** Englisch, Französisch
**Währung:** Kanadischer Dollar
**Hauptreisezeit:** Sommer, Herbst
**Zeitzone:** UTC – 4

**Halifax, die Hauptstadt der kanadischen Provinz Nova Scotia, ist das Tor zu Kanadas Osten und wird von Kreuzfahrtschiffen gerne während des Indian Summer angelaufen. Der Hafen ist der zweitgrößte Naturhafen der Welt, der moderne Halifax Seaport Cruise Terminal bietet seinen Gästen jeden Komfort. Die meisten Sehenswürdigkeiten der Stadt sind nur einen Spaziergang weit entfernt.**

**Der Hafen von Halifax liegt an einer geschützten Bucht.**

Halifax präsentiert sich als freundliche und moderne Metropole, in der sich fast alles um den Hafen dreht. Gleich in der Nähe des neuen Cruiseterminals beginnt die pittoreske Hafenpromenade. Moderne Glasbauten wechseln hier mit restaurierten Lagerhäusern, in die Galerien, Restaurants und nette Kneipen eingezogen sind, ab. Bis in die 1950er-Jahre gingen an der Pier 21 Einwanderer aus ganz Europa an Land. In dem historischen Oceanterminal residiert heute Kanadas **National Museum of Immigration** – das Staatliche Einwanderer Musem.

Das **Maritime Museum of the Atlantic** informiert umfassend über die Geschichte der Seefahrt und beeindruckt mit einer ständigen Ausstellung über den Untergang der »Titanic«. Die Anfänge der auf einem Hügel im Zentrum der Stadt gelegenen Festung **St. George** gehen auf die Zeit der Stadtgründung im Jahr 1749 zurück. Sie beherbergt nicht nur eine Sammlung von Militaria, sondern bietet auch faszinierende Ausblicke über die Stadt und den Hafen. Auch das Province House von 1819 in der Hollis Street, in dem Kanadas ältestes Provinzparlament residiert, ist sehenswert. In der unmittelbaren Nachbarschaft lockt die **Art Gallery of Nova Scotia**, die in einem historischen Gebäude aus dem Jahr 1868 untergebracht ist, mit einer bemerkenswerten Sammlung von Werken moderner Kunst.
Bei ganztägigen Landgängen bietet sich ein Ausflug in die 90 km von Halifax entfernte Hafenstadt **Lunenburg** an. Der malerische kleine Ort wurde 1753 gegründet, sein historisches Zentrum steht seit 1995 auf der UNESCO-Welterbeliste. Die insgesamt 300 km lange Panoramastraße **Lighthouse Trail** führt zu den zahllosen Leuchttürmen des malerischen Küstenstrichs zwischen Halifax und Yarmouth.

**Bild rechts: Die Waterfront von Halifax bei Mondschein.**

links im Bild, vor West Pennant) die Segelschiffe. Aufgrund von Überfischung musste der Fischfang im Nordwestatlantik ab 1992 allerdings drastisch eingeschränkt werden, in Nova Scotia verloren 20 000 Fischer ihre Arbeit, mehrere Hundert Trawler wurden stillgelegt. Seither hat die Fischindustrie auch an Bedeutung verloren. Wie gefährlich das Leben der Hochseefischer war, schildert auf packende Weise der Tatsachenroman »Der Sturm« von Sebastian Junger, der den Untergang des Schwertfischfängers »Andrea Gail« nahe Sable Island etwa 300 km südöstlich von Halifax schildert. Der Roman wurde von Wolfgang Petersen verfilmt.

# St. John's, Cape Breton

## Die »Entdeckung Amerikas«

Berichte in zwei um 1200 entstandenen Island-Sagas führten die norwegischen Archäologen Helge und Anne-Stine Ingstad auf die Spur der »amerikanischen« Wikinger. Sie schildern die Entdeckung und Erkundung einer »Vinland« genannten Terra incognita durch den grönländischen Wikinger Leif Eriksson, einen Sohn Eriks des Roten. Unabhängig davon, ob sich Leif durch die Erzählungen eines Kaufmanns zu seiner Abenteuerreise inspirieren ließ oder ihn der Gedanke an das fruchtbare Land nach der Rückkehr in die

**Land:** Kanada
**Fläche:**
Neufundland: 108 860 km²
Cape Breton Island: 10 311 km²
**Einwohner:**
St. John's: 100 000
Neufundland: 480 000
Cape Breton Island: 150 000
**Sprache:** Englisch, Französisch
**Währung:** Kanadischer Dollar
**Hauptreisezeit:** Sommer
**Zeitzone:**
UTC – 3,5 (Neufundland, St. John's)
UTC – 4 (Cape Breton Island)

**Auf Neufundland machen viele Cruiseliner vor oder nach einer Atlantiküberquerung Station. Die Insel ist touristisch nur wenig erschlossen. Die wilde Natur zieht Aktivurlauber – Wanderer, Angler und Jäger – an. Seinen Namen verdankt Neufundland dem italienischen Seefahrer Giovanni Caboto alias John Cabot, der im Auftrag der britischen Krone den Nordatlantik erkundete und 1497 auf der »neu gefundenen Insel« an Land ging. Cabot war allerdings nicht der erste Europäer, den es nach Neufundland verschlug. Seit den Ausgrabungen in L'Anse aux Meadows wissen wir, dass bereits 500 Jahre vor ihm grönländische Wikinger hier siedelten.**

**St. John's** Die im äußersten Südosten Neufundlands auf der Halbinsel Avalon gelegene Inselkapitale zählt zu den ältesten Städten Nordamerikas. Der durch hohe Hügelketten besonders geschützte Naturhafen ist im Sommer – bei Höchsttemperaturen von gerade einmal 20°C – beliebter Anlegehafen von Kreuzfahrtschiffen aus aller Welt. Der malerische Ort mit seinen farbenfrohen Hausfassaden und gravitätisch anmutenden Backsteinkirchen blickt auf eine lange Seefahrertradition zurück. Die im Hafen liegenden Fischerboote, die heute mehr und mehr nur noch zum **Whale Watching** auslaufen, erinnern daran. Beeindruckend sind auch die schweren Eisbrecher des Küstenschutzes. Zudem ist St. John's Anlaufhafen für die Versorgungsschiffe von Ölförderplattformen, die vor Neufundlands Küste liegen und seinen Wohlstand begründen.
Der **Signal Hill** bietet einen umfassenden Ausblick auf die Stadt und das Meer. An der Stelle der den Hügel lange Zeit beherrschenden, aber zerstörten Festung wurde hier 1897 aus Anlass des 400. Jahrestages der Entdeckung Neufundlands der **Cabot Tower** errichtet. Am 12. Dezember 1901 empfing Guglielmo Marconi auf dem Turm das erste transatlantische Funksignal.

Das **Government House** spiegelt die Kolonialära wider, während das in einem modernen Sandsteinbau residierende **Newfoundland Museum** der Pflege zeitgenössischer Kunst gewidmet ist. In St. John's beginnt der 8000 km lange quer durch Kanada bis an die Westküste führende Trans-Canada-Highway No. 1.

Nahe der Witless Bay auf der **Halbinsel Avalon** befinden sich die weltbekannten **Vogelschutzgebiete** von Gull Island, Green Island, Great Island und Pee Pee Island – ein Muss für Ornithologen und andere Vogelliebhaber.

**Corner Brook** James Cook kartografierte 1767 erstmals die Bucht, an der sich später Corner Brook entwickelte. Die an der Mündung des Humber in die Bay of Islands gelegene Stadt ist wohl vor allem wegen ihrer attraktiven landschaftlichen Umgebung ein beliebtes Kreuzfahrtziel. Sie bietet sich als Ausgangspunkt für Ausflüge in den nahe gelegenen **Gros Morne National Park an.** Das Naturschutzgebiet steht seit 1987 auf der UNESCO-Weltnaturerbeliste, da es auf einzigartige Weise die Folgen der Kontinentalverschiebung sichtbar macht. Geologen haben festgestellt, dass das ockergelbe Geröll der Tablelands, eines Gebiets im Südwesten des Parks, aus Gestein der Erdkruste besteht, das vor Hunderten von Millionen Jahren aus über 10 km Tiefe an die Oberfläche geschleudert wurde. Der Park hat aber mehr und anderes zu bieten als Geröllwüsten.
Das Gebiet um den 806 m hohen **Gros Morne Mountain** zeichnet sich vielmehr durch seine landschaftliche Vielfalt aus. Küstenebenen und Gebirgsplateaus finden sich hier auf engstem Raum. Bewaldete Höhenzüge wechseln mit Tundren ab. Das Wasser der Seen und der tief ins Land schneidenden Fjorde ist glasklar.

**L'Anse aux Meadows** Die an der Nordspitze der Great Northern Peninsula gelegene National Historic Site ist fast ein Muss für jeden Neufundland-Besucher. Die norwegischen Archäologen Helge und Anne-Stine Ingstad gruben hier 1961 eine wikingerzeitliche Siedlung aus und konnten dadurch beweisen, dass bereits 500 Jahre vor Kolumbus Menschen aus Europa amerikanischen Boden betreten hatten. Auf dem Gelände wurden die Überreste von elf Grassodenhäusern und einer Schmiede gefunden, die nur von Wikingern aus Grönland oder

Im Gros-Morne-Nationalpark sind zahlreiche Elche beheimatet.

Der Cabot Trail ist die Panoramastraße an Kanadas Ostküste.

Heimat nicht mehr losließ: Fest steht, dass er um 1000 mit 35 Männern von Südgrönland aus in See stach und nach einer langen Überfahrt auf Neufundland an Land ging. Die Ausgrabungen in L'Anse aux Meadows belegen, dass eine Gruppe von Wikingern bei l'Anse aux Meadows (rechts) in Neufundland siedelte. Die systematische Erschließung des Kontinents durch europäische Kolonisatoren begann erst mit Kolumbus.

Die Fortress of Louisbourg (1719) ist eine Rekonstruktion.

Wachtposten der Fortress.

Island stammen konnten und vermutlich um 1000 errichtet wurden. Drei der Gebäude wurden nachgebaut und können besichtigt werden. In dem Besucherzentrum sind überdies kleinere Fundstücke ausgestellt. Seit 1978 steht die Ausgrabungsstätte auf der UNESCO-Weltkulturerbeliste.

## Cape Breton Island

Die der Nordostspitze Nova Scotias vorgelagerte und mit dem Festland durch einen Straßendamm verbundene Insel hat sich nicht zuletzt dank ihrer atemberaubenden Natur zu einem interessanten Kreuzfahrtziel entwickelt. Die Landschaft ist von zerklüfteten Felsküsten, dicht bewaldeten Gebirgszügen und im Süden von großen Seengebieten geprägt. Der **Cape Breton Highlands National Park** im Norden der Insel bietet Schwarzbären, Elchen und Weißkopfseeadlern einen Lebensraum. Durch ihn hindurch führt – größtenteils der Küstenlinie folgend – der **Cabot Trail**, eine berühmte Panoramaküstenstraße, über die man auch zum »Bras d'Or«-Salzwassersee im Süden von Cape Breton gelangt. Hier kann man Glatzkopfadler und zahlreiche andere seltene Tierarten beobachten.

In **Baddeck** am Nordufer des Sees verbrachte der berühmte Alexander Graham Bell nicht nur viele Jahre seines Lebens, hier erfand er auch das Telefon. Ihm zu Ehren wurde in der kleinen Gemeinde ein Museum eingerichtet.

**Sydney**, die mit 26 000 Einwohnern zweitgrößte Stadt der Provinz Nova Scotia, ist ein Schmelztiegel verschiedenster Nationalitäten, die alle zu den vielen ganzjährig ausgerichteten kulturellen Events beitragen.

**Fortress of Louisbourg**, das größte historische Freilichtmuseum Nordamerikas, begeistert mit einer geschichtsgetreuen Nachbildung eines fast 300 Jahre alten Dorfes. Internationales Renommee hat die Insel durch Musik erlangt. Von Indianern stammende Klänge wurden durch europäische Einflüsse so verändert, dass eine einzigartige Musikrichtung aus englisch oder gälisch gesungenen Liedern und instrumentaler, schottisch-keltischer Tanzmusik entstand.

**Bild oben: Die Wikingersiedlung L'Anse aux Meadows ist eine National Historic Site.**

# Québec

## Historischer Bezirk von Québec

Die Hauptstadt der gleichnamigen Provinz ist das Herz des frankophonen Kanada. Mehr als 90 Prozent der Einwohner sprechen Französisch. Die 1608 am Ufer des St.-Lorenz-Stroms gegründete Siedlung entwickelte sich rasch zu einem wichtigen Umschlagplatz für den Handel zwischen Neuer Welt und französischem Mutterland. Nachdem die Häuser unterhalb des Cap Diamant mehrfach abgebrannt waren, zogen sich die Bürger auf die Anhöhe zurück und errichteten »Haute-Ville«, die Oberstadt. Die Place Royale

Blick auf die Altstadt, Vieux-Québec und den Vieux-Port.

**Québec, die Hauptstadt der gleichnamigen kanadischen Provinz, zählt zu den gefragtesten Kreuzfahrtzielen im Osten Kanadas. Mehr als 500 000 Passagiere gehen hier jährlich an Land. Die von Festungsmauern umgebene Altstadt der Metropole an der Mündung des St.-**

**Land:** Kanada
**Einwohner (Québec City und Umgebung):** 750 000
**Sprache:** Englisch, Französisch
**Währung:** Kanadischer Dollar
**Hauptreisezeit:** Sommer, Herbst
**Zeitzone:** UTC – 4

**Charles-Flusses in den St.-Lorenz-Strom ist die einzige ihrer Art in Nordamerika und steht auf der UNESCO-Welterbeliste.**

Die Kreuzfahrtschiffe legen im alten Hafen an. Vieux-Québec ist nur einen Spaziergang weit vom Terminal entfernt. Die direkt am Ufer des St.-Lorenz-Stroms gelegene Unterstadt war einst das Quartier der Tagelöhner und Handwerker. Nach umfassenden Restaurierungsmaßnahmen hat es sich zu einem attraktiven Wohn-, Einkaufs- und Ausgehviertel gemausert. Viele Besucher fühlen sich im Gassengewirr in eine französische Stadt des 18. Jh.s zurückversetzt. Das Herz der Unterstadt schlägt an der **Place Royale**, in der Rue du Petit-Champlain locken stilvolle Restaurants und elegante kleine Kunsthandwerksläden.

Eine Seilbahn verbindet die Unterstadt mit der auf dem Felsplateau des Cap Diamant errichteten Oberstadt. Von der Terrasse Dufferin, einer am Rand des Plateaus entlang führenden Flaniermeile, kann man den Blick auf die Unterstadt und den St.-Lorenz-Strom genießen. Hinter der Terrasse Dufferin erhebt sich das mächtige **Château Frontenac**. Das an der Wende vom 19. zum 20. Jh. errichtete Luxushotel ist als Schauplatz bedeutender internationaler Konferenzen bekannt und wird gerne von VIPs genutzt. Die **Zitadelle** im Süden der Altstadt zählt zu den größten Festungen Nordamerikas. Die sternförmige Anlage wurde zu Beginn des 19. Jh.s von den Briten an der Stelle eines französischen Vorgängerbaus errichtet und beherbergt noch heute ein Regiment der kanadischen Armee. Wie die Unterstadt ist auch die Oberstadt Québecs französische geprägt. An jeder Ecke finden sich gemütliche Bistros und stilvolle Restaurants sowie edle Boutiquen und Kunstgalerien.

**Großes Bild oben: Das Château Frontenac bei Nacht; unten: »Queen Mary II« vor der Kulisse von Québec City.**

(rechts) und die Rue Notre-Dame bilden das Zentrum der Unterstadt mit ihren fein restaurierten Gründerzeithäusern. Kirchen, Militäreinrichtungen, Klöster und Schulen waren in der befestigten Oberstadt konzentriert. Im französisch-englischen Kolonialkrieg wurde die Stadt mehrfach erobert. Letztlich setzten sich dann die Engländer durch. Eine Befestigungsanlage, die in ganz Nordamerika einzigartig ist, schützt die Stadt.

# Boston, Newport, Portland, Bar Harbor

## Boston Tea Party

Neuengland verdankt seinen Namen dem englischen Abenteurer John Smith, der im Jahr 1614 die pazifische Nordwest-

**Land:** USA
**Einwohner:**
Boston: 650 000
Newport (Rhode Island): 25 000
Portland (Maine): 63 000
Bar Harbor: 5000
**Sprache:** Englisch
**Währung:** US-Dollar
**Hauptreisezeit:** Sommer, Herbst
**Zeitzone:** UTC – 5

**Die im äußersten Nordosten der USA gelegene, die Staaten Connecticut, Rhode Island, Massachusetts, Vermont, New Hampshire und Maine umfassende Region gilt als die europäischste in ganz Amerika. Das milde Klima, die dichten, im Indian Summer in allen Farben leuchtenden Laubwälder und nicht zuletzt eine Reihe geschichtsträchtiger Orte haben die Neuengland-Staaten zu einem beliebten Kreuzfahrtziel gemacht.**
**Ein Törn entlang der wildromantischen Küste führt immer auch zu den Anfängen der USA zurück: In Massachusetts gingen 1620 die Pilgrim Fathers an Land und gründeten die Plymouth-Colony – eine der frühen europäischen Siedlungen auf nordamerikanischem Boden. Die Unabhängigkeit der amerikanischen Kolonien wurde 1776 in Boston verkündet. Neuengland beherbergt die ältesten Universitäten der USA. Die bereits 1636 in Cambridge bei Boston gegründete Harvard University und die Yale University in New Haven zählen bis heute zu den besten der Welt.**

⚓ **Boston** Die Hauptstadt von Massachusetts gilt als Grand Old Lady unter Amerikas Metropolen. Sie wurde 1630 gegründet und darf sich rühmen, Schauplatz der berühmten Boston Tea Party, durch die die amerikanische Revolution ausgelöst wurde, zu sein. Boston ist nicht nur eine der Sporthauptstädte der USA, sondern beherbergt mit der Harvard University und dem Massachusetts Institute of Technology zwei der bedeutendsten Hochschulen der Welt. Dank ihrer einzigartigen Geschichte ist die Stadt ein beliebtes Ziel für Kreuzfahrtschiffe geworden.

Vom ⚓ **Black Falcon Cruise Terminal** aus kann man Downtown Boston leicht mit dem Taxi oder einem Bus erreichen. Hier lädt der Boston Freedom Trail zu einer Reise in die Vergangenheit ein. Der 4,5 km lange, rot markierte Pfad verbindet 16 historische Sehenswürdigkeiten miteinander und informiert so auf anschauliche Weise über die Geschichte der Stadt und die Anfänge der USA. Der Weg führt vom Boston Common Visitor Information Center durch die Innenstadt über den Charles River im Norden nach Charlestown und endet am Bunker Hill Monument.

Wer Boston vom Wasser aus erkunden möchte, kann die Harbor Cruises nutzen. Die Schiffe verkehren stündlich zwischen dem Navy Yard unweit der »USS Constitution« in Charlestown und Long Wharf. An der historischen Hafenseite befindet sich das **New England Aquarium** mit seinem einzigartigen Unterwasser-Observatorium.

⚓ **Newport** Die Hafenstadt im Süden von Rhode Island gilt als America's Finest Resort. Das milde Klima und die atemberaubende, stark zerklüftete Küstenlandschaft zogen bereits im 19. Jh. viele reiche Amerikaner an. Die luxuriösen Sommerresidenzen, die sie in Newport errichteten, erregen noch heute unser Erstaunen.
Legendär sind beispielsweise das für Cornelius Vanderbilt II im Renaissancestil erbaute »The Breakers« von 1895 oder das im Auftrag des New Yorker Kaufmanns William Wetmore errichtete neugotische »Chateau-sur-Mer«. The Preservation Society of Newport County bietet Führungen durch elf dieser Märchenschlösser an. Dank seiner günstigen Lage entwickelte sich Newport schon bald nach seiner Gründung im Jahr 1639 zu einem Drehkreuz im Handel zwischen Europa und Amerika. Die liebevoll restaurierten Kaufmannshäuser im historischen Viertel »The Point« sowie die Ruine der Stone Mill stammen aus dieser Frühzeit der Stadtentwicklung. Das am Washington Square gelegene **Old Colo-**

küste im Auftrag englischer Kaufleute erkundete. Ihm folgten 1620 die Pilgrim Fathers, die auf der Suche nach religiöser Autonomie von England aus in die Neue Welt aufbrachen und an der Küste des heutigen Massachusetts die Stadt Plymouth gründeten. Ein stetiger Zuzug von Siedlern aus der Alten Welt setzte ein. Weitere Gebiete wurden von England kolonisiert. Die Weigerung der Siedler, Steuern zu zahlen, führte zu ständigen Konflikten. Im Jahr 1773 warfen als Indianer verkleidete Kolonisten aus Protest drei Ladungen Tee der englischen East India Trading Company in das Hafenbecken von Boston. Die Aktion, die als Boston Tea Party in die Geschichte eingegangen ist, löste dann den Unabhängigkeitskrieg aus und führte zur Gründung der Vereinigten Staaten von Amerika. Der erste Regierungssitz war das Old State House (links).

**ny House** (1739) erinnert daran, dass Newport bis 1900 neben der heutigen Hauptstadt Providence ein politisches Zentrum auf Rhode Island war. Nicht weit davon entfernt befinden sich die **Trinity Church** (1763), die älteste Synagoge Nordamerikas, die **Touro Synagogue** (1763), die **Redwood Library** und das **Athenaeum** (1747) sowie das **Newport Artillery Company Museum** (1741), das eine bedeutende Uniformsammlung beherbergt.

**Portland** Die mit mehr als 63 000 Einwohnern größte Stadt des Bundesstaats Maine wartet mit einem liebevoll restaurierten historischen Hafenviertel auf. In viele der umgebauten Lagerhallen und alten Backsteinhäuser sind erstklassige Restaurants, Galerien und stilvolle Ladengeschäfte eingezogen. Old Portland ist so eine Touristenattraktion und ein unbedingtes Muss für jeden Portland-Besucher geworden. Man kann das Viertel vom **Portland Ocean Terminal**, an dem die großen Kreuzfahrtschiffe anlegen, bequem zu Fuß erreichen. In Downtown Portland zieht das am Congress Square gelegene **Portland Museum of Arts** alljährlich zahlreiche kunstinteressierte Besucher an. Es glänzt mit Werken amerikanischer Meister wie Edward Hopper oder Winslow Homer und einer beachtlichen Sammlung europäischer Malerei vom 18. Jh. bis zur Gegenwart.

Ganz in der Nähe an der Congress Street befindet sich das **Wadsworth-Longfellow House**, das 1786 errichtet wurde und ein Monument der amerikanischen Revolutionsgeschichte ist. Nur einige Häuserblocks entfernt lädt das mit kostbaren Möbeln, Teppichen und historischen Gemälden ausgestattete **Victoria Mansion** von 1860 zu einer Besichtigung ein. Das Interieur zeugt von der Pracht des der italienischen Renaissance nachempfundenen Stils der Zeit vor dem Bürgerkrieg.

In **Cape Elizabeth** südlich von Portland steht eines der meistfotografierten Wahrzeichen der Region: Seit mehr als 200 Jahren dient das weiße Licht des **Portland Head Light** die Küste entlang fahrenden Schiffen als Orientierungshilfe. Bis 1989 war es bewohnt. Im Haus des Leuchtturmwärters ist heute ein **Museum** untergebracht.

**Bar Harbor** Obwohl die Ära der Astors und Rockefellers, die hier Ferienvillen errichteten, Geschichte ist, zählt der malerische kleine Ort auf Mount Desert Island vor der Küste des Bundesstaats Maine immer noch zu den beliebtesten Ferienzielen der Region. Der kolonialzeitliche Charme des Städtchens lockt alljährlich zahlreiche Urlauber an. Unumstrittene Hauptattraktion ist allerdings der 1919 gegründete **Acadia National Park** – der einzige Nationalpark Neuenglands und einer der meistbesuchten in den USA. Er umfasst einen Großteil der herben Küstenlandschaft von Mount Desert Island sowie einige kleinere Inseln. Vor allem Wanderer und Kanuten zieht es hierher. Auch das Straßennetz des Parks, das von John D. Rockefeller finanziert wurde, ist gut ausgebaut. Die meisten der über 140 000 Kreuzfahrtpassagiere, die jährlich in Bar Harbor an Land gehen, nutzen den Stopp für einen Tagesausflug in den Park.

**Bildleiste von oben: Das Portland Head Light in Cape Elizabeth; »gotischer Raum« im Marble House, Newport; Bar Harbor, Maine; Mount Desert Island, Acadia-Nationalpark; Bild links: Fan Pier, Boston.**

Das Bass Harbor Head Light dient über den Granitklippen auf Mount Desert Island Schiffen als Orientierungshilfe. Das Haus des Leuchtturmwärters wird heute von der US-Küstenwache bewohnt (unten).

Nahe dem Bass Harbor Head Light lockt eine wild zerklüftete Küstenlandschaft mit bizarren Felsformationen und romantischen Buchten mitten im Naturschutzgebiet (links).

# New York

## Times Square

Das Herz von New York schlägt am Times Square (beide Bilder rechts). Er liegt an der Kreuzung Broadway und Seventh Avenue. Aus dem ehemaligen Sünden-

**Land:** USA
**Einwohner:** 8,5 Mio.
**Sprache:** Englisch
**Währung:** US-Dollar
**Hauptreisezeit:**
April bis Juni, September/Oktober
**Zeitzone:** UTC – 5

Blick über die Brooklyn Bridge auf eine Stadt, die niemals schläft: Das Leben pulsiert im Lichtermeer.

**New York ist Start- und Endpunkt unzähliger Kreuzfahrten. Von hier aus brechen alljährlich Cruiseliner in die Karibik oder zu Atlantiküberquerungen auf. Die Piers des traditionsreichen New York Passenger Terminal liegen am Hudson River zwischen 48th und 52nd Street im Westen Manhattans und damit fast im Herzen der Stadt. Der neue Cruiseterminal an der Red Hook Garden Pier wurde 2006 eingeweiht. Hier legen die Luxusliner von Princess Cruises und Cunard an.**

Untrennbar verbunden mit der Skyline von Manhattan, ist die **Freiheitsstatue** das Symbol des Einwanderungslandes USA. Seit 1903 schmücken die berühmten Verse von Emma Lazarus: »Schickt mir eure Müden, eure Armen, eure geknechteten Massen, die sich danach sehnen, frei zu atmen ...« den Sockel des Monuments. Als die Franzosen den Vereinigten Staaten von Amerika die Freiheitsstatue zum 100. Jahrestag ihrer Unabhängigkeit schenkten, brauchte es bis zur Enthüllung des Denkmals weitere zehn Jahre. Den New Yorkern fehlten einfach das Geld und über einen langen Zeitraum die Sponsoren für den Sockelbau. 1886 konnte die Statue endlich enthüllt werden. Das von Gustave Eiffel konstruierte Gerüst sorgt bis heute dafür, dass Lady Liberty den Stürmen der New York Bay standhält. Nach umfänglichen Sanierungsarbeiten ist das auf Liberty Island gelegene Monument seit 2004 wieder geöffnet. Im 🏛 **Liberty Museum** kann durch eine Glaswand ein Blick auf das Innere der Statue geworfen werden. In der Krone von Lady Liberty ist eine Aussichtsplattform verborgen, die einen herrlichen Blick über die New York Bay bietet.

Ein anderes Monument des Einwanderungslandes USA befindet sich auf der Nachbarinsel **Ellis Island**. Hier erinnern die in ein beeindruckendes 🏛 **Museum** umgewandelten Gebäude der Einwanderungsbehörde an die Schicksale von Millionen von Immigranten, die hier zwischen 1891 und 1954 oft langwierige Kontrollen über sich ergehen lassen mussten. 98 Prozent wurde die Einreise schließlich gestattet. Zwischen dem Battery Park am Südzipfel von Manhattan, Liberty und Ellis Island verkehren regelmäßig Fähren.

**Financial District** Nichts prägt die Vorstellung der Welt von New York so sehr wie der Wolkenkratzerdschungel rund um die **Wall Street** an der Südspitze Manhattans. Das Viertel zwischen Battery Park und City Hall ist für viele zu einem Symbol des Turbokapitalismus geworden. Die Wunden, die der Crash von 2008 geschlagen hat, sind noch längst nicht verheilt. Dennoch werden hier wieder Geschäfte gemacht und Millionen verdient. Das Herz des Financial District schlägt an der New Yorker **Stock Exchange**, der bedeutendsten Wertpapierbörse der Welt. Der neoklassizistische Prachtbau, in dem sie residiert, steht für Besichtigungen offen. Besucher können das turbulente Treiben von einer Galerie aus beobachten.

**Brooklyn Bridge** Nichts eröffnet auf so einfache Weise überraschende Blicke auf New York wie ein Spaziergang über diese Brücke. Von den Aussichtspunkten auf der Fußgängern und Radfahrern vorbehaltenen Ebene oberhalb der Fahrbahn kann man die Aussicht auf die Skyline von Manhattan aus immer neuen Perspektiven genießen. Die Brooklyn Bridge gilt bis heute als Meisterwerk der Ingenieurbaukunst. Sie wurde 1883 fertiggestellt und verbindet Lower Manhattan mit Brooklyn.

New Yorks Wolkenkratzer haben in der Architektur des 20. Jh.s ganz neue Maßstäbe gesetzt und Städtebauer auf der ganzen Welt inspiriert. Unter all den kühnen Konstruktionen ragt das **Empire State Building** in Midtown Manhattan besonders heraus. Es wurde zu Beginn der 1930er-Jahre errichtet und war bis 1972 das höchste Gebäude der Welt. Bis zur Antennenspitze ist es 443 m hoch. In der 86. und 102. Etage befinden sich öffentlich zugängliche Aussichtsplattformen, die einen fantastischen Rundblick über das Wolkenkratzermeer bieten.

Die Freiheitsstatue steht auf Liberty Island im New Yorker Hafen.

**Times Square** Für viele schlägt in dem Viertel rund um die Kreuzung von Broadway und Seventh Avenue in Midtown

pfuhl der Metropole ist eine keimfreie Konsumfläche à la Disney World geworden. Einige gewaltige Shoppingkomplexe und verschiedene »Themenrestaurants« bestimmen den ehemaligen Schmuddelplatz. Verschwunden sind heute Taschendiebe, Drogendealer und leichte Mädchen, fast schon vergessen die »Triple X«-Reklamen der Pornoläden und Peepshows. Um das Jahr 1900 ging es auf dem Platz noch ländlich zu: Damals hieß er »Longacre Square«, war ein Abstellplatz mit Pferdeställen und Scheunen. Erst im Jahr 1904 bekam er den Namen »Times Square«, zu Ehren der damals schon angesehenen »New York Times«, die dort ein riesiges Bürohaus errichten ließ. Seit 1928 flackern Nachrichten aus aller Welt über das berühmte Laufband an der Fassade; die Redaktion selbst arbeitet allerdings heute in der 43rd Street.

Manhattan das Herz der Millionenmetropole. Die grellbunten Leuchtreklamen, die hier das Straßenbild beherrschen, sind zu einem Wahrzeichen New Yorks geworden.
Viele Jahre lang hat der »**Broadway**«, wie der Theaterbezirk um den Times Square genannt wird, mit spektakulären Musical-Produktionen weltweit für Furore gesorgt. Nach Jahren des Niedergangs ziehen die 40 Broadway- und Off-Broadway-Bühnen heute wieder ein Millionenpublikum an.

**Upper East Side** Das im Süden auf Höhe der 59th Street beginnende und im Norden an der 96th Street endende Viertel zwischen **Central Park** und East River ist das eleganteste der Stadt. Berühmte Stars, reiche Erben und Industriemagnaten haben in den Apartmenthäusern ihre Zelte aufgeschlagen. Die direkt am Central Park entlangführende Fifth Avenue sowie die parallel zu ihr verlaufenden Einkaufsmeilen Madison Avenue und Park Avenue zählen zu den nobelsten Adressen der Welt. Kaufhäuser wie Bloomingdale's oder Macy's, internationale Luxuslabels und weltbekannte Juweliere wie Tiffany's residieren hier. Die Restaurants sind teuer und gut.

**Museumsmeile** An diesem Abschnitt der Fifth Avenue haben einige weltberühmte Kulturtempel ihren Sitz. Im monumentalen Prachtbau des **Metropolitan Museum of Art** werden auf einer Fläche von 200 000 $m^2$ Zeugnisse der Kunst- und Kulturgeschichte von den Anfängen der menschlichen Zivilisation bis in die Gegenwart gezeigt. Fast ebenso berühmt wie das Metropolitan Museum ist das **Solomon R. Guggenheim Museum**, das in einem viel bestaunten Bau des Architekten Frank Lloyd Wright residiert und mit einer der weit bedeutendsten Sammlungen moderner Kunst – darunter Werke von Picasso, Klee oder Mondrian – glänzen kann. Die **Frick Collection**, eine der größten Privatsammlungen des Planeten, ist an der 70th Street zwischen Fifth Avenue und Madison Avenue beheimatet. In dem von dem Stahlmagnaten Henry C. Frick (1849-1919) erbauten klassizistischen Stadtpalais werden 1500 Werke der bildenden Kunst von der Renaissance bis ins 19. Jh. gezeigt. Das **Whitney Museum of American Art** verdankt seine Gründung (1931) der Bildhauerin und Förderin amerikanischer Kunst Gertrude Vanderbilt Whitney. Die Sammlung mit Werken von Robert Henri, Ben Shahn, Roy Lichtenstein, Jasper Johns, Andy Warhol und Edward Hopper zog 1966 in den von Marcel Breuer entworfenen Bau an die Madison Avenue.

Nicht an der Museumsmeile, sondern auf der anderen Seite des Central Park befindet sich das **American Museum of Natural History**, das mit über 30 Mio. Exponaten aufwarten kann. Niemand, der sich für moderne Kunst interessiert, wird auf einen Besuch des weltberühmten **Museum of Modern Art**, kurz MoMA genannt, an der 53th Street Ecke Fifth Avenue verzichten können. Seine umfangreiche Sammlung von Werken der klassischen Moderne sowie Standbildern aus Filmen und Video- bzw. Medienkunst zählt zu den bedeutendsten der Welt.

**Bildleiste von oben: Das Metropolitan Museum of Art; die Frick Collection in der Fifth Avenue am Central Park; die Rotunde des Guggenheim-Museums von Frank Lloyd Wright; das Whitney Museum of American Art, hier mit Konzeptkunst von Sol LeWitt.**

**Midtown Manhattan, New Yorks Herzstück, ist der größte innerstädtische Business- und Bürokomplex der Vereinigten Staaten. Im Abendrot ist die Skyline in magisches Licht getaucht (unten).**

Panoramablick auf die Skyline von New York mit dem Hudson River im Hintergrund, kurz vor Einbruch der Abenddämmerung von der Aussichtsplattform des Rockefeller Center aus gesehen (links).

# Bermuda-Inseln

## St. George's und Festungsanlagen

Die ersten Siedler der Bermuda-Inseln waren englische Kolonisten auf dem Weg nach Virginia, die nach einem Schiffbruch 1609 auf der Insel strandeten. St. George's war bereits im Jahr 1612 Sitz der Regierung der Inseln im Atlantik und damit die erste englische Stadtgründung in der Neuen Welt. Das Zentrum des Ortes ist der King's Square mit dem Rathaus. 1713 wurde die St. Peter's Church in der für die Inselgruppe typischen Bauweise über einer älteren Holzkirche errichtet. Als Baumaterialien verwendete man Kalksandstein

**Land:** Großbritannien
**Fläche:** 53 km²
**Einwohner:** 68 000
**Sprache:** Englisch
**Währung:** Bermuda-Dollar
**Hauptreisezeit:** Mai bis November
**Zeitzone:** UTC – 4

**Hamilton, die Hauptstadt von Bermuda, an einer weiten Bucht der Westküste – ist klein, aber sehr belebt, denn sie ist das wirtschaftliche Zentrum der Bermuda-Inseln. Schon 1609 wurde die Stadt gegründet, aber erst 1815 zur Hauptstadt erklärt. Sie trägt den Namen eines ehemaligen Bermuda-Gouverneurs. Viele Schiffsreisende kennen sie, denn hier im großen Naturhafen legen praktisch an jedem Tag Kreuzfahrtschiffe an.**
**Die Inseln sind als Sitz vieler internationaler Unternehmen bekannt. Dennoch stammen 40 Prozent des Bruttoinlandprodukts aus dem Fremdenverkehr. Die Bermudas werben für sich als exklusives Reiseziel für Individualtouristen, die das Besondere suchen.**

Der Archipel – ein britisches Überseegebiet – liegt abseits der großen touristischen Zentren fast 1000 km vom nordamerikanischen Kontinent und 5000 km von Europa entfernt. Von den rund 150 Inseln der Bermudas sind 20 bewohnt. Die sieben größten von ihnen sind durch Brücken miteinander verbunden und bilden zusammen ein 53 km² großes Eiland, das sich in der Form eines Angelhakens über eine Länge von nicht mehr als 36 km von Nordost nach Südwest erstreckt.
Dank eines gut ausgebauten Straßennetzes können alle Punkte des Gebiets von den Anlegestellen für Kreuzfahrtschiffe – der ⚓ **King's Wharf** an der Westspitze des Angelhakens sowie den Cruiseterminals in der Hauptstadt ⚓ **Hamilton** und in ⚓ **St. George's** im äußersten Osten – binnen kurzer Zeit mit Bussen oder Taxis erreicht werden. Da der Autoverkehr starken Restriktionen unterliegt, gibt es auf Bermuda keine Mietwagen. Stattdessen werden Mopeds und Fahrräder zum Verleih angeboten. Die kilometerlangen, rosafarbenen **Sandstrände** gelten als einzigartig in der Welt. Die **Korallenriffe** rund um den Archipel sind die nördlichsten der Erde und ein Mekka für Hobbytaucher. Bermuda ist ein Zentrum des internationalen Golfsports geworden. Nicht weniger als neun Spielplätze finden sich hier auf engstem Raum. Die zauberhafte Parklandschaft der Insel lädt außerdem zu ausgedehnten Spaziergängen ein.

Bermuda hat nicht nur Sonnenanbetern, Hobbytauchern und Golfspielern einiges zu bieten, sondern wartet auch mit einer Reihe historischer Sehenswürdigkeiten auf. Hauptattraktion ist die auf der gleichnamigen Insel im Nordosten der Inselgruppe gelegene **Altstadt von St. George's**, die seit 2000 auf der UNESCO-Welterbeliste steht. Die ehemalige Hauptstadt der Bermudas wurde 1612 gegründet und zählt zu den ältesten englischen Siedlungen der Neuen Welt. Die Gebäude stammen aus dem 17. bis 19. Jh. und wurden im Stil der für die Bermudas typischen **Kolonialarchitektur** errichtet. Die meisten der pittoresken, in hellen Pastelltönen gestrichenen und weiß gedeckten Häuschen werden heute noch bewohnt. In viele sind Restaurants und Geschäfte eingezogen.

⚓ **Hamilton** Die Kapitale der Bermudas wartet mit einigen sehenswerten Kolonialbauten auf. Obwohl die Stadt offiziell nur knapp 1000 Einwohner hat, herrscht hier immer geschäftiges Treiben. Als wirtschaftliche Schaltzentrale der Steueroase beherbergt sie viele Firmen, die Tausenden von Menschen aus dem ganzen Archipel einen Arbeitsplatz bieten. In Hamilton finden sich zahlreiche Einkaufsmöglichkeiten und die besten Restaurants der Bermudas.

Kreuzfahrtschiff im Hafen von St. George's im Nordosten der Bermuda-Inselgruppe.

**Die »MS Veendam« (großes Bild rechts) liegt an der Pier im Naturhafen von Hamilton ruhig vertäut – Traumziel erreicht!**

und Zedernholz. Viele weitere Gebäude spiegeln in ihrer Architektur ein Stück Kolonialgeschichte wider (rechts). Bemerkenswert sind die zahlreichen Festungsanlagen in der Umgebung von St. George's. Die größte unter ihnen ist das im 17. Jh. angelegte Fort St. Catherine, das über die Jahre verschiedentlich erweitert wurde und heute ein Museum beherbergt. Palmen, Zedern und Bambus prägen die Landschaft.

In San Juan auf Puerto Rico starten und enden viele Kreuzfahrttouren in die Region.

# Florida, Golf von Mexiko, Karibische Inseln

**Karibik – wer denkt da nicht an atemberaubende Sonnenuntergänge, weiße Sandstrände und azurblaues Meer, an Cuba libre, Calypso-Klänge und Reggae-Rhythmen. Die Inselwelt im westlichen, tropischen Teil des Atlantischen Ozeans lädt zum Träumen ein und zieht Abenteurer, Glückssucher und stressgeplagte Menschen aus aller Welt an. Sie ist ein ideales Kreuzfahrtgebiet. An Bord eines Cruiseliners kann man bequem von Insel zu Insel »hüpfen« und eine Vielzahl unterschiedlicher Kulturen und Landschaftsräume entdecken. Ausgangspunkt für Seereisen in die Karibik ist der Sunshine State Florida – selbst ein Urlaubsparadies mit einzigartigen landschaftlichen Höhepunkten wie den Everglades oder den Florida Keys. Und auch der Golf von Mexiko und die Halbinsel Yucatán bieten bei ihren Landgängen zu den Siedlungsgebieten der Maya unvergessliche Eindrücke.**

# Port Canaveral, Fort Lauderdale, Tampa

### Everglades National Park

Dieses einzigartige Sumpfgebiet ist eigentlich ein 60 km breiter Fluss, der im Lake Okeechobee entspringt und mit einer Geschwindigkeit von 1 m/h nach

**Land:** USA
**Einwohner:**
Port Canaveral: 10 000
Fort Lauderdale: 165 000
Tampa: 335 000
**Sprache:** Englisch
**Währung:** US-Dollar
**Hauptreisezeit:** November bis März
**Zeitzone:** UTC – 5

**Florida hat sich von einem Rentnerparadies zu einem Mekka für unternehmungslustige Kreuzfahrttouristen entwickelt. Nicht nur von Miami, sondern auch von Tampa, Port Canaveral und Fort Lauderdale brechen alljährlich Millionen Passagiere zu Fahrten in die Karibik, auf die Bermudas oder die Bahamas auf. Die meisten verbinden die Kreuzfahrt mit einer Reise durch Florida, den Sunshine-Staat mit kilometerlangen Traumstränden. Touristische Hauptattraktionen sind die Everglades, der Weltraumbahnhof der NASA, Cape Canaveral und die Walt Disney World bei Orlando.**

**Port Canaveral** Der Hafen gehört zu den größten der Welt. Von den sechs Cruiseterminals brechen alljährlich fast 2 Mio. Passagiere zu einem Trip in die Karibik oder auf die Bahamas auf. Die meisten verbinden ihre Reise mit einer Besichtigung des Weltraumbahnhofs und des Kennedy Space Center, das mit spektakulären Ausstellungen, Veranstaltungen und Kinovorstellungen über die Geschichte der Raumfahrt informiert.

50 km östlich von Port Canaveral lockt eine andere Touristenattraktion: In der Nähe von Orlando liegt die **Walt Disney World** – der mit 120 km² größte Vergnügungspark des Planeten. Für einen Ausflug sollte man sich allerdings Zeit nehmen. Das ganze Jahr über ist der Besucherandrang groß.

**Fort Lauderdale** Nicht zuletzt dank des Kreuzfahrthafens hat sich die Stadt zu einem der beliebtesten touristischen Zentren an der Ostküste Floridas entwickelt. An den Cruiseterminals von **Port Everglades** starteten allein 2009 mehr als 3 Mio. Passagiere zu einem Trip in die Karibik.

Fort Lauderdale gilt als das »Venedig Amerikas«. Die Stadt wird von einem 480 km umfassenden Netz von Wasserkanälen durchzogen – ein Paradies für alle Wassersportfreunde. Urlauber werden aber auch von den weitläufigen Badestränden und gepflegten Hotels angezogen.

**Key West** Das Eiland ist die westlichste der Florida Keys – einer Gruppe von Koralleninseln, die sich von der Südspitze Floridas über 290 km in den Golf von Mexiko erstreckt. Die Keys sind durch die 42 Brücken des Overseas Highway mit dem Festland verbunden. Auf Key West legen Cruiseliner, die die westliche Karibik ansteuern, einen Zwischenstopp ein. An den drei Kreuzfahrtpiers der Hauptstadt Key West gehen alljährlich über 600 000 Passagiere an Land. Das karibische Flair des pittoresken kleinen Ortes lockte Schriftsteller wie **Ernest Hemingway** oder **Tennessee Williams** an. Gingerbread-Häuschen und einige viktorianische Villen, Bars und Kneipen prägen die Altstadt. In den Straßen zeigen

Süden fließt. Aufgrund einer Wassertiefe von nur wenigen Zentimetern ist er großflächig mit Schilfgräsern überwuchert. Auf höher gelegenen Inseln im Fluss, den Hammocks, gedeihen Harthölzer. »The River of Grass« bietet einer Vielzahl von Tierarten einen Lebensraum. Trotz der Anstrengungen von Naturschützern wird ein großer Teil der Everglades immer noch landwirtschaftlich und als Trinkwasserreservoir genutzt. Etwa 20 Prozent der Fläche ist als Nationalpark ausgewiesen. Er liegt im Süden des Gebiets und kann von Miami oder Fort Lauderdale aus mit dem Auto erreicht werden. Durch das Sumpfgebiet führen Lehrpfade, Holzstege und Trails, auf denen die vielfältige Fauna, wie Alligatoren (links), Schildkröten, Reiher und andere Tierarten, beobachtet werden kann. Die Aussichtsplattform Pahayokee Overlook bietet einen Blick über die Weiten der Everglades.

**Entertainment pur: die Disney World bei Orlando.**

Gaukler, Feuerschlucker und Straßenmusiker ihre Kunst. Die Inselbewohner geben sich locker und lässig, gelten aber doch auch als eigenwillig. Im Jahr 1982 erklärten sie ihre Unabhängigkeit und riefen die Conch Republic aus.
Old Town Key West lässt sich leicht zu Fuß erkunden, ansonsten bieten sich auch noch abwechslungsreiche Inselrundfahrten mit dem Bus an.

⚓ **Tampa** Die Stadt an der Golfküste ist ein bedeutender Ausgangspunkt für Kreuzfahrten in die westliche Karibik. Allein 2009 wurden über 1 Mio. Passagiere gezählt. Der Hafen mit den Kreuzfahrtterminals liegt etwa 4 km südlich des Tampa International Airport an der Ostküste der in die Tampa Bay hineinragenden Interbay Peninsula. Eine Schnellstraße führt nach **Downtown Tampa** am östlichen Ende der Bucht. Die mit mehr als 330 000 Einwohnern drittgrößte Stadt Floridas präsentiert sich als moderne Metropole mit einem Businessdistrikt. Bürohaustürme prägen die Skyline. Tampa war und ist ein Zentrum der Zigarettenindustrie.

**Ybor City**, das historische Latinoviertel im Nordosten von Downtown Tampa, erinnert an die Anfänge der Glimmstengelproduktion. Hier lebten zu Beginn des 20 Jh.s die Arbeiter, die in den 200 Fabriken der Stadt per Hand Millionen von Zigarren und Zigaretten zusammenrollten. Wohnhäuser und Werkstätten wurden sorgfältig restauriert, Klubs, Bars und Restaurants zogen ein. Heute ist Ybor City ein Szenetreffpunkt. An der westlichen Seite der Tampa Bay liegen **St. Petersburg** und die Strandgemeinde Clearwater. Die Stadt, die lange Zeit als Rentnerparadies galt, wirbt heute mit ihrem facettenreichen Kulturleben und kann mit einer Reihe interessanter Museen wie dem 🏛 **Museum of Fine Arts** aufwarten.
Berühmt ist insbesondere das 🏛 **Salvador Dalí Museum**, das die weltweit größte private Sammlung mit Werken des Künstlers besitzt.

**Großes Bild oben links: Schiffstaufe der »Disney Dream« in Port Canaveral mit großem Feuerwerk. Rechts: Schiffsparade in Fort Lauderdale.**

# Miami

## Little Havana

Das Viertel gilt als Hauptstadt der Exilkubaner, die nach der Machtübernahme Fidel Castros 1959 nach Florida flohen. Aufgrund der günstigen Mieten sie-

**Land:** USA
**Einwohner:** 400 000
**Sprache:** Englisch
**Währung:** US-Dollar
**Hauptreisezeit:** November bis März
**Zeitzone:** UTC – 5

**Miami ist Hauptsitz vieler weltweit führenden Cruiseliner und der größte Kreuzfahrthafen des Planeten. Allein in der Saison 2009/2010 brachen von hier aus mehr als 4 Mio. Urlauber zu einer Kreuzfahrt in die Karibik auf. In den modernen, riesigen Cruiseterminals des Port of Miami können täglich mehr als 10 000 Passagiere ein- oder auschecken. Viele verbinden ihre Schiffsreise mit einem längeren Aufenthalt in der noch jungen Glitzermetropole. Der Aufstieg der Stadt begann erst gegen Ende des 19. Jh.s, als Investoren durch den Bau einer Eisenbahnstrecke von Palm Beach an die Biscayne Bay gelockt wurden und einen Bauboom auslösten. Hotels und Ferienanlagen schossen aus dem Boden. Reiche Nordstaatler wählten Miami als Urlaubsziel und bauten luxuriöse Villen. Nach dem Zweiten Weltkrieg ließen sich viele Rentner aus dem kalten Norden der USA in dem sonnigen Süden nieder.**
**Die Exilkubaner, die in den 1960er-Jahren ins Land strömten, bauten Miami zu einem wichtigen Finanzplatz und zu einem Zentrum des Handels mit Lateinamerika aus. Mittlerweile prägen sie die Stadt.**

**Miami Beach** Die der Stadt Miami vorgelagerte Insel lockt nicht nur mit kilometerlangen Traumstränden, sondern auch mit einem einzigartigen Ensemble von Gebäuden im Art-déco-Stil. Das in den 1930er- und 1940er-Jahren entstandene Wohnviertel war zwar lange vom Verfall bedroht. Dank der Initiative engagierter Bürger konnte es aber vor dem Abriss bewahrt und vollständig restauriert werden. Heute ist der **Art Déco District** Touristenattraktion. Künstler, Modedesigner und Galeristen zogen hierher. Viele der mehr als 900 Gebäude werden als Hotels genutzt. Es gibt Bars, Cafés und Restaurants. Die Flaniermeile von Miami Beach, der berühmte **Ocean Drive**, führt durch das Viertel hindurch.

**Downtown Miami** Die weithin sichtbaren Wolkenkratzer und Bürotürme des Zentrums sind mittlerweile zu einem Wahrzeichen der Stadt geworden. Über 300 internationale Unternehmen sind hier ansässig. Sie haben Miami zu einem wichtigen Finanz- und Handelsplatz gemacht. Downtown Miami lässt sich gut mit dem Metromover erkunden – einer geräuschlos und abgasfrei auf Schienen dahinschwebenden Hochbahn, die alle wichtigen Punkte der Innenstadt verbindet. Die Benutzung der Fahrzeugkabinen ist

**Ein Kreuzfahrtschiff läuft im Hafen von Miami ein. Florida – der**

delten sich viele von ihnen in den Häuserblocks der Eighth Street an und wandelten die Gegend in eine kubanische Enklave um. Spanisch wurde Geschäftssprache, die Eighth Street in Calle Ocho umbenannt. Noch heute trifft man sich zum Dominospiel (ganz links), und in kleinen Manufakturen werden Zigarren hergestellt (links). Die ausgezeichneten Restaurants bieten kubanische Spezialitäten an, und auf Straßenfesten erklingen Latinorhythmen. Berühmt ist das Calle-Ocho-Festival – ein multikultureller Karneval. Während die erste Generation der Exilanten noch von einer Rückkehr träumte, sind ihre Söhne, Töchter und Enkel in die amerikanische Gesellschaft integriert. Viele sind erfolgreiche Geschäftsleute geworden und aus Little Havana weggezogen. Inzwischen zieht es immer mehr Zuwanderer aus anderen Teilen Lateinamerikas hierher.

Sunshine-Staat, hier ausnahmsweise mit Wolken – zählt zu den Traumzielen vieler Weltenbummler.

kostenlos. Downtown Miami glänzt nicht nur mit modernen Bürohausfassaden, sondern auch mit einer Reihe interessanter Museen wie dem **Historical Museum of Southern Florida**, das über die vieltausendjährige Geschichte des Sunshine State informiert. Ganz in Hafennähe befindet sich der **Bayside Marketplace** – eine Shoppingmall, die mit Restaurants, Boutiquen und kulturellen Veranstaltungen zahlreiche Besucher lockt. Downtown Miami ist mit dem Port of Miami, der sich über drei dem Festland vorgelagerte Inseln erstreckt, durch eine Brücke verbunden.

**Coconut Grove** Das südlich des Stadtzentrums an der Biscayne Bay gelegene Quartier war in den 1960er-Jahren ein Hippie- und Künstlertreffpunkt. Heute zieht der Village-Charme von Coconut Grove besonders gut betuchte Leute an. Die engen Straßen des Viertels werden von üppig wucherndem Grün gesäumt. Überall locken Cafés und Szenekneipen. Im CocoWalk Center, einer Shoppingmall mit über 100 Boutiquen, Bars und Restaurants, vergnügt sich die Jeunesse dorée der Stadt. Eine besondere Attraktion in Coconut Grove ist **Vizcaya Museum and Gardens** an der South Miami Avenue. Die Villa wurde zwischen 1914 und 1916 im Stil eines italienischen Renaissancepalastes erbaut und beeindruckt durch ihre luxuriöse Einrichtung. Der Bauherr, der Fabrikant James Deering, ließ die 34 Zimmer des Anwesens mit eigens aus Europa importierten kostbaren Antiquitäten, Gemälden und Wandteppichen ausstatten. Der weitläufige italienische Garten öffnet sich zur Biscayne Bay hin.

**Virginia Key** und **Key Biscayne** Die beiden dem Festland im Süden der Biscayne Bay vorgelagerten Inseln kann man über die Brickell Avenue und die Bay Bridge erreichen. Die Badestrände hier sind ein beliebtes Ausflugsziel und auch bei Windsurfern populär.
Auf Virginia Key lockt das **Miami Seaquarium** mit aufsehenerregenden Tiershows. Key Biscayne ist ein Paradies für Golfer und Tennisspieler.

**Großes Bild oben: Pulsierendes Nachtleben im Art-déco-Viertel entlang dem Ocean Drive.**

**Kosmopolitisches Nachtflimmern in der Biscayne Bay: Nachts erstrahlen viele der Brücken in grellem Neonlicht – entsprechend dem facettenreichen und pulsierenden Charakter von Miami (unten).**

Nicht nur Kreuzfahrtschiffe, auch kleine Boote legen in Miami an. Im Bild der Jachthafen vor der Skyline von Miami Downtown (links).

# Nassau, Freeport, Cockburn Town

**Land:** Bahamas
**Fläche:** 13 940 km²
**Einwohner:**
Nassau: 250 000
Freeport: 50 000
**Sprache:** Englisch
**Währung:** Bahama-Dollar
**Hauptreisezeit:** November bis Mai
**Zeitzone:** UTC – 5

**Land:** Großbritannien
(Turks and Caicos Islands)
**Fläche:** 497 km²
**Einwohner:**
Cockburn Town: 5500
**Sprache:** Englisch
**Währung:** US-Dollar
**Hauptreisezeit:** November bis Mai
**Zeitzone:** UTC – 4

**Dank traumhaften, weißen Sandstränden, dem tiefen Türkis des Meeres und einem ganzjährig milden Klima sind die Bahamas zum Sehnsuchtsziel für Urlauber aus aller Welt geworden. Die sich von der Südostküste Floridas über 1000 km bis an die Nordwestküste der Insel Hispaniola erstreckende Inselkette lockt alljährlich mehr als 3 Mio. Besucher an. Die beiden größten Kreuzfahrthäfen des Inselreichs gehören zu den meistfrequentierten der Welt und verfügen über eine ausgezeichnete touristische Infrastruktur. Lokale Veranstalter bieten Exkursionen zu den Insel-Highlights an.**
**Die südöstlich der Bahamas gelegenen Turks and Caicos Islands, bis heute ein britisches Überseegebiet und als Kreuzfahrtziel weit weniger bekannt, gelten noch als Geheimtipp. Die nur 5500 Einwohner zählende Hauptstadt Cockburn Town auf Grand Turk verfügt erst seit 2006 über einen modernen Cruiseterminal.**

**Nassau** Die an der Nordküste der Insel New Providence gelegene Hauptstadt der Bahamas gehört zu den weltweit beliebtesten Kreuzfahrtzielen. An manchen Tagen liegen an der Prince George Wharf in Downtown Nassau zehn Cruiseliner vor Anker. Das nicht mehr als 1 km² große Zentrum der Stadt lässt sich gut zu Fuß oder auf einer Kutschenfahrt erkunden. Am Hafen stehen Pferdedroschken bereit.
Nassaus Altstadt ist reich an **historischen Prachtbauten**. Pastellfarbene kolonialzeitliche Gebäude im georgianischen oder viktorianischen Stil prägen das Stadtbild. Dennoch hat auch hier die Moderne Einzug gehalten. In den kleinen Straßen des Viertels geht es stets lebhaft und geschäftig zu. Vor allem in der Bay Street reihen sich Geschäfte, Bars und Restaurants dicht aneinander. Auf dem berühmten **Straw Market** werden Korbwaren aller Art angeboten.

Das **Pompey Museum** informiert über Geschichte und Kultur der schwarzen Inselbewohner, das **Pirates of Nassau Museum** mit einer interaktiven Reise über die Piratenzeit. Die Sehenswürdigkeiten in den Außenbezirken von Nassau kann man schnell mit einem Taxi oder Bus erreichen. Im Westen gewährt Fort Charlotte, eine gegen Ende des 18. Jh.s errichtete Festung, einen traumhaften Blick über Insel und Meer. Ein Spaziergang in den **Nassau Botanical Gardens** führt durch einen zauberhaften Garten Eden. Gleich nebenan hat sich **Ardastra Gardens, Zoo & Conservation Centre** dem Schutz gefährdeter Tier- und Pflanzenarten verschrieben. Die den östlichen Außenbezirken vorgelagerte **Paradise Island** ist mit New Providence durch eine Brücke verbunden. Von der Prince George Wharf aus kann sie mit einer Fähre, einem Taxi oder einem Jitney Bus erreicht werden. Die Insel macht ihrem Namen alle Ehre. Sie ist für ihre traumhaften Badestrände, die heute zu Luxushotels gehören, berühmt. Das »Atlantis«, das größte Ferienresort, verfügt über Unterwasserfreizeitparks mit artenreicher Meeresfauna inklusive Delfine.

**Freeport/Lucaya** Die auf der Insel Grand Bahama gelegene Stadt wurde erst 1955 von dem amerikanischen Investor Wallace Groves gegründet und ist dennoch mit mehr als 50 000 Einwohnern die zweitgrößte des ganzen Archipels. Dank eines Abkommens zwischen Groves und der damaligen Regierung, das Grand Bahama den Status einer Freihandelszone zuerkannte, avancierte Freeport zum wirtschaftlichen Zentrum der Inseln.

Traumbadestrand mit weißem Sand und glasklarem Wasser.

Versunkene Wracks ziehen Fischschwärme an.

Rund um die Bahamas locken Tauchabenteuer mit Haien.

## Fischmarkt in Nassau

Auf Potter's Cay, unterhalb der Brücke nach Paradise Island, lockt der stimmungsvolle Fischmarkt mit einer Vielzahl von Verkaufs- und Imbissbuden und einem bunten Völkergemisch (ganz links). Urlauber und Einheimische treffen sich zu einem Grouper Sandwich, einem scharfen Conch Salad und einem kühlen Bierchen, das wegen der strengen Alkoholgesetze allerdings nur aus der braunen Tüte getrunken werden sollte. Der Fisch wandert von den Fischerbooten direkt auf die Auslagen: frischer Grouper (Zackenbarsch), Red Snapper, Thunfisch, Mahi-Mahi, Krabben, Bahamas-Lobster ohne Scheren (links) und natürlich Conches, die festen Schnecken in den weißen und pinkfarbenen Gehäusen, die auf den Bahamas zu Salat und der würzigen Suppe Conch Chowder verarbeitet werden.

Der Tourismus erblühte. Der Hafen Lucaya entwickelte sich zu einem beliebten Kreuzfahrtziel. Die traumhaften Badestrände und Naturwunder von Grand Bahama sind von der Pier aus mit dem Taxi erreichbar.

Der **Lucayan National Park** liegt nur 20 km entfernt. In Lucaya selbst lockt der Garden of the Groves mit einer beeindruckenden Flora. Das angeschlossene **Bahama-Museum** informiert über die Geschichte der Inseln. Die Underwater Explorers' Society, die direkt am Hafen residiert, bietet Badevergnügen mit Delfinen und – für erfahrene Taucher – Expeditionen zu Schiffswracks sowie Haifütterungen an.
Auch **Downtown Freeport** liegt nur einige Autominuten vom Hafen entfernt. Die Stadt ist nicht nur als Einkaufsparadies, sondern auch als »Little Las Vegas« bekannt. Im Princess Casino können Zocker ihr Glück versuchen.

**Cockburn Town** Die auf der Insel Grand Turk gelegene Hauptstadt der Turks and Caicos Islands südöstlich der Bahamas wird als Kreuzfahrtziel gerade erst entdeckt. Sie wurde bis vor Kurzem nur von kleinen Luxuslinern angelaufen. Erst seit 2006 verfügt der beschauliche kleine Ort über einen modernen Cruiseterminal. Grand Turk gilt immer noch als Geheimtipp für Zivilisationsmüde. Die Insel lockt mit traumhaften Sandstränden und viel ursprünglicher Natur. Die Korallenriffe bieten einer artenreichen Fauna einen Lebensraum. In den Gewässern tummeln sich Delfine und Buckelwale – ein Dorado zum Whale Watching und zum Tauchen und Schnorcheln.

**Bild rechts: Kuba-Flamingo auf der Insel Great Inagua.**

**Auf New Providence mit der vorgelagerten Paradise Island befindet sich Nassau, die Hauptstadt der Bahamas – Traumziel der meisten Kreuzfahrten zwischen der Karibik und dem Nordatlantik.**

Die Bahamas werden von allen großen Reedereien angesteuert wie etwa der Royal Caribbean International, deren »Oasis of the Seas« neben vielen anderen Cruiselinern (links) hier vor Anker geht.

# Havanna

## Tropicana

In Havannas legendärem Nachtklub schwingen die schönsten kubanischen Mädchen in den ausgefallensten und aufwendigsten Kostümen (rechts) jeden Abend ihre Hüften und Beine im Rhythmus des typischen Kuba-Sounds, der seine pulsierende Energie aus afrikanischen, spanischen und amerikanischen Wurzeln bezieht. 1939 wurde das »Tropicana« in einer von einem üppigen Garten umgebenen Villa gegründet. Nahezu unbeschadet überstand es die Revolution, und heute trägt es wie Zigarren und Rum zum Deviseneinkommen des Staates bei. Jeden Abend besuchen vor al-

**Die Catedral ist ein sehenswertes Gebäude mit Barockfassade.**

**Trotz der besonderen politischen Lage hat sich Kuba längst zu einem klassischen Reiseland entwickelt, als Kreuzfahrtziel hingegen wird die Insel gerade erst entdeckt. Die meisten Schiffe steuern die an der Nordküste gelegene Hauptstadt Havanna an. Der Cruiseterminal Sierra Maestra befindet sich im Osten der kolonialzeitlichen Altstadt, die seit 1982 auf der UNESCO-Weltkulturerbeliste steht.**

**Land:** Kuba
**Einwohner:** 2,1 Mio.
**Sprache:** Spanisch
**Währung:** Kubanischer Peso
**Hauptreisezeit:** Oktober bis April
**Zeitzone:** UTC – 5

Während viele historische Gebäude in Centro Habana dem Verfall preisgegeben sind, wird der Teil der Altstadt, der einst von mächtigen Stadtmauern umgeben war, seit den 1980er-Jahren aufwendig restauriert. Obwohl die Sanierungsarbeiten noch nicht abgeschlossen sind, erstrahlt La Habana Vieja heute in neuem Glanz. Das Herz der Altstadt schlägt rund um die begrünte Plaza de Armas. Der ehemalige Paradeplatz ist zu einem Treffpunkt von Jung und Alt geworden. Dort, wo einst die Soldaten des spanischen Königs aufmarschierten, bieten heute fliegende Händler Kunsthandwerk oder gebrauchte Bücher an. Überall erklingt karibische Musik. Die Plaza de Armas ist von überaus eleganten Kolonialbauten umgeben.

Der 1780 errichtete **Palacio de los Capitanes Generales** an ihrer Westseite etwa gilt als besonders schönes Beispiel kolonialer Barockarchitektur. In ihm ist heute das **Stadtmuseum** untergebracht. Das mächtige **Castillo de la Real Fuerza** im Norden der Plaza de Armas stammt aus der zweiten Hälfte des 16. Jh.s; heute beherbergt es ein Museum. Auch die **Plaza de Catedral** wird von Straßenhändlern und -musikern bevölkert und von herrlichen Barockpalästen gesäumt. Die **Kathedrale** selbst beeindruckt durch ihre wuchtige und geschwungene Fassade. Abseits der großen Plätze laden die engen Kopfsteinpflastergassen von Habana Vieja zu einem Stadtbummel ein. Mittlerweile finden sich hier viele Einkaufs- und Ausgehmöglichkeiten. In der berühmten »Bodeguita del Medio« in der Calle Empedrado hat Ernest Hemingway Mojitos geschlürft.

**Großes Bild oben: Großsegler vor der Festung San Carlos de la Cabaña in Havanna. Unten: Rendezvous an Havannas Uferpromenade Malecón.**

lem zahlungskräftige Touristen die farbenfrohen und effektreichen Open-Air-Shows. Durch Wim Wenders' Dokumentarfilm »Buena Vista Social Club« (1999) über die gleichnamige Musikband wurde kubanische Musik – eine Mischung aus Afrorhythmen und Son – weltweit zum Kult. »Wären wir auf Besitz aus«, so formulierte es der Sänger Ibrahim Ferrer (1927–2005), »gäbe es uns längst nicht mehr.«

# Cayman Islands

## Queen Elizabeth II Botanic Park

Der 24 km östlich von George Town gelegene Park ist der Pflege und Bewahrung des Naturerbes der Cayman Islands gewidmet. Besucher können sich hier einen Überblick über die artenreiche Pflanzenwelt der Inseln verschaffen. Im Floral Colour Garden (rechts) wird ihre ursprüngliche farbenprächtige Flora vorgestellt, der Heritage Garden informiert über endemische Nutz- und Kulturpflanzen. Hauptattraktion des Parks ist das entlang des Woodland Trail angelegte Blue Iguana Habitat, das dem nur hier vorkommen-

Karibisches Hafenflair in George Town auf Grand Cayman.

**Die Cayman Islands sind ein britisches Überseegebiet und als Steueroase berüchtigt. Viele internationale Unternehmen und 40 Prozent aller Hedgefonds residieren hier. Den Hafen der Hauptstadt George Town steuert jeden Tag ein anderer Cruiseliner an. Die meisten Passagiere werden wohl durch die guten Einkaufsmöglichkeiten angelockt. Die Caymans sind aber auch ein Paradies für Taucher und Naturliebhaber.**

**Land:** Großbritannien
**Fläche:** 264 km²
**Einwohner:** 50 000
**Sprache:** Englisch
**Währung:** Cayman Dollar
**Hauptreisezeit:** November bis Mai
**Zeitzone:** UTC – 5

**George Town** Vom weitläufigen Hafen werden die Passagiere mit Tenderbooten an Land gebracht. Die Duty-free-Shops bieten Juwelen, Antiquitäten und Designermode zu günstigen Preisen an. Die Restaurants sind gut und teuer. Außerhalb von George Town präsentiert sich Grand Cayman als Naturparadies.
Der **Mastic Reserve Forest** 15 km östlich der Hauptstadt gehört zu den letzten erhaltenen karibischen Trockenwaldgebieten und kann auf einem 3,5 km langen Trail erkundet werden. Die bis heute intakten **Korallenriffe** um die Insel bieten einer artenreichen Unterwasserflora und -fauna Lebensraum. Sie zählen zu den besten **Tauchrevieren** der Karibik. In dem seichten Wasser der »Stingray City« im North Sound, einer Bucht an der Nordküste, tummeln sich Stachelrochen, die sich sogar füttern und streicheln lassen. In der **Cayman Turtle Farm** wurde ein Erlebnispark mit Schnorchelgründen eingerichtet.

Nördlich von George Town beginnt der **Seven Mile Beach**, ein fast 9 km langer Korallensandstrand, der oft als schönster der Karibik gepriesen wird. Hier haben sich luxuriöse Ferienresorts und Hotels etabliert. Dennoch sind die meisten Strände ebenso wie die Restaurants und Bars größtenteils frei zugänglich. Das Museum der **Pedro St. James Historic Site** 8 km südöstlich von George Town informiert nicht nur über die Geschichte der Inseln, sondern gewährt auch einen fantastischen Ausblick über das Karibische Meer. Alle Sehenswürdigkeiten können über eine Küstenstraße mit dem Mietwagen erreicht werden. In George Town bieten lokale Veranstalter Bootstouren und Tauchausflüge an.

**Bild rechts: Im Unterwasserpark der Cayman Turtle Farm können Meeresschildkröten in ihrem natürlichen Lebensraum beobachtet werden.**

den Blauen Leguan Lebensraum bietet. Lange Zeit war das Tier vom Aussterben bedroht. Dank eines strengen Zuchtprogramms leben inzwischen wieder 500 ausgewilderte Tiere in ihrer natürlichen Umgebung. Seinen

Namen verdankt das possierliche Tier seiner sich mit zunehmendem Alter intensiv blau verfärbenden Haut. Im Queen Elizabeth II Botanic Park werden Führungen durch das Habitat angeboten.

# Montego Bay, Falmouth, Ocho Rios, Port Antonio

### Bob Marley

Nine Mile, der Geburtsort Bob Marleys liegt ca. 20 km von der Küste entfernt zwischen Falmouth und Ocho Rios. Nach dem frühen Tod des Reggae-Superstars hat sich das kleine Dorf zu einem richtigen Wallfahrtsort entwickelt. Alljährlich strömen Tausende zu Marleys Grab und besuchen das ihm gewidmete Museum. Ganz in der Nähe liegt direkt an der Küste St. Ann's Bay,

**Land:** Jamaika
**Einwohner:**
Montego Bay: 95 000
Falmouth: 8000
Ocho Rios: 10 000
Port Antonio: 15 000
**Sprache:** Englisch
**Währung:** Jamaika-Dollar
**Hauptreisezeit:** Dezember bis März
**Zeitzone:** UTC – 5

**Xaymaca, Land aus Wald und Wasser – so nannte die vorkolumbische Bevölkerung ihr Land. Auch heute präsentiert sich Jamaika als tropisches Paradies. Die üppig wuchernden Feuchtwälder im gebirgigen Inselinnern werden von zahlreichen ober- und unterirdisch verlaufenden Flüssen durchzogen und sind reich an nur hier vorkommenden Pflanzenarten. An den Küsten bestimmen Trockenwälder und endlose weiße Sandstrände das Landschaftsbild. Jamaika blickt auf eine wechselvolle Geschichte zurück.**
**Im 18. Jh. entwickelte sich die Insel, die 1494 von Kolumbus entdeckt und 1655 von den Engländern in Besitz genommen wurde, zu einer der wirtschaftlich bedeutendsten britischen Kolonien. Noch heute zeugen die »Great Houses« der Plantagenbesitzer von dem Reichtum, der auf Jamaika vor allem mit dem Anbau von Zuckerrohr erwirtschaftet wurde. Fast lässt ihre Pracht vergessen, dass der ökonomische Erfolg auf dem Einsatz von Abertausenden afrikanischer Sklaven basierte. Deren Nachfahren stellen heute 91 Prozent der Inselbevölkerung. Sie halten in Rückbesinnung auf ihre afrikanischen Wurzeln das Erbe der Väter mit Rastafari-Glauben und Reggae lebendig.**

**Montego Bay** Die mit 95 000 Einwohnern zweitgrößte Stadt Jamaikas ist das bedeutendste touristische Zentrum der Insel. Die Traumstrände an der gleichnamigen Bucht locken alljährlich mehr als eine 1 Mio. Besucher an. Kreuzfahrtschiffe legen im Montego Freeport am Südende der Stadt an.

Mit einem Taxi gelangt man schnell in die Stadt, deren pulsierendes Herz an dem nach dem berühmten Freiheitskämpfer benannten Sam Sharpe Square schlägt. Rund um den Platz finden sich einige sehenswerte Gebäude aus der Kolonialzeit. In den Seitenstraßen laden Geschäfte zum Einkaufsbummel ein. Empfehlenswert ist ein Besuch des **Craft Market** am Howard Cooke Boulevard. Zahllose Händler bieten hier Kunsthandwerk an.
Die Badestrände Montego Bays erstrecken sich nördlich des Stadtzentrums. Legendär ist **Doctor's Cave Beach** – der Strand, an dem die touristische Erschließung Jamaikas begann. Die mineralhaltigen Quellen, die hier ins Meer sprudeln, zogen zu Beginn des 20. Jh.s Kurgäste aus den USA und England an.

In der Umgebung Montego Bays erinnern einige ehemalige Herrenhäuser an die Zeit des Zuckerrohrbooms. Das wohl berühmteste ist das **Rose Hall Great House** 15 km östlich von Montego Bay.
In dem nur 5 km entfernten **Greenwood Great House** ist ein Museum untergebracht, das Einblicke in die Wohnkultur der Plantagenbesitzer gewährt.

**Falmouth** Der kleine Ort 37 km östlich von Montego Bay verfügt seit November 2010 über einen Cruiseterminal. Die Stadt wartet mit einigen sehenswerten **georgianischen Bauten** aus dem 18. und 19. Jahrhundert auf. Zu dem Ensemble, das an die Zeit erinnert, als Falmouth ein blühender Hafen war, gehören nicht nur die Townhouses einiger reicher Familien, sondern auch das Courthouse an der Seabord Street.

In der Nähe von Falmouth bietet die **Outameni Experience Location** eine interaktive Reise durch die Geschichte Jamaikas von den vorkolumbischen Tainos bis zu den Rastamen der Gegenwart an. Ein besonderes Erlebnis ist eine **Rafting Tour** auf dem Martha Brae River, der östlich von Falmouth ins Meer mündet. Die etwa 90 Minuten dauernde Floßfahrt startet in der Nähe der Ortschaft Martha Brae und führt über 52 km flussabwärts durch eine paradiesisch anmutende Tropenlandschaft.

**Am Markt von Montego Bay.**

**Ocho Rios** Der 10 000 Einwohner zählende Ort hat sich von einem Fischerdorf zu einem der touristischen Zentren Jamaikas und zu dem bedeutendsten Hafen für Kreuzfahrtschiffe entwickelt. Jeden Tag legt hier ein anderer Cruiseliner an. Alljährlich werden über 800 000 Passagiere gezählt. Gleich an der Pier wartet das Is-

der Geburtsort eines anderen jamaikanischen Nationalhelden: Marcus Garvey gilt als Gründungsvater der Rastafari-Religion. Wie viele seiner Landsleute war Garvey überzeugt, als Nachfahre afrikanischer Sklaven auf Jamaika ein Leben in der Diaspora zu führen. Er lehrte deshalb die Ankunft eines schwarzen Messias, der sein Volk zurück ins Gelobte Land Afrika führen wird. Mit der Krönung Haile Selassies zum Kaiser von Äthiopien 1930 erfüllte sich die Prophezeiung. Seither wird er von den Rastas als Messias verehrt. Wichtigste Quelle der Rastafari-Bewegung sind verschiedene Abschnitte der christlichen Bibel, vor allem die Offenbarung des Johannes.

**Tropische Landschaft bei der Blauen Lagune nahe Port Antonio.**

land Village mit vielen Einkaufsmöglichkeiten auf die ankommenden Gäste. Auch in Downtown Ocho Rios reiht sich Geschäft an Geschäft und Restaurant an Restaurant. Die für ihre endlosen weißen Badestrände berühmte Stadt ist ganz auf zahlungskräftige Urlauber eingestellt.

Außerhalb des Zentrums wurden einige Freizeitparks für erlebnishungrige Touristen eingerichtet: Im **Dunn's River Falls & Park** können sie sich in dem glasklaren Wasser eines Gebirgsflusses, der kurz vor seiner Mündung ins Meer über Sinterterrassen 200 m in die Tiefe stürzt, vergnügen. Gleich nebenan lädt die **Dolphin Cove** zum Schwimmen mit Delfinen ein. In den Shaw Park Botanic Gardens sind die Naturwunder Jamaikas – riesige Tropenhölzer, baumhohe Farne und farbenprächtige Blütenpflanzenarten – ausgestellt.

Gleich nebenan lockt der **Coyaba River Garden** nicht nur mit einer üppigen Grünanlage, sondern auch mit einem kleinen Museum, das über die vorkolumbische Bevölkerung der Insel und die Zeit der Sklavenwirtschaft informiert. Berühmt ist das Fern Gully – ein ausgetrocknetes Flussbett wenige Autominuten südöstlich von Ocho Rios, in dem über 500 verschiedene Farnarten wachsen.

**Port Antonio** Der kleine Ort an der Nordostküste Jamaikas wird eher selten von Kreuzfahrtschiffen angelaufen. An der Ken Wright Cruise Ship Pier legen besonders kleinere Luxusliner an. Urlauber werden von der immer noch beschaulichen Atmosphäre der Stadt angezogen. Die Geschäftigkeit der großen Ferienzentren fehlt hier. **Port Antonio,** das sich an eine weite, durch die Titchfield Peninsula geteilte Bucht schmiegt und von den bewaldeten Ausläufern der John Crow Mountains umgeben ist, präsentiert sich als karibisches Idyll.
Lange Zeit war die Stadt Treffpunkt des internationalen Jetsets. Der Schauspieler Errol Flynn machte sie in den 1940er-Jahren in Hollywood bekannt. Nach ihm ist der ganz in der Nähe der Ken Wright Cruise Ship Pier gelegene Jachthafen benannt.

Östlich von Port Antonio liegen einige der schönsten **Badebuchten** Jamaikas. Zwar gehören die meisten zu Hotelanlagen, gegen eine Gebühr stehen sie aber jedermann offen. Außer der **Turtle Crawl Bay**, der **Frenchman's Cove** und dem **San San Beach** sei hier besonders die berühmte **Blue Lagoon** erwähnt. Dank unterseeischer Quellen, die sie ständig mit Süßwasser speisen, wechselt die Lagune, die nur durch eine schmale Öffnung mit dem Meer verbunden ist, mehrmals täglich die Farbe und schillert in allen möglichen Blautönen. Die Bucht ist frei über einen Parkplatz zugänglich.

Westlich von Port Antonio schlängelt sich der **Río Grande**, der in 900 m Höhe in den Blue Mountains entspringt, durch eine sehenswerte tropische Bilderbuchlandschaft. Eine abenteuerliche Fahrt mit dem Bambusfloß von Grant's Level bis zur Mündung des Flusses in die St. Margaret's Bay im Norden dauert je nach Wasserstand bis zu drei Stunden und führt an Feuchtwaldgehölzen, Bananenplantagen und pittoresken Dörfern vorbei. Inzwischen ist das »Bamboo Rafting« zu einer beliebten Touristenattraktion geworden.

**Großes Bild links: Die »Aida« kreuzt vor Ocho Rios in der Turtle Bay. Großes Bild rechts: Die Dunn's River Falls in Ocho Rios bieten erfrischendes Nass.**

# Dominikanische Republik, Puerto Rico

## Ciudad Colonial

Santo Domingo war die erste Siedlung, die von Europäern auf amerikanischem Boden errichtet wurde. Die Stadt wurde 1498 von Kolumbus' Bruder Bartolomeo gegründet und entwickelte sich im 16. Jh. rasch zum wichtigsten Stützpunkt der Spanier in der Neuen Welt. Obwohl sie bereits gegen Ende des 16. Jh.s wieder an Bedeutung verlor, enthält die Ciudad Colonial ge-

**Land:** Dominikanische Republik
**Einwohner:** Santo Domingo: 3 Mio.
**Sprache:** Spanisch
**Währung:** Dominikanischer Peso
**Hauptreisezeit:** Dezember bis April
**Zeitzone:** UTC – 4

**Land:** USA (Puerto Rico)
**Einwohner:** San Juan: 400 000
**Sprache:** Spanisch, Englisch
**Währung:** US-Dollar
**Hauptreisezeit:** Dezember bis April
**Zeitzone:** UTC – 4

**Palmen im Abendwind an der Playa Punta Cana auf Hispaniola.**

**Die Hauptstädte der Dominikanischen Republik und Puerto Ricos zählen nicht nur zu den großen Metropolen in der Karibik, sondern sind zugleich die ältesten urbanen Siedlungen, die von Europäern in der Neuen Welt gegründet wurden. Hier begannen die Spanier mit der systematischen Kolonisierung des amerikanischen Kontinents. Die heute zum UNESCO-Welterbe gehörenden Altstädte von Santo Domingo und San Juan wurden in dieser Frühzeit der Eroberung Amerikas errichtet. Die Pracht ihrer Klöster, Kirchen und Paläste setzt bis heute alle Welt in Erstaunen.**

**Santo Domingo** Die Dominikanische Republik liegt im Osten von Hispaniola – der nach Kuba zweitgrößten Antilleninsel. Dank ihrer traumhaften Badestrände hat sie sich zu einem beliebten Urlaubsziel für Pauschaltouristen entwickelt. Mit 2,3 Mio. Einwohnern ist die Hauptstadt Santo Domingo die größte Stadt der Karibik. Sie gehört zu den stark frequentierten Kreuzfahrtzielen der Region. Der Hafen verfügt über zwei moderne Cruiseterminals, die täglich mehrere Tausend Gäste abfertigen können.

Hauptattraktion Santo Domingos ist die am Westufer der Mündung des Río Ozama gelegene kolonialzeitliche Altstadt – der Ort, an dem die systematische Erschließung des amerikanischen Kontinents begann. Seit 1992 ist sie UNESCO-Weltkulturerbe. Eine Besichtigung ist fast ein unbedingtes Muss. Obwohl die **Ciudad Colonial** mit einer Fülle von Zeugnissen aus der Frühzeit der europäischen Eroberung der Neuen Welt aufwartet, ist sie alles andere als ein Freilichtmuseum. In ihren Straßen und Gassen geht es vielmehr karibisch lebhaft zu. Überall locken Cafés und Restaurants, und überall erklingen die schnellen Rhythmen der Merengue-Musik.
Ein weiteres berühmtes und zugleich umstrittenes Wahrzeichen Santo Domingos ist der **Faro a Colón** – ein riesiger kreuzförmiger Leuchtturm, der 1992 zum 500. Jahrestag der Landung Kolumbus' auf der Insel Hispaniola errichtet wurde.

**San Juan/Puerto Rico** Auf der östlichsten der Großen Antilleninseln hat sich ein Schmelztiegel der Kulturen geformt. Der moderne American Way of Life verbindet sich hier mit afrikanischen und spanischen Traditionen. Auch die Kultur der vorkolumbischen Bevölkerung wirkt auf Puerto Rico fort. Sie ist vor allem in der Musik und in der puerto-ricanischen Küche präsent.
Als die Spanier die Insel zu Beginn des 16. Jh.s in Besitz nahmen, lebten viele Tausend Taíno-Indianer hier. Sie wurden von den Eroberern zur Arbeit in den Goldminen gezwungen. Viele kamen durch Krankheiten um. Ihre hoch entwickelte Zivilisation wurde zerstört. Die letzten Tainos sollen Anfang des 19. Jh.s gestorben sein. Die Spanier hielten Puerto Rico bis zum Ende des 19. Jh.s. 1898 wurde die Insel von den USA besetzt. Heute ist sie ein nicht inkorporiertes Außengebiet der Vereinigten Staaten. Ein Drittel der Puerto Ricaner lebt in San Juan an der Nordküste der Insel. Mit ihren mehr als 400 000 Einwohnern – 1 Mio. Menschen leben in der Metropolregion – gehört die Hauptstadt Puerto Ricos zu den großen weltstädtischen Zentren der Karibik. In den letzten Jahren hat sie sich auch zu einer Drehscheibe für Kreuzfahrten in der Region entwickelt. Viele Inseltouren starten und enden hier. Die meisten Cruiseliner legen an einem der beiden Cruiseshippiers unterhalb der Altstadt an.
Das historische **San Juan** allein ist eine Reise wert. Die Stadt wurde 1510 von Spaniern auf der Landzunge im Osten der Bucht von San Juan gegründet und ist damit nach Santo Domingo die älteste europäische Siedlung der Neuen Welt. Eine 10 km lange Stadtmauer umgibt die liebevoll restaurierten Quartiere. Viele der imponierenden Gebäude stammen noch aus der Zeit der Stadtgründung. In einigen sind historische **Museen** untergebracht.
An der äußersten Spitze der Landzunge erhebt sich das mächtige **Castillo de San Felipe del Morro**, im Osten bewacht das **Fuerte de San Cristóbal** die Stadt.

nannte Altstadt von Santo Domingo eine Fülle von architektonischen Zeugnissen aus Europa. Hier wurde zwischen 1510 und 1540 mit der Catedral Santa María la Menor (rechts) die erste Kathedrale und mit dem Monasterio de San Francisco (ab 1508) das erste Kloster Amerikas erbaut. Aus dem 1538 errichteten Dominikanerkloster Convento de la Orden de los Predicadores ist die älteste Universität Amerikas hervorgegangen.

Santo Domingo: Kolumbusstatue, Kathedale Primada de América.

Die Calle El Conde im Kolonialviertel von Santo Domingo.

Puerto Rico fasziniert nicht nur durch eine reiche Geschichte, sondern auch durch eine Vielzahl von Naturwundern. Trotz der weitgehenden Abholzungen während der Kolonialzeit sind heute wieder 60 Prozent der im Zentrum gebirgigen Insel von Wald bedeckt. Seit den 1930er-Jahren des 20. Jh.s wurden im Zuge systematischer Wiederaufforstungen neue Schutzgebiete für die artenreiche Flora und Fauna geschaffen. Der **El-Yunque-Nationalpark** ist eines der größten. Er beginnt nur 40 km östlich von San Juan und ist mit einem Auto leicht zu erreichen. Gleich am Eingang informiert das El Portal Tropical Forest Center über dieses einzigartige Regenwaldgebiet. Man kann es auf verschiedenen Wanderwegen durchstreifen, an Aussichtspunkten den Blick über den Regenwald bis hinunter zur Küste genießen oder beim **La-Coca-Wasserfall** gleich hinter dem Besucherzentrum einen Zwischenstopp einlegen.

**Großes Bild: Puerta San Juan, das rote historische Stadttor der gleichnamigen Hauptstadt von Puerto Rico.**

# U.S. Virgin Islands

## St. John

Mit einer Überfahrt auf die östliche Nachbarinsel von St. Thomas lässt man den touristischen Trubel hinter sich (wie links im Bild in der Leinster

**Land:** USA
**Fläche:** 349 km²
**Einwohner:** 110 000
**Sprache:** Englisch
**Währung:** US-Dollar
**Hauptreisezeit:** Dezember bis Mai
**Zeitzone:** UTC – 4

**Die U.S. Virgin Islands – auch Amerikanische Jungferninseln genannt – sind ein Paradies auch für jeden Kurzurlauber. Die hoch entwickelte touristische Infrastruktur bietet alle nur erdenklichen Annehmlichkeiten – ob bei der Erkundung der einzigartigen Natur oder beim Streifzug durch die koloniale Vergangenheit oder beim Tauchen, Schnorcheln, Schwimmen und Surfen. Gut ausgebaute Verkehrswege zu Wasser und in der Luft verbinden die Inseln des Gebiets.**
**Touristische Highlights werden so schnell erreicht. Zwar hat der American Way of Life das Inselleben fast vollständig durchdrungen, jedoch ist die dänische Kolonialzeit in Ortsnamen und auf Straßenschildern, in historischen Stadtvierteln und Befestigungsanlagen präsent. Besonders auf St. Croix werden die Relikte der Vergangenheit liebevoll gepflegt. Hier geht es eher beschaulich und gediegen zu. St. Thomas mit der Hauptstadt Charlotte Amalie hingegen ist ein quirliges Touristenzentrum. Auf St. John wartet mit dem Virgin-Islands-Nationalpark ein einzigartiges Naturparadies.**

**St. Thomas** Die Insel ist das wohl beliebteste Kreuzfahrtziel der Karibik. Sie zieht alljährlich mehr als 1 Mio. Besucher an. Die meisten Cruiseliner gehen an der Havensight Pier im Hafen von Charlotte Amalie vor Anker. Eine Taxifahrt in das geschäftige Zentrum der Stadt dauert nur wenige Minuten.
Die nach einer dänischen Königin benannte Kapitale der U.S. Virgin Islands ist ein Mekka für Einkaufsbummler. In den zahlreichen großen und kleinen Geschäften können sie zollfrei Alkohol, Zigaretten, Parfüm und Designermode erstehen. Doch auch wem der Sinn nicht nach Shoppen steht, kommt in **Charlotte Amalie** auf seine Kosten. Die engen Gassen und pittoresken Gebäude des kolonialzeitlichen Viertels laden zum Flanieren ein.
Besonders sehenswert ist das 1672 errichtete und nach dem dänischen König Christian V. benannte Fort, das das **Virgin Islands Museum** mit einer ständigen Ausstellung zur Geschichte der Inseln beherbergt. Im Norden der Stadt erhebt sich der Government Hill, an dem die Verwaltungsbeamten der dänischen Kolonialmacht ihre Wohnsitze errichteten.

Hoch oben auf dem Hügel gewährt das **Blackbeard's Castle**, ein von den Dänen 1679 erbauter Wachturm, einen weiten Blick über die Bucht von Charlotte Amalie. Die Bezeichnung »Blackbeard's Castle« erinnert an den legendären Piraten Edward Teach, der als »Blackbeard« berühmt wurde und sich in dem Turm aufgehalten haben soll. Wer auf eine anstrengende Besichtigungstour verzichten und trotzdem die Aussicht über Insel und Meer genießen möchte, kann mit einer Seilbahn hinauf zum Paradise Point fahren. Die Bodenstation befindet sich direkt an der Havensight Pier.

St. Thomas lässt sich gut per Bus oder per Taxi erkunden. Eine Inselrundfahrt dauert nur etwas mehr als zwei Stunden. Die Straßen führen durch eine dicht mit tropischen Pflanzen bewachsene Hügellandschaft zu paradiesischen Badestränden hin. Die **Magens Bay** an der Nordwestküste etwa kann mit dem Taxi vom Hafen aus in 25 min erreicht werden.
Für eine Fahrt an die **Coki Bay** im Nordosten benötigt man nur 15 min. In dem Unterwasserobservatorium des **Coral World Ocean Park** in der Nähe von Coki Bay kann man die farbenprächtige Welt der Korallenriffe hautnah bestaunen und – nur durch eine Glasscheibe von ihnen getrennt – Haie, Barrakudas oder Mantelrochen an sich vorbeiziehen sehen.

Bay). Den Besucher erwartet ein Stück paradiesische Natur. Zwei Drittel der Insel einschließlich der vorgelagerten Küstenabschnitte und Korallenriffe sind als Schutzgebiete ausgewiesen. Zusammen mit der Insel Hassel bilden sie den Virgin-Islands-Nationalpark, der 1956 auf Initiative des US-Milliardärs Laurance Rockefeller gegründet wurde. Zwar war die ursprüngliche Fauna und Flora, bedingt durch die Abholzungen der Dänen, schon lange verschwunden. Doch Rockefeller kaufte das Land auf und ließ es wieder aufforsten. Mehr als 800 Pflanzenarten wachsen heute wieder auf der Insel, und über 100 Vogelarten nisten hier. Ausgangspunkt für Touren durch den Park ist der kleine Ort Cruz Bay an der Ostküste, der auch von den Fähren aus St. Thomas angesteuert wird. Cruz Bay bietet zahlreiche Tauchzentren und hübsche Geschäfte.

**St. Croix** Die mit ca. 207 km² größte Insel der U.S. Virgin Islands liegt ca. 50 km südlich von St. Thomas und kann mit einer Schnellfähre oder dem Flugzeug erreicht werden. Im Hafen von Frederiksted an der Westküste gehen Kreuzfahrtschiffe vor Anker.

Wie überall in der Karibik locken traumhafte Badestrände die Urlauber an. Die der Nordostküste der Insel vorgelagerte **Buck Island** ist ein beliebtes Taucher- und Schnorchlerrevier. Dank des flachen Geländes hat sich die Insel zu einem Paradies für Golfer entwickelt. Nicht nur die Namen der beiden einzigen größeren Ortschaften auf St. Croix, Christiansted an der Nordküste und Frederiksted im Westen, erinnern an die dänische Kolonialherrschaft. Die Geschichte der Insel ist fast überall gegenwärtig und wird sorgfältig gepflegt. Bei einem Bummel durch die engen Gassen des historischen Viertels von **Christiansted** wird man in die Kolonialzeit zurückversetzt. In dem denkmalgeschützten Hafenviertel wird die Zeit, als die Handelsschiffe der Dänischen Westindien-Kompanie hier ihre Waren umschlugen, wieder lebendig.

Ein unbedingtes Muss für jeden Christiansted-Besucher ist **Fort Christiansvaern**, das um 1700 zum Schutz des Hafens errichtet wurde. Von Christiansted führt eine Straße quer über die ganze Insel nach Frederiksted an der Westküste. Seit ein Brand im Jahre 1878 die ursprüngliche Siedlung fast völlig zerstörte und die Bewohner zum Wiederaufbau zwang, wird das Stadtbild von Backsteinbauten im viktorianischen Stil geprägt.

Auch **Frederiksted** wartet mit einem kanonenbewehrten Fort aus der dänischen Kolonialzeit auf. Unübersehbar und leuchtend rot steht es am Hafen. Südöstlich von Frederiksted liegt das **Whim Plantation Museum**, das auf dem Areal einer ehemaligen Zuckerrohrplantage das Alltagsleben der Plantagenbewohner Gegenwart werden lässt. Herrenhaus, Wirtschaftsgebäude, Sklavenunterkünfte und Zuckerproduktionsstätten wurden sorgfältig restauriert und können besichtigt werden. Die Cruzan Rum Distillery unweit des Whim Plantation Museum informiert mit Führungen über historische Verfahren der Rumherstellung. Der Cruzan Rum, der seinen Namen den frühen Bewohnern von St. Croix, den Crucians, verdankt, gilt als einer der besten der Welt; dazu gehören auch verschiedene fruchtige Aromen wie Banane, Ananas oder Himbeer – ein Geschmackserlebnis der besonderen Art.

**Die Trunk Bay auf St. John leuchtet in herrlichen Türkistönen.**

Im **St. George Village Botanical Garden** wurde inmitten der sorgfältig konservierten Ruinen einer ehemaligen Zuckerrohrplantage ein Paradies für Naturliebhaber und Botaniker angelegt – hier gedeihen endemische und tropische Pflanzen in üppiger Pracht. Ein Besuch lohnt sich allemal.

**Großes Bild: Von hoch oben schweift der Panoramablick auf Charlotte Amalie, die Hauptstadt von St. Thomas mit Cruiseliner in der Hafenbucht.**

# British Virgin Islands

## Anegada

Die Trauminsel liegt im äußersten Norden des Archipels ungefähr 24 km von Virgin Gorda entfernt. Während die anderen Virgin Islands vulkanischen Ur-

**Die British Virgin Islands sind Inbegriff der karibischen Lebensart. Die meisten Inseln sind vulkanischen Ursprungs und ragen als von immergrünen Wäldern bedeckte Hügelketten aus dem türkisfarbenen Meer. Die endlosen weißen Sandstränden locken Sonnenanbeter, die zahllosen verträumten**

**Land:** Großbritannien
**Fläche:** 153 km²
**Einwohner:** 23 000
**Sprache:** Englisch
**Währung:** US-Dollar
**Hauptreisezeit:** Dezember bis Mai
**Zeitzone:** UTC – 4

**Badebuchten Taucher und Schnorchler an. Die British Virgin Islands sind nicht nur ein beliebtes Segelrevier. Dank regelmäßiger Fährverbindungen zwischen den Inseln sowie eines breiten Angebots an Charterbooten kann man auch bei kürzeren Aufenthalten von Insel zu Insel hüpfen. Zwar befinden sich einige in Privatbesitz. Bis auf Necker Island sind sie dennoch für jedermann zugänglich.**
**Einst waren die Inseln ein Rückzugsgebiet für Freibeuter und Piraten, die in den versteckten Buchten Raubzüge vorbereiten und Schätze verstecken konnten. Der berühmteste war Sir Francis Drake, der Pirat der Königin. Die Drake's Passage zwischen Tortola und den kleinen Inseln im Süden des Archipels ist nach ihm benannt.**

**Tortola** Die Insel liegt im Süden der British Virgin Islands und ist mit einer Länge von 19 km und einer durchschnittlichen Breite von 5 km die größte des Archipels. Kreuzfahrtschiffe legen in Road Town, der Hauptstadt der British Virgin Islands, an. Im Hafen bieten Taxis und Busse individuelle geführte Inselsafaris an.

Mit dem Auto kann man die meisten Badestrände auf Tortola in 20 min erreichen. Der Strand von **Cane Garden Bay** westlich von Road Town gilt als der schönste der Insel.

Die Stadt wartet mit einem pittoresken Zentrum auf. Zahlreiche Geschäfte laden zum Shoppen, Bars und Pubs zu einem Drink ein. Sehenswert sind der **Botanische Garten** mit seiner beeindruckenden Pflanzenfülle sowie das **Old Government Museum**, das über die Kolonialzeit infomiert. Auf Tortola bestimmen sanft geschwungene Hügelketten das Landschaftsbild. Die höchste Erhebung bildet mit 521 m der Mount Sage im Nordwesten der Insel. Das Gebiet um den Berg steht unter Naturschutz.

Der 1960 gegründete **Sage Mountain National Park** ist ein Naturparadies, das auf verschiedenen Wanderwegen durchstreift werden kann. Im Zuge systematischer Aufforstung ist hier ein Regenwald mit Mahagoni- und Feigenbäumen, Farnen und farbenprächtigen Philodendren entstanden. Am Eingang der Parks, der von Road Town aus mit dem Auto erreicht werden kann, bietet eine Aussichtsplattform eine atemberaubende Aussicht über die Virgin Islands.

Ein beliebtes Ausflugsziel auf Tortola sind auch die alten Forts, die während der Kolonialzeit der Kontrolle des Schiffsverkehrs dienten. Wer die umliegende Inselwelt erkunden möchte, kann ein Charterboot nutzen. In Road Town bieten Verleiher organisierte Tagestouren auf die Nachbarinseln an. Außerdem verkehren zwischen Tortola und den anderen Inseln regelmäßig Fähren. Eine Fahrt von Road Town nach Spanish Town auf Virgin Gorda dauert ca. 20 min Charterboote und Fähren sind gerade an Kreuzfahrttagen oft ausgebucht. Daher empfiehlt sich frühzeitiges Reservieren.

**Jost van Dyke** Ein Ausflug auf diese kleine Insel nordwestlich von Tortola ist immer lohnenswert. Sie ist ein Schnorchlerparadies. Die Strandbars und Restaurants sind für ihre Hummer-Dinner bekannt. Wie viele ihrer Nachbarinseln ist auch Jost Van Dyke vulkanischen Ursprungs.

**Die Cane Garden Bay lockt mit weißen Traumbadestränden.**

**Cruiseliner in der Bucht von Road Town auf Tortola.**

**Im Jachthafen Pusser's Landing am Soper's Hole auf Tortola.**

**Virgin Gorda** Die drittgrößte der British Virgin Islands liegt östlich von Tortola und kann mit einer Fähre von Road Town aus erreicht werden. Die Überfahrt dauert ca. 20 min. Die Insel verdankt ihren Namen Christoph Kolumbus, der sich, als er die Küstenlinie des Ei-

sprungs sind, ist Anegada aus einem Korallenriff entstanden und erhebt sich nur bis zu 8,5 m aus dem Meer. Mit 38 $km^2$ ist Anegada die zweitgrößte der British Virgin Islands. Allerdings leben hier nur 260 Menschen, für die der Tourismus – neben dem Fischfang – eine wichtige Einnahmequelle ist. Es gibt ein Hotel und mehrere kleine Restaurants. Anegada ist Lebensraum für eine Reihe seltener Tiere wie Fischadler, Steinleguane und Flamingos. Weite Teile der Insel stehen deshalb unter Naturschutz und sind als Nationalpark ausgewiesen. Wie überall auf den karibischen Inseln locken auch auf Anegada traumhafte Badestrände. Am Horseshoe Reef befindet sich einer der längsten der ganzen Region. Anegada kann von Tortola aus mit dem Flugzeug erreicht werden. Die Maschinen landen auf dem kleinen Auguste George Airport. Charterboote legen gern am Steg an (links).

lands am Horizont erblickte, an eine »fette Jungfrau« erinnert haben soll. Virgin Gorda zerfällt in zwei Hälften, die nur durch eine schmale Landbrücke miteinander verbunden sind. Der nördliche Teil lockt mit vielen feinsandigen Badebuchten und ist ein Paradies für Wassersportler. Den Gorda Peak National Park kann man auf zwei Wanderwegen erkunden. Sie führen durch ein einzigartiges Trockenwaldgebiet mit einer großen Vielfalt an seltenen Pflanzenarten. Ein absolutes touristisches Highlight befindet sich im Süden der Insel. An dem Küstenabschnitt »The Baths« formen gigantische Granitblöcke Buchten, Höhlen und Grotten, die zum Schwimmen, Tauchen und Schnorcheln einladen. Bars und Restaurants entlang der Buchten bieten typische lokale Spezialitäten an.

**Cooper Island** Auf dieser südlich von Tortola gelegenen Insel erwartet den Besucher ein tropisches Paradies. Überall entfalten Bougainvillea, Oleander, Orchideen und viele andere exotische Pflanzen ihre Blütenpracht. Bis auf die Mitarbeiter des Cooper Island Beach Club, der den Inselgästen Möglichkeiten zum Relaxen bietet, ist die Insel unbewohnt.

**Norman Island** Das nur 2,4 $km^2$ grosse Eiland liegt 11 km vor der Südspitze Tortolas und kann nur mit Charterbooten erreicht werden. Die Insel befindet sich heute in Privatbesitz und ist unbewohnt. Es heißt, dass sie in früheren Zeiten von Piraten genutzt wurde, die in den Höhlen an der zerklüfteten Küste Unterschlupf fanden.

**Bildleiste von oben: Sandinselchen bei Jost van Dyke; vor dem Peter Island Resort; Segelboot mit Kurs auf die unbewohnte Norman Island.**

Im Baths National Park an der Westküste tummeln sich zahlreiche Tropenfische in Felsgrotten und Buchten nahe am Strand – die Küste zwischen Devil's Bay und Spring Bay ist ein Schnorchlerparadies.

Mit seinen vielen Stränden, ruhig gelegenen Buchten und den malerischen Felskulissen ist Virgin Gorda nicht nur bei Naturfreunden und Seglern beliebt, sondern auch ein Topspot für Werbefilmer.

# St. Kitts und Nevis, Antigua und Barbuda

## Fort Brimstone Hill

An der Nordwestküste von St. Kitts erhebt sich auf dem 300 m hohen Brimstone Hill eines der mächtigsten Forts, die jemals in der Karibik gebaut wurden (rechts). Die Anlage wurde ab 1690 unter den britischen Kolonialherren, die ihre Besitzungen auf St. Kitts vor den Übergriffen französischer Soldaten schützen wollten, errichtet. Obwohl sie im Kampf gegen die indigene Be-

**Land:** St. Kitts und Nevis
**Fläche:** 269 km²
**Einwohner:** 50 000
**Sprache:** Englisch
**Währung:** Ostkaribischer Dollar
**Hauptreisezeit:** Dezember bis April
**Zeitzone:** UTC – 4

**Land:** Antigua und Barbuda
**Fläche:** 442 km²
**Einwohner:** 85 000
**Sprache:** Englisch
**Währung:** Ostkaribischer Dollar
**Hauptreisezeit:** November bis April
**Zeitzone:** UTC – 4

**Dank ihrer unvergleichlichen Badestrände und des Reichtums an Naturwundern locken die beiden Inselstaaten St. Kitts und Nevis sowie Antigua und Barbuda alljährlich zahlreiche Touristen an. Sie haben sich zu beliebten Zielen von Karibikkreuzfahrten entwickelt. In der Hochsaison läuft täglich ein anderer Cruiseliner in den Häfen von Basse Terre auf St. Kitts und St. John's auf Antigua ein. Die Inseln sind touristisch gut erschlossen, die vielen Sehenswürdigkeiten leicht erreichbar.**
**Wie überall auf den karibischen Inseln erwartet den Besucher bei einem Landgang ein bunter Mix von Kulturen. Ein Großteil der Bevölkerung stammt von afrikanischen Sklaven ab. Die britische Kolonialzeit ist in mächtigen alten Forts und liebevoll restaurierten historischen Gebäudekomplexen gegenwärtig.**

**Antigua** Die größte der »Inseln über dem Wind« ist für ihre zahlreichen weißsandigen Badebuchten berühmt. Insgesamt sollen es genau 365 und damit für jeden Tag eine andere sein. Über verschlungene Küstenstraßen sind sie von der Hauptstadt St. John's im Nordwesten der Insel gut zu erreichen. Hier gehen die großen Kreuzfahrtschiffe vor Anker. In den alten Lagerhäusern des Hafens wurden Shoppingmalls mit einer Reihe von schmucken Geschäften und Restaurants eingerichtet.

In der Stadt selbst laden die doppeltürmige **St. John's Cathedral** und das im Old Court House untergebrachte **Nationalmuseum** zu einer Besichtigung ein. Naturliebhabern bietet sich ein Ausflug auf dem südlich von St. John's beginnenden **Fig Tree Drive** an. Die Fahrt führt durch das letzte Stück Regenwald der Insel und an idyllischen karibischen Dörfern vorbei. Ein Ausflug zum English Harbour ganz im Süden bildet den Höhepunkt jeder Inseltour. Der Naturhafen mit seinem im 18. Jh. von den Engländern eingerichteten Marinestützpunkt wurde in den **Nelson's Dockyard National Park** umgewandelt. In den Hafengebäuden wurde ein **Museum** eingerichtet.

**St. Kitt's** Auch diese Vulkaninsel präsentiert sich als tropisches Idyll. Im Norden bestimmen dicht bewachsene Gebirgszüge das Landschaftsbild, an der Südspitze ragt die Southeast Peninsula ins Meer. Hier befinden sich die vielleicht schönsten Badestrände der Region. Die meisten Cruiseliner legen im Hafen von Basseterre, der an der Südwestküste gelegenen Inselhauptstadt, an. Port Zante wurde zu einem der größten Kreuzfahrthäfen der Karibik ausgebaut. Hier können Riesenschiffe wie die »Queen Mary« vor Anker gehen. Gleich an der Pier wartet eine moderne Shoppingmall mit zahlreichen Einkaufsmöglichkeiten auf die ankommenden Gäste. Basseterre selbst hat einige historische Sehenswürdigkeiten zu bieten. Gleich am Hafen erinnert das Treasury Building an die

**Ozeanriese und St. John's Cathedral auf Antigua.**

völkerung Verbündete waren, gerieten die europäischen Kolonisten, die seit 1623 auf der Insel siedelten, immer wieder miteinander in Konflikt. Die Arbeit an der Festung nahm viele Jahrzehnte in Anspruch. 1783 wurde den Briten St. Kitts zugesprochen. 1851 gaben sie das Fort auf. Erst in den 1960er-Jahren begann seine Restaurierung. Seit 1999 steht es mit dem umliegenden Waldgebiet auf der UNESCO-Weltkulturerbeliste.

**Morgens ist es am Hermitage Quay auf Antigua noch ruhig.**

Zeit, als der Zuckerrohranbau florierte. Der nach seinem Londoner Vorbild »The Circus« genannte Platz im Zentrum Basseterres wird von schmucken Häusern im viktorianischen Stil umsäumt. Die Landschaft von St. Kitt's lädt zu einer Inselrundfahrt ein. Die St. Kitt's Scenic Railway bietet dreistündige Inseltouren per Bus und Eisenbahn an. Wer die Insel lieber auf eigene Faust erkunden möchte, kann direkt am Hafen ein Taxi mieten. Während der Fahrt auf der 60 km langen **Circle Island Road** passiert man eine Landschaft voller Kontraste. Von Basseterre aus verläuft die Straße entlang der karibischen Küste um das Gebiet des Mount Liamuiga herum und führt dann den dem Atlantik zugewandten Küstenabschnitt hinunter zurück zum Ausgangspunkt. Sehenswürdigkeiten wie Old Road Town, die erste englische Siedlung, oder das Wingfield Estate mit Felszeichnungen der vorkolumbischen Bevölkerung liegen an der Route. Ein unbedingtes Muss ist ein Besuch des **Brimstone Hill Fortress National Park**. Im Gebiet um den Mount Liamuiga, einen erloschenen Vulkan, der mit 1156 m zugleich höchste Erhebung der Insel ist, fühlt man sich wie im Paradies. In den niederen Lagen wird Zuckerrohr angebaut. Pittoreske kleine Dörfer schmiegen sich an die Hänge. In den höheren Lagen ab 460 m geht die Vegetation in Regenwald über.

**Großes Bild: Blick auf die üppig grünen Buchten Antiguas, das Herzstück des Inseltrios.**

# St.-Martin/St. Maarten, St.-Barthélemy, Guadeloupe, Martinique

**Land:** Frankreich
**Fläche:**
Martinique: 1128 km²
Guadeloupe: 1628 km²
St.-Martin (Nordteil): 87 km²
St.-Barthélémy: 21 km²
**Einwohner:**
Martinique: 400 000
Guadeloupe: 400 000
St.-Martin (Nordteil): 37 000
St.-Barthélemy: 9000
**Sprache:** Französisch
**Währung:** Euro
**Hauptreisezeit:** Dezember bis April
**Zeitzone:** UTC – 4

**Land:** Niederlande
**Fläche:**
St. Maarten (Südteil): 34 km²
**Einwohner:**
St. Maarten (Südteil): 37 000
**Sprache:** Niederländisch
**Währung:** Antillen-Gulden
**Hauptreisezeit:** Dezember bis April
**Zeitzone:** UTC – 4

**Die ehemaligen französischen Kolonien in der Karibik sind heute den Départements im Mutterland gleichgestellt und mit Abgeordneten in der Pariser Assemblé Nationale vertreten. Obwohl die französische Kultur hier überall präsent ist, bildet jedes der kleinen Eilande eine Welt für sich. Guadeloupe und Martinique präsentieren sich als ländliche Idyllen, St. Barthélemy ist Treffpunkt des internationalen Jetsets. Der französische Teil von St.-Martin setzt sich durch seine beschauliche Atmosphäre von dem lärmigen niederländischen Teil der Insel ab.**

**St. Maarten** Obwohl die Insel nur 87 km² groß ist, teilen sich zwei europäische Nationen das Gebiet: Der Süden ist Teil der Niederlande. Der Norden gehört als »Collectivité d' Outre-Mer« zur französischen Republik. Die komplexen politischen Verhältnisse sind das Ergebnis einer wechselvollen Geschichte, in der die europäischen Kolonialmächte immer wieder um den Besitz der Insel stritten. Erst 1802 wurde St. Maarten (auch St. Martin genannt) endgültig zwischen Frankreich und den Niederlanden aufgeteilt.
Die meisten Cruiseliner steuern die Hauptstadt des niederländischen Inselteils **Philipsburg** an. Der kleine Ort mit seinen 1300 Einwohnern hat sich zu einem der beliebtesten Kreuzfahrtziele der Karibik entwickelt. Er ist ein wahres Einkaufsparadies. Die Duty-free-Shops in der Front- und Backstreet bieten Markenartikel zum Schnäppchenpreis an. Das ganze Jahr herrschen hier Trubel und Betriebsamkeit. Die Stadt gibt sich modern und kosmopolitisch. An die Kolonialzeit erinnern holländische Bürgerhäuser und einige markante historische Sehenswürdigkeiten wie die alten **Forts**, die die Bucht von Philipsburg bewachen.

Rund um die Insel locken einige schöne Badebuchten. Die **Maho Bay** westlich von Philippsburg bietet eine besondere Attraktion: Maschinen, die den nahe gelegenen Princess Juliana Airport ansteuern, fliegen in nur wenigen Metern Flughöhe direkt über den Strand hinweg. Zwischen Philipsburg und der an der Westküste gelegenen Hauptstadt des französischen Inselteils verkehren Minibusse.

In Marigot geht es ungleich beschaulicher und doch auch mondäner als in der Touristenhochburg an der Südküste zu. Edle Boutiquen, stilvolle Restaurants und Bistros bestimmen das Bild. Die Geschäfte am Jachthafen La Royale bieten französische Luxusartikel an. Gleich nebenan lädt das historische Museum mit einer bemerkenswerten Sammlung von archäologischen Schätzen aus vorkolumbischer Zeit zu einer Besichtigung ein. Hoch über Marigot gewährt ein 1767 errichtetes Fort einen großartigen Ausblick über das Meer. Das malerische Fischerdorf Grand Case nördlich von Marigot ist für seine Restaurants bekannt und gilt als Gourmet-Kapitale der Karibik.

**St.-Barthélemy** Seit David Rockefeller hier 1957 ei-

## Anguilla

Die nur wenige Meilen nördlich von St. Maarten gelegene Insel ist ein britisches Überseegebiet und wird mehrmals täglich von Fähren aus Marigot angesteuert. Die Insel Anguilla ist ein Treffpunkt für Segler, Surfer und Hochseeangler. Ihre kilometerlangen Sandstrände laden zum Baden ein (links: Strand an der Shoal Bay). Die Korallenriffe ziehen Taucher und Schnorchler an, vor allem im Unterwasserreservat »El Buen Consejo«. Sightseeing-Touristen hat Anguilla nicht viel zu bieten. Nur in The Valley, dem größten Ort im Zentrum der Insel, der zugleich Hauptstadt ist, kann das Wallblake House, ein Herrensitz aus dem 18. Jh., besichtigt werden. Anguilla ist berühmt für seine Luxusresorts, die zu den besten der Welt zählen – die weitestgehend unberührte Insel gilt als Ruhepol der Reichen.

**Täglich legen viele Kreuzfahrtschiffe auf St. Maarten im Hafen Philipsburg an – die Stadt ist ein zollfreies Einkaufsparadies.**

ne Luxusvilla baute, hat sich die nur 21 km² große Insel zu einem Treffpunkt des internationalen Jetsets entwickelt. In der dicht bewaldeten Hügellandschaft liegen viele Ferienvillen und Luxusresorts versteckt.

Die Hauptstadt **Gustavia** an der Westküste wartet mit exklusiven Designerboutiquen, glitzernden Juwelierläden und Sternerestaurants auf. Im Hafen legen vor allem Luxusliner an. Der kleine Ort ist nach dem schwedischen König Gustav III. benannt, der die Insel 1784 von Ludwig XVI. erwarb und in ein blühendes Handelszentrum verwandelte. 1877 kauften die Franzosen St.-Barthélemy zurück. Heute ist die Insel Teil der Französischen Republik. Trotz des Einzugs der Hautevolee hat sie einiges von ihrem ursprünglichen Charme bewahrt. In Gustavia erinnern einige schmucke Häuschen und Häuser an die Schwedenzeit. An den Küsten liegen malerische Fischerdörfer versteckt.

⚓ **Guadeloupe** Die Insel ist oft mit einem Schmetterling verglichen worden. An ihrer schmalsten Stelle teilt eine Meerenge sie in zwei Hälften, die aus der Vogelperspektive wie die beiden Flügel eines Riesenfalters wirken. Die südwestliche Hälfte – Basse-Terre – ist gebirgig und vielerorts von dichtem Regenwald bedeckt. Grande-Terre im Nordosten hingegen ist eher flach. Hier wird Zuckerrohr angebaut. Die meisten Kreuzfahrtschiffe legen im Hafen von Pointe-à-Pitre im äußersten Südwesten von Grande-Terre an.

Die nur 26 000 Einwohner zählende Stadt ist das wirtschaftliche Zentrum Guadeloupes. Auf den Straßen geht es entsprechend geschäftig zu. Das Herz **Pointe-à-Pitre's** schlägt an der hinter dem Hafen gelegenen **Place de la Victoire** – einem ehemaligen Marktplatz, der in einen tropischen Park umgewandelt wurde. Kolonialzeitliche Gebäude und Straßencafés umsäumen die Oase. An ihrer östlichen Seite lockt das Centre Saint-John Perse mit zahlreichen Geschäften und Restaurants. Auf dem ganz in der Nähe gelegenen Marché Couvert bieten Einheimische Spezialitäten der Region an. Für Touren durch die paradiesische Tropenlandschaft der Insel stehen am Hafen Taxis oder Leihwagen bereit.

Eine Brücke über die Meerenge Rivière Salée verbindet Grand- und Basse-Terre. Die Inseln waren einst eine französische Kolonie. Heute bilden sie zusammen mit einigen winzigen Eilanden das französische Überseedepartement Guadeloupe. Die kleine Insel Marie-Galante ist ein lohnendes Ausflugsziel und direkt per Fähre von Pointe-à-Pitre aus erreichbar.

⚓ **Martinique** Die zwischen Dominica im Norden und St. Lucia im Süden gelegene Insel gehört sicherlich zu den malerischsten Flecken der ganzen Karibik. Bereits Kolumbus, der Martinique 1493 entdeckte, geriet angesichts der von der Küste sanft aufsteigenden und dicht bewaldeten Hügelketten ins Schwärmen. Im Norden werden sie von dem 1397 m hohen Montagne Pelée dominiert. Das Gebiet um den immer noch aktiven Vulkan, der 1902 die damalige Hauptstadt St.-Pierre unter einem Asche- und Lavaregen begrub, ist von üppig wucherndem tropischen Regenwald bedeckt.

Im eher trockenen Süden hingegen gedeihen vor allem Akaziensträucher sowie Balsam- und Blauhölzer. Überall auf der Insel entfalten zahlreiche Blütenpflanzenarten ihre Farbenpracht. Martinique wird deshalb auch **»Blumeninsel«** genannt. Die Insel war lange Zeit eine französische Kolonie und gehört auch heute als »Collectivité d'Outre-Mer« zu Frankreich. Der Alltag ist von französischem Savoir-vivre geprägt, die Kultur der Kreolen verleiht Martinique einen unverwechselbaren Charme. Kreuzfahrtschiffe steuern Fort-de-France an der Westküste an. Mit ihren mehr als 100 000 Einwohnern gehört die Hauptstadt von Martinique zu den Metropolen der Karibik. Im Zentrum, das vom Hafen aus bequem zu Fuß oder im Taxi erreichbar ist, geht es meist sehr lebhaft zu. In den engen Straßen locken zahlreiche Cafés, Bistros, Restaurants und elegante Geschäfte. Historische Gebäude mit schmiedeeisernen Balkonen erinnern an Paris. Das gut ausgebaute Straßennetz lädt zu einer Inseltour im Taxi oder Mietwagen ein. Einige der schönsten **Badestrände** liegen im Süden der Bucht von Fort-de-France.

**Großes Bild oben links: Blick über die Bucht von Trois-Îlets auf Martinique – ein Tropenparadies in der Karibik.**

# Dominica, St. Lucia, Barbados

**Morne-Trois-Pitons Nationalpark Dominica**

Der Nationalpark erstreckt sich über die ganze südliche Hälfte der Insel und bedeckt ein fast

**Land:** Dominica
**Fläche:** 746 km²
**Einwohner:** 72 000
**Sprache:** Englisch
**Währung:** Ostkaribischer Dollar
**Hauptreisezeit:** Dezember bis Mai
**Zeitzone:** UTC – 4

**Land:** St. Lucia
**Fläche:** 616 km²
**Einwohner:** 170 000
**Sprache:** Englisch, Französisch
**Währung:** Ostkaribischer Dollar
**Hauptreisezeit:** Dezember bis Mai
**Zeitzone:** UTC – 4

**Land:** Barbados
**Fläche:** 430 km²
**Einwohner:** 290 000
**Sprache:** Englisch
**Währung:** Barbados-Dollar
**Hauptreisezeit:** Dezember bis Mai
**Zeitzone:** UTC – 4

**Als ehemalige britische Kolonien sind alle drei Inselstaaten seit Erklärung ihrer Unabhängigkeit Mitglieder im Commonwealth of Nations. Gleichwohl ist der Einfluss der einstigen Kolonialherren fast nur auf Barbados spürbar. Die Insel gleicht vielerorts einer englischen Parklandschaft.**
**Dominica und St. Lucia hingegen präsentieren sich als urwüchsige Naturparadiese. Weite Gebiete dieser gebirgigen Eilande sind mit Regenwäldern bedeckt. Ihr vulkanischer Ursprung wird in heißen Quellen, aus dem Erdreich tretenden Schwefel- und Wasserdämpfen sowie auf Kraterfeldern spürbar.**

**Dominica** Die Insel ist für ihre noch ursprüngliche, wilde Natur berühmt. Die bis 1400 m aufragenden Gebirgszüge Dominicas werden von dichtem Regen- und in höheren Lagen von Nebelwald bedeckt. Unzählige Flüsse und Bäche durchziehen das Land. Heiße Quellen und Seen verraten den vulkanischen Ursprung der Insel. Die meisten Kreuzfahrtschiffe legen im Hafen von Roseau, der Inselhauptstadt im Südwesten Dominicas, an. Der kleine Ort präsentiert sich als malerisches, karibisches Idyll. Holzhäuser im Gingerbread-Stil prägen das Stadtbild. Im Stadtzentrum bieten Handicraft-Center traditionelles Kunsthandwerk an.
Auch bei einem Kurzaufenthalt können die Naturwunder Dominicas bestaunt werden. Östlich von Roseau beginnt der **Morne-Trois-Pitons-Nationalpark**. Nördlich von Roseau führt eine Küstenstraße in den **Cabrits-Nationalpark**, der für seinen Reichtum an Orchideen- und Vogelarten berühmt ist.

**St. Lucia** »Helen of the Westindies«, so wird die Insel von den einstigen Kolonialherren immer noch genannt. Die Insel gilt als Perle der Karibik. Ihre traumhaften **Badestrände**, die üppig wuchernde Flora und nicht zuletzt die Lebensfreude der Inselbewohner begeistern seit jeher. Obwohl der heute unabhängige Inselstaat 1814 endgültig britisch wurde, ist der Einfluss französischer Kolonisatoren, die im 18. Jh. mit den Engländern um den Besitz der Insel kämpften, überall spürbar. Im Alltag wird französisches Patois gesprochen, die meisten Orte haben französische Namen, und auch die weithin gerühmte Küche St. Lucias enthält französische Elemente. Die 64 500 Einwohner zählende Hauptstadt Castries an der Westküste verfügt über einen modernen Kreuzfahrthafen mit Shoppingcenter. An der Pier von Port Seraphine legt in der Hochsaison fast täglich ein anderer Cruiseliner an.

**Castries** wurde im 20. Jh. durch Großbrände zweimal zerstört. Das geschäftige Zentrum der Stadt wird deshalb von moderner Architektur bestimmt. Südlich von Castries führt eine Küstenstraße zu den schönsten Plätzen der Insel. In der Nähe der einstigen Inselhauptstadt Soufrière ragen die beiden fast 800 m hohen Pitons auf. Die Bergkuppen aus Lavagestein bilden den Mittelpunkt der **Pitons Management Area** – eines 3000 ha großen Areals, das eine Vielfalt von Ökosystemen beherbergt und UNESCO-Naturerbe ist. In den unteren und mittleren Lagen wuchern tropische bzw. subtropische Regenwälder, die in der Höhe in Trockenwald übergehen. Zu dem Schutzgebiet gehört ein einzigartiges **Korallenriff** sowie – oberhalb von Soufrière – das urzeitliche Kraterfeld von **Sulphur Springs**. Die schwefelhaltigen heißen Quellen, die hier aus dem Boden sprudeln, sind eine Touristenattraktion.

**Barbados** Die Insel liegt 161 km östlich der Antillenkette. Der raue Atlantik beeinflusst an ihrer Ostküste die Natur. Die starke Ozeanbrandung hat hier bizarre Formen in das Felsgestein geschliffen. Die oft meterhohen Wellen machen die Region zu einem **Surferparadies**. An der dem sanften Karibischen Meer zugewandten Seite der Insel hingegen bestimmen von Palmen gesäumte **Sandstrände** das Bild.
Die großen Kreuzfahrtschiffe legen im Hafen von **Bridgetown**, der im Südwesten gelegenen Inselhauptstadt, an. Am Cruiseterminal bieten zahlreiche Taxis und Busse Inseltouren an. Auch ein Rundflug mit dem Helikopter befindet sich im Angebot. Barbados ist reich an Naturwundern und historischen Sehenswürdigkeiten. Beeindru-

**Bild oben: Der markante Fels am oft stürmischen Bathsheba Beach an der Ostküste von Barbados wird Mushroom Rock oder Soup Bowl genannt.**

7000 ha großes Gebiet, in dem es die unterschiedlichsten Naturräume zu entdecken gibt. Üppig wuchernder Regenwald, der in den höheren Lagen in Nebelwald übergeht, und herbe Vulkanlandschaften liegen hier dicht an dicht. Der Nationalpark (links) beherbergt den zweitgrößten Heißwassersee der Erde. Die Wassertemperatur des Boiling Lake, eines 60 m breiten Kratersees, liegt zwischen 80°C und 92° C. Er liegt im »Valley of Desolation«, einem vulkanisch aktiven Gebiet, in dem beständig Schwefeldampf aus Erdspalten tritt. Auch der Morne Trois Pitons, der mit 1342 m zweithöchste Berg Dominicas, am Nordrand des Parks und der Morne Watt im Südosten sind noch aktiv. Die Artenvielfalt ist mit allein 150 Vogelspezies und endemischen Farnen und Blütenpflanzen einzigartig. Auch deshalb ist der Nationalpark UNESCO-Weltnaturerbe.

ckend sind die Tropfstein- und Korallenhöhlen von **Harrison's Cave** und dem **Welchman Hall Gully** im Zentrum der Insel.

In den **Andromeda Gardens** an der Ostküste kann man eine bunte Vielfalt tropischer Pflanzenarten vor der Kulisse des brausenden Atlantiks bestaunen. Stärker als anderswo in der Karibik ist auf Barbados die englische Kolonialzeit präsent. Vielerorts erinnern alte Herrenhäuser, die in sorgfältig gepflegten Parks stehen, an die Zeit, als die Insel eine der wirtschaftlich bedeutendsten Kolonien des Empire war. Auch die Kapitale Bridgetown gibt sich »very british«. Mit ihren 100 000 Einwohnern gehört die Stadt zu den geschäftigen Zentren der Karibik. Tradition und Moderne treffen sich hier auf engstem Raum. Bauern bieten lokale Spezialitäten, glitzernde Edelboutiquen Luxusartikel jeder Art an. Ganz in der Nähe des Cruiseterminals lockt das **Pelican Village** mit kleinen Ladengeschäften und Restaurants, in denen man Souvenirs erstehen bzw. die kulinarischen Spezialitäten der Region verkosten.

**Marigot Bay auf St. Lucia ist bei Seglern ein beliebter Treffpunkt.**

**Zu Dominicas üppiger Regenwaldfauna gehören auch einzigartige endemische Farne.**

**Die Trafalgar Falls auf der Regenwaldinsel Dominica zwischen Martinique und Guadeloupe.**

**Faszinierend sind die Sonnenuntergänge auf St. Lucia, wenn sich hinter den markanten Soufrière-Vulkanspitzen der Himmel rot und violett verfärbt und der Regenwald in magisches Licht getaucht ist.**

Die einzigartige »Royal Clipper« kreuzt ganz nahe der Pitons-Küste – St. Lucia zieht seit Jahrhunderten Abenteurer und Romantiker auf hoher See an (beide Bilder links).

# St. Vincent und die Grenadinen, Grenada, Trinidad und Tobago

**Land:** St. Vincent und die Grenadinen
**Fläche:** 389 km²
**Einwohner:** 120 000
**Sprache:** Englisch
**Währung:** Ostkaribischer Dollar
**Hauptreisezeit:** Dezember bis Mai
**Zeitzone:** UTC – 4

**Land:** Grenada
**Fläche:** 344 km²
**Einwohner:** 100 000
**Sprache:** Englisch
**Währung:** Ostkaribischer Dollar
**Hauptreisezeit:** Dezember bis Mai
**Zeitzone:** UTC – 4

**Land:** Trinidad und Tobago
**Fläche:** 5128 km²
**Einwohner:** 1,3 Mio.
**Sprache:** Englisch
**Währung:** Trinidad-Tobago-Dollar (TTD)
**Hauptreisezeit:** Dezember bis April
**Zeitzone:** UTC – 4

**Auch diese drei Inselstaaten sind seit ihrer Unabhängigkeit Mitglieder im Commonwealth of Nations. Während sich sowohl Grenada als auch St. Vincent und die Grenadinen als karibische Idyllen präsentieren, setzt Trinidad auf die Förderung seiner Bodenschätze und den Ausbau der petrochemischen Industrie. Dank der Lebensfreude ihrer Bewohner ist die Heimat der Steelband-Musik und des karibischen Karnevals dennoch ein beliebtes Kreuzfahrtziel. Auf der Nachbarinsel Tobago finden sich viele Traumstrände und zwei Weltklassegolfplätze.**

**St. Vincent und die Grenadinen** Das kleine Inselreich im Süden der Antillen ist touristisch nur wenig erschlossen und gilt als Geheimtipp für zivilisationsmüde Urlauber. Sowohl die Hauptinsel St. Vincent als auch die 32 winzigen Eilande der Grenadinen, die zusammen seit 1979 den unabhängigen Staat St. Vincent und die Grenadinen bilden, zeigen sich mit viel ursprünglicher Natur.

Die meisten Kreuzfahrtschiffe gehen im pittoresken Hafen von **Kingstown**, der im Südwesten von St. Vincent gelegenen Hauptstadt des Inselreichs, vor Anker. Die Stadt wartet mit einigen schmucken Gebäuden aus der Kolonialzeit und dem ältesten **Botanischen Garten** der Karibik auf. Auf einem Hügel über der Stadt erhebt sich das 1806 errichtete **Fort Charlotte**. Es gewährt einen traumhaften Blick über die Bucht von Kingstown und die Grenadinen im Süden. Die landschaftlichen Reize St. Vincents erschließen sich am besten während einer Fahrt entlang der Westküste auf dem Leeward Highway. Die kurvenreiche Route führt an kleinen Fischerdörfern, Bananenplantagen und dichtem Dschungel vorbei. 3 km nördlich von Kingstown liegt inmitten eines Regenwaldgebiets das Buccament Valley, das sich auf dem **Vermont Nature Trail** erkunden lässt. Ganz im Norden der Insel ragt der immer noch aktive Vulkan Soufrière 1234 m in den Himmel empor.

**Grenada** Das knapp 350 km² große Eiland bildet zusammen mit den Nachbarinseln Carriacou und Petit Martinique seit 1974 einen unabhängigen Staat und ist Mitglied des Commonwealth of Nations. Grenada zählt zu den attraktivsten Urlaubszielen der Karibik. Seine bis zu 840 m aufragenden Gebirgszüge sind von üppig wucherndem Regenwald bedeckt. Auf den fruchtbaren Böden gedeihen Kakao, Bananen und andere tropische Früchte. Den Beinamen »Gewürzinsel« verdankt Grenada dem Muskat, das hier seit dem Ende des 18. Jh.s an-

## Die Grenadinen

Die sich von St. Vincent bis nach Grenada hinziehende Inselkette besteht aus 32 bewohnten und unbewohnten Koralleninseln, von denen die größte, Bequia, gerade mal 18 km² groß ist. Jedes einzelne Eiland ist ein kleines eigenwilliges Paradies. Bequia ist ein überaus beliebtes Ausflugsziel und touristisch gut erschlossen. Im Port Eliszabeth (links) gibt es eine Reihe von Restaurants und Geschäften. Mustique, die einzige Insel in Privatbesitz, ist eine VIP-Oase. Mehr als 70 luxuriöse Villen gibt es auf der Insel. Das 40 km von St. Vincent entfernte Mayreau hingegen ist unprätentiöser. Auf allen Inseln locken feinsandige Strände. Die Gewässer um die Inseln sind bei Seglern und Tauchern beliebt. Bequia, Canouan, Mayreau und Mustique sind die größeren Inseln, die Hauptstadt ist Kingstown.

**Kinderkarneval in Port-of-Spain auf Trinidad und Tobago.**

**Der Karneval von Port-of-Spain steht im Zeichen der Lebenslust.**

gebaut wird. Nicht nur die landschaftlichen Reize der Insel ziehen alljährlich zahlreiche Touristen an. Allein die Hauptstadt **St. George's** ist eine Reise wert. Der idyllische Ort liegt an einer malerischen, »Carenage« genannten Bucht und steigt an den Hängen eines erloschenen Vulkans steil an. Farbenfrohe kolonialzeitliche Häuser, zwei historische **Forts** und alte Kirchen prägen das Stadtbild. Die verwinkelten Straßen laden zum Flanieren ein. Die Hafenpromenade an der Carenage lockt mit Restaurants und Geschäften.

Im Dezember 2004 wurde ein neuer Kreuzfahrtterminal eröffnet. Bis in das Zentrum der Stadt sind es zu Fuß nur wenige Minuten. Im Welcome-Center stehen aber auch Taxis für eine Inseltour bereit.

**Trinidad und Tobago** Der im äußersten Südosten der Kleinen Antillen gelegene Inselstaat lockt vor allem mit einer vielfältigen Folklore. Er ist die Heimat des karibischen Karnevals, der Steelband-Musik und Schmelztiegel verschiedener Kulturen. 40 Prozent der Bevölkerung stammen von Afrikanern, 40 Prozent von indischen Landarbeitern, die nach der Sklavenbefreiung 1834 ins Land kamen, ab. 20 Prozent sind europäischer, arabischer oder chinesischer Herkunft. Sie alle halten die Traditionen ihrer Vorfahren in Musik und Tanz, in Religion, Sitten und Gebräuchen lebendig. Für die größere der beiden Inseln, Trinidad, hat der Tourismus eine vergleichsweise geringe Bedeutung. Die Menschen hier leben von der Exploration ihrer Bodenschätze, allen voran vom Erdöl. Dennoch zieht die Insel dank ihres kulturellen Erbes und ihrer paradiesischen Natur alljährlich Urlauber aus aller Welt an.

In der Hauptstadt **Port-of-Spain** im Nordwesten der Insel wurde ein moderner Kreuzfahrtterminal gebaut, von dem aus sich der Norden per Taxi erkunden lässt. Empfehlenswert ist ein Abstecher an die Badestrände von **Maracas Bay, Tyrico Bay** oder an den **Las Cuevas Beach**. Aber auch die moderne Großstadt Port-of-Spain ist sehenswert. Karibischer Lebensfreude begegnet man hier auf Schritt und Tritt.

Tobago liegt nur 32 km nördlich von Trinidad. Die Insel ist für ihre traumhaften **Sandstrände** und als Golferparadies bekannt. Die Kreuzfahrtschiffe legen in dem Hafen der kleinen Inselhauptstadt **Scarborough** an. Einheimische bieten geführte Touren zu den Naturwundern der Insel an.

**Großes Bild oben links: Das Kreuzfahrtschiff »Hanseatic« legt im idyllischen Hafen von St. George's an, der Hauptstadt von Grenada.**

# Aruba, Bonaire, Curaçao

## Die ABC-Inseln

Die drei ABC-Inseln Aruba, Bonaire und Curaçao waren einst bedeutende holländische Kolonien. 1954 erhielten sie mit den 800 km weiter nördlich gelegenen Inseln St. Maarten, Saba und St. Eustatius als »Niederländische Antillen« den Status eines autonomen Landes innerhalb des Königreichs der Niederlande. Hauptstadt war Willemstad auf Curaçao (links: zwei Frauen

**Land:** Niederlande
**Fläche:**
Aruba: 180 km²
Bonaire: 288 km²
Curaçao: 444 km²
**Einwohner:**
Aruba: 105 000
Bonaire: 14 000
Curaçao: 140 000
**Sprache:**
Niederländisch, Papiamentu
**Währung:**
Aruba: Aruba-Florin
Bonaire: US-Dollar
Curaçao: Karibischer Gulden
**Hauptreisezeit:** Dezember bis April
**Zeitzone:** UTC – 4

**Der dem südamerikanischen Kontinent vorgelagerte Teil der Kleinen Antillen wird im Deutschen auch »Inseln unter dem Wind« genannt. Der Nordostpassat, der auf den östlichen Antillen für reichlich Niederschläge und eine üppige tropische Vegetation sorgt, beeinflusst das Klima nicht. Es ist trocken und ganzjährig mild. Riesige Kakteen, Sträucher und Aloen wachsen hier.**
**Dank des türkisfarbenen Meeres und endloser weißer Sandstrände haben sich besonders die sogenannten ABC-Inseln Aruba, Bonaire und Curaçao zu beliebten Urlaubszielen entwickelt. Sie bilden den westlichen Teil der Inseln unter dem Wind und gehörten einst zu den wirtschaftlich bedeutendsten niederländischen Kolonien. Die Bevölkerung ist multiethnisch. Sie gilt als überaus gastfreundlich und weltoffen. Im Alltag wird Papiamentu, eine Kreolsprache, die sich aus spanischen, portugiesischen und niederländischen Elementen zusammensetzt, gesprochen. Der Tourismus ist der wichtigste Devisenbringer.**

**Bonaire** Die Insel ist ein **Taucherparadies.** Die Korallenriffe, die sie umgeben, gelten als einzigartig in der Welt. Unzählige Meerestiere und Korallenarten leben hier. Das Küstengebiet rund um die Insel steht deshalb unter Naturschutz und ist seit 1979 als **Bonaire Marine Park** ausgewiesen. Für Sporttaucher wurden spezielle Tauchplätze eingerichtet. Allerdings erlaubt das glasklare Wasser des Meeres auch Schnorchlern, bis in 30 m Tiefe zu sehen und die farbenprächtige Welt eines Korallenriffs so ganz hautnah zu erleben.

Der **Washington Slagbaai-National Park** umfasst ein 55 km² großes Gebiet im Norden Bonaires und kann im Geländewagen in zwei bis drei Stunden erkundet werden. Jeep oder Pick-up kann man mieten. Die Fahrt führt durch eine wildromantische Naturlandschaft, in der Flamingos, Leguane und seltene Vogelarten leben. Cruiseliner legen in der Inselhauptstadt **Kralendijk** an. In dem ca. 13 000 Einwohner zählenden Ort geht es eher beschaulich und ruhig zu. Tourismbonaire bietet Inseltouren an.

**Kakteen im Washington Slagbaai National Park auf Bonaire.**

**Curaçao** Die größte der niederländischen Antilleninseln gehört zu den beliebtesten Kreuzfahrtzielen der Karibik. Der Hafen von **Willemstad** verfügt über gleich zwei Cruiseshipterminals. Die an der Südküste gelegene Hauptstadt Curaçaos ist eine Touristenattraktion. Das **historische Viertel** und der Hafen stehen auf der UNESCO-Liste des Weltkulturerbes. Sie erinnern an die Zeit, als die Insel ein bedeutender Handelsstützpunkt der Niederländer und eine Drehscheibe des Sklavenhandels in der Karibik war. Wilhelmstad wurde seit 1634 rund um einen Naturhafen, den Schottegat, angelegt und wuchs kontinuierlich. Der Annabaai-Kanal führt in die gut geschützte Bucht und teilt die Stadt in zwei Hälften. Das historische Viertel mit seinen farbenfrohen kolonialzeitlichen

in den Straßen der Hauptstadt), Staatsoberhaupt die niederländische Königin. Aruba scherte allerdings bereits 1986 aus dem Verbund aus und wurde ein eigenständiges Land innerhalb des Niederländischen Königreichs. Auch auf den anderen Inseln der Niederländischen Antillen strebte die Bevölkerung nach mehr Unabhängigkeit. Während die Bewohner von Curaçao für einen Erhalt des Verbunds stimmten, war St. Maarten dagegen. Nach langwierigen Verhandlungen wurde für 2010 die Auflösung der »Niederländische Antillen« beschlossen. Curaçao wie auch St. Maarten und Aruba sind seitdem autonome Länder innerhalb des Niederländischen Königreichs. Bonaire, Saba und St. Eustatius gehören zu den Niederlanden. Auch die Inselwährung, der Antillen-Gulden, wurde 2011 abgelöst. Auf Aruba ist seit 1986 der Aruba-Florin die neue Währung.

Rosarote Flamingos im Washington Slagbaai National Park.

Die Strandhäuser an der »Boca Slagbaai« leuchten intensiv.

Gebäuden liegt im Ostteil. Bei einem Bummel sollte man einen Besuch der **Mikvé-Israel-Emanuel-Synagoge**, eines der ältesten jüdischen Gotteshäuser der Neuen Welt, nicht versäumen. Außerhalb von Willemstad lockt das **Curaçao Sea Aquarium** mit einem Unterwasser-Observatorium.

**Aruba** Die kleinste der ABC-Inseln gehört zu den meistbesuchten Reisezielen der Karibik. Nachdem in den 1980er-Jahren der bis dahin wichtigste Arbeitgeber, eine Ölraffinerie, geschlossen werden musste, besannen sich die Bewohner Arubas auf die landschaftlichen Reize der Insel und bauten die Tourismusbranche zu einem blühenden Wirtschaftszweig aus. Heute ziehen die legendären **Sandstrände**, das ungewöhnliche Türkis des Meeres und der tiefblaue Himmel alljährlich mehr als 1 Mio. Urlauber an. Aruba ist ein Paradies für Sonnenanbeter, Windsurfer, **Taucher und Schnorchler**. Die großen Kreuzfahrtschiffe legen im Hafen von **Oranjestad**, der an der Südküste gelegenen Inselhauptstadt, an. Der Cruiseterminal befindet sich ganz in der Nähe des Zentrums. Oranjestad ist ganz auf Feriengäste eingestellt. Erstklassige Restaurants, Cafés und Bars säumen die Straßen. Zahlreiche Dutyfree-Shops bieten Luxusartikel aller Art an.

Die touristischen Highlights Arubas kann man bequem mit dem Taxi erreichen. Im Nordwesten liegen die schönsten Badestrände. Für einen Besuch im **Arikok-Nationalpark** im Norden sollte man sich einen Tag Zeit nehmen. Er steckt voller Naturwunder und historischer Sehenswürdigkeiten wie einer verlassenen Goldmine oder vorkolumbischen Felsmalereien. Die Parkbetreiber bieten geführte Touren an.

**Großes Bild oben: Historisches Viertel Punda in der St. Anna Bay von Willemstad, Curaçao.**

# Progreso, Cozumel, Costa Maya

## Sian Ka'an

»Geschenk des Himmels« bedeutet der Name dieses Reservats in der Sprache der Maya. Und in der Tat bietet das mit einer Fläche von über 5000 km²

**Land**: Mexiko
**Einwohner:**
Progreso: 40 000
Cozumel: 80 000
Costa Maya: 1000
**Sprache:** Spanisch
**Währung:** Mexikanischer Peso
**Hauptreisezeit:** November bis Mai
**Zeitzone:** UTC – 6

**Die Halbinsel Yucatán, die größtenteils zu Mexiko gehört, hat sich zu einem echten Urlaubsparadies entwickelt. Nicht nur das türkis schimmernde Meer und die Traumstrände an der dem Karibischen Meer zugewandten Nord- und Ostküste, sondern auch ein reiches kulturelles Erbe und einige beeindruckende Naturwunder ziehen alljährlich Millionen Urlauber aus den USA und Europa an. Die farbenprächtige Unterwasserwelt der Korallenriffe an der Ostküste ist ein Dorado für Taucher und Schnorchler. Die einzigartige Fauna und Flora kann in Nationalparks wie dem zum UNESCO-Welterbe gehörenden Biosphärenreservat Sian Ka'an erkundet werden. Yucatán war einst Siedlungsgebiet der Maya, die hier einige Stadtstaaten gründeten. Die Relikte dieser frühen Hochkultur finden sich über die ganze Halbinsel verstreut.**

**Progreso** Der Hafen im Nordwesten der Halbinsel Yucatán verfügt über eine der längsten Piers der Welt. Die Passagiere von Kreuzfahrtschiffen, die hier anlegen, werden deshalb mit einem Shuttle-Bus zum Cruiseterminal gebracht. In Progreso erwarten sie viel mexikanische Folklore und zahlreiche Einkaufsmöglichkeiten.
Der kleine Ort ist auch für seinen traumhaften **Badestrand** berühmt. Progreso ist der Hafen von **Mérida**, der nur 20 km landeinwärts gelegenen Kapitale des mexikanischen Bundesstaats Yucatán. Die Stadt glänzt mit einigen Belle-Époque-Villen und einer kolonialzeitlichen **Altstadt**, die sich gut zu Fuß erkunden lässt.
In der näheren und weiteren Umgebung locken einige Ruinenstätten der vorkolumbischen **Mayakultur**. Eine Fahrt von Progreso nach Dzibilchaltún, einer der ältesten Siedlungen Amerikas, dauert nur 15 min. Wer allerdings die UNESCO-Welterbestätten **Chichén Itzá** oder **Uxmal** besichtigen möchte, muss einen ganzen Tag einplanen.

**Cozumel** Die vor der Nordostküste Yucatans gelegene Insel ist das meistangelaufene Kreuzfahrtziel in der westlichen Karibik. Mehr als 3 Mio. Passagiere werden hier alljährlich gezählt. Die meisten kommen aus den USA und gehen an einer der drei Piers der Inselhauptstadt **San Miguel** an Land. Der Ort ist ganz auf Urlauber eingestellt und bietet Einkaufsmöglichkeiten für jeden Geschmack und jedes Budget.
Die Cozumel vorgelagerten Korallenriffe gehören zu den besten **Tauch- und Schnorchelrevieren** der Welt. An manchen Stellen lässt das glasklare Wasser einen Blick bis in 70 m Tiefe zu. Im Unterwasserparadies des **Parque Nacional Chankanaab** 9 km südlich von San Miguel wurden Tauch- und Schnorchelplätze eingerichtet. Das umliegende Terrain ist in einen Freizeitpark mit **Botanischem Garten** verwandelt worden – ein ideales Ziel für einen Tagesausflug.
Den Namen »Schwalbeninsel« verdankt das Eiland den **Maya**, die hier lange vor den spanischen Eroberern siedelten. Im heutigen Yucatán bauten die Maya vor 1500 Jahren die Paläste und Tempel ihrer Stadtstaa-

größte zusammenhängende Naturschutzgebiet Mexikos, im Osten der Halbinsel Yucatán rund 150 km südlich von Cancún gelegen, »himmlische« Bedingungen für eine einzigartige Fauna und Flora. Nur rund 2000 Menschen leben hier, vor allem in den Orten Punta Allen und Boca Paila. Üppiger immergrüner Wald, Mangrovensümpfe (links), Misch-, Regen- und Laubwälder, Palmensavannen, Schwemmland, insgesamt rund 100 km lange Korallenriffe sowie Lagunen bieten ein Refugium für seltene Raubkatzen wie Jaguare, verschiedene Affenarten, Krokodile und Meeresschildkröten. Das Meer nimmt dabei rund ein Viertel der Parkfläche ein. Außerdem gibt es auf dem Areal von Sian Ka'an 23 archäologische Fundstätten von bis zu 2300 Jahre alten präkolumbischen Kulturen. Nicht weit von hier sind die Mayaruinen von Tulum, südlich von Cancún.

Seeanemonen, Korallen und Schwämme bei San Miguel.

Eine echte Karettschildkröte mit gelbem Panzerkleid.

ten. Eine Besichtigung der Kultbauten von **San Gervasio** im Zentrum der Insel ist auf jeden Fall lohnenswert. Die Stätte soll der Fruchtbarkeitsgöttin Ix Chel geweiht sein.

**Costa Maya** Bis vor einigen Jahren noch gehörte die der offenen Karibischen See zugewandte Seite der Halbinsel Xcalak an der Ostküste Yucatáns zu den abgelegenen Winkeln der Region.
Die Costa Maya verläuft von Punta Herrero bis nach Majahual und Xcalak an der Grenze zu Belize. Mit ihrer touristischen Erschließung ändert sich dies. Im Norden von Xcalak an der Grenze zum Biosphärenreservat und UNESCO-Welterbe **Sian Ka'an** – einem Paradies mit weißpudrigen Lagunen – wurde eine moderne Kreuzfahrtpier angelegt. Die dazugehörige Ladenstadt bietet unzählige Freizeitvergnügen und Einkaufsmöglichkeiten an. Was die Costa Maya auszeichnet, sind wunderschöne unberührte Strände, auf denen Schildkröten spazieren gehen. Heute leben dort in den Dörfern noch Nachkommen der Maya als Fischer und Bauer.

**Großes Bild oben links: Strandpromenade in Progreso auf Yucatán; rechts oben: Taucher im Unterwasserparadies der Insel Cozumel.**

Nach dem Manuskript von Chumayel, einer Maya-Überlieferung vom Beginn der Konquista, wurde Chichén Itzá vermutlich um 450 von den Maya gegründet. Markante Großbauten im typischen Baustil der Maya entstanden, wie etwa das »Haus der Nonnen« oder die »Kirche«. Im 10. Jh. rückten toltekisierte Gruppen in die von den Maya verlassene Stadt vor und leiteten eine zweite, rund 200 Jahre währende Blütezeit ein. Deutlich erkennbar ist nun eine Veränderung hin zu einem toltekisch geprägten Skulptur- und Reliefstil mit Kriegerdarstellungen und vollplastischen Atlanten. Für diese Epoche stehen die Sternwarte (ganz unten) – auf Spanisch »Caracol« genannt – und die »Castillo« genannte Stufenpyramide (unten), auf deren Spitze sich der Tempel der Maya-Gottheit Kukulkán befindet. Weitere Monumentalbauten wie der »Tempel der Krieger« und der

»Tempel der Jaguare« sowie neun Ballspielplätze finden sich im Zentrum der Stadt. Der außerhalb gelegene Brunnen »Cenote Sagrado« diente den Maya vermutlich als Opferstätte für den Regengott Chaac (rechts).

Uxmal war – ebenso wie seine Nachbarorte – zwischen dem 8. und 10. Jh. ein bedeutendes städtisches Zentrum. Das wichtigste Gebäude ist die fast 40 Meter hohe »Pyramide des Wahrsagers« (beide Bilder). Der imposante Bau, der dem Regengott Chaac gewidmet war, ist bereits die vierte Überbauung früherer Tempel. Auf einer 15 m hohen Plattform erhebt sich der weitläufige »Gouverneurspalast«, der mit einem beeindruckenden Steinmosaikfries geschmückt ist. Mosaike finden sich auch an weiteren Gebäuden in Uxmal. Die Friese der Fassade des Großen Palastes von Sayil werden von dessen Säulenornamenten noch übertroffen. Seltene Kostbarkeiten der Maya-Baukunst stellen die an vormals gepflasterten Straßen gelegenen Triumphbögen in Labná und Kabáh dar. Der »Palast der Masken« in Kabáh verdankt seinen Namen den 250

steinernen Masken des Gottes Chaac an der Vorderfront. Kabáh ist nach Uxmal die zweitwichtigste Ruinenstadt der Maya in der Puuc-Region. Um 1200 wurde Uxmal wie viele andere Maya-Städte auch verlassen.

# Belize City, Roatán, Puerto Limón, Colón

## Regenwald

Nirgendwo sonst lässt sich das Ökosystem tropischer Regenwälder (beide Bilder links) besser erkunden als in Mittelamerika. In vielen als Nationalpark

### Belize City

**Land:** Belize
**Einwohner:** 75 000
**Sprache:** Englisch
**Währung:** Belize-Dollar
**Hauptreisezeit:** Dezember bis Mai
**Zeitzone:** UTC - 6

### Roatán

**Land:** Honduras
**Einwohner:** 30 000
**Sprache:** Spanisch
**Währung:** Lempira
**Hauptreisezeit:** Februar bis April
**Zeitzone:** UTC – 6

### Puerto Limón

**Land:** Costa Rica
**Einwohner:** 100 000
**Sprache:** Spanisch
**Währung:** Colón
**Hauptreisezeit:** Dezember bis April
**Zeitzone:** UTC – 6

### Colón

**Land:** Panama
**Einwohner:** 80 000
**Sprache:** Spanisch
**Währung:** Balboa
**Hauptreisezeit:** Dezember bis April
**Zeitzone:** UTC – 5

**In Belize, auf Roatán und in Costa Rica warten einige der letzten Naturparadiese des Planeten. Das zum UNESCO-Welterbe gehörende Belize Barrier Reef und die Regenwälder Costa Ricas sind für ihren Artenreichtum berühmt. Die touristische Erschließung hat an weniger bekannten Destinationen wie Honduras und Panama gerade erst begonnen. Die Verantwortlichen setzen auch hier auf die Prinzipien der Nachhaltigkeit im Rahmen eines umweltschonenden Ökotourismus.**

**Belize City** Dank einer einzigartigen Natur und einem reichen kulturellen Erbe hat sich das nach El Salvador kleinste Land Mittelamerikas zu einem beliebten Urlaubsziel in der westlichen Karibik entwickelt. Belize, das ehemalige British Honduras, liegt im Südosten der Halbinsel Yucatán und grenzt im Norden an Mexiko, im Westen und Süden an Guatemala. Belize City ist mit 75 000 Einwohnern die größte Stadt und zugleich wichtigster Hafen des Landes. Hier legen viele Schiffe, die in der westlichen Karibik kreuzen, einen Zwischenstopp ein. Direkt an der Anlegestelle der Tenderboote, die die Passagiere an Land bringen, wurde eine Ladenstadt mit 50 Geschäften und Restaurants errichtet.
Viele touristische Attraktionen lassen sich von hier aus mit einem Mietwagen erreichen. Allerdings bieten an den Infoständen des Tourism Village auch lokale Veranstalter und erfahrene Tourist Guides geplante Ausflüge zu den Sehenswürdigkeiten und Naturwundern Belizes an.

Das der Küste vorgelagerte **Korallenriff** ist mit einer Länge von 320 km das nach dem Great Barrier Reef größte der Welt. Zwischen dem Festland und den zahlreichen Cays genannten kleinen Inseln, die in dem Gebiet aus dem Meer ragen, verkehren Wassertaxis. Cay Corker und Ambergris Cays bieten sich als Ausgangspunkte für Unterwasserexkursionen an.

Wer sich für die Maya und ihre Kultur interessiert, darf einen Besuch in der Tempelanlage von **Altun Ha** nicht versäumen. Die wohl berühmteste Ruinenstadt des Landes liegt nur 50 km nördlich von Belize City und kann im Rahmen eines Tagesausflugs besichtigt werden.

Naturliebhabern sei ein Besuch des **Crooked Tree Wildlife Sanctuary** 50 km nördlich von Belize empfohlen. Das Seen- und Sumpfgebiet ist Heimat für mehr als 500 Vogelarten – im Rahmen geführter Touren bietet sich die Chance, einige davon zu entdecken.

Die Stadt **Dangriga** 80 km südlich von Belize City ist Ausgangspunkt für organisierte Touren durch die Regenwaldgebiete des Landes.

**Roatán/Coxen Hole**
Die nur 125 km² große Insel, die zu den der Nordküste von Honduras vorgelagerten Islas de la Bahía gehört, präsentiert sich als karibische Bilderbuchlandschaft. Dank einiger traumhaft schöner **Badebuchten** und der üppigen tropischen Vegetation entwickelte sich Roatán zu einem Fünfsterne-Urlaubsziel. Die **Korallenriffe** haben es zu einem Mekka für Taucher und Schnorchler gemacht. Die Gewässer rund um die Insel sind auch ein beliebtes Revier für Hochseeangler und Freunde des Segelsports.

Ankerplatz für Kreuzfahrtschiffe ist **Coxen Hole**, die an der Südküste gelegene Hauptstadt Roatáns. Der eher beschauliche kleine Ort bietet sich als Ausgangspunkt für Inselsafaris und Expeditionen zu den Naturwundern an. Lokale Veranstalter organisieren Touren und Events speziell für Kreuzfahrtpassagie-

ausgewiesenen Waldgebieten wurden Wanderwege angelegt, auf denen sich auch unerfahrene Besucher – im Rahmen einer geführten Tour – durch die »grüne Hölle« bewegen und diesen einzigartigen Lebensraum studieren können. Regenwälder haben sich dank eines ganzjährig feuchtheißen Klimas in den tropischen Breiten unseres Planeten entwickelt. Hohe Niederschlagsmengen und eine sehr intensive Sonneneinstrahlung führen hier zu einer üppig wuchernden Vegetation, die über mehrere »Etagen« wächst. Angefangen bei den bodennahen Pflanzen über 5 m hohen Buschwald bis hin zu den oft mehr als 40 m aufragenden Kronendächern der Baumriesen: Jedes »Stockwerk« bildet ein besonderes Ökosystem und bietet einer Fülle von Tieren und Pflanzen einen Lebensraum. Der Artenreichtum – die sogenannte Biodiversität – ist deshalb groß.

**Grastransport auf dem Río Moin in Costa Rica.**

re. Von Exkursionen zu den besten Tauch- und Schnorchelplätzen über Tagesausflüge mit dem Katamaran bis zu Sundowner-Beachpartys haben sie fast alles im Programm. Wer Roatán auf eigene Faust erkunden möchte, kann sich in Coxen Hole ein Taxi mieten.

Das **Anthony's Key Resort** bietet in Zusammenarbeit mit dem Roatan Institute for Marine Sciences Schwimmen mit Delfinen an. Das Hotel liegt am Berghang und auf einem Cay an der Sandy Bay und ist harmonisch in die tropische Landschaft eingefügt. Der **West End Beach** gilt als schönster und weitläufigster Strand der Insel. Hier bieten sich viele Gelegenheiten zum Segeln, Tauchen und Schnorcheln. An Bord eines Wassertaxis gelangt man mühelos an diesen einzigartigen Strand fernab der Zivilisation.

**Puerto Limón** Costa Ricas bedeutendster Hafen an der Karibikküste bietet sich als Ausgangspunkt für Expeditionen in die einzigartigen Regenwaldgebiete des Landes an. Sie zählen zu den artenreichsten der Welt. Costa Rica ist deshalb ganz auf Ökotourismus eingestellt. 25 Prozent der Landesfläche stehen mittlerweile unter Naturschutz. Einige der Naturwunder können auch im Rahmen eines Tagesausflugs von Kreuzfahrtpassagieren besichtigt werden. Lokale Veranstalter bieten spezielle Touren an.

In **Moin**, einem kleinen Ort 8 km westlich von Puerto Limón, starten Boote zu Expeditionen in den fast undurchdringlichen Dschungel der **Tortuguero Canals**. Die Küste südlich von Puerto Limón gilt als Paradies für Sonnenanbeter und Strandurlauber. Aber auch hier befinden sich einige Naturreservate wie der **Nationalpark Cahuita** 43 km südöstlich von Puerto Limón. Der Cahuita gehört zu den beliebtesten Nationalparks in Costa Rica. Eine üppige Vegetation, tropische Sandstrände, bunte Korallenriffe, Mangrovensümpfe und touristische Angebote in der Umgebung des Parks sind verlockend. Naturfreunde werden auch von einem Besuch des **Gandoca Manzanillo Wildlife Refuge** begeistert sein, an dessen Stränden riesige Lederschildkröten brüten.

**Colón** Die Stadt am Eingang zum Panamakanal verfügt über gleich zwei Cruiseterminals. Kreuzfahrtschiffe, die zu einer Kanaldurchquerung unterwegs sind, machen im Hafen von Cristóbal Station. Ozeanriesen wie die »Queen Mary 2«, die den Kanal gar nicht passieren können, docken an dem modernen Terminal Colón 2000 an.

Die legendäre Wasserstraße ist natürlich auch für die Passagiere solcher Schiffe die Hauptattraktion. 10 km südlich von Colón befinden sich die Gatún-Schleusen, eines von drei Schleusensystemen, dank derer in den Kanal einlaufende Schiffe einen Höhenunterschied von insgesamt 26 m überwinden können. Auf einer Aussichtsplattform kann man beobachten, wie aus der Karibik kommende Schiffe in einer Schleusenkammer auf die Höhe des Gatún-Sees gehoben werden und dann ihre Reise fortsetzen.

**Großes Bild oben links: Der höchste Maya-Tempel in Altun Ha bei Belize ist 16 m hoch. Rechts: Auf Erkundungstour am Río Tortuga in Costa Rica.**

Das »Blue Hole« mit einem Durchmesser von 300 m ist Teil des Belize Barrier Reef rund 80 km östlich von Belize City. Vor rund 10 000 Jahren stürzte hier eine Unterwasserhöhle ein (unten).

Das Belize Barrier Reef überrascht durch viele kleine Inseln, Motus genannt, die im Zusammenspiel von Sand und Wellen entstanden sind (links).

Die 82 km lange Wasserstraße (rechts), für die Schiffe heute gewöhnlich acht bis zehn Stunden benötigen, ist einer der wichtigsten Kanäle der Welt – verkürzt er doch den Seeweg von Europa nach Amerika um rund 8000 Seemeilen – etwa 15 000 km. Schon 1881 begann eine französische Gesellschaft mit den Arbeiten am Kanal. Doch ohne Erfolg: Nach sieben Jahren wurden die Arbeiten abgebrochen, über 20 000 Arbeiter waren an Malaria und Gelbfieber gestorben. Im Jahr 1901 sicherten sich dann die USA das Alleinrecht auf den Kanalbau. Nachdem Panama 1903 auf US-Druck unabhängig von Kolumbien geworden war und den USA sofort die Hoheitsrechte über die Kanalzone zugesichert hatte, begannen 1904 die Bauarbeiten. 1914 war der Kanal vollendet, die USA hatten 352 Mio. Dollar investiert, und weitere 5000 Arbeiter waren ums Leben gekom-

men. Der Panamakanal ist kein einfacher Durchstich durch den Isthmus. Er verläuft auf unterschiedlichen Höhenniveaus (unten), weshalb mehrere Schleusen angelegt werden mussten, die zunächst die Schiffe anhe-

ben und später wieder absenken. Alle Schleusen sind 300 m lang, 33 m breit und 26,3 m tief (links). Seit 2000 wacht die »Autoridad del Canal de Panamá« über den Kanal, den jährlich rund 14 000 Frachter passieren.

# Entlang der nordamerikanischen Pazifikküste

**Vancouver, Seattle, San Francisco, Los Angeles, San Diego – diese Traumstädte an der nordamerikanischen Pazifikküste sind Ausgangspunkt vieler Kreuzfahrten in das sonnige Mexiko oder in den hohen Norden des amerikanischen Kontinents. An der mexikanischen Riviera warten schicke Ferienorte wie das legendäre Acapulco mit traumhaft schönen Badebuchten, einer Fülle von Freizeitvergnügen und viel Folklore. In Alaska lockt eine atemberaubende Hochgebirgslandschaft. Die Gletscher in dem Gebiet gehören zu den mächtigsten der Welt. Die Wälder bieten seltenen Großwildarten, die kristallklaren Wasser der Fjorde vielen Meeressäugern einen Lebensraum.**

Der Weißkopfseeadler, seit 1782 das Wappentier der USA, hat eine Flügelspannweite von bis zu 2,40 m und ist vor allem in Alaska heimisch.

# Kodiak, Seward

## Alaskas Bären

Neben den Schwarzbären gibt es zwischen 30 000 und 40 000 Braunbären in Alaska. Sie besiedeln die Küstenregenwälder ebenso wie die Tundra des Nor-

**Land:** USA (Alaska)
**Einwohner:**
Kodiak (Insel): 13 000
Seward: 3000
Haines: 2500
Skagway: 1000
Juneau: 30 000
Ketchikan: 8000
**Sprache:** Englisch
**Währung:** US-Dollar
**Hauptreisezeit:** Mai bis September
**Zeitzone:** UTC –9

**Die meisten Kreuzfahrtrouten in den hohen Norden des amerikanischen Kontinents führen bis an die Südküste Alaskas, die mit einer überwältigenden Natur gesegnet ist. Hohe vergletscherte und in den tieferen Lagen dicht bewaldete Gebirgszüge fallen hier steil zum Meer hin ab. Malerische Fjorde, an deren Ende oft kalbende Gletscher anzutreffen sind, schneiden tief in das Land. Die Region bietet zahlreichen seltenen Tierarten einen Lebensraum. Große Teile des Gebiets sind in Nationalparks umgewandelt worden und gut erschlossen. Die Kreuzfahrthäfen verfügen über eine hoch entwickelte touristische Infrastruktur.**

**Kodiak** Die vor der Südküste gelegene und mit 8975 km² größte Insel Alaskas ist als Heimat der Kodiak-Bären berühmt geworden. Seit 1941 bietet das **Kodiak National Wildlife Refuge** den lange von der Ausrottung bedrohten Tieren Schutz. Mittlerweile leben ca. 3000 Exemplare in dem 7700 km² großen Schutzgebiet. Eine begrenzte Zahl wird alljährlich sogar zum Abschuss freigegeben. Die Insel bietet den Allesfressern einen idealen Lebensraum. Reiche Niederschläge sorgen für eine üppige Vegetation. Weite Gebiete der »Emerald Island«, wie Kodiak auch genannt wird, sind von saftig grünen Tundren und dichten Nadelholzwäldern bedeckt. Der Fischreichtum der etwa 400 Flüsse ist enorm. Jedes Jahr ziehen schätzungsweise 100 Mio. Lachse, eine Lieblingsspeise der Bären, zum Laichen hierher. Auch Biber, Wiesel, Otter, Rotfüchse und Vogelarten wie der Weißkopfseeadler sind auf Kodiak zu Hause.
In den Gewässern rund um die Insel leben Wale und Tümmler, an der Küste Robben und Seelöwen. Das Wildreservat kann nur mit dem Boot oder Flugzeug erreicht und erkundet werden. Wer nicht auf Angebote der Reederei zurückgreifen möchte: In der kleinen Inselhauptstadt Kodiak, in der auch die Kreuzfahrtschiffe vor Anker gehen, bieten verschiedene Veranstalter Rundflüge und Bootstouren an. Auch historisch Interessierten hat die Insel einiges zu bieten. Hier wurde 1784 die erste russische Siedlung Amerikas gegründet. In der Stadt Kodiak erinnert die auf einer Anhöhe stehende, weithin sichtbare **russisch-orthodoxe Kirche** an diese Zeit. Die lange Geschichte der Insel wird im **Baranov Museum** wieder lebendig. Hier informiert eine sehenswerte Ausstellung über das Leben der aleutischen Ureinwohner sowie über das der russischen und US-amerikanischen Siedler. Das **Alutiiq Museum & Archaeological Repository** und das **»Barrabara« Sod House** sind der Pflege des Erbes speziell der Aleuten verpflichtet.

**Seward** Der vor der atemberaubenden Bergkulisse der **Kenai Mountains** an der Resurrection Bay gelegene kleine Fischerort bietet sich als Ausgangspunkt für Ausflüge in den **Kenai Fjords National Park** an. Das Schutzgebiet umfasst eine Fläche von 2600 km² und wartet mit einer grandiosen Berg- und Fjordlandschaft auf.

dens; Eisbären gibt es in Alaska nur an den Küsten des Nordpolarmeers. Entsprechend dem Nahrungsangebot zeigen die Bären, die überaus anpassungsfähig sind, recht unterschiedliche Fellfärbungen und Größen (links). Wer von ihnen nur Beeren und Erdhörnchen findet, bleibt kleiner als der große Bruder an der Küste, der in den wenigen Sommermonaten Lachse fischen kann. Die eindrucksvollsten Exemplare finden sich im Katmai National Park und auf Kodiak Island. Dort erreichen die Braunbären aufgerichtet beinahe eine Höhe von 3 m, und das bei einem Gewicht von 500 kg. Der Alaska- oder Kodiak-Bär und der Grizzly sind die größten Landraubtiere unserer Erde. Wer glaubt, einem Koloss durch Flucht entkommen zu können, der sei gewarnt, denn die Tiere können bis zu 60 km/h schnell laufen und sind sehr gute Kletterer.

**Das russische Kirchlein auf Kodiak Island ist ein Zeugnis der Besiedlung durch russische Pelztierhändler, bevor Alaska verkauft wurde.**

Zum Park gehört das eine Fläche von 483 km² bedeckende Harding Icefield, das größte Eisfeld der USA. Es ist Nährgebiet für nicht weniger als 38 Gletscher, die sich von hier ihren Weg ins Meer bahnen und dabei gewaltige Eismassen transportieren. Die Küsten und Fjorde des Parks bieten Vogelarten, Robben, aber auch Buckelwalen und Orcas einen Lebensraum.
In Seward bieten verschiedene Veranstalter Schiffsexkursionen in das Gebiet an. Außerdem informiert das **Alaska SeaLife Center** mit beeindruckenden Ausstellungen über die maritimen Ökosysteme der Region.

**Whittier** Zwar hat der nur 182 Einwohner zählende Ort seinen Gästen nicht allzu viel zu bieten, dennoch ist er zu einem beliebten Kreuzfahrthafen geworden. Whittier ist durch einen Shuttlebus-Service mit dem internationalen Flughafen von Anchorage verbunden, und viele Schiffe brechen von hier aus zu einer Alaska-Kreuzfahrt auf. Whittier bietet sich als Ausgangspunkt für Touren in den **Prince William Sound** an. Obwohl die Folgen der Ölpest, die die Havarie der »Exxon Valdez« hier 1989 auslöste, immer noch zu spüren sind, präsentiert sich die weite Bucht als ein Stück atemberaubende Natur. Die 500 km lange Küste wird von der Silhouette der majestätisch aufragenden **Chugach Mountains** geprägt. Sie bilden den nördlichsten Teil der nordamerikanischen Küstengebirge. Der höchste Berg ist der Mount Marcus Baker mit 4016 m. Hauptattraktion ist die 10 km breite und bis zu 80 m hohe Abbruchkante des Columbia-Gletschers im Norden der Bucht. Eismassen stürzen hier täglich ins Meer.

**Großes Bild: Braunbären beim Lachsfischen im Katmai National Park. Die Flüsse sind hier bekannt für ihren Lachsreichtum im Sommer.**

Der Glacier Bay National Park ist ein perfektes Beispiel dafür, wie schnell sich die Natur verändern kann. Noch vor knapp 250 Jahren war von der Bucht noch kaum etwas zu sehen – eine massive Eiswand verschloss den Zugang zu dem eisigen Paradies. Innerhalb der nächsten 100 Jahre verschob sich die Eiswand um 70 km landeinwärts. So ließ sich der rasante Rückzug des Eises beobachten, wie er sich ähnlich zum Ende der Eiszeit abgespielt haben muss. Der Naturschützer John Muir schrieb im Oktober 1879 in sein Tagebuch: »Hier lernt man, dass sich die Erde immer noch verändert, dass wir uns immer noch am Morgen der Schöpfung befinden; dass Berge geboren werden; dass Erde für zukünftige Pflanzen gerade erst aufgeworfen wird; dass eine Landschaft der anderen folgt in einem endlosen Rhythmus und endloser Schönheit.« Glacier

Bay wurde 1980 zum Nationalpark erklärt. Heute ist die Bucht Tummelplatz von Buckelwalen, Robben und Walrossen, und nirgendwo sonst kann man den Wandel der Natur so gut aus der Nähe beobachten.

# Haines, Skagway, Juneau, Ketchikan

## Totempfähle: »Geschichtsbücher« aus Zedernholz

Die Indianer der Nordwestküste waren Meister der Schnitzkunst: Von Vancouver über Prince Rupert bis nach Ketchikan finden sich ihre Totempfähle als Repräsentationen ihrer Mythen. Zu besonders ausdrucksstarken Formen fanden die Tlingit-Indianer an Alaskas

**Die zum US-Bundesstaat Alaska gehörende und im Osten an die kanadische Provinz British Columbia grenzende Küstenregion am Pazifik wird aufgrund ihrer Form »Panhandle« genannt. Nur ein schmaler Streifen des Gebiets gehört zum nordamerikanischen Festland, der größere Teil umfasst die ca. 1100 Inseln des der Küste vorgelagerten Alexander-Archipels.**
**Dank der sehenswerten Gebirgs- und Fjordlandschaft ist der Alaska-Panhandle zu einem gefragten Kreuzfahrtziel geworden. Die Schiffe befahren einen seit mehr als zwei Jahrhunderten bekannten Seeweg, der auch »Inside Passage« genannt wird.**

**Haines** Der bezaubernde kleine Ort liegt – vor der Kulisse der Takshanuk Mountains – am Ende des Lynn Canal im äußersten Nordosten des Alaska-Panhandle. Die neu angelegte Kreuzfahrtpier ist nicht weit vom Zentrum entfernt. Haines wird von einem Hauch von Wildwestromantik umweht. Hauptattraktion ist das um 1903 errichtete **Fort William H. Seward**, der erste ständige Stützpunkt der US-Army in Alaska. Das im ehemaligen Krankenhaus des Forts untergebrachte **Alaska Indian Arts Cultural Center** zeigt Artefakte der Tlingit-Indianer.

**Skagway** Die nur etwa 1000 Einwohner zählende kleine Ortschaft am Ende des Lynn Canal verdankt ihre Bedeutung als Kreuzfahrtziel dem Goldrausch von 1897/1898. Ihre Anfänge gehen auf Kapitän William Moore zurück, der schon früh auf Goldfelder am Klondike River 900 km nördlich von Skagway spekulierte und den Weg über den White Pass in das Gebiet entdeckt hatte. Eine von ihm 1887 errichtete Blockhütte mit Warenlager und Sägemühle bildete die Keimzelle der Stadt. Tausende von Menschen traten von hier aus die gefährliche Reise in die Klondike-Region an. Skagway wuchs und wuchs. Binnen eines Jahrzehnts war aus dem einstigen Lagerplatz eine Boomtown mit mehreren Tausend Einwohnern geworden. Saloons, Bordelle und Spielhöllen schossen aus dem Boden. Skagway zählte zu den gefährlichsten Orten der Welt. Mit dem Ende des Hypes 1899 begann die Stadt wieder zu schrumpfen.
Der Ort ist ganz auf Touristen eingestellt und gleicht in vielem einem **Freilichtmuseum**. Am Broadway stehen sorgfältig restaurierte Gebäude aus der Zeit des Goldrausches dicht an dicht. Die Saloons sind im Stil der Zeit möbliert, und Personal in historischen Kostümen serviert die Getränke. Im Visitor Center können geführte Touren durch das alte Skagway und zu den Relikten der Goldgräberzeit in der Umgebung gebucht werden. Einige Cruiselines bieten Fahrten mit der **White Pass & Yukon Route Railroad** an. Die Eisenbahnlinie wurde 1899 fertiggestellt und verband Skagway mit Dawson City.
Skagway bildet zusammen mit dem White Pass und dem Chilkoot Trail sowie dem **Pioneer Square National Historic District** in Seattle den Klondike Gold Rush National Historic Park und zählt damit zum kulturellen Erbe der USA.

**Juneau** Die 30 000 Einwohner zählende Hauptstadt Alaskas liegt am Gastineau Channel, einem Teil der Inside Passage, und kann nur per Flugzeug oder Schiff erreicht werden. Sie bietet sich als Ausgangspunkt für Touren zu den Naturwundern der Umgebung an. Nur 20 km nördlich von Juneau liegt der **Mendenhall-Gletscher** – ein Ausläufer des riesigen Juneau Icefield. Zwar zählt der Mendenhall zu den kleineren Gletschern der Region, die Sicht auf die in den gleichnamigen See mündende Gletscherzunge ist dennoch ein überwältigendes Erlebnis. Vom Mendenhall Glacier Visitor Center, das von Juneau aus per Auto erreichbar ist, führen ausgewiesene kurze Wanderwege in das Gebiet. Wer die glitzernde Eiswelt lieber aus der Vogelper-

Südküste. Sie schnitzten in Zedernbäume Motive hinein, die ihre geistige Welt versinnbildlichen sollten. Die Themenbreite reichte dabei von Ereignissen wie Geburt, Heirat oder Tod eines Stammesführers bis zur Darstellung ganzer Mythologien. Die Motive sind zumeist menschliche Gesichter und einheimische Tiere: Adler, Bären, Lachse, Wale und Frösche, vor allem aber Raben. Sie sind für die Indianer die Ureltern der Menschheit. Die Totempfähle stellen den mythischen Stammbaum eines Familienclans dar. Mit den Tiergestalten werden überlieferte Handlungen und Charaktere oder die soziale Stellung wichtiger Stammesmitglieder oder Ereignisse wie Unwetter oder Kriege dargestellt. Die größte Fülle geschnitzter Totempfähle findet sich in Ketchikan. Hier wurden 33 Pfähle im Totem Heritage-Center wiedererrichtet.

spektive bestaunen möchte, kann in Juneau Helikopterflüge buchen. Eine Fahrt durch den 70 km südlich von Juneau beginnenden **Tracy Arm Fjord** führt in eine herb-schöne Naturlandschaft an bis zu 1000 m aufragenden Felswänden und gigantischen Wasserfällen vorbei und bildet für viele den Höhepunkt einer Alaska-Reise.

Juneau präsentiert sich als schmucke Kleinstadt, die mit einer Reihe historischer Gebäude aus der Zeit des Goldrausches aufwarten kann. Der Cruiseterminal liegt südlich von Downtown Juneau. Hier befindet sich die Talstation der Seilbahn, die zu der in 600 m Höhe angelegten **Aussichtsplattform** am **Mount Roberts** führt.

**In Skagway liegen auch die großen Kreuzfahrtschiffe vor Anker.**

**Ketchikan** Die südlichste Stadt Alaskas hat als »Salmon Capital of the World« Berühmtheit erlangt. Seit dem späten 19. Jh. werden hier Lachse gefischt, verarbeitet und in alle Welt verschickt. Zwar bildet die Fischindustrie nach wie vor eine Haupterwerbsquelle der Bevölkerung, sie wird aber zunehmend durch den Tourismus verdrängt. Die reizvolle Umgebung und die Nähe der **Misty Fjords** ziehen viele Aktivurlauber an. An der Anlegestelle für Kreuzfahrtschiffe kann man im Visitors Bureau Wander-, Fahrrad- oder Kajaktouren buchen.

Der Ort präsentiert sich als malerisch gelegener Fischerort, der mit einer Uferpromenade der besonderen Art aufwarten kann: Die Creek Street ist nichts als ein auf Pfählen über dem gleichnamigen Fluss errichteter Plankensteg, der von Holzbauten gesäumt wird. Einst war hier die Halbwelt Ketchikans zu Hause, heute sind in den Hütten und Buden Cafés, Galerien und Geschäfte untergebracht. In der Umgebung Ketchikans befinden sich einige **Freilichtmuseen**, die der Bewahrung und Pflege des indianischen Erbes in der Region gewidmet sind: Im **Totem Heritage Center**, im **Saxman Native Village** und im **Totem Bight State Historical Park** kann man die kunstvoll geschnitzten Totempfähle der Tlingit-Indianer bestaunen.

**Bild oben links: Hinter den Waldweidenröschen zeigt sich der Mendenhall-Gletscher; oben rechts: Totempfähle.**

Eisberg voran: ein kleines Kreuzfahrtschiff im idyllischen Lynn Canal nahe Haines in Alaska.

**Das Städtchen Haines liegt am Ende der Inside Passage an der Mündung des Chilkat Rivers in den Lynn Canal, einem 145 km langen Fjord.**

# Vancouver

## Vancouver Island

Die mit einer Länge von ungefähr 450 km und einer Breite von ca. 100 km größte Insel an der nordamerikanischen Pazifikküste lockt mit ihrer grandio-

**Land:** Kanada (British Columbia)
**Einwohner:** 600 000
**Sprache:** Englisch, Französisch
**Währung:** Kanadischer Dollar
**Hauptreisezeit:** Mai bis September
**Zeitzone:** UTC – 8

**Die Gastgeberin der Olympischen Winterspiele 2010 wird regelmäßig zur lebenswertesten Stadt weltweit gekürt. Vancouver lockt mit einem vielfältigen Kultur- und Freizeitangebot sowie einer weltoffenen, multikulturellen Atmosphäre. Menschen aus mehr als 100 Ländern leben und arbeiten hier.**
**Das Stadtbild wird von modernen und doch lichten Hochhausbauten geprägt. Die reizvolle Lage an einer durch Vancouver Island vor dem offenen Pazifischen Ozean geschützten und von den Ausläufern der Coast Mountains umgebenen Bucht trägt viel zur Attraktivität der Millionenmetropole bei.**

Vancouver ist nicht nur Standort des größten kanadischen Handelshafens, sondern beherbergt mit dem **Canada Place Terminal** und der **Ballantyne Pier** zwei der wichtigsten Cruiseterminals an der nordamerikanischen Pazifikküste. Von hier brechen alljährlich Hunderte von Kreuzfahrtschiffen nach Alaska oder Richtung Süden nach Kalifornien und Mexiko auf. Andere machen auf dem Weg in den hohen Norden in Vancouver Station. Allein an der Anlegestelle am Canada Place wurden 2010 fast 1 Mio. Passagiere gezählt.

Der Canada Place selbst ist ein bedeutendes Kongresszentrum und beeindruckt durch seine kühne Zeltdachkonstruktion. Er beherbergt nicht nur Veranstaltungssäle, sondern auch eine Reihe von Restaurants und Geschäften sowie ein IMAX-Kino und erinnert von außen selbst etwas an ein Kreuzfahrtschiff.

**Downtown Vancouver** ist vom Canada Place aus zu Fuß erreichbar. Der Business District beginnt gleich hinter der Kreuzfahrtpier. Hier setzt das 1930 im Art-déco-Stil errichtete **Marine Building** einen städtebaulichen Kontrapunkt zu einem Ensemble hypermoderner Hochhausbauten ringsherum. Auch der **Robson Square** im Zentrum von Downtown Vancouver besticht durch das Nebeneinander von historischer und zeitgenössischer Architektur. Der neue Justizpalast wurde von Arthur Erickson, einem der bedeutendsten kanadischen Architekten in der zweiten Hälfte des 20. Jh.s, erbaut und 1972 fertiggestellt. In dem alten neoklassizistischen Gerichtsgebäude residiert heute die **Vancouver Art Gallery** – eines der interessantesten Kunstmuseen Nordamerikas.

Die Einkaufs- und Flaniermeile **Robson Street** verläuft vom Robson Square aus Richtung Nordwesten. Hier wird Vancouver seinem Ruf, eine multikulturelle Metropole zu sein, in eindrucksvoller Weise gerecht. Menschen aus aller Welt bevölkern die vielen Straßencafés und Restaurants.

Nördlich der Robson Street beginnt der riesige, 400 ha umfassende **Stanley Park**. Weite Teile der nach dem New Yorker Central Park größten Grünanlage Nordamerikas sind von einem Wald aus Douglas-Fichten, Hemlock-Tannen und Riesenlebensbäumen bedeckt. Der **Zoo** und das Vancouver **Aquarium** sind weltbekannt. Der Park kann auf verschiedenen Wanderwegen durchstreift oder aber mit dem Auto auf dem 12 km langen Scenic Drive umrundet werden; auch mit dem Fahrrad ist eine Tour empfehlenswert. Südöstlich des Canada Place befindet sich der futuristische Hochhauskomplex des **Harbor Centre**. Auf dem Gebäude wurde in einer Höhe von 130 m eine Aussichtsplattform installiert, von der aus man den Blick über die Stadt, die Berge und das Meer genießen kann.

**Gastown**, das östlich des Canada Place beginnende älteste

sen alpinen Bergwelt und naturbelassenen Küsten besonders Aktivurlauber an. In den Regenwäldern, die weite Küstengebiete bedecken, gedeihen Riesenlebensbäume, über 90 m hohe Sitka-Fichten und Hemlock-Tannen. Sie bieten Grizzlys, Wölfen und anderen Wildtierarten einen Lebensraum. 14 Prozent der Insel sind als Naturschutzgebiet ausgewiesen. Das bekannteste ist der an der Südwestküste gelegene Pacific Rim National Park (links). Er umfasst die langen, von Regenwald gesäumten Sandstrände des Long Beach, die Broken Group Islands und mit dem West Coast Trail eine der anspruchsvollsten Wanderrouten Kanadas. Die am Südzipfel von Vancouver Island gelegene und nach der englischen Königin benannte Hauptstadt Victoria gibt sich »very British«. Die für viele kanadische Metropolen charakteristische moderne Architektur fehlt hier.

**Die Kreuzfahrtschiffe steuern Canada Place an.**

Viertel Vancouvers, ist eine einzige Touristenattraktion. Lange Zeit dem Verfall preisgegeben, wurden die alten Backsteinhäuser des Quartiers in den 1970er-Jahren sorgfältig restauriert. Hübsche Cafés, Geschäfte, Galerien und Souvenirshops haben hier nun ein Domizil gefunden. Auf den baumbestandenen Kopfsteinpflasterstraßen geht es vor allem in den Sommermonaten recht lebhaft zu.
Eine weitere touristische Attraktion der Stadt ist zweifellos die zweitgrößte **Chinatown** an der nordamerikanischen Pazifikküste. Sie schließt sich im Osten an Gastown an und lohnt auf jeden Fall einen Besuch. Hier herrscht stets reges Treiben. Unzählige Geschäfte locken mit Exotischem und Kuriosem. Die **Marktstände** quellen von Gemüse und Früchten aller Art über. Sehenswert sind außerdem der in der Tradition der Ming-Dynastie angelegte **Sun Yat-Sen Classical Chinese Garden** und das unweit davon gelegene **Chinese Cultural Centre**.

**Großes Bild: Zwischen Gebirge und Meer präsentiert sich Vancouver als eine der schönsten Städte der Welt und als idealer Ziel- oder Ausgangspunkt einer Kreuzfahrt.**

# Seattle

## Chief Seattles Rede

Wohl kaum eine Rede hat jemals mit so großer Verspätung solche Wirkung entfaltet wie die Worte von Chief Seattle (Statue, links), die dieser 1854 unweit der nach

**Land:** USA (Washington State)
**Einwohner:** 600 000
**Sprache:** Englisch
**Währung:** US-Dollar
**Hauptreisezeit:** Mai bis September
**Zeitzone:** UTC – 8

**Nicht zuletzt dank ihrer beeindruckenden Umgebung zählt die auch »Emerald City« genannte Metropole im äußersten Nordwesten der USA zu den attraktivsten Großstädten von Nordamerika. Seattle liegt auf einer kleinen Halbinsel im Inneren des Puget Sound – einer 150 km weit ins Land reichenden Meerenge am Rand des Pazifiks. Weiter im Osten ragen die Vulkanberge der Kaskadenkette mit dem 4392 m hohen Mount Rainier in den Himmel empor.**
**In der Stadt residieren nicht nur weltbekannte Firmen wie Microsoft oder Boeing, hier starteten auch legendäre Rockbands wie Nirvana und Pearl Jam ihre Karrieren. In Seattle wurde Jimi Hendrix geboren und der Grunge erfunden. Die Anfänge der Stadt gehen auf die 1860er-Jahre zurück, eine erste Blüte erlebte sie am Ende des 19. Jh.s während des Klondike-Goldrausches.**

Seattles neuer Cruiseterminal an der **Pier 91** befindet sich im Norden des Hafens. Downtown Seattle ist von hier aus schnell mit einem Taxi erreichbar. Viele Kreuzfahrtschiffe legen aber am **Bell Street Pier Cruise Terminal** im Herzen der Stadt an. In den letzten Jahren sind hier schicke Hotels sowie viele hippe Geschäfte und Restaurants entstanden. Unweit des Hafens erinnern die historischen Gebäude am Pioneer Square sowie der **Klondike Gold Rush National Historical Park** an die Zeiten des Goldrausches. Eine weltweit wohl einzigartige Touristenattraktion ist die **Seattle Underground Tour**. Sie führt in ein unterhalb des Pioneer Square verlaufendes Gewirr von Gassen und verfallenen Holzbauten, das bis zu einem verheerenden Brand im Jahr 1889 das Stadtzentrum Seattles bildete. Nach dem Brand wurde das Straßenniveau angehoben, die Überreste der alten Bebauung verschwanden im Untergrund.
Nördlich des Hafens befindet sich der **Pike Place Market** – einer der ältesten, noch betriebenen Märkte der USA. In dem 1907 eröffneten, mehrstöckigen Gebäudekomplex bieten Geschäfte Waren aller Art an. Die Stände quellen von Obst, Gemüse, frischem Fisch und Delikatessen über. Direkt am Ha-

**Fisch kann man im Pike Place Market sehr gut einkaufen.**

ihm benannten Stadt an den US-Governor Isaac Stevens richtete. 1887 publizierte Henry Smith in der »Seattle Sunday Star« ein angeblich englisches Transkript dieser Rede. Schon an dessen Authentizität gibt es starke Zweifel – Chief Seattle hielt seine Ansprache in seinem indianischen Idiom, das Smith nur unvollständig verstanden haben dürfte. Die vermeintlich gehaltene Rede wurde später weiter überliefert und ausgeschmückt – was dann in der berühmten Version von Ted Perry von 1972 gipfelte, der sie sprachlich völlig umarbeitete und sie damit zum Klassiker der Aussteiger- und Umweltbewegung machte. Mit ihm in den Mund gelegten Worten wie »Wie kann man den Himmel oder das Land kaufen oder verkaufen?« wurde Chief Seattle zum edlen Indianer und Vorläufer des Umweltschützers verklärt, der die Industriegesellschaft zur Umkehr aufruft.

**Der Monorail ist eine flotte Fortbewegungsmöglichkeit.**

fen lockt der **Waterfront Park** mit Restaurants und kleinen Ladengeschäften. Hier starten die Fähren zu den Inseln des Puget Sound und bis hinüber nach Vancouver Island.

In **Downtown Seattle** befinden sich nicht nur die hoch aufragenden Bürotürme internationaler Banken und Wirtschaftsunternehmen, sondern auch einige hypermoderne Einkaufszentren. Von der Shoppingmall am Westlake Center startet die berühmte Monorail zu dem für die Expo 1962 angelegten **Seattle Center**. Hier ragt das weithin sichtbare Wahrzeichen Seattles, der Aussichtsturm **Space Needle**, in den Himmel empor.

Ganz in der Nähe locken das **Pacific Science Center** und das 🏛 **Experience Music Project** – ein von Frank O. Gehry entworfener und Jimi Hendrix gewidmeter Gebäudekomplex, in dem ein Museum auf vielfältige Weise über Entwicklungen und Strömungen in der modernen Musik informiert.
Alle wichtigen Sehenswürdigkeiten können von den beiden Cruiseterminals mit einem Taxi, öffentlichen Verkehrsmitteln oder auch zu Fuß erreicht werden.

**Bild oben: Vor dem über 4000 m hohen schneebedeckten Gipfel des Mount Rainier zeichnet sich hier die Skyline von Seattle mit der Space Needle ab. Der futuristische Turm wurde 1962 anlässlich der Weltausstellung errichtet.**

# San Francisco

## Chinatown

Das traditionelle Quartier der chinesischen Einwanderer beginnt nördlich der Union Square Area und erstreckt sich über mehrere Blocks bis zu San Fran-

**Land:** USA (Kalifornien)
**Einwohner:** 800 000
**Sprache:** Englisch
**Währung:** US-Dollar
**Hauptreisezeit:** Juni bis September
**Zeitzone:** UTC – 8

**Allein ihre Lage südöstlich des berühmten Golden Gate, einer Meerenge, die die tief ins Land schneidende San Francisco Bay mit dem Pazifik verbindet, ist unvergleichlich. Darüber hinaus präsentiert die Stadt ihre charakteristischen Stadtviertel wie Chinatown und North Beach, die geschäftige Fisherman's Wharf und die Golden Gate Bridge und macht das »Paris des amerikanischen Westens« zu einem beliebten Reiseziel. Einwanderer aus aller Herren Länder haben ihre Kultur geprägt. Obwohl die Hippiebewegung, die in San Francisco ihren Anfang nahm, längst Geschichte ist, zieht die Stadt nach wie vor viele Künstler und Unangepasste in ihren Bann. Auch heute ist hier eine experimentierfreudige Kunst-, Theater- und Musikszene zu Hause.**

**Union Square Area** Das Viertel um den geschichtsträchtigen Platz, auf dem während des Amerikanischen Bürgerkriegs Veranstaltungen zur Unterstützung der Nordstaaten stattfanden, ist das merkantile wie kulturelle Zentrum San Franciscos. Hier residieren die luxuriösesten Hotels, die teuersten Kaufhäuser und edelsten Restaurants der ganzen Stadt, aber auch Geschäfte und Lokale für Leute mit schmalem Geldbeutel. Eine bunte Kneipen- und Theaterszene trägt zur Lebendigkeit des Viertels bei. Der palmenbestandene **Union Square** ist zu einem Treffpunkt für Menschen aus allen Bevölkerungsschichten geworden.

**Haight-Ashbury** Das östlich des Golden Gate Park gelegene und nach einer Straßenkreuzung benannte Viertel ist als Zentrum der Beatnik- und Hippiekultur berühmt geworden. In den 1960er-Jahren zog es Scharen von jungen Leuten, die auf der Suche nach alternativen Lebensformen waren, hierher. Der Ruf der Blumenkinder nach Freiheit, Frieden und Harmonie ging um die Welt und prägte eine ganze Generation. Zwar begann die Szene schon Ende der 1960er-Jahre auseinanderzufallen. Dennoch sind die Sixties und der »Summer of Love« in Haight-Ashbury allgegenwärtig. Secondhandshops, Läden, Restaurants und Kneipen im Stil dieser Zeit finden sich zuhauf.

Nicht nur die vielen Reminiszenzen an die Hippiekultur haben aus Haight-Ashbury eine Touristenattraktion gemacht. Die verspielten viktorianischen Holzhäuser, die hier das Straßenbild prägen, tragen das Ihre zu der besonderen Atmosphäre des Viertels bei. Berühmt sind die **»Painted Ladies«** am Alamo Square – eine der meistfotografierten Häuserzeilen der Welt.

**Mission District** Für viele ist das älteste Viertel San Franciscos das schillerndste und aufregendste der ganzen Stadt. Seit dem Ende des Zweiten Weltkriegs ließen sich hier viele Einwanderer aus Lateinamerika nieder. Sie stellen mittlerweile die Mehrheit der Bevölkerung und prägen das Alltagsleben nachhaltig. In den 1970er-und 1980er-Jahren zogen aber auch Hippies und Feministinnen hierher. Ihnen folgte in den 1990ern die Dotcom-Szene. Im Mission District schmücken vielerorts beeindruckende, farbenprächtige Wandmalereien die Hausfassaden. Viele dieser Murales wurden von den Arbeiten des mexikanischen Malers Diego Rivera inspiriert. Sie gelten als Ausdruck der Wünsche, Träume und Hoffnungen ihrer jugendlichen Schöpfer. Ein Bummel durch den Mission District bliebe ohne einen Besuch der **Mission Dolores** unvollständig. Das älteste noch erhaltene Steingebäude der Stadt wurde 1776 von Indianern errichtet und besticht vor allem durch die

ciscos »Little Italy«. Chinatown zählt zu den ältesten Vierteln der Stadt (links). Seine Anfänge gehen auf die Zeit des Goldrausches um 1850 zurück, als nicht nur europäische, sondern auch Einwanderer aus dem Fernen Osten an der Bay ihr Glück zu machen versuchten. Zwar hat der American Way of Life längst Einzug gehalten in Chinatown, dennoch konnte der ursprüngliche Charakter des Viertels in vielem bewahrt werden. In der parallel zur Grant Avenue verlaufenden Stockton Street etwa prägen nach wie vor traditionelle chinesische Händler das Straßenbild. Ihre Stände und Läden haben ein großes exotisches Angebot an Lebensmitteln. Die Luft ist vom Duft fernöstlicher Köstlichkeiten erfüllt. In der Stockton Street kaufen die Bewohner des Viertels ein. Auf der Einkaufsmeile Grant Avenue hingegen dominiert chinesische Folklore.

**Die Bay Bridge verbindet San Francisco mit Oakland.**

**In Pastellfarben prunken die Holzhäuser, die »Painted Ladies«.**

indianische Motive verarbeitende Deckenmalerei im Inneren.

**Golden Gate Bridge** Noch keine 100 Jahre überspannt die wohl berühmteste Hängebrücke der Welt das Golden Gate von San Francisco, und doch ist der Name der Stadt untrennbar mit ihr verbunden. Die elegante Stahlkonstruktion erregt immer wieder Begeisterung und Bewunderung. Ihre sechsspurige Fahrbahn verläuft auf einer Länge von 2,7 km 97 m über dem Meeresspiegel. Die beiden Pylonen sind jeweils 227 m hoch. Kreuzfahrtpassagiere können die Golden Gate Bridge aus einer besonderen Perspektive bewundern: Jedes Schiff, das den Hafen von San Francisco verlässt oder ansteuert, muss unter ihr hindurch. Wem das nicht genügt, kann sie auf einer Autofahrt, oder aber mit dem Fahrrad oder per Pedes überqueren.

**Fisherman's Wharf** Dieses auf dem Gelände eines Fischereihafens unweit der Kreuzfahrtpier gelegene Vergnügungsviertel besteht aus mehreren Hundert Läden, Buden und Restaurants und hat sich zu einer der meistbesuchten Touristenattraktionen der ganzen Stadt entwickelt. Auch wer Besucherströmen und Rummelplätzen im Allgemeinen nichts abgewinnen kann, sollte sich Fisherman's Wharf nicht entgehen lassen. Die Atmosphäre ist unbeschreiblich. Allerorten treten Gaukler, Akrobaten und Straßenmusiker auf. Die Aussicht auf die San Francisco Bay mit der Gefängnisinsel Alcatraz und der Golden Gate Bridge ist wahrhaft spektakulär. An der Fisherman's Wharf befindet sich außerdem der Startpunkt für die Stadtrundfahrten mit den historischen Cable Cars.

**Großes Bild: Im Jahr 1937 wurde nach vierjähriger Bauzeit eines der berühmtesten Wahrzeichen der USA, die Golden Gate Bridge, für den Verkehr freigegeben. Hier fährt das Kreuzfahrtschiff »RMS Queen Mary 2« durch.**

# Los Angeles

## Pacific Coast Highway

Die legendäre Route entlang der Pazifikküste (links Bixby Bridge) verbindet Süd- mit Nordkalifornien und führt auch durch die westlichen Stadtteile

**Land:** USA (Kalifornien)
**Einwohner:** 3,8 Mio.
**Sprache:** Englisch
**Währung:** US-Dollar
**Hauptreisezeit:** Mai bis Oktober
**Zeitzone:** UTC – 8

**Mehr als eine Stadt bildet die Metropolregion Los Angeles eine Agglomeration aus Dutzenden Gemeinden und Suburbs, die sich über eine Fläche von etwa 4320 km² ausdehnen. Mit einer Bevölkerungszahl von über 15 Mio. Menschen zählt der Ballungsraum zu den größten der Welt. Obwohl das öffentliche Nahverkehrssystem in den letzten Jahren stark ausgebaut wurde, ist das Auto nach wie vor das wichtigste Fortbewegungsmittel. Dadurch ist das Verkehrsaufkommen enorm. Auf den mehrspurigen Freeways, die Los Angeles durchziehen, sind Staus und Chaos allgegenwärtig. Eine Stadterkundung mit dem Pkw will deshalb wohlüberlegt sein. Zumindest in Downtown L. A. lassen sich viele Sehenswürdigkeiten nämlich mittlerweile auch mit der Metro oder einem Bus erreichen.**
**Die Stadt präsentiert sich als Schmelztiegel von Völkern und Nationen. Menschen aus mehr als 100 Ländern sind hier zu Hause. Einwanderer aus Mexiko und ganz Lateinamerika stellen inzwischen die Mehrheit der Bevölkerung und prägen das urbane Leben nachhaltig.**

**San Pedro** Der ca. 40 km südlich von Downtown L.A. gelegene Stadtteil beherbergt mit dem Port of Los Angeles einen der größten Containerhäfen der Welt. Vom **World Cruise Center** brechen viele Schiffe zu einer Kreuzfahrt entlang der Küste der Baja California nach Mexiko oder Richtung Alaska auf. Nicht nur für Kreuzfahrtpassagiere wurde direkt an der Hafeneinfahrt mit Ports O'Call Village eine reizvolle Ladenstadt aus Häusern im Neuengland-Stil errichtet. Attraktive Geschäfte bieten Souvenirs aller Art an, Restaurants locken mit Seafood-Köstlichkeiten. Im **Ports O' Call Village** können Hafenrundfahrten und Helikopterflüge gebucht werden.

**Long Beach** Auch die östlich von San Pedro gelegene Stadt Long Beach verfügt über einen riesigen Containerhafen. Der Cruiseterminal ist Heimathafen für Schiffe der Carnival und der »Princess Cruises«. Hauptattraktion von Long Beach dürfte neben dem **Aquarium of the Pacific** die hier seit 1967 vor Anker liegende »Queen Mary« sein. In dem legendären Luxusliner sind ein Hotel und ein Museum untergebracht.

Die 35 km südwestlich vor San Pedro gelegene **Catalina Island** ist ein Paradies für Naturfreunde und Mountainbiker. Die Insel wurde 1919 von dem US-Millionär William Wrigley erworben und zu einem Refugium für VIPs ausgebaut. Seit 1975 sind 86 Prozent der Insel im Besitz der von Wrigley gegründeten **Catalina Island Conservancy**, die der Bewahrung der Inselflora und -fauna verpflichtet ist. Abgesehen von dem kleinen Hauptort Avalon darf das Eiland nur mit ihrer Erlaubnis zu Fuß oder per Fahrrad erkundet werden. Hauptattraktion sind immer noch die Bisons, die 1920 für die Dreharbeiten zu dem Film »The Vanishing American« nach Catalina Island umgesiedelt wurden. Die Insel kann von San Pedro oder Long Beach aus in etwa zwei Stunden mit einer Fähre oder aber in nur 15 min. mit dem Helikopter erreicht werden.

**Downtown L.A.** Seitdem es in den 1990er-Jahren von wohlhabenden Bürgern als Wohnquartier entdeckt wurde, hat das lange vernachlässigte Zentrum der Riesenmetropole eine wahre Renaissance erlebt. Öffentliche Infrastrukturprojekte, die viele Unternehmen anlockten, trugen entscheidend zur Auf-

von Los Angeles. Der spektakuläre Highway No. 1 ist insgesamt über 1000 km lang. Unterwegs laden einige berühmte Badeorte des »Golden State« zu Zwischenstopps ein. In der einstigen Hippiehochburg Venice etwa sind immer noch zahlreiche Künstler zu Hause. Nach wie vor herrscht an der Strandpromenade reges Treiben. Nördlich von Venice zieht Santa Monica mit der legendären Pier vor allem Wochenendausflügler aus L. A. an. Zwischen Santa Monica und Malibu liegt Pacific Palisades, das während der Nazizeit Zufluchtsort von Emigranten aus ganz Europa wurde. In der Villa Aurora, dem Treffpunkt der Exilierten, erinnern Veranstaltungen daran. Malibu, das »Dorf der Millionäre«, lockt mit einem 33 km langen hellen Sandstrand. Am Zuma Beach wurde die TV-Serie »Baywatch« gedreht, und der Surfrider Beach gilt als Wellenreiterhochburg.

wertung bei. Heute präsentiert sich Downtown L. A. als attraktive Stadt in der Stadt, die Jahr für Jahr Gäste aus aller Welt anzieht. Zur Inner City gehören verschiedene Viertel, von denen jedes auf seine Weise das Gesicht der Stadt prägt. Im **Financial District**, dessen weithin sichtbare Skyline ein Wahrzeichen ist, sind nicht nur Banken und Hotels zu Hause, sondern mit dem im Jahr 1979 gegründeten **Museum of Contemporary Art** eines des wichtigsten Museen für moderne Kunst in den USA.

Der historische Stadtkern »El Pueblo de Los Ángeles« liegt im Nordosten von Downtown L. A. Das Quartier rund um die Olvera Street wartet mit den ältesten, sorgfältig restaurierten Gebäuden der Stadt auf und ist eine Touristenattraktion. Zahlreiche Imbissbuden und Restaurants, die mexikanische Spezialitäten anbieten, sowie eine Fülle von kleinen, originellen Läden, die unter anderem mexikanisches Kunsthandwerk verkaufen, tragen dem Rechnung.

**Chinatown** im Norden von Downtown L. A. hat als Kulisse vieler Hollywood-Gangsterfilme Berühmtheit erlangt und wirbt auch heute noch mit fernöstlichem Flair.

Im Osten von Downtown L. A. liegt **Little Tokyo**, das kulturelle Zentrum der japanischstämmigen US-Amerikaner. Japanische Geschäfte, Gärten und Tempel prägen das Stadtbild. Das sehenswerte **Japanese American National Museum** informiert über die Geschichte der japanischen Einwanderer.

Ein Bummel entlang des Broadway, der Downtown L. A. von Nordosten in Richtung Südwesten durchzieht, führt zu den Anfängen der amerikanischen Unterhaltungsindustrie zurück. Hier befinden sich legendäre Filmpaläste wie das **Million Dollar Theater** oder das **Los Angeles Theatre**. Gleich neben dem Million Dollar Theater lockt der riesige **Grand Central Market** mit einem reichhaltigen Angebot an Gaumenfreuden. An den Ständen und Läden in der fast 100 Jahre alten Markthalle bleiben keine Wünsche offen.

**Hollywood** Nach wie vor gilt der Stadtteil im Nordwesten von Downtown L. A. als Welthauptstadt des Films. Obwohl viele der legendären Studios ihre Zelte mittlerweile anderswo aufgeschlagen haben, zieht allein die Magie des Namens »Hollywood« immer noch Menschen aus aller Welt an. Für viele ist der **Walk of Fame** zu beiden Seiten des **Hollywood Boulevard** die Hauptattraktion. Seit Beginn der 1960er-Jahre werden hier Sterne mit den Namen von Größen des Film- und Showgeschäfts in das Gehwegpflaster eingelassen. Der Walk of Fame hat mittlerweile eine Länge von 3,5 km erreicht umfasst derzeit 2400 Namen.

Ebenfalls am Hollywood Boulevard erinnern einige prachtvolle Kinopaläste wie das **Chinese Theatre** aus dem Jahr 1927, das 1926 errichtete El Capitan Theatre oder das **Egyptian Theatre** von 1922 an die frühe Glanzzeit des Hollywood-Films. Cineasten, die hinter die Kulissen der Traumfabrik blicken möchten, bieten die **Universal Studios** und die **Paramount Pictures** Touren durch ihre Studios an.

**Bildleiste von oben: Die Walt Disney Concert Hall in Downtown L.A.; das Museum of Contemporary Art; das berühmte Chinese Theatre; der Walk of Fame; oben links: der Hafen von Long Beach.**

# San Diego

## American sports – bigger than life

American Football, Baseball und Basketball sind die angesagtesten Sportarten in den USA. Hingegen wird europäischer Fußball vornehmlich von Frauen gespielt und eher stiefmütterlich behandelt. American Football (rechts), aus dem Rugby hervorgegangen, ist kampfbetonter und lebt von der ausgefeilten Taktik sowie von einstudierten Spielzügen, die dazu dienen, den eiförmigen Ball hinter die gegnerische Torlinie zu bringen und einen Touchdown zu erzielen. Höhepunkt ist im Januar das Finale um den Super Bowl.

»America's finest City« wird San Diego auch gern genannt.

**Dank unzähligen Freizeitmöglichkeiten, einem überreichen Kulturangebot und einem angenehmen Klima mit mehr als 300 Sonnentagen im Jahr ist die an der Grenze zu Mexiko gelegene kalifornische Millionenstadt beliebte Residenz und Reiseziel zugleich. In San Diego starten jährlich viele Hundert Kreuzfahrten entlang der Pazifikküste oder nach Hawaii. Downtown San Diego beginnt gleich hinter dem Kreuzfahrtpier.**

**Land:** USA (Kalifornien)
**Einwohner:** 1,3 Mio.
**Sprache:** Englisch
**Währung:** US-Dollar
**Hauptreisezeit:** Mai bis Oktober
**Zeitzone:** UTC – 8

Die Anfänge der Stadt gehen auf eine spanische Missionsstation zurück, die Gaspar de Portolà und Junípero Serra im Jahr 1769 am Fuß des Presidio Hill einige Kilometer nördlich des heutigen Stadtzentrums gründeten. Erst in den 1860er-Jahren wurde die sogenannte New Town, das Herz des heutigen San Diego, an der schiffbaren San Diego Bay angelegt. Eine durch den Goldrausch beförderte rasante städtebauliche Entwicklung setzte ein. Das Gaslamp Quarter in Downtown San Diego erinnert noch heute daran. Hier wird das Stadtbild vielerorts durch sorgfältig restaurierte viktorianische Gebäude geprägt. Das Gaslamp Quarter ist ein äußerst lebendiges Viertel und ein Zentrum des Nachtlebens.

Die Old Town im Norden des Stadtzentrums ist als **San Diego State Historic Park** ausgewiesen und wurde in das National Register of Historic Places aufgenommen. Mehr als 20 Gebäude aus der Zeit der ersten Siedlung sind erhalten, andere wurden rekonstruiert. Der Park kann mit dem **Old Town Trolley** erkundet werden.

Der Balboa Park im Nordosten von Downtown San Diego ist der vielleicht interessanteste Freizeit- und Kulturpark in ganz Nordamerika. Er beherbergt nicht nur den größten Zoo der USA, sondern zahlreiche Museen, Theater und wunderbare Gärten. Der Entwurf der Anlage geht auf Alonzo Horton zurück, die Gartenarchitektin Kate O. Sessions verwandelte das 5 $km^2$ große Gelände in eine Parklandschaft. Die reich verzierten Gebäude wurden aus Anlass der Panama-California-Ausstellung 1915/16 errichtet. Viele Besucher erinnern sie an die Märchenschlösser in Disneyland.

**Bild rechts: So präsentiert sich im Hafen von San Diego die Skyline der südkalifornischen Metropole den ankommenden Kreuzfahrtpassagieren.**

Die San Francisco 49ers gehören zu den stärksten Teams. Baseball verdankt seine Entstehung dem englischen Kricket. Ein Spiel dauert oft sehr lange und gleicht einem Picknick; man unterhält sich, isst und scheint nur beiläu-

fig zu spielen. Größer ist das Engagement beim Basketball. In der National Hockey League duellieren sich die besten Eishockey-Teams. Zum Volkssport avancierte auch Rodeo mit Disziplinen wie Bullenreiten.

# Baja California

## Inseln und Schutzgebiete des Golfs von Kalifornien

Der Golf von Kalifornien ist ein rund 1100 Kilometer langes und 90 bis 230 Kilometer breites Nebenmeer des Pazifischen Ozeans. Er erstreckt sich zwischen der Küste Westmexikos und der Halbinsel Baja California. Unter Schutz gestellt wurden neun Areale mit einer Gesamtfläche von ca. 18 000 km$^2$, davon rund drei Viertel marines Gebiet. Von Nord nach Süd sind folgende Biosphärenreservate, Schutzgebiete und Nationalparks ausgewiesen: Oberer Golf mit Delta des Colorado, Inseln

**Land:** Mexiko
**Einwohner:**
Baja California: 3,2 Mio.
Baja California Sur: 640 000
**Sprache:** Spanisch
**Währung:** Mexikanischer Peso
**Hauptreisezeit:**
Frühjahr bis Herbst
**Zeitzone:**
Baja California: UTC – 8.
Baja California Sur: UTC – 7

**Die vom mexikanischen Festland durch den Golf von Kalifornien getrennte Halbinsel Baja California ist mit einer Länge von 1200 km und einer Breite von bis zu 200 km doppelt so groß wie Florida. Gleich zwei mexikanische Bundesstaaten teilen sich das riesige Gebiet: Der Staat Baja California umfasst die nördliche und Baja California Sur die südliche Hälfte.**

Bis vor wenigen Jahren war die an der Pazifikküste gelegene Halbinsel nur als Hochburg US-amerikanischer Partytouristen bekannt. Heute wird sie mehr und mehr von Naturliebhabern, Wissenschafts- und Abenteuertouristen entdeckt. Die Baja California und die Gewässser um sie herum gelten als Spielwiese der Evolution.
Vor ca. 13 Mio. Jahren begann sich der 1200 km lange und nur an wenigen Stellen mehr als 100 km breite »Finger Gottes im Pazifik« von Mexikos Festland zu lösen.

Flora und Fauna in der gebirgigen, trockenen und größtenteils wüstenhaften Region entwickelten sich deshalb höchst eigenständig. Bis jetzt haben Biologen mehr als 700 nur hier vorkommende Pflanzenarten – zumeist Kakteen – und weitere gut angepasste Lebensformen entdeckt; der Artenreichtum im Golf von Kalifornien ist enorm. Das Gebiet bietet vielen nur hier vorkommenden Seevögeln und Meerestieren, aber auch wandernden Meeressäugern wie dem Buckelwal und dem Kalifornischen Grauwal einen Lebensraum.
Seit 2005 stehen insgesamt 244 Küstenabschnitte und Inseln des Golfs von Kalifornien auf der UNESCO-Welterbeliste. Fast alle Cruiseliner machen in

**Cabo San Lucas erfüllt luxuriöse Urlaubswünsche.**

⚓ **Cabo San Lucas** an der Südspitze der Baja California Station. Das einstige Fischerdorf hat sich zu einem Luxusferienresort entwickelt und ist ganz auf zahlungskräftige Touristen eingestellt. Hauptattraktion ist die Felsformation **El Arco**, die genau an der Stelle des Zusammentreffens von Pazifischem Ozean und Golf von Kalifornien ins Meer hinausragt.

**Bild rechts: Cabo San Lucas ganz im Süden von Baja California mit seiner auffälligen Felsformation, dem 62 m hohen Felsen El Arco.**

des Golfs von Kalifornien (links), Insel San Pedro Mártir, El Vizcaíno, Bahía de Loreto, Cabo Pulmo, Cabo San Lucas, Islas Marías und Isla Isabel. In dem Schutzgebiet des Golfs kommen 200 Vogelarten, über 30 Meeressäugerarten und rund 890 Fischarten vor, von denen 90 endemisch sind. Die Vegetation besteht aus Sukkulenten und Kakteen, darunter etwa auch ein Säulenkaktus, der eine Höhe von bis zu 25 m erreichen kann.

# Mazatlán, Puerto Vallarta, Acapulco

### Männer am Rande des Abgrunds

Was heute die Attraktion von Acapulco ist, begann in dem einst verschlafenen Fischerort als Mutprobe junger Männer: Sie sprangen von den Felsklippen an der schluchtartigen Meeresbucht »La Quebrada« hinunter in die Fluten des Pazifiks. Ab 1934 machten die »Clavadistas« ihre Sprünge in Form regelmäßig

**Land:** Mexiko
**Einwohner:**
Mazatlán: 500 000
Puerto Vallarta: 250 000
Acapulco: 670 000
**Sprache:** Spanisch
**Währung:** Mexikanischer Peso
**Hauptreisezeit:** November bis Mai
**Zeitzone:** UTC – 6
(Mazatlán: UTC – 7)

**Die Badeorte an der mexikanischen Riviera werden bevorzugt von Fun-Schiffen angelaufen. Mazatlán, Puerto Vallarta und natürlich Acapulco verfügen über eine hoch entwickelte touristische Infrastruktur und können den Gästen alle erdenklichen Freizeitvergnügungen bieten. Shopper, Schlemmerfreunde und Partygänger leben hier wie im Paradies. In den historisch gewachsenen Ortskernen abseits der viel besuchten Badestrände und großen Hotelanlagen finden sich dennoch immer wieder beschauliche Plätze. In allen Orten bieten lokale Veranstalter Bootstouren, Tauchgänge und Whale Watching speziell für Kreuzfahrtpassagiere an.**

**Mazatlán** Die 500 000 Einwohner zählende und südlich des Wendekreises des Krebses gelegene Metropole beherbergt nicht nur den größten Handelshafen Mexikos, sondern ist auch einer der beliebtesten **Badeorte** des Landes. An den kilometerlangen Sandstränden der Zona Dorada im Norden der Stadt stehen die großen Hotels und Ferienanlagen dicht an dicht. Hier herrscht ganzjährig Partystimmung.

Im Süden hingegen lockt das »Centro Histórico« mit Kulturangeboten. In viele der sorgfältig restaurierten kolonialzeitlichen Gebäude des Viertels sind Kunstgalerien und Museen eingezogen. Stilvolle Cafés und Restaurants laden zum Verweilen ein. In den Gassen rund um die **Plazuela Machado** spielen Straßenmusikanten auf. Mittelpunkt des Viertels ist die **Plaza Principal** mit der im 19. Jh. errichteten **Kathedrale**.

Im Süden des historischen Mazatláns steht – auf einer kleinen, durch einen Damm mit dem Festland verbundenen Insel – der zweithöchste Leuchtturm der Welt.

Die Altstadt liegt 15 Gehminuten vom Kreuzfahrtterminal entfernt, die **Zona Dorada** kann mit einem Taxi erreicht werden. Längere Landgänge können für Tagesausflüge in den Golf von Kalifornien, zu den der Küste vorgelagerten Islas Marías oder aber zu den pittoresken kolonialzeitlichen Dörfern im Hinterland von Mazatlán genutzt werden.

**Puerto Vallarta** Seit John Huston hier im Jahr 1963 »Die Nacht des Leguan« drehte, sein Hauptdarsteller Richard Burton hier ein Haus kaufte und Elizabeth Taylor ehelichte, ist die heute 250 000 Einwohner zählende Stadt an der Bahía de Banderas in aller Munde. Sie hat sich zu einem der großen touristischen Zentren Mexikos entwickelt und zieht jährlich mehr als 3 Mio. Urlauber an. Auch als Kreuzfahrtziel wird Puerto Vallarta immer beliebter. Mittlerweile legt jeden Tag ein Cruiseliner im **Marina Vallarta Maritime Terminal** nördlich der Stadt an.

Die vielen **Traumstrände** an der sich über 40 km ausdehnenden Bucht können von hier aus mit einem Taxi erreicht werden. Sie sind ein Markenzeichen Puerto Vallartas und lassen keine Wünsche offen, denn jeder Strand ist ein kleines Taucher-, Surfer- oder Sonnenanbeter-Paradies.

Das Zentrum der **Altstadt** liegt etwa 4,5 km südlich des Hafens. Hier präsentiert sich Puerto Vallarta als historisch gewachsener Ort. Die kolonialzeitlichen Bauten des Viertels werden sorgfältig gepflegt.

Eine Hauptattraktion ist die kleine Insel in der Mündung des Río Cuale, der Puerto Vallarta teilt. Hier wurde inmitten einer zauberhaften Parklandschaft eine Ladenstadt aus Buden, Geschäften und Lokalen angelegt. Die Händler bieten Kunsthandwerk und Folklorekleidung, die Restaurants mexikanische Spezialitäten an. Auch an der Uferpromenade Puerto Vallartas stehen die Restaurants, Bars und Imbissstuben dicht an

stattfindender Shows zum Geschäft (links). Zum weltweiten Ruhm trug dann der Schweizer Swing-Bandleader und Playboy Teddy Stauffer bei, als er 1949 im benachbarten Hotel »El Mirador« den mondänen Nachtclub »La Perla« eröffnete und Acapulco zum Treffpunkt des internationalen Jetset machte. Von den Terrassen des Clubs aus beobachteten Hollywood-Stars wie Erroll Flynn und Rita Hayworth die Cladavistas bei ihren Sprüngen. Heute kann man von einer in den Fels gebauten Zuschauerplattform genießen, wie die Cladavistas sich haarscharf vorbei an Felsvorsprüngen 30 m hinab ins nur vier Meter tiefe Wasser stürzen.

dicht. Hier herrscht bei Tag und bei Nacht reges Treiben. Ein besonderer Blickfang sind die von renommierten Künstlern geschaffenen Skulpturen an der Seeseite des Malecón. In Puerto Vallarta bieten lokale Veranstalter die unterschiedlichsten Freizeitaktivitäten an. Sie haben von Ausflügen in die reizvolle Umgebung über Bootstouren zu den Walfischgebieten in der Bucht bis zu Hochseeangeln und Tauchen alles im Programm. Ein ganz besonderes Schmankerl ist eine Kreuzfahrt auf einem Piratenschiff.

⚓ **Acapulco** Obwohl das wohl berühmteste Seebad Mexikos viel von seinem Glanz eingebüßt hat, ist es ein beliebtes Kreuzfahrtziel. Wohl jeder Cruiseliner, der die mexikanische Pazifikküste entlangfährt, legt hier einen Zwischenstopp ein. Unterhalb der alten **Festung Fuerte de San Diego** im Westen der Bucht von Acapulco wurde eine Kreuzfahrtpier angelegt. Das gewaltige Forts selbst ist eine Besichtigung wert. Es gehört zu den wenigen historischen Bauwerken aus den Anfängen der im 17. Jh. gegründeten Stadt und erinnert an die Zeit, während der Acapulco als wichtiger spanischer Handelsstützpunkt ständig Piratenangriffen ausgesetzt war. Im Inneren der Burg ist das **Museo Histórico de Acapulco** untergebracht. Die westlich des Fort gelegene Altstadt wartet mit einem eher beschaulichen Zócalo auf. Von der Hektik der Millionenmetropole ist hier nichts zu spüren.

Im Südwesten des historischen Acapulco lockt die wohl größte Attraktion der Stadt mehrmals täglich zahlreiche Schaulustige an. Hier befindet sich der Felsen **La Quebrada**, von dem sich die berühmten Klippenspringer in die Tiefe stürzen. Die legendären Strände Acapulcos beginnen östlich der Altstadt und erstrecken sich über die ganze Bucht. Sie können von der Kreuzfahrtpier bequem mit einem Taxi erreicht werden. Nach wie vor herrscht hier ganzjährig Ferien- und Partystimmung. Hinter den Strandabschnitten führt die breite, viel befahrene Uferstraße Miguel Alemán im Zentrum Acapulcos aus um die ganze Bucht herum. Hier wird man auf der Suche nach den besten Restaurants, Bars und Clubs sowie den edelsten Geschäften der Stadt fündig. Überall spielen Musikbands auf, und es bieten Straßenhändler Kunsthandwerk an. Auf der **Costera**, wie der Prachtboulevard abkürzend genannt wird, ist rund um die Uhr etwas los.

**Am Marina Vallarta Terminal ist für Abwechslung gesorgt.**

**Bild oben: Die Bucht von Acapulco im Abendlicht.**

Der große Luxusliner »Seven Seas Mariner« kreuzt im Sonnenuntergang vor der brasilianischen Küste.

# Entlang der südamerikanischen Atlantikküste

Südamerika liegt als Kreuzfahrtziel im Trend. Mehr und mehr Veranstalter bieten Touren in das Amazonasgebiet und die faszinierenden Riesenstädte an der Atlantikküste an. Metropolen wie Belém, Recife, Salvador da Bahia oder Rio de Janeiro warten mit einem reichen kulturellen Erbe auf. Die portugiesischen Kolonialherren haben hier prächtige barocke Kirchen, Klöster und Residenzen hinterlassen. Die Kultur der afrikanischen Sklaven, die einst nach Brasilien verschleppt wurden, ist im Alltag der Menschen, im Candomblé-Kult und im Karneval präsent. Buenos Aires hingegen wurde von Einwanderern aus Europa geprägt.

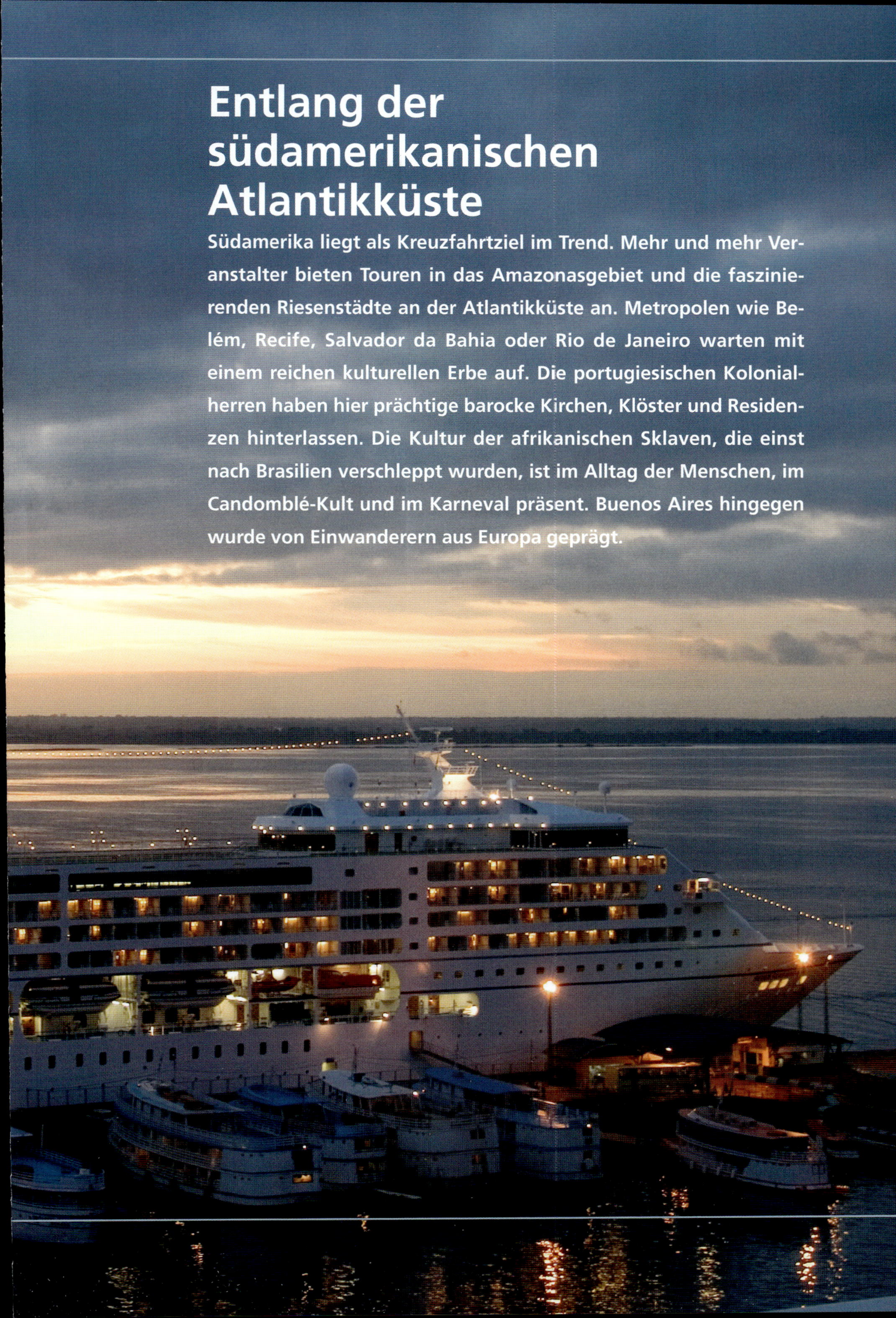

# Manaus, Parintins, Santarém

## Breveskanäle

Einige Kreuzfahrtschiffe bieten Ausflüge durch das weit verzweigte Flusssystem der Breveskanäle (rechts) an. Es verbindet die riesige Amazonasmündung

**Land:** Brasilien
**Einwohner:**
Manaus: 1,8 Mio.
Parintins: 100 000
Santarém: 300 000
**Sprache:** Portugiesisch
**Währung:** Real
**Hauptreisezeit:** Juni bis Oktober
**Zeitzone:** UTC – 4
(Santarém: UTC – 3)

**Viele Veranstalter bieten Karibik- oder Südamerikakreuzfahrten mit Abstechern zum Amazonas an. Aufgrund einer Tiefe von durchschnittlich mehr als 40 m kann der wasserreichste Strom der Erde bis nach Manaus von Ozeanriesen und bis nach Iquitos in Peru von kleineren Hochseeschiffen befahren werden. Mit seinen 10 000 Nebenflüssen, von denen viele länger als der Rhein sind, bildet der Amazonas das größte Flusssystem der Erde. Es umfasst rund 5 Mio. km² und ist größtenteils von tropischem Regenwald bedeckt.**
**Der dichte Dschungel ist ein Experimentierfeld der Evolution und zugleich ein gefährdetes Naturparadies, obwohl bis heute fast jeden Tag eine neue Pflanzen- oder Tiergattung entdeckt wird. Vor allem die fortschreitende Abholzung großer Regenwaldgebiete zerstört den Lebensraum vieler Urwaldbewohner. Die Menschen in der Region setzen deshalb mehr und mehr auf Ökotourismus als wichtige Einnahmequelle. In Häfen entlang des Amazonas bieten lokale Veranstalter geführte Touren.**

**Manaus** Die Hauptstadt des brasilianischen Bundesstaates Amazonas liegt am **Rio Negro** 11km vor der Mündung des Flusses in den **Rio Solimões**, der von da an Amazonas heißt. Nach einer lang andauernden Phase des wirtschaftlichen Niedergangs in der ersten Hälfte des 20. Jh.s hat sich Manaus dank staatlicher Förderprogramme zu einem der wirtschaftlichen Zentren Brasiliens entwickelt. 1957 wurde hier eine Freihandelszone eingerichtet, die viele internationale Unternehmen anlockte. Obwohl Manaus seit 1976 über einen internationalen Flughafen verfügt, ist Porto Flutuante, der Hafen, das unbestrittene Zentrum der Stadt geblieben. Seine schwimmenden Docks passen sich den erheblich schwankenden Wasserständen des Rio Negro an. Sie wurden zwischen 1900 und 1902 gebaut und stehen heute unter Denkmalschutz. Hier legen die traditionellen, mehrstöckigen Amazonasschiffe an.

Für Hochseefrachter und Cruiseliner wurde in den 1960er-Jahren eine neue Anlegestelle eingerichtet. Von hier aus können alle wichtigen Sehenswürdigkeiten zu Fuß erreicht werden. Eine erste wirtschaftliche Blüte erlebte Manaus in der zweiten Hälfte des 19. Jh.s zur Zeit des Kautschukbooms. Der Export des Pflanzenextrakts, der zur Herstellung von Gummi unentbehrlich war, machte die Stadt reich. Der verschwenderische Lebensstil ihrer Bürger war berühmt-berüchtigt. Manaus wurde »Paris der Tropen« genannt. Bedeutendstes architektonisches Zeugnis dieser Zeit und zugleich ihr Symbol ist das Opernhaus **Teatro Amazonas** – ein prunkvoller neoklassizistischer Palast, der ganz aus eigens zu diesem Zweck aus Europa importierten Materialien errichtet wurde.
Gleich gegenüber steht der ehemalige **Justizpalast**, der dem Opernhaus an architektonischer Prachtentfaltung in nichts nachsteht. Der Bau wurde 1894 in Auftrag gegeben und im Jahr 1900 eröffnet.
Die **Markthalle** am Hafen wurde nach dem Pariser Vorbild und Plänen Gustave Eiffels 1883 gestaltet, das dazu benötigte Eisengerüst aus Liverpool importiert. Auch das Baumaterial für das Zollhaus am Hafen, die 1906 errichtete Alfândega, stammt aus England. Mit dem **Museu do Homem do Norte** und dem **Museu Amazônico** verfügt Manaus über zwei interessante Museen, die über die Kultur der indigenen Völker Nordbrasiliens informieren. Das **Museu de Ciências Naturais da Amazônia** lockt mit einer sehenswerten Ausstellung zu Fauna und Flora der Region.
Viele Kreuzfahrtveranstalter bieten Exkursionen in den Regenwald oder Bootsausflüge zum **Encontro das Águas**, dem Zusammenfluss von Rio Negro und dem Rio Solimões, an.

**Parintins** Der kleine Ort liegt rund 450 km östlich von Manaus auf der Insel Tupinambarana und wird von Kreuzfahrtschiffen als Zwischenstation auf ihrem Weg in die Urwaldmetropole angelaufen. Paritins ist durch das hier alljährlich in den letzten Junitagen stattfindende **Bumba-meu-boi-Festival** bekannt geworden. Das karnevaleske Spektakel zieht Menschen aus ganz Brasilien an.
Auch Cruiseliner, die nicht während der Festtage anlegen, werden meistens mit einer Bumba-meu-boi-Show begrüßt.

**Behäbig fließt der Amazonas durch das Tiefland von Anavilhanas.**

**Nostalgische Flussdampfer am Amazonasufer bei Santarém.**

**Santarém** Die drittgrößte Stadt der Region liegt auf halber Strecke zwischen Manaus und Belém an der Mündung des **Rio Tapajós** in den Amazonas. Der Zusammenfluss der beiden gewaltigen

mit dem südlich gelegenen Rio Pará, einer tief ins Land schneidenden Meeresbucht, und trennt die Ilha de Marajó vom Festland ab. Eine Passage durch die Kanäle führt in eine Dschungellandschaft wie aus dem Bilderbuch. Diese »grüne Hölle« bietet trotz aller Gefahren noch vielen Menschen einen Lebensraum. Die Ufer der Breveskanäle werden vielerorts von den Fischerhütten der »Caboclos«, wie die Nachkommen aus indianisch-europäischen Verbindungen in Brasilien auch genannt werden, gesäumt. Kleinere Hochseeschiffe können die Breveskanäle befahren und gelangen so von Belém aus über den Rio Pará in das Amazonasgebiet. Einst gehörte der Rio Pará selbst zum Mündungsbereich des gewaltigsten Stroms der Erde. Durch die stetige Ablagerung von Sedimenten, die der Amazonas auf seinem Weg zum Meer mit sich führt, wurde er von ihm abgetrennt.

Ströme bietet ein spektakuläres Naturschauspiel: Bevor sich die klaren Wasser des Tapajós und die lehmgelben Fluten des Amazonas vermischen, fließen sie etwa 6 km nebeneinanderher. Santarém präsentiert sich als reizvolle Amazonasstadt und verfügt über eine gut entwickelte touristische Infrastruktur mit Bars, Restaurants und interessanten Geschäften.

In der Nähe der Flussmündung wurde eine ⚓ moderne **Kreuzfahrtpier** gebaut. Von hier aus kann man das überschaubare Stadtzentrum zu Fuß oder mit einem Taxi erreichen. Bei einem Bummel entlang der Uferpromenade am Rio Tapajós springen die vielen farbenfrohen Fischerboote ins Auge.

In den Hallen des **Mercado Modelo** wird von Piranhas über Dourados bis zu riesigen Pirarucus alles angeboten, was der Amazonas zu bieten hat. Das 🏛 **Museu de Santarém** informiert anhand von archäologischen Fundstücken über die hoch entwickelte Kultur der Tapajós-Indianer, die bereits vor 8000 Jahren an den Ufern des Flusses siedelten.

32 km den Rio Tapajós hinauf liegt **Vila Alter do Chão**, ein idyllischer kleiner Ort, der sich zu einem beliebten Urlaubsziel in Brasilien entwickelt hat. Ein Bad in dem klaren, warmen Wasser des Flusses ist ein Vergnügen, die hellen, feinen Sandstrände- und bänke locken das ganze Jahr über Sonnenanbeter an. Das 🏛 **Centro de Preservação da Arte Indígena** wartet mit einer bemerkenswerten Sammlung von Artefakten indigener Völker auf.

**Rechts: Oper quasi mitten im Regenwald bot schon im 19. Jahrhundert das Teatro Amazonas in Manaus.**

# Maceió, Recife, Fortaleza, Belém

## Olinda

»O linda …« (»Oh, wie schön …«) rühmten die Portugiesen einst die Lage dieses sich über mehrere Palmenhügel erstreckenden Fleckens am heutigen

**Die Hafenstädte nördlich von Salvador da Bahia sind pulsierende, boomende Wirtschaftsmetropolen und zugleich viel besuchte Urlaubsorte. In ihrer Umgebung finden sich zahlreiche der vielleicht schönsten brasilianischen Badestrände.**
**Obwohl vor der Küste hin und wieder Haie gesichtet werden, geht es hier ganzjährig fast wie an der Copacabana zu. Die historischen Zentren vor allem von Recife und Belém warten zudem mit prachtvollen barocken Kirchen, Klöstern und Palästen aus der Frühzeit der Kolonisation auf.**

**Land:** Brasilien
**Einwohner:**
Maceió: 930 000
Recife: 1,5 Mio.
Fortaleza: 2,5 Mio.
Belém: 1,4 Mio.
**Sprache:** Portugiesisch
**Währung:** Real
**Hauptreisezeit:** Sept. bis Februar (Belém: Juni bis Oktober)
**Zeitzone:** UTC – 3

## Maceió

Nicht zuletzt dank einiger traumhaft schöner, palmenbestandener **Badestrände**, die durch ein Korallenriff vom offenen Ozean abgeschirmt werden, hat sich die Hauptstadt des Bundesstaates Alagoas zu einem beliebten Ferienziel entwickelt. Ausgezeichnete Restaurants, zahlreiche Strandbars sowie ein reges Nachtleben und vielfältige Sportmöglichkeiten haben das Ihre dazu beigetragen, dass Maceió oft das »Miami Brasiliens« genannt wird.
Die Anfänge der Stadt gehen auf das 17. Jh. zurück, als portugiesische Kolonisatoren auf dem Gebiet eine erste Siedlung gründeten und Zuckerrohrpflanzungen anlegten. Maceió entwickelte sich zu einem bedeutenden Handelsplatz und erhielt 1815 Stadtrechte. Bis heute ist es eine Wirtschaftsmetropole geblieben.
Im Zentrum prägen moderne Häuser das Stadtbild. Nur wenige historische Bauten wie die **Kathedrale Nossa Senhora dos Prazeres** aus dem Jahr 1840 oder die **Igreja Bom Jesus dos Martírios** von 1870 sind erhalten.
Allein die 20 km südlich von Maceió gelegene Kleinstadt **Marechal Deodoro**, die einstige Hauptstadt von Alagoas, wartet mit einem sehenswerten Ensemble kolonialzeitlicher Bauten auf. Besonders beeindruckend sind hier der **Convento de São Francisco** aus dem 17. Jh. sowie die **Igreja Nossa Senhora da Conceição** aus dem Jahr 1755. Die Anlegestelle für Kreuzfahrtschiffe befindet sich in der Nähe des Stadtzentrums. Von hier aus kann man Maceiós Traumstrände mit einem Taxi erreichen. Die **Praia de Ponta Verde** wird sehr oft empfohlen und ist 4 km vom Zentrum entfernt. Die **Praia de Pajuçara** wartet mit einer besonderen Attraktion auf: Hier bieten Einheimische Bootstouren zu dem der Küste vorgelagerten Korallenriff an.

## Recife

Die Hauptstadt des Bundesstaates Pernambuco präsentiert sich als historisch gewachsene und zugleich moderne Metropole. In der City wird das Stadtbild zwar von verglasten Hochhausfassaden geprägt, dennoch erinnern zahlreiche barocke und klassizistische Bauten an die wechselvolle Geschichte der Stadt, die 1526 mit der Gründung einer Handelsniederlassung durch portugiesische Kolonisatoren begann. Recife wurde zunächst auf einer Insel an der Mündung dreier Flüsse in den Atlantik errichtet, dehnt sich mittlerweile aber über eine Fläche von 220 $km^2$ entlang der Küste und ins Hinterland aus.

Der historische Kern umfasst die Stadtteile **Santo Antônio**

Olinda ist eine Perle des brasilianischen Barock.

Die Altstadt Olindas ist geprägt von bunt leuchtenden Fassaden.

und **São José** sowie die nördlich davon gelegene **Ilha do Recife**. In dem Straßengewirr finden sich zwischen vielen Hochhausbauten einige architektonische Kostbarkeiten aus der Kolonialzeit. Die Capela Dourada in der **Igreja da Ordem Terceira de São Francisco** etwa ist ein Juwel unter Brasiliens zahllosen barocken Sakralbauten. Das 1697 erbaute Kirchlein ist innen über und über mit vergoldeten Schnitzereien geschmückt. Nicht weniger sehenswert sind die **Basílica Nossa Senhora do Carmo** aus dem 17. und die **Igreja de São Pedro dos Clérigos** aus dem 18. Jh.
In dem Viertel rund um den **Mercado de São José** geht es von früh bis spät geschäftig zu. Innerhalb und außerhalb der 1875 erbauten Markthalle bieten zahllose Verkaufsstände kulinarische Spezialitäten der Region und Kunsthandwerk an. Das **Forte das Cinco Pontas** einige Straßen südlich des Marktes erinnert an die kurze Zeit der holländischen Kolonialherrschaft über Pernambuco. Es wurde 1630 unter Moritz von Nassau, dem Generalgouverneur von Niederländisch-Brasilien, errichtet und beherbergt heute das **Stadtmuseum**.

**Recife Antigo**, der älteste, auf der Ilha do Recife gelegene Teil der Stadt, war lange Zeit dem Verfall preisgegeben. Seit einer

nördlichen Stadtrand von Recife. Nach einem Großbrand wurde das bis dahin holländische Olinda im 17. und 18. Jh. von den Portugiesen fast komplett wieder aufgebaut – heute ist es ein einzigartiges Freilichtmuseum vor allem portugiesischen Kolonialbarocks (seit 1982 UNESCO-Weltkulturerbe), mit schmalen Gässchen, reizvollen Parks und Plätzen, stattlichen Palästen, kleinen Häuschen samt bunten Fassaden und üppigem Dekor sowie nicht weniger als 30 Kirchen und Kapellen. An der höchsten Stelle, dem Alto da Sé – mit wunderbarem Blick über Altstadt und Meer –, thront die Igreja da Sé (links), älteste Kirche der Stadt (1540). Weitere bedeutende Sakralbauten im Stil des Barock oder der Renaissance – mit Azulejos, vergoldeten Schnitzereien oder Fresken – sind das Convento de São Francisco oder das Mosteiro de São Bento und andere Kirchen.

Sanierung in den 1990er-Jahren zählt es zu den vitalsten Vierteln der Metropole und wirkt als Touristenmagnet. In viele der sorgfältig restaurierten, farbenfrohen Gebäude aus allen Epochen der Stadtgeschichte sind hippe Bars und Restaurants eingezogen. In Recife Antigo steht die älteste Synagoge der Neuen Welt. Die **Sinagoga Kahal Zur Israel** wurde zuerst im 17. Jh. gegründet und beherbergt heute ein **Museum**, das über die Geschichte der jüdischen Gemeinde von Recife informiert.

**Boa Viagem** 6 km südlich des Stadtzentrums zählt zu Recifes besseren Wohnvierteln. Dank eines kilometerlangen, feinsandigen Strandes wird es oft **»Copacabana des Nordostens«** genannt. Auch die endlosen Reihen von Luxushotels und Apartmenthäusern erinnern ebenso wie viele edle Bars und Restaurants an Rios Partyzone.

Lohnend ist auch ein Ausflug in das 10 km nördlich gelegene **Olinda**. Die malerische Lage inmitten einer üppig grünen, tropischen Hügellandschaft hat noch jeden Besucher entzückt. Olindas Altstadt gilt als kolonialzeitliches Juwel und steht seit 1982 auf der UNESCO-Welterbeliste. Die 20 Kirchen, elf Kapellen und zahllose Bürgerhäuser sind jedes für sich ein Meisterwerk barocker Architektur. Bis 1837 war Olinda die Hauptstadt Pernambucos, heute sind hier Künstlerateliers und Galerien zu Hause. Gemütliche Bars und Restaurants machen den besonderen Charme aus.

**Fortaleza** Die Hauptstadt des Bundesstaats Ceará präsentiert sich als urbane Millionenmetropole und ist doch ein beliebter Ferienort. Die kilometerlangen feinsandigen Badestrände locken immer mehr sonnenhungrige Urlauber aus aller Welt an. Die südlich der Hafenanlagen beginnende **Praia do Futuro** wird vor allem von Surfern frequentiert. Er ist für seine zahlreichen »barracas«, Imbissbuden, die Seafood und andere Köstlichkeiten anbieten, berühmt. Die beiden Stadtstrände **Praia do Meireles** und **Praia de Iracema** östlich des Hafens werden von großen Hotels sowie vielen Restaurants gesäumt. Das Stadtbild Fortalezas ist von modernen Hochhausbauten geprägt. Sehenswert sind der Jugendstilbau des **Teatro Municipal José de Alencar** und der gleich gegenüberliegende **Mercado Central** mit Kunsthandwerk zu günstigen Preisen. Unweit davon sind im modernen Centro Cultural Dragão do Mar zahlreiche Restaurants, Museen, Kinos und Theater untergebracht. Von Fortalezas Hafen aus können die Strände und das Zentrum mit einem Taxi erreicht werden.

**Belém** Die Hauptstadt des Bundesstaates Pará liegt ca. 120 km vom Atlantik entfernt – an der Bahía do Guajará, einem weit landeinwärts reichenden Buchtensystem, das einst zum Amazonasdelta gehörte und heute noch mit ihm durch natürliche Kanäle verbunden ist.
Seit der Erschließung des riesigen Regenwaldgebiets durch die portugiesischen Kolonisatoren wird Belém, das bereits 1616 gegründet wurde, auch »Tor zum Amazonas« genannt. Von hier aus wurden die natürlichen Schätze Amazoniens nach Europa und in alle Welt verschifft. Eine wirtschaftliche Blütezeit erlebte Belém zur Zeit des Kautschukbooms in der zweiten Hälfte des 19. Jh.s. Noch heute erinnern viele Belle-Époque-Bauten – allen voran das kolossale **Theatro da Paz** an der Praça da República – an den immensen Reichtum, der durch den Export des Pflanzenextrakts erwirtschaftet wurde. Die südlich des Hafens beginnende **Altstadt** glänzt mit Kolonialbauten. Außer einigen sehenswerten Barockkirchen lockt hier besonders das **Forte do Presépio** mit einem ethnologischen Museum. Direkt am Hafen liegt der berühmte **Mercado Ver-o-Peso** mit der viertürmigen Markthalle Mercado de Ferro. 500 m weiter westlich locken die Restaurants und Geschäfte der **Estação das Docas**, in der Avenida Nazaré die neoromanische Basilika mit dem **Museu Paraense Emílio Goeldi**, einem Museum zu Mensch und Natur im Amazonasgebiet.

**Vor der Skyline des benachbarten Recife hebt sich der historische Stadtkern von Olinda ab.**

# Salvador da Bahia

## Candomblé

Salvador da Bahia ist das Zentrum des Candomblé – einer mystischen Religion, die in ihrer heutigen Gestalt aus der Vermischung afrikanischer Kulte und

**Land:** Brasilien
**Einwohner:** 2,7 Mio.
**Sprache:** Portugiesisch
**Währung:** Real
**Hauptreisezeit:** September bis März
**Zeitzone:** UTC – 3

**Nicht nur dank eines reichen kolonialzeitlichen architektonischen Erbes, sondern auch durch die Lebensfreude, Leidenschaft und religiöse Hingabe ihrer Bewohner fasziniert die Hauptstadt des brasilianischen Bundesstaates Bahia Besucher aus aller Welt immer wieder aufs Neue. 80 Prozent aller Baianos stammen von Sklaven ab, die einst aus Afrika in die Neue Welt verschleppt wurden. Sie halten die Kultur ihrer Vorfahren in Musik und Tanz, in Kunst und Religion lebendig. Allerorten ist die Stadt vom Klang afrobrasilianischer Rhythmen erfüllt, an vielen Orten bewegen sich junge Leute im Takt der Berimbau-Musik und üben sich in der Kunst des Capoeira – eines Kampftanzes, der aus Afrika mitgebracht und über die Jahrhunderte weiterentwickelt wurde.**

**Salvador da Bahia liegt an der Spitze einer Halbinsel, die die weite Baía de Todos os Santos (Allerheiligenbucht) vom Atlantik trennt. Die Stadt wurde 1549 gegründet und war bis zur Verlagerung des Gouverneurssitzes nach Rio de Janeiro im Jahr 1763 die Kapitale Brasiliens. Bauhistoriker rühmen ihre Anlage als Musterbeispiel einer systematisch geplanten Kolonialstadt. Das Verwaltungszentrum wurde auf einem 80 m hohen Felsplateau, das einen weiten Blick über die Bucht gestattet, errichtet. Diese Cidade Alta (Oberstadt) mit ihren zahllosen Palästen, Residenzen und Kirchen gilt als Kleinod unter Brasiliens Städten und steht seit 1985 auf der UNESCO-Welterbeliste. Sie ist durch Treppen und seit 1873 durch den Elevador Lacerda mit der Cidade Baixa (Unterstadt) rund um den Hafen verbunden. Heute wie zur Kolonialzeit befindet sich hier das Handels- und Geschäftszentrum. Die Altstadt kann vom Cruiseterminal aus zu Fuß erreicht werden.**

Brasilianischer Barock: die Kirche Nosso Senhor do Bonfim.

**Cidade Baixa** Natürlich kann es Salvadors Unterstadt, was die Zahl und die Pracht der Baudenkmäler anbelangt, nicht mit der Cidade Alta aufnehmen. Dennoch finden sich auch hier einige interessante Sehenswürdigkeiten. Gleich in der Nähe des Kreuzfahrtterminals lockt der **Mercado Modelo**, eine Markthalle, in der Kunsthandwerk aller Art angeboten wird. Das Gebäude wurde 1986 an der Stelle eines abgebrannten Vorgängerbaus aus dem Jahr 1861 errichtet. Im **Solar do Unhão**, einem historischen Lagerhauskomplex im Süden der Un-

christlichen Glaubens entstanden ist. In den Gottheiten des Candomblé, den Orixás, lebt die Götterwelt Westafrikas, die mit den Sklaven nach Brasilien gelangte, fort und geht eine eigentümliche Verbindung mit dem Katholizismus ein. Historiker meinen, dass dieses Fortleben dem Eifer von Missionaren zu verdanken ist, die in dem Versuch, die aus Afrika verschleppten Menschen zum christlichen Glauben zu bekehren, ständig Vergleiche zwischen den Orixás und christlichen Heiligen anstellten. Unter dem Vorwand der Heiligenverehrung sollen sie den Spieß umgedreht und weiter ihren alten Göttern gehuldigt haben. Bis in die 1970er-Jahre war die Praktizierung des Candomblé offiziell untersagt. Heute bekennen sich immer mehr Menschen im In- und Ausland zu ihrem Kult. Im Rahmen geführter Touren ist eine Teilnahme an Tranceritualen möglich (links).

terstadt, in dem während der Kolonialzeit Zucker verladen wurde, ist heute das **Museu de Arte Moderna** untergebracht. Die berühmteste **Wallfahrtskirche Salvadors** befindet sich einige Kilometer nördlich des Mercado Modelo. Die **Igreja de Nosso Senhor do Bonfim** gilt nicht nur als Juwel der brasilianischen Barockarchitektur, sondern hat auch eine enorme religiöse Bedeutung. Hier wird Jesus Christus in Gestalt des Oxalá, der höchsten Gottheit der Candomblé-Religion, verehrt.

**Cidade Alta** Mit seiner kolonialzeitlichen Oberstadt verfügt Salvador da Bahia über das größte zusammenhängende Ensemble barocker Bauten in ganz Südamerika. Lange Zeit war es dem Verfall preisgegeben. Nach den zu Beginn der 1990er-Jahre eingeleiteten umfänglichen Restaurierungsarbeiten erstrahlt es heute in neuem Glanz. Nicht nur die verschwenderisch ausgestatteten Kirchen, Klöster und Paläste, sondern auch die in hellen Pastelltönen leuchtenden Stadthäuser sind eine Augenweide. Das Herz der Cidade Alta schlägt rund um den **Largo do Pelourinho**, den einstigen Sklavenmarkt.

Im Zuge der Stadtsanierung hat sich das Viertel, das noch in den 1980er-Jahren aufgrund der hohen Kriminalitätsrate eine No-go-Area war, zu einem Treffpunkt von Touristen aus aller Welt entwickelt. Hier geht es ganzjährig lebhaft und geschäftig zu. Souvenirläden, stimmungsvolle Musikkneipen, Straßencafés und Restaurants, die Spezialitäten der afrobrasilianischen Küche anbieten, stehen hier dicht nebeneinander. Allerorten sorgen Straßenmusikanten und Theatergruppen für eine beschwingte Atmosphäre.

Von den vielen schmucken Kirchen in der Oberstadt ist die **Catedral Basílica** sicherlich die bedeutendste. Das Gotteshaus, dessen Anfänge auf ein 1672 gegründetes Jesuitenkolleg zurückgehen, zählt zu den schönsten Sakralbauten Brasiliens und besticht durch eine vergoldete Kassettendecke im Innern sowie durch seine kunstvoll mit floralen Ornamenten geschmückte Sakristei.

Fast ein Muss für jeden Salvador-Besucher ist eine Besichtigung der **Igreja e Convento de São Francisco**. Das Innere der in der ersten Hälfte des 18. Jh.s errichteten Kirche ist über und über mit vergoldeten Schnitzereien geschmückt. Vergleichsweise schlicht wirkt dagegen die **Igreja Nossa Senhora do Rosário dos Pretos** im Norden des Largo do Pelourinho. Das Gotteshaus wurde im 18. Jh. von Sklaven für Sklaven erbaut.

Zwei der bedeutendsten Museen der Cidade Alta sind in der ehemaligen medizinischen Fakultät untergebracht: Das **Museu Afro-Brasileiro** ist der Kultur der Afrobrasilianer, das **Museu de Arqueologia e Etnologia** der indigenen Bevölkerung Brasiliens gewidmet. Man kann die Oberstadt vom Kreuzfahrthafen aus über den Elevador Lacerda, der sich ganz in der Nähe des Mercado Modelo befindet, erreichen.

**Barra** Der Stadtteil liegt direkt am Meer südlich der Innenstadt von Salvador und ist für Einheimische wie auch Besucher ein beliebtes Ausflugsziel. Die Strände um die Festung **Santo Antônio da Barra** mit dem ältesten **Leuchtturm** Südamerikas, dem **Farol da Barra**, sind viel besucht. In der Festung ist ein **Schifffahrtsmuseum** untergebracht. Weniger frequentiert werden die Strände an der Atlantikküste; die **Praia de Itapuã** und die **Praia do Flamengo** zählen dennoch zu den schönsten in ganz Brasilien.

**Große Bilder von links: Blick auf den Kreuzfahrthafen mit dem Elevador Lacerda; die Barockkirche São Francisco mit üppigen Goldverzierungen.**

**Pelourinho liegt in der Cidade Alta um die Praça José de Alencar. Die belebten Gassen sind gesäumt von pastellfarbenen Häuserreihen, Kirchen, Klöstern, Cafés, Bars, Restaurants und Kleinkunstmärkten.**

Die Rua Maciel de Cima im Viertel Pelourinho (links) ist seit 1990 Teil des UNESCO-Weltkulturerbes und touristische Attraktion. In dem restaurierten Viertel ist die Künstler- und Musikszene zu Hause.

# Búzios, Vitória, Ilhéus

## Atlantische Wälder Brasiliens

Kaum bekannt ist, dass sich entlang fast der gesamten Ostküste Brasiliens ein ähnlich fragiles

**Land:** Brasilien
**Einwohner:**
Búzios: 27 000
Vitória: 330 000
Ilhéus: 220 000
**Sprache:** Portugiesisch
**Währung:** Real
**Hauptreisezeit:** September bis März
**Zeitzone:** UTC – 3

**Die Häfen von Vitória und Ilhéus an dem zwischen Rio de Janeiro und Salvador da Bahia gelegenen Abschnitt der brasilianischen Atlantikküste liegen etwas abseits der großen Touristenströme und werden von Kreuzfahrtschiffen vergleichsweise selten angelaufen. Sie locken weniger durch historische Sehenswürdigkeiten als durch ihre malerische Umgebung und die Herzlichkeit ihrer Bewohner. Der mondäne Badeort Búzios hingegen hat sich wohl nicht zuletzt dank seiner Nähe zu Rio de Janeiro zu einem beliebten Kreuzfahrtziel entwickelt und wird sogar als Ausgangs- bzw. Endpunkt für Touren entlang der südamerikanischen Atlantikküste genutzt.**

**Búzios** Seit Brigitte Bardot den auf einer schmalen Halbinsel 180 km nordöstlich von Rio gelegenen, malerischen kleinen Ort Anfang der 1960er-Jahre für sich entdeckte, hat er sich zu einem mondänen Seebad entwickelt. Im Gefolge der berühmten Schauspielerin fiel zunächst der internationale Jetset in Búzios ein und verwandelte es in das St. -Tropez Brasiliens. Heute ziehen die vielen herrlichen Badestrände rund um die Halbinsel sowie das mediterrane Flair des Städtchens vor allem Angehörige der brasilianischen Mittel- und Oberschicht an. Fast das ganze Jahr über herrscht hier Hochbetrieb. Dank strenger Bauvorschriften hat Búzios viel von seinem ländlichen Charme bewahrt. Kein Gebäude darf höher als zwei Stockwerke sein und muss sich architektonisch in die Umgebung einfügen. Bis auf wenige Ausnahmen bieten deshalb nur kleine Gasthöfe und Pensionen Unterkünfte an. Nichtsdestotrotz kann Búzios seinen Gästen alle Annehmlichkeiten eines mondänen Badeortes bieten: Im alten Ortskern finden sich zahlreiche erstklassige Restaurants, hippe Bars und teure Geschäfte. Die Kreuzfahrtschiffe ankern vor der Küste und bringen ihre Passagiere mit Tenderbooten an Land. Die Anlegestelle befindet sich direkt an der Uferpromenade, die unzählige Einkaufsmöglichkeiten bietet. Búzios berühmte Badestrände können von hier aus zu Fuß oder mit einem Taxi leicht erreicht werden.

**Vitória** Die Hauptstadt des brasilianischen Bundesstaates Espírito Santo wird von Kreuzfahrtschiffen als Zwischenstation auf dem Weg zu den großen Metropolen Rio de Janeiro und Salvador da Bahia angelaufen. Der Reiz Vitórias erschließt sich dem Besucher nicht unmittelbar. Die Stadt ist ein wichtiger brasilianischer Industriestandort und von gleich drei bedeutenden Handelshäfen geprägt. Nur wenige Sehenswürdigkeiten im überschaubaren Zentrum auf der Ilha de Vitória zeugen von einer langen und wechselvollen Geschichte. Aus der Zeit der Stadtgründung in der Mitte des 16. Jh.s ist der **Pálacio Anchieta** erhalten. Das ehemalige Jesuitenkolleg beherbergt das Grab des berühmten Missionars José de Anchieta, der als »Apostel Brasiliens« verehrt wird, und ist Sitz der Regierung Espírito Santos. Sehenswert sind außerdem die **Igreja Santa Luzia**, das älteste erhaltene Gebäude der Stadt, sowie die barocke **Igreja do Rosário** aus dem Jahr 1765. Das der Mailänder Scala nachempfundene **Teatro Carlos Gomes** und die neugotische **Catedral Metropolitana** stammen aus den 20er-Jahren des letzten Jahrhunderts.

Noch älter und größer als Vitória ist die 10 km weiter südlich auf dem Festland gelegene Stadt **Vila Velha**, die aus der ersten europäischen Siedlung in dem Gebiet hervorgegangen ist. Sie wurde bereits 1535 von portugiesischen Kolonisten angelegt, musste aber nach einem Indianerüberfall schon kurze Zeit später wieder aufgegeben werden. Die Siedler flohen auf eine der Küste vorgelagerte Insel und gründeten ihr Dorf dort neu. Nach dem endgültigen Sieg über die Indianer wurde es in Vitória umbenannt. In Vila

**Die berühmte, nach der französischen Diva benannte Orla Bardot, Strandpromenade von Búzios.**

**Die Praia Azeda gehört zu den schönsten Stränden des Nobelbadeorts Búzios.**

Ökosystem wie am Amazonas erstreckt: die Mata Atlântica – die Atlantischen Wälder (links). Es reicht über die Küstenebenen bis in das Brasilianische Hochland hinein und umfasst auch subtropische Gebiete – und ist deshalb viel artenreicher als sein Pendant in Amazonien. Teils wachsen hier bis zu 500 Baumarten pro Hektar, besonders zahlreich sind Bromelien, Orchideen, Vögel, Reptilien und Insekten. Das dort vorkommende Brasilholz wurde zum Namensgeber des gesamten Landes. Leider wurden von den einst ca. 1 Mio. $km^2$ Fläche Regenwald rund 95 Prozent für Zuckerrohr-, Kaffee-, Eukalyptusbaumplantagen und zur Besiedelung gerodet. Zwei größere Areale – die Regenwälder der Costa do Descobrimento in Bahia und Espírito Santo sowie die Südöstlichen Wälder in São Paulo und Paraná – sind heute als UNESCO-Weltnaturerbe geschützt.

Velha erinnert der **Convento da Penha** an diese frühe Zeit der Besiedlung. Das Kloster wurde in der Mitte des 16. Jh.s auf einem 154 m hohen Felsen angelegt und lohnt schon allein wegen der grandiosen Aussicht über die Bucht von Vitória einen Besuch.

**Ilhéus** Die ruhige Hafenstadt im Süden des Bundesstaates Bahia wurde vor allem durch Jorge Amado über die Grenzen Brasiliens hinaus bekannt. Der berühmte Schriftsteller machte sie zum Schauplatz des Romans »Gabriela wie Zimt und Nelken« und hat ihr dadurch ein Denkmal gesetzt. Ihm zu Ehren wurde deshalb im Haus seiner Eltern die **Casa de Cultura Jorge Amado** eingerichtet – ein unbedingtes Muss für alle Fans des Dichters.

Obwohl die Anfänge von Ilhéus bis in das 17. Jh. zurückreichen, gelangte es erst gegen Ende des 19 Jh.s durch den Kakaoboom zu einer ersten wirtschaftlichen Blüte. Einige repräsentative Bauten wie der zwischen 1898 und 1907 errichtete **Palácio do Paranaguá** erinnern daran. Die pompöse **Catedral de São Sebastião**, die die Baustile verschiedener Epochen in sich vereinigt, wurde allerdings erst 1931 begonnen und 1967 fertiggestellt. Die **Igreja de São Jorge** stammt aus der Kolonialzeit und wartet mit einem sehenswerten **Museum für sakrale Kunst** auf. Im Süden an der Straße nach Canavieiras liegen schöne Strände: Cururupe, Batuba und Olivença.

**Die Basilika San Marino von Ilhéus ist ein einzigartiger Mix aus verschiedenen Baustilen – die Freitreppe und das Säulenportal betonen den majestätischen Charakter (rechts).**

# Rio de Janeiro

## Karneval

Es ist das Ereignis schlechthin, das die meisten Besucher nach Rio lockt, und die Sensation, wofür die Stadt am Zuckerhut am berühmtesten ist: Die Rede ist

**Land:** Brasilien
**Einwohner:** 6,3 Mio.
**Sprache:** Portugiesisch
**Währung:** Real
**Hauptreisezeit:** September bis April
**Zeitzone:** UTC – 3

**Trotz einer hohen Kriminalitätsrate und ungelöster sozialer Probleme ist die brasilianische Metropole ein Sehnsuchtsziel von Menschen aus aller Welt. Seit den Tagen des portugiesischen Seefahrers André Gonçalves, der 1503 als erster Europäer in der Nähe des Zuckerhuts an Land ging, wird die unvergleichliche landschaftliche Schönheit des Küstenstrichs, an dem sich heute Rio de Janeiro erstreckt, gerühmt. Immer noch geraten Reisende und Schriftsteller angesichts der Stadt und ihrer vielen malerischen, von dicht bewaldeten Hügelketten umgebenen Meeresbuchten ins Schwärmen.**
**Rio liegt an der südbrasilianischen Atlantikküste und wird im Osten durch die nur durch eine Meerenge mit dem offenen Ozean verbundene Baía de Guanabara begrenzt. Die Stadt ist durch Ausläufer der Serra do Mar, eines über 1500 km parallel zur Küste verlaufenden Gebirgszugs im Hinterland von Rio, in zwei Teile getrennt. Im Norden befinden sich die großen Industriegebiete und Arbeiterviertel sowie das geschäftige historische Zentrum der Millionenmetropole.**
**Die Zona Sul entlang der Atlantikküste hingegen ist Rückzugsgebiet der Ober- und Mittelschicht. Hier liegen die Bezirke Copacabana und Ipanema mit ihren berühmten Badestränden. Nicht nur zur Karnevalszeit ist Rio eine pulsierende, bei Tag und bei Nacht vibrierende Metropole. Das ganze Jahr über herrscht hier überschäumende Lebensfreude. Die Cariocas, wie die Bewohner von Rio genannt werden, haben die Rhythmen der Samba-Musik mit der Muttermilch aufgesogen. Ihre Herzlichkeit und Freundlichkeit sind sprichwörtlich. Die Kreuzfahrtschiffe legen in Rios Handelshafen an der Baía de Guanabara an und passieren vor der Einfahrt den berühmten Zuckerhut, der den Eingang der Bucht bewacht.**

**Centro** Das geschäftliche und historische Zentrum Rio de Janeiros beginnt gleich hinter der Anlegestelle für Kreuzfahrtschiffe, der ⚓ **Pier Mauá**, und lässt sich zu Fuß wohl am besten erkunden. Die Stadt präsentiert sich hier als faszinierender Mix aus Tradition und Moderne, aus kolonialzeitlicher, klassizistischer und zeitgenössischer Architektur. In dem Meer aus funktionalen Bürohaustürmen tauchen immer wieder Relikte aus Rios reicher Geschichte auf.

Einige der prächtigen Sakralbauten in der City wie der Komplex des **Mosteiro e Igreja do São Bento**, die **Igreja Nossa Senhora da Candelária** oder die **Igreja da Ordem Terceira do Monte do Carmo** stammen aus der Zeit der portugiesischen Kolonialherrschaft. In dem Prachtbau des **Paço Imperial** an der **Praça 15 de Novembro** residierten bis zur Ausrufung der Republik im Jahre 1889 die brasilianischen Kaiser und ihre Familien. Heute ist in ihm ein Kulturzentrum untergebracht. Gleich hinter dem kaiserlichen Stadtpalast zieht der 1926 errichtete **Palácio Tiradentes** alle Blicke auf sich. Der klassizistische Prunkbau war bis zur Verlegung der Hauptstadt nach Brasília Sitz des nationalen Parlaments.

Die Pariser Opéra Garnier soll Vorbild für das prachtvolle, 1909 errichtete **Teatro Municipal** gewesen sein. Der Palast steht an der **Praça Floriano**, an der das eigentliche Herz des modernen Rio schlägt, und dient auch heute als Konzert- und Opernhaus.
Ein Kleinod der zeitgenössischen brasilianischen Architektur ist die **Catedral Metropolitana**, die 1976 eingeweiht wurde. Der kegelförmige Glaspalast bietet 20 000 Gläubigen Platz und beeindruckt durch seine vier je 60 m hohen, mit schönen Glasmalereien dekorierten Fenster.

Das berühmteste Wahrzeichen Rios – der **Zuckerhut** – ragt auf der Halbinsel Urca am Eingang der Baía de Guanabara 396 m hoch empor. An einer Fahrt mit der Seilbahn zur Aussichtsplattform auf der Spitze des fast kahlen Granitfelsens kommt kein Rio-Besucher vorbei. Der Blick auf die Stadt, die Guanabara-Bucht und die Strände an der Atlantikküste ist atemberaubend. Die Seilbahn bewältigt die Strecke zwischen der Talstation und dem Gipfel des

vom Karneval. Das eigentliche Fest sind lediglich die vier Tage und Nächte vor Aschermittwoch – obwohl die Karnevalsaison schon Neujahr beginnt. Doch bereits das ganze Jahr über wird darauf hingearbeitet, und für manche ist die Teilnahme daran der Höhepunkt des Lebens. Die portugiesischen Kolonialherren brachten das Fest nach Südamerika, hinzu kam der Samba afrikanischen Ursprungs, und heraus kam die größte, schönste und sinnenfroheste Party des Erdballs (beide Bilder links). Höhepunkt sind die Umzüge der Sambaschulen. Tausende von Tänzern und Trommlern bewegen sich im Sambarhythmus durch die Straßen, etwa 20 000 von ihnen ziehen durch das extra für sie erbaute Sambódromo, eine 600 m lange offene Arena an der Straße Marquês de Sapucaí mit Tribünen für über 60 000 Zuschauer und vielen VIP-Logen für die Ehrengäste.

Cristo Redentor – die weltberühmte Jesusstatue breitet über der Stadt ihre Arme aus.

Bergs in zwei Etappen und benötigt für eine einfache Fahrt etwa 20 min.

**Corcovado mit Tijuca-Nationalpark** Seit nunmehr 80 Jahren breitet der **Cristo Redentor** auf dem 706 m hohen Corcovado seine 28 m langen Arme über Rio de Janeiro aus. Die einschließlich des Sockels 38 m hohe Statue steht dem Zuckerhut an Berühmtheit in nichts nach und zieht alljährlich Abertausende Touristen an. Eine Zahnradbahn bringt die Pilger auf den Berg hinauf. Der Corcovado liegt auf dem Gebiet des 40 km² großen **Tijuca-Nationalparks**, der als grüne Lunge Rios gilt. Große Flächen des Areals sind von Atlantischem Regenwald bedeckt. Sie sind im Zuge systematischer Wiederaufforstung, die bereits unter Kaiser Pedro II (reg. 1831–1889) betrieben wurde, entstanden und gehören heute zum UNESCO-Biosphärenreservat Mata Atlântica.

Rios im Südwesten des Nationalparks gelegener **Botanischer Garten** ist der größte und schönste in ganz Südamerika. Er wurde 1808 auf Initiative des portugiesischen Königs João VI., der nach dem Einfall Napoleons in Portugal nach Brasilien flüchten musste, angelegt und beherbergt heute über 8000 Pflanzenarten. Hauptattraktionen sind die berühmte Königspalmenallee und das neue Museu do Meio Ambiente, das über Umweltzerstörung und Umweltschutz informiert.

**Copacabana** Der wohl berühmteste Badestrand des Planeten erstreckt sich über 4,5 km entlang der Atlantikküste und kann von der Kreuzfahrtpier mit dem Taxi in 20 min. erreicht werden. Bilder des breiten, mit bunten Sonnenschirmen übersäten Sandstreifens und der dahinter liegenden, von einer schier endlosen Reihe von Hotelbauten gesäumten Uferpromenade kennt alle Welt. Allein die Magie des Namens »Copacabana« lockt alljährlich Millionen von Touristen an. Auch bei den Einwohnern Rios – den **Cariocas** – aus allen Bevölkerungsschichten ist der Strand äußerst beliebt. Das ganze Jahr wird er von Menschen in Partylaune bevölkert. Aufgrund der Strömungsverhältnisse ist das Baden nicht immer ungefährlich. Auch vor Taschendieben und Jugendbanden, die gezielt Touristen ausrauben, wird gewarnt.

**Ipanema** Das westlich der Copacabana gelegene Stadtviertel, das durch den Bossa-nova-Song »Garota de Ipanema« von Antônio Carlos Jobim weltbekannt wurde, zählt zweifelsfrei zu den besseren Wohngegenden Rios. Der helle, kilometerlange Sandstrand ist ein Treffpunkt der Jeunesse dorée. Die Geschäfte und Restaurants sind gut und teuer. Man kann Ipanema vom Kreuzfahrtterminal mit dem Taxi in 30 min. erreichen.

**Großes Bild oben: Panoramablick über die Hügel Rio de Janeiros bis zum Zuckerhut.**

Rio liegt an der Küste zwischen bezaubernden Hügeln und Meeresbuchten. Die Strände und die Sehenswürdigkeiten liegen allesamt im Süden der Stadt wie hier an der Botafogo Bay (unten).

Am frühen Morgen ist es am Strand von Botafogo noch ruhig. Der Blick schweift über die glatte Wasseroberfläche hinüber zum Pão de Açúcar, dem berühmten Zuckerhut (links).

# Santos, Ilhabela, Paraty

## São Paulo

Der Hafen von Santos bietet sich als Ausgangspunkt für Tagesausflüge in das nahe gelegene São Paulo an. Die über 11 Mio. Einwohner zählende Metropole ist die größte Stadt Südamerikas und zählt zu den rasant wachsenden Megacitys des Planeten (rechts). Das Herz der brasilianischen Wirtschaft schlägt hier. Zahlreiche internationale Konzerne haben sich in São Paulo erfolgreich etabliert. Für viele scheint die Stadt nichts als ein lauter, schmutziger Moloch zu sein, andere schlägt sie – trotz der großen Umweltverschmutzung und der gravierenden sozialen Probleme – immer wieder

**Land:** Brasilien
**Einwohner:**
Santos: 420 000
Ilhabela: 28 000
Paraty: 37 000
**Sprache:** Portugiesisch
**Währung:** Real
**Hauptreisezeit:** September bis April
**Zeitzone:** UTC – 3

**Die brasilianische Küste südlich von Rio de Janeiro wartet mit einsamen Buchten und viel unberührter Natur im gebirgigen Hinterland auf. Trotz der Abholzungen sind große Gebiete mit atlantischem Regenwald bedeckt.**
**Die wichtigsten Kreuzfahrtziele in der Region sind in Brasilien allseits bekannte Badeorte: Die zum großen Teil unter Naturschutz stehende Ilhabela lockt mit vielen reizvollen Badebuchten. Auch Guarujá auf der Ilha de Santo Amaro in der Nähe der geschäftigen Hafenstadt Santos ist ein Urlaubsparadies mit kilometerlangen Traumstränden und einer hoch entwickelten touristischen Infrastruktur.**

**Santos** Die 72 km südöstlich von São Paulo gelegene Stadt beherbergt nicht nur den größten Handelshafen Südamerikas, sondern ist auch ein wichtiges Drehkreuz für Kreuzfahrten in der Region. An manchen Tagen liegen am Concais Passenger Terminal ein halbes Dutzend Cruiseliner gleichzeitig von Anker. Die meisten Veranstalter bieten ihren Gästen Ausflüge nach **São Paulo**, in den Badeort **Guarujá** auf der **Ilha da Santo Amaro** oder in die malerische Umgebung der Stadt an. Aber auch **Santos** selbst hat seinen Besuchern einiges zu bieten.

Nach Jahrzehnten des Verfalls wurden einige prachtvolle Paläste im historischen Zentrum restauriert. Heute präsentiert sich die Altstadt wieder als sehenswertes Ensemble aus barocken und neugotischen Bauten. Eine reaktivierte Straßenbahn aus den 1920er-Jahren bietet Stadtrundfahrten an.

Hauptattraktion von Santos dürfte der prunkvolle **Palácio da Bolsa Oficial do Café** aus dem Jahr 1920 sein. In der ehemaligen Kaffeebörse informiert heute ein **Museum** über den **Anbau von Kaffee** in der Region, der um das Jahr 1850 einen ersten wirtschaftlichen Boom auslöste.
Nicht weniger sehenswert als die Kaffeebörse sind die Klosteranlage **Igreja da Ordem Terceira**, deren heute sichtbare Bauten aus dem 18. Jh. stammen, sowie das sehenswerte **Mosteiro de São Bento** aus dem 17. Jh.

An den Stränden von Santos geht es ähnlich bunt und turbulent wie an Rios Copacabana zu. Der Badeort **Guarujá** auf er **Ilha da Santo Amaro** hat sich zu einem beliebten Wochenend- und Ferienziel für die wohlhabende Mittel- und Oberschicht der Metropolregion São Paulo entwickelt. Die kilometerlangen Sandstrände sind makellos weiß und sauber. Hier stehen exklusive Apartmenthäuser und Sommerresidenzen dicht an dicht.

**Ilhabela** Der offizielle Name dieser ca. 200 km nördlich von Santos und nur durch eine schmale Meerenge vom Festland getrennten Insel lautet »Ilha de São Sebastião« und geht auf Amerigo Vespucci, der sie 1502 entdeckte, zurück. Dass sie dennoch unter der Bezeichnung »Schöne Insel« bekannt wurde, verdankt sie einer immer noch unberührten, para-

aufs Neue in ihren Bann. São Paulo ist ein Schmelztiegel der Kulturen und wird deshalb oft mit New York City verglichen. Einwanderer aus Japan und China sowie aus Spanien, Italien und Portugal haben die Stadt

geprägt. Hunderte von Theatern, Kinos und zahlreiche Museen werben um Publikum. São Paulo ist auch ein Dorado für Feinschmecker und bietet erstklassige Restaurants mit internationalen Kulinaria.

**In Paraty scheint die Zeit stehen geblieben zu sein.**

diesischen Natur. Die Ilhabela ist vulkanischen Ursprungs. Sanft ansteigende, mit atlantischem Regenwald bedeckte Gebirgszüge bestimmen das Landschaftsbild. 85 Prozent der Insel stehen unter Naturschutz und sind als UNESCO-Biosphärenreservat ausgewiesen. Die mehr als 50 **Strände** rund um die Insel könnten unterschiedlicher nicht sein. Die verträumten, einsamen Badebuchten an der Süd- und Ostküste können nur mit dem Boot erreicht werden. Die dem Festland zugewandten Strände nördlich und südlich der Inselhauptstadt Ilhabela hingegen wurden von begüterten Paulistas als Urlaubsziel entdeckt und sind immer gut besucht. Die Kreuzfahrtschiffe gehen hier vor Anker. Die Passagiere werden mit Tenderbooten an Land gebracht. Das Angebot an Freizeitaktivitäten ist vielseitig und reicht von geführten Exkursionen in die Regenwaldgebiete über Bootsausflüge bis zu Wracktauchen.

**Paraty** Nicht zuletzt dank seiner atemberaubend schönen Lage an der Costa Verde und einer intakten kolonialzeitlichen Altstadt gilt der idyllische kleine Ort 260 km südwestlich von Rio als Juwel unter Brasiliens Küstenstädten. In der ersten Hälfte des 18. Jh.s war Paraty eine blühende und reiche Hafenstadt. Von hier aus wurde das Gold, das in den Bergwerken von Minas Gerais abgebaut wurde, nach Portugal verschifft. Nach der Unabhängigkeit Brasiliens 1822 versank die Stadt in einen langen Dornröschenschlaf. Erst mit dem Bau einer Küstenstraße von Rio nach Santos in den 1950er-Jahren wurde sie wiederentdeckt. Die schmucken, kolonialzeitlichen Häuser wurden restauriert und unter Denkmalschutz gestellt. Heute sind in ihnen Hotels, Galerien und Souvenirläden untergebracht. Paraty ist zu einer Touristenattraktion geworden.

In den Sommermonaten wird die autofreie Altstadt, die seit 2004 auf der UNESCO-Welterbeliste steht, von Urlaubern aus aller Welt bevölkert. In dem malerischen Hafenbecken können nur kleinere Boote anlegen. Die großen Kreuzfahrtschiffe ankern deshalb vor der Küste und lassen ihre Passagiere mit Tenderbooten an Land bringen.

**Großes Bild oben: Paraty ist ein Juwel unter den Küstenstädten unweit von Rio de Janeiro. Hier herrscht noch himmlische Ruhe wie anno dazumal.**

# Montevideo, Punta del Este

## Colonia del Sacramento

Colonia del Sacramento, 1680 von den Portugiesen gegründet, ist die älteste europäische Siedlung auf dem Gebiet des heutigen Uruguay. Ihre strategisch günstige Lage in der Bucht des Río de la Plata führte zu ständigen Territorialstreitigkeiten zwischen Spaniern und Portugiesen, zu Belagerungen und Zerstörungen der Stadt. Erst 1828, mit der Gründung der unabhän-

**Land:** Uruguay
**Einwohner:**
Montevideo: 1,3 Mio.
Punta del Este: 20 000
**Sprache:** Spanisch
**Währung:** Uruguayischer Peso
**Hauptreisezeit:** Dezember bis März
**Zeitzone:** UTC – 3

**Noch liegt Uruguay ein wenig abseits der großen Touristenströme, und doch wird es als Reiseziel auch für Urlauber aus Europa immer interessanter. Den Hafen von Montevideo steuern jedes Jahr mehr Kreuzfahrtschiffe an. Die uruguayische Hauptstadt, in der fast die Hälfte der rund 3,5 Mio. Einwohner des Landes lebt, gilt als Geheimtipp für Fans der Belle-Époque-Architektur. Zahlreiche neoklassizistische und Art-déco-Bauten zeugen von dem allgemeinen Wohlstand, der in Uruguay dank einer florierenden Viehwirtschaft und einem funktionierenden Sozialstaat bereits zu Beginn des 20. Jh.s herrschte. Trotz Wirtschaftskrise und großer sozialer Unruhen, die der Preisverfall bei Agrarprodukten in den 1960er-Jahren auslöste, führt Uruguay die Liste der lateinamerikanischen Länder mit der höchsten Lebensqualität an.**
**Der mondäne Badeort Punta del Este an der Mündung des Río de la Plata in den Atlantik ist seit Langem Treffpunkt des internationalen Jetsets. Zwischen 1973 und 1985 wurde das Land von Militärs regiert. Mit der Wahl Julio María Sanguinettis zum Präsidenten kehrte die Demokratie zurück.**

⚓ **Montevideo** In der Hauptstadt Uruguays geht es weitaus beschaulicher als in anderen südamerikanischen Metropolen zu. Die Hektik von Buenos Aires, das 220 km entfernt auf der anderen Seite des Río de la Plata liegt und mit Montevideo durch regelmäßig verkehrende Fähren verbunden ist, fehlt hier. Die Bewohner gelten als zurückhaltend, aber dennoch locker und lässig. Fast alles in Montevideo strahlt den Charme vergangener Zeiten aus. Selbst die Autos stammen aus dem letzten Jahrhundert. Der Hafen mit der Anlegestelle für Kreuzfahrtschiffe liegt im Süden der Bucht von Montevideo. Hier lockt der **Mercado del Puerto** Einheimische wie Touristen an. An den Ständen in und um die 1868 eröffnete Markthalle werden fangfrischer Fisch, Fleisch und Gemüse verkauft. Zahlreiche Restaurants und Imbissstände bieten Spezialitäten der uruguayischen Küche an. Von hier bis in die Altstadt benötigt man nur wenige Gehminuten, auch das Zentrum lässt sich zu Fuß oder mit einem Taxi schnell erreichen.

**Das Teatro Solís in Montevideo scheint der Antike entliehen.**

Die **Ciudad Vieja** präsentiert sich als Gewirr enger Kopfsteinpflasterstraßen und pittoresker Gassen. Ihre Anfänge gehen auf eine Festung zurück, die spanische Kolonisatoren hier 1726 zum Schutz gegen die Portugiesen errichteten. Da sie auf Veranlassung des Vertreters der spanischen Krone in Buenos Aires keine beständigen Baumaterialien, sondern nur Lehmziegel verwenden durften, sind

gigen Republik Uruguay, endete der Streit der Kolonialmächte. Die schmucke Altstadt mit ihren ruhigen Plätzen und viel Grün ist im Gegensatz zu den meisten spanischen und portugiesischen Kolonialstädten ist ihr Grundriss jedoch nicht im Schachbrettmuster angelegt, sondern richtet sich nach dem Gelände aus. Beeindruckend ist auch die schlichte Eleganz der Basilika Matriz del Santísimo Sacramento (links) in strahlendem Weiß.

keine Baudenkmäler aus dieser Frühzeit Montevideos erhalten. Die meisten Gebäude in der Altstadt stammen aus dem ausgehenden 19. Jh. oder dem beginnenden 20. Jh. Einzig die zwischen 1790 und 1804 errichtete **Kathedrale** und der **Cabildo**, das alte **Rathaus**, in dem heute das **Museo Histórico** untergebracht ist, erinnern an die Kolonialzeit. Als hervorragendes Beispiel neoklassizistischer Architektur gilt der **Palacio Taranco**. Er wurde zwischen 1908 und 1910 von den Architekten Charles Girault und Jules Chifflot für die Familie Taranco errichtet und beherbergt heute das **Museo de Artes Decorativas**. Ein Muss für jeden Montevideo-Besucher.
Nicht weniger sehenswert als der Palacio Taranco ist das monumentale, klassizistische **Teatro Solís**, das 1842–1856 errichtet wurde und zu den größten Theatern Südamerikas zählt.

Die Ciudad Vieja liegt auf einer kleinen Landzunge und ist nach drei Seiten vom Río de la Plata umgeben. Ihr östliches Ende wird durch einen Torbogen, das einzig erhaltene Relikt der alten Stadtbefestigung, markiert. Dahinter beginnt das moderne Montevideo mit der weiten, begrünten und palmenbestandenen **Plaza Independencia**, dem Hauptplatz der Metropole. Hier springt sofort der 26 Stockwerke umfassende, zinnenbewehrte Turm des **Palacio Salvo** ins Auge. Der 1928 errichtete Palast gilt als herausragendes Beispiel südamerikanischer Art-déco-Architektur und zählte lange Zeit zu den höchsten Gebäuden des Kontinents.
Der **Palacio Estévez** an der Südseite des Platzes wurde 1880 errichtet und war zwischen 1890 und 1985 Amtssitz der Präsidenten Uruguays. Die Mitte des Platzes nimmt ein Reiterstandbild des uruguayischen Nationalhelden José Gervasio Artigas ein. Der General wird als »Vater der Unabhängigkeit Uruguays« verehrt. Sein Mausoleum unterhalb des Denkmals kann besichtigt werden. Die an der Westseite der Plaza Independencia beginnende und über 3 km bis zum Obelisken von Montevideo am Bulevar Artigas führende Avenida 18 Julio ist die wichtigste Einkaufsmeile der Stadt und glänzt mit sehenswerten Art-déco-Gebäuden. Die scheinbar endlos lange Straßenschlucht wird immer wieder durch weite, begrünte Plätze unterbrochen.

Die feinsandigen **Stadtstrände** Montevideos liegen an der Küste östlich der Altstadt und erstrecken sich bis in den Nobelvorort Carrasco. Besonders an den Wochenenden sind sie gut besucht.

## Punta del Este

Der Ferienort liegt rund 140 km östlich von Montevideo an der Mündung des Rio de la Plata in den Atlantik und wird bevorzugt von Luxuslinern angelaufen. Punta del Este zählt zu den mondänsten Seebädern Südamerikas, wenn nicht der ganzen Welt. Steinreiche Argentinier, Uruguayer und Brasilianer haben hier herrschaftliche Sommerresidenzen errichtet. Das Nachtleben, die Gastronomieszene und nicht zuletzt die vielfältigen Wassersportmöglichkeiten locken VIPs aus aller Welt an. Punta del Este verdankt seine besondere Attraktivität wohl seiner einzigartigen geografischen Lage. Der Ort erstreckt sich größtenteils über eine Halbinsel, deren östliche Küstenabschnitte am rauen Atlantik liegen. Die Brandung hier ist stark und nicht ganz ungefährlich. An der dem Río de la Plata zugewandten Seite Punta del Estes hingegen ist die See ruhig und sanft. Wie in vielen Ferienorten dieser Welt, so säumen auch in Punta del Este einförmige Hotelbauten die Küste.

**Hotel und Kunstgalerie im Casapueblo in Punta Ballena.**

**Auf der Isla de Lobos sind Seehunde und -löwen beheimatet.**

Aus dem Einerlei der Hochhausarchitektur ragt das faszinierende **Casapueblo**, welches der uruguayische Künstler Carlos Páez Vilaró in den 1970er-Jahren hoch über dem Río de la Plata in Punta Ballena errichtete, hervor. Es besticht durch eine eigenwillige, ein wenig an die Jugendstilbauten Antoni Gaudís erinnernde architektonische Formensprache. Der Gebäudekomplex wird heute teilweise als Hotel genutzt, aber auch Carlos Páez Vilaró lebt und arbeitet hier.

2 km vor Punta del Este liegt – kurz vor der Mündung des Río de la Plata in den Atlantik – die **Isla Gorriti**. Dank ihrer schönen Strände und eines idyllischen Pinienwäldchens ist diese unbewohnte und nur 0,2 km² große Insel ein beliebtes Ausflugsziel.

9 km vor Punta del Este liegt im Atlantik die **Isla de Lobos**, die die größte Kolonie von Seelöwen, -hunden und -elefanten Südamerikas beherbergt. Obwohl die Insel selbst nicht betreten werden darf, wird sie jeden Tag von Ausflugsschiffen aus Punta del Este angesteuert. Die Beobachtung der Meeressäuger gilt, auch wenn sie nur aus der Ferne betrachtet werden können, als Erlebnis.

**Links oben: Die Plaza Independencia in Montevideo steht im Bann des Palacio Salvo, in der Mitte des Platzes ragt die Reiterstatue des Nationalhelden José Gervasio Artigas auf.**

# Buenos Aires

## Tango

Nichts bringt das Lebensgefühl der Porteños, wie die Bewohner von Buenos Aires sich nennen, besser zum Ausdruck als dieser Tanz (links). In ihm werden Pathos und Passion, Sehnsucht, Leidenschaft und Hingabe in strenge Bewegungen und heißblütige Klänge übersetzt. Der Tango ist aus der Not geboren. Er wurde gegen Ende des 19. Jh.s von Einwanderern in den

**Buenos Aires ist die europäischste aller südamerikanischen Metropolen und wird oft mit Paris verglichen. In keiner anderen Stadt des Kontinents finden sich mehr Zeugnisse der neoklassizistischer Monumental- und der**

**Land:** Argentinien
**Einwohner:** 2,9 Mio.
**Sprache:** Spanisch
**Währung:** Argentinischer Peso
**Hauptreisezeit:** Dezember bis März
**Zeitzone:** UTC – 3

**Belle-Époque-Architektur als hier. Sie stammen aus der Zeit zwischen 1880 und 1930, als die Wirtschaft Argentiniens dank des Fleischexports florierte und Buenos Aires als neue Hauptstadt des gerade geeinten Landes mit Repräsentativbauten ausgestattet wurde. Mit mittlerweile rund 13 Mio. Einwohnern und einer Fläche von 3880 km² zählt der Ballungsraum Gran Buenos Aires zwar zu den größten Metropolregionen der Welt, das Stadtzentrum selbst aber ist überschaubar und kann vom Kreuzfahrthafen schnell mit einem Taxi oder einem Shuttle-Bus erreicht werden.**

**Plaza de Mayo** Dieser weitläufige, in eine Parklandschaft verwandelte Platz bietet sich als Ausgangspunkt für eine Stadterkundung an. Er ist ein geschichtsträchtiger Ort. Hier gründete nicht nur Juan de Garay 1580 Buenos Aires neu, hier begann 1810 auch die Mairevolution gegen die spanische Krone, die in die Unabhängigkeit Argentiniens mündete. Ein zierlicher Obelisk erinnert an das Ereignis. Im 20. Jh. machte eine Protestbewegung den Platz weltbekannt: Seit 1977 treffen sich hier jeden Donnerstag die Madres de Plaza de Mayo, um an die bis heute nicht aufgeklärten Verbrechen der Militärdiktatur und ihre Opfer zu erinnern. An der Ostseite zieht die pinkfarbene **Casa Rosada**, der Amtssitz der argentinischen Präsidenten, alle Blicke auf sich. Vom Balkon des neoklassizistischen Prunkbaus wandten sich Juan Domingo und Evita Perón an ihr Volk. Auch heute wird er für präsidiale Auftritte genutzt.

Der **Cabildo** an der Westseite zählt zu Buenos Aires' wenigen architektonischen Zeugnissen aus der Kolonialzeit. Einst war das in der Mitte des 18. Jh.s errichtete Gebäude Sitz des Vizekönigs von Río de la Plata. Heute ist in ihm ein kleines Museum untergebracht.

Die **Catedral Metropolitana** an der Nordwestecke der Plaza de Mayo ähnelt mit ihrem breiten Portikus mehr einem griechischen Tempelbau als einem christlichen Gotteshaus. Der Vorbau wurde erst 1863 fertiggestellt, die Kirche selbst aber bereits in der zweiten Hälfte des 18. Jh.s erbaut und 1791 eingeweiht. In der Krypta liegt seit 1880 der Unabhängigkeitskämpfer José de San Martín begraben.
Östlich der Plaza de Mayo liegt **Puerto Madero,** das neue In-Viertel der argentinischen Hauptstadt. Es ist aus der Sanierung der alten Hafenanlagen entstanden und bei Einheimischen wie Touristen beliebt. In die renovierten Lagerhallen sind Bars und Restaurants eingezogen.

**Avenida de Mayo** Die Prachtstraße führt über 1,3 km Richtung Westen von der Plaza de Mayo zum Sitz des argentinischen Parlaments an der Plaza del Congreso. Sie gehört zu den großen Boulevards, die Buenos Aires schachbrettartig durchkreuzen, und ist ein Muss für jeden Besucher der Metropole. Hier gilt es die schönsten Belle-Époque-Gebäude ganz Südamerikas zu bestaunen. Unter den vielen verspielten Häusern ragt der eklektische **Palacio Barolo** besonders hervor. Seine Fassade scheint ganz aus Balkonen und Fenstererkern zu bestehen. Das 22 Stockwerke umfassende Bürogebäude wurde 1923 fertiggestellt und steht heute unter Denkmalschutz.
An der Avenida de Mayo befindet sich auch das älteste Café Argentiniens. Das **Tortoni** wurde bereits 1858 gegründet und ist seit 1880 im Haus Nr. 825 untergebracht. Carlos Gardel und Jorge Luis Borges verkehrten hier. 300 m westlich der Plaza de Mayo kreuzt die Avenida de Mayo einen anderen Prachtboulevard: Die **Avenida 9 de Julio** ist mit einer Breite von 140 m und sieben Fahrspuren für jede Richtung die wohl breiteste Straße der Welt. Trotz eines Systems hintereinander geschalteter Ampeln sollte man bei der Überquerung Vorsicht walten lassen.

**Avenida Corrientes** Der nur wenige Häuserblocks weiter nördlich parallel zur Avenida de Mayo verlaufende Boulevard ist als Broadway von Buenos Aires bekannt. Hier residieren die meisten der über 100 Theater der argentinischen Hauptstadt. Die Restaurants, Kneipen und Café-Librerías in dem Viertel beiderseits des Boulevards sind ein beliebter Künstlertreffpunkt. An der Plaza de la República, dem Kreuzungspunkt von Avenida Corrientes und Avenida 9 de Julio, ragt ein Obelisk 67 m in den Himmel empor. Das Denkmal wurde 1936 anlässlich des 400. Jahrestages der Stadtgründung errichtet und ist innen begehbar. Eine Treppe führt zu einer Aussichtsplattform.

Das **Teatro Colón** 200 m nördlich der Plaza de la República zählt nicht zuletzt dank einer

hervorragenden Akustik zu den bedeutendsten Opernhäusern der Welt. Der 1908 eingeweihte Prachtbau beeindruckt nicht nur durch seine ausladenden neoklassizistischen Außenfassaden, sondern auch durch verschwenderisch ausgestattete Theatersäle.

**San Telmo** Das südlich der Plaza de Mayo beginnende Viertel ist eines der ältesten der Metropole. Vielerorts wird das Stadtbild noch von kolonialzeitlichen Bauten geprägt. Bis zum Ende des 19. Jh.s war San Telmo eine noble Wohngegend, danach entwickelte es sich zu einem Arbeiterquartier. Heute ist es ein

Elendsquartieren der großen Hafenstädte am Río de la Plata entwickelt und trat von hier aus seinen Siegeszug um die Welt an. In der Oberschicht von Buenos Aires galt er lange als anrüchig, in Europa wurde er jedoch schnell zu einem Gesellschaftstanz weiterentwickelt und auf diese Weise auch in Argentinien »salonfähig«. In der Goldenen Zeit des Tangos zwischen 1925 und 1955 machten Radiosendungen die Musik populär. In Buenos Aires wurden zahlreiche Orchester gegründet und Tanzlokale eröffnet. Auch heute ist der Tango ein bedeutender Wirtschaftsfaktor. Tangoschulen und mehrere Hundert über die ganze Stadt verstreute Tangobars, die Milongas, ziehen Interessierte aus der ganzen Welt an. Auch auf den Straßen von Buenos Aires wird Tango getanzt. Viele Porteños knüpfen dabei an volkstümliche Formen aus der Entstehungszeit des Tanzes an.

lebendiges Künstler- und Ausgehviertel. Viele Tangobars, Restaurants, Galerien und Antiquitätengeschäfte sind hier ansässig. Die malerischen, kopfsteingepflasterten Straßen und kleinen Plätze werden von Touristen wie Einheimischen bevölkert. Auf der Plaza Dorrego im Zentrum des Viertels findet jeden Sonntag ein mittlerweile über die Grenzen von Buenos Aires hinaus bekannter Flohmarkt statt.

**La Boca** Buenos Aires' berühmtes, südlich von San Telmo an der Mündung des Riachuelo in den Río de la Plata gelegenes Hafenviertel hat sich aus einer Siedlung italienischer und anderer europäischer Einwanderer entwickelt. Die aus Schiffsschrott zusammengebastelten und grellbunt gestrichenen Wellblechhütten, in denen die Immigranten hausten, sind heute eine viel fotografierte Touristenattraktion. In viele sind Kneipen, Bars und Restaurants eingezogen. Besonders der Caminito, der »kleine Weg«, wird von Straßenmusikanten, Tangotänzern und fliegenden Händlern bevölkert.

**Recoleta** Das Viertel nördlich des Zentrums gilt als das edelste der Metropole. Seit die Gelbfieberepidemie von 1871 sie aus San Telmo vertrieb, lebt hier Buenos Aires' Oberschicht. An der Avenida Alvear und in den umliegenden Straßen wird das Stadtbild von herrschaftlichen Villen geprägt. In einigen Prachtbauten residieren heute ausländische Botschaften, in anderen sind internationale Luxushotels oder Dependancen von Designerlabels untergebracht.

Hauptattraktion von Recoleta ist zweifellos der **Cementerio de la Recoleta**. Auf dem berühmtesten Friedhof Buenos Aires' wurden die Reichen und Berühmten bestattet. Die riesigen, kunstvoll verzierten Mausoleen sind eine Augenweide und ein beliebtes Fotomotiv. Das Grab von Eva Perón wird nach wie vor von vielen Verehrern besucht.
Auch das 🏛 **Museo Nacional de Bellas Artes** hat in Recoleta seinen Sitz. Es residiert an der Avenida del Libertador und kann mit einer reichen Sammlung von Werken europäischer wie argentinischer Künstler aufwarten.

**Großes Bild oben: Die breite Avenida 9 de Julio mit dem Obelisken wird häufig als der längste Boulevard der Welt bezeichnet.**

## Buenos Aires

Buenos Aires verfügt über einen großen Hafen am Río de la Plata, der auch für große Container- und Tankschiffe geeignet ist. Hier laufen auch Cruiseliner aus aller Welt ein (unten).

Puerto Madero ist ein Stadtteil von Buenos Aires am Ufer des Río de la Plata. Seit den 1990er-Jahren hat sich das frühere Hafenviertel dank architektonischer Highlights in ein Trendviertel verwandelt (links).

Entlang eines schmalen Küstenstreifens am Beagle-Kanal erstreckt sich die Stadt Ushuaia in Feuerland, eines der südlichsten Kreuzfahrtziele der Welt.

# Entlang der südamerikanischen Pazifikküste

An der südamerikanischen Pazifikküste locken nicht nur legendäre Hafenstädte wie Lima-Callao oder Valparaíso, hier zieht auch die atemberaubende Fjordlandschaft im Süden Chiles die Menschen in ihren Bann. Sie hat sich zu einem ganz eigenen Kreuzfahrtgebiet für Abenteuerexpeditionen entwickelt. Die Veranstalter bieten Exkursionen in die einzigartigen Nationalparks und in die faszinierende Bergwelt der südlichen Anden an. Höhepunkte einer Kreuzfahrt durch die chilenischen Fjorde sind eine Umrundung der Südspitze Südamerikas und ein Landgang in Ushuaia, der südlichsten Stadt der Erde. Auf den Galápagos-Inseln erwartet die Besucher eine ungewöhnlich facettenreiche Natur und Tierwelt.

# Galápagos-Inseln

## Vogelinsel Genovesa

Genovesa ist ein Vogelparadies. Von der Playa de Bahía Darwin führen zwei Wege in das Inselinnere, wo vor allem Rotfuß- und Maskentölpel leben. Während der Blaufußtölpel, der leuchtend blaue Füße hat, in großen Kolonien auf den Inseln Española und Seymour Norte vorkommt, lebt der Rotfußtölpel (rechts) ausschließlich auf Genovesa. Er besitzt ein überwiegend braunes Federkleid, einige Exemplare haben jedoch auch weiße Federn. Der Maskentölpel macht seinem Namen alle Ehre und ist bestens an seiner schwarzen Gesichtsmaske bei sonst weißem Gefieder zu er-

**Land:** Ecuador
**Fläche:** 8010 km²
**Einwohner:** 25 000
**Sprache:** Spanisch
**Währung:** US-Dollar
**Hauptreisezeit:** Dezember bis Juli
**Zeitzone:** UTC – 5

**Eine mehrtägige Kreuzfahrt ist die beste Möglichkeit, die Naturwunder der Galápagos-Inseln genau kennenzulernen. Da die Inselgruppe seit 1949 unter Naturschutz steht, dürfen nicht alle Inseln besucht werden. Allerdings hat die Nationalparkverwaltung zahlreiche Besucherstandorte eingerichtet, die mit einem lizenzierten Führer aufgesucht werden können. Hier lässt sich die Tier- und Pflanzenwelt des Archipels hautnah und eindrucksvoll erleben.**

**Santa Cruz** Nahezu alle Rundfahrten beginnen auf Santa Cruz: Die zweitgrößte Insel des Archipels besitzt nicht nur die abwechslungsreichste Vegetation und mit Puerto Ayora auch die größte Stadt der Inselgruppe, sondern hier befindet sich auch die Charles-Darwin-Forschungsstation, das wissenschaftliche Zentrum der Galápagos-Forschung. Im Museum wird die Entstehungs- und Entwicklungsgeschichte des Archipels erklärt. Von weitaus größerem Interesse für die meisten Besucher sind die zahlreichen hier lebenden Landschildkröten, die in dieser Forschungsstation gezüchtet werden. Sobald die Tiere eine bestimmte Größe erreicht haben, werden sie in die Freiheit entlassen, etwa in das Schildkrötenreservat bei Santa Rosa, ebenfalls auf Santa Cruz ansässig. Wie große Steine liegen sie dann fast unbeweglich in der feuchten Wiese.

In den Lagunen von Floreana suchen Flamingos nach Futter.

Seelöwen sind sehr gute Schwimmer.

Im Norden der Insel erstreckt sich Caleta Tortuga Negra, eine mit Mangroven bestandene Bucht, in der viele Pelikane nisten und Seeschildkröten, kleine Weißspitzenhaie und Rochen beobachtet werden können.

**Isla Plaza Sur** Östlich von Santa Cruz liegen die beiden Plaza-Inseln; allerdings darf nur Plaza Sur besucht werden. Sie stellt einen Höhepunkt einer Galápagos-Kreuzfahrt dar, denn hier leben ungewöhnliche Tierarten: Seevögel wie der Rotschnabel-Tropikvogel oder die Gabelschwanzmöwe nisten auf den Felsvorsprüngen der Steilküste, und im Wasser und auf den Lavafelsen tummeln sich Seelöwen.
Unter den Opuntien, den Feigenkakteen der Insel, liegen scheinbar träge und nahezu bewegungslos die Landleguane – kleine drachenähnliche Lebewesen mit typisch orangegelbem Rücken und bräunlich-roter Färbung auf Bauch, Rückenkamm und Stachelnacken. Von ihrer äußerlichen Ruhe sollte man sich nicht täuschen lassen, denn männliche Landleguane verteidigen äußerst aggressiv ihr Areal, auf dem häufig mehrere Weibchen leben, gegen Nebenbuhler. Ausgewachsene Landleguane, die dann knapp einen Meter messen und etwa 13 kg wiegen, haben außer ihren Artgenossen keinerlei natürliche Feinde auf den Inseln.

**Floreana** ist dank der Süßwasserquellen eine der wenigen bewohnten Inseln des Archipels. Hier steuern die Besucher neben der Punta Cormorán im Norden der Insel, an der sich in einer Lagune oft Flamingos beobachten lassen, auch ein skurriles Zeugnis der menschlichen Besiedelung an: die Post Office Bay, an der englische Walfänger im 18. Jh. eine Posttonne aufstellten. Ankommende Walfänger hinterließen hier Nachrichten, die dann später von Schiffen, die sich auf Heimatkurs befanden, mitgenommen wurden.

kennen. Im Gegensatz zu den anderen Tölpelarten, die auf dem blanken Erdboden ihre Eier ausbrüten, nistet der Rotfußtölpel auf Salzbüschen. Auch Fregattvögel sind hier zu sehen (Mitte und ganz rechts).

Der erste Mensch, der sich dauerhaft auf den Inseln niederlassen wollte, war ein Engländer namens Patrick Watkins, der 1807 in der Nähe der Posttonne in eine Lavahöhle zog. Er baute Gemüse an und tauschte es bei den Walfängern gegen Rum. Doch zwei Jahre später hatte er das Alleinsein letztlich doch satt: Er stahl das Beiboot eines Schiffes und zwang fünf Seeleute, ihn damit zum Festland zu bringen.

**Española** Die südöstlichste Insel des Archipels bietet einige schöne Besucherstandorte. Seelöwen liegen in großer Zahl am Strand der Bahía Gardner im Nordosten Españolas. Die Punta Suárez im Nordwesten ist durch einen etwa 2 km langen Rundwanderweg erschlossen, der durch Kolonien von Blaufuß- und Maskentölpeln führt. Im Abstand von nur einem halben Meter passiert man die am Boden brütenden Vögel. Auch Albatrosse, elegant im Flug und unbeholfen an Land, nisten hier, während Meerechsen die Klippen bevölkern.

**Oben: Die größten Landschildkröten sind die Galápagos-Riesenschildkröten. Sie können bis zu ca. 200 kg schwer und 150 Jahre alt werden.**

# Galápagos-Inseln

## Darwinfinken

Weder die Schildkröten noch die Leguane, nein, die unscheinbaren Finkenvögel (rechts) der Gattung Geospiza lösten bei Charles Darwin, der im Jahr 1831 den Galápagos-Archipel besuchte, jene Gedankenkette aus, die später in seine Evolutionstheorie mündete. Denn auf den Inseln kommen insgesamt 13 verschiedene Finkenarten vor – und alle besitzen ganz unterschiedliche Schnabelformen: einen dünnen zum Fangen von Insekten, einen dicken zum Knacken von Samen, eine dritte Art benutzt sogar einen Kaktusstachel, um damit Maden aus Astlöchern aufzuspießen.

**Isabela** Die größte der Galápagos-Inseln ist eine der wenigen bewohnten Inseln des Archipels. Ihr Hauptort ist Puerto Villamil im Südosten der Insel, der allerdings gerade mal 2000 Einwohner zählt. Nahe dem Örtchen liegen die Lagunas de Villamil, in denen Flamingos leben. Sie sind nach einer kurzen Wanderung durch den Mangrovenwald zu erreichen. Ansonsten besitzt Puerto Villamil die schönsten Strände der Inseln sowie eine Zuchtstation für Galápagos-Schildkröten. In Freiheit lassen sich diese am Krater des Vulkans Alcedo (1097 m) beobachten.

Eine etwa 10 km lange Wanderung von der Ostseite der Insel aus führt durch die verschiedenen typischen Vegetationszonen hinauf zum Gipfel, von wo man einen Blick in den großen Einsturzkrater (mit etwa 7 km Durchmesser) werfen kann. Solche fast kreisförmigen, sehr tiefen und steilen Einsturzkrater, Caldera genannt, sind typisch für die Vulkane der Inseln. Sie entstehen, wenn sich eine darunter liegende Magmakammer an anderer Stelle entlädt und die oberhalb des Hohlraums gelegene Deckenschicht danach einstürzt.

Wie auch auf den anderen Inseln unterscheidet man auf Isabela sechs Höhenstufen der Vegetation: In der Küstenzone wachsen fast ausschließlich Pflanzen, die gegen Salz und kräftigen Meereswind resistent sind, wie beispielsweise Mangroven. Oberhalb dieser Stufe schließt sich bis in etwa 100 m Höhe die Halbwüste der Trockenzone an, in der vor allem Kakteen und der weitgehend kahl erscheinende Palo-Santo-Baum vorherrschend sind. Bis in 200 m Höhe erstreckt sich die Transitions- oder Mischzone, in der aufgrund regelmäßiger Niederschläge immergrüne Pflanzen gedeihen. Bis auf 400 m Höhe reicht die Scalesia-Zone. Sie ist benannt nach den auf Galápagos endemischen Scalesien, einer Gruppe der Korbblütler, die sogar zu richtigen Bäumen heranwachsen. Die sich anschließende Miconia-Zone (bis 500 m) erhielt ihren Namen von der ebenfalls endemischen Miconia-Pflanze, einem bis zu 4 m hohen Strauchgewächs, das zusammen mit anderen Pflanzen häufig ein undurchdringliches Dickicht bildet. In der Pampa-Zone schließlich wächst eine dichte Gras- und Krautschicht.

Diese Höhenstufe ist auch der bevorzugte Lebensraum der Galápagos-Schildkröten, die hier bei einer Wanderung in großer Zahl zu bewundern sind. Von diesen imposanten Reptilien gab es ursprünglich 14 verschiedene Unterarten auf dem Archipel. Heute sind es nur noch elf, die aber jeweils nur auf einer der Inseln vorkommen. Grundsätzlich lassen sich zwei Panzerformen der Riesenschildkröten unterscheiden: Die schwereren und größeren Tiere haben einen gleichmäßig geformten und kuppelförmigen Panzer, die etwas kleineren einen sattelförmigen. Diesen Sattelschildkröten verdankt die Inselgruppe ihren Namen, denn »galápago« ist die Bezeichnung für die hier beheimateten Schildkröten.

Außerdem fühlten sich die Spanier beim Anblick des Schildkrötenpanzers offensichtlich auch an einen Sattel erinnert. Während die größere Schildkrötenart sich vorwiegend von Gras ernährt, frisst die Sattelschildkröte oft bodennahe Blätter und Zweige. Deshalb ist ihr Panzer am Nacken hoch gewölbt, zudem sind Beine und Hals etwas länger geraten.

Neben den Landschildkröten kommen auf den Inseln noch

Darwin hielt die Vögel ursprünglich für Abkömmlinge unterschiedlicher Vogelarten, bis ihn Biologen darauf hinwiesen, dass sie alle miteinander verwandt seien. Und so entwickelte Darwin dann seine Theorie, dass sich die Finken in Anpassung an ihre jeweilige Umwelt verändert hätten. In einem langwierigen Prozess entwickelten sich dann bestimmte Eigenschaften, die schließlich vererbt würden.

weitere interessante Reptilien vor: Insgesamt sind es 22 Arten, von denen 20 endemisch sind; manche davon sind nur auf einer bestimmten Insel heimisch. Ein einzigartiges Reptil auf den Inseln ist die Meerechse. Es gibt weltweit keine verwandte Art, und sie ist die einzige Echsenart, die ins Salzwasser geht. Das von Darwin als »hässliches Geschöpf von einer schmutzig schwarzen Färbung, dumm und träge in seinen Bewegungen« geschmähte Reptil lebt zwar auf dem Land, findet seine Nahrung aber zum größten Teil unter Wasser. Es weidet Algenfelder bis zu einer Tiefe von 15 m ab und kann sich sogar bis zu einer Stunde auf dem Meeresgrund aufhalten. Dennoch ist das Wasser nicht ihr eigentlicher Lebensraum. Denn an Land gibt es für ausgewachsene Meerechsen keine natürlichen Feinde, während im Meer die eine oder andere Echse einem gefräßigen Hai zum Opfer fallen kann.

**Fernandina** Die drittgrößte Insel des Archipels ist die jüngste und die vulkanisch aktivste, da sie ziemlich genau über dem Hotspot sitzt, der die Inselgruppe entstehen ließ. Erst im Jahr 1988 kam es zu einem größeren Vulkanausbruch, deshalb lassen sich hier unterschiedliche Lavaformationen unterscheiden. Die Lava der Inselvulkane ist sehr dünnflüssig, das heißt, sie quillt aus dem Krater heraus, anstatt explosiv herausgeschleudert zu werden; außerdem erstarrt sie relativ langsam. Charakteristisch sind zwei Lavaarten: Die Pahoehoe- oder Stricklava, die wie ein geflochtenes Seil aussieht, und die Aa-Lava, die scharfkantige größere Brocken ausbildet.
An der **Punta Espinosa** lässt sich der endemische flugunfähige Stummelkormoran bewundern. Dieser hat im Laufe seiner Entwicklungsgeschichte das Fliegen verlernt, da es an Land keine natürlichen Feinde, dafür umso mehr Nahrung gab. Außerdem gibt es hier die größte Kolonie von Galápagos-Pinguinen, übrigens die einzige Pinguinart, die nördlich des Äquators lebt.

**Santiago** Die viertgrößte Insel des Archipels besteht aus einer wüstenartigen Vulkanlandschaft. An der Sullivan Bay im Osten der Insel stößt man auf ein frisches, etwa 200 Jahre altes Lavafeld, das allerdings kaum erodiert ist. Gut kann man hier die verschiedenen Lavaarten betrachten und beobachten, wie sich an manchen Stellen erste Pionierpflanzen wie der Lavakaktus ansiedeln. Die anderen Besucherstandorte befinden sich auf der Westseite der Insel. Bei Puerto Egas trifft man auf Pelzrobben, und am Strand sind Watvogelarten zu beobachten. Diese meist hochbeinigen Vögel suchen vorzugsweise in flachen Gewässern oder Sumpfgebieten nach Nahrung. Zu den auffälligsten Arten zählen Flamingo und der rotschnäblige Braunmantelausternfischer. Außerdem leben hier Silberreiher, Cayenne-Nachtreiher und Lavareiher.

**Karg präsentiert sich Isabela, die größte Insel des Archipels.**

**Eine Rote Klippenkrabbe (Grapsus grapsus) in Angriffshaltung.**

Bei Punta Espumilla, dem dritten Besucherstandort, gibt es hervorragende Gelegenheiten zum Schnorcheln und damit zur Erkundung der Unterwasserwelt. Insgesamt leben in den Gewässern etwa 300 Fischarten aus insgesamt knapp 100 Familien, die oft schwer zu identifizieren sind, da viele tropische Fische im Laufe ihres Lebens die Farbe ändern. Beim Schnorcheln lassen sich auch größere Meerestiere beobachten, etwa Rochen und Haie. Von den verschiedenen Rochenarten ist nur der Stachelrochen gefährlich, obwohl er keineswegs aggressiv ist. Farbenprächtiger sind der Goldrochen und der Adlerrochen, der leicht an seiner schwarzen Färbung mit weißen Punkten zu erkennen ist.
Haie kommen hier in den unterschiedlichsten Arten vor, und die wenigsten sind harmlos wie der gigantische Walhai, der eine Länge von bis zu 15 m erreichen kann und den nur Taucher zu Gesicht bekommen. Beim Schnorcheln sieht man häufig Weißspitzen- und Tigerhaie, mit etwas Glück auch einen Hammerhai, der unschwer an seiner charakteristischen Kopfform zu bestimmen ist.

**Bartolomé** Schöne An- und Aussichten, Sandstrände und Schnorchelabenteuer, allerdings im recht kalten Wasser, sind die Höhepunkte auf der kleinen Insel Bartolomé, deren Landschaft wüstenhaft geprägt ist. Beim Aufstieg zu ihrer höchsten Erhebung passiert man Asche- und Lavafelder sowie Schlackenkegel und Lavatunnel. Von dort oben genießt man einen wundervollen Blick über die Isla Santiago und den »Pináculo«, einen Lavafelsen, der wie ein angespitzter Zuckerhut vor der Meerenge aufragt.
Zwei Sandstrände laden zum Baden und Schnorcheln ein. Dabei kann man unter Wasser auf Seelöwen und mit etwas Glück – wenn das Wasser schön kalt ist – auch auf Pinguine treffen. Die Sandstrände sind das beliebte Revier der Geisterkrabbe, deren unübersehbares äußerliches Merkmal die hochklappbaren Stielaugen sind.

**Bild oben links: Der Blick von Bartolomé richtet sich hinüber zu den kargen Ufern der Insel Santiago.**

Wie alle 35 auf den Galápagos-Inseln lebenden Reptilienarten gehört der urzeitliche Drusenkopf, manchmal auch als Landleguan bezeichnet, zu den endemischen Spezies (unten).

Der Drusenkopf ernährt sich vor allem von Blättern, Früchten wie der Kaktusfeige, Blüten und Sprossen. Seinen Wasserbedarf deckt er teilweise durch den Verzehr von Kakteen (links).

# Lima

## Francisco Pizarro

Um 1478 wurde Francisco Pizarro, der spätere Konquistador, als unehelicher Sohn eines Hauptmannes im spanischen Trujillo geboren (rechts). Im Jahr 1513 begleitete er Vasco Núñez de Balboa, als dieser die Landenge von Panama überquerte und bis zum Pazifik vorstieß. In den Jahren 1524 bis 1527 erkundete Pizarro auf eigene Faust Peru, zwei Jahre darauf wurde er von Karl V. zum Statthalter und Generalkapitän von Peru ernannt. Am 13. Mai 1531 landete er mit seinen drei Halbbrüdern an der peruanischen Küste. Dort nahm er Atahualpa, den letzten großen Inka-Fürs-

**Land:** Peru
**Einwohner:** 7,6 Mio.
**Sprache:** Spanisch, Quechua
**Währung:** Nuevo Sol
**Hauptreisezeit:** Januar bis Oktober
**Zeitzone:** UTC – 5

**Lima ist ein Mekka für kunst- und kulturhistorisch Interessierte. Die »Ciudad de los Reyes«, wie ihr Gründer Pizarro die Stadt nannte, war von 1542 bis zur Unabhängigkeit Perus in den 1820er-Jahren Kapitale des riesige Gebiete umfassenden spanischen Kolonialreichs in Südamerika. Die Altstadt wartet mit prachtvollen historischen Gebäuden auf.**
**Außerdem beherbergt die Stadt einige herausragende Museen mit Sammlungen zur Geschichte der präkolumbischen Kulturen Südamerikas. Die Kreuzfahrtschiffe legen in Callao, dem 11 km vom Stadtzentrum entfernten Hafen Limas an. Eine Fahrt in die Altstadt dauert mit dem Taxi etwa 45 min.**

**Altstadt** Für eine Besichtigung des seit 1991 auf der UNESCO-Welterbeliste stehenden **historischen Zentrums** von Lima sollte man sich mindestens einen halben Tag Zeit nehmen. Wohl nirgendwo sonst in Südamerika werden Glanz und Elend der spanischen Kolonialzeit so sichtbar wie hier. Fast lässt die barocke Pracht der Klöster, Kirchen und Paläste vergessen, dass sie auf der Versklavung, Unterdrückung und Verfolgung der indigenen Bevölkerung basierte. Lima wurde am 5. Januar 1535 von Francisco Pizarro, dem Zerstörer des Inkareichs, gegründet. Dank reicher Silber- und Goldfunde in den Anden entwickelte sich die Stadt schnell zum Zentrum der spanischen Kolonien in Südamerika. In der »Ciudad de los Reyes« residierten über die Jahrhunderte die spanischen Vizekönige und Erzbischöfe. Ihre Paläste standen an der bereits unter Pizarro angelegten **Plaza Mayor**, die den Mittelpunkt der Altstadt bildet und auch heute von Repräsentativbauten der weltlichen wie sakralen Macht gesäumt wird. Der die Nordseite des Platzes einnehmende **Regierungspalast**, das im Südwesten gelegene **Rathaus** und das **erzbischöfliche Palais** im Osten stammen allerdings nicht aus der Kolonialzeit, sondern wurden in der ersten Hälfte des 20. Jh. im neoklassizistischen Stil errichtet.

**Einen goldenen Altar und 15 Seitenaltäre birgt die Kathedrale.**

Mit dem Bau der mächtigen **Kathedrale** im Südosten der Plaza Mayor wurde 1746 begonnen. Das Gotteshaus steht an der Stelle eines bei einem Erdbeben zerstörten Vorgängerbaus und eint verschiedene Baustile von der Renaissance bis zum Klassizismus in sich.

Ein weiterer Höhepunkt der Altstadt Limas ist die bereits 1546 gegründete **Iglesia y Convento de San Francisco**. Die prächtige Klosterkirche stammt allerdings aus der zweiten Hälfte des 17. Jh. Sie beeindruckt durch Deckengewölbe im Mudejarstil. Die Kreuzgänge des Klosters sind mit Azulejos überreich geschmückt. Berühmt ist die ebenfalls im 17. Jh. angelegte **Klosterbibliothek**. An die Schrecken der Kolonialherrschaft erinnert heute das **Museo de la Inquisición** an der Plaza Bolívar. Es ist in dem Gebäude untergebracht, in dem die Inquisitoren der spanischen Krone zwischen 1570 und 1820 ihr Unwesen trieben. Das Museum bietet Führungen durch die Folterkeller an.

**Museen** Lima ist eine Museumsstadt, die mit beeindruckenden Sammlungen zur Kunst und Geschichte der präkolumbischen Zivilisationen Perus aufwarten kann. Das **Museo Nacional de Arqueología, Antropología e Historia del Perú** im Stadtteil Pueblo Libre bietet einen guten Überblick über die verschiedenen altperuanischen Kulturen von den ersten Jägern und Sammlern bis zur Hochkultur der Inkas. Die Ausstellung ist chronologisch geordnet und beeindruckt mit einer Fülle von Keramiken, Textilien, Gold- und Silberschmiedearbeiten, die die Kunstfertigkeit der präkolumbischen Völker Perus veranschaulichen. Ebenfalls im Stadtteil Pueblo Libre befindet sich das **Museo Arqueológico Rafael Larco Herrera**, das mit mehr als 50 000 Exponaten Perus größte Privatsammlung präkolumbischer Gebrauchs- und Kunstgegenstände beherbergt. Eine ständige Ausstellung des Museums zeigt Keramiken mit erotischen Darstellungen. Das **Museo Oro del Perú y Armas del Mundo** verfügt nicht nur über eine bemerkenswerte Waffensammlung, sondern wartet auch mit beeindruckenden Ausstellungen zu altperuanischer Web- und Goldschmiedekunst auf. Auch das **Museo**

ten, gefangen. Trotz immenser Lösegelder ließ Pizarro seine Geisel 1533 hinrichten. Den anschließenden Aufstand der Inka schlug er mithilfe neu eingetroffener, von Diego de Almagro geführter spanischer Truppen

nieder. Am 15. November 1533 zog Pizarro in die Inka-Hauptstadt Cuzco ein, zwei Jahre später gründete er Lima, damals Ciudad de los Reyes. Ein Streit zwischen Pizarro und Almagro endete 1538 mit Almagros Gefangennahme und Hinrichtung. Der erbarmungslose Eroberer Pizarro wurde schließlich 1541 von Anhängern Diego de Almagros ermordet. Sein mumifizierter Leichnam ist in der Kathedrale von Lima bestattet.

**de la Nación** bietet mit einer Fülle von chronologisch geordneten archäologischen Funden eine gute Einführung in die vorkolumbische Geschichte Perus. Sehenswert sind aber auch die hier ausgestellten Modelle von Machu Picchu, Cuzco und Pachacámac sowie eine Nachbildung des berühmten Grabmals von Señor de Sipán. Im Stadtteil Miraflores befindet sich die Huaca Pucllana, eine über 1500 Jahre alte Lehmziegelpyramide der Lima-Kultur. Das angeschlossene Museum gewährt interessante Einblicke u. a. in die Geschichte der archäologischen Forschung in Peru.

**Das moderne Lima** Miraflores, ein früher selbstständiger Distrikt 8 km südlich der Altstadt, bildet heute das Zentrum der Millionenmetropole. Hier haben die großen Banken und Unternehmen ihren Sitz, hier stehen die luxuriösesten Apartmenthäuser und Hotels der Stadt. In Miraflores finden Besucher ausgezeichnete Einkaufs- und Ausgehmöglichkeiten.
Die **Strandpromenade** wartet mit einigen exzellenten Fischrestaurants auf. Im benachbarten Villenviertel San Isidro haben zahlreiche ausländische Botschaften ihre Residenzen. Ein Abstecher in das Künstlerviertel **Barranco** südlich von Miraflores führt in eine beinahe ländliche Idylle. Nur das rege Nachtleben erinnert an die unmittelbare Nähe zur Millionenmetropole Lima.

**Großes Bild oben: Die Stufen vor der angestrahlten Kathedrale sind ein beliebter Treffpunkt zum Plaudern bei den einheimischen Jugendlichen.**

## Altstadt von Lima

An der zentralen Plaza Mayor stehen sich weltliche und kirchliche Gebäude gegenüber. Rechts befindet sich das Gotteshaus, links das Rathaus und im Hintergrund der Regierungspalast (unten).

Die Shopping-Arkaden von Miraflores laden zum Einkaufen mit Blick auf den Pazifischen Ozean ein (links).

# Santiago de Chile, Valparaíso

## Santiago de Chile

Die chilenische Hauptstadt ist das unbestrittene Zentrum des Landes (rechts). Hier lebt nicht nur ein Drittel aller Chilenen, hier sind fast alle wichtigen politischen, wirtschaftlichen und kulturellen Institutionen des Landes angesiedelt. Die 1541 gegründete Stadt, die um die lebhafte Plaza noch einige schöne Kolonialbauten besitzt, bietet an klaren Tagen ein wundervolles Panorama mit den schneebedeckten Gipfeln der Anden, dem satten Grün der Ebene und dem Häusermeer, aus dem die Bürotürme der Innenstadt herausragen. Die wichtigsten Sehenswürdigkei-

Blick auf den Hafen von Valparaíso.

**Seit dem Ende der Pinochet-Diktatur hat sich die chilenische Hauptstadt zu einer weltoffenen, modernen Metropole entwickelt. Touristen nutzen sie als Ausgangspunkt für Exkursionen in die majestätische Bergwelt des Andenstaates oder in die einzigartige Fjordlandschaft im Süden von Chile. Das Zentrum mit seinen interessanten touristischen Attraktionen lässt sich gut zu Fuß erkunden. Aufgrund der exponierten Lage in einem von bis über 5000 m aufragenden Bergriesen umgebenen Tal liegt oft dichter Smog über der Stadt.**

**Die größte Hafenstadt Chiles, Valparaíso, liegt 120 km von der Hauptstadt entfernt. Legenden und Seemannsgeschichten ranken sich um den Ort, der vor dem Bau des Panamakanals wichtiges Drehkreuz im Schiffsverkehr zwischen Europa und den Pazifikanrainern war. Die Anfänge des Hafens gehen auf den Konquistador Juan de Saavedra zurück, der die Bucht von Valparaíso 1535 entdeckte und von hier aus im Hinterland operierende spanische Truppen mit Proviant versorgte.**

**Land:** Chile
**Einwohner:**
Santiago: 5,4 Mio.
Valparaíso: 280 000
**Sprache:** Spanisch
**Währung:** Chilenischer Peso
**Hauptreisezeit:** November bis März
**Zeitzone:** UTC – 4

⚓ **Valparaíso** Seine große Blüte erlebte Valparaíso im 19. Jh. als Anlaufhafen für Schiffe, die Kap Hoorn umrunden mussten. Europäische Kaufleute ließen sich in dieser Zeit nieder, und schon bald dehnte sich die Stadt über das die Bucht umgebende Hügelland aus. Die an die steilen Hänge gebauten farbenfrohen Häuserzeilen haben Valparaíso sein besonderes Gepräge verliehen. Seit 2003 stehen sie zusammen mit den ab Ende des 19. Jh.s errichteten **Standseilbahnen** auf der UNESCO-Welterbeliste. Eine Fahrt mit einem der 15 noch in Betrieb befindlichen »ascensores« ist ein Erlebnis. In den Vierteln an und auf den **Cerros** warten viele architektonische Kuriositäten. Ein Streifzug durch die Gassen ist schon deshalb lohnenswert. Von der **Muelle Prat**, an der die Kreuzfahrtschiffe anlegen, bis zur Plaza Sotomayor sind es nur wenige Gehminuten. Der Platz bietet sich als Ausgangspunkt für einen Stadtrundgang an.

Bild rechts: Die farbigen Häuser verleihen Valparaíso sein besonderes Flair.

ten sind schnell aufgezählt: die Plaza mit der 1748 vollendeten Kathedrale, der Palacio de la Moneda, der 1799 als Münzstätte errichtet wurde, seit 1846 aber Präsidentenpalast ist, sowie die Kirche und der Konvent

San Francisco. Kloster und Kirche wurden im 16. Jh. erbaut und sind heute, da die Stadt unter Erdbeben und Feuersbrünsten litt, die ältesten Gebäude Santiagos. Schön ist auch ein Bummel durch die Markthallen.

An der Plaza de Armas befindet sich die Kathedrale von Santiago. Die beiden Vorgängerbauten wurden jeweils von Erdbeben zerstört (unten).

Im Inneren des Gotteshauses fasziniert eine prächtige Ausstattung, wie hier die detaillierte Deckengestaltung, die Besucher und Gläubigen gleichermaßen (links).

# Puerto Montt, Puerto Chacabuco, Puerto Natales, Punta Arenas

## Patagoniens Landtiere

Guanakos (rechts) und Nandus werden die meisten Besucher Patagoniens rasch entdecken. Das Guanako, eine dunkelbraune Kamelart und ein Verwandter des Lamas, lebt in Herden von fünf bis 25 Tieren in den Nationalparks des Südens. Die straußenähnlichen Nandus findet man in allen Steppengebieten Chiles. Zu Beginn der

**Land:** Chile
**Einwohner:**
Puerto Montt: 180 000
Puerto Chacabuco: 1700
Puerto Natales: 20 000
Punta Arenas: 120 000
**Sprache:** Spanisch
**Währung:** Chilenischer Peso
**Hauptreisezeit:** November bis März
**Zeitzone:** UTC – 4

**Eine Kreuzfahrt entlang der südchilenischen Fjordküste gilt auch heute noch als Reise an den Rand der Welt. Chiles »Großer Süden«, wie der sich zwischen der Isla de Chiloé im Norden und Feuerland im Süden über 2500 km hinziehende Landstrich auch genannt wird, zählt zu den abgelegensten Regionen der Erde und zieht doch Jahr für Jahr viele Urlauber an. Die Ausläufer der Anden reichen hier bis fast an die Küste heran, und riesige Gletscher haben unzählige Fjorde in das Gebirge geschnitten. Die Gipfel der flacheren und ab der Isla de Chiloe unterhalb des Meeresspiegels verlaufenden Westkordillere ragen als Inseln aus dem Meer empor. Reiche Niederschläge sorgen weitläufig für eine üppige Vegetation.**
**Nördlich des Campo de Hielo Sur, eines der größten Eisfelder der südlichen Hemisphäre, das sehr große Gebiete zwischen dem 48. und dem 52. Breitengrad bedeckt, herrscht dichter immergrüner Feuchtwald, im Süden subantarktischer Sommerwald vor. Große Teile Südchiles wurden unter Naturschutz gestellt.**
**Berühmt sind der nach dem Riesengletscher benannte Nationalpark San Rafael sowie der Parque Nacional Torres del Paine, dessen einzigartige Gebirgslandschaft sehr viele wanderfreudige Besucher, aber auch Bergsteiger und Extremsportler anzieht.**

### Puerto Montt

Die ca. 1100 km südlich von Valparaíso gelegene Hafenstadt bildet das Tor zu Chiles Fjordlandschaft. Die Kreuzfahrtschiffe, die in der Region unterwegs sind, machen hier Station. Puerto Montt liegt genau an der Stelle, an der das Chile ab Santiago durchziehende Valle Longitudinal ins Meer abtaucht, und dehnt sich entlang des Seno de Reloncaví aus.
Die Stadt wurde 1853 von deutschen Einwanderern, die der chilenische Präsident Manuel Montt ins Land geholt hatte, gegründet. Obwohl ihre Nachfahren nur noch 10 Prozent der Bevölkerung stellen, ist ihr Erbe bis heute in der Architektur und der lokalen Küche gegenwärtig.

In der Gemeinde **Frutillar** am Westufer des Lago Llanquihue, 80 km nördlich von Puerto Montt, erinnert alles an ein deutsches Dorfidyll. Die Straßen, Hotels und Geschäfte der kleinen Stadt tragen deutsche Namen, die Häuser und Gärten sind sorgfältig gepflegt. Dank seiner zauberhaften Lage hat sich Frutillar zu einem beliebten Refugium der Sommerfrische entwickelt. Puerto Montt ist durch den Hafen geprägt und nicht reich an Sehenswürdigkeiten.
Von Kreuzfahrtpassagieren wird die Stadt gerne als Ausgangspunkt für Tagesausflüge auf die **Isla de Chiloé**, an den **Lago Llanquihue** oder in die **Naturschutzgebiete** der Umgebung genutzt.
Der nordöstlich von Puerto Montt gelegene Nationalpark **Vicente Pérez Rosales** umfasst die Region um den riesigen Gebirgssee Lago Todos Los Santos und den 2652 m aufragenden Vulkan Osorno. Weite Teile des Gebiets sind vom Valdivianischen Regenwald – einem weltweit einzigartigen immergrünen Regenwald der gemäßigten Breiten – bedeckt. Der **Nationalpark Alerce Andino** östlich von Puerto Montt ist für seinen Bestand an Patagonischen Zypressen oder »Alercen« bekannt. Die Bäume werden bis zu 40 m hoch und gelten seit geraumer Zeit als sehr stark gefährdet. Bei kürzeren Aufenthalten in Puerto Montt bietet sich ein Bummel über den großen Fischmarkt oder die berühmte Feria Artesanal, einen bekannten Spezialmarkt für Kunsthandwerk aus der Region, an.

### Puerto Chacabuco

Der nicht mehr als 1700 Einwohner zählende Ort hat den versandeten Hafen des 16 km entfernten Puerto Aisén als bedeutendsten Schiffsterminal der Region abgelöst. Puerto Chacabuco liegt am Ende eines tief ins Land schneidenden Fjords und wird gerne als Ausgangspunkt für Ausflüge in die atemberaubende Wildnis Westpatagoniens genutzt. Eine Wunderwelt aus vergletscherten Gebirgszügen, tiefblauen Bergseen und sattgrünen Wiesen erwartet den Besucher hier. Weite Gebiete sind auch hier vom immergrünen Valdivianischen Regenwald bedeckt.
Hauptattraktion ist der 120 km südlich von Puerto Chacabuco in die gleichnamige Lagune mündende Gletscher **San Rafael**. Das Ungetüm ist Teil des nordpatagonischen Inlandeises und der äquatornächste Gletscher überhaupt.
Eine Bootstour entlang seiner kilometerlangen Mündung ist ein besonderes Abenteuer. Das Gletschergebiet ist Teil des schwer zugänglichen und nur wenig erforschten **Nationalparks Laguna San Rafael**.

### Puerto Natales

Die Kapitale der Provinz Última Esperanza wird von Kreuzfahrtpassagieren gerne als Ausgangspunkt für Exkursionen in den 80 km weiter östlich beginnenden **Nationalpark Torres del Paine** genutzt. Nicht zuletzt dank ihrer Nähe zu diesem weltberühmten Naturschutzgebiet hat sich die um 1900 als Handelsplatz für Schafswolle und -fleisch gegründete Stadt in den vergangenen Jahrzehnten zu einem der beliebtesten Ferienorte Chiles entwickelt. Puerto Natales verfügt über eine ausgezeichnete touristische Infrastruktur mit vielfältigen Übernachtungsmöglichkeiten, gepflegten Restaurants und hübschen Geschäften. Lokale Veranstalter bieten Ausflüge zu den Naturwundern der Umgebung an. Wer nur wenig Zeit hat, besucht das sehenswerte

Brutzeit markieren die Männchen ihre Reviere, während die Weibchen in Gruppen umherziehen. Seltener bekommt man den Pampashasen, den Pudu (sehr kleiner Hirsch) oder den Patagonischen Huemul, den etwa 1,5 m großen Andenhirsch, zu sehen. Der Rotfuchs und der Puma sind die einzigen größeren Raubtiere in dieser Region. Der Andenkondor, ein Greifvogel, ist in der ganzen Andenregion bis nach Feuerland verbreitet.

**Fischerboote und Kreuzfahrtschiffe ankern in Puerto Chacabuco.**

🏛 **Stadtmuseum.** Ein Bummel entlang der Uferpromenade gewährt einen fantastischen Ausblick auf den Seno Última Esperanza mit der vergletscherten Cordillera Riesco.

## ⚓ Punta Arenas

Die Kapitale der chilenischen Region Magallanes ist die südlichste Stadt des amerikanischen Kontinents. Sie liegt auf der Brunswick-Halbinsel im äußersten Süden von Festlands-Chile und ist von Feuerland nur durch die 30 km breite Magellanstraße getrennt. Vor dem Bau des Panamakanals ein bedeutender Handelshafen, ist Punta Arenas heute ein beliebtes Ziel auf Abenteuerkreuzfahrten in die Südpolarregion. Obwohl die Stadt am Rand der bewohnbaren Welt zu liegen scheint, präsentiert sie sich als historisch gewachsener Ort, der mit einigen architektonisch reizvollen Sehenswürdigkeiten aufwarten kann. Das Ensemble von Gebäuden rund um die zentral gelegene **Plaza Muñoz Gamero** stammt aus der Zeit um 1900 und ist auf jeden Fall eine Besichtigung wert.

Der Jugendstilbau des 🏛 **Palacio Braun-Menéndez** etwa wurde um 1905 erbaut und beherbergt heute ein Museum zur historischen Entwicklung der Stadt und ihres Umlandes. Im 🏛 **Salesianermuseum** werden Besucher mit einem besonders traurigen Kapitel in der Geschichte der Region konfrontiert. Es ist nicht nur der missionarischen Tätigkeit der Salesianer-Ordensbrüder zu Beginn des 20. Jh.s gewidmet, sondern informiert mit einer Vielfalt von Exponaten über die Kultur der ausgerotteten indigenen Bevölkerung. Einige erschreckende Fotos bezeugen die Brutalität, mit der die weißen Siedler gegen die Indianer vorgingen. Unweit des Salesianermuseums liegt der Friedhof. Aufgrund der prunkvollen Grabanlagen, die zu Reichtum gelangte Schafzüchter hier errichten ließen, ist er eine Touristenattraktion geworden.

Beliebte Ausflugsziele in der Umgebung von Punta Arenas sind die großen **Pinguinkolonien** an der Otway-Bucht sowie das 1843 zur Sicherung chilenischer Gebietsansprüche errichtete 🏰 **Fuerte Bulnes**.

**Bild oben: Im chilenischen Spätsommer präsentiert sich der Nationalpark San Rafael in besonders schönem Licht.**

## Parque Nacional Torres del Paine

Der Nationalpark Torres del Paine wird oft als schönster Nationalpark der Welt gerühmt. Das mittlerweile eine Fläche von mehr als 2000 $km^2$ umfassende Schutzgebiet fasziniert durch eine urtümliche Gebirgslandschaft. Bis zu 3000 m hohe Felsmassive prägen das Bild. Die riesigen Gletscher, die sich zwischen ihnen bewegen, speisen unzählige Seen und Flüsse. Es sind die Ausläufer des Campo de Hielo Sur, eines der größten Eisfelder der Erde, das während der letzten Eiszeit das Gebiet des heutigen Nationalparks bedeckte und bei seinem Rückzug die bizarren Felsformationen des Paine-Massivs freigab (unten, rechts). Der Park bietet Tierarten wie Guanakos, Nandus, Kondoren oder Pumas einen Lebensraum. Auch die Vegetation ist äußerst facettenreich. Sommergrüne Wälder wechseln mit Moorlandschaften und Steppengebieten ab. Den Mittelpunkt des Parks

bilden natürlich die fast 3000 m aufragenden Torres del Paine, die sich fast immer hinter Wolken verstecken. Die drei Granitriesen sind zum Wahrzeichen des Gebiets avanciert und ein beliebtes Fotomotiv. Der Park wurde im Jahr 1959 gegründet und 1978 von der UNESCO zum Biosphärenreservat erklärt. Er verfügt über eine gute touristische Infrastruktur und ist mit Puerto Natales durch eine Fernstraße verbunden.

# Feuerland

## Feuerland-Indianer

Zur Zeit der Entdeckung Feuerlands durch Ferdinand Magellan wurde der Archipel von vier verschiedenen indigenen Bevölkerungsgruppen bewohnt, die als Jäger, Sammler und Fischer ihr Leben in der rauen Wildnis zu meistern verstanden. Während die Selk'nam und Haush als Nomaden im Landesinneren der Isla Grande lebten, führten die Alakaluf und die Yámana an

**Einst als dunkler, unzugänglicher und gefährlicher Ort verschrien, lockt die Inselgruppe an der Südspitze Amerikas heute nicht nur individuell reisende Abenteuerurlauber an. Die weithin unberührte und facettenreiche Natur gilt als Sehnsuchtsziel für alle, die Weite und Einsamkeit fernab der menschlichen Zivilisation suchen. Speziell auf der Isla Grande de Tierra del Fuego wechseln lichte Südbuchenwälder mit weiten Tundren und Moorgebieten ab.**
**Die zerklüfteten, rauen Küsten bieten Seevögeln einen optimalen Lebensraum. Der Südwesten der Insel wird von den vergletscherten Gebirgszügen der bis zu 2500 m aufragenden Darwin-Kordilleren beherrscht. Zwei Staaten teilen sich das Gebiet. Die östlich des 68. Meridians gelegene Hälfte der Isla Grande gehört zu Argentinien, der ganze Westen und die Inselwelt im Süden des Beagle-Kanals einschließlich Kap Hoorn zu Chile.**
**Die großen Kreuzfahrtschiffe legen in Ushuaia, der an der Nordküste des Beagle-Kanals gelegenen Hauptstadt der argentinischen Provinz Tierra del Fuego, an. Von hier aus starten auch Expeditionen in die Antarktis.**

**Land:**
östlicher Teil: Argentinien
westlicher Teil: Chile
**Einwohner:** 140 000
**Sprache:** Spanisch
**Währung:**
Argentinischer/Chilenischer Peso
**Hauptreisezeit:** November bis März
**Zeitzone:**
argentinischer Teil: UTC – 3
chilenischer Teil: UTC – 4

⚓ **Ushuaia** Obwohl der Ort den Titel »südlichste Stadt der Welt« ganz offiziell an das chilenische Puerto Williams auf der anderen Seite des Beagle-Kanals abgegeben hat, zehrt er doch von dem damit verbundenen Nimbus. Ushuaia setzt ganz auf den Ausbau einer touristischen Infrastruktur und hat sich zu einer wichtigen Zwischenstation für Kreuzfahrtschiffe auf dem Weg in die Antarktis oder zu den chilenischen Fjorden entwickelt.
Die Stadt erstreckt sich entlang eines schmalen Küstenstreifens am Fuß des schneebedeckten Bergmassivs des **Cerro Martial**. Das Stadtbild ist von niedrigen, farbenfrohen Holzhäusern geprägt. Dank der vielen Urlaubsgäste geht es im Zentrum, das von der Kreuzfahrtpier schnell erreichbar ist, immer geschäftig und lebhaft zu. An der Haupteinkaufsstraße befinden sich Hotels, Restaurants und Duty-free-Geschäfte.
Ushuaia kann mit einigen interessanten Museen, wie dem 🏛 **Mundo Yámana**, das der Kultur der ausgerotteten Feuerland-Indianer gewidmet ist, aufwarten. Das in dem ehemaligen Gefängnis untergebrachte 🏛 **Museo del Presidio** erinnert an die Zeit, als in Ushuaia eine Sträflingskolonie untergebracht war. Das 🏛 **Museo del Fin del Mundo** informiert mit einer sehenswerten Ausstellung über die Natur und die Geschichte Feuerlands.

In der Nähe des Kreuzfahrtpiers bieten einige lokale Veranstalter Ausflüge in die reizvolle Umgebung Ushuaias – etwa in den **Parque Nacional Tierra del Fuego** – oder Bootstouren auf dem Beagle-Kanal an. Obwohl nur ein kleiner Teil des 12 km westlich von Ushuaia beginnenden Nationalparks der Öffentlichkeit zugänglich ist, lohnt sich eine Exkursion. Die ausgewiesenen Wanderwege führen in ein subarktisches Primärwaldgebiet, das von zahlreichen kleinen Flüssen durchzogen wird. Im Küstenbereich können Kormorane, Albatrosse und viele andere seltene Vogelarten beobachtet werden. Auch ein Aufstieg zum Gletscher des Cerro Martial im Westen der Stadt ist lohnenswert. Die Talstation des an den Gletscherrand führenden Sessellifts kann von Ushuaia aus mit einem Taxi oder einem der regelmäßig verkehrenden Minibusse erreicht werden. Vom Gletscher kann man den Blick auf die Stadt und den Beagle-Kanal genießen.
**Magellanstraße** Jedes Schiff, das den Hafen von Punta Arenas anläuft, fährt durch die Magellanstraße hindurch. Die Meeresenge zwischen dem süd-

**Die »Marco Polo« liegt in Ushuaia vor Anker.**

**Die »Star Princess« ist auf dem Weg nach Feuerland.**

**Mächtig erheben sich die Berge um Ushuaia.**

den Küsten und Kanälen der Magellanstraße ein Leben als Seenomaden. Mit der dauerhaften Besiedlung Feuerlands ab dem 17. Jh. veränderte sich das Leben der Indianer. Durch Krankheiten, vornehmlich übertragen durch gebrauchte Kleidungsstücke, sowie die gezielte Ausrottungspolitik der Farmer, die durch das Aussetzen von Kopfpreisen für die Massaker verantwortlich waren, dezimierte sich die indigene Bevölkerung in wenigen Jahren. An dieser traurigen Tatsache vermochten auch die im Gebiet um Punta Arenas seit 1875 niedergelassenen Salesianermissionare nichts zu ändern. In bester Absicht wollten sie ihre Schutzbefohlenen vor den Übergriffen schützen, doch durch die Erziehung der Kinder nach europäischen Idealen wurden Zerfall der Stammesgemeinschaften und der Verlust von Sprache und Kultur nur vorangetrieben.

amerikanischen Festland und der vorgelagerten Inselwelt wurde 1520 von dem portugiesischen Seefahrer Ferdinand Magellan auf seiner ersten Weltumseglung entdeckt und nach ihm benannt. Sie beginnt an der Atlantikküste nördlich der Isla Grande de Tierra del Fuego und führt über 570 km zwischen zahllosen Inseln hindurch um die Südspitze Kontinentalamerikas herum. Bis zum Bau des Panamakanals war die nicht ganz ungefährliche Route die wichtigste Verbindung zwischen dem Atlantischen und dem Pazifischen Ozean.

**Beagle-Kanal** Nicht weniger berühmt als die Magellanstraße ist der Beagle-Kanal im Süden Feuerlands. Die schmale Wasserstraße trennt die Isla Grande von den südlich gelegenen Inseln Navarino, Hoste und Gordon. Sie wurde 1831 von Robert FitzRoy auf einer Forschungsexpedition mit der »HMS Beagle« entdeckt. Mit an Bord war Charles Darwin, der auf dieser Reise entscheidende Erkenntnisse über die Evolution der Arten gewann.

**Kap Hoorn** Obwohl Kap Hoorn nach wie vor zu den stürmischsten und gefährlichsten Orten der Welt zählt, brechen immer mehr Kreuzfahrtschiffe zu dem berühmt-berüchtigten Felsen auf der Isla de Hornos 260 km vor der Südspitze Kontinentalamerikas auf.
Bei gutem Wetter werden die Passagiere mit kleinen Booten auf das wenige Quadratkilometer große Eiland gebracht. In Sichtweite des Felsens führt eine Holztreppe auf das Inselplateau; dort erinnert ein Monument an die vielen ertrunkenen Seeleute.

**Bild rechts: Der Beagle-Kanal ist von schneebedeckten Bergen eingefasst.**

# Osterinsel

## Nationalpark Rapa Nui

Archäologische Untersuchungen belegen, dass die Osterinsel schon um 400 erstmals besiedelt wurde. Eine zweite Besiedlung fand vermutlich im 14. Jh. statt, als der sagenumwobene König Hotu Matua mit Gefolgsleuten aus Polynesien hier eingetroffen sein soll. Die Polynesier nannten die Insel Rapa Nui, »Große Insel«. Berühmte Zeugnisse ihrer Kultur sind mehrere Hundert »Moais«, bis zu zehn Meter hohe Skulpturen aus Tuffstein, die auf großen Plattformen, den »Ahus«, stehen, sowie die Rongorongo-Schrift, eine Art Bilderschrift.

Die Figuren und Köpfe aus Tuffstein geben bis heute Rätsel auf.

**Die politisch zu Chile gehörende Osterinsel liegt etwa 3800 km von der chilenischen Küste entfernt mitten im Pazifischen Ozean. Nicht zuletzt aufgrund der isolierten Lage ist sie ein exklusives Kreuzfahrtziel und wird nur selten angelaufen. Die Schiffe gehen vor Hanga Roa, dem an der Südwestküste gelegenen einzigen Inselort, vor Anker und bringen die Passagiere mit Booten an Land.**

**Land:** Chile
**Fläche:** 162 km²
**Einwohner:** 4000
**Sprache:** Spanisch, Rapanui
**Währung:** Chilenischer Peso
**Hauptreisezeit:** November bis März
**Zeitzone:** UTC – 6

Hanga Roa präsentiert sich als ruhiges, verträumtes Südsee-Dorf mit rund 3800 Einwohnern. Die touristische Infrastruktur ist dennoch gut entwickelt. Einheimische und Archäologen bieten Inseltouren an. Die entlang der Küste rund um die Insel errichteten Kultstätten können über eine Straße erreicht werden. Gleich hinter dem Dorffriedhof im Norden von Hanga Roa befinden sich drei Ahus, die von Archäologen restauriert wurden. Hier fällt sofort die Statue des Ko te Riku auf. Der 4,75 m große Moai blickt die Besucher aus weißen Korallenaugen an. Das 🏛 **Museo Antropológico Padre Sebastián Englert** in der Nähe der Ahus informiert über die Geschichte der Osterinsel. Die einzigen Moais, die aufs Meer hinaus zu blicken scheinen, sind die Statuen des Ahu Akivi. Sie wurden ein Stück weit landeinwärts nordöstlich des Museums aufgestellt.

Die wohl meistfotografierte Kultstätte der Osterinsel befindet sich an der Nordostküste. Die 15 Kolossalstatuen des **Ahu Tongariki** wurden bei einem Tsunami, der 1960 das Eiland hereinbrach, umgestürzt und in mühevoller Arbeit wieder aufgebaut.

Kein Besucher der Osterinsel sollte eine Besichtigung des erloschenen **Rano Raraku** versäumen. Die Hänge des Vulkans sind mit Hunderten von nur halb bearbeiteten Statuen übersät, dank derer die Archäologen wichtige Erkenntnisse über die Herstellung der Kolosse und ihren Transport gewannen. Auch ein Abstecher zu der Ruinenstätte **Orongo** ganz im Süden der Osterinsel ist ein Muss. Die 52 Steinhäuser des Dorfs wurden am Rand des Vulkans Rano Kao auf einem zum Meer steil abfallenden Felsgrat errichtet.

**Bild rechts: Mit einer Entfernung von ca. 3800 km zum südamerikanischen Festland und etwa 4200 km bis Tahiti ist die Insel einer der isoliertesten Orte überhaupt.**

Die Bedeutung der Moais (rechts) konnte bisher nicht gänzlich geklärt werden. Archäologen vermuten aber, dass sie der Ahnenverehrung und einem Totenkult dienten. Die extreme Isoliertheit des Lebens-

raums führte immer wieder zu Stammesfehden, die 1680 in der Zerstörung der Kultstätten gipfelten. Fast die ganze Osterinsel ist als Nationalpark ausgewiesen und steht auf der UNESCO-Weltkulturerbeliste

Die Adeliepinguine leben auf dem Hauptteil des antarktischen Kontinents und lassen sich aus der Entfernung gut beobachten.

# Die Antarktis

**Bis weit in das 20. Jh. wagten sich nur einige Abenteurer und Forschungsreisende in die Südpolarregion vor. Heute gehört sie fast schon zu den klassischen Zielen einer Kreuzfahrt. Die Reise führt in eine eisige Glitzerwelt. Auch im Sommer zeigt das Thermometer selbst auf der Antarktischen Halbinsel mit ihrem vergleichsweise milden Klima nicht mehr als 3 Grad an. Ein bis zu 2 km mächtiger Eisschild bedeckt fast den gesamten Kontinent. Die bis auf 2800 m ansteigenden Gebirgszüge in der gesamten Region sind stark vergletschert und den Sommer über in ein magisches Licht getaucht.**

# Die Antarktische Halbinsel

## Pinguine

Hätte die Antarktis ein Wappentier – es wäre der Kaiserpinguin. 17 Arten der flugunfähigen Vögel gibt es weltweit (nördlich bis Galápagos). Der Kaiserpinguin lebt nur hier; er erreicht eine Höhe von 1,20 m und ein Gewicht von 30 kg. Er ist wie der etwa 30 cm kleinere und 10 kg leichtere Königspinguin (rechts) gut an seinen charakteristischen orangefarbenen Streifen am Hals zu erkennen. Der am häufigsten vorkommende Pinguin in der Antarktis, der Adeliepinguin, ist 45–70 cm hoch, rund 5 kg schwer und oben schwarz und unten weiß gefärbt. Er besitzt einen kurzen

**Eisformationen in Paradise Bay auf der Antarktischen Halbinsel.**

**Mit einer Gesamtfläche von 14 Mio. km² ist der Kontinent Antarktika größer als Europa. Nahezu 100 Prozent des Gebiets sind mit einer bis zu 2 km mächtigen Eisschicht bedeckt. Bis weit in das 20. Jh. haben sich nur Abenteurer in diesen abgelegensten Winkel der Erde vorgewagt. Weite Teile des Kontinents sind bis heute unzugänglich. Die meisten Kreuzfahrtschiffe steuern deshalb die Antarktische Halbinsel, deren Nordspitze noch oberhalb des südlichen Polarkreises liegt, an.**

Obwohl die Antarktische Halbinsel mittlerweile jedes Jahr von sehr vielen Touristen besucht wird, ist eine Kreuzfahrt in der Region immer noch ein Abenteuer. Die Fahrt führt in eine abweisende und dennoch faszinierend schöne Welt. Die meisten Cruiseliner brechen in **Ushuaia** oder **Punta Arenas** zu ihren Expeditionen auf.

Allein die Fahrt ist ein unvergessliches Erlebnis. Je weiter man nach Süden vorstößt, desto dichter ist der Ozean mit Eisschollen bedeckt und desto öfter treiben massive Eisberge am Schiff vorbei. Von den vielen Punkten auf der Antarktischen Halbinsel, die leicht zugänglich sind, ragen einige besonders hervor. In **Paradise Bay** an der Westküste etwa bietet der – vor einer atemberaubenden Kulisse von bis zu 2000 m hohen Gebirgszügen – kalbende Gletscher ein spektakuläres Naturschauspiel. Der natürliche Hafen **Port Lockroy** an der Westküste der Wiencke-Insel, eines kleinen, Paradise Bay vorgelagerten Eilands, wurde einst von Wal- und Robbenfängern genutzt. In der Mitte des 20. Jh.s errichteten britische Forscher auf der winzigen Insel im Hafen eine **Forschungsstation**, die in den 1990er-Jahren in ein kleines 🏛 **Museum** umgewandelt wurde. Am nördlichsten Punkt der Antarktischen Halbinsel, der **Hope Bay**, können Besucher Einblicke in den Alltag einer Antarktis-Station gewinnen. Die argentinische Station Esperanza wird zwar militärisch genutzt, dennoch steht sie für Besichtigungen zur Verfügung.

Die Antarktische Halbinsel ist ein außergewöhnliches Tierparadies. Bei einer Kreuzfahrt durch die Gewässer tauchen hin und wieder Buckelwale und Orcas auf. Die Küstenregion bietet außerdem Pinguin- und Robbenarten sowie unzähligen Seevögeln einen Lebensraum. Tierbeobachtungen sind bei jeder Kreuzfahrt eingeplant.

**Bild rechts: Der natürliche Hafen Port Lockroy ist Anlaufpunkt für Kreuzfahrtschiffe wie hier die »Clipper Adventurer«.**

Schnabel, weiße Augenringe, gelbe Füße und lebt wie alle Pinguine in Kolonien, die oft sehr groß sind. So gibt es Kolonien von Adeliepinguinen mit etwa 1 Mio. Individuen. Insgesamt wird ihr Bestand auf rund

20 Mio. Tiere geschätzt. Neben dem Kaiserpinguin ist der Adeliepinguin die zweite Pinguinart, die auf dem antarktischen Hauptkontinent lebt. Alle anderen Arten bevölkern die Inseln um den Südkontinent.

**Etwa 20 verschiedene Walarten kommen, zumindest zeitweise, in den Gewässern der Antarktis vor. Ihr Anblick von Deck eines Kreuzfahrtschiffes ist immer ein besonderes Erlebnis (unten).**

»Wild wie kein anderes Land unserer Erde liegt es da, ungesehen und unbetreten«, schrieb 1911 Roald Amundsen über die Antarktis in sein Reisetagebuch. Heute wird diese Region gern per Schiff bereist.

Die »Sea Princess« bietet an Bord Abwechslung und Erholung gleichermaßen.

# Die attraktivsten Kreuzfahrtschiffe der Welt

Bis weit in die 1980er-Jahre waren Kreuzfahrten ein Luxusvergnügen für eine gut betuchte Minderheit. Heute bieten die Reedereien Kreuzfahrten für fast jeden Geschmack und jeden Geldbeutel. Die Schiffe, die in den vergangenen Jahren vom Stapel liefen, wurden für unterschiedlichste Zielgruppen konzipiert und gebaut. Auf den Luxuslinern wird nach wie vor Wert auf Etikette gelegt. Die großen Megaliner bieten ein vielseitiges Freizeit- und Entertainmentprogramm für die ganze Familie. Auf den Expeditionsschiffen stehen die Landgänge im Mittelpunkt, und alte Seefahrerromantik lässt sich auf Segelkreuzfahrtschiffen genießen.

# Die größten Kreuzfahrtschiffe der Welt

Die großen Kreuzfahrtveranstalter stehen heute in einem harten Wettbewerb um Ausmaße und Ausstattung ihrer Schiffe. Die größten Kreuzfahrtschiffe sind über 350 Meter lang, wei-

| Name | Werft | Baujahr | BRZ | Länge (Meter) | Kabinen | Passagiere | Besatzung |
|---|---|---|---|---|---|---|---|
| Allure of the Seas | STX Cruise Oy, Turku (Finnland) | 2010 | 220.000 | 361 | 2700 | 5400 | 2100 |
| Oasis of the Seas | STX Cruise Oy, Turku (Finnland) | 2009 | 220.000 | 361 | 2700 | 5400 | 2100 |
| Queen Mary 2 | Chantiers de l'Atlantique, Saint-Nazaire (Frankreich) | 2003 | 148.873 | 345 | 1310 | 3090 | 1253 |
| Disney Fantasy | Meyer Werft, Papenburg (Deutschland) | 2012 | 128.000 | 340 | 1115 | 4000 | 1450 |
| Disney Dream | Meyer Werft, Papenburg (Deutschland) | 2010 | 129.690 | 339 | 2350 | 4000 | 1453 |
| Freedom of the Seas | Aker Yards, Turku (Finnland) | 2006 | 154.407 | 339 | 1817 | 3634 | 1365 |
| Independence of the Seas | Aker Yards, Turku (Finnland) | 2008 | 154.407 | 339 | 1817 | 3634 | 1365 |
| Liberty of the Seas | Aker Yards, Turku (Finnland) | 2007 | 154.407 | 339 | 1817 | 3634 | 1365 |
| MSC Divina | STX France Cruise, Saint-Nazaire (Frankreich) | 2012 | 133.500 | 333 | 1637 | 3274 | 1332 |
| MSC Fantasia | Chantiers de l'Atlantique, Saint-Nazaire (Frankreich) | 2008 | 133.500 | 333 | 1637 | 3274 | 1325 |
| MSC Splendida | Chantiers de l'Atlantique, Saint-Nazaire (Frankreich) | 2009 | 137.936 | 333 | 1637 | 3274 | 1332 |
| Norwegian Epic | STX France Cruise, Saint-Nazaire (Frankreich) | 2010 | 155.873 | 329 | 2050 | 4100 | 1753 |
| Celebrity Silhouette | Meyer Werft, Papenburg (Deutschland) | 2011 | 122.210 | 315 | 1443 | 2886 | 1250 |

sen um die 20 Decks auf und beherbergen einschließlich der Besatzung bis zu 7500 Menschen an Bord – nicht umsonst spricht man von schwimmenden Kleinstädten. Pools und eine große Auswahl an hochklassigen Restaurants sind schon so selbstverständlich, dass sie in dieser Auflistung der derzeit (2012) längsten Kreuzfahrtschiffe gar nicht extra aufgeführt werden.

| Highlights an Bord | Klassifizierung | Aktuelle Reederei | Einsatzgebiet | Kontakt / Buchung | Bemerkungen |
|---|---|---|---|---|---|
| 7 Lifestyle-Areale, Garten-/Parklandschaft »Central Park«, Boardwalk mit Karussell, Aqua-/Amphitheater, größter Kinderbereich auf See, Kletterwände, Zip-Line, Loft-Suiten | ****+ | Royal Caribbean International | Karibik | www.royalcaribbean.de | |
| 7 Lifestyle-Areale, Garten-/Parklandschaft »Central Park«, Boardwalk mit Karussell im Stil englischer Piers, Aqua-/Amphitheater, Kids Shopping, Kletterwände, Zip-Line, Loft-Suiten | ****+ | Royal Caribbean International | Karibik | www.royalcaribbean.de | 2009 längstes Kreuzfahrtschiff der Welt |
| Spa-Bereich über 2 Decks, Fitness-Center, Joggingbahn, Golfsimulator, Kasino, Theater, Planetarium, Kunstgalerie, Hundezwinger | ***** | Cunard Line | Transatlantikliner | www.cunard.de | |
| 2 Theater, Spa-Bereich, Fitness-Center, Basket-/Volleyballfeld, Disney-Figuren und -Entertainment, Wildwasserbahn »Aqua Duck«, Kinderprogramm, Familienkabinen | **** | Disney Cruise Line | Karibik | http://disneycruise.disney.go.com | |
| 2 Theater, Spa-Bereich, Fitness-Center, Basket-/Volleyballfeld, Disney-Figuren und -Entertainment, Wildwasserbahn »Aqua Duck«, Kinderprogramm, Familienkabinen | **** | Disney Cruise Line | Karibik | http://disneycruise.disney.go.com | |
| Eislaufbahn, Surfpark, Wasserpark, freitragende Whirlpools, Boxring, Basket-/Volleyballfeld, Kletterwand, Kinderprogramm »Adventure Ocean«, Minigolf, Familenkabinen | **** | Royal Caribbean International | Karibik | www.royalcaribbean.de | |
| Eislaufbahn, Surfpark, Wasserpark, freitragende Whirlpools, Boxring, Basket-/Volleyballfeld, Kletterwand, Minigolf, Kinderprogramm | **** | Royal Caribbean International | Atlantik Westeuropa, Mittelmeer, Karibik | www.royalcaribbean.de | |
| Eislaufbahn, Surfpark, Wasserpark, freitragende Whirlpools, Boxring, Basket-/Volleyballfeld, Kletterwand, Kinderprogramm »Adventure Ocean«, Minigolf, Familenkabinen | **** | Royal Caribbean International | Karibik | www.royalcaribbean.de | |
| Spa (1700 m², 28 Spa-Suiten), Fitness-Center, Kino, Theater, Formel-1-Simulator, Aquapark, 5 Pools (1x mit Glasdach), Tennisplatz | ****+ | MSC Crociere | Mittelmeer, Südwesteuropa | www.msc-kreuzfahrten.de | |
| Spa, Fitness-Center, 4D-Kino, 4 Pools (1x mit Glasdach), exklusiver »Yacht Club« | ****+ | MSC Crociere | Mittelmeer, Südwesteuropa | www.msc-kreuzfahrten.de | |
| Spa (1700 m²), 4D-Kino, 4 Pools (1x mit Glasdach), Butlerservice, Open-Air-Kino | ****+ | MSC Crociere | Mittelmeer, Südwesteuropa | www.msc-kreuzfahrten.de | |
| Spa, Fitness-Center, Theater, 21 Essoptionen, Circus, Aquapark, Bowling, Famlienkabinen | **** | Norwegian Cruise Line | Mittelmeer, Karibik | www.ncl.de | |
| Spa, Fitness-Center, Echtrasen, Freiluftgrill, Theater, Disco, Kasino, Malkurse | ***** | Celebrity Cruises | Mittelmeer, Karibik | www.celebritycruises.de | |

Mit der Indienststellung der »Oasis of the Seas« und ihres Schwesterschiffs »Allure of the Seas« in den Jahren 2009 bzw. 2010 wurde eine neue Ära in der Kreuzschifffahrt eingeläutet. Mehr als einem klassischen Kreuzfahrtschiff gleichen diese Giganten der Meere einer schwimmenden Stadt, die ihren Gästen jede nur erdenkliche Zerstreuung und Abwechslung bieten kann. Auf 7 der jeweils 18 Decks der beiden Riesen wurden Erlebniswelten geschaffen, in denen die Passagiere unter einer Fülle von Freizeitvergnügen wählen können. In der Pool and Sports Zone befinden sich nicht nur mehrere Swimmingpools, sondern auch eine Minigolfanlage sowie ein Basketballfeld. Es gibt einen Wellness- und eine Entertainmentbereich mit Theater, Jazzclub, Tanz-Lounge und Spielcasino. Im mit 12 000 echten Pflanzen begrünten »Central

Park« auf Deck 8 locken ebenso wie auf der Royal Promenade von Deck 5 mehrere Restaurants und Geschäfte. Speziell für Kids wurde eine Youth Zone mit Theater, Computer- und einem science lab geschaffen.

Die »R.M.S. Queen Mary 2« ist das Flaggschiff der britischen Reederei Cunard Line. Sie wurde mit 148 528 BRZ vermessen und gehört neben der Oasis of the Seas und den drei Schiffen der »Freedom«-Klasse zu den größten Passagierschiffen der Welt. Mit ihrer Länge von 345,03 m ist »Queen Mary 2« das zweitlängste Passagierschiff der Welt. Als eines der größten beweglichen von Menschen gebauten Objekte bietet sie in 1310 Kabinen bis zu 3090 Passagieren Platz; 77 Prozent der Kabinen sind Außenkabinen (ganz rechts: Grand Duplex Suite). Die Besatzung umfasst 1253 Personen. Der Zugang zum Schiff bildet die Grand Lobby (rechts), die mit einem großen Treppenhaus und zwei Panorama-Aufzügen ausgestattet ist. An Bord befinden sich sieben Restaurants, darunter das Britannia Restaurant mit 1347 Plätzen. Das Royal Court

Theatre ist der Haupttheatersaal und bietet Platz für über 1000 Besucher. In unmittelbarer Nähe befindet sich »Illuminations«, das erste Planetarium auf See, das auch als Kinosaal genutzt werden kann.

| Name | Werft | Baujahr | BRZ | Länge (Meter) | Kabinen | Passagiere | Besatzung |
|---|---|---|---|---|---|---|---|
| Celebrity Eclipse | Meyer Werft, Papenburg (Deutschland) | 2010 | 121.878 | 315 | 1426 | 2852 | 1250 |
| Celebrity Equinox | Meyer Werft, Papenburg (Deutschland) | 2009 | 121.878 | 315 | 1426 | 2852 | 1250 |
| Celebrity Solstice | Meyer Werft, Papenburg (Deutschland) | 2008 | 121.878 | 315 | 1426 | 2852 | 1250 |
| Celebrity Reflection | Meyer Werft, Papenburg (Deutschland) | 2012 | 126.000 | 315 | 1515 | 3030 | 1250 |
| Adventure of the Seas | Kvaerner Masa-Yards, Turku (Finnland) | 2001 | 137.276 | 311 | 1557 | 3114 | 1185 |
| Explorer of the Seas | Kvaerner Masa-Yards, Turku (Finnland) | 2000 | 137.276 | 311 | 1557 | 3114 | 1185 |
| Mariner of the Seas | Kvaerner Masa-Yards, Turku (Finnland) | 2003 | 138.279 | 311 | 1557 | 3114 | 1181 |
| Navigator of the Seas | Kvaerner Masa-Yards, Turku (Finnland) | 2002 | 138.279 | 311 | 1557 | 3114 | 1181 |
| Voyager of the Seas | Kvaerner Masa-Yards, Turku (Finnland) | 1999 | 137.276 | 311 | 1557 | 3114 | 1181 |
| Carnival Breeze | Fincantieri Cantieri Navali Italiani, Monfalcone (Italien) | 2012 | 130.000 | 306 | 1845 | 3690 | 1386 |
| Carnival Dream | Fincantieri Cantieri Navali Italiani, Monfalcone (Italien) | 2009 | 128.251 | 306 | 1823 | 3646 | 1369 |
| Carnival Magic | Fincantieri Cantieri Navali Italiani, Monfalcone (Italien) | 2011 | 128.048 | 306 | 1845 | 3646 | 1369 |
| Enchantment of the Seas | Kvaerner Masa-Yards, Turku (Finnland) | 1997 | 82.910 | 301 | 1126 | 2446 | 840 |
| Celebrity Constellation | Chantiers de l'Atlantique, Saint-Nazaire (Frankreich) | 2002 | 90.280 | 294 | 975 | 1950 | 999 |
| Celebrity Infinity | Chantiers de l'Atlantique, Saint-Nazaire (Frankreich) | 2001 | 90.280 | 294 | 975 | 1950 | 999 |
| Celebrity Millennium | Chantiers de l'Atlantique, Saint-Nazaire (Frankreich) | 2000 | 90.228 | 294 | 975 | 1950 | 999 |
| Celebrity Summit | Chantiers de l'Atlantique, Saint-Nazaire (Frankreich) | 2001 | 90.280 | 294 | 975 | 1950 | 999 |

| Highlights an Bord | Klassifizierung | Aktuelle Reederei | Einsatzgebiet | Kontakt / Buchung | Bemerkungen |
|---|---|---|---|---|---|
| Spa, Fitness-Center, Echtrasen, Freiluftgrill, Theater | ***** | Celebrity Cruises | Mittelmeer, Karibik, Nordeuropa | www.celebritycruises.de | |
| Spa, Fitness-Center, fast alle Kabinen mit Balkonen, Echtrasen, Theater, Disco | ***** | Celebrity Cruises | Mittelmeer, Karibik, Transatlantik | www.celebritycruises.de | |
| Spa, Fitness-Center, 90% Außenkabinen, Echtrasen, Theater, Kasino, Glasbläserei | ***** | Celebrity Cruises | Mittelmeer, Karibik, Transatlantik | www.celebritycruises.de | |
| Spa, Fitness-Center, Echtrasen, Freiluftgrill, Ausflugsboote an Bord, Malstudio | ***** | Celebrity Cruises | | www.celebritycruises.de | |
| Eislaufbahn, Inline-Skating, Kletterwand, Basket-/Volleyballfeld, Shoppingmeile »Royal Promenade« (4 Decks hoch), Kinderprogramm | **** | Royal Caribbean International | Karibik | www.royalcaribbean.de | |
| Eislaufbahn, Inline-Skating, Kletterwand, Basket-/Volleyballfeld, Shoppingmeile »Royal Promenade«, Kinderprogramm | **** | Royal Caribbean International | Karibik | www.royalcaribbean.de | |
| Eislaufbahn, Inline-Skating, Kletterwand, Basket-/Volleyballfeld, Shoppingmeile »Royal Promenade«, Kinderprogramm | **** | Royal Caribbean International | Mittelmeer, Karibik, Transatlantik | www.royalcaribbean.de | |
| Eislaufbahn, Inline-Skating, Kletterwand, Basketball-/Volleyballfeld, Golfsimulator, Shoppingmeile »Royal Promenade«, Kasino | **** | Royal Caribbean International | Mittelmeer, Karibik, Transatlantik | www.royalcaribbean.de | |
| Eislaufbahn, Inline-Skating, Kletterwand, Basketball-/Volleyballfeld, Golfsimulator, Shoppingmeile »Royal Promenade« | **** | Royal Caribbean International | Mittelmeer, Karibik, Indischer Ozean, Asien, Australien | www.royalcaribbean.de | |
| Spa, Fitness-Center, Wasserpark, Hochseilpark, Kasino, Basketballfeld, Joggingbahn, 5D-Kino, Diskothek, Kinder-/Teenager-Programm | **** | Carnival Cruise Lines | Karibik, Mittelmeer | www.carnivalcruiselines.de | |
| Spa, Fitness-Center, Wasserpark mit Rutschen, Kasino, Joggingbahn, Basket-/Volleyballfeld, Kinder-/Teenager-Programm | **** | Carnival Cruise Lines | Karibik | www.carnivalcruiselines.de | |
| Spa, Fitness-Center, Wasserpark mit Rutschen, Kasino, Basketballfeld, Joggingbahn, Diskothek, Kinder-/Teenager-Programm | **** | Carnival Cruise Lines | Karibik | www.carnivalcruiselines.de | |
| Spa, Fitness-Center, Kletterwand, Bungee-Trampoline, Kinderbereich, Hängebrücke | **** | Royal Caribbean International | Karibik | www.royalcaribbean.de | |
| Spa (Wellness-Deck), (Musik-)Bibliothek, Kasino, Aromaraum »The Conservatory« | ***** | Celebrity Cruises | Karibik, Mittelmeer, Nordeuropa, Westeuropa | www.celebritycruises.de | |
| Spa (Wellness-Deck), (Musik-)Bibliothek, Kasino, Basket-/Volleyballfeld, Golfsimulator | ***** | Celebrity Cruises | Südamerika, Alaska | www.celebritycruises.de | |
| Spa, (Musik-)Bibliothek, Kasino, Aromaraum »The Conservatory« | ***** | Celebrity Cruises | Karibik, USA Westküste, Alaska, Hawaii | www.celebritycruises.de | erstes Kreuzfahrtschiff mit Gasturbinen |
| Spa, (Musik-)Bibliothek, Kasino, Aromaraum »The Conservatory« | ***** | Celebrity Cruises | Karibik, USA/Kanada Ostküste | www.celebritycruises.de | |

Mit der Indienststellung der »Disney Dream« und der »Disney Fantasy« umfasst die Flotte der Disney Cruise Line nunmehr vier große Luxusliner. Seit 1995 bietet das Unternehmen Traumreisen speziell für Familien mit Kindern an. An Bord der Schiffe finden sich Clubräume und Themenbereiche für jede Altersgruppe sowie Bühnen, auf denen fantastische Shows und Musicals inszeniert werden. Sie führen das Programm von Walt Disney fort und schaffen magische Welten für Jung und Alt. Natürlich dürfen auf solchen Schiffen Donald Duck und Micky Maus nicht fehlen. Auf Deckparties treten sie als überlebensgroße Puppen auf. Alle Schiffe sind mit mehreren Pools, Spa- und Wellness-Bereichen sowie Minigolfanlagen und Basketballfeldern ausgestattet. Es gibt mehrere Restaurants, Cafés und – für die Erwachsenen – Bars, Nightclubs

und Dancing Lounges. Die Disney Dream verfügt überdies als erstes Kreuzfahrtschiff der Welt über eine Wasserrutsche, die über mehrere Decks die Reling entlang führt und grandiose Ausblicke auf das Meer erlaubt.

| Name | Werft | Baujahr | BRZ | Länge (Meter) | Kabinen | Passagiere | Besatzung |
|---|---|---|---|---|---|---|---|
| Coral Princess | Chantiers de l'Atlantique, Saint-Nazaire (Frankreich) | 2003 | 91.627 | 294 | 987 | 1974 | 900 |
| Costa Deliziosa | Fincantieri Cantieri Navali Italiani, Marghera (Italien) | 2010 | 92.600 | 294 | 1130 | 2826 | 1100 |
| Costa Luminosa | Fincantieri Cantieri Navali Italiani, Marghera (Italien) | 2009 | 92.600 | 294 | 1130 | 2826 | 921 |
| Disney Magic | Fincantieri Cantieri Navali Italiani, Marghera (Italien) | 1998 | 83.338 | 294 | 877 | 2700 | 945 |
| Disney Wonder | Fincantieri Cantieri Navali Italiani, Marghera (Italien) | 1999 | 83.308 | 294 | 877 | 2700 | 945 |
| Island Princess | Chantiers de l'Atlantique, Saint-Nazaire (Frankreich) | 2003 | 91.627 | 294 | 987 | 1974 | 900 |
| MSC Magnifica | STX France Cruise, Saint-Nazaire (Frankreich) | 2010 | 95.128 | 294 | 1259 | 2518 | 1027 |
| MSC Musica | Chantiers de l'Atlantique, Saint-Nazaire (Frankreich) | 2006 | 92.409 | 294 | 1275 | 2550 | 1027 |
| MSC Orchestra | Chantiers de l'Atlantique, Saint-Nazaire (Frankreich) | 2007 | 92.409 | 294 | 1275 | 2550 | 1027 |
| MSC Poesia | Chantiers de l'Atlantique, Saint-Nazaire (Frankreich) | 2008 | 92.627 | 294 | 1275 | 2550 | 10207 |
| Norwegian Dawn | Meyer Werft, Papenburg (Deutschland) | 2002 | 92.250 | 294 | 1120 | 2340 | 1073 |
| Norwegian Gem | Meyer Werft, Papenburg (Deutschland) | 2007 | 93.530 | 294 | 1188 | 2394 | 1101 |
| Norwegian Jade | Meyer Werft, Papenburg (Deutschland) | 2006 | 93.558 | 294 | 1188 | 2402 | 1078 |
| Norwegian Jewel | Meyer Werft, Papenburg (Deutschland) | 2005 | 93.502 | 294 | 1188 | 2376 | 1100 |
| Norwegian Pearl | Meyer Werft, Papenburg (Deutschland) | 2006 | 93.530 | 294 | 1188 | 2394 | 1084 |
| Norwegian Star | Meyer Werft, Papenburg (Deutschland) | 2001 | 91.740 | 294 | 1120 | 2348 | 1065 |

| Highlights an Bord | Klassifizierung | Aktuelle Reederei | Einsatzgebiet | Kontakt / Buchung | Bemerkungen |
|---|---|---|---|---|---|
| Spa, Fitness-Center, 3 Theater, Kasino, Golfplatz/-simulatoren, Tennisplatz, Kunstauktionen, Hochzeitskapelle | **** | Princess Cruises | Karibik, USA Westküste, Alaska | www.princesscruises.de | |
| Spa-Bereich (3500 m²), Fitness-Center, Golf-simulator, Sportplatz, Joggingbahn, 4D-Kino, Theater, Kasino, Disco | ****+ | Costa Crociere | Mittelmeer, Kanaren, Nordeuropa, Ostsee, Weltreise | www.costakreuzfahrten.de | |
| Spa-Bereich (3500 m²), Fitness-Center, Golf-Simulator, Sportplatz, Joggingbahn, Botero-Skulptur, 4D-Kino, Theater, Kasino, Diskothek | ****+ | Costa Crociere | Mittelmeer, Kanaren, Nordeuropa, Ostsee, Indischer Ozean | www.costakreuzfahrten.de | |
| 2 Theater, Spa, Fitness-Center, Basket-/Volleyballfeld,Tischtennis, Disney-Figuren/-Entertainment, Kinderprogramm, Familienkabinen | **** | Disney Cruise Line | Mittelmeer, Nordeuropa, Karibik | http://disneycruise.disney.go.com | |
| 2 Theater, Spa, Fitness-Center, Basket-/Volleyballfeld,Tischtennis, Disney-Figuren/-Entertainment, Kinderprogramm, Familienkabinen | **** | Disney Cruise Line | Karibik | http://disneycruise.disney.go.com | |
| 90% Außenkabinen, Spa, Fitness-Center, 3 Theater, Kasino, Tennisplatz, Kunstauktionen, Hochzeitskapelle | **** | Princess Cruises | Karibik, USA Westküste, Alaska | www.princesscruises.de | |
| Spa, Fitness-Center, 3 Pools, Theater, Kino, Kasino, Disco, Jogging-Parcour, Tennisplatz | **** | MSC Crociere | Mittelmeer, Nordeuropa | www.msc-kreuzfahrten.de | |
| Spa, Fitness-Center, Theater, Diskothek, Kasino, Joggingbahn, Kletterwand, Golfsimulator | **** | MSC Crociere | Mittelmeer, Südamerika | www.msc-kreuzfahrten.de | |
| Spa, Fitness-Center, Theater, Diskothek, Kasino, Joggingbahn, Kletterwand, Golfsimulator | **** | MSC Crociere | Mittelmeer, Westeuropa, Brasilien | www.msc-kreuzfahrten.de | |
| Spa, Fitness-Center, Theater, Diskothek, Kasino, Wasserfall, Zen-Garten, Kletterwand | **** | MSC Crociere | Karibik, Mittelmeer, Ostsee, Nordeuropa | www.msc-kreuzfahrten.de | |
| 2x 622 m²-Suites »Garden Villa«, Spa, Fitness-Center, Kino, Kasino, Volley-/Basketballfeld | **** | Norwegian Cruise Line | Karibik, USA/Kanada Ostküste | www.ncl.de | |
| Spa, Fitness-Center, Kletterwand, Bowlingbahn, Theater, Kasino, Suiten mir Garten | **** | Norwegian Cruise Line | Karibik, USA/Kanada Ostküste | www.ncl.de | |
| Spa, Fitness-Center, Garden/Courtyard-Villen mit privatem Garten/Sonnendeck, Theater | **** | Norwegian Cruise Line | Mittelmeer, Kanarische Inseln | www.ncl.de | |
| Spa, Fitness-Center, Theater, Kasino, Basket-/Volleyball-/Tennisplatz, Kinderprogramm | **** | Norwegian Cruise Line | Karibik, USA Westküste, Alaska | www.ncl.de | |
| Garden/Courtyard Villen mit privatem Garten/Sonnendeck, Spa, Bowlingbahn, Theater | **** | Norwegian Cruise Line | Karibik, USA Westküste, Alaska | www.ncl.de | |
| Spa, Fitness-Center, Jogging-Track, Basketball-/Volleyball-/Tennisplatz, Joggingbahn, Theater, Kino, Theater | **** | Norwegian Cruise Line | Karibik | www.ncl.de | |

Bis zur Indienststellung der »Oasis of the Seas« war die 2005 vom Stapel gelaufene »Freedom of the Seas« das gigantischste jemals gebaute Kreuzfahrtschiff. Die Royal Caribbean Cruise Line setzte mit ihr ganz neue Maßstäbe im Kreuzfahrtgeschäft und führte zugleich eine Tradition des Unternehmens fort. Wie kein zweiter Veranstalter wirbt die Reederei mit der gewaltigen Größe und der üppigen Ausstattung ihrer Schiffe um Passagiere. Die Schiffe der RCCL sind schwimmende Freizeit- und Erlebnisparks mit einem vielfältigen Angebot an In- und Outdooraktivitäten. Sie sind nicht nur mit einfachen Swimmingpools ausgestattet, sondern verfügen auch über Eislaufflächen, Kletterwände, Minigolfanlagen und Basketballfelder. Wer will, kann auf den Schiffen von RCCL aber auch Surfen oder Inline-Skaten trainieren. Außerdem gibt es

einen großen Wellnessbereich sowie zahlreiche thematisch ausgerichtete Restaurants, Bars, Discos und Luxusgeschäften. Die Theater locken mit einem abwechslungsreichen Unterhaltungsprogramm.

| Name | Werft | Baujahr | BRZ | Länge (Meter) | Kabinen | Passagiere | Besatzung |
|---|---|---|---|---|---|---|---|
| **Queen Elizabeth** | Fincantieri Cantieri Navali Italiani, Monfalcone (Italien) | 2010 | 90.400 | 294 | 1034 | 2068 | 1003 |
| **Queen Victoria** | Fincantieri Cantieri Navali Italiani, Marghera (Italien) | 2007 | 90.049 | 294 | 995 | 1990 | 1003 |
| **Brilliance of the Seas** | Meyer Werft, Papenburg (Deutschland) | 2002 | 90.090 | 293 | 1055 | 2501 | 859 |
| **Carnival Legend** | Kvaerner Masa Yards, Helsinki (Finnland) | 2002 | 88.500 | 293 | 1062 | 2124 | 930 |
| **Carnival Miracle** | Kvaerner Masa Yards, Helsinki (Finnland) | 2004 | 85.920 | 293 | 1062 | 2124 | 934 |
| **Carnival Pride** | Kvaerner Masa Yards, Helsinki (Finnland) | 2002 | 85.920 | 293 | 1062 | 2124 | 930 |
| **Carnival Spirit** | Kvaerner Masa Yards, Helsinki (Finnland) | 2001 | 85.920 | 293 | 1062 | 2124 | 930 |
| **Costa Atlantica** | Kvaerner Masa Yards, Helsinki (Finnland) | 2000 | 85.619 | 293 | 1057 | 2680 | 920 |
| **Costa Mediterranea** | Kvaerner Masa Yards, Helsinki (Finnland) | 2003 | 85.619 | 293 | 1057 | 2680 | 897 |
| **Jewel of the Seas** | Meyer Werft , Papenburg (Deutschland) | 2004 | 90.090 | 293 | 1055 | 2110 | 859 |
| **Radiance of the Seas** | Meyer Werft, Papenburg (Deutschland) | 2001 | 90.090 | 293 | 1055 | 2110 | 858 |
| **Serenade of the Seas** | Meyer Werft, Papenburg (Deutschland) | 2001 | 90.090 | 293 | 1055 | 2110 | 858 |
| **Caribbean Princess** | Fincantieri Cantieri Navali Italiani, Monfalcone (Italien) | 2004 | 112.900 | 290 | 1557 | 3100 | 1200 |
| **Carnival Conquest** | Fincantieri Cantieri Navali Italiani, Monfalcone (Italien) | 2002 | 110.000 | 290 | 1487 | 2974 | 1180 |
| **Carnival Freedom** | Fincantieri Cantieri Navali Italiani, Marghera (Italien) | 2007 | 110.000 | 290 | 1487 | 2974 | 1180 |
| **Carnival Glory** | Fincantieri Cantieri Navali Italiani, Monfalcone (Italien) | 2003 | 110.000 | 290 | 1487 | 2974 | 1180 |
| **Carnival Liberty** | Fincantieri Cantieri Navali Italiani, Monfalcone (Italien) | 2005 | 110.000 | 290 | 1487 | 2974 | 1160 |

| Highlights an Bord | Klassifizierung | Aktuelle Reederei | Einsatzgebiet | Kontakt / Buchung | Bemerkungen |
|---|---|---|---|---|---|
| Art-deco-Ambiente, Spa, Fitness-Center, Tanzunterricht, Boule, Krocket, Kasino, Kino, Theater mit Privatlogen, Kinderprogramme | ***** | Cunard Line | Atlantik, Weltreise, Mittelmeer, Nordeuropa | www.cunard.de | |
| Spa, Fitness-Center, Fechtunterricht, Tischtennis, Kasino, Kino, Theater mit Privatlogen, Bibliothek, Vorträge, Kinderprogramme | ***** | Cunard Line | Mittelmeer, Nordeuropa, Nord-/Südamerika, Karibik | www.cunard.de | |
| Spa, Fitness-Center, Kletterwand, Basket-/Volleyballfeld, Jogging-Parcour, Kasino, Billard | **** | Royal Caribbean International | Mittelmeer, Indischer Ozean, Nordeuropa, Ostsee | www.royalcaribbean.de | |
| Spa, Fitness-Center, Kasino, Tischtennis, Basketballfeld, Kinder-/Teenager-Programm | **** | Carnival Cruise Lines | Karibik | www.carnivalcruiselines.de | |
| Spa, Fitness-Center, Kasino, 9-stöckiges Atrium, Kinder-/Teenager-Programm | **** | Carnival Cruise Lines | Karibik | www.carnivalcruiselines.de | |
| Spa, Fitness-Center, Kasino, Basket-/Volleyballfeld, Kinder-/Teenager-Programm | **** | Carnival Cruise Lines | Karibik | www.carnivalcruiselines.de | |
| Spa, Fitness-Center, Kasino, Tischtennis, Joggingbahn, Kinder-/Teenager-Programm | **** | Carnival Cruise Lines | Hawaii, Südsee, Mexiko, Alaska | www.carnivalcruiselines.de | |
| Spa über 2 Decks, Fitness-Center, Sportplatz, Joggingbahn, Theater, Kasino, Diskothek | **** | Costa Crociere | Karibik, Mittelmeer, Ostsee, Nordeuropa | www.costakreuzfahrten.de | |
| Spa über 2 Decks, Fitness-Center, Sportplatz, Joggingbahn, Theater, Kasino, Diskothek | **** | Costa Crociere | Karibik, Mittelmeer, Schwarzes Meer | www.costakreuzfahrten.de | |
| Spa, Fitness-Center, Kletterwand, Basket-/Volleyballfeld, Jogging-Parcour, Kasino, Billard | **** | Royal Caribbean International | Karibik, Ostsee, USA/Kanada Ostküste | www.royalcaribbean.de | |
| Spa, Fitness-Center, Kletterwand, Basket-/Volleyballfeld, Jogging-Parcour, Kasino, Billard | **** | Royal Caribbean International | Australien, Südpazifik, Hawaii, Alaska | www.royalcaribbean.de | |
| Spa, Fitness-Center, Kletterwand, Basket-/Volleyballfeld, Jogging-Parcour, Kasino, Billard | **** | Royal Caribbean International | Karibik, Mittelmeer | www.royalcaribbean.de | |
| Spa, Fitness-Center, Tennisplatz, Golfplatz/-simulatoren, Jogging-Parcour, Freilichtkino, Kasino, 3 Theater, Kunstauktionen | ***** | Princess Cruises | Karibik, Großbritannien, USA/Kanada Ostküste | www.princesscruises.de | |
| Spa, Fitness-Center, Basket-/Volleyballfeld, Kasino, Kino, Kinder-/Teenager-Programm | **** | Carnival Cruise Lines | Karibik | www.carnivalcruiselines.de | |
| Spa, Fitness-Center, Joggingbahn, Basket-/Volleyballfeld, Kasino, Open-Air-Kino, Kinder-/Teenager-Programm | **** | Carnival Cruise Lines | Karibik | www.carnivalcruiselines.de | |
| Spa, Fitness-Center, Wasserrutsche, Kasino, Basket-/Volleyballfeld, Kinderprogramm | **** | Carnival Cruise Lines | Karibik, USA/Kanada Ostküste | www.carnivalcruiselines.de | |
| Spa, Fitness-Center, Basket-/Volleyballfeld, Kasino, Open-Air-Kino, Kinder-/Teenager-Programm | **** | Carnival Cruise Lines | Karibik | www.carnivalcruiselines.de | |

| Name | Werft | Baujahr | BRZ | Länge (Meter) | Kabinen | Passagiere | Besatzung |
|---|---|---|---|---|---|---|---|
| Carnival Splendor | Fincantieri Cantieri Navali Italiani, Sestri Ponente (Italien) | 2008 | 113.323 | 290 | 1503 | 3006 | 1150 |
| Carnival Valor | Fincantieri Cantieri Navali Italiani, Monfalcone (Italien) | 2004 | 110.000 | 290 | 1487 | 2974 | 1180 |
| Costa Fascinosa | Fincantieri Cantieri Navali Italiani, Marghera (Italien) | 2012 | 114.500 | 290 | 1508 | 3016 | 1100 |
| Costa Favolosa | Fincantieri Cantieri Navali Italiani, Marghera (Italien) | 2011 | 114.500 | 290 | 1508 | 3016 | 1100 |
| Costa Pacifica | Fincantieri Cantieri Navali Italiani, Sestri Ponente (Italien). | 2009 | 114.147 | 290 | 1504 | 3008 | 1110 |
| Costa Serena | Fincantieri Cantieri Navali Italiani, Sestri Ponente (Italien) | 2007 | 114.147 | 290 | 1500 | 3000 | 1100 |
| Crown Princess | Fincantieri Cantieri Navali Italiani, Monfalcone (Italien) | 2006 | 113.561 | 290 | 1532 | 3080 | 1200 |
| Diamond Princess | Mitsubishi Heavy Industries, Nagasaki (Japan) | 2004 | 115.875 | 290 | 1337 | 2670 | 1100 |
| Emerald Princess | Fincantieri Cantieri Navali Italiani, Monfalcone (Italien) | 2007 | 113.561 | 290 | 1557 | 3070 | 1200 |
| Golden Princess | Fincantieri Cantieri Navali Italiani, Monfalcone (Italien) | 2001 | 108.865 | 290 | 1300 | 2590 | 1100 |
| Grand Princess | Fincantieri Cantieri Navali Italiani, Monfalcone (Italien) | 1998 | 108.806 | 290 | 1300 | 2590 | 1100 |
| Ruby Princess | Fincantieri Cantieri Navali Italiani, Monfalcone (Italien) | 2008 | 113.561 | 290 | 1540 | 3080 | 1225 |
| Sapphire Princess | Mitsubishi Heavy Industries, Nagasaki (Japan) | 2004 | 115.875 | 290 | 1337 | 2670 | 1100 |
| Star Princess | Fincantieri Cantieri Navali Italiani, Monfalcone (Italien) | 2001 | 108.977 | 290 | 1301 | 2590 | 1200 |
| Azura | Fincantieri - Cantieri Navali Italiani S.p.A. | 2010 | 115.055 | 289 | 1557 | 3096 | 1239 |
| Ventura | Fincantieri - Cantieri Navali Italiani S.p.A. | 2008 | 116.017 | 289 | 1550 | 3100 | 1220 |
| Arcadia | Fincantieri Cantieri Navali Italiani S.p.A. | 2005 | 82.976 | 285 | 976 | 1952 | 880 |
| Nieuw Amsterdam | Fincantieri Cantieri Navali Italiani, Marghera (Italien) | 2010 | 86.700 | 285 | 1053 | 2106 | 929 |

| Highlights an Bord | Klassifizierung | Aktuelle Reederei | Einsatzgebiet | Kontakt / Buchung | Bemerkungen |
|---|---|---|---|---|---|
| Spa (2000 m²), Fitness-Center, Basket-/Volleyballfeld, Kasino, Kino, Kinderprgramm | **** | Carnival Cruise Lines | Mexiko | www.carnivalcruiselines.de | |
| Spa, Fitness-Center, Basket-/Volleyballfeld, Kasino, Kinder-/Teenager-Programm | **** | Carnival Cruise Lines | Karibik | www.carnivalcruiselines.de | |
| Spa (6000 m²), Fitness-Center, Sportplatz, Joggingbahn, Golfsimulator, Aqua-Park, 4D-Kino, Theater, Kasino, Diskothek | **** | Costa Crociere | Mittelmeer, Persischer Golf | www.costakreuzfahrten.de | |
| Spa (6000 m²), Fitness-Center, Sportplatz, Joggingbahn, Golfsimulator, Aqua-Park, 4D-Kino, Theater, Kasino, Diskothek | **** | Costa Crociere | Mittelmeer, Persischer Golf | www.costakreuzfahrten.de | |
| Spa (6000 m²), Fitness-Center, Sportplatz, Joggingbahn, Theater, Kasino, Diskothek, Tonstudio | ****+ | Costa Crociere | Mittelmeer, Transatlantik/ Brasilien | www.costakreuzfahrten.de | |
| Spa (6000 m²), Fitness-Center, Sportplatz, Joggingbahn, Theater, Kasino, Diskothek | ****+ | Costa Crociere | Mittelmeer | www.costakreuzfahrten.de | |
| Spa, Fitness-Center, Tennisplatz, Golfplatz, Freiluftkino, Theater, Piazza-Atrium, Kasino | ***** | Princess Cruises | Karibik, Mittelmeer | www.princesscruises.de | |
| Spa, Fitness-Center, Tennisplatz, Golfplatz/ -simulator, Theater, Kasino, Hochzeitskapelle | ***** | Princess Cruises | Asien, Australien, Alaska | www.princesscruises.de | |
| Spa, Fitness-Center, Tennisplatz, Golfplatz/-simulator, Theater, Open-Air-Kino, Kasino, Hochzeitskapelle | ***** | Princess Cruises | Karibik, USA/ Kanada Ostküste, Ostsee | www.princesscruises.de | |
| Spa, Fitness-Center, Tennisplatz, Golfplatz/ -simulator, Theater, Kasino, Hochzeitskapelle | ***** | Princess Cruises | Hawaii, Alaska | www.princesscruises.de | |
| Spa, Fitness-Center, Tennisplatz, Golfplatz/ -simulator, Theater, Kasino, Open-Air-Kino, Fotostudio, Kunstauktionen, Hochzeitskapelle | ***** | Princess Cruises | Karibik, Mittelmeer, Westeuropa, Nordeuropa | www.princesscruises.de | |
| Spa, Fitness-Center, Tennisplatz, Theater, Kasino, Open-Air-Kino, Atrium-Piazza | ***** | Princess Cruises | Karibik, Mittelmeer | www.princesscruises.de | |
| Spa, Fitness-Center, Tennisplatz, Golfplatz/ -simulator, Theater, Kasino, Kinderbereich | ***** | Princess Cruises | Mexiko, USA Westküste, Alaska, Hawaii | www.princesscruises.de | |
| Spa, Fitness-Center, Tennisplatz, Golfplatz/ -simulator, Theater, Kasino, Kinderbereich | ***** | Princess Cruises | Südamerika, Mexiko, Alaska, Hawaii | www.princesscruises.de | |
| Spa, Fitness-Center, Golfplatz, Tennisplatz, Jogging-Parcour Open-Air-Kino, Theater, | ***** | P&O Cruises | Mittelmeer, Ostsee, Nordatlantik | www.pocruises.com | |
| Spa, Fitness-Center, Kino, Tennisplatz, Kunstkurse, Zirkusschule, Kinderprogramm | ***** | P&O Cruises | Karibik, Mittelmeer, Kanarische Inseln | www.pocruises.com | |
| Spa, Fitness-Center, Theater, Kasino, Tanzunterricht | **** | P&O Cruises | Karibik, Mittelmeer, Ostsee, Atlantik, Weltreise | www.pocruises.com | |
| Spa, Fitness-Center, Theater, Kochkurse, Kunstwerke von Warhol, Lichtenstein u.a. | ***** | Holland-America Line | Karibik, Mittelmeer | http://de.hollandamerica.com | |

# Die exklusivsten Luxus-Kreuzfahrtschiffe

Herkömmliche Kreuzfahrten auf Megalinern sind ein Massenphänomen geworden. Exklusives Ambiente gibt es hingegen auf kleineren Luxus-Kreuzfahrtschiffen. Exquisiteste Ausstat-

| Name | Werft | Baujahr | BRZ | Länge (Meter) | Kabinen | Passagiere | Besatzung |
|---|---|---|---|---|---|---|---|
| **Crystal Serenity** | Chantiers de l'Atlantique, Saint-Nazaire (Frankreich) | 2003 | 68.870 | 250 | 548 | 1096 | 655 |
| **Europa** | Kvaerner Masa Yards, Helsinki (Finnland) | 1999 | 28.890 | 198 | 204 | 408 | 285 |
| **Hanseatic** | Finnyards Rauma-Repola, Rauma (Finnland) | 1993 | 8.378 | 123 | 92 | 184 | 125 |
| **Le Boreal** | Fincantieri Cantieri Navali Italiani, Ancona (Italien) | 2010 | 10.944 | 142 | 132 | 264 | 140 |
| **Paul Gauguin** | Chantiers de l'Atlantique, Saint-Nazaire (Frankreich) | 1998 | 19.200 | 156 | 160 | 332 | 217 |
| **Seabourn Odyssey** | Mariotti, Genua (Italien) | 2009 | 32.346 | 198 | 225 | 450 | 330 |
| **Seabourn Spirit** | Schichau Seebeckwerft, Bremerhaven (Deutschland) | 1989 | 9.975 | 134 | 104 | 208 | 164 |
| **SeaDream I** | Wartsilä, Helsinki (Finnland) | 1984 | 4.260 | 105 | 55 | 110 | 95 |
| **Silver Shadow** | Mariotti, Genua (Italien) | 2000 | 28.258 | 182 | 194 | 388 | 295 |
| **Silver Spirit** | Fincantieri Cantieri Navali Italiani, Ancona (Italien) | 2009 | 36.000 | 198 | 270 | 540 | 376 |
| **The World** | Bruces Shipyard, Landskrona (Schweden) / Fosen Mek. Versteder, Rissa (Norwegen) | 2001 | 43.188 | 196 | 165 | 200 | 250 |

tung, nur wenige Hundert Passagiere, bester Service (auf 1 Crew-Mitglied kommen nicht einmal 2 Passagiere, sonst liegt das Verhältnis bei ca. 1:3) – all das hat natürlich auch seinen Preis. Die folgende Auflistung umfasst besonders luxuriöse Schiffe, von denen einige Spitzenpositionen in der jährlichen Rangliste des »Berlitz Cruise Guide« von Douglas Ward einnehmen.

| Highlights an Bord | Klassifizierung | Aktuelle Reederei | Einsatzgebiet | Kontakt / Buchung | Bemerkungen |
|---|---|---|---|---|---|
| Ausschließlich Außenkabinen (20-125 $m^2$, viele mit eigenem Balkon), Musikunterricht, Spa, Fitness-Center, 6 Restaurants, Kino, Kasino | ***** | Crystal Cruises | Ostasien, USA, Karibik, Mittelmeer, Weltreisen | www.crystalcruises.com | Luxuriösestes »Large Ship« |
| Ausschließlich Außensuiten (fast alle mit Veranda), Spa, Golf, Sterne-Restaurant (Dieter Müller), 13 Zodiac-Boote, 4 Tender-Boote | *****+ | Hapag-Lloyd Kreuzfahrten GmbH | Pazifik, Indischer Ozean, Mittelmeer, Atlantik, Ostsee, Nordsee u.a. | www.hlkf.de | Im »Berlitz« 2012 als einziges Schiff mit Fünf-Sterne-Plus ausgezeichnet |
| Ausschließlich Außenkabinen, 14 Zodiac-Schlauchboote, 4 Tender-Boote, Spa, Fitness-Center, Pool, Fahrräder, Vorträge an Bord | ***** | Hapag-Lloyd Kreuzfahrten GmbH | Antarktis, Südsee, Alaska, Nordwestpassage, Afrika u.a. | www.hlkf.de | Einziges Expeditionsschiff mit 5 Sternen, höchste Eisklasse für Passagierschiffe |
| Ausschließlich Außenkabinen, Spa-Bereich, französische Küche | ***** | Compagnie de Ponant | Südamerika, Nordeuropa | de.ponant.com | Baugleich mit »L'Austral« (2011) |
| Ausschließlich Außenkabinen, Wassersport-Marina, Spa-Bereich | ***** | Paul Gauguin Cruises | Südpazifik, Neuseeland | www.pgcruises.com | |
| Ausfahrbare Wassersport-Marina am Heck, ausschließlich Suiten mit Meerblick (27–111 $m^2$), Spa-Bereich, Strand-Grillabende | ***** | Seabourn Cruise Line | USA, Karibik, Mittelmeer, Schwarzes Meer, Indischer Ozean | de.seabourn.com | Baugleich mit »Seabourn Sojourn« (2010) und »Seabourn Quest« (2011) |
| Ausfahrbare Wassersport-Marina am Heck, ausschließlich Suiten (mit Meerblick), Spa-Bereich, Strand-Grillabende | ***** | Seabourn Cruise Line | Mittelmeer, Karibik | de.seabourn.com | Baugleich mit »Seabourn Legend« (1988) und »Seabourn Pride« (1988) |
| Nur Außenkabinen, Spa-Bereich, Yacht-Atmosphäre | ***** | SeaDream Yacht Club | Mittelmeer, Karibik | www.seadream.com | 2002 umgebaut; baugleich mit »SeaDream II« (1985) |
| Außensuiten von 26 bis 133 m2 (meist mit Veranda), Spa, Fitness-Center, Weinrestaurant (Relais & Chateaux) | ***** | Silversea Cruises | Australien, Neuseeland, Ostasien, Alaska | www.silversea.de | Baugleich mit »Silver Whisper« (2001) |
| Art-déco-Einrichtung, ausschließlich Außensuiten, 5 Restaurants, Spa, Fitness-Center, Kasino | ***** | Silversea Cruises | Südamerika, Karibik, Mittelmeer | www.silversea.de | |
| Studios und Wohnungen (27–360 $m^2$) im Privatbesitz, jährliche Unterhaltskosten: 60.000–100.000 Euro. Wohnen/Reisen auf Zeit für Nichtbesitzer: 1000–3000 Euro pro Nacht | ***** | ResidenSea | Weltreise | aboardtheworld.com | Schiff mit Eigentumswohnungen (Suiten alle im Privatbesitz) |

# Die größten Kreuzfahrtschiffe deutscher Reedereien/Veranstalter

Auch in Deutschland boomt das Kreuzfahrtgeschäft. Mittlerweile stechen jedes Jahr über eine Million Deutsche an Bord eines Kreuzfahrtschiffes in See. Auch wenn sich die hiesigen Ver-

| Name | Werft | Baujahr | BRZ | Länge (Meter) | Kabinen | Passagiere | Besatzung |
|---|---|---|---|---|---|---|---|
| Mein Schiff 1 | Meyer Werft, Papenburg (Deutschland) | 1996 | 76.998 | 264 | 962 | 1924 | 780 |
| Mein Schiff 2 | Meyer Werft, Papenburg (Deutschland) | 1997 | 77.713 | 264 | 962 | 1912 | 780 |
| AIDAbella (AIDA SPHINX III) | Meyer Werft, Papenburg (Deutschland) | 2008 | 69.203 | 252 | 1025 | 2050 | 607 |
| AIDAblu | Meyer Werft, Papenburg (Deutschland) | 2010 | 71.304 | 253 | 1088 | 2176 | 607 |
| AIDAdiva (AIDA SPHINX I) | Meyer Werft, Papenburg (Deutschland) | 2007 | 69.203 | 252 | 1025 | 2050 | 607 |
| AIDAluna (AIDA SPHINX II) | Meyer Werft, Papenburg (Deutschland) | 2009 | 69.203 | 252 | 1025 | 2050 | 607 |
| AIDAmar (AIDA SPHINX VI) | Meyer Werft, Papenburg (Deutschland) | 2012 | 71.300 | 252 | 1097 | 2174 | 607 |
| AIDAsol (AIDA SPHINX V) | Meyer Werft, Papenburg (Deutschland) | 2011 | 71.304 | 253 | 1097 | 2194 | 611 |
| Artania | Wärtsilä New Shipyard, Helsinki (Finnland) | 1984 | 44.350 | 231 | 600 | 1200 | 420 |
| Albatros | Wärtsilä New Shipyard, Helsinki (Finnland) | 1973 | 29.100 | 205 | 442 | 850 | 340 |
| AIDAaura | Aker MTW, Wismar (Deutschland) | 2003 | 42.289 | 203 | 633 | 1266 | 389 |
| AIDAvita | Aker MTW, Wismar (Deutschland) | 2002 | 42.289 | 203 | 633 | 1266 | 389 |
| Europa | Kvaerner Masa Yards, Helsinki (Finnland) | 1999 | 28.890 | 198 | 204 | 408 | 285 |

anstalter hinsichtlich Größe und Kapazität der Schiffe nicht mit ihren amerikanischen Pendants messen können, ist ihr Angebot facettenreich und vielseitig. Es reicht von klassischen Kreuzfahrten über Fun-Cruising bis zu Expeditionskreuzfahrten. Die Flotten deutscher Reedereien sind auf allen Meeren unterwegs und dringen in die entlegensten Gebiete der Erde vor.

| Highlights an Bord | Klassifizierung | Reederei / Veranstalter | Einsatzgebiet | Kontakt / Buchung | Bemerkungen |
|---|---|---|---|---|---|
| Spa, Indoor-Cycling, Golfplatz, Abschlag Fischfutterbälle, Jogging-Parcour | ****+ | TUI Cruises | Mittelmeer, Kanaren, Transatlantik | http://tuicruises.com | |
| Spa, Indoor-Cycling, Golfplatz, Jogging-Parcour, Schnuppertauchen | ****+ | TUI Cruises | Mittelmeer, Karibik, Nordland, Ostsee, Pers. Golf | http://tuicruises.com | |
| 4D-Kino, Theater, Kasino, Spa, Volleyball, Basketball, Tenderboote | **** | AIDA Cruises | Mittelmeer, Kanaren, Madeira | www.aida.de | |
| Großer Spa- und Wellnessbereich (2600 m²), 4D-Kino, bordeigene Brauerei | **** | AIDA Cruises | Rotes Meer, Persischer Golf, Ostsee | www.aida.de | |
| 4D-Kino, Theater, Kasino, Spa, Volleyball, Basketball, Tenderboote | **** | AIDA Cruises | Mittelmeer, Südostasien | www.aida.de | |
| 4D-Kino, Theater, Kasino, Spa, Volleyball, Basketball, Tenderboote | **** | AIDA Cruises | Karibik, Westeuropa, Nordeuropa | www.aida.de | |
| 4D-Kino, großer Wellnessbereich (2600 m² Spa, 34 Spa-Kabinen), bordeigene Brauerei | **** | AIDA Cruises | Mittelmeer, Rotes Meer | www.aida.de | |
| 4D-Kino, großer Wellnessbereich (2600 m² Spa, 34 Spa-Kabinen), bordeigene Brauerei | **** | AIDA Cruises | Kanaren, Madeira, Ostsee | www.aida.de | |
| Ausschließlich Außenkabinen, Spa, Fitness-Center, Schönheitssalon, Show-Lounge, Kino | **** | V-Ships | Mittelmeer, Nordeuropa, Südamerika | www.phoenixreisen.com | |
| Wellnessbereich, Fitness-Center, Kino, Show-salon, Diskothek, Joggingbahn, Boccia, Golfgreen | *** | V-Ships | Mittelmeer, Nordeuropa, Ostsee, Weltreise | www.phoenixreisen.com | |
| Spa (1200 m²), Fitness-Center, Volleyballfeld, Golfsimulator, Theater, TV-Studio, Diskothek, FKK-Bereich, Kinderprogramme | **** | AIDA Cruises | Karibik, Mittelmeer, Schwarzes Meer, Nordamerika | www.aida.de | |
| Spa, Fitness-Center, Volleyballfeld, Golfsimulator, Theater, TV-Studio, Diskothek, FKK-Bereich, Kinderprogramme | **** | AIDA Cruises | Karibik, Amazonas, Mittelmeer | www.aida.de | |
| Ausschließlich Außensuiten (fast alle mit Veranda), Spa, Golf, Sterne-Restaurant (Dieter Müller), 13 Zodiac-Boote, 4 Tender-Boote | *****+ | Hapag-Lloyd Kreuzfahrten GmbH | Mittelmeer, Ostsee, Atlantik, Weltreise | www.hlkf.de | Im »Berlitz« 2012 einziges Fünf-Sterne-Plus-Schiff |

Der Luxusliner ist erst seit 2009 unter dem Namen »Mein Schiff« im Auftrag von TUI Cruises, einem 2008 gegründeten Gemeinschaftsunternehmen von TUI AG und Royal Caribbean Cruise Line, auf den Weltmeeren unterwegs. Davor gehörte er zur Flotte der amerikanischen Celebrity Cruise Line und kreuzte als »Celebrity Galaxy« im karibischen Raum. 2008 dann wurde er an die Hamburger Reederei verkauft und auf der Lloyd Werft in Bremerhaven umgebaut. »Mein Schiff« ist ein klassischer Cruiseliner mit Pooldeck und großem Wellnessbereich. Es gibt diverse Restaurants, Bars und Lounges. Abends sorgt ein breit gefächertes Unterhaltungsprogramm für Abwechslung. Seit Frühjahr 2011 verfügt TUI Cruises über einen zweiten Cruiseliner, der »Mein Schiff 2« getauft wurde. Auch dieser Ozeanriese kreuzte zuvor unter dem Namen »Mer-

cury Celebrity« für die amerikanische Reederei in der Karibik und wurde nach dem Verkauf an TUI Cruises in Bremerhaven umgebaut. Er verfügt über eine ähnliche Ausstattung wie sein Schwesterschiff.

| Name | Werft | Baujahr | BRZ | Länge (Meter) | Kabinen | Passagiere | Besatzung |
|---|---|---|---|---|---|---|---|
| AIDAcara | Kvaerner Masa Yards, Turku (Finnland) | 1996 | 38.557 | 193 | 590 | 1339 | 369 |
| Amadea | Mitsubishi Heavy Industries, Nagasaki (Japan) | 1991 | 29.000 | 193 | 309 | 600 | 280 |
| Columbus 2 | Chantiers de l'Atlantique, Saint-Nazaire (Frankreich) | 1998 | 30.277 | 181 | 349 | 698 | 377 |
| Astor | Howaldtswerke Deutsche Werft, Kiel (Deutschland) | 1987 | 20.606 | 176 | 289 | 578 | 260 |
| Deutschland | Howaldtswerke Deutsche Werft, Kiel (Deutschland) | 1998 | 22.496 | 175 | 293 | 520 | 280 |

**Mit dem »Traumschiff« auf Traumreise: »MS Deutschland« geht von Hamburg aus wieder auf große Fahrt.**

| Highlights an Bord | Klassifizierung | Reederei / Veranstalter | Einsatzgebiet | Kontakt / Buchung | Bemerkungen |
|---|---|---|---|---|---|
| Spa, Golfsimulator, Diskothek, Theater, Volleyball, Basketball | **** | AIDA Cruises | Südamerika, Nordeuropa | www.aida.de | Erstes AIDA-Schiff (»Clubschiff AIDA«), 2005 umgebaut |
| Ausschließlich Außenkabinen, Spa, Fitness-Center, Joggingbahn, Golfplatz, Kino, Showsalon | ****+ | V-Ships | Mittelmeer, Ostsee, Weltreise | www.phoenixreisen.com | |
| Viele Kabinen mit eigenem Balkon, Spa, Fitness-Center, Jogging-Parcour, 2 Bühnen, Fahrräder | ***** | Hapag-Lloyd Kreuzfahrten | Mittelmeer, Atlantik, Ostsee, Weltreise | www.hlkf.de | |
| Spa, Fitness-Center, Jogging-Parcour, Wassergymnastik, Bibliothek, Showbühne, Tanzkurse | **** | Transocean Kreuzfahrten | Mittelmeer, Ostsee, Nordland, Barentssee, Karibik, Südamerika | www.transocean.de | |
| Spa, Kino, Golf-Deck, Sportzentrum, »Kaisersaal«, Salon »Lili Marleen«, Bibliothek, Hospital | ***** | Reederei Peter Deilmann | Mittelmeer, Nordeuropa, Südamerika, Afrika, Persischer Golf | www.deilmann-kreuzfahrten.de | Einziges Kreuzfahrtschiff unter deutscher Flagge, derzeitiges »Traumschiff« |

AIDA Cruises mit Sitz in Rostock unterhält die größte deutsche Kreuzfahrt-Flotte und ist Marktführer in der Bundesrepublik. Mehr als eine halbe Millionen Passagiere gingen 2010 auf den Schiffen der Reederei an Bord. Das Unternehmen ist 1999 aus einem Joint Venture der Arkona Touristik GmbH mit der britischen Reederei P&O hervorgegangen und gehört seit der Fusion von P&O und Carnival Cooperation zu dem britisch-amerikanischen Konzern Carnival Cooperation & plc. Organisatorisch ist es dem ebenfalls zu Carnival gehörenden größten europäischen Kreuzfahrtanbieter Costa Crociere unterstellt. Die Deutsche Seereederei hatte bereits 1993 ein Konzept für ein Fun-Ship entwickelt, das den seinerzeit noch hochexklusiven Kreuzfahrmarkt für ein breites Publikum öffnen sollte. Auf den AIDA-Schiffen war und ist Lässigkeit angesagt. Kleider-

vorschriften gibt es nicht. Lange Zeit war die 1996 fertiggestellte »AIDAcara« das einzige Schiff der Reederei, mittlerweile umfasst die Flotte 8 Schiffe, deren Ausstattung dem des ersten Clubschiffes entspricht.

# Die größten Expeditionskreuzfahrtschiffe

Bei Expeditionskreuzfahrten stehen nicht die Freizeit- und Unterhaltungsangebote an Bord, sondern die Reiseziele im Mittelpunkt. Sie führen oft in schwer zugängliche Gebiete wie

| Name | Werft | Baujahr | BRZ | Länge (Meter) | Kabinen | Passagiere | Besatzung |
|---|---|---|---|---|---|---|---|
| **50 Let Pobedy** | Baltische Werke, St. Petersburg (Russland) | 2007 | 23.439 | 160 | 50 | 100 | 138 |
| **Kapitan Dranitsyn** | Wartsilä, Helsinki (Finnland) | 1980 | 12.288 | 131 | 46 | 100 | 70 |
| **Hanseatic** | Finnyards, Rauma (Finnland) | 1993 | 8378 | 123 | 92 | 184 | 125 |
| **Akademik Sergey Vavilov** | Hollming, Rauma (Finnland) | 1988 | 6450 | 117 | 59 | 107 | 53 |
| **Bremen** | Mitsubishi Shipyard, Kobe (Japan) | 1990 | 6752 | 111 | 82 | 164 | 100 |
| **Fram** | Fincantieri Cantieri Navali Italiani, Monfalcone (Italien) | 2007 | 12.700 | 111 | 136 | 318 | 70 |
| **National Geographic Explorer** | Ulstein Hatlo,Ulsteinvik (Dänemark) | 1983 | 6261 | 108 | 81 | 148 | 48 |
| **Silver Explorer** | Rauma-Repola, Rauma (Finnland) | 1989 | 6072 | 108 | 66 | 132 | 111 |
| **Expedition** | Helsingoer Skibsvaerft (Dänemark) | 1972 | 6336 | 105 | 58 | 120 | 50 |
| **Orion** | Cassens, Emden (Deutschland) | 2003 | 4000 | 103 | 53 | 106 | 75 |
| **Clipper Adventurer** | Brodgradiliste, Uljanik (Jugoslawien) | 1975 | 5750 | 101 | 61 | 122 | 72 |
| **Ortelius** | Gdynia (Polen) | 1989 | 4575 | 91 | 45 | 100 | 56 |
| **Celebrity Xpedition** | Cassens, Emden (Deutschland) | 2001 | 2842 | 90 | 45 | 92 | 50 |
| **Sea Spirit** | Nuovi Cantieri, Aquania (Italien) | 1991 | 4200 | 90 | 56 | 112 | 94 |

Arktis bzw. Antarktis oder Amazonas-Regenwald. Die Schiffe sind kleiner, wendiger und meist auf eine Zahl von 100 bis 150 Passagieren ausgelegt. In den Polarregionen werden Eisbrecher eingesetzt. Fachkundige Reisebegleiter bereiten an Bord auf die Landgänge vor. Für die Ausflüge stehen auf den meisten Schiffen Zodiac-Boote und auf einigen sogar Helikopter bereit.

| Highlights an Bord | Klassifizierung | Reederei / Veranstalter | Einsatzgebiet | Kontakt / Buchung | Bemerkungen |
|---|---|---|---|---|---|
| Hubschrauber, Zodiac-Boote, Sauna, Thermalbad | *** | Atomflot | Arktis | www.quarkexpeditions.com | Eisbrecher (nuklear) |
| Hubschrauber, Zodiac-Schlauchboote, Sauna, Thermalbad | *** | Murmansk Shipping Comp. | Arktis, Antarktis | www.quarkexpeditions.com | Eisbrecher |
| Ausschließlich Außenkabinen, 14 Zodiac-Schlauchboote, 4 Tender-Boote, Spa, Fitness-Center, Pool, Fahrräder | ***** | Hapag-Lloyd Kreuzfahrten GmbH | Nordwestpassage, Alaska, Antarktis, Südsee, Amazonas | www.hlkf.de | Einziges Fünf-Sterne-Schiff unter den Expeditionsschiffen |
| Kajaks, Sauna, Pool, Fitnessraum | n/a | Quark Expeditions | Arktis, Antarktis | www.quarkexpeditions.com | Eisbrecher |
| Fitness-Bereich, Pool, Sauna, Friseursalon, Zodiac-Schlauchboote, Kajaks, Fahrräder | ****+ | Hapag-Lloyd Kreuzfahrten GmbH | Arktis, Antarktis, Südsee, Amazonas | www.hlkf.de | höchste Eisklasse E4 |
| Whirlpool, Sauna, Fitnessraum, Panoramasalon, Vortragsräume | **** | Hurtigruten | Norwegen, Grönland, Antarktis | www.hurtigruten.de | |
| 2 Restaurants, Fitness-Center mit »Wellness-Spa«, Sauna | n/a | Lindblad Expeditions | Antarktis, Südatlantik | www.nationalgeographicexpeditions.com | früher Hurtigruten-Schiff |
| Spa (Sauna, Pools), Fitness-Center, Showprogramm, Musik, Zodiac-Schlauchboote | ***** | Silversea Cruises | Antarktis, Südamerika | www.silversea.com | |
| Nur Außenkabinen, alle Kabinen mit Bad/Dusche, Fitnessraum | n/a | G Adventures | Arktis, Antarktis | www.gadventures.com | |
| Spa, Fitnessraum, Zodiac-Schlauchboote. Kajaks, Bordboutique, Friseur, Vortragsraum, Marina-Plattform | ***** | Orion Expedition Cruises | Australien, Papua-Neuguinea, Borneo, Antarktis | www.polarstarexpeditions.com | Eisklasse E3 |
| Nur Außenkabinen mit eigenem Bad und Klimaanlage, Fitnessraum, Friseursalon, Zodiac-Schlauchboote | *** | Adventure Canada | Antarktis, Nordwestpassage | www.quarkexpeditions.com | Eisbrecher |
| 2 Restaurants, Sauna, Bibliothek, Zodiac-Schlauchboote | n/a | Oceanwide Expeditions | Antarktis, Nordwestpassage | www.oceanwide-expeditions.com | |
| Nur Außenkabinen mit eigenem Bad (teils mit Balkon), Spa (Sauna, Whirlpool), 2 Restaurants, Schönheitssalon | ***** | Celebrity Cruises | Galapagos | www.celebritycruises.de | |
| Nur Außenkabinen mit eigener Toilette/Dusche, Satellitentelefon, Fitnessraum, Whirlpool, Kajaks | *** | Quark Expeditions | Antarktis | www.quarkexpeditions.com | Eisklasse |

Durch den Einsatz von Eisbrechern ist die moderne Kreuzschifffahrt in Gebiete vorgedrungen, die bis vor kurzem nur wenigen Forschern zugänglich waren. Die »Kapitan Dranitsyn« ist eines von den meist unter russischer Flagge fahrenden Schiffen, die seit Ende der 1990er-Jahren Kreuzfahrtexpeditionen in der Nord- und in der Südpolarregion durchführen. Dank einer Motorleistung von 24.000 PS kann der Koloss bis zu 1,5 m dickes Eis durchbrechen. Die »Kapitan Dranitsyn«, die zuvor hauptsächlich in der Sibirischen See als Eisbrecher für Forschungsschiffe unterwegs war, wurde Mitte der 1990er-Jahre zu einem Kreuzfahrtschiff umgebaut. Sie ist nicht nur mit komfortablen Kabinen, sondern auch mit einem Schwimmbad, Fitnessräumen, Sauna, Bar, Lounge, einer Bibliothek und einem Souvenirladen ausgestattet. Das Restaurant serviert Spe-

zialitäten der internationalen Küche. Für Landgänge stehen zwei Helikopter und mehrere Zodiacs bereit. Auf der Schiffsbrücke können sich die Passagiere über die Navigation des Eisbrechers informieren.

# Die größten Segelkreuzfahrtschiffe

Eine Kreuzfahrt auf einem Großsegler umweht immer noch ein Hauch von Abenteuer. Mehr als jede andere Schiffsreise ist sie mit viel Seefahrerromantik verbunden. Die Windjammer, Drei-,

| Name | Werft | Baujahr | BRZ | Länge (Meter) | Kabinen | Passagiere | Besatzung |
|---|---|---|---|---|---|---|---|
| Wind Surf | Ateliers et Chantiers du Havre, Le Havre (Frankreich) | 1990 | 14.745 | 198 | 154 | 308 | 163 |
| Club Med 2 | Sociéte Nouvelle des Ach, Le Havre (Frankreich) | 1992 | 14.983 | 187 | 190 | 392 | 200 |
| Royal Clipper | Werft Danzig/Merwede Shipyard (Polen/Niederlande) | 2000 | 4425 | 134 | 114 | 227 | 106 |
| Wind Spirit | Ateliers et Chantiers du Havre, Le Havre (Frankreich) | 1988 | 5350 | 134 | 74 | 148 | 90 |
| Wind Star | Ateliers et Chantiers du Havre, Le Havre (Frankreich) | 1986 | 5350 | 134 | 74 | 148 | 90 |
| Sea Cloud II | Astilleros Gondan, Figueras (Spanien) | 2001 | 3849 | 117 | 47 | 94 | 58 |
| Star Clipper | Scheepswerven van Langerbrugge (Belgien) | 1992 | 2298 | 116 | 85 | 170 | 72 |
| Star Flyer | Scheepswerven van Langerbrugge (Belgien) | 1992 | 3025 | 115 | 85 | 170 | 72 |
| Sea Cloud | Germania-Werft, Kiel (Deutschland) | 1931 | 2532 | 109 | 32 | 64 | 60 |
| Le Ponant | Société Francaise de Construction, Villeneuve-de-Garenne (Frankreich) | 1991 | 1443 | 88 | 32 | 64 | 32 |

Vier- und Fünfmaster, die heute im Mittelmeer oder in der Karibik kreuzen, knüpfen an eine große Tradition an. Bis zum Beginn des 20. Jh. beherrschten Segelschiffe die Meere und Ozeane. Sie wurden Vorbild für die modernen Segelkreuzfahrtschiffe, die gleichwohl mit den neuesten Navigationstechniken ausgestattet sind und ihren Gästen jeglichen Komfort bieten.

Kreuzfahrt unter vollen Segeln: der Fünfmaster »Club Med 2« auf hoher See im Mittelmeer.

| Highlights an Bord | Klassifizierung | Aktuelle Reederei | Einsatzgebiet | Kontakt / Buchung | Bemerkungen |
|---|---|---|---|---|---|
| Pool, Sauna, Kasino, Bibliothek, Wassersportangebote (Tauchen etc) | ***** | Windstar Cruises | Mittelmeer, Karibik | www.windstarcruises.com/ | ex »Club Med 1«, Fünfmaster |
| Sauna, Pools, 2 Restaurants, 4 Bars, Wassersportangebote, | **** | Club Med Cruises | Karibik | www.clubmed.de | Fünfmaster |
| Fitnessraum, 3 Pools, Boutiquen, Diskothek, Bibliothek | ***** | Star Clippers | Mittelmeer, Karibik | www.star-clippers.de | Nachbau der »Preußen« |
| Pool, Spa, Sauna, 2 Restaurants, Kasino, Wassersportangebote | ***** | Windstar Cruises | Kanaren, Karibik | www.windstarcruises.com/ | Viermaster |
| Pool, Spa, Sauna, 2 Restaurants, Kasino, Wassersportangebote | ***** | Windstar Cruises | Mittelmeer, Karibik | www.windstarcruises.com/ | Viermaster |
| Fitnessraum, Joggingbahn, Sauna, Boutique, Wassersportangebote | ***** | Sea Cloud Cruises | Mittelmeer, Kanaren, Karibik | www.seacloud.com | |
| 2 Pools, Fitnessraum, Wassersportangebote, 2 Bars | **** | Star Clippers | Mittelmeer, Karibik | www.star-clippers.de | Viermaster |
| 2 Pools, Fitnessraum, Wassersportangebote, 2 Bars | **** | Star Clippers | Mittelmeer, Karibik, Ostsee | www.star-clippers.de | Viermaster |
| Edle Innenausstattung, Boutique, Bibliothek, Wassersportangebote | ***** | Sea Cloud Cruises | Mittelmeer, Karibik | www.seacloud.com | Viermastbark; als »Hussar« erbaut |
| 2 Restaurants, Bars, Marina-Plattform mit Wassersportangeboten | **** | Compagnie du Ponant | Indischer Ozean, Mittelmeer | http://de.ponant.com | |

Der Fünfmaster war bis 1998 als »Club Med I« unterwegs. Heute kreuzt er für den us-amerikanischen Segelkreuzfahrtveranstalter Windstar Cruises im Winter in der Karibik und im Sommer im Mittelmeer. Modernste Computertechnik unterstützt nicht nur die Navigation des Schiffes, sondern steuert auch das Auf- und Abrollen der 7 Segel, die eine Gesamtfläche vom immerhin 2600 $m^2$ umfassen. Zwei Elektromotoren ergänzen die Kraft des Windes, so dass sich die Windsurf auch bei Flauten immer noch mit einer Geschwindigkeit von bis zu 12 Knoten fortbewegen kann. Sind alle Segel gesetzt bringt sie es auf bis zu 15 Knoten. Die Ausstattung steht in der Tradition der klassischen Hochseesegler und wirkt gediegen. Wie jedes andere Kreuzfahrtschiff vergleichbarer Größe bietet die Windsurf ihren Gästen eine Vielzahl von Annehmlichkeiten.

Das Schiff verfügt über zwei Pools und einen Fitnessbereich sowie über ein Casino und gemütliche Lounges. Die beiden Bars an Deck bieten den Passagieren die Möglichkeit, unter freiem Himmel zu dinieren.

## Royal Clipper

Das »Traumschiff« der monegassischen Reederei »Starclippers« ist seit 2000 als Luxus-Kreuzfahrtsegler auf allen Meeren unterwegs. Es ist ein Nachbau der legendären »Preußen« – einem Großsegler der Hamburger Reederei F. Laeisz, der 1910 vom Stapel lief und 1913 an den Kreidefelsen von Dover zerschellte. Bei ihrer Indienststellung war die »Royal Clipper« der erste Fünfmaster seit fast 100 Jahren. Sie wurde auf der niederländischen Werft Merwede Shipyard BV zusammengebaut. Dabei wurde der Rumpf eines polnischen Cruiseliners mit Clipperbug- und heck ausgestattet. Obwohl die »Royal Clipper« nicht das größte Segelschiff der Welt ist, warte sie mit vielen Superlativen auf. Sie verfügt über immerhin 42 Segel, die eine Gesamtfläche von 5202 $m^2$ umfassen. Sind alle gesetzt, kann das Schiff eine Geschwindigkeit von bis zu 20 Knoten erreichen. Bei Flauten

springen zwei Dieselmotoren ein. Zur Ausstattung der Royal Clipper gehören drei Pools und ein Fitnesscenter sowie eine Disko und ein Tanzlokal. Das Hecktor kann ausgeklappt und zum Baden im Meer genutzt werden.

Hafen
Altstadt
Burg, Festung
Palast, Schloss
Kirche, Kloster
Museum
Freilichtmuseum
Wikinger
Mahnmal
Buddismus
Islam
Hinduismus

China
Maya
Leuchtturm
Markt
Freizeitpark
Safari, Zoo
Nationalpark
Strand
Tauchen
Botanischer Garten
Aquarium

**Bildnachweis**

Abkürzungen:
A = Alamy
C = Corbis
G = Getty Images
L = Laif
M = Mauritius Images
P = Premium

S. 1 Gertz/Radius Images/C; S. 2/3 Glöscher/L; S. 4/5 Messent/G; S. 6/7 Leue/C; S. 8/9 Sierins/C; S. 10/11 Buskirk/A; S. 12/13 Andrew Holt/C; S. 14/15 Melnychuk/G; S. 16/17 Lehman/C; S. 18/19 Pfeifer/Picture Press; S. 20/21 G/Panoramic Images; S. 22/23 Leue/www.leue-photo.com; S. 24 Lee Frost/Harding/C; S. 24/25 Arctic-Images/C; S. 25 Atlantide Phototravel/C; S. 26/27 Arctic-Images/C; S. 27 STAFF/X01095/Reuters/C; S. 27 Milse/M; S. 28 Kaehler/C; S. 28/29 All Canada Photos/G; S. 29 Robert Harding World/G; S. 29 Hellier/Robert Harding/ C; S. 30/31 Leue/www.leue-photo.com; S. 31 Leue/www.leue-photo.com; S. 31 Gräfenhain/Bildagentur Huber; S. 32 Breiehagen/G; S. 32/33 White/John Warburton-Lee Photography Ltd/C; S. 33 Bettmann/C; S. 34/35 MANGELSEN/Minden Pictures/P; S. 35 Arcticphoto/L; S. 35 Raach/L; S. 35 Amundsen/National Geographic Society/C; S. 36/37 Galli/L; S. 38 Damm/C; S. 38 CARDONA/Reuters/C; S. 38 Hicks/C; S. 38 Zaunders/C; S. 39 Mirau/Bildagentur Huber; S. 39 Lubenow/Look S. 39 Manchan/G; S. 39 Sunderberg; S. 40 Damm/Bildagentur Huber; S. 40 Handl/M; S. 40/41 Harscher/L; S. 41 Pearson/AWL Images Ltd/C; S. 42/43 Bildagentur Huber; S. 43 Harding World/G; S. 44 Look; S. 44/45 Look; S. 45 age fotostock/Look; S. 45 Boisvieux/C; S. 45 imagebroker/A; S. 46/47 Adams/ AWL Images Ltd; S. 47 Hellier/G; S. 48 Harscher/M; S. 48 M/imagebroker; S. 49 Zaunders/C; S. 49 Loken/M; S. 50/51 Pearson/C; S. 51 G/Panoramic Images; S. 52/53 Ehlers/G; S. 53 M/imagebroker; S. 54/55 Look; S. 55 Woolfitt/C; S. 55 Fields/C; S. 56 Strand/G; S. 57 Leue/www.leue-photo.com; S. 57 NordicPhotos/look; S. 57 Loken/M; S. 58/59 Hellier/A; S. 59 Panoramic Images/G; S. 60 Harding World/G; S. 60/61 Byra /f1 online; S. 61 Hoffmann/Look; S. 61 Gerth; S. 62/63 Strand/C; S. 64 Leue/Lonely Planet Images; S. 64 Buellesbach/VISUM; S. 64/65 Jon Arnold Images Ltd/A; S. 65 Wijnands/G; S. 66 Johner/G; S. 66/67 Bora/A; S. 67 Ehlers/A; S. 68 Ehlers/A; S. 68/69 Visage/G; S. 69 M; S. 70 Bartruff/C; S. 70 Gaasterland/L; S. 71 Sasse/L; S. 71 akg-images; S. 72/73 L; S. 73 Panoramic RR/G; S. 74/75 Galli/L; S. 75 Spichtinger/C; S. 76/77 Gavin Hellier/G; S. 77 Nicholl/L; S. 77 Galli/L; S. 78 Kirchner/L; S. 78 Visuals Unlimited/G; S. 78 Vanderelst/G; S. 78/79 look; S. 79 Adams/G; S. 80 Hirth/transit; S. 80 Stankiewicz/Look; S. 80/81 RIEGER/Hemispheres Images/L; S. 81 Hemispheres Images/L; S. 82/83 Wothe/Look; S. 83 Haug/Look; S. 83 Eisele-Hein/M; S. 84/85 Krause&Johansen; S. 85 Schiesswohl/Look; S. 85 H.&D. Zielske; S. 86/87 Lemmens/A; S. 88 AGE/M; S. 88 Schmies/M; S. 89 Modrow/Goethestrasse 37/L, Hamburg; S. 89 Woodhouse/A; S. 89 H.&D. Zielske; S. 89 H.&D. Zielske; S. 89 Holland Hoogte/L; S. 89 Rossenbach/M; S. 90 H. & D. Zielske/Bilderberg; S. 90/91 H. & D. Zielske/Bilderberg; S. 91 Bahlo/Keystone; S. 92 Ocean/C; S. 92 Pompe/Look; S. 92/093 Atlantide Phototravel/C; S. 93 Falzone/jonarnoldimages/C; S. 94 Ocean/C; S. 94 RIEGER/L; S. 94/95 AGE/M; S. 95 Lubenow/Look; S. 95 Bognar/C; S. 96 Thompson/C; S. 97 Chapman/A; S. 97 Hoskins/A; S. 97 Zanettini/L; S. 98 H.&D. Zielske; S. 98/99 EIGHTFISH/G; S. 99 22021.000000/G; S. 99 H.&D. Zielske; S. 100/101 Ocean/C; S. 101 Friend/Radius Images/C; S. 101 Macduff/C; S. 102 Schafer/G; S. 102/103 AGE/M; S. 103 Butterworth/G; S. 103 Macduff/C; S. 103 Macduff/C; S. 104 Spila/Grand Tour/C; S. 104 Axiom RM/G; S. 105 Barbier/Robert Harding World/C; S. 105 Arco Images GmbH/A; S. 105 Woodhouse/G; S. 106/107 Raga/C; S. 108/109 Raga/C; S. 109 HUGHES/Hemispheres Images/L; S. 109 Wolstenholme Images/G; S. 110/111 Sonnet/C; S. 111 M; S. 111 Look; S. 112 Eisermann/L; S. 112/113 Baxter/G; S. 113 age fotostock/Look; S. 113 Richter/Look; S. 114 Leue/Look; S. 114 Altrendo/G; S. 115 M; S. 115 Roth/C; S. 115 Carrasco/jonarnoldimages/C; S. 115 Lawrence/Robert Harding/C; S. 115 Harper/C; S. 116 BARBIER/Hemispheres Images/L; S. 116/117 Raach/L; S. 117 Abreu/AWL Images/C; S. 118/119 Howard/A; S. 119 BIOS Borrero Juan Manuel; S. 120/121 Gavin Hellier/G; S. 121 age fotostock/Look; S. 121 Simon Russell Photography; S. 122/123 Atlantide Phototravel/C; S. 123 Atlantide Phototravel/C; S. 123 Atlantide Phototravel/C; S. 124/125 Images Etc Ltd/A; S. 125 age fotostock/Look; S. 126/127 Atlantide Phototravel/C; S. 127 Hepburn/G; S. 128/129 Zanettini/L; S. 130 Vetta/G; S. 131 G/Look; S. 131 Pompe/Look; S. 131 Atlantide Phototravel/C; S. 131 Raga/C; S. 131 M; S. 132/133 Travelpix Ltd/G; S. 133 GARDEL Bertrand/hemis.fr/L; S. 133 G; S. 133 Panoramic Images/G; S. 134 Bildagentur Huber; S. 135 Panoramic Images/G; S. 136 Westrich/ L; S. 136/137 Grand Tour Collection/C; S. 137 Schmid/Bildagentur Huber; S. 137 Gallo Images/G; S. 137 Heuer/L; S. 138 Cornish/Arcaid/C; S. 139 Greune/Look; S. 139 Atlantide Phototravel/C; S. 139 Acquardo/Look; S. 140 Setboune/C; S. 141 DK Limited/C; S. 141 guichaoua/A; S. 142/143 Kowalsky/A; S. 143 Richter/Look; S. 144/145 Sonnet/C; S. 145 Lawrence/Bildagentur Huber; S. 145 Pearson/Bildagentur Huber; S. 146/147 Buena Vista Images/G; S. 147 Entrican/A; S. 148 637570/G; S. 148/149 AWL Images RM/G; S. 149 Harding Picture Library Ltd/A; S. 150 Madison/G; S. 150 Atlantide Phototravel/C; S. 151 Atlantide Phototravel/C; S. 151 Hicks/C; S. 151 M; S. 152 Bowman/Harding/C; S. 152/153 Baxter/G; S. 153 Slow Images/G; S. 154/155 Kaestner/C; S. 155 GUIZIOU/Hemispheres Images/L; S. 155 GUIZIOU/Hemispheres Images/L; S. 156 Atlantide Phototravel/C; S. 156/157 Maremagnum/G; S. 157 Lessing/akg-images; S. 157 Madej/L; S. 158/159 Modrow/L; S. 159 de Noyelle/Godong/C; S. 159 Clapp/Arcaid/C; S. 160 Bibikow/AWL Images Ltd; S. 160 Atlantide Phototravel/C; S. 161 Hauser/L; S. 161 M; S. 162 Falzone/jonarnoldimages/C; S. 163 Galli/L; S. 163 Slow Images/G; S. 163 Travelpix Ltd; S. 163 Pompe/Look; S. 163 Lescourret/C; S. 164/165 Greuel/G; S. 165 Galli/ L; S. 165 Reuters/C; S. 165 M; S. 166 Atlantide Phototravel/C; S. 166 Steinhilber/L; S. 167 Grand Tour; S. 168/169 Jodice/C; S. 169 Bowman/G; S. 169 Mcduff/C; S. 170/171 Grand Tour collection/C; S. 171 Blickle/L; S. 171 Atlantide Phototravel/C; S. 172 age fotostock/Look; S. 173 Lubenow/Look; S. 173 Lubenow/Look; S. 173 Atlantide Phototravel/C; S. 173 Grand Tour Collection; S. 174 Hartmann/G; S. 174 Lubenow/Look; S. 175 Pistolesi/G; S. 175 Atlantide Phototravel/C; S. 175 Everton/C; S. 176/177 Galli/L; S. 177 Pompe/Look; S. 177 DeAgostini/G; S. 178 National Geographic/G; S. 178/179 Bartruff/C; S. 179 Lescourret/C; S. 180/181 CW Images/A; S. 182 Grand Tour Collection/C; S. 183 Kirchner/L; S. 183 Vannini/C; S. 184 All Canada Photos; S. 185 L; S. 185 Babovic/L; S. 185 Rossenbach/C; S. 186/187 Scattolin/Bildagentur Huber; S. 187 H.&D. Zielske; S. 188 Long/A; S. 188 M; S. 189 Child/G; S. 189 Child/G; S. 189 Cristofori/C; S. 189 Madej/L; S. 190 Photodisc/G; S. 190 Madej/L; S. 191 Gallo Images/G; S. 191 Everts/G; S. 191 Atlantide Phototravel/C; S. 191 M; S. 192/193 Leue/www.leue-photo.com; S. 193 Image Source/C; S. 194/195 Bunka/Premium; S. 195 Kohlhas/C; S. 195 Pizzocaro/IML; S. 196 age fotostock/Look; S. 196/197 Falzone /AWL Images Ltd; S. 197 Panayiotou/C; S. 198/199 Souders/C; S. 199 Cavalli/Harding/C; S. 199 Celentano/L; S. 200/201 Ocean/C; S. 201 Woodhouse/G; S. 202/203 Damm/C; S. 203 Wlodarczyk/A; S. 203 Habel/M; S. 204 Seer/Look; S.

204/205 Lukasseck/C; S. 204/205 Maremagnum/G; S. 205 Bettmann/C; S. 206 Widmann/ Look; S. 206 Reusse/C; S. 207 Stankiewicz/Look; S. 207 Hellier/Harding World/C; S. 208 Falzone/G; S. 208/209 Panoramic Images/G; S. 208/209 Altrendo/G; S. 209 Simoni/Harding World/C; S. 210 Cavalli/Harding World; S. 210 Bognar/A; S. 211 Bognar/A; S. 211 Bettmann/C; S. 211 SuperStock/M; S. 212 Taner/G; S. 212 Visions of our land/G; S. 213 Horner/C; S. 213 Atlantide Phototravel/C; S. 213 Atlantide Phototravel/C; S. 214/215 Bognar/C; S. 215 Hardy/C; S. 216 Gräfenhain/Bildagentur Huber; S. 217 Pompe/Look; S. 217 Arnold/ jonarnoldimages/C; S. 217 GIUGLIO/ Hemispheres Images/L; S. 218 PhotoStock-Israel/A; S. 219 Kennedy/ National Geographic/C; S. 219 Delimont/A; S. 219 Junger/A; S. 220 Travel Library/Look; S. 220/221 GUIZIOU/hemis.fr/L; S. 221 Hemis.fr RM/G; S. 222 Su/C; S. 222 Harding World/G; S. 223 Gallo Images/G; S. 223 Zavada/G; S. 224/225 Gulfimages/G; S. 226 Siephoto/Radius Images/C; S. 227 Dirscherl/Look; S. 227 WaterFrame RM/G; S. 227 Grand Tour Collection/C; S. 227 Sutherland/A; S. 228/229 Eid/L; S. 229 HUGHES /Hemispheres Images/L; S. 230/231 Adams/C; S. 231 Selbach/L; S. 232 Reinhard/Bildagentur Huber; S. 232 Reinhard/Bildagentur Huber; S. 232 Grand Tour Collection/C; S. 233 AGE/M; S. 234/235 EschCollection/G; S. 235 Bernhart/Bildagentur Huber; S. 235 G; S. 235 SEIFERT/Reuters/C; S. 236/137 Layda/G; S. 237 Kreuzer/ Look; S. 238 age fotostock/Look; S. 238 Stumpe/Look; S. 238 Copson/ Harding/C; S. 238 G; S. 239 Copson/ AWL Images/C; S. 240 Westmorland/C; S. 240/241 Westmorland/G; S. 241 Cavalli/C; S. 242/243 Premium/Transdia/Hänel; S. 243 Barbier/ Robert Harding/Schapowalow; S. 243 Jahns; S. 244 Grand Tour Collection; S. 244/245 Bildagentur Huber/Simeone Giovanni; S. 245 FRUMM John/ Hemispheres Images/L; S. 246/247 DU BOISBERRANGER Jean/hemis.fr; S. 247 Henseler/L; S. 248 HUTCHINGS/Reuters/C; S. 248 Gallo Images/G; S. 248/249 G; S. 249 Emmler/L; S. 249 Schapowalow/Harding; S. 250/251 Gallo Images/Nixon/G; S. 251 Heeb; S. 251 Geof/A; S. 251 Emmler/L; S. 252/253 Aurora Creative/G; S. 253 Hicks/C; S. 254/255 Cerveny/www.leue-photo.com; S. 256 Kreder/Bildagentur Huber; S. 257 Leimer/Bildagentur Huber; S. 257 age fotostock/Look; S. 257 Stewart/Bildagentur Huber; S. 258/259 Lukasseck/C; S. 259 Morandi/Harding World/C; S. 260 Vanderelst/G; S. 260 Cheong/G; S. 260/261 Raga/C; S. 261 Lonely Planet Images/G; S. 261 Harding World/G; S. 262/263 Sytnyk/G; S. 263 G; S. 264 Johaentges /Look; S. 264 Guariglia/C; S. 264 Limberger/ Look; S. 264 Martin/Le Figaro Magazine/L; S. 265 Pistolesi/G; S. 265 M; S. 266/267 Russell/C; S. 266/267 Hicks/C; S. 267 Taner/C; S. 268 Gräfenhain/Bildagentur Huber; S. 268 Pompe/Look; S. 268 ULTRA.F/G; S. 269 Buena Vista Images/G; S. 269 Stankiewicz/Look; S. 269 Pompe/ Look; S. 270/271 Hellier/Harding World/G; S. 271 Panoramic Images/G; S. 272 Pompe/Look; S. 272 Holt/G; S. 273 Wells/G; S. 273 Errington/G; S. 273 Modrow/L; S. 273 Heuer/L; S. 273 AGE/M; S. 274 Harding World/G; S. 274 2011 King/G; S. 274 Ganci/Design Pics/C; S. 275 Stankiewicz/Look; S. 275 Pompe/Look; S. 275 Pompe/Look; S. 275 Pompe/ Look; S. 276/277 Hemis.fr RM/G; S. 277 Pistolesi/G; S. 278 M; S. 278/279 Fadil/C; S. 279 M; S. 279 M; S. 280/281 Adams/G; S. 281 agefotostock/Look; S. 281 Dirscherl/A; S. 282/283 Dirscherl/Look; S. 283 Laman/National Geographic/G; S. 283 Chesley/G; S. 283 Dunning/G; S. 284 Lubenow/Look; S. 284 Hellier/C; S. 284/285 ELLIS/MINDEN PICTURES/G; S. 285 Hoa-Qui/L; S. 285 Laman/ National Geographic/G; S. 286/287 philipus/A; S. 288 Okada/OTHK/G; S. 288 M; S. 288 M; S. 289 PictureNet/C; S. 290/291 Hardy/C; S. 291 OTHK/G; S. 292 Chen Fei/Xinhua Press/C; S. 292 Johaentges/Look; S. 292 Johaentges/Look; S. 292 Barbour/G; S. 292 Pixtal/Premium; S. 293 agefotostock/Look; S. 294/295 Johaentges/Look; S. 295 Yang Liu/C; S. 296 Horizon/F1 ONLINE; S. 296 Driendl/G; S. 296 Kaehler/C; S. 297 age fotostock/Look; S. 298 Raga/C; S. 298 Arnold/ AWL Images/C; S. 299 Sulgan/C; S. 300/301 Raga/C; S. 301 Prisma Bildagentur AG/A; S. 302 Premium; S. 303 age fotostock/Look; S. 303 NordicPhotos/Look; S. 303 JTB Photo Communications, Inc./A; S. 303 Kunth; S. 304/305 Raga/C; S. 306 Conway/C; S. 306/307 Vanderelst/G; S. 307 Harvey/Lonely Planet Images/G; S. 308 Gollings/Arcaid/C; S. 308/309 Harvey, Gallo Images/C; S. 309 Strand/C; S. 310 Stadler/Bildagentur Huber; S. 310/311 Kurmeier/G; S. 311 Pitamitz/C; S. 311 Vu/L; S. 312/313 Sroczynski/C; S. 313 Hicks/C; S. 314 Leue/www.leue-photo.com; S. 314/ 315 DON FUCHS; S. 315 Hunter/G; S. 315 Hunter/G; S. 316/317 Doubilet/ National Geographic/C; S. 317 Dirscherl/G; S. 318 Krecichwost/G; S. 318 Johaentges/Look; S. 318/319 G; S. 319 G; S. 320/321 Visuals Unlimited/G; S. 322 Lanting/C; S. 322/323 Driendl 2008/G; S. 323 Chapple/G; S. 324/325 Cable/G; S. 325 Postma/C; S. 326 Grand Tour Collection; S. 327 Wolfe/G; S. 327 PARRY/Minden Pictures; S. 328 Sami Sarkis/A; S. 328 AGE/M; S. 329 Su/C; S. 329 AGE/M; S. 330 Leuer; S. 330/331 La Roque/L; S. 331 M; S. 332/333 Lewis/Uppercut/G; S. 333 Bibikow/AWL Images RM/G; S. 333 Raga/C; S. 333 Burkatovski/C; S. 334/335 Radius Images/ C; S. 335 M; S. 336/337 Premium; S. 337 Cook, Jenshel/G; S. 337 Lanting/C; S. 337 Arthus-Bertrand/C; S. 338/339 Stillman/A; S. 340 M; S. 340/341 AllCanadaPhotos.com, Wiggett/C; S. 341 Matheisl/A; S. 342 Grandmaison/C; S. 342 AllCanadaPhotos.com, Erwin/C; S. 343 AllCanadaPhotos.com, Barrett & MacKay/ C; S. 343 Ocean/C; S. 343 AllCanadaPhotos.com, Barrett & MacKay/C; S. 343 M; S. 344 AllCanadaPhotos.com, Cheadle/C; S. 344/345 Panoramic Images/G; S. 344/345 First Light/G; S. 345 Atlantide Phototravel/C; S. 346 Lukasseck/C; S. 346/347 AGE/M; S. 347 Franz Marc Frei; S. 347 Fotosearch RF/G; S. 347 age fotostock/Look; S. 347 Kiusalaas/G; S. 348/349 Smith/C; S. 349 Braun, Berlin/G; S. 350 Berenholtz/C; S. 350 L; S. 350 H.&D.Zielske; S. 350 H.&D. Zielske; S. 351 The NewYorkTimes/ Redux/L; S. 351 Sasse/L; S. 351 Hiroyuki Matsumoto/G; S. 351 Arcaid/A; S. 352/353 Patino/C; S. 353 Figueres/G; S. 354 Gräfenhain/Bildagentur Huber; S. 355 Barrington/L; S. 355 Raymer/C; S. 356/357 Atlantide Phototravel/C; S. 358 WU/Minden Pictures/G; S. 358 Burbank/Polaris/L; S. 359 age fotostock/Look; S. 359 Atlantide Phototravel/C; S. 360 Ward/C; S. 360 Ward/C; S. 360/361 Panoramic Images/G; S. 360/361 Clarke/C; S. 362/363 Kiusalaas/C; S. 363 Kiusalaas/C; S. 364 Westmorland/C; S. 364 Frink/C; S. 364 Frink/C; S. 364 Tack/Freelens Pool; S. 364 Tack/Freelens Pool; S. 365 ELLIS/ MINDEN PICTURES; S. 366/367 Gräfenhain/Bildagentur Huber; S. 367 Ocean/C; S. 368 AGE/M; S. 368/369 Logan Mock-Bunting/Aurora Photo; S. 368/369 AFP/G; S. 370 Ocean/C; S. 370/371 Ocean/C; S. 371 M; S. 372 Huber/Bildagentur Huber; S. 372 Schmid/Bildagentur Huber; S. 373 Elliot/G; S. 373 Cavalli/Harding World/ C; S. 373 Albertson/C; S. 374 Macduff/C; S. 374/375 Frei/Look; S. 375 Bibikow/AWL Images Ltd/C; S. 375 Borchi/Bildagentur Huber; S. 375 Horner/C; S. 376 Macduff/C; S. 376/377 Driendl/G; S. 377 Ocean/C; S. 378 Bildagentur Huber/Gräfenhain; S. 378 Atlantide Phototravel/C; S. 378 Don Hebert/G; S. 378 M; S. 379 Gräfenhain/Bildagentur Huber; S. 379 Dillon/C; S. 379 Rogers/C; S. 380/381 Arnold Images Ltd/A; S. 381 Fisher/www.jupiterimages.com; S. 382 jonarnoldimages/Hellier/C; S. 382/383 Zuckerman/C; S. 383 jonarnoldimages/Hellier; S. 383 Ocean/C; S. 384 Travel Library/Look; S. 384 Atlantide Phototravel/C; S. 385 Sachs Consolidated News Photos ; S. 386 Huey/C; S. 386/387 Seubert/C; S. 387

The Travel Library/Look; S. 387 Huey/C; S. 387 Leue/www.leue-photo.com; S. 388/389 Travel Library/Look; S. 389 Macduff/C; S. 389 sanger photography/A; S. 390 Gallo Images/G; S. 390/391 Merrill/C; S. 391 Pompe/Look; S. 391 Pompe/Look; S. 392 Bertsch/Bildagentur Huber; S. 392 Horn/G; S. 392/393 Falzone/AWL Images Ltd/C; S. 393 Brandon Cole Marine Photography/A; S. 393 MedioImagesG; S. 394 Williams/G; S. 394 Tophoven/L; S. 395 Hellier/Robert Harding World/C; S. 395 Frink/Science Faction/C; S. 395 Clevenger/C; S. 396 Hauser/L; S. 396/397 Macduff /G; S. 396/397 Panoramic Images/G; S. 397 Woodhouse/G; S. 398/399 Caffrey/Lonely Planet Image/G; S. 399 Cooke III/G; S. 400 Leue/www.leue-photo.com; S. 400 Leue/www.leue-photo.com; S. 400 Sweeney/jonarnoldimages/C; S. 401 Krist/C; S. 401 Marden/National Geographic Society/C; S. 402/403 Bildagentur Huber; S. 403 Wu/Minden Pictures II/G; S. 404/405 Sweeney/AWL Images RM/G; S. 405 SPS/C; S. 405 Lehman/C; S. 406/407 Hyde/Alaska Stock LLC/C; S. 408 Panoramastock; S. 408/409 Liz Hymans/C; S. 409 Cooke/C; S. 410/411 Nigge/G; S. 411 Macduff/G; S. 411 Premium; S. 412/413 Hyde/Alaska Stock/C; S. 413 Cummins/C; S. 413 Medioimages/Photodisc/G; S. 413 Altrendo RR/G; S. 413 Altrendo RR/G; S. 414/415 M; S. 415 All Canada Photos/Erwin/C; S. 416 Scarrow/Radius Images; S. 416 Cheadle/All Canada Photo/C; S. 416/417 G; S. 417 Gifford/Radius Images/C; S. 418 Ramin Talaie/C; S. 418 Corwin/C; S. 418/419 age fotostock/Look; S. 419 Koch/C; S. 420 McNew/G; S. 420 McNew/G; S. 420/421 Panoramic Images/G; S. 421 Lawrence/G; S. 421 Thompson/C; S. 422 Macduff/G; S. 422 GRANDADAM/HOA-QUI/C; S. 423 Dressler/ Look; S. 423 age fotostock/Look; S. 423 Landau/C; S. 423 Dressler/Look; S. 424 Woodhouse/G; S. 424/425 AllCanadaPhotos/Chiasson/C; S. 425 Brown/NewSport/C; S. 426 Westmorland/C; S. 426/427 Fitzharris/Radius Images/C; S. 427 ROBLES GIL/SIERRA MADRE/MINDEN PICTURES/G; S. 428/429 Ocean/C; S. 429 Callanan/G; S. 429 Arbabi/Aurora Creative/G; S. 430/431 Frazier Photolibrary, Inc./A; S. 432 Altrendo/G; S. 432 Leue/www.leue-photo.com; S. 432 Schafer/G; S. 433 G; S. 434 age fotostock/Look-foto; S. 434 Spadoni/Graphistock/C; S. 434 Kaehler/C; S. 435 Song Weiwei/Xinhua Press/C; S. 436 Pillitz/In Pictures/C; S. 436 Rossi/C; S. 436 M; S. 436/437 Grand Tour Collection/C; S. 437 Christian Heeb/L; S. 438/439 age fotostock/ Look; S. 439 Atlantide Phototravel/C; S. 440 Pompe/Look; S. 440 SambaPhoto/G; S. 440 Galen Rowell/C; S. 441 M; S. 442 age fotostock/Look; S. 442 age fotostock/Look; S. 442/443 slow images/G; S. 443 photo fridman/C; S. 444/445 Carrasco/jonarnoldimages.com/C; S. 445 Carrasco/ jonarnoldimages.com/C; S. 446/447 Macduff/C; S. 447 TerraVista/Look; S. 447 Ocean/C; S. 448 Hicks/C; S. 448 Hicks/C; S. 449 Image Source/C; S. 449 Bibikow/C; S. 449 Lemarco/A; S. 450 M/imagebroker; S. 450/451 Hemis.fr RM/G; S. 452/453 Setboun/G; S. 453 Davilla/G; S. 454/455 A/imagebroker ; S. 456 Ocean/C; S. 456 Hopkins/C; S. 456/457 TUI DE ROY/MINDEN PICTURES; S. 457 Morris/C; S. 457 DLILLC/C; S. 457 Schafer/C; S. 458 Kaehler/A; S. 459 Morris/C; S. 459 Simpson/Visuals Unlimited, Inc./C; S. 459 Handler/Handlerphoto/C; S. 459 Minden Pictures RM/G; S. 460/461 Pavitt/John Warburton-Lee Photography/C; S. 461 Wright/C; S. 462 M; S. 462/463 age fotostock/Look; S. 463 THE BRIDGEMAN ART LIBRARY; S. 464/465 Springett C/A; S. 465 Delimont/A; S. 466 age fotostock/Look; S. 466/467 Banagan/G; S. 467 Macduff/C; S. 468/469 Hellier/Robert Harding World/C; S. 469 Harrington III/C; S. 470/471 age fotostock/Look; S. 471 Momatiuk - Eastcott/C; S. 471 Lonely Planet Images/A; S. 472/473 Rowell/C; S. 473 Momatiuk-Eastcott/C; S. 474 Cummins/C; S. 474 Trevor Booth Photography/A; S. 474 Aurora/L; S. 474 Frater/M; S. 475 Cummins/C; S. 476 Dunning/G; S. 476/477 Dunning/G; S. 477 Bildagentur Huber; S. 478/479 Hopkins/C; S. 480 AWL Images RM/G; S. 480 All Canada Photos/C; S. 481 Allofs/C; S. 482 Momatiuk-Eastcott/C; S. 483 Westend61 GmbH/A; S. 484/485 M/imagebroker; S. 488/489 ZUMAPRESS.com/ C; S. 489 Ellingvag/C; S. 489 Sandberg; S. 490 INSADCO Photography/A; S. 491 Engel & Gielen/Look;S. 491 Engel & Gielen/Look; S. 494/495 M; S. 495 Harrington III/C; S. 495 Houser/A; S. 498/499 M; S. 499 G; S. 499 Look/A; S. 508/509 Demotix/C; S. 509 M; S. 510/511 M; S. 512/513 Siepmann /M; S. 513 M; S. 516/517 blickwinkel/A; S. 517 blickwinkel/A; S. 518/519 M/imagebroker; S. 520/521 Grandadam/G; S. 521 Bartruff/C; S. 522/523 Tully/A; S. 523 Lincks/C.

Der Verlag war bemüht, alle Bildrechteinhaber ausfindig zu machen. In einigen Fällen ist dies nicht gelungen. Betroffene Rechteinhaber werden gebeten, sich mit dem Verlag in Verbindung zu setzen.

**Impressum**

Genehmigte Sonderausgabe für Verlagsgruppe Weltbild GmbH, Steinerne Furt, 86167 Augsburg



Umschlaggestaltung: Anna Jansen – Büro 18, Friedberg (Bay.)

Umschlagmotive: age fotostock | LOOK-foto (oben); John Warburton-Lee | mauritius-images (unten)

Printed in Slovakia

978-3-8289-3227-2

Texte: Anne-Kathrin Funck, Anna Göltenboth, Dr. Natalie Göltenboth, Dr. Maria Guntermann, Jutta Herold, Gudrun Neumann, Eckard Schuster, Dr. Wieland Vigano



Einkaufen im Internet:
*www.weltbild.de*